€ 9,00

le Temps retrouvé

MÉMOIRES

DE

FRÉDÉRIQUE SOPHIE WILHELMINE

MARGRAVE DE BAYREUTH

SŒUR DE

FRÉDÉRIC LE GRAND

DEPUIS

L'ANNÉE 1706 JUSQU'À 1742

écrits de sa main

Préface de Pierre Gaxotte
de l'Académie française

Notes de Gérard Doscot

MERCURE DE FRANCE

PRÉFACE

Il est heureux que soient réédités les introuvables *Mémoires* de la margrave Frédérique-Sophie-Wilhelmine de Bayreuth ou de Bareith, comme les Français disaient alors et comme elle écrivait elle-même. Ils sont fort amusants et ils surprendront beaucoup de lecteurs, car leur notoriété repose sur un malentendu. Célèbres et peu lus, on les prend pour ce qu'ils ne sont pas. Parce que la margrave et Voltaire ont échangé lettres et flatteries, on croit y trouver le miroir des élégances du XVIIIe siècle, avec les raffinements et les coquetteries d'une principauté style Pompadour : ils sont parfois d'une crudité qui effaroucha Sainte-Beuve. On ne pense pas à la douceur de vivre. On pense parfois au plus féroce Saint-Simon.

Wilhelmine était la fille aînée de Frédéric-Guillaume Ier de Prusse, le roi-sergent, — la première de onze enfants, née en juillet 1709, deux ans et demi avant celui qui devait être Frédéric II. Les parents formaient un étrange couple : lui, anxieux, brutal, avare, despote, méticuleux, aimant l'argent basse-ment, sordidement, chérissant le militaire avec pas-sion, mais aussi avec la crainte de démolir au combat des régiments qui lui avaient coûté bien cher, terrible, odieux, ridicule, avec un total dévouement à l'État, torturé par la goutte, les maux de tête, et si incapable de refréner son appétit qu'il finira par peser cent vingt kilos ; elle, Sophie-Dorothée, de la famille hanovrienne qui avait donné une dynastie à l'Angleterre, après le renversement des Stuart catholiques, fille du roi Georges Ier, sœur de Georges II, ne se tenant pas d'aise d'être une majesté de si bonne façon, pas sotte, pas méchante, ayant du goût, mais hautaine, fantasque, brouillonne, bavarde, dépensière, comploteuse, se consolant d'avoir un mari si épais en rêvant pour ses enfants des mariages glorieux et en menant, durant les absences de Frédéric-Guillaume, une flatteuse vie de cour, avec bals, concerts, réceptions, quitte à endurer ses fureurs au retour.

Il était à peu près entendu qu'un double mariage unirait de nouveau les familles de Prusse et d'Angleterre-Hanovre. Wilhelmine épouserait son cousin, petit-fils de Georges Ier, Frédéric sa cousine, sœur du précédent. À Berlin, Sophie-Dorothée se disait que reine et fille de roi, elle serait aussi la mère d'un roi de Prusse et la mère d'une reine d'Angleterre. Cet avenir lui tournait la tête. Mais le double mariage n'était pas qu'une affaire de famille. C'était une affaire d'État qui allait pour longtemps lier la Prusse aux puissances maritimes, la faire entrer pour longtemps dans un des systèmes qui se partageaient l'Europe. Frédéric-Guillaume, qui ne voulait pas être seul et qui se déplaisait dans toutes les compagnies, hésitait, tergiversait, marchandait. Au fond de lui-même, il désire passionnément le mariage de sa fille. Mais il se croit plus adroit en faisant le dédaigneux : « La demoiselle vaut le monsieur, disait-il. Je ne veux pas me donner pour des prunes et des pommes. » Quand les nouvelles de Londres sont bonnes, il élève ses prétentions. La demoiselle n'aura pas de dot, tout au plus quelques pierreries et un peu de vaisselle. Si les nouvelles sont mauvaises, il reproche à la reine de n'avoir pas su faire valoir sa fille ; il traite Wilhelmine de catin, de prostituée ; il se rappelle qu'étant enfant il a joué avec son futur gendre et l'a bien rossé ; il l'appelle comédien, chou-rouge, canaille anglaise, gredin... Et puis, s'il serait fier de placer sa fille à Londres, la bru anglaise lui déplaît. Elle se donnera des airs. Elle fera l'importante. Frédéric, ce morveux qui joue déjà au petit-maître, au Fransquillon, s'imaginera qu'il est affranchi. Plutôt lui donner les étrivières !

Enjeux de la tragi-comédie, Wilhelmine et son frère ne peuvent prendre appui que l'un sur l'autre. S'ils se résignent à la volonté du père, ils sont poursuivis par les malédictions de la mère. S'ils s'affirment du parti de Sophie-Dorothée, Frédéric-Guillaume se déchaîne : hurlements, menaces, coups, humiliations publiques. Et l'affaire aboutira à la tentative de fuite de Frédéric, à son arrestation, à son procès, à l'exécution de son ami Katte. Placée au centre d'un tel drame, obligée d'observer, de se contraindre, sans aide extérieure, confidente de son seul frère, toujours en attente d'une querelle ou d'une catastrophe, Wilhelmine a été formée à rude école et comme elle est intelligente, perspicace, qu'elle a l'œil vif, le regard perçant, qu'elle a beaucoup entendu, beaucoup subi, que ballottée sur cette mer d'intrigues et de querelles, elle a été vite débarrassée du respect filial, les événements et les personnages conservés dans son souvenir se présentaient à elle sans le moindre fard. La matière humaine de ses *Mémoires* est presque sans analogie dans l'histoire. Le miracle est qu'elle les ait écrits dans un français si coulant qu'il en paraît natif.

Assurément, le français est alors la langue de l'Europe cultivée. Frédéric-Guillaume lui-même parlait français. Dans l'instruction pour le précepteur de Frédéric, s'il lui interdit le latin, « les opéras, les comédies et autres sottises laïques », il recommande de l'accoutumer à un style élégant et bref, en français comme en allemand. Une partie de notre littérature est alors le fait d'étrangers, qu'il s'agisse de Grimm, du prince de Ligne ou de l'abbé Galiani, et c'est le moment où le Napolitain Caraccioli compose un livre à la gloire de *l'Europe française*. Mais la margrave n'écrit pas comme eux. Elle a plus de couleur, plus de relief, le trait plus appuyé et plus brutal. Je dirais volontiers : moins de mondanité, et un sens du ridicule infiniment plus vif. C'est assurément un petit mystère que cette femme, qui n'est jamais venue à Paris, qui, assez tard, a seulement traversé la France de l'Est pour se rendre en Italie, qui a vécu dans de petites cours grossières, dont elle a laissé des tableaux comiques, ait naturellement ce mouvement, ce pittoresque, cette acuité, ce style et cette syntaxe si rarement en défaut. Où les a-t-elle pris ?

Dans la conversation des réfugiés si nombreux à Berlin et à la cour. Les protestants émigrés à la révocation de l'Édit de Nantes ont porté beaucoup de choses à l'étranger, non seulement des métiers, des connaissances, des activités qui transformèrent la capitale brandebourgeoise, mais aussi notre parler et nos lettres. En transférant leur fidélité d'un prince à un autre, ils restèrent eux-mêmes. Mme de Rocoules, gouvernante des enfants royaux, avait trouvé asile auprès de la mère de Frédéric-Guillaume. C'était une personne sage, discrète, pas bégueule, qui tournait bien les petits vers et qui aimait le mot gaillard, comme on l'aimait dans la noblesse militaire ou campagnarde. Elle tenait salon. Un beau portrait du château de Potsdam (peut-être détruit par la dernière guerre) la représentait dans son extrême vieillesse toute ridée, encapuchonnée de dentelles, le regard encore vif et malicieux. Installée en Prusse depuis trente ans, elle ne savait pas une bribe d'allemand, mais son français n'avait rien de fade, ni de trop policé.

Le précepteur fut aussi un Français, Duhan, qui était né à Jandun, en Champagne, l'année même de la révocation. Son père, ancien secrétaire de Turenne et conseiller d'État, était sorti de France deux ans plus tard et s'était établi à Berlin où il était devenu secrétaire du Grand Électeur. Le fils servit comme officier. Frédéric-Guillaume, pendant la guerre contre les Suédois, le remarqua au siège de Stralsund dans les endroits où il y avait du danger. Il l'engagea sur l'heure, dans la tranchée. Ce n'est pas un endroit où l'on trouve d'habitude des précepteurs. Mais Frédéric-Guillaume avait eu la main heureuse. Ce cavalier était un humaniste ; il aimait les lettres avec passion.

Les réfugiés avaient apporté le français de leur temps, le français d'une certaine date, privé de la continuelle impulsion de la vie, un peu guindé parfois, mais très souvent aussi avec les libertés, les audaces, les mots forts, les tournures populaires, le franc parler et la verdeur du grand siècle, si peu bégueule. Frédéric II, formé, repris, corrigé, éduqué par Voltaire, finit par bien écrire le français de son temps, précis, délié, propre au jeu des idées et à l'ironie, mais souvent, jusqu'à Rousseau, sans pittoresque et sans couleur. Le style de la margrave, aussi relevé que celui de son frère, est sec, fait penser, avons-nous dit, à Saint-Simon, cet autre attardé, mort en 1755, trois ans avant elle, et plus encore à Lesage, à cheval sur les deux siècles et mort en 1747.

Comme elle lisait beaucoup, elle a lu ses romans, alors dans leur vogue. Tout le récit de l'arrivée à Bayreuth, la peinture des lieux, des gens, des costumes, des façons de vivre a le même genre de verve que *Gil Blas* :

C'étaient tous des visages à épouvanter les petits enfants. Leurs physionomies étaient à demi couvertes de tignasses en guise de perruques, où des poux d'aussi antique origine que la leur, avaient établi leur domicile depuis des temps immémoriaux. Leur hétéroclite figure était attifée de vêtements qui ne le cédaient point aux poux pour l'ancienneté ; c'était un héritage de leurs ancêtres... Je me défis enfin de cette arche de Noé et me mis à table...

Voici le prince de Neustedt :

Je commencerai son portrait du bon côté. Il était plus grand que petit et assez bien fait. La quantité de rats qui logeaient dans sa cervelle exigeaient beaucoup de place ; aussi y en avait-il dans sa caboche, qui était copieusement grande. Deux petits yeux de cochon d'un bleu pâle remplaçaient assez mal le vide de cette tête ; sa bouche carrée était un gouffre, dont les lèvres retirées laissaient voir les gencives et deux rangées de dents noires et dégoûtantes. Cette gueule était toujours béante ; son menton à triple étage ornait ses charmes ; un emplâtre servait d'agrément à l'inférieur de ce menton ; il était flanqué pour cacher une fistule, mais comme il tombait souvent, on avait le plaisir de la contempler à son aise et d'en voir sortir une cascade de matières, très utile au bien de la société qui pouvait épargner par sa vue l'émétique et les vomitifs...

La description de Wusterhausen, la maison de chasse de Frédéric-Guillaume, la visite à Berlin du tsar Pierre le Grand et de la tsarine, les orgies de Dresde sont d'un écrivain à la plume très libre qui, à chaque instant, a des trouvailles. Pour arriver au plus fort, il lui fallait un sujet extraordinaire. La margrave l'a eu : c'est le drame de la cour de Prusse. Le récit tragique et grotesque qu'elle en fait commence, il est vrai, d'une manière assez pompeuse : « Ce prince (son père)... possède toutes les qualités qui doivent composer un grand homme. Son génie est élevé et capable des plus grandes actions... » C'est l'affaire de trois pages. Après quoi, on passe du panégyrique au réalisme. Et Sainte-Beuve de s'indigner. « Elle a prêté des armes contre l'ordre des choses qui était le sien ! » L'ancien saint-simonien écrivait cela en 1856. Il avait trouvé le chemin du repentir. Il était en marche vers le Sénat impérial et, consacrant deux *Lundis* à Wilhelmine, il détourna pudiquement les yeux de ces irrévérences princières pour ne parler que de la correspondance du frère et de la sœur, où il trouvait davantage à s'extasier, à s'attendrir et à louer.

Il est permis d'être d'un autre avis. La margrave avait écrit ses *Mémoires*, non seulement pour se désennuyer, mais dans l'idée que les peines et les persécutions domestiques qu'elle avait éprouvées lui paraîtraient moindres ou sortiraient de sa mémoire, quand elle les aurait racontées. Elle ne savait pas ce qu'elle ferait de ces cahiers, si elle les brûlerait ou si elle les donnerait à sa fille. Finalement, elle les confia à son médecin, M. de Superville, homme d'esprit qui ne resta pas auprès d'elle jusqu'à la fin. Ils dormirent cinquante ans dans une cassette, puis, acquis par M. de Cotten, furent imprimés en 1810 à Brunswick et devinrent tout à coup un de ces témoignages véridiques et terribles, comme les aime la postérité et comme les familles les redoutent. Il est bien vrai que Wilhelmine a tout dit librement, qu'elle s'en est pris à tout ce qui l'entourait de perfides, de sots, d'ennuyeux, de méchants, de ridicules, mais les Allemands, au temps des monarchies, ont été moins timides que Sainte-Beuve (« le mal est fait », écrit ce futur haut dignitaire) : les *Mémoires* ont été outre-Rhin imprimés un grand nombre de fois, soit dans le texte original, soit plus souvent en traduction, la première à Tubingen, chez Cotta, dès 1810.

*

Frédéric-Guillaume ne tenait pas à garder ses filles à sa charge. Les fils pouvaient être de bons officiers, de bons colonels, mais les filles ? « Il faut, disait-il, tenir les femmes sous la férule, sans quoi elles vous dansent sur la tête. » Le mariage anglais manqué, il songea à un mariage saxon, qui manqua aussi. Puis, de dépit, il se rabattit sur un cadet de famille, le duc de Weissenfels, galant homme et jeune, mais si mince compagnon que la reine s'insurgea avec fureur contre cette mésalliance, et Weissenfels lui-même se récusa. Finalement, Frédéric-Guillaume désigna le prince héritier de Bayreuth. Soit raison, lassitude, espoir de rendre service à son frère exilé à Custrin, indifférence pour elle-même, désir de changement, Wilhelmine céda. Elle reçut aussitôt deux billets. Celui du père était tendre, mais elle savait que sa tendresse était à éclipses : « Le bon Dieu vous bénira et je ne vous abandonnerai jamais. J'aurai soin de vous toute ma vie et je vous prouverai en toute occasion que je suis votre fidèle père. » Celui de la reine était une malédiction en règle :

« Je ne vous reconnais plus pour ma fille... je vous jure une haine éternelle et ne vous pardonnerai jamais. » Quant au fiancé, il n'avait qu'à obéir. Il appartenait à une branche cadette des Hohenzollern et ne pouvait qu'être fier d'entrer dans la branche royale.

Les Hohenzollern ne sont devenus brandebourgeois et prussiens que tardivement et les circonstances auraient pu en décider autrement. Ils sont originaires de Souabe. Leur château patrimonial se dresse encore sur une butte isolée de la Rauhe Alp, dominant la vallée du Neckar. Par malheur, l'ancien manoir est peu reconnaissable au milieu des restaurations ordonnées par la piété ostentatoire des rois de Prusse. Le nom de Zollern apparaît pour la première fois dans un document authentique du XIe siècle. Plus tard, un Hohenzollern est nommé, pour le compte de l'empereur, burgrave de Nuremberg, c'est-à-dire commandant des troupes, haut justicier, administrateur des biens impériaux et royaux, sans que cette dignité valût au titulaire un domaine personnel. Hommes d'affaires heureux, les Hohenzollern réussirent en deux siècles à se constituer deux groupes de terres, bien à eux, l'un autour de Bayreuth, le plus riche, l'autre d'Anspach. Quand, en reconnaissance de sa fidélité et de ses loyaux services, l'empereur Sigismond, en 1417, donna à un burgrave, prénommé Frédéric, l'investiture du margraviat de Brandebourg, la question se posa de l'union des différents domaines. Le margrave Albert-Achille, qui avait dix-neuf enfants, promulgua en 1473 la loi successorale de la famille : il n'y aurait jamais plus de trois princes régnant à la fois dans la dynastie, un à Berlin, l'autre à Anspach, le troisième à Bayreuth. Si un seul survit, il réunira toutes les possessions. Wilhelmine n'eut qu'une fille. Un second mariage

ne donna pas d'héritier au margrave. Anspach hérita
de Bayreuth. Mais le margrave d'Anspach trouvait
sa femme fort ennuyeuse. Pendant dix ans, il vécut
avec la célèbre Clairon, puis il la remplaça par lady
Graven qui ne trouvait pas que la Franconie valût
Londres. Pour lui complaire, lorsqu'il eut enfin
enterré sa femme légitime, il vendit ses principautés à la Prusse et, ayant abdiqué (l'acte est daté de
Bordeaux), s'en alla en 1791 habiter la Grande-
Bretagne où il mourut. Veuve mais dûment épousée,
lady Graven se promena beaucoup en Europe. La
mort la surprit à Naples. Elle a laissé, elle aussi, des
mémoires, pleins du souci de sa respectabilité, mais
très sots.

À son arrivée, Wilhelmine trouva Bayreuth en
piètre état. Elle arrivait sans dot ou presque. Si son
mari était jeune, bien fait, bien élevé, toujours gai
et fort amoureux, le vieux margrave, son beau-père,
était un ladre, sans air, ni grâce, plus complimenteur
que poli, cagneux, faux, jaloux, soupçonneux, qui
n'avait lu que deux livres dans sa vie : *Télémaque* et
l'*Histoire romaine* d'Amelot de la Houssaye. Il en
savait des passages par cœur, les récitait, en tirait
des maximes à sa propre gloire, parlait avec emphase de sa fermeté et de sa justice, tout en se laissant voler par un entourage de fripons. Son grand
plaisir était d'aller dans les cabarets boire un pot
avec n'importe qui. Nullement ébloui par une alliance
royale, il jugea Wilhelmine, non sur sa naissance,
mais sur sa dot. Aussi lui témoigna-t-il fort peu
d'égards. Le palais était mal tenu, avec beaucoup de
rideaux déchirés, des toiles d'araignée dans les coins
et des tapisseries couleur de crasse. Au bout de six
mois, les jeunes mariés regrettèrent Berlin qui, dans
leur souvenir, se transformait en un lieu de luxe et
de raffinement. Frédéric-Guillaume écrivait des

lettres tendres et reprochait au margrave son avarice. Ils repartirent. Le mari alla exercer son régiment. Wilhelmine, comme autrefois, écouta les
récriminations de sa mère contre la gueuserie du
margrave et les lamentations du roi. L'année était
mauvaise, l'argent rare ; il ne pourrait donner de
temps en temps que dix ou douze florins : « Ce sera
toujours de quoi soulager votre misère. » Elle ne
trouva bon accueil, et un peu d'argent, qu'auprès de
son frère rentré en grâce.

Assurément, la tendre affection qui les liait était
profonde et sincère, faite du souvenir des épreuves
endurées, d'une entière communauté de goûts, d'une
vie d'enfant longtemps partagée, d'un besoin de
confiance et de confidences, la conviction que seuls
ils se comprenaient et pouvaient se secourir senti-
mentalement. Mais cette affection n'alla pas sans
refroidissements.

L'adolescent évaporé, étourdi, coquet qu'avait été
Frédéric, avant la fuite et avant l'exécution de Katte,
se transforma en un prince méfiant, économe, épris
de puissance, aussi militaire, aussi despote et plus
ambitieux que son père. Il eut l'intelligence de comprendre la force que devenait l'opinion « éclairée »
au siècle des lumières ; il eut l'adresse de s'en servir
pour faire illusion sur lui-même et sur la Prusse,
mais la puissance de l'État et l'agrandissement du
royaume furent ses seuls impératifs. L'amour fra-
ternel se logea comme il put entre les nécessités
suprêmes de la politique. Il subsista, certes, mais
lorsqu'on lit les lettres de Frédéric, on a peine parfois à discerner ce qui vient du cœur et ce qui est
amplification littéraire.

Quand, au bout de huit mois, la margrave et son
mari retournèrent à Bayreuth, l'intelligence était
complète entre son frère et elle. Elle trouva le vieux

margrave le corps usé, l'esprit affaibli, travaillé par
une passion sénile pour la gouvernante de sa petite-
fille, Mlle Flora de Sonfeld. Par bonheur, il restait
ivrogne et n'avait pas beaucoup de suite dans les
idées, de sorte que ses projets de remariage ne
tenaient guère. Comme la Providence avait voulu
que le roi Frédéric-Guillaume fût malade en même
temps, une correspondance très édifiante s'engagea
aussitôt entre les deux capitales : « Les nouvelles que
nous avons du roi, écrivait Frédéric qui rentrait à
Berlin, venant de Rhénanie, sont fort mauvaises...
j'ai pris mon parti de me consoler de tout ce qui
arrivera, car, au bout du compte, je suis fort persuadé que pendant qu'il vivra, je n'aurai guère de
bon temps... ». « J'attends avec impatience le dénouement de la grande époque », répond Wilhelmine. Elle
consulte ses médecins. Ils lui ont cité quelques personnes qui allaient plus mal que le roi et qui ont
traîné encore longtemps. Mais ces personnes se
ménageaient, ce que le roi ne fera jamais. Son vieux
margrave est de plus en plus usé. De frère à sœur, il
y a une sympathie de destins. Ils sont passés par les
mêmes traverses : ils recevront la couronne le même
jour. Si le roi a l'air d'aller mieux, c'est pour mourir
à l'improviste, d'une rechute, quand le margrave sera
à la dernière extrémité. Et Frédéric de répondre très
poliment : « Je suis charmé de la constance avec
laquelle la mort poursuit le vieux margrave... J'espère apprendre l'heureuse nouvelle de la reddition. »
Après s'être bien débattu, le margrave s'éteignit en
mai 1735 et Frédéric envoya à sa sœur l'expression
de « sa joie la plus vive ». Le roi, plus coriace, se
remit et ne mourut que le 31 mai 1740. Wilhelmine
avait manifesté, en avril, le désir d'assister son père
dans ses derniers jours. Assez sèchement, Frédéric
lui signifia qu'elle serait mieux chez elle, en ajoutant

ces mots magnifiques : « Ne craignez rien pour mon stoïcisme ». En août, le nouveau roi allant recevoir l'hommage de Clèves fit un détour par Bayreuth. Il fit cadeau à Wilhelmine d'un éventail, d'une montre et d'un bouquet de très petits brillants. Il lui donna, en outre, des préceptes d'économie :

Vous n'avez pas besoin de tant de monde. Je vous conseille de casser toute la cour et de vous réduire sur le pied de gentilshommes. Vous avez été accoutumée à vivre à Berlin avec quatre plats. C'est tout ce qu'il vous faut ici.

Elle pleura, parce qu'elle aimait le faste et qu'elle se rappelait en outre qu'elle avait failli être reine d'Angleterre.

Elle vint à Berlin en octobre, trouva tout le monde en deuil et ne fut pas reçue tout de suite par son frère qui avait la fièvre. Admise le lendemain, elle le trouva lointain et gêné. Il partit aussitôt pour Rheinsberg, en prétendant que la maison trop petite et mal meublée ne pourrait l'accueillir que quelques jours plus tard. Les dîners, les conversations remirent un peu de liant. Mais Frédéric, tantôt s'évadait en politesses embarrassées, tantôt se livrait à des plaisanteries cruelles sur les petits princes de l'Empire et sur les finances du margrave.

Il est certain cependant que, tout en trompant sa femme avec M{^lle} de Marwitz, le margrave ne fut pas un mauvais administrateur. La Franconie est riche, infiniment plus fertile que les sables et les argiles du Brandebourg. En outre, le margrave entendait bien tenir son petit pays en dehors des batailles. Durant la guerre de succession d'Autriche, il manœuvra entre la Prusse et l'Autriche, pour ne pas se laisser emporter par son terrible beau-frère. Ce fut l'occasion d'une nouvelle brouille entre le frère et la sœur, la plus longue : elle dura deux ans, à partir d'avril 1744. Et puis, ils recommencèrent à échanger nouvelles et tendresses. De temps à autre, le roi honorait Wilhelmine d'une pièce de vers à elle dédiée.

Sous une administration paternelle, assez calculatrice, le pays ne devait pas être malheureux. En 1745, après dix ans d'économie, la margrave put enfin se payer le luxe des grands princes : bâtir. Sa plus exquise création est le théâtre, dont l'intérieur, tout en bois (le bois abondait et ne coûtait pas cher), est d'une élégance raffinée, avec une acoustique prodigieuse. Il est l'œuvre de Giuseppe Galli Bibiena et de son fils Carlo, tous deux membres de cette dynastie si importante pour l'histoire de l'architecture théâtrale et du décor. La façade, qui a grand air, est d'un Français, Joseph Saint-Pierre, († 1754), appelé à Bayreuth en 1743 et nommé ensuite inspecteur des bâtiments. Il a construit aussi les fabriques et aménagé les grottes qui se trouvent dans les parcs de l'Ermitage et de Sans-Pareil. Dans le premier, il bâtit un petit pavillon de plaisance entouré de fontaines, l'Orangerie : il a été détruit en 1945. Le décor en cristal de roche et en pierres colorées, léger caprice de la margrave, était d'un charmant rococo.

On n'a pas construit à Bayreuth qu'un théâtre et des décors de cour, mais encore un hôpital et des maisons cossues. Le 26 janvier 1753, un incendie détruisit presque le palais. Le feu prit à trois endroits différents : on ignore qui l'avait allumé. Wilhelmine écrivit à Frédéric : *On m'a sauvée du milieu des poutres branlantes. J'ai conservé mon chien, mes pierreries et quelques livres. J'ignore encore ce que je possède et ce que j'ai perdu. Le margrave n'a rien sauvé de ses appartements. Tout le château est en cendres ; on n'a préservé qu'une aile…* Frédéric envoya un peu d'argent, de la toile de Silésie pour les chemises du margrave et six concertos pour flûte — car le margrave, lui aussi, était flûtiste. Il conseilla de rebâtir le château avec économie, en utilisant les murs intacts. C'est ce qu'on fit, mais l'année suivante Saint-Pierre, se servant aussi d'un ancien manège et de maisons voisines, bâtit le château neuf, très agrandi par la suite : du côté de la ville, il dissimula ou réunit le tout par une façade majestueuse, laissant la façade des jardins s'arranger un peu comme elle pouvait ; mais l'intérieur, du moins le premier étage, car le rez-de-chaussée est rustique, est délicieux de fantaisie. La margrave qui avait une prédilection pour un décor mince, capricieux, sans symétrie, avec beaucoup de fleurs et de feuillages, disposait de plusieurs salons tendus de tapisseries, d'un cabinet de glaces à la chinoise et d'un salon japonais, avec de merveilleux plafonds ornés de coquillages, de crustacés, d'oiseaux fantastiques et de miroirs. Partout de grands poêles et des meubles d'ébénistes locaux, un peu lourds, un peu contournés, plus remarquables par le travail des bois précieux que par l'élégance des formes. La salle de musique est décorée de pastels, la plupart œuvres de Wilhelmine, « sœur Guillemette », comme disait Voltaire : ils représentent les acteurs, les musiciens, les chanteurs, les danseuses de son opéra. Elle peignait aussi des tableaux mythologiques et copiait les maîtres. Pour sceller leur réconciliation, elle envoya à Frédéric une peinture d'après Van Dyck. Cela lui valut cette douce réponse :

J'ai reçu le tableau que vous avez eu la bonté de m'envoyer. J'ai été bien fâché de voir que le voyage avait terni une partie de ses beautés ; cependant il en

reste assez pour voir qu'il est de la main d'un grand
peintre. C'en est trop pour vous, ma chère sœur ; vous
ne devriez pas réunir tant de talents différents sur la
même tête. Je crains que cette peinture ne fasse du
tort à votre santé ; une attitude courbée ne convient
pas à vos obstructions...

Et, pour commenter ces obstructions, il parlait
encore d'une « petite soupape » qui fonctionnait mal.

Il n'y avait plus égalité entre le frère et la sœur.
Quand Frédéric se fut brouillé avec Voltaire, celui-ci
chercha appui du côté de Wilhelmine. Il l'assurait
être rempli d'enthousiasme et de dévotion pour le
roi, lui être attaché jusqu'au tombeau, n'avoir pour
lui que des sentiments d'admiration et de tendresse.
La margrave se risqua avec prudence. Elle s'informa.
Elle écrivit. La réponse arriva, catégorique (12 avril
1753) : « Vous me demandez des nouvelles de Voltaire. Voici la vérité de son histoire. Il s'est comporté
ici comme le plus grand scélérat de la terre... » S'il
s'arrête à Bayreuth, Frédéric enverra quelqu'un lui
réclamer ses vers, la clef de chambellan et la croix de
son ordre. « Quant à vous, ma sœur, je vous conseille
de ne point lui écrire de votre main ; j'y ai été attrapé. C'est le scélérat le plus traître qu'il y ait dans
l'univers... On roue bien des coupables qui ne le
méritent pas autant que lui. » Wilhelmine le vit passer au large avec plaisir, mais, bonne princesse, elle
plaida pour lui les circonstances atténuantes et,
quand, en octobre 1754, elle partit pour l'Italie, elle
le vit, au passage, à Colmar :

Le monde se retira, je fus fort surprise de voir arri-
ver le personnage. Je vous avoue que je fus frappée,
tant je le trouvai changé. Il s'appuyait sur deux
domestiques qui l'avaient traîné dans l'escalier. Il

pleura en me voyant et me conta sa gamme. Il me dit qu'il vous adore, qu'il a eu tort, qu'il reconnaît ses fautes, qu'il est l'homme du monde le plus malheureux. Son état, ses discours et sa contenance m'ont fait pitié. Je lui ai fait quelques reproches sur sa conduite, mais je n'ai pas eu le courage de l'affliger davantage.

Frédéric répondit que c'était comédie et que si Voltaire avait tant de chagrin, c'est qu'ayant prêté 50.000 écus au duc de Wurtemberg, il avait exigé des intérêts usuraires que le duc ne voulait plus payer. Le roi de Berlin et le roi de Ferney se réconcilieront, en apparence, mais il y faudra du temps et de puissantes raisons d'intérêt.

Le voyage italien dura jusqu'en août 1755. Wilhelmine fut éblouie par Rome, crut se recueillir à Naples devant le tombeau de Virgile, et, séduite par les peintures de Mengs, se laissa gagner aux théories néo-classiques de Winckelmann. Si elle avait vécu plus longtemps, peut-être dans une nature aussi primesautière que la sienne, les impressions reçues auraient-elles provoqué la mort du décor rococo au milieu duquel elle vivait. Chemin faisant, à Avignon, le couple princier s'était engoué d'un assez mauvais sujet, le comte Louis-Alexandre de Mirabeau, frère du marquis, oncle de l'orateur. La cour de Bayreuth était très française. Fils du grand maréchal de la cour lorraine, au temps de Stanislas, le marquis d'Adhémar, procuré à la margrave par Voltaire en 1752, y tenait le premier rang. M. de Montperni gouvernait le théâtre. Mirabeau cadet devint grand chambellan, conseiller privé et protecteur de l'Académie des arts, fondée un peu précipitamment au retour.

Wilhelmine avait cru retrouver la santé en Italie. Elle revint plus malade, touchant au dernier degré de la tuberculose. La guerre de Sept Ans allait commencer. Frédéric parlait de mourir en roi. Wilhelmine jura de ne pas survivre à la ruine de sa maison. Clouée au lit depuis six mois, toussant sans cesse, les mains et les jambes gonflées, elle mourut le 14 octobre 1758, le jour même où son frère était battu à Hochkirch par les Autrichiens. Il éprouva de sa mort un véritable chagrin et pleura beaucoup. Voltaire fit une ode à la gloire de Guillemette :

> *Ô Bareith ! Ô Vertu, ô grâces adorées...*

Mais l'éloge funèbre n'était pas son fort. Le poème est plus agité qu'ému. En le publiant, il ne put s'empêcher d'y coudre, en notes, toutes sortes de malices contre ses ennemis et contre ceux de la philosophie. La margrave méritait mieux. Spirituelle, piquante, capable d'affection comme de satire et de stoïcisme, elle doit avoir sa place parmi les mémorialistes français. Sainte-Beuve prétend qu'il lui manque certaine beauté idéale. Mais qui parle de beauté idéale ? C'est vérité, réalisme qu'il faut dire, pour lui reconnaître ses vrais mérites d'écrivain.

PIERRE GAXOTTE
de l'Académie française.

MÉMOIRES
DE LA
MARGRAVE
DE BAYREUTH

[1706-1731]

Frédéric Guillaume, roi de Prusse, alors prince royal, épousa l'année 1706 Sophie Dorothée d'Hannovre[1]. Le roi Frédéric Ier son père lui avoit donné à choisir entre trois princesses qui étoient celle de Suède, sœur de Charles XII., celle de Saxe-Zeitz, et celle d'Orange, nièce du prince d'Anhalt[2]. Celui-ci qui de tout temps avoit été tendrement chéri du prince royal, s'étoit fort flatté, que son choix tomberoit sur sa nièce. Mais le cœur du prince royal étant épris des charmes de la princesse d'Hannovre, il refusa ces trois partis et sut par ses prières et ses intrigues obtenir le consentement du roi son père pour son mariage avec elle.

Il est juste, que je donne une idée du caractère des principales personnes qui composoient la cour de Berlin, et surtout de celui du prince royal. Ce prince, dont l'éducation avoit été confiée au comte Dona, possède toutes les qualités qui doivent composer un grand homme. Son génie est élevé et capable des plus grandes actions ; il a la conception aisée, beaucoup de jugement et d'application ; son cœur est naturellement bon ; depuis sa tendre jeunesse il a toujours montré un penchant décidé pour le militaire ; c'étoit sa passion dominante, et il l'a justifiée par l'ordre excellent dans lequel il a mis son armée. Son tempérament est vif et bouillant et l'a porté souvent à des violences qui lui ont causé depuis de cruels repentirs. Il préféroit la plupart du temps la justice à la clémence. Son attachement excessif pour l'argent lui a attiré le titre d'avare. On ne peut cependant lui reprocher ce vice qu'à l'égard de sa personne et de sa famille. Car il combloit de biens ses favoris et ceux qui le servoient avec attachement.

Les fondations charitables et les églises qu'il a bâties sont une preuve de sa piété. Sa dévotion alloit jusqu'à la bigoterie ; il n'aimoit ni le faste, ni le luxe. Il étoit soupçonneux, jaloux et souvent dissimulé. Son gouverneur avoit pris soin de lui inspirer du mépris pour le sexe. Il avoit si mauvaise opinion de toutes les femmes que ses préjugés causèrent bien du chagrin à la P. R. dont il étoit jaloux à toute outrance.

Le prince d'Anhalt peut être compté parmi les plus grands capitaines de ce siècle. Il joint à une expérience consommée dans les armes un génie très propre pour les affaires. Son air brutal inspire de la crainte, et sa physionomie ne dément pas son caractère. Son ambition démesurée le porte à tous les crimes, pour parvenir à son but. Il est ami fidèle mais ennemi irréconciliable, et vindicant à l'excès envers ceux qui ont le malheur de l'offenser. Il est cruel et dissimulé, son esprit est cultivé et très-agréable dans la conversation quand il le veut. Mr. de Grumkow peut passer pour un des plus habiles ministres qui aient paru depuis long-temps, c'est un homme très-poli, d'une conversation aisée et spirituelle, avec un esprit cultivé, souple et insinuant il plaît surtout par le talent de satiriser impitoyablement, faculté fort en vogue dans le siècle où nous sommes. Il sait joindre le sérieux à l'agréable. Tous ces beaux dehors renferment un cœur fourbe, intéressé et traître. Sa conduite est des plus déréglées, tout son caractère n'est qu'un tissu de vices, qui l'ont rendu l'horreur de tous les honnêtes gens.

Tels étoient les deux favoris du P. R. On juge bien qu'étant l'un et l'autre d'intelligence et amis intimes, ils étoient très-capables de corrompre le cœur d'un jeune prince et de bouleverser tout un État. Leur projet de régner se voyoit dérouté par le mariage du P. R. Le prince d'Anhalt ne pouvoit pardonner à la princesse royale la préférence qui lui avoit été donnée sur sa nièce. Il craignoit qu'elle ne s'emparât du cœur de son époux. Pour y mettre obstacle il essaya de semer de la mésintelligence entre eux, et profitant du penchant que le P. R. avoit à la jalousie, il tâcha de lui en inspirer pour son épouse. Cette pauvre princesse souffroit des martyres par les emportements du P. R. et quelques preuves qu'elle pût lui donner de sa vertu, il n'y eut que la patience qui pût le faire revenir des préjugés qu'on lui avoit donnés contre elle.

Cette princesse devint cependant enceinte et accoucha en 1707 d'un fils. La joie que causa cette naissance fut bientôt convertie en deuil, ce prince étant mort un an après. Une seconde grossesse releva l'espoir de tout le pays. La P. R. mit au monde le 3 Juillet 1709 une princesse qui fut très-mal reçue, tout le monde désirant passionnément un prince. Cette fille est ma petite figure. Je vis le jour dans le temps que les rois de Danemarc et de Pologne étoient à Potsdam, pour y signer le traité d'alliance contre Charles XII. roi de Suède, afin de pacifier les troubles de Pologne. Ces deux monarques et le roi, mon grand-père, furent mes parrains et assistèrent à mon baptême, qui se fit en grande cérémonie et

avec pompe et magnificence. On me nomma Frédérique Sophie Wilhelmine.

Le roi, mon grand-père, prit bientôt beaucoup
de tendresse pour moi. À un an et demi j'étois beaucoup plus avancée que les autres enfans, je parlois
assez distinctement et à deux ans je marchois
seule. Les singeries que je faisois divertissoient ce
bon prince, qui s'amusoit avec moi des journées
entières.

L'année suivante la P. R. accoucha encore d'un
prince, qui lui fut aussi enlevé. Une quatrième grossesse donna au mois de Janvier de l'année 1712 la
vie à un troisième prince, qui fut nommé Frédéric.
Nous fûmes confiés, mon frère et moi, aux soins de
Madame de Kamken, femme du grand-maître de la
garde-robe du roi, et son grand favori. Mais peu de
temps après la P. R. étant allée à Hannovre, pour
voir l'électeur son père, Madame de Kilmannseck
connue depuis sous le nom de Milady Arlington[1], lui
recommanda une demoiselle qui lui servoit de compagnie, pour avoir soin de mon éducation. Cette personne, nommée Letti, étoit fille d'un moine italien,
qui s'étoit enfui de son couvent pour s'établir en Hollande, où il avoit abjuré la foi catholique. Sa plume
lui fournissoit le nécessaire. Il est auteur de l'histoire
de Brandebourg, qui a été fort critiquée, et de la vie
de Charles V. et de Philippe II.

Sa fille avoit gagné sa vie à corriger les gazettes.
Elle avoit l'esprit et le cœur italiens, c'est-à-dire très-
vif, très-souple et très-noir. Elle étoit intéressée,
hautaine et emportée. Ses mœurs ne démentoient
pas son origine, sa coquetterie lui attiroit nombre
d'amans qu'elle ne laissoit pas languir. Ses manières étoient hollandaises c'est-à-dire très-grossières,
mais elle savoit cacher ces défauts sous de si beaux
dehors, qu'elle charmoit tous ceux qui la voyoient.

La P. R. en fut éblouie comme les autres et se détermina à la placer auprès de moi sur le pied de Demoiselle, avec cette prérogative néanmoins, qu'elle me suivroit partout et seroit admise à ma table.

Le prince royal avoit accompagné son épouse à Hannovre. La princesse électorale y étoit accouchée en 1707 d'un prince[1]. Nos âges se convenant, nos parens voulurent resserrer encore plus les nœuds de leur amitié en nous destinant l'un pour l'autre. Mon petit amant commença même en ce temps-là à m'envoyer des présens, et il ne se passoit point de poste que ces deux princesses ne s'entretinssent de l'union future de leurs enfans. Il y avoit déjà quelque temps que le roi, mon grand-père, se trouvoit fort indisposé ; on s'étoit flatté d'un temps à l'autre que sa santé se remettroit, mais sa complexion extrêmement foible ne put résister longtemps aux atteintes de l'étisie. Il rendit l'esprit au mois de Février de l'année 1713. Lorsqu'on lui annonça la mort, il se soumit avec fermeté et avec résignation aux décrets de la providence. Sentant approcher sa fin, il prit congé du prince et de la P. R. et leur recommanda le salut du pays et le bien de ses sujets. Il nous fit appeler ensuite, mon frère et moi, et nous donna sa bénédiction à 8 heures du soir. Sa mort suivit de près cette lugubre cérémonie. Il expira le 25 regretté et pleuré généralement de tout le royaume.

Le jour même de sa mort le roi Frédéric Guillaume son fils se fit donner l'état de sa cour et la réforma entièrement, à condition que personne ne s'éloigneroit avant l'enterrement du feu roi. Je passe sous silence la magnificence de ces obsèques. Elles ne se firent que quelques mois après. Tout changea de face à Berlin. Ceux qui voulurent conserver les bonnes grâces du nouveau roi, endossèrent le casque et la cuirasse : tout devint militaire et il ne resta plus

la moindre trace de l'ancienne cour. Mr. de Grumkow fut mis à la tête des affaires et le prince d'Anhalt
reçut le détail de l'armée. Ce furent ces deux personnages, qui s'emparèrent de la confiance du jeune
monarque, et qui lui aidèrent à supporter le poids
des affaires. Toute cette année ne se passa qu'à les
régler et à mettre ordre aux finances qui se trouvoient un peu dérangées par les profusions immenses du feu roi.

L'année suivante produisit un nouvel événement
très-intéressant pour le roi et la reine. Ce fut la mort
de la reine Anne de la grande Bretagne[1]. L'électeur
d'Hannovre devenu son héritier par l'exclusion du
prétendant ou plutôt du fils de Jacques II., passa en
Angleterre pour y monter sur le trône. Le prince
électoral, son fils, l'y accompagna et prit le titre de
prince de Galles. Celui-ci laissa le prince son fils,
nommé duc de Glocestre, à Hannovre, ne voulant
pas risquer de lui faire passer la mer dans un âge si
tendre. La reine, ma mère, accoucha dans le même
temps d'une princesse, laquelle fut nommée Frédérique Louise.

Cependant mon frère étoit d'une constitution très-
foible. Son humeur taciturne et son peu de vivacité
donnoient de justes craintes pour ses jours. Ses
maladies fréquentes commencèrent à relever les
espérances du prince d'Anhalt. Pour soutenir son
crédit et en acquérir davantage, il persuada au roi
de me faire épouser son neveu. Ce prince étoit cousin germain du roi. L'électeur Frédéric Guillaume,
leur ayeul, avoit eu deux femmes. De la princesse
d'Orange qu'il épousa en premières noces il eut
Frédéric I. et deux princes qui moururent peu après
leur naissance.

La seconde épouse, princesse de Holstein-Glucks-
bourg, veuve du duc Charles Louis de Lunebourg,

lui donna cinq princes et trois princesses, savoir Charles qui mourut empoisonné en Italie, par les ordres du roi son frère, le prince Casimir, empoisonné de même par une princesse de Holstein, qu'il avoit refusé d'épouser, les princes Philippe Albert et Louis. Le premier de ces trois princes épousa une princesse d'Anhalt, sœur de celui dont j'ai fait le portrait. Il eut d'elle deux fils et une fille. Le Margrave Philippe étant mort, son fils aîné, le Margrave de Schwed devint premier prince du sang et héritier présomptif de la couronne, en cas d'extinction de la ligne royale. Dans ce dernier cas tous les pays et les biens allodiaux me tomboient en partage. Le roi n'ayant qu'un fils, le prince d'Anhalt, appuyé de Grumkow, lui fit concevoir que sa politique exigeoit de lui qu'il me fît épouser son cousin, le Margrave de Schwed. Ils lui représentèrent que la santé délicate de mon frère ne permettoit pas qu'on fît grand fonds sur ses jours, que la reine commençoit à devenir si replète, qu'il étoit à craindre qu'elle n'eût plus d'enfans ; que le roi devoit penser d'avance à la conservation de ses États qui seroient démembrés, si je faisois un autre parti, et enfin, que s'il avoit le malheur de perdre mon frère, son gendre et son successeur lui tiendroient lieu de fils.

Le roi se contenta pendant quelque temps de ne leur donner que des réponses vagues, mais ils trouvèrent enfin moyen de l'entraîner dans des parties de débauche, où, échauffé de vin, ils obtinrent de lui ce qu'ils voulurent. Il fut même conclu que le Margrave de Schwed auroit dorénavant les entrées chez moi, et qu'on tâcheroit par toutes sortes de moyens de nous donner de l'inclination l'un pour l'autre. La Letti, gagnée par la clique d'Anhalt, ne cessoit de me parler du Margrave de Schwed, et de le louer,

ajoutant toujours qu'il deviendroit un grand roi et
que je serois bien heureuse, si je pouvois l'épouser.

Ce prince, né en 1700, étoit fort grand pour son
âge. Son visage est beau, mais sa physionomie n'est
point revenante. Quoiqu'il n'eût que 15 ans, son
méchant caractère se manifestoit déjà, il étoit brutal et cruel, il avoit des manières rudes et des inclinations basses. J'avois une antipathie naturelle pour
lui, et je tâchois de lui faire des niches, et de l'épouvanter, car il étoit poltron. La Letti n'entendoit pas
raillerie là-dessus et me punissoit sévèrement. La
reine qui ignoroit le but des visites, que me faisoit
ce prince, les souffroit d'autant plus facilement
que je recevois celles des autres princes du sang et
qu'elles étoient sans conséquence dans un âge aussi
tendre que le mien. Malgré tout ce qu'on avoit pu
faire jusqu'alors, les deux favoris n'avoient pu venir
à bout de mettre la mésintelligence entre le roi et la
reine. Mais quoique le roi aimât passionnément cette
princesse, il ne pouvoit s'empêcher de la maltraiter
et ne lui donnoit aucune part dans les affaires. Il en
agissoit ainsi parce que, disoit-il, il falloit tenir les
femmes sous la férule, sans quoi elles dansoient sur
la tête de leurs maris.

Elle ne fut pourtant pas long-temps sans apprendre le plan de mon mariage. Le roi lui en fit la confidence ; ce fut un coup de foudre pour elle. Il est juste
que je donne ici une idée de son caractère et de sa
personne. La reine n'a jamais été belle, ses traits sont
marqués et il n'y en a aucun de beau. Elle est blanche, ses cheveux sont d'un brun foncé, sa taille a
été une des plus belles du monde. Son port noble et
majestueux inspire du respect à tous ceux qui la
voient ; un grand usage du monde et un esprit
brillant semblent promettre plus de solidité qu'elle
n'en possède. Elle a le cœur bon, généreux et bien-

faisant, elle aime les beaux arts et les sciences, sans
s'y être trop appliquée. Chacun a ses défauts, elle
n'en est pas exempte. Tout l'orgueil et la hauteur de
la maison d'Hannovre sont concentrés en sa personne. Son ambition est excessive ; elle est jalouse à
l'excès, d'une humeur soupçonneuse et vindicative,
et ne pardonnant jamais à ceux dont elle croit avoir
été offensée.

L'alliance qu'elle avoit projetée avec l'Angleterre
par l'union de ses enfans lui tenoit fort à cœur, se
flattant de parvenir peu à peu à gouverner le roi.
Son autre point de vue étoit de se faire une forte
protection contre les persécutions du prince d'Anhalt
et enfin d'obtenir la tutelle de mon frère en cas que
le roi vînt à manquer. Ce prince se trouvoit souvent
incommodé, et on avoit assuré la reine qu'il ne pouvoit vivre long-temps.

Ce fut environ en ce temps-là que le roi déclara
la guerre aux Suédois[1]. Les troupes prussiennes
commencèrent à marcher au mois de Mai en Poméranie où elles se joignirent aux troupes danoises et
saxonnes. On ouvrit la campagne par la prise de la
forte ville de Vismar. Toute l'armée réunie au nombre de 36,000 hommes marcha ensuite vers Stralsund pour en former le siège. La reine, ma mère,
quoique derechef enceinte, suivit le roi à cette expé-
dition. Je ne ferai point le détail de cette campagne,
elle finit glorieusement pour le roi mon père, qui se
rendit maître d'une grande partie de la Poméranie
suédoise. On me confia uniquement pendant l'absence de la reine aux soins de la Letti, et Madame de
Roukoul qui avoit élevé le roi fut chargée de l'éducation de mon frère. La Letti se donna un soin infini
pour me cultiver l'esprit, elle m'apprit les principaux
élémens de l'histoire et de la géographie, et tâcha en
même temps de me former les manières. La quantité

de monde que je voyois contribuoit à me dégourdir, j'étois fort vive et chacun se faisoit un plaisir de s'amuser avec moi.

La reine fut charmée de ma petite figure à son retour. Les caresses qu'elle me prodigua me causèrent une telle joie, que tout mon sang en étant bouleversé, je pris une hémorragie, qui pensa m'envoyer à l'autre monde. Ce ne fut que par un miracle que je réchappai de cet accident, qui me tint quelques semaines au lit. Je ne fus pas plutôt rétablie, que la reine voulut profiter de la prodigieuse facilité que j'avois à apprendre ; elle me donna plusieurs maîtres, entr'autres ce fameux la Croze qui a été célèbre pour son savoir dans l'histoire, dans les langues orientales et dans les antiquités sacrées et profanes. Les maîtres qui se succédoient l'un à l'autre, m'occupoient tout le jour et ne me laissoient que très-peu de temps pour mes récréations.

La cour de Berlin, quoique les cavaliers, qui la composoient, fussent presque tous militaires, étoit cependant très-nombreuse par l'affluence des étrangers qui s'y trouvoient. La reine tenoit appartement tous les soirs pendant l'absence du roi. Ce prince étoit la plupart du temps à Potsdam, petite ville à quatre milles de Berlin. Il y vivoit plutôt en gentilhomme qu'en roi, sa table étoit frugalement servie, il n'y avoit que le nécessaire. Son occupation principale étoit de discipliner un régiment qu'il avoit commencé à former pendant la vie de Frédéric Ier, et qui étoit composé de colosses de 6 pieds de hauteur. Tous les souverains de l'Europe s'empressoient à le recruter. On pouvoit nommer ce régiment le canal des grâces, car il suffisoit de donner ou de procurer de grands hommes au roi pour en obtenir tout ce qu'on souhaitoit. Il alloit l'après-midi à la chasse et tenoit tabagie le soir avec ses généraux.

Il y avoit en ce temps-là beaucoup d'officiers suédois à Berlin, qui avoient été faits prisonniers au siège de Stralsund. Un de ces officiers, nommé Cron, s'étoit rendu fameux par son savoir dans l'astrologie judiciaire. La reine fut curieuse de le voir. Il lui pronostiqua, qu'elle accoucheroit d'une princesse. Il prédit à mon frère qu'il deviendroit un des plus grands princes qui eussent jamais régné, qu'il feroit de grandes acquisitions et qu'il mourroit Empereur. Ma main ne se trouva pas si heureuse que celle de mon frère. Il l'examina long-temps et branlant la tête il dit, que toute ma vie ne seroit qu'un tissu de fatalités, que je serois recherchée par quatre têtes couronnées, celles de Suède, d'Angleterre, de Russie et de Pologne, et que cependant je n'épouserois jamais aucun de ces rois. Cette prédiction s'accomplit comme nous le verrons dans la suite.

Je ne puis m'empêcher de rapporter ici une aventure qui mettra le lecteur au fait du caractère de Grumkow, et quoiqu'elle n'ait aucun rapport avec les mémoires de ma vie elle ne laissera pas que d'amuser. La reine avoit parmi ses Dames une demoiselle de Vagnitz qui étoit dans ce temps-là sa favorite. La mère de cette fille étoit gouvernante de la Margrave Albert, tante du roi. Madame de Vagnitz cachoit sous un dehors de dévotion la conduite la plus scandaleuse, son esprit d'intrigues la portant à se prostituer, elle et ses filles, aux favoris du roi et à ceux qui étoient mêlés dans les affaires ; de façon qu'elle apprenoit par leur moyen les secrets de l'État qu'elle vendoit aussitôt au comte de Rottenbourg, ministre de France.

Madame de Vagnitz pour parvenir à ses fins s'associa Mr. Kreutz, favori du roi. Cet homme étoit fils d'un bailli. D'auditeur d'un régiment, il étoit monté au grade de directeur des finances et de ministre

d'État. Son âme étoit aussi basse que sa naissance ;
c'étoit un assemblage de tous les vices. Quoique son
caractère fût très-ressemblant à celui de Grumkow,
ils étoient ennemis jurés étant réciproquement
jaloux de leur faveur. Kreutz avoit la bienveillance
du roi par le soin qu'il s'étoit donné d'accumuler les
trésors de ce prince et d'augmenter ses revenus aux
dépens du pauvre peuple. Il fut charmé du projet de
Madame de Vagnitz ; il étoit conforme à ses vues.
En plaçant une maîtresse, il se faisoit un soutien et
par ce moyen il pouvoit parvenir à détruire la faveur
de Grumkow et à s'emparer seul de l'esprit du roi et
des affaires. Il se chargea d'instruire la future sultane
des démarches, qu'elle devoit faire, pour réussir. Diverses entrevues qu'il eut avec elle lui inspirèrent
une forte passion pour cette fille. Il étoit puissam-
ment riche. Les magnifiques présens, qu'il fit, désar-
mèrent bientôt sa cruauté, elle se livra à lui sans
perdre néanmoins de vue son premier plan. Kreutz
avoit des émissaires secrets autour du roi. Ces malheureux tâchoient par divers discours lâchés à propos de le dégoûter de la reine. On lui vantoit même
la beauté de la Vagnitz, et on ne laissoit échapper
aucune occasion de prôner le bonheur qu'il y auroit,
de posséder une si charmante personne. Grumkow
qui avoit des espions partout, n'ignora pas long-
temps ces menées. Il vouloit bien que le roi eût des
maîtresses, mais il vouloit les lui donner. Il résolut
donc de rompre toute cette intrigue et de se servir
des mêmes armes que Kreutz vouloit employer
contre lui pour le ruiner. La Vagnitz étoit belle
comme un ange, mais son esprit n'étoit qu'emprunté.
Mal élevée, elle avoit le cœur aussi mauvais que sa
mère et y joignoit une hauteur insupportable. Sa
langue médisante déchiroit impitoyablement ceux
qui avoient le malheur de lui déplaire.

On juge bien par là, qu'elle n'avoit guère d'amis.
Grumkow l'ayant fait épier, apprit qu'elle avoit de
grandes conférences avec Kreutz et qu'il sembloit
qu'elles ne rouloient pas toujours sur des affaires
d'État. Pour s'en éclaircir tout-à-fait, il se servit d'un
marmiton, auquel il trouva l'esprit assez délié pour
le personnage, qu'il devoit faire. Il prit le temps que
le roi et la reine étoient à Stralsund pour exécuter
son dessein. Une nuit que tout étoit enseveli dans le
sommeil, il se fit une rumeur épouvantable dans le
palais. Tout le monde se réveille croyant que c'étoit
du feu, mais on fut bien surpris d'apprendre que
c'étoit un spectre qui causoit tout ce bruit. Les gardes placés devant l'appartement de mon frère et
devant le mien étoient à demi morts de peur et
disoient avoir vu ce revenant passer et enfiler une
galerie qui menoit chez les Dames de la reine. L'officier de la garde redouble d'abord les postes qui
étoient devant nos chambres et alla visiter tout le
château lui-même, sans rien trouver. Cependant dès
qu'il se fut retiré l'esprit reparut et épouvanta si fort
les gardes qu'on les trouva évanouis. Ils disoient
que c'étoit le grand diable que les sorciers suédois
envoyoient pour tuer le prince royal.

Le lendemain toute la ville fut en alarme, on crai-
gnit que ce ne fût quelque trame des Suédois, qui
avec l'assistance de cet esprit pourroient bien mettre le feu au palais et tâcher de nous enlever, mon
frère et moi. On prit donc toutes les précautions
nécessaires pour notre sûreté et pour tâcher d'attraper le spectre. Ce ne fut que la troisième nuit qu'on
prit ce soi-disant diable. Grumkow par son crédit
trouva moyen de le faire examiner par ses créatures. Il en fit une badinerie auprès du roi et fit changer la punition rigoureuse que ce prince vouloit faire
subir à ce malheureux en celle d'être trois jours de

suite sur l'âne de bois avec tout son attirail de revenant. Cependant Grumkow apprit par le faux diable
ce qu'il vouloit savoir, c'est-à-dire les entrevues
nocturnes de Kreutz et de la Vagnitz. Outre cela
la femme de chambre de cette Dame qu'il trouva
moyen de gagner à force d'argent, lui rapporta, que
sa maîtresse avoit déjà fait une fausse couche, et
qu'elle étoit actuellement enceinte. Il attendit le
retour du roi à Berlin pour lui faire part de cette
histoire scandaleuse.

Ce prince se mit dans une violente colère contre
cette fille, il voulut la faire chasser sur-le-champ de
la cour mais la reine obtint à force de prières qu'elle
y restât encore quelque temps pour chercher un
prétexte de la congédier de bonne grâce. Le roi ne
lui accorda qu'avec beaucoup de peine ce répit, il
exigea cependant de la reine qu'elle lui signifieroit
le même jour son congé. Il lui conta toutes les intrigues de cette fille et les peines qu'elle s'étoit données
pour devenir sa maîtresse. La reine l'envoya chercher. Cette princesse avoit pour cette créature un
foible qu'elle ne pouvoit surmonter. Elle lui parla
en présence de Madame de Roukoul[1] qui ne voulut
pas la quitter dans l'état où elle étoit, étant enceinte.
Elle lui exposa l'ordre du roi et lui répéta tout le
discours de ce prince. « Il faut vous soumettre aux
volontés du roi, ajouta-t-elle ; j'accouche dans trois
mois ; si je donne la naissance à un fils, la première
chose que je ferai sera de demander votre grâce. »
La Vagnitz, bien loin de reconnoître les bontés de la
reine, avoit eu peine à entendre la fin de son discours. Elle lui déclara tout net, qu'elle avoit de puissants soutiens qui sauroient la protéger.

La reine voulut lui répliquer, mais cette fille entra
dans une si violente colère qu'elle fit mille imprécations contre la reine et contre l'enfant qu'elle

portoit. La rage qui la possédoit lui fit prendre les
convulsions. Madame de Roukoul emmena la reine
qui étoit fort altérée ; cette princesse ne voulut point
informer le roi de toute cette conversation, espérant
toujours pouvoir le radoucir, mais la Vagnitz rompit elle-même ces bonnes dispositions. Elle fit affi-
cher le lendemain une pasquinade sanglante contre
le roi et la reine. On en découvrit bientôt l'auteur.
Le roi n'entendant plus raillerie la fit chasser ignominieusement de la cour. Sa mère la suivit de près.
Grumkow découvrit au roi les intrigues de cette
Dame avec le ministre de France. Elle fut heureuse
d'en être quitte pour l'exil, et de n'être pas enfermée
pour le reste de ses jours dans une forteresse. Kreutz
se maintint dans sa faveur malgré toutes les peines
que son antagoniste s'étoit données pour le détruire.
Pour la reine, elle se consola bientôt de la perte de
cette fille. Madame de Blaspil obtint sa place de
favorite auprès d'elle. La reine fut délivrée d'un fils
peu de temps après cette belle aventure. Sa naissance causa une joie générale, il fut nommé
Guillaume. Ce prince mourut en 1719 de la dyssenterie. La sœur du Margrave de Schwed se maria
aussi cette année avec le prince héréditaire de
Wurtemberg[1]. Les caprices de cette princesse sont
cause, que le duché de Wurtemberg est tombé entre
les mains des catholiques.

Je finirai cette année par l'accomplissement d'une
des prophéties que l'officier suédois m'avoit faites.
Le comte Poniatofski[2] arriva en ce temps-là incognito à Berlin, il y étoit envoyé de la part de Charles XII., roi de Suède. Comme le comte avoit connu
très-particulièrement le grand maréchal de Printz
dans le temps qu'ils étoient l'un et l'autre ambassa-
deurs en Russie, il s'adressa à lui pour obtenir une
audience secrète du roi. Ce prince se rendit sur la

brune chez Mr. de Printz qui logeoit dans ce temps-
là au château. Mr. de Poniatofski lui fit des propositions très-avantageuses de la part de la cour de
Suède, et il conclut un traité avec ce prince, qu'on a
toujours pris soin de tenir si caché, que je n'ai pu
en apprendre que deux articles. Le premier, que le
roi de Suède céderoit pour toujours la Poméranie
suédoise au roi, et que celui-ci lui payeroit une
somme très-considérable pour l'en dédommager. Le
second article étoit la conclusion de mon mariage
avec le monarque suédois, il étoit stipulé que je
serois conduite en Suède à l'âge de douze ans pour
y être élevée.

Je n'ai pu jusqu'à présent que raconter des faits
qui ne me regardoient pas personnellement. Je
n'avois que huit ans. Mon âge trop tendre ne me permettoit pas de prendre part à ce qui se passoit.
J'étois occupée tous les jours par mes maîtres et mon
unique récréation étoit de voir mon frère. Jamais
tendresse n'a égalé la nôtre. Il avoit de l'esprit, son
humeur étoit sombre, il pensoit long-temps avant
que de répondre, mais en récompense, il répondoit
juste. Il n'apprenoit que très-difficilement, et on
s'attendoit, qu'il auroit avec le temps plus de bon
sens que d'esprit. J'étois au contraire très-vive, j'avois
la réplique prompte et une mémoire angélique ; le
roi m'aimoit à la passion. Il n'a jamais eu autant
d'attention pour ses autres enfants, que pour moi.
Mon frère en revanche lui étoit odieux et ne paroissoit jamais à sa vue sans en être maltraité, ce qui lui
inspira une crainte invincible pour son père, et qu'il
a conservée même jusqu'à l'âge de raison.

Le roi et la reine firent un second voyage à Hannovre. Le roi de Suède et celui de Prusse ayant
mûrement réfléchi sur l'alliance, qui devoit unir
leurs maisons, avoient trouvé nos âges si dispropor-

tionnés qu'ils résolurent de la rompre. Celui de
Prusse se proposa de renouer celle qui avoit déjà
été sur le tapis avec le duc de Glocestre.

Le roi Georges Ier d'Angleterre se prêta avec joie
à ces desseins, mais il souhaita, qu'un double
mariage pût resserrer encore plus étroitement les
nœuds de leur amitié, savoir celui de mon frère et de
la princesse Amélie, seconde sœur de ce duc. Cette
double alliance fut conclue, au grand contentement
de la reine, qui l'avoit toujours souhaitée si ardem-
ment. Cette princesse nous porta les bagues de
promesse, à mon frère et à moi. J'entrai même en
correspondance avec mon petit amant, et en reçus
plusieurs présents. Les intrigues du prince d'Anhalt
et de Grumkow continuoient toujours. La naissance
de mon second frère n'avoit fait que déranger leurs
projets, sans les leur faire perdre de vue. Il n'étoit
pas temps de les faire éclater.

La nouvelle alliance que le roi venoit de contracter
avec l'Angleterre, ne leur parut pas un grand obstacle à surmonter. Les intérêts des maisons de Brandebourg et d'Hannovre ayant toujours été opposés,
ils s'attendoient bien que leur union ne seroit pas
de durée. Ils connoissoient à fond l'humeur du roi,
qui se laissoit facilement animer, et qui dans sa première passion ne gardoit point de mesure, et n'agissoit pas selon la politique. Ils résolurent donc
d'attendre tranquillement jusqu'à ce qu'ils pussent
trouver un incident conforme à leurs vues. Ce fut
en cette année qu'on découvrit une trame secrète,
qu'un nommé Clément avoit formée. Il fut accusé
de crime de lèse-majesté, d'avoir contrefait la signature de plusieurs grands princes, et tâché de
brouiller les diverses grandes puissances entre elles.
Ce Clément se trouvoit à la Haye, et avoit écrit plusieurs fois au roi. Sa mauvaise conscience ne lui

permettoit pas de sortir de cet asile, et le roi n'avoit
pu venir à bout de l'attirer dans son pays. Il se servit enfin du ministère d'un ecclésiastique calviniste,
nommé Gablonski, pour se rendre maître de cet
homme. Gablonski qui avoit étudié avec lui, se rendit en Hollande, et sut si bien lui persuader la
bonne réception et les honneurs que le roi vouloit
lui faire, qu'il l'engagea enfin à se rendre avec lui à
Berlin. Aussitôt que Clément eut mis le pied dans le
pays de Clèves, il fut arrêté. On a toujours cru, que
cet homme étoit de grande extraction ; les uns le
disoient fils naturel du roi de Danemarc, et les
autres du duc d'Orléans régent de France. La grande
ressemblance, qu'il avoit avec le dernier de ces princes, a fait juger qu'il lui appartenoit. On commença
son procès, dès qu'il fut arrivé à Berlin. On prétend
qu'il découvrit au roi toutes les intrigues de Grumkow, et qu'il s'offrit à justifier son accusation par
des lettres de ce ministre, qu'il vouloit remettre à ce
prince. Grumkow fut à deux doigts de sa perte.
Mais heureusement pour lui, Clément ne put produire les lettres qu'il avoit promises : ainsi son
accusation fut traitée de calomnie. Les circonstances de son procès ont toujours été tenues si secrètes,
que je n'ai pu en apprendre que le peu de particularités, que je viens d'écrire.

Le procès dura six mois, au bout desquels on lui
prononça sa sentence. Elle portoit qu'il seroit trois
fois tenaillé, et ensuite pendu. Il entendit lire son
arrêt avec une fermeté héroïque et sans changer de
visage. Le roi est maître, dit-il, de ma vie et de ma
mort, je n'ai point mérité cette dernière, j'ai fait ce
que les ministres du roi font tous les jours. Ils tâchent
de duper et de tromper ceux des autres puissances,
et ne sont que d'honnêtes espions dans les cours. Si
j'avois été accrédité comme eux, je serois peut-être

à présent sur le pinacle, au lieu d'aller faire ma demeure au haut du gibet.

Sa constance ne se démentit point jusqu'à son dernier soupir. On peut le compter au nombre des grands génies, il avoit beaucoup de savoir, possédoit plusieurs langues, et charmoit par son éloquence. Il la fit valoir dans une harangue, qu'il fit au peuple. Comme elle a été imprimée, je la passerai sous silence. Lemann, un de ses complices, fut écartelé, ils eurent pour compagnon de malheur un troisième personnage, qui fut puni pour un crime différent du leur. Il se nommoit Heidekamm, et avoit été anobli sous le règne de Frédéric Ier. Il avoit dit et écrit, que le roi n'étoit pas fils légitime. Il fut condamné à être fouetté par les mains du bourreau, déclaré infâme, et enfermé à Spandau pour le reste de ses jours. Pendant la détention de Clément, le roi tomba dangereusement malade à Brandebourg d'une colique néphrétique, accompagnée d'une grosse fièvre. Il dépêcha sur-le-champ une estafette à Berlin, pour en informer la reine et la prier de venir le trouver.

Cette princesse se mit aussitôt en chemin, et fit tant de diligence, qu'elle arriva le soir à Brandebourg. Elle trouva le roi très-mal. Le prince persuadé que sa mort étoit prochaine, étoit occupé à faire son testament. Ceux auxquels il dictoit ses dernières volontés, étoient des gens de probité et dont la fidélité étoit reconnue. Il y nommoit la reine régente du royaume, pendant la minorité de mon frère, et l'empereur et le roi d'Angleterre tuteurs du jeune prince. Il n'y faisoit aucune mention de Grumkow ni du prince d'Anhalt, j'en ignore la raison. Il leur avoit cependant dépêché une estafette quelques heures avant l'arrivée de la reine, pour leur ordonner de se rendre auprès de lui. Je ne sais quel incident

retarda leur départ. Le roi n'avoit point signé son
testament, il est à présumer qu'il les faisoit venir
pour le leur communiquer, et pour y insérer peut-
être quelque article pour eux. Il fut si piqué de leur
retardement, et son mal augmenta si fort qu'il ne
différa plus de le souscrire. La reine en reçut une
copie et l'original fut mis dans les archives à Berlin.
L'acte ne fut pas plutôt achevé, que ce prince commença à devenir plus tranquille, son chirurgien-
major Holtzendorff se servit à propos d'un remède
fort en vogue dans ce temps-là, c'étoit l'ipécacuanha.
Cette drogue lui sauva la vie, la fièvre et les douleurs
qu'il enduroit diminuèrent considérablement vers le
matin, et donnèrent de grandes espérances de sa
convalescence. Ce fut le commencement de la fortune et de la faveur de Holtzendorff, dont j'aurai lieu
de parler dans la suite.

Le prince d'Anhalt et son compagnon d'iniquités
arrivèrent cependant vers le matin. Le roi se trouva
fort embarrassé avec eux, s'attendant aux cruels
reproches, qu'ils lui feroient de les avoir exclus de
son testament. Ne sachant comment se tirer d'intrigue, il exigea un serment de la reine, des témoins
et de ceux qui l'avoient dressé d'en ensevelir le
contenu dans un silence éternel.

Malgré toutes les mesures du roi, les deux intéressés apprirent bientôt ce qui venoit de se passer.
Le mystère qu'on leur en faisoit les fit juger de la
vérité du fait ; surtout étant avertis, que la copie de
cette pièce avoit été remise à la reine. Ce fut un coup
assommant pour eux. Le roi étoit mieux, mais non
entièrement hors de danger. Ils n'osèrent lui en parler, la moindre émotion pouvant lui coûter la vie.
Mais leur inquiétude cessa bientôt, son mal diminua si fort qu'il fut entièrement rétabli au bout de
huit jours. Dès qu'il fut en état de sortir, il retourna

à Berlin. De là il se rendit à Vousterhausen, où la reine le suivit. Ce prince devenoit de jour en jour plus soupçonneux et défiant. Depuis la découverte des intrigues de Clément il se faisoit rendre toutes les lettres qui entroient et sortoient de B. et ne se couchoit plus sans avoir son épée et une paire de pistolets chargés à côté de son lit. Le prince d'Anhalt et Grumkow ne dormoient pas, l'affaire du testament leur tenoit toujours fort à cœur, et ils n'avoient pas renoncé à leurs anciens plans. (Le roi et mon frère étoient dans ce temps-là d'une santé assez foible, et mon second frère étoit au berceau.) Leur malignité leur offrit des moyens pour apprendre le contenu de cette pièce intéressante, et pour la tirer peut-être des mains de la reine, ne doutant point, que s'ils pouvoient y parvenir, ils viendroient à bout de faire casser le testament, de brouiller totalement le roi et la reine et d'accomplir leurs desseins. Voici comme ils s'y prirent. J'ai déjà parlé de Madame de Blaspil, favorite de la reine. Cette dame pouvoit passer pour une beauté, un esprit enjoué et solide relevoit les charmes de sa personne. Son cœur étoit noble et droit, mais deux défauts essentiels qui par malheur sont ceux de la plupart du sexe offusquoient ces belles qualités, elle étoit intrigante et coquette. Un mari de soixante ans goutteux et désagréable étoit un ragoût fort peu appétissant pour une jeune femme. Bien des gens prétendoient même qu'elle avoit vécu avec lui comme l'impératrice Pulchérie avec l'empereur Marcien. Le comte de Manteuffel, envoyé de Saxe à la cour de Prusse, avoit trouvé moyen de toucher son cœur. Leur commerce amoureux s'étoit traité jusqu'alors avec tant de secret que jamais on n'avoit eu le moindre soupçon contre la vertu de cette dame. Le comte fit un petit voyage à Dresde. Pour se dédommager de l'absence de celle qu'il aimoit, il lui écrivoit toutes les postes et en recevoit réponse. Cette fatale correspondance fut cause du malheur de Madame de Blaspil, ses lettres et celles de son amant tombèrent entre les mains du roi.

Ce prince défiant soupçonna des intrigues d'État, et pour s'en éclaircir, il les fit voir à Grumkow. Celui-ci plus habile dans le langage d'amour que le roi, devina tout de suite la vérité. Il ne fit semblant de rien, regardant cet incident comme le plus heureux, qui pût lui arriver. Il étoit ami intime de Manteuffel, et très-bien dans l'esprit du roi de Pologne[1]. Ce prince avoit de grands ménagemens à garder avec la cour de Berlin. Charles XII. roi de Suède vivoit encore, ce qui lui faisoit toujours appréhender de nouvelles révolutions en Pologne, dont l'appui du roi mon père pouvoit le garantir. Grumkow lui promit son ministère, et s'engagea d'entretenir toujours la bonne harmonie entre les deux cours, s'il vouloit se prêter à ses vues et donner des instructions là-dessus au comte Manteuffel. Le roi de Pologne n'hésita pas d'y consentir, et renvoya ce ministre à Berlin. Grumkow s'ouvrit à lui sur toute l'histoire du testament, il l'avertit même qu'il étoit informé de son commerce amoureux avec Madame de Blaspil, et que le service qu'on exigeoit de lui étoit d'engager cette dame à tirer le testament du roi des mains de la reine. L'affaire étoit délicate, Manteuffel connoissoit l'attachement qu'elle avoit pour cette princesse. Cependant il hasarda de lui en parler. Madame de Blaspil eut bien de la peine à se rendre à ses désirs, mais l'amour lui fit enfin oublier ce qu'elle se devoit à elle-même et à sa maîtresse. Madame de Blaspil aveuglée par les protestations d'attachement que Manteuffel disoit avoir pour la reine, ne crut pas la chose de si grande conséquence, et connoissant l'empire absolu qu'elle avoit sur le cœur de cette princesse, elle joua tant de rôles différens, qu'elle vint enfin à bout de lui persuader de lui confier cette fatale pièce, à condition néanmoins qu'elle la lui rendroit après l'avoir lue.

. . . .

. . . .

la suivit ne fut pas moins fertile en événements. Dès que le comte Manteuffel se vit possesseur du testament du roi, il en tira une copie qu'il remit à Grumkow. Les projets de ce ministre ne se trouvoient remplis qu'à demi, l'original étoit son point de vue. Il ne désespéroit pas qu'en s'y prenant avec adresse, il ne pût l'obtenir avec le temps. La reine commençoit à prendre de l'ascendant sur l'esprit du roi. Elle lui procuroit des recrues pour son régiment, et le roi d'Angleterre lui témoignoit des attentions infinies. La manière froide avec laquelle le roi avoit répondu aux instances que le prince d'Anhalt et Grumkow lui avoient faites pour mon mariage avec le Margrave de Schwed, leur avoit fait connoître que leur faveur tomboit. Plusieurs circonstances les confirmoient dans cette pensée. Le roi ne se montroit plus que rarement en public, il avoit une espèce d'hypocondrie, qui le rendoit mélancolique, il ne voyoit que la reine et ses enfans, et dînoit en particulier avec nous. Pour prévenir leur disgrâce, ils entreprirent de diminuer le crédit de la reine. On peut remarquer par le portrait que j'ai fait du roi, qu'il étoit facile de l'animer, et qu'un de ses défauts principaux étoit son attachement pour l'argent. Grumkow voulut profiter de ces foiblesses. Il fit part de son dessein à Mr. de Kamken, ministre d'État. Mais cet honnête homme en fit avertir la reine. Cette princesse aimoit le jeu, et y avoit fait des pertes considérables, ce qui l'avoit engagée à

emprunter secrètement un capital de 30,000 écus.
Le roi lui avoit fait présent depuis peu d'une paire de
pendeloques de brillants et percées, de très-grand
prix. Elle ne les portoit que rarement, les ayant plusieurs fois perdues. Grumkow qui avoit des espions
partout, fut bientôt informé du mauvais état de ses
affaires, et jugeant que la reine avoit engagé ces
pendeloques pour avoir le capital dont je viens de
parler, il résolut d'en avertir le roi qu'il connoissoit
assez pour savoir d'avance qu'il en seroit vivement
piqué. La reine ne manqua pas de prévenir ce
prince, et de lui faire voir ses . . . .
. . . . accusations, qu'on
méditoit contre elle. Outrée du mauvais procédé de
Grumkow, elle supplia le roi de lui permettre d'en
tirer satisfaction. Et sur la réponse qu'il lui fit qu'on
ne pouvoit punir personne sans preuve suffisante,
elle eut l'imprudence de lui avouer que c'étoit Mr.
de Kamken, qui lui avoit donné l'avis. Le roi l'envoya
chercher sur-le-champ. La façon gracieuse dont il le
reçut, l'encouragea à soutenir ce qu'il avoit avancé
à la reine. Il y ajouta même plusieurs articles très-
graves contre Grumkow. Mais n'étant informé de
ses projets, que par des conversations qu'il avoit eues
avec lui sans témoins, la négative de l'autre pré-
valut, et celui-ci fut envoyé à Spandau. Cette forteresse qui n'est qu'à 4 lieues de Berlin, fut bientôt
après remplie d'illustres prisonniers. Un nommé
Trosqui, gentil-homme silésien, venoit d'être arrêté.
Cet homme avoit fait le métier d'espion au camp
suédois, pendant la campagne de Stralsund. Quoiqu'il
eût utilement servi le roi, ce prince ne pouvoit le
souffrir, et conservoit une secrète défiance contre
lui. On l'accusoit d'avoir joué à Berlin le même rôle,
qu'il avoit joué au camp suédois. Ses papiers qui
furent saisis, le prouvèrent en quelque manière.

Trosqui avoit infiniment d'esprit, et écrivoit très-joliment ; ces deux talens lui tenoient lieu de figure. Sa cassette contenoit toutes les anecdotes amoureuses de la cour, dont il avoit fait une satire très-mordante, et quantité de lettres qu'il avoit reçues de plusieurs dames de Berlin, où le roi n'étoit pas ménagé. Celles de Madame de Blaspil étoient très-fortes contre ce prince, qu'elle traitoit de tyran et d'horrible Scriblifax. Grumkow, qui fut nommé pour examiner ces papiers, saisit cette occasion pour perdre cette dame. Il lui avoit confié une partie de ses projets, dans l'espérance de l'attirer à son parti, et de se faire donner le testament du roi. Madame de Blaspil qui avoit pénétré ses desseins, l'avoit amusé par de fausses promesses, pour lui arracher ses secrets. N'ayant point de preuves suffisantes contre lui, et le malheur de Kamken étant encore récent, elle n'osa les découvrir au roi, jusqu'à ce qu'elle en pût produire de convaincantes. Grumkow ayant fait lire au roi les lettres qu'elle avoit écrites à Trosqui, et l'ayant fort prévenu contre elle, ce prince l'envoya chercher et après lui avoir dit des choses très-dures il lui fit voir ces fatales lettres. Elle ne se démonta point . . . .
. . . . de sa main et que leur contenu étoit véritable, elle prit occasion de lui reprocher tous ses défauts, ajoutant que malgré tout ce qu'elle avoit écrit contre lui, elle lui étoit plus attachée que tout le reste du monde, étant la seule qui eût la hardiesse de lui parler avec franchise et sincérité. Son discours plein de force et d'esprit fit impression sur le roi. Après avoir rêvé quelque temps, je vous pardonne, lui dit-il, et je vous suis obligé de votre façon d'agir, vous m'avez persuadé que vous êtes ma véritable amie, en me disant mes vérités ; oublions l'un et l'autre le passé, et soyons

amis. Après quoi lui donnant la main et la condui-
sant chez la reine, voici, dit-il, une honnête femme,
que j'estime infiniment. Madame de Blaspil cependant n'étoit pas tranquille. Elle savoit toutes les circonstances de l'horrible complot que Grumkow et
le prince d'Anhalt tramoient contre le roi et mon
frère. Elle le voyoit sur le point d'éclore et ne savoit
quel parti prendre, trouvant un danger manifeste à
parler ou à se taire. Mais il est temps de dévoiler cet
affreux mystère. Les vues des deux associés d'ini-
quité ne tendoient qu'à mettre le Marg. de Schwed
sur le trône et de s'emparer entièrement du gouvernement.

La santé du roi ainsi que celle du P. R. se raffer-
missoit de jour en jour et dissipoit toutes les idées
flatteuses qu'ils s'étoient faites sur leur trépas prochain. Ils résolurent d'y remédier. La chose étoit
délicate, il n'y alloit pas de moins que de leur vie, et
ils n'attendoient qu'une occasion favorable pour exécuter leur infâme dessein. Cette occasion se présenta
telle qu'ils pouvoient la souhaiter. Il y avoit depuis
quelque temps une bande de danseurs de corde à
Berlin, qui jouoit des comédies allemandes sur un
théâtre assez joli, dressé au marché neuf. Le roi y
prenoit beaucoup de plaisir, et ne manquoit jamais
d'y aller. Ils choisirent cet endroit pour en faire la
scène de leur détestable tragédie. Il s'agissoit d'y
attirer mon frère afin de pouvoir immoler ces deux
victimes à leur abominable ambition. On devoit en
même temps mettre le feu au théâtre et au château
pour détourner tout soupçon d'eux et étrangler le
roi et mon frère pendant le désordre que l'incendie
ne pouvoit manquer de causer : la maison où on
jouoit n'étant que de bois, n'ayant que des issues fort
étroites et étant toujours remplie de façon qu'on ne
pouvoit s'y remuer ; ce qui facilitoit leur dessein.

Leur parti étoit si fort qu'ils étoient sûrs de s'emparer de la régence pendant l'absence du Marg. de Schwed qui étoit encore en Italie, l'armée étant à la bienséance du prince d'Anhalt qui la commandoit, et en étoit fort aimé. Il est à présumer que Manteuffel ayant horreur de cette affreuse conspiration la découvrit à Madame de Blaspil, et lui nomma le jour auquel elle étoit fixée. Je me ressouviens très-bien
. . . .
. . . . Grumkow le pressèrent beaucoup de mener mon frère à la comédie sous prétexte qu'il falloit dissiper son humeur sombre, et le distraire par les plaisirs. C'étoit le mercredi. Le vendredi suivant étoit choisi pour l'exécution de leur plan. Le roi trouvant leur raisonnement juste, y acquiesça. Madame de Blaspil, qui étoit présente et qui savoit leur dessein, en frémit. Ne pouvant plus garder le silence, elle intimida la reine, sans pourtant lui dire de quoi il s'agissoit et lui conseilla d'empêcher à quelque prix que ce fût que mon frère ne suivît le roi. Cette princesse connoissant le génie craintif de mon frère, lui donna des peurs paniques du spectacle et l'épouvanta si fort, qu'il pleuroit quand on en parloit. Le vendredi étant enfin arrivé, la reine après m'avoir fait mille caresses m'ordonna d'amuser le roi, afin de lui faire oublier l'heure fixée pour la comédie, ajoutant que si je ne réussissois pas, et que le roi voulût prendre mon frère avec lui, je devois crier et pleurer et l'arrêter s'il étoit possible. Pour me faire plus d'impression, elle me dit qu'il y alloit de ma vie et de celle de mon frère. Je jouai si bien mon personnage, qu'il étoit six heures et demie, sans que le roi s'en fût aperçu. S'en souvenant tout d'un coup, il se leva et prenoit déjà le chemin de la porte, tenant son fils par la main, lorsque celui-ci commença à se débattre, et à pousser des cris

terribles. Le roi surpris tenta de le ramener par la douceur, mais voyant qu'il n'y gagnoit rien et que ce pauvre enfant ne vouloit pas le suivre, il voulut le battre. La reine s'y opposa, mais le roi, le prenant sur ses bras, voulut l'emporter de force. Ce fut alors que je me jetai à ses pieds, que j'embrassai en les arrosant de mes larmes. La reine se mit au-devant de la porte, le suppliant de rester ce jour au château. Le roi, étonné de cet étrange procédé, en voulut savoir la cause. La reine ne savoit que lui répondre. Mais ce prince naturellement soupçonneux, conjectura qu'il y avoit quelque conspiration contre lui. Le procès de Trosqui n'étoit point fini : il s'imagina que cette affaire donnoit lieu aux appréhensions de la reine. L'ayant donc extrêmement pressée de lui dire de quoi il s'agissoit, elle se contenta, sans lui nommer Madame de Blaspil, de lui répondre, qu'il y alloit de sa vie et de celle de mon frère. Cette dame s'étant rendue le soir chez la reine, jugea qu'après la scène qui venoit de se passer elle ne pouvoit plus se taire. Elle lui découvrit donc tout le complot, la suppliant de lui procurer le lendemain une audience secrète du roi. La reine n'eut pas de peine à l'obtenir. Madame de Blaspil ayant découvert à ce prince toutes les particularités dont elle étoit informée, le roi lui demanda, si elle pourroit soutenir en face à Grumkow ce qu'elle venoit d'avancer, à quoi ayant répondu que oui, ce ministre fut appelé. Il avoit pris ses précautions de loin, et n'avoit pas sujet de craindre. Le fiscal général Katch, homme d'obscure naissance, lui devoit sa fortune. Digne de la protection de Grumkow, c'étoit la vive image du juge inique de l'évangile. Il étoit craint et abhorré de tous les honnêtes gens. Outre cela Grumkow avoit grand nombre de créatures dans la justice et dans les dicastères. Il se présenta donc hardiment au roi qui lui fit part de

la déposition de Madame de Blaspil. Il protesta de
son innocence s'écriant qu'on ne pouvoit être ministre fidèle sans être exposé aux persécutions, et qu'il
paroissoit assez par les lettres de Madame de Blaspil à Trosqui, que cette dame ne cherchoit qu'à intriguer et à brouiller la cour. Il se jeta aux genoux du
roi, le supplia de faire examiner cette affaire à la
rigueur et sans ménagement et s'offrit à prouver
authentiquement la fausseté des accusations. Le roi
fit donc chercher Katch comme Grumkow l'avoit
prévu. Malgré toutes ses menées, ce dernier se vit
à deux doigts de sa perte. Katch sut la prévenir. Il
avoit une dextérité étonnante à dérouter les criminels qui avoient le malheur de l'avoir pour juge.
Des questions captieuses et des tours artificieux
les confondoient. Madame de Blaspil en fut la victime. Elle ne put donner des preuves évidentes de
ses accusations qui furent traitées de calomnie.
Katch voyant le roi dans une violente colère, lui proposa de lui faire donner la question. Un reste d'égard
pour son sexe et pour son rang la sauvèrent de cette
ignominie. Le roi se contenta de l'envoyer le soir
même à Spandau où Trosqui fut conduit quelques
jours après. Cette dame soutint ce revers avec une fermeté héroïque. On la traita au commencement avec
rigueur et dureté. Renfermée dans une chambre
grillée, humide, sans lit ni meubles, elle resta trois
jours dans cet état, ne recevant absolument que ce
qu'il lui falloit pour vivre. Quoique la reine fût enceinte, le roi ne la ménagea pas et lui annonça d'une
façon très-désobligeante le malheur de sa favorite.
Elle en fut si vivement touchée, qu'elle fit craindre
une fausse couche. Outre l'amitié qu'elle avoit pour
Madame de Blaspil, la considération du testament
du roi qui étoit resté entre les mains de cette dame,
lui causoit de mortelles alarmes. Un incident

heureux la tira de peine. Le maréchal de Natzmer, homme d'un mérite infini et d'une probité reconnue, reçut l'ordre de mettre le scellé chez elle. La reine se servit du ministère de son chapelain, nommé Boshart, pour faire savoir au maréchal l'inquiétude où elle se trouvoit, et pour le conjurer de lui remettre le testament du roi. Le chapelain lui détailla le danger que courroit cette princesse, si on trouvoit cette pièce, et s'acquitta si bien de sa commission qu'il l'engagea à satisfaire aux désirs de la reine ; ce qui dérangea fort les desseins de Grumkow. On ne trouva rien de suspect parmi les papiers de Madame de Blaspil et on cessa de faire des poursuites ultérieures.

J'ai appris toutes les particularités que je viens d'écrire de la reine ma mère : elles ne sont connues que de très peu de personnes. La reine avoit pris beaucoup de soin de les cacher, et mon frère depuis son avènement à la couronne a fait brûler tous les actes du procès. Madame de Blaspil fut élargie au bout d'un an et sa prison fut changée dans un exil au pays de Clèves. Le roi la revit quelques années après, lui fit beaucoup de politesses et lui pardonna le passé. Après la mort de ce prince le roi mon frère, pour faire plaisir à la reine, la plaça comme gouvernante auprès de mes deux sœurs cadettes et elle exerce cette charge encore actuellement. Cependant toutes ces intrigues arrivées coup sur coup à Berlin lassèrent enfin la patience du roi. Il avoit trop d'esprit pour ne pas remarquer que le prince d'Anhalt et Grumkow n'en étoient pas tout à fait innocents. Il voulut donc mettre fin une bonne fois à toutes ces chipoteries et résolut de marier le Margrave de Schwed. L'étroite alliance où il se trouvoit avec la Russie lui firent jeter les yeux de ce côté-là. Mr. de Martenfeld, son envoyé à Petersbourg, reçut ordre de demander la duchesse de Courlande[1] (depuis impératrice) en mariage pour ce prince. Le Czar se trouva très disposé à entrer dans les vues du roi. Le Margrave de Schwed fut donc rappelé d'Italie où il se trouvoit alors. Dès qu'il fut arrivé à Berlin, le roi lui fit proposer cette alliance. Il lui fit concevoir combien elle étoit avantageuse pour lui et combien elle étoit capable de contenter son ambition. Mais ce prince qui se flattoit encore de m'épouser, refusa tout net de se rendre aux désirs du roi. Comme il avoit 18 ans et qu'il étoit majeur, le roi ne put le contraindre d'obéir, ainsi toute cette affaire en resta là. J'ai oublié de faire mention dans l'année précédente de l'arrivée du Czar Pierre le grand à Berlin. Cette anecdote est assez curieuse pour mériter une place dans ces mémoires. Ce prince qui se plaisoit beaucoup à voyager venoit de Hollande. Il avoit été obligé de s'arrêter au pays de Clèves, la Czarine y ayant fait une fausse couche. Comme il n'aimoit ni le monde, ni les cérémonies, il fit prier le roi de le loger dans une maison de plaisance de la reine qui étoit dans les faubourgs de Berlin. Cette princesse en fut fort fâchée, elle avoit fait bâtir une très-jolie maison qu'elle avoit pris soin d'orner magnifiquement. La galerie de porcelaine qu'on y voyoit étoit superbe, aussi bien que toutes les chambres décorées de glaces, et comme cette maison étoit un vrai bijou, elle en portait le nom. Le jardin étoit très-joli et bordé par la rivière, ce qui lui donnoit un grand agrément.

La reine pour prévenir les désordres que Mrs. les Russes avoient faits dans tous les autres endroits où ils avoient demeuré, fit démeubler toute la maison et en fit emporter ce qu'il y avoit de plus fragile. Le Czar, son épouse et toute leur cour arrivèrent quelques jours après par eau à Mon-bijou. Le roi et la reine les reçurent au bord de la rivière. Le roi donne la main à la Czarine pour la conduire à terre. Dès que le Czar fut débarqué, il tendit la main au roi et lui dit : je suis bien aise de vous voir, mon frère Frédéric. Il s'approcha ensuite de la reine qu'il voulut embrasser, mais elle le repoussa. La Czarine débuta par baiser la main à la reine, ce qu'elle fit à plusieurs reprises. Elle lui présenta ensuite le duc et la duchesse de Meklenbourg qui les avoient accompagnés et 400 soi-disantes dames qui étoient à sa suite. C'étoient pour la plupart des servantes allemandes, qui faisoient les fonctions de dames, de femmes de chambre, de cuisinières et de blanchisseuses. Presque toutes ces créatures portoient chacune un enfant richement vêtu sur les bras, et lorsqu'on leur demandoit si c'étoient les leurs, elles répondoient en faisant des salamalecs à la russienne : le Czar m'a fait l'honneur de me faire cet enfant. La reine ne voulut pas saluer ces créatures. La Czarine en revanche traita avec beaucoup de hauteur les princesses du sang, et ce ne fut qu'avec beaucoup de peine, que le roi obtint d'elle qu'elle les saluât. Je vis toute cette cour le lendemain où le Czar et son épouse vinrent rendre visite à la reine. Cette princesse les reçut aux grands appartemens du château, et alla au devant d'eux jusqu'à la salle des gardes. La reine donna la main à la Czarine, lui laissant la droite et la conduisit dans sa chambre d'audience.

Le roi et le Czar les suivirent. Dès que ce prince me vit, il me reconnut, m'ayant vue cinq ans auparavant. Il me prit entre ses bras et m'écorcha tout le visage à force de me baiser. Je lui donnois des soufflets et me débattois tant que je pouvois, lui disant que je ne voulois point de ces familiarités et qu'il me déshonoroit. Il rit beaucoup de cette idée et

s'entretint long-temps avec moi. On m'avoit fait ma
leçon ; je lui parlai de sa flotte et de ses conquêtes,
ce qui le charma si fort qu'il dit plusieurs fois à la
Czarine que s'il pouvoit avoir un enfant comme
moi, il céderoit volontiers une de ses provinces. La
Czarine me fit aussi beaucoup de caresses. La reine
et elle se placèrent sous le dais, chacune dans un
fauteuil, j'étois à côté de la reine, et les princesses
du sang vis-à-vis d'elle.

La Czarine étoit petite et ramassée, fort basanée
et n'avoit ni air ni grâce. Il suffisoit de la voir pour
deviner sa basse extraction. On l'auroit prise à son
affublement pour une comédienne allemande. Son
habit avoit été acheté à la friperie. Il étoit à l'antique
et fort chargé d'argent et de crasse. Le devant de son
corps de jupe étoit orné de pierreries. Le dessin en
étoit singulier, c'étoit un aigle double dont les plumes étoient garnies du plus petit carat et très-mal
monté. Elle avoit une douzaine d'ordres et autant
de portraits de saints et de reliques attachés tout le
long du parement de son habit, de façon, que
lorsqu'elle marchoit on auroit cru entendre un mulet :
tous ces ordres qui se choquaient l'un l'autre faisant
le même bruit.

Le Czar en revanche étoit très-grand et assez bien
fait, son visage étoit beau, mais sa physionomie avoit
quelque chose de si rude qu'il faisoit peur. Il étoit
vêtu à la matelote avec un habit tout uni. La Czarine
qui parloit très-mal allemand et qui n'entendoit pas
bien ce que la reine lui disoit, fit approcher sa folle,
et s'entretint avec elle en russien. Cette pauvre créature étoit une princesse Galitzin et avoit été réduite
à faire ce métier-là, pour sauver sa vie. Ayant été
mêlée dans une conspiration contre le Czar, on lui
avoit donné deux fois le knouti. Je ne sais ce qu'elle

disoit à la Czarine, mais cette princesse faisoit de grands éclats de rire.

On se mit enfin à table où le Czar se plaça à côté de la reine. Il est connu que ce prince avoit été empoisonné. Dans sa jeunesse le venin le plus subtil lui étoit tombé sur les nerfs, ce qui étoit cause qu'il prenoit très-souvent des espèces de convulsions, qu'il n'étoit pas en état d'empêcher. Cet accident lui prit à table, il faisoit plusieurs contorsions et comme il tenoit son couteau et qu'il en gesticuloit fort près de la reine, cette princesse eut peur et voulut se lever à diverses reprises. Le Czar la rassura, et la pria de se tranquilliser, parce qu'il ne lui feroit aucun mal : il lui prit en même temps la main qu'il serra avec tant de violence entre les siennes que la reine fut obligée de crier miséricorde, ce qui le fit rire de bon cœur, lui disant qu'elle avoit les os plus délicats que sa Catharine. On avoit tout préparé après souper pour le bal, mais il s'évada dès qu'il se fut levé de table et s'en retourna tout seul et à pied à Mon-bijou. On lui fit voir le jour suivant tout ce qu'il y avoit de remarquable à Berlin, et entr'autres le cabinet de médailles et de statues antiques. Il y en avoit une parmi ces dernières, à ce qu'on m'a dit, qui représentoit une divinité païenne dans une posture fort indécente : on se servoit du temps des anciens Romains de ce simulacre pour parer les chambres nuptiales. On regardoit cette pièce comme très-rare ; elle passoit pour être une des plus belles qu'il y ait. Le Czar l'admira beaucoup et ordonna à la Czarine de la baiser. Elle voulut s'en défendre, il se fâcha et lui dit en allemand corrompu : Kop ab, ce qui signifie : je vous ferai décapiter si vous ne m'obéissez. La Czarine eut si peur qu'elle fit tout ce qu'il voulut. Il demanda sans façon cette statue et plusieurs autres au roi qui ne put les lui refuser. Il

en fit de même d'un cabinet dont toute la boiserie
étoit d'ambre. Ce cabinet étoit unique dans son
espèce et avoit coûté des sommes immenses au roi
Frédéric premier. Il eut le triste sort d'être conduit
à Petersbourg au grand regret de tout le monde.

Cette cour barbare partit enfin deux jours après.
La reine se rendit d'abord à Mon-bijou. La désolation de Jérusalem y régnoit ; je n'ai jamais rien vu
de pareil, tout y étoit tellement ruiné que la reine
fut obligée de faire rebâtir presque toute la maison.

Mais j'en reviens à mon sujet dont il y a bien long-
temps que je me suis écartée. Mon frère étant entré
depuis le mois de Janvier dans sa septième année,
le roi trouva à propos de l'ôter des mains de
Madame de Roukoul et de lui donner des gouverneurs. Les cabales recommencèrent à ce sujet. La
reine vouloit les choisir et les deux favoris prétendoient y placer leurs créatures. Ils réussirent l'un
et l'autre. La reine fit agréer au roi le général,
depuis maréchal, comte de Finkenstein[1], très-honnête homme et qui étoit universellement estimé
tant pour sa probité que pour sa capacité dans le
métier de la guerre, mais dont le petit génie le rendoit incapable de bien élever un jeune prince. Il étoit
de ces gens qui s'imaginent avoir beaucoup d'esprit,
qui veulent faire les politiques, et qui font en un
mot de grands raisonnemens, qui n'aboutissent à
rien. Il avoit épousé la sœur de Madame de Blaspil.
Cette dame pour son bonheur avoit plus d'esprit que
lui et le gouvernoit entièrement. Le prince d'Anhalt
plaça le sous-gouverneur. Il se nommoit Kalkstein[2],
et étoit colonel d'un régiment d'infanterie. Ce choix
fut digne de celui qui l'avoit fait. Mr. de Kalkstein a
un esprit d'intrigue, il a étudié chez les jésuites et a
très-bien profité de leurs leçons, il affecte beaucoup
de dévotion et même de bigoterie, il ne parle que

d'être honnête homme et a su éblouir bien des gens
qui l'ont cru tel. Son esprit est souple et insinuant,
mais il cache sous tous ces beaux dehors l'âme la
plus noire. Par des détails sinistres qu'il faisoit journellement des actions les plus innocentes de mon
frère il aigrissoit l'esprit du roi et l'animoit contre lui.

Je le ferai paroître plus d'une fois sur la scène dans
ces mémoires. L'éducation de mon frère auroit été
très-mauvaise en pareilles mains, si un précepteur
que le roi ajouta à ces deux mentors, n'y eût suppléé.
Il étoit François et se nommoit Du-hen[1]. C'étoit un
garçon d'esprit et de mérite et qui avoit beaucoup
de savoir. C'est à lui que mon frère a obligation de
ses connoissances et des bons principes qu'il eut tant
que ce pauvre garçon fut auprès de lui et conserva
de l'ascendant sur son esprit.

Ainsi finit l'année 1718. Je passe à la suivante où
je commençai à entrer dans le monde et en même
temps à essuyer ses traverses. Le roi resta la plupart
de l'hiver à Berlin, il y passoit son temps à aller tous
les soirs aux assemblées qui se donnoient en ville.
La reine étoit enfermée toute la journée dans la
chambre de ce prince, qui le vouloit ainsi, n'ayant
pour toute compagnie que mon frère et moi. Nous
soupions avec elle et il n'y avoit que Madame Kamken, sa grande gouvernante et Madame de Roukoul.
La reine avoit amené la première de ces dames de
Hannovre, et quoiqu'elle eût un mérite distingué,
cette princesse n'avoit en elle aucune confiance. Elle
étoit toujours dans une mélancolie mortelle, et l'on
craignoit même pour sa santé, d'autant plus qu'elle
étoit enceinte. Elle accoucha cependant heureusement d'une princesse qui fut nommée Sophie
Dorothée[2]. La triste vie qu'elle menoit, contribuoit
à cette mélancolie. Elle se trouvoit tout à fait isolée
depuis la perte qu'elle avoit faite de sa favorite. Elle

avoit vainement cherché quelqu'un qui pût succéder à sa faveur, mais quoiqu'elle eût dans sa cour des dames de beaucoup de mérite, elle ne sentoit aucun penchant pour elles. Ce fut ce qui la força contre toute politique d'avoir recours à moi, mais avant que de m'ouvrir son cœur, elle voulut approfondir certains soupçons qu'elle avoit contre la Letti et quelques rapports qu'on lui avoit faits. Un jour que j'étois auprès d'elle à la caresser, elle se mit à badiner avec moi et me demanda, si je n'avois pas envie de me marier bientôt. Je lui répondis que je ne pensois point à cela et que j'étois trop jeune. Mais s'il le falloit, me dit-elle, qui choisiriez-vous ; le Margrave de Schwed ou le duc de Glocestre ?

« Quoique la Letti me dise toujours, lui repartis-je, que j'épouserai le Marg. de Schwed, je ne puis le souffrir. Il n'aime qu'à faire du mal à tout le monde, ainsi j'aimerois mieux le duc de Glocestre. »

« Mais, me dit la reine, d'où savez-vous que le Margrave est si méchant ? »

« De ma bonne nourrice, lui dis-je. »

Elle me fit encore plusieurs questions pareilles sur le compte de la Letti. Elle me demanda ensuite, s'il n'étoit pas vrai qu'elle m'obligeoit à lui dire tout ce qui se passoit dans la chambre du roi et dans la sienne. J'hésitai, ne sachant que répondre, mais elle me tourna de tant de côtés que je le lui avouai enfin. La peine qu'elle avoit eue à me faire avouer ce dernier article, lui donna bonne opinion de ma discrétion. Elle commença par me faire de fausses confidences, pour savoir si je les redirois, et voyant que je lui avois gardé le secret, elle ne fit plus de difficulté de s'ouvrir à moi. Elle me prit donc un jour en particulier. « Je suis contente de vous, me dit-elle, et comme je vois que vous commencez à devenir raisonnable je veux vous traiter comme une

grande personne et vous avoir toujours autour de
moi. Mais je ne veux plus absolument que vous ser-
viez de rapporteuse à la Letti ; si elle vous demande
ce qui se passe, dites-lui que vous n'y avez pas fait
attention. M'entendez-vous ? Me promettez-vous de
le faire ? » Je lui dis que oui. « Si cela est, me dit-elle,
je vous donnerai ma confiance, mais il faut de la
discrétion, et en revanche me promettre de vous
attacher uniquement à moi. » Je lui fis toutes les
assurances possibles là-dessus.

Ensuite elle me conta toutes les intrigues du
prince d'Anhalt, la disgrâce de Madame de Blaspil,
et en un mot tout ce que j'ai écrit sur ce sujet, ajoutant combien elle souhaitoit mon établissement en
Angleterre et combien je serois heureuse en épousant son neveu. Je me mis à pleurer lorsqu'elle me
dit que sa favorite étoit à Spandau. J'avois beaucoup
aimé cette dame et on m'avoit fait accroire qu'elle
étoit sur ses terres. Je fis fort ma cour à la reine par
cette sensibilité ; elle me parla aussi au sujet de la
Letti et me demanda s'il n'étoit pas vrai qu'elle voyoit
tous les jours le colonel Forcade et un ecclésiastique réfugié françois, nommé Fourneret. Je lui répondis que cela étoit ainsi. « En savez-vous la raison,
me dit-elle ? C'est qu'elle est gagnée par le prince
d'Anhalt et qu'il se sert de ces deux créatures pour
intriguer avec elle. » Je voulus prendre son parti,
mais la reine m'imposa silence. Toute jeune que
j'étois, je fis bien des réflexions sur tout ce que je
venois d'apprendre. Quoique j'eusse pris le parti de
la Letti, je remarquai par plusieurs circonstances
que ce que la reine m'avoit dit étoit vrai.

Je me trouvoi fort embarrassée pour me tirer
d'affaire le soir, je craignois la Letti comme le feu,
elle me battoit et me brutalisoit très-souvent. Dès
que je fus dans ma chambre cette fille me demanda

à son ordinaire les nouvelles du jour. J'étois assise avec elle sur une estrade de deux marches dans une embrasure de fenêtre. Je lui fis la réponse que la reine m'avoit dictée. Elle ne s'en contenta pas et me fit tant de questions, qu'elle me dérouta. Elle étoit trop raffinée pour ne pas remarquer qu'on m'avoit fait ma leçon, et pour l'apprendre elle me fit toutes les caresses imaginables. Mais voyant qu'elle ne gagnoit rien sur moi par la douceur, elle se mit dans une rage épouvantable, me donna plusieurs tapes sur le bras et me fit dégringoler l'estrade. Mon agilité m'empêcha de me casser ou bras ou jambe ; j'en fus quitte pour quelques contusions.

Cette scène fut répétée le lendemain, mais avec beaucoup plus de violence ; elle me jeta un chandelier à la tête qui faillit me tuer : tout mon visage étoit en sang, mes cris firent accourir ma bonne Mermann qui m'arracha des pattes de cette mégère ; elle lui lava la tête d'importance et la menaça d'avertir la reine de ce qui se passoit, si elle ne vouloit en agir autrement avec moi. La Letti eut peur. Mon visage étoit en capilotade et elle ne savoit comment se tirer d'intrigue, elle fit grande profusion d'eau céphalique qu'on appliqua toute la nuit sur ma pauvre figure et je fis accroire le lendemain à la reine que j'étois tombée.

Tout l'hiver se passa ainsi. Je n'eus plus un jour de repos, et mon pauvre dos étoit régalé tous les jours. En revanche je m'insinuai si bien auprès de la reine qu'elle n'avoit plus rien de caché pour moi. Elle pria le roi de lui permettre de me prendre par tout avec elle. Le roi y consentit avec plaisir et voulut aussi que mon frère le suivît. Nous fîmes notre première sortie au mois de Juin que le roi et la reine allèrent à Charlottenbourg, magnifique maison de plaisance proche de la ville. La Letti ne fut point de ce voyage et Madame de Kamken fut chargée de ma conduite. J'ai déjà dit que cette dame avoit un mérite infini, mais quoiqu'elle eût toujours été dans le grand monde, elle n'en avoit pas contracté les manières ; elle pouvoit passer pour une bonne campagnarde remplie de bon sens, mais sans esprit. Elle étoit fort dévote et me faisoit prier Dieu pendant deux ou trois heures de suite, ce qui m'ennuyoit beaucoup ; après quoi je répétois mon catéchisme, et apprenois des pseaumes par cœur, mais j'avois tant de distractions que j'étois grondée tous les jours.

Le roi célébra mon jour de naissance, me donna de très-beaux présens, et il y eut bal le soir. J'entrai dans ma onzième année, mon esprit étoit assez avancé pour mon âge, et je commençois à faire des réflexions. De Charlottenbourg nous allâmes à Vousterhausen. La reine y reçut le même soir de son arrivée une estafette de Berlin, par laquelle on lui mandoit que mon second frère avoit pris la dyssenterie. Cette nouvelle causa beaucoup d'alarmes. Le roi et la reine se seroient rendus en ville s'ils n'avoient craint la contagion. Le lendemain une seconde estafette leur annonça que ma sœur Frédérique étoit atteinte du même mal. Cette maladie régnoit à Berlin comme une peste ; la plupart des personnes en mouroient le treizième jour. On barricadoit même les maisons où étoit la dyssenterie, pour empêcher qu'elle ne se communiquât. La reine n'étoit pas encore au bout de ses peines. Le roi tomba aussi quelques jours après dangereusement malade des mêmes coliques qu'il avoit eues quelques années auparavant à Brandebourg.

Je n'ai jamais tant souffert que pendant le temps de son indisposition. Les chaleurs étoient excessives et aussi fortes qu'elles peuvent l'être en Italie. La chambre où le roi étoit couché, étoit toute fermée et il y avoit un feu terrible. Toute jeune que j'étois, il falloit que j'y restasse tout le jour ; on m'avoit placée à côté de la cheminée, j'étois comme une personne qui a la fièvre chaude, et mon sang étoit dans un tel mouvement que les yeux me sortoient presque de la tête. J'étois si échauffée que je ne pouvois dormir. Le sabbat que je faisois la nuit réveilloit Madame de Kamken. Celle-ci pour me tranquilliser, me donnoit des pseaumes à apprendre, et lorsque je voulois lui représenter que ma tête n'étoit pas assez rassise pour cela, elle me grondoit, et alloit dire à la reine, que je n'avois point de crainte de Dieu. Autre mercuriale que j'avois à essuyer. Je succombai enfin à toutes ces fatigues et à tous ces désagréments et tombai malade à mon tour de la dyssenterie. Ma fidèle Mermann en avertit d'abord la reine qui n'en voulut rien croire, et quoique je fusse déjà assez mal, elle me contraignit de sortir, et ne voulut ajouter foi à ces avis que lorsque je fus à l'extrémité.

On me transporta mourante à Berlin. La Letti vint me recevoir au haut de l'escalier. « Ah Madame, me dit-elle, vous voilà. Souffrez-vous beaucoup ? Êtes-vous bien malade ? Au moins il faut vous ménager, car votre frère vient d'expirer ce matin, et je crois que votre sœur ne passera pas le jour. » Ces belles nouvelles m'affligèrent beaucoup, mais j'étois si accablée que je n'y fus pas aussi sensible que je l'aurois été dans tout autre temps. Je fus à l'extrémité pendant huit jours. Sur la fin du neuvième mon mal commença à diminuer, mais je ne me rétablis que très-lentement. Le roi et ma sœur se remirent plus tôt que moi. Les mauvaises façons de la Letti reculèrent ma guérison. Elle ne faisoit que me maltraiter le jour et m'empêchoit de dormir la nuit, car elle ronfloit comme un soldat.

Cependant la reine revint à Berlin, et quoique je fusse encore fort foible, elle me fit ordonner de sortir. Elle me fit très-bon accueil, mais elle regarda à peine la Letti. Cette fille outrée de se voir méprisée s'en vengeoit sur moi. Les coups de poing et de pied étoient mon pain quotidien ; il n'y avoit point d'invectives dont elle ne se servît contre la reine, elle l'appeloit ordinairement la grande ânesse. Tout le train de cette princesse avoit son sobriquet aussi bien qu'elle. Madame de Kamken étoit la grosse vache, Mademoiselle de Sonsfeld la sotte bête, et ainsi du reste. Telle étoit l'excellente morale qu'elle m'apprenoit. Je me fâchois et me chagrinois si fort que la bile m'entra enfin dans le sang, et que je pris la jaunisse huit jours après ma sortie. Je la gardai deux mois et je ne me remis de cette maladie que pour en reprendre une autre infiniment plus dangereuse. Elle commença par une fièvre chaude qui devint deux jours après pourprée. J'étois dans un délire continuel, et mon mal augmenta si fort le cinquième jour, que l'on ne me donna plus que quelques heures à vivre. Le roi et la reine firent céder le soin de leur conservation à leur tendresse pour moi. Ils vinrent l'un et l'autre à minuit me visiter, et me trouvèrent sans connoissance. On m'a dit depuis que rien n'égaloit leur désespoir. Ils me donnèrent leur bénédiction en versant mille larmes et on ne les arracha que par force d'auprès de mon lit. J'étois tombée dans une espèce de léthargie. Les soins que l'on prit à m'en faire revenir et la bonté de mon tempérament me rappelèrent à la vie, ma fièvre diminua vers le matin et je fus hors de danger deux jours après. Plût au ciel qu'on m'eût laissée quitter en paix le monde, j'aurois été bien heureuse. Mais j'étois réservée à endurer un tissu de fatalités, comme le prophète suédois me l'avoit pronostiqué. Dès que je fus un peu en état de parler, le roi vint chez moi. Il fut si charmé de me voir hors de péril, qu'il m'ordonna de lui demander une grâce. « Je veux vous faire plaisir, me dit-il, je vous accorderai tout ce que vous voudrez. » J'avois de l'ambition, j'étois fâchée de me voir encore traitée comme un enfant, je me déterminai d'abord et le suppliai de me traiter dorénavant comme une grande personne et de me faire quitter la robe d'enfant. Il rit beaucoup de mon idée. « Eh bien, dit-il, vous serez satisfaite et je vous promets que vous ne paroîtrez plus en robe. » Je n'ai jamais eu de joie plus vive. Je faillis à en prendre une rechute et on eut beaucoup de peine à modérer mes premiers mouvemens. Qu'on est heureux dans cet âge. La moindre bagatelle nous amuse et nous réjouit. Cependant le roi me tint parole, et malgré les obstacles que la reine y mit il lui ordonna absolument de me mettre en manteau. Je ne pus sortir de ma chambre que l'année 1720. Je goûtois une félicité parfaite d'avoir quitté la robe d'enfant. Je me mettois devant mon miroir à me contempler et je ne me croyois pas indifférente avec mon nouvel habillement. J'étudiois tous mes gestes et ma démarche pour avoir l'air d'une grande personne ; en un mot, j'étois très-contente de ma petite figure. Je descendis d'un air triomphant chez la reine où je m'attendois à être très-bien reçue. J'y étois venue comme un César et m'en retournai comme un Pompée. Du plus loin que la reine me vit elle se mit à crier. « Ah mon Dieu, comme elle est faite, voilà en vérité une jolie petite figure, elle ressemble à une naine comme deux gouttes d'eau. » Je demeurai stupéfiée, ma petite vanité se trouvoit bien rabattue, et le dépit m'en fit venir les larmes aux yeux. Dans le fond la reine n'avoit pas tort si elle s'en étoit tenue à cette petite pique qu'elle m'avoit donnée, mais elle

me gronda d'importance de m'être adressée au roi
pour lui demander des grâces. Elle me dit qu'elle
ne vouloit point cela, qu'elle m'avoit ordonné de
m'attacher uniquement à elle, et que si jamais je
m'adressois au roi pour quoi que ce fût, elle me promettoit toute son indignation. Je m'excusai le mieux
que je pus et lui fis tant de soumissions qu'enfin elle
me pardonna.

J'ai jusqu'à présent assez fait connoître le caractère emporté de la Letti, mais je ne puis omettre d'en
insérer une circonstance qui quoique puérile en
entraîna d'autres après elle. Il y avoit devant les
fenêtres de ma chambre une galerie découverte de
bois qui faisoit la communication des deux ailes
du château. Cette galerie étoit toujours remplie
d'immondices, ce qui causoit une puanteur insupportable dans mes appartemens. La négligence
d'Eversmann, concierge du château, en étoit cause.
Cet homme étoit le favori du roi, qui avoit toujours
le malheur de n'en avoir que de malhonnêtes. Celui-
ci étoit un vrai suppôt de Satan, qui ne se plaisoit
qu'à faire du mal et qui étoit mêlé dans toutes les
cabales et intrigues qui se faisoient. La Letti l'avoit
fait prier plusieurs fois de faire nettoyer cette galerie sans qu'il s'en fût mis en peine. La patience de
cette fille lui échappa enfin, elle l'envoya chercher
un matin, et débuta par lui chanter pouille. Il lui
répliqua ; ils se disputèrent enfin tant et tant, qu'ils
se seroient pris tous deux par les oreilles, si heureusement pour eux Madame de Roukoul ne fût survenue, qui les sépara. Eversmann jura de s'en venger,
et en trouva l'occasion dès le lendemain. Il dit au
roi que la Letti ne donnoit aucun soin à mon éducation, qu'elle étoit la maîtresse du colonel Forcade
et de Mr. Fourneret, avec lesquels elle étoit enfermée tout le jour, que je n'apprenois plus rien et que

pour prouver que ce qu'il disoit étoit vrai le roi n'avoit qu'à m'examiner.

Le rapport d'Eversmann étoit vrai en tout point, mais la Letti étoit innocente de ce qui regardoit le dernier article. J'avois été six mois malade ce qui m'avoit fort reculée, et depuis que j'étois rétablie je n'avois pu recommencer mes études, ayant toujours été chez la reine, où je me rendois dès les dix heures du matin pour ne me retirer qu'à onze du soir. Le roi qui voulut approfondir la vérité me fit un jour plusieurs questions sur ma religion. Je me tirai fort bien d'affaire et le satisfis sur tous les articles qu'il me demanda, mais il n'en fut pas de même des dix commandemens qu'il voulut me faire réciter. Je m'embrouillai et ne pus jamais les dire, ce qui le mit dans une si violente colère que peu s'en fallut qu'il ne me donnât des coups. Mon pauvre précepteur en paya les pots cassés. Dès le lendemain il fut chassé. La Letti ne fut pas non plus épargnée. Le roi ordonna à la reine de lui donner une bonne réprimande et de lui défendre sous peine de sa disgrâce de ne plus voir d'hommes chez elle, pas même des ecclésiastiques. La reine obéit avec joie et fut charmée de trouver ce prétexte de la mortifier. Celle-ci s'excusa le mieux qu'elle put. Elle se plaignit de moi, disant que je n'avois ni égard ni considération pour elle, que je faisois le rebours de tout ce qu'elle me disoit, et que n'étant presque plus autour de moi, elle ne pouvoit pas être responsable de ma conduite. La reine me maltraita beaucoup et se servit d'expressions si dures qu'elle me mit au désespoir. Toute jeune que j'étois cela me fit beaucoup d'impression. « Quoi ! disois-je en moi-même, un manque de mémoire mérite-t-il tant de reproches ? J'ai désobéi à la Letti, il est vrai, je n'ai plus voulu lui servir de rapporteuse, elle n'a pu tirer de moi les secrets que la reine m'avoit confiés, j'ai obéi en tout aux ordres de cette princesse, cependant elle m'en fait un crime aujourd'hui. J'ai enduré tous les chagrins imaginables pour l'amour d'elle, j'ai été meurtrie de coups et voilà la récompense qu'elle m'en donne. »

Je maudissois un moment après ma bonté pour la Letti. Il ne tenoit qu'à moi de me plaindre à la reine de ses mauvais traitemens et j'avoue que je restai quelque temps en suspens si je trahirois la reine ou cette fille. Mais ma bonté de cœur me fit surmonter ces pensées vindicatives, et je résolus de me taire. Toute ma façon de vivre fut changée, mes leçons commençoient à huit heures du matin, et duroient jusqu'à huit heures du soir, je n'avois d'intervalle que les heures du dîner et du souper qui se passoient encore en réprimandes, que la reine me faisoit. Lorsque j'étois de retour dans ma chambre, la Letti recommençoit les siennes. La rage où elle étoit, de n'oser voir personne chez elle, retomboit sur moi. Il n'y avoit guère de jours, qu'elle n'exerçât la force de ses redoutables poignets sur mon pauvre corps. Je pleurois toute la nuit, j'étois dans un désespoir continuel, je n'avois pas un moment de récréation, et je devenois tout hébétée. Ma vivacité avoit disparu, et en un mot j'étois méconnoissable de corps et d'esprit.

Je menai cette vie pendant six mois, au bout desquels nous allâmes à Vousterhausen.

Je commençois à y rentrer en faveur auprès de la reine, et par conséquent d'avoir un peu plus de repos, elle me témoignoit même de la confiance, et me faisoit part de toutes ses idées. Avant que de retourner à Berlin, elle me dit un jour : « Je vous ai conté tous les chagrins que j'ai eus jusqu'à présent, mais je ne vous ai fait connoître que la moindre partie de ceux qui y ont donné lieu, je veux vous les nommer et je vous défends, sous peine de la vie, de parler, ni d'avoir aucun commerce avec ces gens-là. Faites-leur la révérence, et c'est tout ce qu'il leur faut. » En même temps elle me nomma les trois quarts de Berlin qui étoient, disoit-elle, ses ennemis. « Je ne veux pas non plus, ajouta-t-elle, que vous me compromettiez. Si on vous demande d'où vient que vous ne parliez pas à ces gens-là, répondez que vous avez vos raisons pour cela. »

J'obéis ponctuellement aux ordres de la reine, et m'attirai tout le monde à dos. Cependant la Letti commençoit à s'ennuyer de la gêne où elle vivoit. Les défenses du roi l'avoient mise hors d'état de continuer ses intrigues d'amour et d'État, le crédit du prince d'Anhalt étoit fort baissé, depuis l'aventure de la Blaspil, ce qui privoit cette fille des gratifications qu'elle recevoit sans cesse de ce prince. Il ne faisoit plus mention de mon mariage avec le Margrave de Schwed. Tout cela engagea la Letti à s'adresser à sa protectrice, Milady Arlington, pour la prier de s'intéresser en sa faveur auprès de la reine, et de lui faire obtenir le titre de gouvernante auprès de moi, et les prérogatives attachées à cette charge, la conjurant en cas de refus, de lui procurer ce poste auprès des princesses d'Angleterre.

Milady lui écrivit une lettre qu'elle put produire à la reine. Elle contenoit de grandes promesses pour son établissement en Angleterre, elle y faisoit une énumération des bonnes qualités de la Letti, et la plaignoit de ce qu'elles étoient si mal reconnues à Berlin, qu'elle devoit demander des distinctions et des récompenses de ses soins pour moi, et que si on les lui refusoit, elle lui conseilloit de demander son congé et de se rendre dans un pays, où on savoit mieux rendre justice au mérite. Tout ceci n'étoit qu'une feinte pour déterminer la reine à lui accorder ce qu'elle demandoit. La Letti envoya la lettre de Milady à la reine, elle y en joignoit une de sa main des plus impertinentes. Elle vouloit, disoit-elle, être satisfaite ou avoir son congé. La reine se trouva fort embarrassée, ayant des ménagemens à garder avec cette fille, pour ne pas désobliger la protectrice qui l'avoit recommandée, et qui étoit toute puissante sur l'esprit du roi d'Angleterre. Elle employa donc plusieurs personnes pour la détourner de ce dessein, mais inutilement. Elle m'en parla enfin aussi, et je fus dans la dernière surprise, la Letti m'ayant fait un mystère de cette démarche. La reine me questionna beaucoup sur ses manières d'agir avec moi. Je ne répondis qu'en faisant ses éloges et suppliai pour l'amour de Dieu cette princesse de ne point montrer la lettre de la Letti au roi comme elle en avoit le dessein, jusqu'à ce que je lui eusse parlé. Si vous pouvez lui faire changer de sentiment, me dit la reine, d'ici à demain j'y consens, mais passé ce terme, il ne sera plus temps qu'elle se rétracte. Dès que je fus dans ma chambre, j'en parlai à cette fille. Mes pleurs, mes prières et les caresses que je lui fis, l'attendrirent, ou plutôt elle fut bien aise de trouver un honnête prétexte de se dédire. Elle écrivit donc une seconde lettre à la reine, dans laquelle elle la supplioit de ne point faire mention de la première au roi.

Les choses en restèrent là pour cette fois. La tendresse que je lui avois fait voir dans cette occasion, me procura quinze jours de repos, mais elle ne recula que pour mieux sauter. Je souffris avec elle pendant six mois les martyres du purgatoire. Ma bonne Mermann qui me voyoit tous les jours déchirée de coups, vouloit en avertir la reine, mais je l'en empêchai toujours. Pour comble de méchanceté cette mégère me lava le visage d'une certaine eau qu'elle avoit fait venir exprès d'Angleterre, et qui étoit si forte, qu'elle rongeoit la peau. En moins de huit jours, je devins toute couperosée, et mes yeux étoient rouges comme du sang. La Mermann voyant l'effet terrible que cette eau m'avoit fait pour m'en être lavée deux fois, prit la bouteille qu'elle jeta par la fenêtre sans quoi mes yeux et mon teint auroient été ruinés pour jamais.

Le commencement de l'année 1721 fut aussi malheureux pour moi que la précédente. Mon martyre continuoit toujours. La Letti vouloit se venger des refus que la reine lui avoit donnés, et comme elle étoit fermement résolue de me quitter, elle vouloit me laisser quelques souvenirs qui me fissent penser à elle. Je crois que si elle avoit pu me casser bras ou jambe, elle l'auroit fait, mais la crainte d'être découverte l'en empêcha. Elle faisoit donc ce qu'elle pouvoit pour me gâter le visage, elle me donnoit des coups de poing sur le nez que j'en saignois quelquefois comme un bœuf.

Pendant ce temps une autre réponse à une seconde lettre qu'elle avoit écrite à Milady d'Arlington arriva. Cette dame lui mandoit qu'elle n'avoit qu'à venir en Angleterre, où elle lui offroit sa protection et qu'elle se faisoit fort de lui procurer une pension. La Letti réitéra donc la demande de son congé à la reine ; la lettre qu'elle lui écrivit étoit plus insolente que la première. « Je vois bien, lui disoit-elle, que V. M. n'est point d'humeur à m'accorder les prérogatives que je prétends. Ma résolution est prise. Je la supplie de m'accorder ma démission. Je vais quitter un pays barbare, où je n'ai trouvé ni esprit ni bon sens, pour finir mes jours dans un climat heureux, où le mérite est récompensé, et où le souverain ne s'attache pas à distinguer des gredins d'officiers, comme c'est l'usage ici, et à mépriser les gens d'esprit. »

Madame de Roukoul étoit présente, lorsque la reine
reçut cette lettre. Cette princesse lui en fit part, elle
ne se possédoit pas de colère. « Eh, mon Dieu, lui
dit cette dame, laissez aller cette créature, c'est le
plus grand bonheur qui puisse arriver à la princesse.
Cette pauvre enfant souffre des martyres, et je crains
qu'on ne vous la porte un beau jour avec les reins
cassés, car elle est battue comme plâtre, et court risque d'être estropiée tous les jours. La Mermann
pourra en instruire V. M. mieux que personne. » La
reine surprise envoya donc chercher ma bonne nourrice. Celle-ci lui confirma tout ce que Madame de
Roukoul venoit de lui dire, ajoutant qu'elle n'avoit
osé l'en avertir plus tôt, la Letti l'ayant intimidée
par le grand crédit, qu'elle s'étoit vantée avoir auprès
de la reine, et par les menaces qu'elle lui avoit faites
de la faire chasser. La reine ne balança donc plus
de donner la lettre en question au roi. Le prince en
fut si outré qu'il auroit envoyé dans son premier
mouvement la Letti à Spandau, si la reine ne l'avoit
empêché. Cette princesse se trouvoit embarrassée
sur le choix de la personne à laquelle elle vouloit
me confier ; elle proposa cependant deux dames au
roi (j'ai toujours ignoré qui elles étoient), mais ce
prince les refusa l'une et l'autre, et nomma Mademoiselle de Sonsfeld pour occuper ce poste. Je ne
puis assez reconnoître ce bienfait de mon père.
Mademoiselle de Sonsfeld est d'une très-illustre
maison alliée à tout ce qu'il y a de grand dans l'empire, ses aïeux se sont distingués par leurs services,
et par les grandes charges qu'ils ont occupées. Une
plume plus élevée que la mienne ne pourroit qu'ébaucher foiblement son portrait. Son caractère se fera
connoître dans le cours de ces mémoires. Il peut passer pour unique, c'est un composé de vertus et de
sentimens, beaucoup d'esprit, de fermeté, de géné-

rosité accompagnent en elle des manières char-
mantes. Une politesse noble lui attire du respect et
de la confiance, elle joint à tous ces avantages une
figure très-aimable qu'elle a conservée jusqu'à un
âge avancé. Elle avoit été dame d'honneur auprès
de la reine Charlotte, ma grand'mère[1], et possédoit
la même charge dans la maison de la reine, ma
mère. N'ayant jamais voulu se marier, elle avoit
refusé des partis très-brillants. Elle avoit 40 ans
lorsqu'elle fut placée auprès de moi. Je l'aime et je
la respecte comme ma mère, elle est encore auprès
de moi, et selon les apparences il n'y aura que la
mort qui nous séparera.

La reine ne pouvoit la souffrir, elle disputa long-
temps avec le roi, mais enfin elle fut obligée de
céder, ne pouvant lui alléguer des raisons valables
contre ce choix. Je fus informée de tout ceci par mon
frère, qui fut présent à cette conversation, la reine
m'en ayant fait un mystère. Elle fut fort étonnée en
rentrant dans son appartement de me trouver toute
en larmes. « Ah ! ah ! me dit-elle, je vois bien que
votre frère a jasé et que vous savez de quoi il est
question. Vous êtes bien sotte de vous affliger, n'êtes-
vous pas encore rassasiée de coups ? » Je la suppliai
de vouloir révoquer la disgrâce de la Letti, mais
elle me répondit que je devois prendre mon parti, et
que la chose n'étoit plus à redresser. Mademoiselle
de Sonsfeld qu'elle avoit envoyé chercher entra dans
ce moment, elle la prit d'une main et moi de l'autre,
et nous conduisit chez le roi.

Ce prince lui dit beaucoup de choses obligeantes
et lui annonça enfin l'emploi qu'il vouloit lui donner.
Elle répondit avec respect au roi, le suppliant de la
dispenser d'accepter cette charge, s'excusant sur son
incapacité. Le roi s'y prit de toutes les façons, et ce
ne fut qu'à force de menaces qu'elle accepta enfin

ces offres, il lui donna un rang et lui promit toutes
sortes d'avantages, tant pour elle que pour sa famille.
Elle fut installée comme ma gouvernante le troisième jour des fêtes de Pâques. Je fus extrêmement
touchée du malheur de la Letti, sa démission lui fut
donnée d'une façon bien rude. Le roi lui fit dire par
la reine que s'il avoit suivi son penchant, il l'auroit
envoyée à Spandau, qu'elle ne devoit plus avoir le
courage de se montrer en sa présence, et qu'il lui
donnoit huit jours pour quitter la cour et sortir de
son pays. Je fis ce que je pus pour la consoler et pour
lui témoigner mon amitié.

Je n'avois pas grand'chose en ce temps-là, cependant je lui donnai en pierreries, bijoux et argenterie
pour la valeur de cinq mille écus, sans ce qu'elle
reçut de la reine. Elle eut malgré cela la méchanceté
de me dépouiller généralement de tout, et le lendemain de son départ je n'avois pas un habit à mettre,
cette fille ayant tout emporté. La reine fut obligée
de me renipper de pied en cap. Je m'accoutumai
bientôt à ma nouvelle domination. Madame de
Sonsfeld commença par étudier mon humeur et
mon caractère. Elle remarqua que j'étois d'une timidité extrême, je tremblois quand elle étoit sérieuse,
je n'avois pas le cœur de dire deux mots de suite sans
hésiter. Elle représenta à la reine qu'il falloit tâcher
de me dissiper et me traiter avec beaucoup de
douceur pour me rassurer ; que j'étois fort docile
et qu'avec le point d'honneur elle me feroit faire ce
qu'elle voudroit. La reine la laissa entièrement maîtresse de mon éducation. Elle raisonnoit tous les
jours avec moi de choses indifférentes, et tâchoit de
m'inspirer des sentimens, en prenant occasion de
ce qui se passoit. Je m'appliquai à la lecture qui
devint bientôt mon occupation favorite. L'émula-
tion qu'elle me donnoit me faisoit prendre goût à

mes autres études. J'apprenais l'anglais, l'italien, l'histoire, la géographie, la philosophie et la musique. Je fis des progrès étonnants en peu de temps. J'étois si acharnée à apprendre qu'on étoit obligé de modérer ma trop grande avidité.

Je passai ainsi deux ans et comme je n'écris que les faits qui en vaillent la peine, je passe à l'année 1722. Elle commença d'abord par de nouvelles traverses pour moi. Mais comme dorénavant la cour d'Angleterre aura une grande part dans ces mémoires, il est juste que j'en donne une idée. Le roi de la grande Bretagne[1] étoit un prince qui se piquoit d'avoir des sentimens, mais par malheur pour lui il ne s'étoit jamais appliqué à approfondir ce qu'il falloit pour cela. Bien des vertus poussées à l'extrême deviennent des vices. Il étoit dans ce cas-là. Il affectoit une fermeté qui dégénéroit en rudesse, une tranquillité qu'on pouvoit appeler indolence. Sa générosité ne s'étendoit que sur ses favoris et ses maîtresses, dont il se laissoit gouverner, le reste du genre humain en étoit exclu. Depuis son avancement à la couronne il étoit devenu d'une hauteur insupportable. Deux qualités le rendoient estimable, c'étoit son équité et sa justice, il n'étoit point méchant et se piquoit de constance envers ceux auxquels il vouloit du bien. Son abord étoit froid, il parloit peu et n'aimoit qu'à entendre dire des niaiseries.

La comtesse Schoulenbourg, alors duchesse de Kendell et princesse d'Eberstein[2], étoit sa maîtresse, ou plutôt il l'avoit épousée de la main gauche. Elle étoit du nombre de ces personnes qui sont si bonnes, que pour ainsi dire elles ne sont bonnes à rien. Elle n'avoit ni vices ni vertus, et toute son étude ne consistoit qu'à conserver sa faveur et à empêcher que quelque autre ne la débusquât.

La princesse de Galles[1] avoit infiniment d'esprit, beaucoup de savoir, de lecture et une grande capacité pour les affaires. Elle s'attira tous les cœurs au commencement de son arrivée en Angleterre. Ses manières étoient gracieuses, elle étoit affable, mais elle n'eut pas le bonheur de se conserver l'amour des peuples, et l'on trouva moyen d'approfondir son caractère, qui ne répondoit pas à son extérieur. Elle étoit impérieuse, fausse, et ambitieuse. On l'a toujours comparée à Agrippine, elle auroit pu s'écrier comme cette impératrice : que tout périsse pourvu que je règne.

Le prince, son époux[2] n'avait pas plus de génie que le roi son père, il étoit vif, emporté, hautain et d'une avarice impardonnable.

Milady d'Arlington qui tenoit le second rang, étoit fille naturelle de feu l'électeur d'Hannovre et d'une comtesse de Platen. On peut dire d'elle avec vérité qu'elle avoit de l'esprit comme un diable, car il étoit entièrement tourné au mal. Elle étoit vicieuse, intrigante et aussi ambitieuse que celles dont je viens de faire le portrait. Ces trois femmes gouvernoient tour à tour le roi, quoiqu'elles vécussent en grande mésintelligence entre elles. Leurs sentimens étoient réunis en un point, qui étoit qu'elles ne vouloient pas que le jeune duc de Glocestre épousât une princesse d'une grande maison, et qu'elles en souhaitoient une, qui n'eût pas un grand génie, afin de rester les maîtresses du gouvernement.

Milady Arlington qui avoit ses vues particulières, dépêcha Mademoiselle de Pelnitz[3] à Berlin. Cette fille avoit été dame d'honneur et favorite de la reine Charlotte, ma grand'mère ; elle s'étoit retirée à Hannovre après la mort de cette princesse, où elle vivoit d'une pension que le roi d'Angleterre lui avoit accordée. Son esprit étoit aussi mauvais que celui de

Milady, elle étoit aussi intrigante qu'elle, sa langue
venimeuse n'épargnoit personne ; on ne lui remarquoit que trois petits défauts, elle aimoit le jeu, les
hommes et le vin. La reine, ma mère la connoissoit
depuis très-longtemps. Comme elle étoit informée
que Mademoiselle de Pelnitz avoit beaucoup de crédit à la cour d'Hannovre, elle la reçut le mieux du
monde. Me l'ayant ensuite présentée : « Voici une
de mes anciennes amies, me dit-elle, avec laquelle
vous serez bien aise de faire connoissance. » Je la
saluai et lui fis un compliment fort obligeant sur ce
que la reine venoit de dire. Elle me regarda quelque
temps depuis les pieds jusqu'à la tête, puis se tournant vers la reine, « Ah mon Dieu ! lui dit-elle,
Madame, que la princesse a mauvais air, quelle taille
et quelle grâce pour une jeune personne, et comme
la voilà attifée ! » La reine fut un peu décontenancée
de ce début, auquel elle ne s'attendoit pas. « Il est
vrai, lui dit-elle qu'elle pourroit avoir meilleur air.
Mais sa taille est droite et se dégagera quand elle
aura fini son cru. Si vous lui parlez cependant, vous
verrez qu'elle n'est pas tout à fait composée de
matière. » La Pelnitz commença donc à s'entretenir
avec moi, mais d'une façon ironique en me faisant
des questions qui auroient été bonnes pour un
enfant de quatre ans. J'en fus si piquée que je ne
daignois plus lui répondre. Elle saisit cette occasion
pour insinuer à la reine que j'étois capricieuse et
hautaine, et que je l'avois regardée du haut en bas.
Cela m'attira de très-aigres réprimandes qui durèrent
tant que cette fille fut à Berlin. Elle me cherchoit
noise sur tout. On parloit un jour de mémoire. La
reine lui dit que je l'avois angélique. La Pelnitz fit un
sourire malin qui signifioit que cela n'étoit pas. La
reine fâchée lui proposa de me mettre à l'épreuve
pariant, que j'apprendrois 150 vers par cœur dans

une heure. Eh bien, dit la Pelnitz, qu'elle essaye un peu la mémoire locale, et je veux bien gager qu'elle ne retiendra pas ce que je lui écrirai. La reine voulut soutenir ce qu'elle avoit avancé et m'envoya chercher. M'ayant tirée à part, elle me dit qu'elle me pardonneroit tout le passé, si je lui faisois gagner sa gageure. Je ne savois ce que c'étoit que la mémoire locale, n'en ayant jamais entendu parler. La Pelnitz écrivit ce que je devois apprendre. C'étoient cinquante noms baroques qu'elle avoit inventés et qui étoient tous numérotés, elle me les lut deux fois me nommant toujours les numéros, après quoi je fus obligée de les dire de suite par cœur. Je réussis très-bien à la première épreuve, mais elle en voulut une seconde et me les demanda l'un parmi l'autre, ne me nommant que le numéro. Je réussis encore à son grand dépit. Je n'ai jamais fait un plus grand effort de mémoire, cependant elle ne put se vaincre et ne daigna pas m'en applaudir. La reine ne comprenoit rien à ce procédé et en étoit très-piquée quoiqu'elle ne le témoignât pas. Mademoiselle de Pelnitz nous délivra enfin de son insupportable critique et retourna à Hannovre. Peu après son départ Mademoiselle de Brunow, sœur de Madame de Kamken, vint aussi à Berlin. Elle avoit été dame d'honneur de l'électrice Sophie d'Hannovre, ma bisaïeule[1] et elle faisoit encore son séjour à cette cour où elle avoit une pension. C'étoit une bonne créature, mais sotte comme un panier. Elle s'informa beaucoup de moi à sa sœur ; comme cette dame étoit fort de mes amies elle lui fit mes éloges plus que je ne le méritois. La Brunow parut surprise du rapport de Madame de Kamken. « Entre sœurs, lui dit-elle, on peut parler plus librement que vous ne faites, et ne pas cacher des choses qui sont publiques, car nous sommes fort bien informés à Hannovre de ce qui regarde la princesse, nous savons qu'elle est contrefaite, qu'elle est laide à faire peur, qu'elle est méchante et hautaine, et qu'en un mot c'est un petit monstre qu'on devroit souhaiter n'avoir jamais été au monde. » Madame de Kamken se fâcha et disputa très-vivement avec sa sœur, et pour la détromper de ses préjugés, elle la mena chez la reine où j'étois. On eut bien de la peine à lui persuader que c'étoit moi qu'elle voyait. Mais on ne put la convaincre que j'étois droite qu'en me faisant déshabiller en sa présence. Plusieurs femmes de Hannovre furent envoyées à diverses reprises à Berlin pour m'examiner. J'étois obligée de passer en revue devant elles et de leur montrer mon dos pour leur prouver que je n'étois pas bossue. J'enrageois de tout cela, et pour comble de malheur la reine s'étoit entêtée de me rendre plus menue, que je n'étois. Elle faisoit serrer mon corps de jupe au point que j'en devenois toute noire et que cela m'ôtoit la respiration. Les soins de Madame de Sonsfeld avoient raccommodé mon teint, j'étois assez passable, si la reine ne m'avoit gâtée en me faisant serrer si fort. Toute cette année se passa ainsi. Comme il n'y eut rien de fort intéressant je passe à l'année 1723.

Le roi d'Angleterre arriva au printemps à Hannovre, la duchesse de Kendell et Milady Arlington furent de sa suite, et la Letti y accompagna la dernière de ces dames. Elle ne vivoit uniquement que de ses bonnes grâces, et d'une pension qu'elle lui avoit fait obtenir du roi. Le roi, mon père, qui n'avoit alors en vue que mon mariage avec le duc de Glocestre, se rendit peu après l'arrivée de ce prince à Hannovre. Il y fut reçu avec toutes les démonstrations de joie et de tendresse imaginables, et retourna très-content de son séjour à Berlin.

La reine partit peu après son retour, chargée d'instructions secrètes pour le roi son père, et de conclure une alliance offensive et défensive entre ces deux monarques dont le sceau devoit être le mariage de mon frère et le mien. Elle ne trouva point les heureuses dispositions dont elle s'étoit flattée. Le roi d'Angleterre acquiesça à toutes les propositions hors à celle de mon mariage, s'excusant sur ce qu'il ne pouvoit entrer en aucun engagement sans avoir consulté les inclinations du prince, son petit-fils, et sans savoir si nos humeurs et nos caractères se conviendroient. La reine au désespoir et ne sachant comment se tirer d'embarras, eut recours à la duchesse de Kendell. Elle se plaignit amèrement à cette dame de la réponse du roi, et fit tous ses efforts pour la mettre dans ses intérêts. À force de caresses et d'instances elle parvint enfin à faire parler la duchesse. Elle avoua à la reine que l'éloignement du roi pour mon mariage provenoit des impressions malignes qu'on lui avoit données sur mon sujet ; que la Letti avoit fait un portrait de moi tel qu'il le falloit pour dégoûter tout homme de se marier ; qu'elle m'avoit dépeinte d'une laideur et d'une difformité extrêmes, que les éloges qu'elle avoit faits de mon caractère s'accordoient parfaitement avec ceux de ma figure ; qu'elle m'avoit représentée si méchante et si colérique, que cela me causoit le mal caduc plusieurs fois par jour de pure rage. « Jugez vous-même, Madame, continuoit la duchesse, après de pareils rapports qui ont encore été confirmés par Mademoiselle de Pelnitz, si le roi votre père peut consentir à ce mariage. » La reine qui ne pouvait cacher son indignation, lui conta tout le procédé de la Letti envers moi, et les raisons qu'elle avoit eues de s'en défaire, elle lui allégua toutes les personnes qui avoient été envoyées de Hannovre à Berlin, et s'en rapporta à

leur témoignage. Enfin on démontra si bien à la
duchesse la fausseté de tous ces bruits, qu'on la persuada entièrement du contraire. Cette dame, amie
intime de Milord Townshend, alors premier secrétaire d'État, résolut de finir seule cette affaire afin
qu'on lui en eût toute l'obligation. Mais sentant bien
qu'elle auroit beaucoup de peine à effacer de l'esprit
du roi les préjugés qu'on lui avoit inspirés contre
moi, elle conseilla à la reine de persuader à ce prince
d'aller faire un tour à Berlin afin qu'il pût se détromper par ses propres yeux des calomnies qu'on avoit
débitées sur mon compte. La reine sut si bien ménager l'esprit du roi, et fut si bien secondée par la
duchesse, qu'il se rendit à ses désirs, et fixa son
voyage pour le mois d'Octobre. Cette princesse
retourna triomphante à Berlin, et y fut reçue le
mieux du monde par le roi son époux. Il est inconcevable quelle joie la venue du roi d'Angleterre causa
par tout le pays, et quelle satisfaction le roi en ressentoit. Il n'y eut que moi qui n'y participai pas, car
j'étois maltraitée depuis le matin jusqu'au soir. À
tout ce que je faisois la reine ne manquoit pas de
dire : ces manières ne seront pas du goût de mon
neveu, il faut vous régler dès à présent à son humeur,
car vos façons ne lui plairont pas. Ces réprimandes
que j'essuyois vingt fois par jour ne flattoient guère
mon petit amour-propre. J'ai eu de tout temps le
malheur de faire beaucoup de réflexions, je dis le
malheur, car en effet on approfondit quelquefois
trop les choses et on en découvre de très-chagrinan-
tes. Il est bon de réfléchir sur soi-même. Mais on
seroit beaucoup plus heureux si on tâchoit d'écarter
toute pensée fâcheuse. C'est un mal physique, mais
un bien moral, et quoique ce bien moral me soit
quelquefois fort à charge, je le trouve cependant utile
pour le bien de la conduite. Mais en me déchaînant

contre le trop de réflexions, je sens que j'en fais,
qui n'appartiennent point au fil de mon histoire. Je
reviens à celles que je faisois sur le procédé de la
reine. « Qu'il est dur pour moi, disois-je souvent à
ma gouvernante, de me voir toujours reprendre
d'une façon si singulière par la reine. Je sens que
j'ai des défauts, j'ambitionne de m'en corriger, mais
c'est par l'envie que j'ai d'acquérir l'estime et l'approbation de tout le monde. Faut-il m'encourager par
d'autres motifs que par le point d'honneur, et pourquoi me parler toujours du duc de Glocestre et des
soins que je dois me donner pour lui plaire un jour ?
Il me semble que je le vaux bien, et qui sait s'il sera
de mon goût, et si je pourrai vivre heureuse avec
lui ? Pourquoi toutes ces avances avant le mariage ?
Je suis fille d'un roi, et ce n'est pas un si grand honneur pour moi d'épouser ce prince. Je ne me sens
aucun penchant pour lui, et tout ce que la reine me
dit journellement me donne plus d'éloignement que
d'empressement à l'épouser. » Madame de Sonsfeld
ne savoit que me répondre. Mon raisonnement étoit
trop juste pour le condamner. J'étois naturellement
timide, et ces gronderies perpétuelles ne me donnoient pas de la hardiesse. Elle fit des représentations à la reine, mais elles ne servirent de rien.

Il vint dans ce temps-là un des gentilshommes du
duc de Glocestre à Berlin. La reine tenoit appartement, il lui fut présenté comme aussi à moi. Il me
fit un compliment très-obligeant de son maître ; je
rougis et ne lui répondis que par une révérence. La
reine qui étoit aux écoutes fut très piquée de ce que
je n'avois rien répondu au compliment du duc, et me
lava la tête d'importance, m'ordonnant sous peine
de son indignation de raccommoder cette faute le
lendemain. Je me retirai toute en larmes dans ma
chambre ; j'étois outrée contre la reine et contre le

duc. Je jurai que je ne l'épouserois jamais, que si l'on vouloit déjà me mettre si fort sous sa férule avant le mariage, je comprenois bien que je serois pire qu'une esclave après qu'il seroit contracté ; que la reine faisoit tout de sa tête, sans consulter mon cœur, et qu'enfin je voulois aller me jeter à ses pieds et la supplier de ne pas me rendre malheureuse en m'obligeant d'épouser un prince pour lequel je ne me sentois aucune inclination et avec lequel je voyois bien que je serois malheureuse. Ma gouvernante eut bien de la peine à me tranquilliser et à m'empêcher de faire cette fausse démarche. Je fus obligée de m'entretenir le lendemain avec le gentilhomme et de lui parler du duc, ce que je fis de très-mauvaise grâce, et d'un air fort embarrassé. Cependant l'arrivée du roi d'Angleterre approchoit. Nous nous rendîmes le six Octobre à Charlottenbourg pour le recevoir. Le cœur me battoit et j'étois dans des agitations cruelles. Ce prince y arriva le huit à sept heures du soir. Le roi, la reine et toute la cour le reçurent dans la cour du château, les appartements étant à rez de chaussée. Après qu'il eut salué le roi et la reine, je lui fus présentée. Il m'embrassa et se tournant vers la reine, il lui dit : votre fille est bien grande pour son âge. Il lui donna la main et la conduisit dans son appartement où tout le monde les suivit. Dès que j'y entrai, il prit une bougie et me considéra depuis les pieds jusqu'à la tête. J'étois immobile comme une statue et fort décontenancée. Tout cela se passa sans qu'il me dît la moindre chose. Après qu'il m'eut ainsi passée en revue, il s'adressa à mon frère qu'il caressa beaucoup, et avec lequel il s'amusa longtemps. Je pris ce temps pour m'éloigner, la reine me fit signe de la suivre, et passa dans une chambre prochaine, où elle se fit présenter les Anglois et les Allemands de la suite du roi. Après leur avoir parlé quelque temps, elle dit à ces messieurs qu'elle me laissoit avec eux pour les entretenir et s'adressant aux Anglois. « Parlez anglois avec ma fille, leur dit-elle, vous verrez qu'elle le parle très-bien. » Je me sentis beaucoup moins gênée dès que la reine fut éloignée, et reprenant un peu de hardiesse, je liai conversation avec ces messieurs. Comme je parlois leur langue aussi bien que ma langue maternelle, je me tirai très-bien d'affaire, et tout le monde parut charmé de moi. Ils firent mes éloges à la reine et lui dirent, que j'avois l'air anglois et que j'étois faite pour être un jour leur souveraine. C'étoit dire beaucoup, car cette nation se croit si fort au dessus des autres, qu'ils s'imaginent faire une grande politesse, lorsqu'ils disent à quelqu'un, qu'il a les manières angloises. Leur roi les avoit bien espagnoles, il étoit d'une gravité extrême et ne disoit mot à personne. Il salua Madame de Sonsfeld fort froidement, et lui demanda si j'étois toujours aussi sérieuse, et si j'avois l'humeur mélancolique ? « Rien moins, Sire, lui répondit-elle, mais le respect qu'elle a pour votre Majesté, l'empêche d'être aussi enjouée, qu'elle l'est sans cela. » Il branla la tête et ne répondit rien. L'accueil qu'il m'avoit fait et ce que je venois d'entendre me donnèrent une telle crainte pour lui, que je n'eus jamais le courage de lui parler. On se mit enfin à table, où le prince resta toujours muet, peut-être avoit-il raison, peut-être avoit-il tort ; mais je crois pourtant qu'il suivoit le proverbe qui dit, qu'il vaut mieux se taire, que de mal parler. Il se trouva indisposé à la fin du repas. La reine voulut lui persuader de quitter la table ; ils complimentèrent long-temps ensemble, mais enfin elle jeta sa serviette et se leva. Le roi d'Angleterre commença à chanceler, celui de Prusse accourut pour le soutenir, tout le monde s'empressa autour de lui, mais ce

fut en vain, il tomba sur les genoux, sa perruque
d'un côté et son chapeau de l'autre. On le coucha
tout doucement à terre, où il resta une grosse heure
sans sentiment. Les soins qu'on prit de lui firent
enfin revenir peu à peu ses esprits. Le roi et la reine
se désolaient pendant ce temps, et bien des gens
ont cru, que cette attaque étoit un avant-coureur
d'apoplexie. Ils le prièrent instamment de se retirer,
mais il ne voulut pas et reconduisit la reine dans
son appartement. Il fut très-mal toute la nuit, ce
qu'on n'apprit que sous main. Mais cela ne l'empêcha pas de reparoître le lendemain. Tout le reste de
son séjour se passa en plaisirs et en fêtes. Il y eut
tous les jours des conférences secrètes entre les
ministres d'Angleterre et ceux de Prusse. Le résultat
en fut enfin la conclusion du traité d'alliance, et du
double mariage, qui avoit été ébauché à Hannovre.
La signature s'en fit le douze du même mois. Le roi
d'Angleterre partit le lendemain, et le congé qu'il
prit de toute sa famille, fut aussi froid que l'avoit
été son accueil. Le roi et la reine devoient retourner,
pour lui rendre visite au Ghoer, maison de chasse
proche de Hannovre.

Il y avoit déjà près de sept mois que cette princesse se trouvoit fort incommodée, ses maux étoient
si singuliers, que les médecins ne savoient qu'augurer de son état. Son corps s'enfloit prodigieusement
tous les matins, et cette enflure passoit vers le soir.
La faculté avoit été quelque temps en suspens, si
c'étoit une grossesse, mais elle avoit jugé en dernier
ressort que cette indisposition provenoit d'une autre
cause, qui est très-incommode, mais nullement dangereuse.

Le voyage du roi pour le Ghoer étoit fixé pour le
huit Novembre ; il devoit partir de grand matin, et
nous prîmes tous congé de lui. Mais la reine y mit

empêchement. Elle tomba malade la nuit d'une violente colique, mais elle dissimula son mal, tant qu'elle put, pour ne point réveiller le roi. S'étant cependant aperçue par certaines circonstances qu'elle étoit en travail d'enfant, elle appela au secours. On n'eut pas le temps d'envoyer chercher une sage-femme ni un médecin, et elle accoucha heureusement d'une princesse sans autre secours que celui du roi et d'une femme de chambre. Il n'y avoit ni langes ni berceau, et la confusion régnait partout. Le roi me fit appeler à quatre heures après minuit. Je ne l'ai jamais vu de si bonne humeur, il crevoit de rire en pensant à l'office qu'il avoit rendu à la reine. Le duc de Glocestre, mon frère, la princesse Amélie d'Angleterre et moi nous fûmes nommés parrains et marraines de l'enfant ; je le tins l'après-midi sur les fonts, et ma sœur fut nommée Anne Amélie[1].

Le roi partit le lendemain. Comme ce prince voyageoit très-vite, il arriva le soir au Ghoer où on étoit dans de grandes inquiétudes, le roi d'Angleterre l'ayant déjà attendu le jour précédent. Il fut fort surpris en apprenant ce qui avoit causé le retardement du roi. Grumkow étoit de la suite de ce prince. Il s'étoit brouillé depuis quelque temps avec le prince d'Anhalt, et tâchoit de se raccommoder avec le roi d'Angleterre, mais comme il vouloit que toutes les affaires passassent par ses mains, et que la reine y mettoit obstacle, il ne manqua pas de profiter des circonstances, pour semer de nouveau la dissension entre le roi et cette princesse. J'ai déjà dit que ce prince étoit d'une jalousie extrême. Grumkow le prit par son foible, et par quelques discours vagues et adroits il lui fit naître des idées très-injurieuses à la vertu de son épouse. Il retourna au bout de quinze jours à Berlin comme un furieux. Il nous fit très-bon

accueil, mais ne voulut point voir la reine. Il traversa
sa chambre à coucher pour aller souper sans lui rien
dire. La reine et nous tous étions dans des inquiétudes cruelles à cause de ce procédé ; elle lui parla
enfin et lui témoigna dans les termes les plus tendres le chagrin qu'elle avoit de sa façon d'agir. Il ne
lui répondit que par des injures et en lui faisant des
reproches de sa prétendue infidélité, et si Madame
de Kamken ne l'eût éloigné, son emportement
l'auroit peut-être porté à des violences très-fâcheuses.
Il fit assembler le jour suivant les médecins, le chirurgien-major de son régiment Holtzendorff, et
Madame de Kamken, pour examiner la conduite
de la reine. Tous prirent vivement le parti de cette
princesse. Sa gouvernante le traita même fort durement, et lui montra l'injustice de ses soupçons. En
effet la vertu de la reine étoit sans reproche, et la
médisance la plus noire n'a pu trouver à y redire.
Le roi rentra en lui-même, il demanda pardon à
cette princesse avec bien des larmes qui montroient
la bonté de son cœur, et la paix fut rétablie. J'ai
parlé de la brouillerie des deux favoris. Comme elle
éclata l'année 1724, il est juste que j'en donne ici
le détail. Depuis la chute de Madame de Blaspil et
la bonne intelligence des cours d'Angleterre et de
Prusse, le prince d'Anhalt étoit fort déchu de sa
faveur, il passoit sa vie à Dessau[1], et ne venoit que
rarement à Berlin. Le roi avoit pourtant toujours de
grandes attentions pour lui et le ménageoit à cause
de son savoir militaire. Grumkow en revanche s'étoit
conservé dans sa faveur, et ce ministre étoit chargé
des affaires étrangères et de celles du pays.

Le prince avoit été parrain d'une de ses filles et
lui avoit promis une dot de cinq mille écus. Cette
fille devant se marier, son père lui écrivit pour le
sommer de sa promesse. Le prince très-mécontent

de la conduite de Grumkow qui n'avoit plus de
ménagemens pour lui, et qui s'étoit seul emparé de
l'esprit du roi, nia fortement cette promesse. Grumkow lui répondit, l'autre répliqua ; ils en vinrent
enfin à se reprocher mutuellement toutes leurs fri-
ponneries, et leur correspondance devint si inju-
rieuse, que le prince d'Anhalt résolut de décider sa
querelle par le sort des armes. Avec le mérite que
Grumkow possédoit au suprême degré il passoit
pour un poltron fieffé. Il avoit donné des preuves de
sa valeur à la bataille de Malplaquet[1], où il resta
dans un fossé pendant tout le temps de l'action. Il
se distingua aussi beaucoup à Stralsund, et se démit
une jambe au commencement de la campagne, ce
qui l'empêcha de pouvoir aller à la tranchée. Il avoit
le même malheur qu'eut un certain roi de France,
de ne pouvoir voir une épée nue sans tomber en foiblesse, mais excepté tout cela c'étoit un très-brave
général. Le prince lui envoya un cartel. Grumkow
tremblant de courage, et s'armant de la religion et
des loix établies, répondit, qu'il ne se battroit point,
que les duels étoient défendus par les loix divines et
humaines et qu'il ne se trouvoit point d'humeur à
en être le transgresseur. Ce ne fut pas tout, il voulut
encore mériter la couronne du ciel, en souffrant
patiemment les injures. Il fit toutes les avances à
son antagoniste, mais il ne s'attira que de plus en
plus son mépris, et celui-ci resta inexorable. Cette
affaire parvint enfin aux oreilles du roi, qui employa
tous ses efforts pour les rapatrier, mais vainement,
le prince d'Anhalt ne voulant point se laisser fléchir.
Il fut donc résolu qu'ils décideroient leur différend
en présence de deux seconds. Celui que le prince
choisit, étoit un certain colonel Corf au service de
Hesse, et le général comte de Sekendorff, au service
de l'Empereur fut celui de Grumkow. Ces deux

derniers étoient amis intimes. La chronique scandaleuse disoit qu'ils avoient été dans leur jeunesse de moitié au jeu, où ils avoient fait un profit considérable. Quoi qu'il en soit, Sekendorff étoit le portrait vivant de Grumkow, à cela près qu'il affectoit plus de christianisme que lui et qu'il étoit brave comme son épée. Rien n'étoit si risible que les lettres que ce général écrivoit à Grumkow, pour lui inspirer du courage. Cependant le roi voulut encore s'en mêler.

Il convoqua au commencement de l'année 1725 un conseil de guerre à Berlin, composé de tous les généraux et colonels commandants de son armée. La reine avoit la plupart des généraux à sa disposition. Les belles promesses que Grumkow lui fit, de rester fermement attaché à son parti, l'éblouirent ; elle fit pencher la balance de son côté, sans quoi il auroit couru risque d'être cassé. Il en fut quitte pour quelques jours d'arrêts, ce qui fut une espèce de satisfaction que le roi donna au prince d'Anhalt. Dès qu'il fut relâché, le roi lui fit conseiller sous main de vider son différend. Le champ de bataille étoit proche de Berlin ; les deux combattants s'y rendirent, suivis de leurs seconds. Le prince tira son épée en disant quelques injures à son adversaire. Grumkow ne lui répondit qu'en se jetant à ses pieds qu'il embrassa en lui demandant pardon et le priant de lui rendre ses bonnes grâces. Le prince d'Anhalt pour toute réplique lui tourna le dos. Depuis ce temps-là ils ont toujours été ennemis jurés, et leurs animosités n'ont cessé que par leur vie. Le prince s'est tout-à-fait changé depuis à son avantage, bien des gens ont rejeté la plupart de ses méchantes actions sur les détestables conseils de Grumkow. On pourroit dire de lui, comme du cardinal de Richelieu :

il a fait trop de mal pour en dire du bien, il a fait
trop de bien pour en dire du mal.

Le roi d'Angleterre repassa cette année la mer
pour se rendre en Allemagne. Le roi mon père ne
manqua pas d'aller le voir ; il se flattoit de pouvoir
mettre fin à mon mariage. La reine l'ayant déjà si
bien servi fut chargée de cette commission. Elle se
rendit donc à Hannovre, où elle fut reçue à bras
ouverts. Elle trouva le roi, son père, par rapport à
l'alliance des deux maisons, dans les mêmes dispositions où il avoit été les années précédentes. Il lui
parla même en des termes remplis de tendresse pour
moi, mais il lui représenta que deux obstacles s'opposoient à ses désirs. Le premier, qu'il ne pouvoit
nous marier sans en avoir fait la proposition à son
parlement, le second étoit notre jeunesse, car je
n'avois que 16 ans et le duc en avoit 18. Mais pour
adoucir toutes ces difficultés, il l'assura qu'il dispo-
seroit tout de manière qu'il pût faire célébrer notre
mariage la première fois qu'il retourneroit en Allemagne. La reine se flatta toujours d'obtenir davantage, elle n'avoit jamais été si bien avec le roi, son
père, qu'elle l'étoit alors, il sembloit même avoir
pour elle une tendresse infinie, et il est sûr qu'il avoit
toutes sortes d'attentions pour cette princesse. Elle
demanda une prolongation de permission au roi, son
époux, se faisant fort, lui mandoit-elle, de réussir
dans ses desseins. Le roi la lui accorda et lui permit
même de rester à Hannovre aussi long-temps que
les affaires l'exigeroient. J'étois pendant ce temps-là
à Berlin dans une faveur extrême auprès du roi, je
passois toutes les après-midis à l'entretenir et il
venoit souper dans mon appartement. Il me témoignoit même de la confiance et me parloit souvent
d'affaires. Pour me distinguer davantage, il ordonna
que l'on vînt me faire la cour tout comme à la reine.

Les gouvernantes de mes sœurs me furent subordonnées, et eurent ordre de ne pas faire un pas sans ma volonté. Je n'abusai point des grâces du roi ; j'avois autant de solidité, toute jeune que j'étois, que j'en puis avoir maintenant, et j'aurois pu avoir soin de l'éducation de mes sœurs. Mais je me rendis justice, et vis bien que cela ne me convenoit pas, je ne voulus pas non plus tenir appartement et me contentai de faire prier quelques dames tous les jours.

Il y avoit déjà six mois que j'étois tourmentée de cruels maux de tête, ils étoient si violents, que j'en tombois souvent en foiblesse. Malgré cela je n'osois jamais rester dans ma chambre, la reine ne le voulant point. Cette princesse qui étoit d'un tempérament fort robuste ne savoit ce que c'étoit que d'être malade, elle étoit en cela d'une dureté extrême, et lorsque j'étois quelquefois mourante, il falloit pourtant être de bonne humeur, sans quoi elle se mettoit dans de terribles colères contre moi. La veille de son retour je pris une espèce de fièvre chaude avec des transports au cerveau et des douleurs si violentes dans la tête, qu'on m'entendoit crier dans la place du château. Six personnes étoient obligées de me tenir jour et nuit, pour m'empêcher de me tuer. Madame de Sonsfeld dépêcha d'abord des estafettes au roi et à la reine, pour les informer de mon état. Cette princesse arriva le soir, elle fut bien alarmée de me trouver si mal. Les médecins désespéroient déjà de ma vie, un abcès qui me creva le troisième jour dans la tête me sauva ; heureusement pour moi, les humeurs prirent leur issue par l'oreille, sans quoi je n'aurois pu en réchapper. Le roi se rendit deux jours après à Berlin, et vint d'abord me voir. Le pitoyable état où il me trouva, l'attendrit si fort qu'il en versa des larmes. Il n'alla point chez la reine, et fit barricader toutes les communications de son

appartement et de celui de cette princesse. La raison de ce procédé provenoit de la colère où il étoit
de ce qu'elle l'avoit amusé par de fausses promesses.
Il avoit si fort compté sur son crédit, sur l'esprit du
roi d'Angleterre, qu'il avoit cru que mon mariage
se feroit encore cette année. Il s'imagina qu'elle
n'en avoit agi ainsi que pour prolonger son séjour à
Hannovre. Cette brouillerie dura six semaines, au
bout desquelles le raccommodement se fit. Je me
remis fort lentement pendant ce temps, et je fus
obligée de garder deux mois la chambre.

La reine ma mère est très-jalouse de son petit naturel. Les distinctions infinies que le roi me faisoit,
l'indisposoient contre moi, elle étoit outre cela animée par une de ses dames, fille de la comtesse de
Fink que je nommerai dorénavant la comtesse Amélie pour la distinguer de sa mère. Cette fille avoit lié
une intrigue à l'insu de ses parens avec le ministre
de Prusse à la cour d'Angleterre, il se nommoit
Wallerot. C'étoit un vrai fat, d'une figure ragotine,
et qui n'avoit avancé les affaires de Prusse que par
ses bouffonneries. Elle s'étoit promise secrètement
avec cet homme, et son plan étoit de devenir ma
gouvernante et de me suivre en Angleterre. Pour le
faire réussir elle avoit employé tous les efforts pour
s'insinuer auprès du duc de Glocestre, et lui avoit
fait accroire qu'elle étoit ma favorite, ce qui lui avoit
attiré beaucoup de politesses de la part du duc. Mais
il falloit encore se défaire de ma gouvernante, et
pour y parvenir elle ne cessoit d'animer la reine
contre elle et moi.

Cette fille étoit la toute puissante sur l'esprit de
cette princesse, et profitoit de ses foiblesses pour
parvenir à son but. J'étois maltraitée tous les jours,
et la reine ne cessoit de me reprocher les grâces
que le roi avoit pour moi. Je n'osois plus le caresser

qu'en tremblant et sans craindre d'être accablée de
duretés ; il en étoit de même de mon frère. Il suffisoit que le roi lui ordonnât une chose pour qu'elle
la lui défendît. Nous ne savions quelquefois à quel
saint nous vouer, étant entre l'arbre et l'écorce.
Cependant comme nous avions l'un et l'autre plus
de tendresse pour la reine, nous nous réglâmes sur
ses volontés. Ce fut la source de tous nos malheurs,
comme on le verra par la suite de ces mémoires. Le
cœur me saignoit cependant de n'oser plus témoigner la vivacité de mes sentiments au roi ; je l'aimois
passionnément et il m'avoit témoigné mille bontés
depuis que j'étois au monde, mais devant vivre avec
la reine il falloit me régler sur elle. Cette princesse
accoucha au commencement de l'année 1726 d'un
prince qui fut nommé Henri[1]. Nous nous rendîmes,
dès qu'elle fut rétablie, à Potsdam, petite ville proche de Berlin. Mon frère ne fut point du voyage ; le
roi ne pouvoit le souffrir, voyant qu'il ne vouloit pas
se soumettre à ses volontés. Il ne cessoit de le gronder, et son animosité devenoit si invétérée, que tous
les bien-intentionnés conseillèrent à la reine, de lui
faire faire des soumissions, ce qu'elle n'avoit pas
voulu permettre jusqu'alors ; cela donna lieu à une
scène assez risible.

Cette princesse me donna commission d'écrire
plusieurs choses de contrebande à mon frère, et de
lui faire la minute d'une lettre qu'il devoit écrire au
roi. J'étois assise entre deux cabinets des Indes, à
écrire ces lettres, lorsque j'entendis venir le roi ; un
paravent qui étoit placé devant la porte, me donna
le temps de fourrer mes papiers derrière un de ces
cabinets. Madame Sonsfeld prit les plumes, et voyant
déjà approcher le roi, je mis le cornet dans ma poche
et je le tins soigneusement, de crainte qu'il ne ren-
versât. Après avoir dit quelques mots à la reine, il se

tourna tout d'un coup du côté de ces cabinets. « Ils
sont bien beaux, lui dit-il, ils étoient à feu ma mère
qui en faisoit grand cas. » En même temps il s'en
approcha pour les ouvrir. La serrure étoit gâtée, il
tiroit la clef tant qu'il pouvoit, et je m'attendois à
tout moment à voir paroître mes lettres. La reine
me tira de cette appréhension, pour me rejeter dans
une autre. Elle avoit un très-beau petit chien de
Bologne, j'en avois un aussi, ces deux animaux
étoient dans la chambre. « Décidez, dit-elle au roi,
de notre différend : ma fille dit, que son chien est
plus beau que le mien, et je soutiens le contraire. »
Il se mit à rire, et me demanda si j'aimois beaucoup
le mien ? « De tout mon cœur, lui répondis-je, car il
a beaucoup d'esprit et un très-bon caractère. » Ma
réplique le divertit, il m'embrassa plusieurs fois de
suite, ce qui m'obligea de me dessaisir de mon
encrier. La liqueur noire se répandit aussitôt sur
tout mon habit, et commençoit à découler dans la
chambre ; je n'osois bouger de ma place, de crainte,
que le roi ne s'en aperçût. J'étois à demi-morte de
peur. Il me tira d'embarras en s'en allant ; j'étois
trempée d'encre jusqu'à la chemise ; j'eus besoin de
lessive, et nous rîmes bien de toute cette aventure.
Le roi se raccommoda cependant avec mon frère,
qui vint nous joindre à Potsdam. C'étoit le plus aimable prince qu'on pût voir, il étoit beau et bien fait,
son esprit étoit supérieur pour son âge, et il possédoit toutes les qualités qui peuvent composer un
prince parfait. Mais me voici arrivée à un détail plus
sérieux, et à la source de tous les malheurs que ce
cher frère et moi avons endurés.

L'Empereur avoit formé dès l'année 1717 une
compagnie des Indes à Ostende, ville et port de mer
aux Pays-bas. Le négoce n'avoit commencé qu'avec
deux vaisseaux, et le succès en avoit été si heureux,

malgré les obstacles des Hollandois, que cela engagea ce prince, à leur donner le privilège de négocier
en Afrique et aux Indes orientales pour trente ans,
excluant tous ses autres sujets de ce trafic. Comme
le commerce est une des choses, qui contribuent le
plus à rendre un état florissant, l'Empereur avoit
fait en 1725 un traité secret avec l'Espagne, par
lequel il s'engageoit à faire avoir Gibraltar et Port
Mahon aux Espagnols. La Russie y accéda depuis.
Les puissances maritimes ne furent pas long-temps
sans s'apercevoir des menées secrètes de la cour de
Vienne ; et pour s'opposer aux vues ambitieuses de
la maison d'Autriche, qui ne tendoient pas à moins
qu'à ruiner leur commerce, qui fait la principale
force de leurs États, elles conclurent une alliance
entre elles, où la France, le Danemarc, la Suède et
la Prusse accédèrent depuis, et c'est le même, qui fut
signé à Charlottenbourg, et dont j'ai déjà fait mention. L'Empereur jugeant bien, qu'il ne pourroit se
soutenir contre une ligue aussi formidable, fut
obligé de prendre d'autres mesures, et de tâcher de
la désunir. Le général Sekendorff lui parut un personnage très-propre pour l'exécution de ses desseins
à la cour de Prusse. On a déjà vu que ce ministre
étoit étroitement lié d'amitié avec Grumkow ; il
connoissoit le caractère intéressé et ambitieux de ce
dernier, et ne douta pas de l'engager dans les intérêts de l'Empereur. Il commença par lui écrire et
tâcher de pénétrer ses sentiments, il lui fit même
quelques ouvertures sur les conjonctures où se trouvoit son souverain. Cette correspondance avoit commencé dès l'année précédente, et les lettres de
Sekendorff avoient été accompagnées de très-beaux
présens, et de très-grandes promesses. Le cœur vénal
de Grumkow se rendit bientôt à de si grands avantages. Les circonstances le favorisoient dans son

dessein. L'union des cours de Prusse et de Hannovre commençoit à se refroidir. Le roi mon père étoit très-piqué du retardement de mon mariage, d'autres sujets de plaintes se joignoient à celui-là. Ce prince ne se plaisoit qu'à augmenter son gigantesque régiment. Les officiers chargés des enrôlements prenoient de gré ou de force les grands hommes qu'ils trouvoient sur les territoires étrangers.

La reine avoit obtenu du roi son père, que l'électorat de Hannovre en fourniroit une certaine quantité tous les ans. Le ministère hannovrien, peut-être gagné par les anti-prussiens, dont Milady Arlington étoit le chef, négligea d'exécuter les ordres du roi d'Angleterre. La reine fit faire plusieurs fois des remontrances là-dessus, mais ils ne la payèrent que de quelques mauvaises excuses. Le roi se trouva très-offensé du peu d'attention qu'on lui marquoit, et Grumkow ne manqua pas de l'animer si fort, que pour se venger il ordonna à ses officiers d'enlever dans le pays de Hannovre tous ceux qu'ils trouveroient d'une taille propre à être rangés dans son régiment. Cette violence fit un bruit épouvantable. Le roi d'Angleterre demanda satisfaction et prétendit, qu'on relâchât ses sujets ; celui de Prusse s'opiniâtra à les garder, ce qui fit naître une mésintelligence entre les deux cours qui dégénéra peu après en haine ouverte. La situation des affaires étoit donc telle que Sekendorff pouvoit le désirer à son arrivée à Berlin. Les soins que Grumkow s'étoit donnés de longue main à préparer l'esprit du roi lui facilitèrent sa négociation. Il fut fort bien reçu de ce prince qui l'avoit connu particulièrement, lorsqu'il étoit encore au service de Saxe, et l'avoit toujours fort estimé. Une suite nombreuse de Heiduks ou plutôt de géants qu'il présenta au roi de la part de l'Empereur, lui attira un surcroît de bon accueil, et le compliment qu'il lui fit de la part de son maître acheva de le charmer. Comme l'Empereur, lui dit-il, ne cherche qu'à faire plaisir en toute occasion à votre Majesté, il lui accorde les enrôlemens en Hongrie, et il a déjà donné ordre qu'on cherche tous les grands hommes de ses États pour les lui offrir. Ce procédé obligeant si différent de celui du roi son beau-père le toucha, mais ne fit que l'ébranler. Sekendorff jugea bien qu'il falloit du temps pour le détacher de la grande alliance. Il tâcha de s'insinuer peu-à-peu dans l'esprit de ce prince, et connoissant son foible, il ne manqua pas de l'attirer par là dans ses filets. Il lui donnoit presque tous les jours des festins magnifiques où il n'admettoit que les créatures qu'il s'étoit faites et celles de Grumkow. On ne manquoit jamais de tourner la conversation sur les conjonctures présentes de l'Europe, et de plaider d'une façon artificieuse la cause de l'Empereur. Enfin au milieu du vin et de la bonne chère, le roi se laissa entraîner à renoncer à quelques-uns des engagemens qu'il avoit pris avec l'Angleterre, et à se lier avec la maison d'Autriche. Il promit à cette dernière de ne point faire agir contre elle les troupes qu'il devoit fournir à l'Angleterre en vertu d'un des articles du traité de Hannovre. Cette promesse fut tenue fort secrète. Le roi n'étoit point encore intentionné alors de rompre la grande alliance, se flattant toujours de pouvoir faire réussir mon mariage. Ce ne fut qu'à la fin de l'année suivante que je vais commencer, qu'il leva le masque. La reine étoit dans le dernier désespoir de voir le train que prenoient les affaires, elle en souffroit personnellement. Le roi la maltraitoit et lui reprochoit sans cesse le retardement de mon mariage, il parloit en termes injurieux du roi son beau-père et tâchoit de la chagriner en toute occasion.

Le crédit de Sekendorff s'augmentoit de jour en jour. Il prenoit un si grand ascendant sur l'esprit du roi qu'il disposoit de toutes les charges. Les pistoles d'Espagne avoient mis dans ses intérêts la plupart des domestiques et des généraux qui étoient autour de ce prince, de façon qu'il étoit informé de toutes ses démarches. Le double mariage conclu avec l'Angleterre étant un obstacle très-fâcheux pour ses vues, il résolut de le lever en mettant la désunion dans la famille. Il se servit pour cela de ses émissaires secrets ; mille faux rapports qu'on faisoit tous les jours au roi sur le compte de mon frère et sur le mien l'indisposaient si fort contre nous qu'il nous maltraitoit et nous faisoit souffrir des martyres. On lui dépeignoit mon frère comme un prince ambitieux et intrigant, qui lui souhaitoit la mort pour être bientôt souverain ; on l'assuroit qu'il n'aimoit point le militaire, et qu'il disoit hautement que lorsqu'il seroit le maître il renverroit les troupes ; on le faisoit passer pour prodigue et dépensier, et enfin on lui donnoit un caractère si opposé à celui du roi qu'il étoit bien naturel que ce prince le prît en aversion. On ne me ménageoit pas davantage, j'étois, disoit-on, d'une hauteur insupportable, intrigante et impérieuse ; je servois de conseil à mon frère et je tenois des discours très-peu respectueux sur le compte du roi. Comme ce prince souhaitoit fort l'établissement de toutes ses filles, Sekendorff s'insinua encore de ce côté-là auprès de lui, et engagea le Margrave d'Anspach, jeune prince de 17 ans, de se rendre à Berlin, pour voir ma sœur puînée[1]. Ce prince étoit très-aimable dans ce temps-là et promettoit beaucoup. Ma sœur étoit belle comme un ange, mais elle avoit un petit génie et des caprices terribles. Elle avoit pris ma place dans la faveur du roi qui la gâtoit. Les cruels chagrins qu'elle a essuyés après son mariage l'ont corrigée de ses défauts. La jeunesse des deux parties empêcha que le mariage ne pût se faire alors, et il ne fut célébré que deux ans après comme je le dirai dans son lieu. La reine s'étoit toujours flattée que l'arrivée du roi d'Angleterre, qui devoit repasser cette année en Allemagne, rétabliroit l'union entre les deux cours, mais un événement imprévu ruina toutes ses espérances, car elle reçut la triste nouvelle de la mort de ce prince. Il étoit parti en parfaite santé d'Angleterre et avoit très-bien supporté, contre sa coutume, le trajet sur mer. Il se trouva mal proche d'Osnabruck. Tous les secours qu'on put lui donner furent inutiles, il expira au bout de 24 heures d'une attaque d'apoplexie entre les bras du duc de York son frère.

Cette perte plongea la reine dans la douleur la plus amère. Le roi même en parut touché. Malgré tous les propos qu'il avoit tenus contre le roi de la grande Bretagne, il l'avoit toujours considéré comme un père, et même il le craignoit. Ce prince avoit eu soin de lui dans son enfance et dans le temps que le roi Frédéric Ier s'étoit réfugié à Hannovre pour se garantir des persécutions de l'électrice Dorothée sa belle-mère. Leurs regrets furent encore augmentés lorsqu'ils apprirent peu de temps après que ce monarque avoit eu dessein de mettre fin à mon mariage, et qu'il avoit résolu d'en faire la cérémonie à Hannovre. Le prince son fils fut proclamé roi de la grande Bretagne, et le duc de Glocestre prit le titre de prince de Galles. Cependant les fréquentes débauches que Sekendorff faisoit faire au roi, lui ruinoient la santé ; il commençoit à devenir valétudinaire ; l'hypocondrie dont il étoit fort tourmenté le rendoit d'une humeur mélancolique. Mr. Franke, fameux piétiste, et fondateur de la maison des orphelins dans l'université de Halle, ne contribuoit pas peu à l'augmenter. Cet ecclésiastique se plaisoit à lui faire des scrupules de conscience des choses les plus innocentes. Il condamnoit tous les plaisirs qu'il trouvoit damnables, même la chasse et la musique. On ne devoit parler d'autre chose que de la parole de Dieu ; tout autre discours étoit défendu. C'étoit toujours lui qui faisoit le beau parleur à table où il faisoit l'office de lecteur, comme dans les réfectoires. Le roi nous faisoit un sermon tous les après-midis, son valet de chambre entonnoit un cantique, que nous chantions tous ; il falloit écouter ce sermon avec autant d'attention, que si c'étoit celui d'un apôtre. L'envie de rire nous prenoit à mon frère et à moi, et souvent nous éclations. Soudain on nous chargeoit de tous les anathèmes de l'église, qu'il falloit essuyer, d'un air contrit et pénitent, que nous avions bien de la peine à affecter. En un mot, ce chien de Franke nous faisoit vivre comme les religieux de la Trappe. Cet excès de bigoterie fit venir à ce prince des pensées encore plus singulières. Il résolut d'abdiquer la couronne en faveur de mon frère. Il vouloit, disoit-il, se réserver dix mille écus par an, et se retirer avec la reine et ses filles à Vousterhausen. « Là, ajouta-t-il, je prierai Dieu et j'aurai soin de l'économie de la campagne, pendant que ma femme et mes filles auront soin du ménage. Vous êtes adroite, me disoit-il, je vous donnerai l'inspection du linge que vous coudrez, et de la lessive. Frédérique, qui est avare, sera gardienne de toutes les provisions. Charlotte ira au marché acheter les vivres, et ma femme aura soin de mes petits-enfants et de la cuisine. » Il commença même à travailler à une instruction pour mon frère et à faire plusieurs démarches, qui alarmèrent très-vivement Grumkow et Sekendorff. Ils employèrent en vain toute leur rhétorique, pour dissiper ces idées funestes, mais voyant bien que tout le plan du roi n'étoit qu'un effet de son tempérament, et craignant, que s'ils ne tâchoient d'y mettre fin, ce prince ne pût bien exécuter son dessein, ils résolurent de tâcher de le dissiper.

La cour de Saxe ayant été de tout temps très-étroitement liée avec celle d'Autriche, ils tournèrent leurs vues de ce côté-là, et se proposèrent de lui persuader d'aller à Dresde. Une idée ordinairement en entraîne une autre ; celle-ci leur fit naître celle de me marier avec le roi Auguste de Pologne[1].

Ce prince avoit 49 ans dans ce temps-là. Il a toujours été très-renommé pour sa galanterie ; il avoit de grandes qualités, mais elles étoient offusquées par des défauts considérables. Un trop grand attachement aux plaisirs lui faisoit négliger le bonheur de ses peuples et de son État, et son penchant pour la boisson l'entraînoit à commettre des indignités dans son ivresse, qui seront à jamais une tache à sa mémoire.

Sekendorff avoit été dans sa jeunesse au service de Saxe, et j'ai déjà dit plus haut, que Grumkow étoit très-bien dans l'esprit de ce roi. Ils s'adressèrent l'un et l'autre au comte de Flemming, favori de ce prince, pour tâcher d'entamer une négociation sur ce sujet. Le comte de Flemming possédoit un mérite supérieur ; il avoit été très-souvent à Berlin, et me connoissoit très-particulièrement. Il fut charmé des ouvertures de ces ministres et tâcha de sonder l'esprit du roi de Pologne sur ce sujet. Ce prince parut assez porté à cette alliance, et dépêcha le comte à Berlin, pour inviter celui de Prusse à venir passer le carnaval à Dresde. Grumkow et son Pylade firent part au roi de leurs desseins. Ce prince, charmé de trouver un si bel établissement pour moi, consentit avec joie à leurs désirs ; il rendit une réponse très-obligeante au Maréchal Flemming et partit vers le milieu de Janvier de l'année 1728 pour se rendre à Dresde.

Mon frère fut au désespoir de ne pas être de ce voyage. Il devoit rester à Potsdam pendant l'absence du roi, ce qui ne l'accommodoit point. Il me fit part de son chagrin et comme je ne pensois qu'à lui faire plaisir, je lui promis de tâcher de faire en sorte qu'il pût suivre le roi. Nous retournâmes à Berlin, où la reine tint appartement comme à son ordinaire. J'y vis Mr. de Summ, Ministre de Saxe, que je connoissois très-particulièrement et qui étoit fort dans les intérêts de mon frère. Je lui fis des compliments de sa part et lui appris le regret qu'il avoit, de n'avoir pas été invité à Dresde. « Si vous voulez lui faire plaisir, continuai-je, faites en sorte que le roi de Pologne engage celui de Prusse à le faire venir. » Summ dépêcha aussitôt une estafette à sa cour, pour en informer le roi son maître, qui ne manqua pas de persuader au roi mon père de faire venir mon frère. Celui-ci reçut ordre de partir, ce qu'il fit avec beaucoup de joie. La réception qu'on fit au roi, fut digne des deux monarques. Comme celui de Prusse n'aimoit pas les cérémonies, on se régla entièrement selon son génie. Ce prince avoit demandé à être logé chez le comte Vakerbart pour lequel il avoit beaucoup d'estime. La maison de ce général étoit superbe, le roi y trouva un appartement royal. Malheureusement la seconde nuit après son arrivée le feu y prit, et l'embrasement fut si subit et si violent qu'on eut toutes les peines du monde à sauver ce prince. Tout ce beau palais fut réduit en cendres. Cette perte auroit été très-considérable pour le comte de Vakerbart, si le roi de Pologne n'y avoit suppléé, mais il lui fit présent de la maison de Pirna, qui étoit bien plus magnifique que l'autre, et dont les meubles étoient d'une somptuosité infinie.

La cour de ce prince étoit pour lors la plus brillante d'Allemagne. La magnificence y étoit poussée jusqu'à l'excès, tous les plaisirs y régnoient ; on pouvoit l'appeler avec raison l'île de Cythère : les femmes y étoient très-aimables et les courtisans très-polis. Le roi entretenoit une espèce de sérail des plus belles femmes de son pays. Lorsqu'il mourut, on calcula qu'il avoit eu trois cent cinquante quatre enfants de ses maîtresses. Toute sa cour se régloit sur son exemple, on n'y respiroit que la mollesse, et Bacchus et Vénus y étoient les deux divinités à la mode. Le roi n'y fut pas long-temps sans oublier sa dévotion, les débauches de la table et le vin de Hongrie le remirent bientôt de bonne humeur. Les manières obligeantes du roi de Pologne lui firent lier une étroite amitié avec ce prince. Grumkow qui ne s'oublioit pas dans les plaisirs, voulut profiter de ces bonnes dispositions, pour le mettre dans le goût des maîtresses, il fit part de son dessein au roi de Pologne, qui se chargea de l'exécution.

Un soir, qu'on avoit sacrifié à Bacchus, le roi de Pologne conduisit insensiblement le roi dans une chambre très-richement ornée, et dont tous les meubles et l'ordonnance étoient d'un goût exquis. Ce prince, charmé de ce qu'il voyoit, s'arrêta pour en contempler toutes les beautés, lorsque tout à coup on leva une tapisserie, qui lui procura un spectacle des plus nouveaux. C'étoit une fille dans l'état de nos premiers pères, nonchalamment couchée sur un lit de repos. Cette créature étoit plus belle qu'on ne dépeint Vénus et les Grâces ; elle offroit à la vue un corps d'ivoire, plus blanc que la neige et mieux formé que celui de la belle statue de la Vénus de Médicis, qui est à Florence. Le cabinet qui enfermoit ce trésor étoit illuminé de tant de bougies, que leur clarté éblouissoit, et donnoit un nouvel éclat à la beauté de cette déesse. Les auteurs de cette comédie ne doutèrent point que cet objet ne fît impression sur le cœur du roi, mais il en fut tout autrement. À peine ce prince eut-il jeté les yeux sur cette belle, qu'il se tourna avec indignation, et voyant mon frère derrière lui, il le poussa très-rudement hors de la chambre, et en sortit immédiatement après, très-fâché de la pièce, qu'on avoit voulu lui faire. Il en parla le soir même en termes très-forts à Grumkow, et lui déclara nettement, que si on renouveloit ces scènes, il partiroit sur-le-champ. Il en fut autrement de mon frère. Malgré les soins du roi, il avoit eu tout le temps de contempler la Vénus du cabinet, qui ne lui imprima pas tant d'horreur, qu'elle en avoit causé à son père. Il l'obtint d'une façon assez singulière du roi de Pologne.

Mon frère étoit devenu passionnément amoureux de la comtesse Orzelska, qui étoit tout ensemble fille naturelle et maîtresse du roi de Pologne. Sa mère étoit une marchande françoise de Varsovie. Cette fille devoit sa fortune au comte Rodofski, son frère[1], dont elle avoit été maîtresse, et qui l'avoit fait connoître au roi de Pologne, son père, qui, comme je l'ai déjà dit, avoit tant d'enfans, qu'il ne pouvoit avoir soin de tous. Cependant il fut si touché des charmes de la Orzelska, qu'il la reconnut d'abord pour sa fille ; il l'aimoit avec une passion excessive. Les empressements de mon frère pour cette dame lui inspirèrent une cruelle jalousie. Pour rompre cette intrigue, il lui fit offrir la belle Formera à condition qu'il abandonneroit la Orzelska. Mon frère lui fit promettre ce qu'il voulut, pour être mis en possession de cette beauté, qui fut sa première maîtresse.

Cependant le roi n'oublia pas le but de son voyage. Il conclut un traité secret avec le roi Auguste, dont voici à peu près les articles. Le roi de Prusse s'engageoit à fournir un certain nombre de troupes à celui de Pologne, pour forcer les Polonois de rendre la couronne héréditaire dans la maison électorale de Saxe. Il me promettoit en mariage à ce prince, et lui prêtoit quatre millions d'écus, outre ma dot qui devoit être très-considérable. En revanche le roi de Pologne lui donnoit pour hypothèque des quatre millions la Lusace. Il m'assuroit un douaire sur cette province de deux cent mille écus, avec la permission de résider après sa mort où je voudrois. Je devois avoir l'exercice libre de ma religion à Dresde, où on devoit m'accommoder une chapelle, pour y célébrer le culte divin, et enfin, tous ces articles devoient être signés et confirmés par le prince électoral de Saxe. Comme le roi, mon père, avoit invité celui de Pologne à se rendre à Berlin, pour assister à la revue de ses troupes, la signature du traité fut remise jusqu'à ce temps-là. Ce prince avoit demandé du temps, pour préparer l'esprit de son fils et pour le persuader à la démarche, qu'on prétendoit de lui. Le roi partit donc très-content de Dresde, aussi bien que mon frère ; ils ne cessoient l'un et l'autre de nous faire les éloges du roi de Pologne et de sa cour.

Pendant que toutes ces choses se passoient, je souffrois cruellement à Berlin des persécutions de la comtesse Amélie. Elle ne cessoit d'animer la reine contre moi. Cette princesse me maltraitoit perpétuellement ; je supportois son procédé injuste avec respect, mais celui de sa favorite me mettoit quelquefois dans une rage terrible. Cette fille me traitoit avec un air de hauteur, qui m'étoit insupportable, et quoiqu'elle n'eût que deux ans de plus que moi, elle vouloit se mettre sur le pied de me gouverner.

Malgré tout le dépit que j'avois contre elle, j'étois
obligée de me contraindre et de lui faire bon visage,
ce qui m'étoit plus cruel que la mort. Car j'abhorre
la fausseté, et ma sincérité a été souvent cause de
bien des chagrins, que j'ai essuyés. Cependant c'est
un défaut, dont je ne prétends pas me corriger. J'ai
pour principe qu'il faut toujours marcher droit, et
que l'on ne peut s'attirer de chagrin quand on n'a
rien à se reprocher. Un nouveau monstre commençoit à s'élever sur le pied de favorite, et partageoit la
faveur de la reine avec la comtesse Amélie. C'étoit
une des femmes de chambre de cette princesse ; elle
se nommoit Ramen, et c'étoit la même, qui accoucha la reine à l'improviste, lorsqu'elle fut délivrée de
ma sœur Amélie. Cette femme étoit veuve, ou pour
mieux dire, elle suivoit l'exemple de la Samaritaine,
et elle avoit autant de maris qu'il y a de mois dans
l'année. Sa fausse dévotion, sa charité affectée pour
les pauvres, et enfin le soin qu'elle avoit pris de
colorer son libertinage, avoient engagé Madame de
Blaspil de la recommander à la reine. Elle commença à s'insinuer dans son esprit par son adresse
à faire plusieurs ouvrages qui l'amusoient ; mais elle
ne parvint à ce haut point de faveur où elle étoit
alors, que par les rapports qu'elle faisoit à la reine
sur le compte du roi. Cette princesse avoit une
confiance aveugle en cette femme, à laquelle elle
faisoit part de ses affaires et de ses pensées les plus
secrètes. Deux rivales de gloire ne pouvoient s'accorder long-temps ensemble. La comtesse Amélie et
la Ramen étoient ennemies jurées ; mais comme
elles se craignoient l'une l'autre, elles cachoient leur
animosité.

Peu après le retour du roi de Dresde, le maréchal
comte de Flemming, accompagné de la princesse
Ratziville, son épouse, arriva à Berlin, avec le carac-

tère d'Envoyé extraordinaire du roi de Pologne. La
princesse étoit une jeune personne sans éducation,
mais fort vive et naïve, sans être belle elle avoit de
l'agrément. Le roi la distingua fort et ordonna à la
reine d'en faire de même. Elle s'attacha beaucoup à
moi ; son mari qui me connoissoit depuis mon
enfance, étoit fort de mes amis. Comme il étoit déjà
âgé, la reine lui avoit permis de venir chez moi,
quand il le vouloit ; il profita très-assidûment de son
privilège, et venoit passer toutes les matinées chez
moi avec son épouse, qui s'empressoit beaucoup
autour de moi. J'étois très-mal attifée. La reine me
faisoit coëffer et habiller, comme l'avoit été ma
vieille grand'mère dans sa jeunesse. La comtesse
de Flemming lui représenta, que la cour de Saxe se
moqueroit de moi, si elle me voyoit ainsi bâtie. Elle
me fit ajuster à la nouvelle mode, et tout le monde
disoit, que je n'étois pas connoissable, étant beaucoup plus jolie, que je ne l'avois été. Ma taille commençoit à se dégager et devenoit plus menue, ce qui
me donnoit meilleur air. La comtesse disoit mille
fois par jour à la reine, qu'il falloit que je devinsse sa
souveraine. Comme cette princesse, ni moi n'étions
point informées du traité de Dresde, nous prenions
ces propos pour des badineries. Le comte s'arrêta
deux mois à Berlin, et vint prendre congé de moi la
veille de son départ, après bien des assurances réitérées qu'il me fit de son respect. « J'espère, me dit-il,
que je pourrai bientôt donner à votre Altesse royale
des preuves de l'attachement inviolable que j'ai pour
vous, et vous rendre aussi heureuse que vous le
méritez. Je compte avoir dans peu l'honneur de vous
revoir avec le roi mon maître. » Je n'entendis point
le sens de ce discours, et je crus bonnement, qu'il
vouloit travailler à mon mariage avec le prince de

Galles. Je lui fis une réponse fort obligeante, après quoi il se retira.

Nous partîmes peu de jours après pour Potsdam. Ce voyage m'auroit fort déplu en tout autre temps, mais je fus charmée pour cette fois de m'éloigner de Berlin. Je me flattois de regagner les bonnes grâces de la reine, car on l'avoit au point indisposée contre moi qu'elle ne pouvoit plus me souffrir. Les affaires d'Angleterre étoient dans une espèce de repos. La reine intriguoit perpétuellement pour effectuer mon mariage, sans rien avancer, et on l'amusoit par de belles paroles. Tout cela la mettoit de mauvaise humeur contre moi, car elle disoit, que si j'avois été mieux élevée, je serois déjà mariée. J'espérois que je dissiperois toutes ces pensées dans l'absence de la comtesse Amélie, qui les lui suggéroit, mais je me trompois. Son esprit étoit tellement aigri contre moi, que mon sort ne fut pas meilleur à Potsdam, qu'il ne l'avoit été à Berlin. La reine fut même sur le point de se plaindre au roi de ma gouvernante et de moi, et de prier ce prince, de charger quelqu'autre personne de ma conduite, mais la crainte la retint. Elle connoissoit l'estime particulière, que le roi avoit pour Madame de Sonsfeld, ce qui lui fit appréhender, qu'elle ne réussît pas dans ses desseins. Le comte de Fink même, à qui elle en parla, la dissuada fort de faire cette démarche. Ce général n'étoit point informé des vues ambitieuses de sa fille, et d'ailleurs il étoit trop honnête homme pour les approuver. Il parla très-fortement à la reine sur mon compte et sur celui de Madame de Sonsfeld, et lui fit tant de remontrances sur la dureté de son procédé envers elle et envers moi, qu'elle rentra en elle-même. Elle me parla même l'après-midi, et me dit tous les griefs qu'elle avoit contre moi. C'étoit, me disoit-elle, la confiance que j'avois en ma

gouvernante, qu'elle n'approuvoit pas ; elle étoit
outre cela fâchée, que je suivois aveuglément les
conseils de cette dame, et enfin mille choses pareilles. Je me jetois à ses pieds et lui dis, que la
connoissance que j'avois du caractère de Madame
de Sonsfeld, ne me permettoit pas d'avoir rien de
caché pour elle, que je lui confiois tous mes secrets
particuliers, mais que je ne lui parlois jamais de
ceux des autres, et que cette même connoissance que
j'avois de son mérite, m'engageoit à suivre ses
conseils, étant persuadée, qu'elle ne m'en donneroit
que de bons ; que d'ailleurs je ne suivois en cela que
les ordres que la reine m'avoit donnés. Je la suppliois de rendre justice à Madame de Sonsfeld et de
ne pas me réduire au désespoir, en renonçant aux
bontés, qu'elle m'avoit toujours témoignées. La reine
fut un peu décontenancée de ma réponse, elle chercha toutes sortes de mauvais prétextes, pour trouver
des sujets de plainte contre moi. Je lui fis beaucoup
de soumissions, et enfin nous fîmes la paix. Je fus
deux jours après plus en grâce que jamais, et
Madame de Sonsfeld qu'elle avoit pris à tâche de
chagriner, fut mieux traitée. J'aurois été dans une
tranquillité parfaite, si mon frère n'avoit troublé mon
repos. Depuis son retour de Dresde il tomboit dans
une noire mélancolie. Le changement de son humeur
rejaillissoit sur sa santé ; il maigrissoit à vue d'œil
et prenoit de fréquentes foiblesses, qui faisoient
craindre, qu'il ne devînt étique. La reine et moi, nous
faisions ce que nous pouvions pour le dissiper. Je
l'aimois passionnément, et lorsque je lui demandois,
quel étoit le sujet de son chagrin, il me répondoit
toujours, que c'étoit les mauvais traitemens du roi.
Je tâchois de le consoler de mon mieux, mais j'y
perdois mes peines. Son mal augmenta si fort, que
l'on fut enfin obligé d'en informer le roi. Ce prince

chargea son chirurgien-major, de veiller à sa santé
et d'examiner son mal. Le rapport que cet homme
lui fit de l'état de mon frère, l'alarma beaucoup. Il
lui dit, qu'il se trouvoit fort mal, qu'il avoit une
espèce de fièvre lente, qui dégénéreroit en étisie, s'il
ne se ménageoit pas et s'il ne mettoit pas dans le
remède. Le roi avoit le cœur naturellement bon,
quoique Grumkow lui eût inspiré beaucoup d'antipathie contre ce pauvre prince, et malgré les justes
sujets de plaintes, qu'il croyoit avoir contre lui, la
voix de la nature se fit sentir. Il se reprocha d'être
cause par les chagrins qu'il lui avoit donnés, de la
triste situation où il se trouvoit. Il tâcha de réparer
le passé en l'accablant de caresses et de bontés ;
mais tout cela n'effectuoit rien, et l'on étoit bien
éloigné de deviner la cause de son mal. On découvrit enfin, que sa maladie n'étoit causée que par
l'amour. Il avoit pris du goût pour les débauches,
depuis qu'il avoit été à Dresde. La gêne où il vivoit
l'empêchoit de s'y livrer, et son tempérament ne
pouvoit supporter cette privation. Plusieurs personnes bien intentionnées en avertirent le roi et lui
conseillèrent de le marier, sans quoi il couroit risque de mourir ou de tomber dans des débauches,
qui lui ruineroient la santé. Ce prince répondit là-
dessus en présence de quelques jeunes officiers, qu'il
feroit présent de cent ducats à celui qui viendroit
lui donner la nouvelle, que son fils avoit un vilain
mal. Les caresses et les bontés qu'il lui avoit témoignées, firent place aux réprimandes et aux rebuffa-
des. Le comte Fink et Mr. de Kalkstein reçurent
ordre de veiller plus que jamais à sa conduite. Je
n'ai appris toutes ces circonstances que long-temps
après.

   La mort du roi d'Angleterre avoit achevé de détacher entièrement le roi de la grande alliance. Il

conclut enfin un traité avec l'Empereur, la Russie et la Saxe. Il s'engageoit aussi bien que les deux dernières de ces puissances, à fournir dix mille hommes à l'Empereur lorsqu'il en auroit besoin. L'Empereur s'engageoit en revanche de lui garantir les pays de Berg et de Guilliers. La reine se consumoit de chagrin, de voir échouer tous ses plans ; elle ne pouvoit cacher le ressentiment qu'elle en avoit ; il tomboit tout entier sur Sekendorff et Grumkow. Le roi parloit souvent à table de son traité avec l'Empereur, et ne manquoit jamais d'apostropher le roi d'Angleterre ; ces invectives s'adressoient toujours à la reine. Cette princesse les rendoit sur-le-champ à Sekendorff ; sa vivacité l'empêchoit de garder des mesures. Elle traitoit ce ministre d'une façon très-dure et très-injurieuse, lui rappelant quelquefois des vérités sur sa conduite passée qui n'étoient pas bonnes à dire. Sekendorff crevoit de rage, mais il recevoit tout cela avec une feinte modération, ce qui charmoit fort le roi. Le diable cependant n'y perdoit rien, et il savoit se venger autrement qu'en paroles.

L'arrivée du roi de Pologne approchant, nous retournâmes à Berlin au commencement de Mai. La reine y trouva des lettres de Hannovre, par lesquelles on l'avertissoit, que le prince de Galles avoit résolu de se rendre incognito à Berlin, voulant profiter du tumulte et de la confusion, qui y régneroient pendant le séjour du roi de Pologne, pour me voir. Cette nouvelle causa une joie inconcevable à cette princesse ; elle m'en fit aussitôt part. Comme je n'étois pas toujours de son avis, je n'en ressentis pas tant de satisfaction. J'ai toujours été un peu philosophe, l'ambition n'est pas mon défaut ; je préfère le bonheur et le repos de la vie à toutes les grandeurs ; toute gêne et toute contrainte m'est odieuse ;

j'aime le monde et les plaisirs, mais je hais la dissipation. Mon caractère, tel que je viens de le décrire, ne convenoit point à la cour pour laquelle la reine me destinoit, je le sentois bien moi-même, et cela me faisoit craindre d'y être établie. L'arrivée de plusieurs dames et cavaliers de Hannovre fit croire à la reine, que le prince de Galles étoit parmi eux. Il n'y avoit ni âne ni mulet, qu'elle ne prît pour son neveu ; elle juroit même l'avoir vu à Mon-bijou dans la foule. Mais une seconde lettre qu'elle reçut de Hannovre, la tira de son erreur. Elle apprit que tout ce bruit n'avoit été causé que par quelques badinages, que le prince de Galles avoit faits le soir étant à table, et qui avoient fait juger, qu'il se rendroit à Berlin.

Le roi de Pologne y arriva enfin le 29. Mai. Il rendit d'abord visite à la reine. Cette princesse le reçut à la porte de sa troisième antichambre. Le roi de Pologne lui donna la main et la conduisit dans sa chambre d'audience, où nous lui fûmes présentées. Ce prince âgé alors de cinquante ans, avoit le port et la physionomie majestueux, un air affable et poli accompagnoit toutes ses actions. Il étoit fort cassé pour son âge, les terribles débauches qu'il avoit faites, lui avoient causé un accident au pied droit, qui l'empêchoit de marcher et d'être long-temps debout. La gangrène y avoit déjà été, et on ne lui avoit sauvé le pied qu'en lui coupant deux orteils. La plaie étoit toujours ouverte et il souffroit prodigieusement. La reine lui offrit d'abord de s'asseoir, ce qu'il ne voulut de long-temps pas faire, mais enfin, à force de prières, il se plaça sur un tabouret. La reine en prit un autre et s'assit vis-à-vis de lui. Comme nous restâmes debout, il nous fit beaucoup d'excuses à mes sœurs et à moi sur son impolitesse. Il me considéra fort attentivement et nous dit à chacune quelque chose d'obligeant. Il quitta la reine après une heure de conversation. Elle voulut le reconduire, mais il ne voulut jamais le souffrir. Le prince royal de Pologne vint rendre peu après ses devoirs à la reine. Ce prince est grand et fort replet, son visage est régulièrement beau, mais il n'a rien de prévenant. Un air embarrassé accompagne toutes ses actions, et pour cacher son embarras, il a recours à un rire forcé très-désagréable. Il parle peu et ne possède pas le don d'être affable et obligeant comme le roi son père. On peut même l'accuser d'inattention et de grossièreté ; ces dehors peu avantageux renferment cependant de grandes qualités, qui n'ont paru au jour, que depuis que ce prince est devenu roi de Pologne. Il se pique d'être véritablement honnête homme, et toute son attention ne tend qu'à rendre ses peuples heureux. Ceux qui encourent sa disgrâce pourroient se compter au nombre des fortunés, s'ils étoient en d'autres pays. Bien loin de leur faire le moindre tort, il les gratifie de très-fortes pensions, il n'a jamais abandonné ceux en qui il avoit placé son affection. Sa vie est très-réglée, on ne peut lui reprocher aucun vice, et la bonne intelligence, dans laquelle il vit avec son épouse, mérite d'être louée. Cette princesse étoit d'une laideur extrême et n'avoit rien qui pût la dédommager de sa figure peu avantageuse. Il ne s'arrêta pas longtemps chez la reine. Après cette visite nous rentrâmes dans notre néant et passâmes notre soirée comme à l'ordinaire dans le jeûne et la retraite. Je dis le jeûne, car à peine avions-nous de quoi nous rassasier. Mais renvoyons à un autre endroit le détail de notre genre de vie.

Le roi et le prince de Pologne soupèrent chacun en particulier. Le lendemain, dimanche, nous nous rendîmes tous après le sermon dans les grands appartemens du château. La reine s'avança d'un

côté de la galerie, accompagnée de ses filles, des
princesses du sang et de sa cour, pendant que les
deux rois y entroient de l'autre. Je n'ai jamais vu de
plus beau coup d'œil. Toutes les dames de la ville
étoient rangées en haie le long de cette galerie,
parées magnifiquement. Le roi, le prince de Pologne
et leur suite, qui consistoit en trois cents grands de
leur cour, tant Polonois que Saxons, étoient super-
bement vêtus. On voyoit un contraste entre ces derniers et les Prussiens. Ceux-ci, n'avoient que leur
uniforme, leur singularité fixoit la vue. Leurs habits
sont si courts, qu'ils n'auroient pu servir de feuilles
de figuiers à nos premiers pères, et si étroits, qu'ils
n'osoient se remuer, de crainte de les déchirer.
Leurs culottes d'été sont de toile blanche, de même
que leurs guêtres, sans lesquelles ils n'osent jamais
paroître. Leurs cheveux sont poudrés, mais sans frisure, et tortillés, par derrière, avec un ruban. Le roi
lui-même étoit ainsi vêtu. Après les premiers complimens on présenta tous ces étrangers à la reine et
ensuite à moi. Le prince Jean Adolph de Weissenfeld[1],
lieutenant-général de Saxe, fut le premier avec qui
nous fîmes connoissance. Plusieurs autres le sui-
voient. Tels étoient le comte de Saxe et le comte
Rudofski, tous deux fils naturels du roi ; Mr. de
Libski, depuis primat et archevêque de Cracovie ;
les comtes Manteuffel, Lagnasko et Brule, favoris
du roi ; le comte Solkofski, favori du prince électoral, et tant d'autres de la première distinction, auxquels je ne m'arrêteroi point. Le comte de Flemming
n'étoit pas de la suite. Il étoit mort à Vienne, il y
avoit trois semaines, regretté généralement de tout
le monde. On dîna en cérémonie ; la table étoit longue ; le roi de Pologne et la reine, ma mère, étoient
assis à un bout, le roi, mon père, étoit placé à côté
de celui de Pologne, le prince électoral auprès de

lui ; ensuite venoient les princes du sang et les
étrangers ; j'étois à côté de la reine, ma sœur auprès
de moi et les princesses du sang étoient toutes assises selon leur rang. On but force santés, on parla
peu et on s'ennuya beaucoup. Après le dîner chacun
se retira chez soi. Le soir il y eut grand appartement
chez la reine. Les comtesses Orzelska et Bilinska,
filles naturelles du roi de Pologne, y vinrent aussi
bien que Madame Potge, très-fameuse pour son
libertinage. La première, comme je l'ai déjà dit,
étoit maîtresse de son père, chose qui fait horreur.
Sans être une beauté régulière, elle avoit beaucoup
d'agrément ; sa taille étoit parfaite et elle possédoit
un certain je ne sais quoi, qui prévenoit pour elle.
Son cœur n'étoit point épris pour son amant
suranné, elle aimoit son frère, le comte Rudofski.
Celui-ci étoit fils d'une Turque, qui avoit été femme
de chambre de la comtesse Koenigsmark, mère du
comte de Saxe. La Orzelska étoit d'une magnificence
extrême et surtout en pierreries, le roi lui ayant fait
présent de celles de la feue reine son épouse. Les
Polonois qui m'avoient été présentés le matin, furent
fort surpris de m'entendre nommer leurs noms bar-
bares, et de voir que je les reconnoissois. Ils étoient
enchantés des politesses que je leur faisois et disoient
hautement, qu'il falloit que je devinsse leur reine.
Le lendemain il y eut grande revue. Les deux rois
dînèrent ensemble en particulier et nous ne parû-
mes point en public. Le jour suivant il y eut une
illumination en ville, où nous eûmes la permission
d'aller ; je n'ai rien vu de plus beau. Toutes les maisons des principales rues de la ville étoient ornées
de devises, et si éclairées de lampions, que les yeux
en étoient éblouis. Deux jours après il y eut bal dans
les grands appartemens ; on tira aux billets, et le roi
de Pologne me tomba en partage. Celui d'après il y

eut une grande fête à Mon-bijou. Toute l'orangerie
y étoit illuminée, ce qui faisoit un fort joli effet. Les
fêtes ne cessèrent à Berlin que pour recommencer
à Charlottenbourg ; il y en eut plusieurs de très-
magnifiques. Je n'en profitois que peu. La mauvaise
opinion que le roi, mon père, avoit du sexe, étoit
cause qu'il nous tenoit dans une sujétion terrible, et
que la reine avoit besoin de grands ménagemens par
rapport à sa jalousie. Le jour du départ du roi de
Pologne les deux rois tinrent ce qu'on appeloit table
de confiance. On la nomme ainsi parce qu'on n'y
admet qu'une compagnie choisie d'amis. Cette table
est construite de façon qu'on peut la faire descendre avec des poulies. On n'a pas besoin de domestiques ; des espèces de tambours, placés à côté des
conviés, en tiennent lieu. On écrit ce dont on a besoin et on fait descendre ces tambours, qui en re-
montant rapportent ce qu'on a demandé. Le repas
y dura depuis une heure jusqu'à dix heures du soir.
On y sacrifia à Bacchus et les deux rois se ressen-
toient de son jus divin. Ils ne firent trève à la table
que pour se rendre chez la reine. On y joua une
couple d'heures, j'étois de la partie du roi de Pologne
et de la reine. Ce prince me dit beaucoup de choses
obligeantes et trichoit pour me faire gagner. Après
le jeu il prit congé de nous et alla continuer ses
libations au dieu de la vigne. Il partit le même soir,
comme je viens de le dire. Le duc de Weissenfeld
s'étoit fort empressé auprès de moi pendant son
séjour à Berlin. J'avois attribué ses attentions à de
simples effets de sa politesse, et ne me serois jamais
imaginée, qu'il osât lever les yeux jusqu'à moi et se
mettre en tête de m'épouser. Il étoit cadet d'une
maison qui, quoique très-ancienne, n'est point comp-
tée parmi les illustres d'Allemagne ; et quoique mon
cœur fût exempt d'ambition, il l'étoit aussi de

bassesse, ce qui m'ôtoit toute idée des véritables sentimens du duc. J'étois cependant dans l'erreur, comme on le verra par la suite.

Je n'ai point fait mention de mon frère, depuis notre départ de Potsdam. Sa santé commençoit à se remettre, mais il affectoit d'être plus malade qu'il ne l'étoit, pour se dispenser de la table de cérémonie, qui devoit se donner à Berlin, ne voulant point céder le pas au prince électoral de Saxe, ce que le roi auroit infailliblement exigé de lui. Il arriva le lundi suivant. La joie qu'il eut de revoir la Orzelska et le bon accueil qu'elle lui fit dans les visites secrètes, qu'il lui rendit, achevèrent de le guérir entièrement. Cependant le roi mon père, partit pour se rendre en Prusse ; il laissa mon frère à Potsdam, avec permission de venir deux fois par semaine faire sa cour à la reine. Nous nous divertîmes parfaitement bien pendant ce temps. La cour étoit brillante par la quantité d'étrangers qui y venoient. Outre cela le roi de Pologne envoya les plus habiles de ses virtuoses à la reine, tels que le fameux Weis, qui excelle si fort sur le luth, qu'il n'a jamais eu son pareil, et que ceux qui viendront après lui n'auront que la gloire de l'imiter ; Bufardin, renommé pour sa belle embouchure sur la flûte traversière, et Quantz, joueur du même instrument, grand compositeur, et dont le goût et l'art exquis ont trouvé le moyen de mettre sa flûte de niveau aux plus belles voix. Pendant que nous coulions nos jours dans les plaisirs tranquilles, le roi de Pologne étoit occupé à persuader à son fils de signer les articles du traité qui regardoit mon mariage ; mais quelques instances qu'il pût lui faire, ce prince refusa constamment de le souscrire. Celui de Prusse, ne trouvant donc plus de sûreté aux avantages qui y étoient stipulés pour lui et pour moi, annula tout ce qui avoit été réglé là-dessus et rompit mon mariage. La reine et moi nous n'apprîmes tout ceci que long-temps après. Elle fut charmée que cette négociation eût échoué ; elle ne cessoit d'intriguer avec les envoyés de France et d'Angleterre. Ceux-ci lui faisoient part de toutes leurs démarches, et comme elle payoit des espions autour du roi, elle les avertissoit à son tour de tous les rapports qu'ils lui faisoient. Mais le roi lui rendoit le réciproque ; il avoit à sa disposition la Ramen, femme de chambre et favorite de cette princesse. La reine n'avoit rien de caché pour cette créature, elle lui confioit tous les soirs ses plus secrètes pensées et toutes les démarches qu'elle avoit faites pendant le jour. Cette malheureuse ne manquoit pas d'en faire avertir le roi par l'indigne Eversmann et par le misérable Holtzendorff, nouveau monstre, possesseur de la faveur. Elle étoit même liée avec Sekendorff, ce que j'appris par ma fidèle Mermann, qui la voyoit tous les jours entrer sur la brune dans la maison où ce ministre logeoit. Le comte de Rottenbourg, envoyé de France, s'étoit aperçu depuis long-temps qu'il y avoit des traîtres qui informoient Sekendorff de tous ses plans ; il mit tant de monde en campagne, qu'il découvrit toutes les menées de la Ramen. Il en auroit informé la reine, si le ministre d'Angleterre, Mr. Bourguai, et celui de Danemarc, nommé Leuvener, ne l'en eussent empêché ; ils étoient tous trois dans une fureur terrible de se voir ainsi joués. Le comte de Rottenbourg m'en parla un jour d'une manière bien piquante :

« La reine, me dit-il, a rompu toutes nos mesures ; nous sommes tous convenus de ne lui confier plus rien, mais nous nous adresserons à vous, Madame, nous sommes persuadés de votre discrétion, et vous nous donnerez autant de lumières qu'elle. »

« Non Monsieur, lui répondis-je, ne me faites jamais, je vous prie, de pareilles confidences, je suis très-fâchée quand la reine m'en fait, je voudrois ignorer toutes ces affaires-là, elles ne sont pas de mon ressort, et je ne me mêle que de ce qui me regarde. »

« Elles tendent pourtant à votre bonheur, Madame, reprit le comte, à celui du prince, votre frère, et de toute la nation. »

« Je veux le croire, lui dis-je, mais jusqu'à présent je ne m'embarrasse point du futur, j'ai le bonheur d'avoir une ambition bornée, et j'ai des idées là-dessus peut-être très-différentes de celles des autres. » Je me défis de cette manière des importunités de ce ministre. Cependant le roi étoit cruellement piqué de toutes ces intrigues de la reine, mais malgré son humeur violente il dissimula son mécontentement. D'un autre côté Grumkow et Sekendorff n'étoient pas peu embarrassés par la rupture de mon mariage avec le roi de Pologne. Il falloit de toute nécessité, pour accomplir leur plan, me chercher un établissement. Ils jugeoient bien, que tant que je ne serois pas mariée, le roi n'entreroit point entièrement dans leurs vues. Ce prince souhaitoit toujours m'unir avec le prince de Galles, et ménageoit encore en quelque façon le roi d'Angleterre ; ils travaillèrent donc ensemble à former un nouveau plan.

Le roi revint dans ces entrefaites de Prusse, et nous le suivîmes six semaines après à Vousterhausen. Nous avions eu trop de plaisir à Berlin, pour en jouir long-temps, et du paradis, où nous avions été, nous tombâmes au purgatoire ; il commença à se manifester quelques jours après notre arrivée dans ce terrible endroit. Le roi s'entretint tête-à-tête avec la reine, nous ayant renvoyées, ma sœur et moi, dans une chambre prochaine. Quoique la porte fût fermée, j'entendis bientôt à la façon dont ils se parloient, qu'ils avoient une violente dispute ensemble ; j'entendois même souvent prononcer mon nom, ce qui m'alarma beaucoup. Cette conversation dura une heure et demie, au bout de laquelle le roi sortit d'un air furieux. J'entrai d'abord dans la chambre de la reine ; je la trouvai toute en larmes. Dès qu'elle me vit, elle m'embrassa et me tint long-temps serrée entre ses bras, sans proférer une parole. « Je suis dans le dernier désespoir, me dit-elle, on veut vous marier, et le roi est allé chercher le plus fichu parti, qu'il soit possible de trouver. Il prétend vous faire épouser le duc de Weissenfeld, un misérable cadet, qui ne vit que des grâces du roi de Pologne ; non, j'en mourrai de chagrin, si vous avez la bassesse d'y consentir. » Il me sembloit rêver tout ce que j'entendois, tant ce que la reine me disoit me paroissoit étrange. Je voulus la rassurer, en lui représentant, que ce ne pouvoit être le tout de bon du roi, et que j'étois fermement persuadée, qu'il ne lui avoit tenu tous ces propos que pour l'inquiéter. « Mais mon Dieu, me dit-elle, le duc sera dans quelques jours au plus tard ici, pour se promettre avec vous ; il faut de la fermeté, je vous soutiendrai de tout mon pouvoir, pourvu que vous me secondiez. » Je lui promis bien saintement de suivre ses volontés, bien résolue de ne point épouser celui qu'on me destinoit. J'avoue, que je traitois tout cela de bagatelle, mais je changeois d'avis dès le soir même, la reine ayant reçu des lettres de Berlin, qui lui confirmoient ces belles nouvelles. Je passois la nuit la plus cruelle du monde ; je ne m'en figurois que trop les suites fâcheuses, et prévoyois la mésintelligence qui alloit s'introduire dans la famille. Mon frère qui étoit ennemi juré de Sekendorff et de Grumkow, et qui étoit tout-à-fait porté pour l'Angleterre, me parla très-fortement sur ce sujet. « Vous nous perdez tous, me disoit-il, si vous faites ce ridicule mariage ; je vois bien, que nous en aurons tous beaucoup de chagrin, mais il vaut mieux tout endurer que de tomber au pouvoir de ses ennemis ; nous n'avons d'autre soutien que l'Angleterre, et si votre mariage se rompt avec le prince de Galles, nous serons tous abîmés. » La reine me parloit de la même façon, aussi bien que ma gouvernante, mais je n'avois pas besoin de toutes leurs exhortations, et la raison me dictoit assez ce que j'avois à faire. L'aimable époux, qu'on me destinoit, arriva le 27. de Septembre au soir. Le roi vint aussitôt avertir la reine de sa venue, et lui ordonna de le recevoir comme un prince qui devoit devenir son gendre, ayant résolu de me promettre incessamment avec lui. Cet avis occasionna une nouvelle dispute, qui se termina sans faire changer de sentiment aux deux parties. Le lendemain, dimanche au matin, nous allâmes à l'église ; le duc ne cessa de me regarder tant qu'elle dura. J'étois dans une altération terrible. Depuis que cette affaire étoit sur le tapis, je n'avois eu de repos ni nuit ni jour. Dès que nous fûmes de retour de l'église, le roi présenta le duc à la reine. Elle ne lui dit pas un mot et lui tourna le dos ; je m'étois esquivée pour éviter son abord. Je ne pus manger la moindre chose, et le changement de mon visage, joint à la mauvaise contenance que j'avois, faisoit assez connoître ce qui se passoit dans mon cœur. La reine essuya encore l'après-midi une terrible scène avec le roi. Dès qu'elle fut seule, elle fit appeler le comte Fink, mon frère et ma gouvernante, pour délibérer avec eux sur ce qu'elle avoit à faire. Le duc de Weissenfeld étoit connu pour un prince de mérite, mais qui ne possédoit pas un grand génie ; tous furent d'avis, que la reine lui fît parler. Le comte de Fink se chargea de cette commission.

Il représenta de la reine au duc, qu'elle ne donneroit jamais les mains à son mariage, que j'avois une
aversion insurmontable pour lui ; qu'il mettroit
infailliblement la zizanie dans la famille, en s'opiniâtrant dans son dessein ; que la reine étoit résolue
de lui faire toutes sortes d'avanies, s'il y persistoit,
mais qu'elle étoit persuadée, qu'il ne la porteroit pas
à de pareilles extrémités ; qu'elle ne doutoit point,
qu'en homme il ne se désistât de ses poursuites plutôt que de me rendre malheureuse, et qu'en ce cas
il n'y avoit rien, qu'elle ne fît pour lui prouver son
estime et sa reconnoissance. Le duc pria le comte
Fink de répondre à la reine : qu'il ne pouvoit nier,
qu'il ne fût fort épris de mes charmes, qu'il n'auroit
cependant jamais osé aspirer à prétendre au bonheur de m'épouser, si on ne lui en avoit donné des
espérances certaines ; mais que, voyant, qu'elle et
moi lui étions contraires, il seroit le premier à dis-
suader le roi de son projet, et que la reine pouvoit
se tranquilliser entièrement sur son sujet. En effet il
tint sa parole, et fit dire au roi à peu près les mêmes
choses qu'il avoit dites au comte de Fink, avec cette
différence, qu'il fit prier ce prince, qu'en cas que les
espérances qui lui restoient encore de faire réussir
mon mariage avec le prince de Galles, vinssent à
s'évanouir, il se flattoit que le roi lui donneroit la
préférence sur tous les autres partis qui pourroient
s'offrir pour moi, aux têtes couronnées près. Le roi,
fort surpris du procédé du duc, se rendit un moment
après chez la reine, il voulut la persuader en vain de
donner les mains à mon établissement ; leur querelle se ranima. La reine pleura, cria, et pria enfin
tant et tant ce prince, qu'il consentit à ne pas passer
outre pour cette fois, à condition cependant, qu'elle
écriroit à la reine d'Angleterre pour lui demander
une déclaration positive touchant mon mariage avec

le prince de Galles. « S'ils me donnent une réponse favorable, lui dit le roi, je romps pour jamais tout autre engagement que celui que j'ai pris avec eux ; mais en revanche, s'ils ne s'expliquent pas d'une façon catégorique, ils peuvent compter que je ne serai plus leur dupe, ils trouveront à qui parler, et je prétends alors être le maître de donner ma fille à qui il me plaira. Ne comptez pas, Madame, en ce cas, que vos pleurs et vos cris m'empêcheront de suivre ma tête, je vous laisse le soin de persuader votre frère et votre belle-sœur, ce seront eux qui décideront de notre différend. » La reine lui répondit, qu'elle étoit prête à écrire en Angleterre, et qu'elle ne doutoit point, que le roi et la reine sa sœur ne se prêtassent à ses désirs. « C'est ce que nous verrons, dit le roi ; je vous le répète encore, point de grâce pour Mlle. votre fille si on ne satisfait, et pour votre malgouverné de fils, ne vous attendez pas que je lui fasse jamais épouser une princesse d'Angleterre. Je ne veux point d'une belle-fille qui se donne des airs et qui remplisse ma cour d'intrigues, comme vous le faites ; votre fils n'est qu'un morveux, à qui je ferai donner les étrivières plutôt que de le marier ; il m'est en horreur, mais je saurai le ranger (c'étoit l'expression ordinaire du roi). Le diable m'emporte, s'il ne change à son avantage, je le traiterai d'une façon à laquelle il ne s'attend pas. » Il ajouta encore plusieurs injures contre mon frère et moi, après quoi il s'en alla. Dès qu'il fut parti, la reine réfléchit à la démarche qu'elle alloit faire. Nous n'en augurâmes tous rien de bon, nous doutant bien que le roi d'Angleterre ne consentiroit jamais à faire mon mariage sans celui de mon frère. Comme la reine aimoit à se flatter, elle se fâcha contre nous des obstacles que nous lui faisions entrevoir, et sur ce que je lui représentai la triste situation où elle et moi serions, si la réponse d'Angleterre n'étoit pas conforme à ses désirs. Elle s'emporta contre moi et me dit, qu'elle voyoit bien que j'étois déjà intimidée et résolue d'épouser le gros Jean Adolf mais qu'elle aimeroit mieux me voir morte que mariée avec lui, qu'elle me donneroit mille fois sa malédiction, si j'étois capable de m'oublier à ce point, et que, si elle pouvoit s'imaginer que j'en eusse la moindre intention, elle m'étrangleroit de ses propres mains. Cependant elle envoya chercher le comte Fink, pour le consulter. Ce général lui fit les mêmes représentations que moi. Elle commença à s'alarmer, et après avoir rêvé quelque temps : « Il me vient une idée, nous dit-elle tout-à-coup, que je regarde comme infaillible pour nous tirer d'embarras, mais c'est à mon fils à la faire réussir ; il faut qu'il écrive à la reine, ma sœur, et lui promette authentiquement d'épouser sa fille, à condition qu'elle fasse réussir le mariage du prince de Galles avec sa sœur ; c'est la seule voie de la faire consentir à ce que nous souhaitons. » Mon frère entra justement dans ce moment. Elle lui en fit la proposition ; il ne balança pas à consentir. Nous gardions tous un morne silence, et je désapprouvois fort cette démarche que je prévoyois être fatale, mais je ne pus la détourner. La reine pressa mon frère d'écrire sa lettre sur-le-champ. Elle y joignit la sienne et les fit partir l'une et l'autre par un courrier, que Mr. du Bourguai, ministre d'Angleterre, dépêcha secrètement. Elle fit une autre lettre, qu'elle montra au roi et qui fut mise à la poste. Le duc de Weissenfeld nous délivra aussi de son importune présence, ce qui nous donna le temps de respirer, mais ne nous ôta pas nos inquiétudes.

Le roi étoit obsédé de Sekendorff et de Grumkow ; ils faisoient de fréquentes débauches ensemble. Un jour qu'ils étoient en train de boire, on fit apporter un grand gobelet, fait en forme de mortier, dont le roi de Pologne avoit fait présent à celui de Prusse. Ce mortier étoit d'un travail gravé, d'argent doré, et contenoit un autre gobelet de vermeil ; il étoit fermé par une bombe d'or et enrichi de pierreries. On vidoit ces deux vases plusieurs fois à la ronde ; dans la chaleur du vin mon frère s'avisa de sauter sur le roi et de l'embrasser à plusieurs reprises. Sekendorff voulut l'en empêcher, mais il le repoussa rudement, continua à caresser son père, l'assurant, qu'il l'aimoit tendrement, qu'il étoit persuadé de la bonté de son cœur et qu'il n'attribuoit la disgrâce dont il l'accabloit tous les jours, qu'aux mauvais conseils de certaines gens, qui cherchoient à profiter de la discorde, qu'ils mettoient dans la famille ; qu'il vouloit aimer, respecter le roi, et lui être soumis tant qu'il vivroit. Cette saillie plut beaucoup au roi, et procura quelque soulagement à mon frère pendant une quinzaine de jours. Mais les orages succédèrent à ce petit calme. Le roi recommença à le maltraiter de la façon la plus cruelle. Ce pauvre prince n'avoit pas la moindre récréation ; la musique, la lecture, les sciences et les beaux arts étoient autant de crimes qui lui étoient défendus. Personne n'osoit lui parler ; à peine osoit-il venir chez la reine, et il menoit la plus triste vie du monde. Malgré les défenses du roi il s'appliquoit aux sciences et y faisoit de grands progrès. Mais cet abandon, dans lequel il vivoit, le fit tomber dans le libertinage. Ses gouverneurs n'osant le suivre, il s'y livroit entièrement. Un des pages du roi, nommé Keith, étoit le ministre de ses débauches. Ce jeune homme avoit si bien trouvé le moyen de s'insinuer auprès de lui, qu'il l'aimoit passionnément et lui donnoit son entière confiance. J'ignorois ses dérèglemens, mais je m'étois aperçue des familiarités qu'il avoit avec ce page, et je lui en fis plusieurs fois des reproches, lui représentant, que ces façons ne convenoient pas à son caractère. Mais il s'excusoit toujours, en me disant, que ce garçon étant son rapporteur, il avoit sujet de le ménager, s'épargnant quelquefois beaucoup de chagrin par les avis qu'il en recevoit. Cependant ma propre personne ne laissoit pas de m'inquiéter aussi, mon sort alloit être décidé. La reine par ses beaux discours augmentoit la répugnance que j'avois toujours eue pour le prince de Galles. Le portrait qu'elle m'en faisoit journellement, n'étoit point de mon goût. « C'est un prince, me disoit-elle, qui a un bon cœur, mais un fort petit génie ; il est plutôt laid que beau, et même il est un peu contrefait. Pourvu que vous ayez la complaisance pour lui, de souffrir ses débauches, vous le gouvernerez entièrement et vous pourrez devenir plus roi que lui, lorsque son père sera mort. Voyez un peu quel rôle vous jouerez, ce sera vous qui déciderez du bien ou du mal de l'Europe et qui donnerez la loi à la nation. » La reine, en me parlant ainsi, ne connoissoit pas mes véritables sentimens. Un époux tel qu'elle me dépeignoit le prince, son neveu, auroit été de sa convenance. Mais les principes que je m'étois formés sur le mariage, étoient fort différents des siens. Je prétendois, qu'une bonne union devoit être fondée sur une estime et une considération réciproques ; je voulois que la tendresse mutuelle en fût la base et que toutes mes complaisances et mes attentions n'en fussent que les suites. Rien ne nous paroît difficile pour ceux que nous aimons ; mais peut-on aimer sans retour ? la vraie tendresse ne souffre point de partage. Un homme qui a des maîtresses, s'y attache et à mesure que son amour augmente pour elles, il diminue pour celle qui en devroit être le légitime objet. Quelle opinion et quels égards peut-on avoir pour un homme qui se laisse gouverner totalement et qui néglige le bien de ses affaires et de son pays, pour se livrer à ses plaisirs déréglés. Je me souhaitois un vrai ami, auquel je pusse donner toute ma confiance et mon cœur ; pour lequel je fusse prévenue d'estime et d'inclination, qui pût faire ma félicité et dont je pusse faire le bonheur. Je prévoyois bien que le prince de Galles n'étoit pas mon fait, ne possédant pas toutes les qualités que j'exigeois. D'un autre côté le duc de Weissenfeld l'étoit encore moins. Outre la disproportion qu'il y avoit entre nous deux, son âge ne convenoit point au mien, j'avois dix-neuf ans, et il en avoit quarante-trois. Sa figure étoit plutôt désagréable que prévenante ; il étoit petit et excessivement gros ; il avoit du monde, mais il étoit fort brutal dans son particulier et avec cela fort débauché. Que l'on juge de l'état de mon triste cœur ! Il n'y avoit que ma gouvernante, qui fût informée de mes véritables sentimens, et dans le sein de laquelle il m'étoit permis de les répandre.

La reine acheva de nous abîmer par ses hauteurs. Grumkow avoit acheté une très-belle maison à Berlin de l'argent qu'il avoit tiré de l'Empereur. Il avoit trouvé le moyen de l'orner et de la meubler aux dépens de toutes les têtes couronnées. Le feu roi d'Angleterre et l'Impératrice de Russie y avoient fourni. Il pria la reine de lui donner son portrait, lequel, disoit-il, feroit le plus grand lustre de sa maison. La reine le lui accorda sans peine. Elle se faisoit justement peindre dans ce temps-là par le fameux Pesne, très-renommé pour sa grande habileté dans cet art, et ce portrait étoit destiné pour la reine de Danemarc. Comme il n'y avoit que la tête d'achevée, lorsqu'elle partit pour Vousterhausen, elle ordonna au peintre, d'en tirer une copie pour Grumkow, ne donnant des originaux qu'aux princesses. Ce ministre en vint un jour remercier la reine, et lui témoigna la joie qu'il avoit de posséder une pièce si parfaite. « C'est le chef-d'œuvre de Pesne, continua-t-il, et on ne peut rien voir de plus ressemblant et de mieux travaillé. » La reine me dit tout bas : « j'espère qu'on aura fait un quiproquo, et qu'on lui aura donné l'original pour la copie ! » et en même temps elle le lui demanda tout haut. « Comme le roi, lui répondit-il, m'a fait la grâce de me donner son portrait en original, il est bien juste que j'aie le portrait de votre Majesté égal avec le sien ; je l'ai envoyé chercher de chez le peintre, c'est une pièce achevée. »

« Et par quel ordre ? lui répliqua la reine, car je n'honore aucun particulier d'un original, et je ne prétends pas vous distinguer des autres. » Elle voulut lui tourner le dos, en lui disant ces dernières paroles, mais il l'arrêta en la conjurant de lui laisser le portrait. Elle le lui refusa d'une manière très-désobligeante, et lui dit force piquanteries en se retirant. Dès que le roi fut à la chasse, elle conta toute cette scène au comte de Fink. Celui-ci charmé de pouvoir jouer un tour à Grumkow, contre lequel il avoit une pique particulière, anima la reine à lui faire ressentir l'impertinence de son procédé. Il fut donc résolu, que dès qu'elle seroit de retour à Berlin, elle enverroit plusieurs de ses domestiques chez Grumkow, pour lui redemander son portrait, et lui dire en même temps, qu'elle ne le lui donneroit ni en original ni en copie, jusqu'à ce qu'il changeât de conduite à son égard, et apprît à lui rendre le respect qui lui étoit dû comme à sa souveraine. Dès le lendemain cette belle résolution fut mise en exécution. Nous retournâmes ce jour en ville et aussitôt que la reine y fut arrivée, elle s'empressa de donner ses ordres là-dessus, de crainte d'y trouver de l'obstacle par les représentations qu'on lui feroit. Grumkow qui peut-être avoit déjà été averti par la Ramen du dessein de la reine, reçut la harangue que le valet de chambre de cette princesse lui fit d'un air ironique. « Vous pouvez, lui dit-il, reprendre le portrait de la reine, je possède ceux de tant d'autres grands princes, que je puis me consoler d'être privé du sien. » Il ne manqua pas cependant d'informer le roi de l'avanie qu'il venoit d'essuyer, et d'y donner le tour le plus malin ; ni lui ni toute sa famille ne mirent plus le pied chez la reine. Il en parloit d'une façon peu mesurée et sa langue venimeuse déploya toute sa rhétorique à tourner en ridicule cette princesse, trop heureuse encore s'il s'en étoit tenu là, mais il s'en vengea peu après par des effets, comme nous le verrons dans la suite. Les bien intentionnés s'entremirent pour apaiser cette affaire. Grumkow fit valoir au roi le respect qu'il avoit pour tout ce qui lui appartenoit, en faisant des espèces d'excuses à la reine, auxquelles elle répondit obligeamment, ce qui mit en apparence fin à leurs divisions.

La réponse d'Angleterre tardant à venir, la reine commença à s'en inquiéter. Elle avoit tous les jours des conférences avec Mr. du Bourguai, qui la plupart du temps n'aboutissoient à rien. Enfin, au bout de quatre semaines, ces lettres tant désirées arrivèrent. Voici le contenu de celle que la reine d'Angleterre[1] écrivit pour être montrée au roi. « Le roi, mon époux, disoit-elle, est très-disposé à resserrer les nœuds de l'alliance, que le feu roi, son père, a contractée avec celui de Prusse, et de donner les mains au double mariage de ses enfans, mais il ne peut rien dire de positif avant que d'avoir proposé cette affaire au parlement. » Cela s'appeloit biaiser et donner une réponse vague. L'autre lettre ne contenoit rien de plus réel, ce n'étoient que des exhortations à la reine de soutenir avec fermeté les persécutions du roi, par rapport à mon mariage avec le duc de Weissenfeld ; que ce parti étoit trop peu redoutable pour s'en alarmer si fort, et que ce ne pouvoit être qu'une feinte du roi. Celle qui étoit pour mon frère étoit à peu près dans les mêmes termes. Jamais la tête de Méduse n'a causé tant d'effroi que la lecture de ces lettres en donna à la reine ; elle se seroit résolue de les passer sous silence et de récrire une seconde fois en Angleterre, pour tâcher d'en obtenir de plus favorables, si Mr. du Bourguai n'étoit venu l'avertir, qu'il étoit chargé des mêmes commissions pour le roi. La reine parla très-fortement à ce ministre, et lui témoigna le mécontentement qu'elle avoit du procédé de sa cour à son égard ; elle le chargea d'assurer le roi, son frère, que s'il ne changeoit d'avis, tout seroit perdu. Le roi arriva quelques jours après. Dès qu'il entra dans la chambre, il lui demanda, si la réponse étoit venue ? « Oui, lui dit la reine, en payant d'effronterie, elle est telle que vous la désirez ! » et en même temps elle lui donna la lettre. Le roi la prit, la lut et la lui rendit d'un air fâché. « Je vois bien, lui dit-il, qu'on prétend encore me tromper, mais je n'en serai pas la dupe. » Il sortit d'abord et alla trouver Grumkow, qui étoit dans son antichambre. Il s'entretint deux bonnes heures avec ce ministre, après quoi il repassa dans la chambre où nous étions, avec une physionomie gaie et ouverte. Il ne fit mention de rien et fit très-bon accueil à la reine. Cette princesse se laissa éblouir par les caresses du roi et s'imagina, que tout alloit le mieux du monde. Mais je n'en fus pas la dupe ; je connoissois ce prince, et sa dissimulation me faisoit plus craindre que ses emportemens. Il ne s'arrêta que quelques jours à Berlin et retourna à Potsdam.

L'année 1729 commença d'abord par une nouvelle époque. Mr. de la Motte, officier au service de Hannovre, arriva secrètement à Berlin et alla se loger chez Mr. de Sastot, chambellan de la reine, son proche parent. « Je suis chargé, lui dit-il, de commissions de la dernière importance, mais qui exigent un secret infini, et qui m'obligent de tenir mon séjour caché ; je suis chargé d'une lettre pour le roi, mais il m'est expressément ordonné de la lui faire tenir en main propre, je ne me suis adressé à personne ici, et n'y ai point de connaissance. Je me flatte donc, que comme mon ancien ami et en qualité de parent, vous me tirerez d'embarras et ferez parvenir mes dépêches au roi. » Ce commencement de confidence inspira de la curiosité à Sastot ; il pressa fort la Motte de lui apprendre le sujet de son voyage. Après beaucoup de résistance de la part de ce dernier, il apprit enfin, qu'il étoit envoyé du prince de Galles, pour avertir le roi, que ce prince avoit résolu de s'esquiver secrètement de Hannovre à l'insu du roi, son père, et de se rendre à Berlin pour m'épouser. « Vous voyez bien, lui dit la Motte, que toute la réussite de ce projet ne dépend que du secret. Cependant comme on ne m'a pas défendu d'en informer la reine, je vous laisse le soin de l'en instruire, si vous la croyez assez discrète pour cela. » Sastot lui répondit, que pour ne rien risquer, il mettroit Madame de Sonsfeld de la confidence, et la consulteroit sur ce qu'il auroit à faire. J'étois justement tombée malade quelques jours auparavant d'une grosse fièvre de rhume. Sastot trouva Madame de Sonsfeld chez la reine, occupée à lui faire le rapport de l'état de ma santé. Dès qu'il put lui parler il ne manqua pas de lui faire part de l'arrivée de la

Motte et des nouvelles qu'il lui avoit apprises, la priant de lui conseiller s'il falloit le dire à la reine. Sastot et Madame de Sonsfeld n'ignoroient ni l'un ni l'autre que cette princesse n'avoit rien de caché pour la Ramen, et que par conséquent Sekendorff ne manqueroit pas d'être d'abord averti de ce qui se passoit. Mais enfin, après une mûre délibération ils résolurent de lui en faire la confidence. On ne sauroit s'imaginer quelle joie cette nouvelle causa à la reine. Elle ne put la cacher ni à la comtesse de Fink ni à Madame de Sonsfeld. L'une et l'autre l'exhortèrent à la discrétion, et lui firent entrevoir les conséquences fâcheuses qui pourroient arriver si ce projet venoit à transpirer. Elle leur promit tout au monde, et se tournant vers ma gouvernante, « allez, lui dit-elle, préparer ma fille à apprendre cette nouvelle, j'irai demain chez elle, pour lui parler moi-même, mais surtout faites en sorte qu'elle soit bientôt en état de sortir. » Madame de Sonsfeld se rendit d'abord chez moi. « Je ne sais, me dit-elle, ce qu'a Sastot, il est comme un fou, il chante, il danse, et cela de joie, dit-il, d'une bonne nouvelle qu'il a reçue et qu'il lui est défendu de divulguer. » Je ne fis point réflexion à cela, et comme je ne lui répondois rien : « je suis pourtant curieuse, continua-t-elle, de savoir ce que ce pourroit être, car il dit, Madame, que cela vous regarde. »

« Hélas ! lui dis-je, quelle bonne nouvelle pourroit m'arriver dans la situation où je suis, et d'où Sastot pourroit-il en recevoir ? »

« De Hannovre, me dit-elle, et peut-être du prince de Galles lui-même. »

« Je ne vois pas de si grand bonheur à cela, lui répliquai-je, vous connoissez assez mes sentiments sur ce sujet. »

« Il est vrai, Madame, me répondit-elle, mais je crains fort que Dieu ne vous punisse des mépris que vous avez pour un prince qui se sacrifie pour vous jusqu'au point d'encourir la disgrâce du roi, son père, et peut-être se brouiller avec toute sa famille, pour venir vous épouser. Quel parti êtes-vous donc résolue de prendre ? Il n'y a point à opter ; aimez-vous mieux le duc de Weissenfeld ou le Margrave de Schwed, ou voulez-vous rester à reverdir ? En vérité, Madame, vous me percez le cœur, et dans le fond vous ne savez ce que vous voulez. » Je me mis à rire de son emportement, ne m'attendant pas, que ce qu'elle venoit de me dire fût si sûr.

« La reine a sans doute encore reçu des lettres pareilles à celles qu'elle eut, il y a six mois, et c'est sans doute, lui dis-je, la cause des grands raisonnements que vous me faites. »

« Non, point du tout », reprit-elle, et en même temps elle me fit un récit de l'envoi de la Motte. Pour le coup je vis bien que l'affaire étoit sérieuse, et l'envie de rire me passa pour faire place à un sombre chagrin, qui ne raccommoda pas ma santé. La reine vint le lendemain chez moi. Après m'avoir embrassée plusieurs fois avec toutes les marques de la plus vive tendresse, elle me réitéra tout ce que Madame de Sonsfeld m'avoit dit la veille ; « vous serez donc enfin heureuse, quelle joie pour moi ! » Pendant tout ce temps je lui baisai les mains que j'arrosois de mes larmes sans lui rien répondre. « Mais vous pleurez, continua-t-elle, qu'avez-vous ? » Je me fis une conscience de diminuer sa satisfaction. « La seule pensée de vous quitter, Madame, lui dis-je, m'afflige plus que toutes les couronnes de la terre ne me causeroient de plaisir. » Ma réponse l'attendrit, elle me fit mille caresses ; après quoi elle

se retira. Il y eut ce soir-là appartement chez la
reine. Le mauvais génie de cette princesse y mena
Mr. du Bourguai, ministre d'Angleterre. Cet envoyé
lui fit part, comme à son ordinaire, des lettres qu'il
avoit reçues de sa cour, il entra insensiblement en
matière avec la reine, qui, oubliant toutes les promesses qu'elle avoit faites, lui conta le dessein du
prince de Galles. Mr. du Bourguai en parut surpris
et lui demanda si tout-cela étoit bien sûr ! « Si sûr,
lui dit-elle, que la Motte est dépêché ici de sa part,
et qu'il a déjà informé le roi de l'affaire en question. » Du Bourguai levant alors les épaules : « Que
je suis malheureux, lui dit-il, Madame, Votre Majesté
vient de me faire une confidence, qu'elle auroit dû
me cacher autant qu'à Sekendorff. Mon Dieu ! que
je suis à plaindre, puisque je me vois obligé d'envoyer dès ce soir un courrier en Angleterre, pour en
avertir le roi mon maître, qui ne manquera pas de
déranger les projets du prince, son fils, mais je ne
puis en agir autrement. » On peut aisément se figu-
rer la frayeur de la reine. Elle employa tous ses
efforts pour détourner du Bourguai de son dessein,
mais ce ministre fut inexorable, et se retira sur-le-
champ. La reine resta dans une consternation et
un désespoir terribles. Pour comble de malheur elle
s'étoit aussi confiée à la Ramen. Sekendorff, qui
avoit été instruit de tout par cette femme, s'étoit
rendu à Potsdam, pour prévenir le roi et l'empêcher
de ne point donner de réponse. La comtesse de Fink
me conta toutes ces choses le jour suivant. La mine
étoit éventée, ainsi il n'y avoit plus rien à faire qu'à
empêcher, que l'imprudence de la reine ne parvînt
aux oreilles du roi. Ce prince se rendit huit jours
après à Berlin. Malgré toutes les insinuations de
Sekendorff, il fit venir Mr. de la Motte, auquel il
fit un accueil des plus obligeants et lui témoigna

l'impatience qu'il avoit de voir le prince de Galles. Il
lui donna une lettre pour ce prince et le pressa de
partir le plus tôt qu'il pourroit, pour accélérer sa
venue. Mais les choses avoient bien changé de face.
Les délais du roi et les imprudences de la reine donnèrent le temps au courrier de du Bourguai d'arriver en Angleterre. Comme il étoit adressé à la
secrétairerie d'État, on pressa et obligea le roi de la
grande Bretagne d'en dépêcher un autre à Hannovre, pour donner ordre au prince de Galles, de se
rendre incontinent en Angleterre. Ce courrier arriva
un moment avant le départ du prince. Comme il
étoit adressé au ministère, il n'eut plus d'autre parti
à prendre que celui de l'obéissance, et se vit forcé
de se mettre d'abord en chemin, pendant que le roi
et la reine l'attendoient à Berlin avec un empressement et une joie sans égale. Cette joie se changea
bientôt en tristesse par l'arrivée d'une estafette,
qui leur porta la nouvelle de son subit départ pour
l'Angleterre.

Mais il est temps de dévoiler tout ce mystère. La
nation angloise souhaitoit passionnément la présence du prince de Galles dans son futur royaume.
Ils avoient pressé plusieurs fois très-fortement le roi
sur ce sujet, sans en obtenir de résolution favorable. Ce prince ne vouloit point faire venir son fils en
Angleterre, prévoyant que son arrivée y causeroit
des partis, qui ne pourroient manquer de devenir
préjudiciables à son autorité. Cependant il jugea
bien, qu'il ne seroit pas en état de différer encore
long-temps à contenter la nation. Il écrivit donc
secrètement à son fils, de se rendre à Berlin et de
m'épouser, lui défendant néanmoins de ne le point
compromettre dans cette démarche. C'étoit trouver
un honnête prétexte de se brouiller avec le prince
de Galles et de le laisser à Hannovre, sans que la

nation pût s'en plaindre. L'indiscrétion de la reine
et l'arrivée du courrier de du Bourguai rompirent
tout ce plan et obligèrent le roi de se rendre aux
vœux de la nation. Le pauvre la Motte en fut le
sacrifice ; il fut enfermé pendant deux ans dans la
forteresse de Hameln et ensuite cassé. Mais le roi,
mon père, le prit à son service après son élargissement, où il commande encore actuellement un régiment. Toutes ces choses ne firent qu'empirer notre
sort. Le roi fut plus piqué que jamais contre le roi,
son beau-frère, et résolut dès lors de ne plus rien
ménager, si l'on ne le satisfaisoit par mon mariage.

Nous le suivîmes peu de temps après à Potsdam,
où il tomba malade d'une violente attaque de goutte
aux deux pieds. Cette maladie, jointe au dépit qu'il
avoit de voir ses espérances évanouies, le rendoit
d'une humeur insupportable. Les peines du purgatoire ne pouvoient égaler celles que nous endurions.
Nous étions obligés de nous trouver à neuf heures
du matin dans sa chambre, nous y dînions et n'osions
en sortir, pour quelque raison que ce fût. Tout le
jour ne se passoit qu'en invectives contre mon frère
et contre moi. Le roi ne m'appeloit plus que la
canaille angloise, et mon frère étoit nommé le
coquin de Fritz. Il nous forçoit de manger et de boire
des choses, pour lesquelles nous avions de l'aversion, ou qui étoient contraires à notre tempérament,
ce qui nous obligeoit quelquefois de rendre en sa
présence tout ce que nous avions dans le corps.
Chaque jour étoit marqué par quelque événement
sinistre, et on ne pouvoit lever les yeux sans voir
quelques malheureux tourmentés d'une ou d'autre
façon. L'impatience du roi ne lui permettoit pas de
rester au lit, il se faisoit mettre sur une chaise à rou-
leaux et se faisoit ainsi traîner par tout le château.
Ses deux bras étoient appuyés sur des béquilles, qui

le soutenoient. Nous suivions toujours ce char de triomphe comme de pauvres captifs, qui vont subir leur sentence. Ce pauvre prince souffroit beaucoup, et une bile noire, qui s'étoit épanchée dans son sang, étoit cause de ses mauvaises humeurs.

Il nous renvoya un matin, que nous entrions pour lui faire la cour. Allez-vous en, dit-il d'un air emporté à la reine, avec tous vos maudits enfans, je veux rester seul. La reine voulut répliquer, mais il lui imposa silence, et ordonna qu'on servît le dîner dans la chambre de cette princesse. La reine en étoit inquiète, et nous en étions charmés, car nous devenions maigres comme des haridelles, mon frère et moi, à force d'inanition. Mais à peine nous étions-nous mis à table, qu'un des valets de chambre du roi accourut tout essoufflé en lui criant : venez, au nom de Dieu, au plus vite, Madame, car le roi veut s'étrangler. La reine y courut aussitôt tout effrayée. Elle trouva le roi qui s'étoit passé une corde autour du cou, et qui alloit étouffer, si elle n'étoit venue à son secours. Il avoit des transports au cerveau et beaucoup de chaleur, qui diminua cependant vers le soir, où il se trouva un peu mieux. Nous en avions tous une joie extrême, dans l'espérance que son humeur se radouciroit, mais il en fut autrement. Il conta le midi à table à la reine, qu'il avoit reçu des lettres d'Anspach, qui lui marquoient, que le jeune Margrave comptoit être au mois de Mai à Berlin, pour y épouser ma sœur, et qu'il enverroit Mr. de Bremer, son gouverneur, pour lui porter la bague de promesse. Il demanda à ma sœur, si cela lui faisoit plaisir et comment elle règleroit son ménage, lorsqu'elle seroit mariée ? Ma sœur s'étoit mise sur le pied de lui dire tout ce qu'elle pensoit, et même des vérités, sans qu'il le trouvât mauvais. Elle lui répondit donc avec sa franchise ordinaire, qu'elle

auroit une bonne table délicatement servie, et
ajouta-t-elle, qui sera meilleure que la vôtre, et si
j'ai des enfans, je ne les maltraiterai pas comme
vous et ne les forcerai pas à manger ce qui leur
répugne. Qu'entendez-vous par là, lui répondit le roi,
que manque-t-il à ma table ? Il y manque, lui dit-
elle, qu'on ne peut s'y rassasier, et que le peu qu'il y
a, ne consiste qu'en gros légumes que nous ne pouvons pas supporter. Le roi avoit déjà commencé à
se fâcher de sa première réponse, cette dernière
acheva de le mettre en fureur, mais toute sa colère
tomba sur mon frère et sur moi. Il jeta d'abord une
assiette à la tête de mon frère, qui esquiva le coup ;
il m'en fit voler une autre que j'évitai de même. Une
grêle d'injures suivirent ces premières hostilités. Il
s'emporta contre la reine, lui reprochant la mauvaise
éducation qu'elle donnoit à ses enfans ; et s'adressant à mon frère : « Vous devriez maudire votre
mère, lui dit-il, c'est elle qui est cause, que vous êtes
un malgouverné. J'avois un précepteur qui étoit un
honnête homme, je me souviens toujours d'une histoire, qu'il m'a contée dans ma jeunesse. Il y avoit,
me disoit-il, un homme à Carthage, qui avoit été
condamné à mort pour plusieurs crimes, qu'il avoit
commis. Il demanda à parler à sa mère dans le
temps qu'on le menoit au supplice. On la fit venir.
Il s'approcha d'elle comme pour lui parler bas, et
lui emporta un morceau de l'oreille avec ses dents.
Je vous traite ainsi, dit-il à sa mère, pour vous faire
servir d'exemple à tous les parens, qui n'ont pas soin
d'élever leurs enfans dans la pratique de la vertu.
Faites-en l'application ! continua-t-il, en s'adressant
toujours à mon frère, et voyant qu'il ne répondoit
rien, il recommença à nous invectiver jusqu'à ce qu'il
fût hors d'état de parler davantage. » Nous nous
levâmes de table, et comme nous étions obligés de

passer à côté de lui, il me déchargea un grand coup de sa béquille, que j'évitai heureusement, sans quoi il m'auroit assommée. Il me poursuivit encore quelque temps dans son char, mais ceux qui le traînoient me donnèrent le temps de m'évader dans la chambre de la reine, qui en étoit fort éloignée. J'y arrivai à demi morte de frayeur et si tremblante, que je me laissai tomber sur une chaise, ne pouvant plus me soutenir. La reine m'avoit suivie, elle fit ce qu'elle put pour me consoler, et pour me persuader de retourner chez le roi. Les assiettes et les béquilles m'avoient fait si peur, que j'eus bien de la peine à m'y résoudre. Nous repassâmes pourtant dans l'appartement de ce prince, que nous trouvâmes s'entretenant tranquillement avec ses officiers. Je n'y fus pas long-temps, je me trouvai mal, et fus obligée de retourner chez la reine, où je tombai deux fois en foiblesse. J'y restai quelque temps. La femme de chambre de cette princesse, me regardant attentivement, me dit :

« Eh mon Dieu Madame ! qu'avez-vous ? vous êtes faite que c'est horrible. »

« Je n'en sais rien, lui dis-je, mais je suis bien malade. » Elle m'apporta un miroir, et je fus fort surprise de me trouver tout le visage et la poitrine remplis de taches rouges ; j'attribuai cela à l'altération que j'avois eue et n'y fis point de réflexion. Mais dès que je rentrai dans la chambre du roi, cette ébullition rentroit et je retombai en défaillance. La cause en étoit, qu'il falloit traverser toute une enfilade de chambres où il n'y avoit point de feu et où il faisoit un froid terrible. Je pris la nuit une grosse fièvre et me trouvai le lendemain si mal que je fis faire mes excuses à la reine de ne pouvoir sortir. Elle me fit dire, que morte ou vive je devois me rendre chez elle. Je lui fis répondre, que j'avois une

ébullition de sang et que c'étoit impossible. Le même
ordre me fut réitéré encore de sa part. On me traîna
donc à quatre dans son appartement, où je tombai
d'une foiblesse dans l'autre, et on me conduisit de
même chez le roi. Ma sœur me voyant si mal, et me
croyant sur le point d'expirer, en avertit ce prince
qui n'avoit pas pris garde à moi. « Qu'avez-vous, me
dit-il, vous êtes bien changée, mais je vous guérirai
bientôt ! » En même temps il me fit donner un grand
gobelet, rempli de vieux vin du Rhin extrêmement
fort, qu'il me força de boire bon gré mal gré. À peine
l'eus-je avalé, que ma fièvre augmenta et que je
commençai à rêver. La reine vit bien, qu'il falloit me
renvoyer ; on me porta donc dans ma chambre, où
on me mit au lit toute coiffée, m'ayant été ordonné
expressément de reparoître le soir. Mais je n'y fus
pas long-temps sans sentir un terrible redoublement.
Le médecin Stahl, qu'on avoit envoyé chercher, prit
ma maladie pour une fièvre chaude et me donna
plusieurs remèdes très-contraires au mal que j'avois.
Je restai tout ce jour et le suivant dans un délire
continuel. Dès que je rentrai dans mon bon sens, je
me préparai à la mort. Dans ces courts intervalles je
la désirois avec ardeur, et lorsque je voyois Madame
de Sonsfeld et ma bonne Mermann à côté de mon
lit, qui pleuroient, je tâchois de les consoler, en leur
disant, que j'étois détachée du monde, et que j'allois
trouver le repos dont personne n'étoit plus en état
de me priver. « Je suis cause, leur disois-je, de tous
les chagrins de la reine et de mon frère. Si je dois
mourir, dites au roi, que je l'ai toujours aimé et res-
pecté, que je n'ai rien à me reprocher envers lui,
qu'ainsi j'espère qu'il me donnera sa bénédiction
avant ma mort. Dites-lui, que je le supplie d'en agir
mieux avec la reine et avec mon frère, et d'ensevelir
toute désunion et animosité contre eux dans mon

tombeau. C'est la seule chose que je souhaite, et la
seule qui m'inquiète dans l'état où je suis. » Je restai
deux fois vingt-quatre heures entre la vie et la mort,
au bout desquelles la petite vérole se manifesta. Le
roi ne s'étoit pas informé de mes nouvelles depuis
tout le temps que j'avois été incommodée. Dès qu'on
lui eut appris que j'avois la petite vérole, il m'envoya
son chirurgien Holtzendorff, pour voir ce qu'il en
étoit. Ce brutal me dit cent duretés de la part du roi
et y en ajouta encore. J'étois si mal que je n'y fis
aucune attention. Il confirma cependant ce prince
dans le rapport qu'on lui avoit fait de ma santé. La
crainte qu'il eut, que ma sœur ne prît cette maladie
contagieuse, lui fit prendre toutes les précautions
imaginables pour l'empêcher, mais d'une manière
bien dure pour moi. Je fus aussitôt traitée comme
une prisonnière d'État ; on mit le scellé sur toutes
les avenues qui menoient à ma chambre, et on ne
laissa qu'une seule issue pour y entrer. Défense
expresse fut faite à la reine et à tous ses domestiques de venir chez moi, aussi bien qu'à mon frère.
Je restai seule avec ma gouvernante et la pauvre
Mermann, qui étoit enceinte, et qui malgré cela me
servoit nuit et jour avec un zèle et un attachement
sans égal. J'étois couchée dans une chambre où il
faisoit un froid épouvantable. Le bouillon qu'on me
donnoit n'étoit que de l'eau et du sel, et lorsqu'on
en faisoit demander d'autre on répondoit, que le roi
avoit dit, qu'il étoit assez bon pour moi. Quand je
m'assoupissois un peu vers le matin, le bruit du tam-
bour me réveilloit en sursaut mais le roi auroit
mieux aimé me laisser crever que de le faire cesser.
Pour comble de malheur la Mermann tomba malade. Comme tous les accidens qu'elle prit lui présa-
geoient une fausse couche, on fut obligé de la faire
transporter à Berlin, et de faire venir ma seconde

femme de chambre, qui s'enivrant tous les jours, n'étoit pas en état de me soigner. Mon frère, qui avoit déjà eu la petite vérole, ne m'abandonna pas ; il venoit deux fois par jour à la dérobée me rendre visite. La reine n'osant me voir faisoit sous main demander à tout moment de mes nouvelles. Je fus pendant neuf jours en grand danger, tous les symptômes de mon mal étoient mortels, et tous ceux qui me voyoient jugeoient que si j'en réchappois je serois cruellement défigurée. Mais ma carrière n'étoit point encore finie, et j'étois réservée pour endurer toutes les adversités qu'on verra dans la suite de ces mémoires. La petite vérole me revint par trois fois, dès qu'elle étoit séchée elle recommençoit de nouveau. Malgré cela je n'en fus point marquée et ma peau en devint beaucoup meilleure qu'elle n'avoit été.

Cependant Mr. de Bremer arriva à Potsdam de la part du Margrave d'Ansbach. Il remit la bague de promesse à ma sœur, ce qui se fit sans la moindre cérémonie. Le roi étoit aussi entièrement rétabli de sa goutte, et le rétablissement de sa santé avoit chassé sa mauvaise humeur. Il n'y avoit plus que moi qui en fusse l'objet. Holtzendorff venoit me voir de temps en temps de la part de ce prince, mais ce n'étoit jamais que pour me dire des choses désagréables de sa part. Il tâchoit toujours d'embellir les complimens dont il étoit chargé, par les termes les plus mortifians. Cet homme étoit la créature de Sekendorff et si grand favori du roi, que tout le monde ployoit les genoux devant lui. Il ne se servoit de son crédit que pour faire des malheureux, et n'avoit pas seulement le mérite d'être habile dans son art. Le roi en agissoit un peu mieux envers mon frère par l'instigation de Sekendorff et de Grumkow, qui manioient entièrement l'esprit de ce prince. Les subites révolutions qu'ils avoient expérimentées des sentimens du roi, les tenoient toujours dans la crainte. Ils appréhendoient avec raison, que le roi d'Angleterre ne se déterminât enfin au double mariage, et qu'en ce cas tout leur plan ne fût renversé. Ils n'ignoroient pas les menées de la reine, qui intriguoit perpétuellement avec cette cour, et ils étoient informés de la lettre que mon frère avoit écrite à celle d'Angleterre. Ils formèrent enfin le plus détestable de tous les projets, pour empêcher tout raccommodement avec le Monarque anglois. Ce projet consistoit, à mettre entièrement la désunion dans la maison de Prusse et d'obliger mon frère, à force de mauvais traitemens du roi, de prendre quelque résolution violente, qui pût donner prise sur lui et sur moi. Le comte de Fink étoit un obstacle à leur dessein. Mon frère avoit de la considération pour lui, et son caractère de gouverneur lui donnoit sur son élève une certaine autorité, qui pouvoit l'empêcher de faire des démarches préjudiciables à ses intérêts. Ils représentèrent donc au roi, que mon frère, ayant 18 ans passés, n'avoit plus besoin de Mentor, et qu'en lui ôtant le comte de Fink, il mettroit fin à toutes les intrigues de la reine, dont il étoit le ministre. Le roi goûta leurs raisons. Les deux gouverneurs furent congédiés très-honorablement, ils gardèrent l'un et l'autre de grosses pensions et retournèrent vaquer à leurs emplois militaires. On donna en récompense deux officiers de compagnie à mon frère. L'un étoit le colonel de Rocho, très-honnête homme, mais d'un fort petit génie, l'autre le major de Kaiserling, fort honnête homme aussi, mais grand étourdi et bavard, qui faisoit le bel esprit et n'étoit qu'une bibliothèque renversée. Mon frère leur vouloit assez de bien, mais Kaiserling, étant plus jeune et fort débauché, fut par conséquent le plus goûté. Ce cher frère venoit passer toutes les après-midis chez moi, nous lisions, écrivions ensemble et nous nous occupions à nous cultiver l'esprit. J'avoue que nos écritures rouloient souvent sur des satires, où le prochain n'étoit pas épargné. Je me souviens qu'en lisant le Roman comique de Scarron[1], nous en fîmes une assez plaisante application sur la clique impériale. Nous nommions Grumkow la Rancune, Sekendorff la Rapinière, le Margrave de Schwed Saldagne, et le roi Ragotin. J'avoue que j'étois très-coupable de perdre ainsi le respect que je devois au roi, mais je n'ai pas dessein de m'épargner, et je ne prétends nullement me faire grâce. Quelques sujets de plaintes que les enfans puissent avoir contre leurs parens, ils ne doivent jamais oublier ce qui leur est dû. Je me suis souvent reproché depuis les égaremens de ma jeunesse en ce point, mais la reine, au lieu de nous censurer, nous encourageoit par son approbation à continuer ces belles satires. Madame de Kamken, sa gouvernante, n'y étoit pas épargnée ; quoique nous estimassions fort cette dame, nous ne pouvions nous empêcher de saisir son ridicule et de nous en divertir. Comme elle étoit fort replète et d'une figure semblable à celle de Madame Bouvillon nous la nommions ainsi. Nous en badinâmes plusieurs fois en sa présence, ce qui lui donna la curiosité de savoir qui étoit cette fameuse Madame Bouvillon, dont on parloit tant. Mon frère lui fit accroire, que c'étoit la Camerera mayor de la reine d'Espagne. À notre retour à Berlin, un jour qu'il y avoit appartement, et qu'on y parloit de la cour d'Espagne, elle s'avisa de dire, que les Camerera mayor étoient toutes de la famille des Bouvillons. On lui fit des éclats de rire au nez, et je crus que j'en étoufferois pour ma part. Elle vit bien qu'elle avoit dit une sottise, et s'informa auprès de sa fille, qui avoit beaucoup de lecture, ce que ce pouvoit être. Celle-ci lui dévoila le mystère. Elle fut très-fâchée contre moi, sentant bien que je l'avois turlupinée ; et j'eus beaucoup de peine à faire ma paix avec elle. Un caractère satirique est très-peu estimable ; on s'accoutume insensiblement à ce vice et à la fin on n'épargne ni ami ni ennemi. Il n'y a rien de si aisé que de se saisir du ridicule, chacun a le sien. Il est divertissant, je l'avoue, d'entendre turlupiner spirituellement une personne qui nous est indifférente mais il est en même temps dur de penser, que peut-être on subira le même sort. Que nous sommes aveugles, nous autres hommes, nous brocardons sur les défauts d'autrui, pendant que nous ne faisons aucune réflexion sur les nôtres. Je me suis entièrement défaite de ce vice, et je ne suis plus caustique que sur le compte des gens qui ont un mauvais caractère, et qui méritent par le venin de leur langue, qu'on leur rende la pareille. Mais j'en reviens à mon sujet.

Le temps de l'arrivée du Margrave d'Ansbach approchant, et ce prince n'ayant pas eu encore la petite vérole, le roi et la reine jugèrent à propos de me faire retourner à Berlin. Mais avant que de partir j'allai chez le roi. Il me reçut à son ordinaire, c'est-à-dire très-mal, et me dit les choses du monde les plus dures. La reine, craignant qu'il ne poussât son mauvais procédé plus loin, abrégea ma visite et me ramena elle-même dans ma chambre. Je me rendis le lendemain à Berlin, où je trouvai la comtesse Amélie promise avec Mr. de Vierek, Ministre d'État. Mr. de Vallenrot, son ancien amant, étoit mort. Il y avoit quelque temps qu'on lui avoit appris cette nouvelle, un jour qu'il y avoit appartement chez la reine. Comme elle n'avoit pas seulement été informée de sa maladie, elle fut si saisie de cette mort subite, qu'elle tomba en défaillance en présence de toute la cour, ce qui découvrit l'intrigue qu'elle avoit eue avec lui. Cette aventure avoit fort diminué son crédit auprès de la reine, qui ne fut pas fâchée de se défaire d'elle. Cependant le roi et la reine arrivèrent peu de jours après moi à Berlin. Les noces de ma sœur y furent célébrées en cérémonie, et elle partit quinze jours après son mariage. Je sortis donc de ma solitude et suivis quelque temps après la reine à Vousterhausen. Les disputes pour mon mariage s'y renouvelèrent. Ce n'étoit tout le jour que querelle et dissension. Le roi nous laissoit mourir de faim, mon frère et moi. Ce prince faisoit l'office d'écuyer tranchant, il servoit tout le monde hors mon frère et moi et quand par hazard il restoit quelque chose dans un plat, il crachoit dedans pour nous empêcher d'en manger. Nous ne vivions l'un et l'autre que de café et de cerises sèches, ce qui me gâta totalement l'estomac. En revanche, je me nourrissois d'injures et d'invectives, car j'étois apostrophée toute la journée de tous les titres imaginables, et devant tout le monde. La colère du roi alla même si loin, qu'il nous chassa, mon frère et moi, avec l'ordre formel de ne paroître en sa présence qu'aux heures de repas. La reine nous faisoit venir secrètement, pendant que ce prince étoit à la chasse. Elle avoit des espions de tout côté en campagne, qui venoient l'avertir dès qu'on le voyoit paroître de loin, afin qu'elle pût avoir le temps de nous renvoyer. La négligence de ces gens fut cause, que le roi pensa nous surprendre chez elle. Il n'y avoit qu'une issue dans la chambre de cette princesse, et il arriva si subitement, qu'il ne nous fut plus possible de l'éviter. La peur nous donna de la résolution. Mon frère se cacha dans une niche, où étoit une certaine commodité, et pour moi, je me fourrai sous le lit de la reine, qui étoit si bas que je n'y pouvois tenir et que j'étois dans une posture fort incommode. Nous étions à peine retirés dans ces beaux gîtes que le roi entra. Comme il étoit fort fatigué de la chasse, il se mit à dormir et son sommeil dura deux heures. J'étouffois sous ce lit et ne pouvois m'empêcher de sortir quelquefois ma tête pour respirer. Si quelqu'un avoit pu être spectateur de cette scène, il y auroit eu de quoi rire. Elle finit enfin. Le roi s'en alla et nous sortîmes au plus vite de nos tanières, en suppliant la reine, de ne nous plus exposer à de pareilles comédies. On trouvera peut-être étrange, que nous n'ayons fait aucune démarche pour nous raccommoder avec le roi. J'en parlai plusieurs fois à la reine, mais elle ne le voulut absolument pas, disant, que le roi me répondroit, que si je voulois obtenir ses grâces, je devois épouser ou le duc de Weissenfeld ou le Margrave de Schwed, ce qui ne pouvoit qu'empirer les choses, par l'embarras où je serois, de ne pouvoir le satisfaire. Ces raisons étant bonnes, j'étois obligée de m'y soumettre.

Quelques jours de bon temps succédèrent à tous nos désastres. Le roi se rendit à Libnow, petite ville saxonne, pour y avoir une entrevue avec le roi de Pologne. Ce fut là que Grumkow et Sekendorff, appuyés de ce prince, tirèrent une promesse de mariage dans toutes les formes du roi, mon père, pour le duc de Weissenfeld, auquel je fus solennellement engagée. Le roi de Pologne promit de lui faire quelques avantages, et celui de Prusse jugea, qu'avec cinquante mille écus de rentes je pourrois vivre très-honorablement avec lui. Il s'arrêta en chemin à Dam, petit bourg appartenant au duc et qui étoit son apanage, où il fut traité splendidement en vin d'Hongrie, ce qui ne manqua pas d'augmenter l'amitié que le roi avoit pour lui. Cependant ce prince tint toutes ses manigances si secrètes, que nous n'en fûmes informés que quelque temps après.

Les mauvais traitemens recommencèrent à son retour, il ne voyoit plus mon frère sans le menacer de sa canne. Celui-ci me disoit tous les jours, qu'il endureroit tout du roi hors les coups, et que s'il en venoit jamais à des extrémités avec lui, il sauroit s'en affranchir par la fuite. Le page Keith avoit été fait officier dans un régiment qui étoit en quartier au pays de Clèves. J'avois eu une grande joie de son départ, dans l'espérance, que mon frère mèneroit une vie plus réglée, mais il en fut tout autrement. Un second favori, beaucoup plus dangereux, succéda à celui-ci. C'étoit un jeune homme, capitaine-lieutenant dans les gens-d'armes, nommé Katt[1]. Il étoit petit-fils du Maréchal comte de Wartensleben. Le général Katt, son père, l'ayant destiné pour la robe, l'avoit fait étudier, et ensuite voyager. Mais comme il n'y avoit de grâce à espérer que pour ceux qui étoient dans le militaire, il s'y vit placé contre son attente. Il continuoit de s'appliquer aux études ; il avoit de l'esprit, de la lecture et du monde ; la bonne compagnie, qu'il continuoit à hanter, lui avoit fait contracter des manières polies, pour lors assez rares à Berlin ; sa figure étoit plutôt désagréable que revenante ; deux sourcils noirs lui couvroient presque les yeux ; son regard avoit quelque chose de funeste, qui lui présageoit son sort ; une peau basanée et gravée de petite vérole augmentoit sa laideur ; il faisoit l'esprit fort et poussoit le libertinage à l'excès ; beaucoup d'ambition et d'étourderie accompagnoient ce vice. Un tel favori étoit bien éloigné de ramener mon frère de ses égaremens. Je ne fus informée de cette nouvelle amitié qu'à mon retour de Berlin, où nous nous rendîmes peu de jours après celui du roi de Libnow. Nous y vécûmes un bout de temps assez tranquillement, lorsqu'un nouvel événement vint troubler notre repos.

La reine reçut une lettre de mon frère, qui lui fut rendue secrètement par un de ses domestiques. Cette lettre m'a fait une si forte impression, que j'en mettrai le contenu ici à peu près tel qu'il étoit.

« Je suis dans le dernier désespoir. Ce que j'avois toujours appréhendé vient enfin de m'arriver. Le roi a entièrement oublié que je suis son fils et m'a traité comme le dernier de tous les hommes. J'entrai ce matin dans sa chambre, comme à mon ordinaire ; dès qu'il m'a vu il m'a sauté au collet en me battant avec sa canne de la façon du monde la plus cruelle. Je tâchois en vain de me défendre, il étoit dans un si terrible emportement, qu'il ne se possédoit plus, et ce n'a été qu'à force de lassitude qu'il a fini. Je suis poussé à bout, j'ai trop d'honneur pour endurer de pareils traitemens, et je suis résolu d'y mettre fin d'une ou d'autre manière. »

La lecture de cette lettre nous plongea, la reine et moi, dans la plus vive douleur, mais elle me causa beaucoup plus d'inquiétude qu'à cette princesse. Je comprenois mieux le sens du dernier article qu'elle, et jugeois bien que la résolution dont mon frère parloit, de mettre fin d'une ou d'autre manière à ses maux, consistoit dans la fuite. Je pris occasion du chagrin où je voyois que la reine étoit plongée, pour lui représenter, qu'elle devoit se désister de mon mariage. Je lui fis concevoir, que le roi d'Angleterre n'étoit point d'humeur à me faire épouser son fils ; que s'il en avoit eu l'intention, il en auroit agi différemment ; que cependant l'esprit du roi, mon père, s'aigrissoit de plus en plus contre elle, contre son fils et contre moi ; qu'ayant fait le premier pas à maltraiter mon frère, les mauvais procédés envers lui et envers moi ne feroient qu'augmenter, et porteroient peut-être ce dernier à des extrémités qui pourroient lui être très-funestes ; que j'avouois, que je serois la plus malheureuse personne du monde, si j'étois contrainte à épouser le duc de Weissenfeld, mais que je prévoyois bien, qu'il falloit qu'il y en eût un de nous de sacrifié à la haine de Sekendorff et de Grumkow, et que j'aimois mieux que ce fût moi que mon frère ; qu'enfin je ne voyois que ce seul moyen, pour remettre la paix dans la famille. La reine se mit dans une violente colère contre moi. « Voulez-vous me percer le cœur, me dit-elle, et me faire mourir de douleur, ne m'en parlez plus de votre vie, et soyez persuadée, que si vous êtes capable de faire une pareille lâcheté, je vous donnerai ma malédiction, vous renierai pour ma fille et ne souffrirai jamais plus que vous vous montriez en ma présence. » Elle me dit ces dernières paroles avec tant d'altération, que j'en fus effrayée. Elle étoit enceinte, ce qui augmentoit mes peines. Je tâchois de la radoucir, en l'assurant, que je ne ferois jamais rien qui pût lui causer le moindre chagrin.

Mlle. de Bulow, première fille d'honneur de la reine, avoit repris dans sa faveur la place de la comtesse Amélie, qui s'étoit mariée peu après ma sœur. Cette fille étoit bonne et serviable, elle ne faisoit du tort à personne, mais elle étoit intrigante et indiscrète. La reine se servoit d'elle pour apprendre et faire savoir tout ce qui se passoit à Mr. du Bourguai et à Mr. Kniphausen, premier Ministre du cabinet. Ce dernier, homme d'esprit et très-versé dans les affaires, étoit ennemi juré de Grumkow et par conséquent de la clique angloise. La reine lui fit communiquer la lettre de mon frère et lui demanda conseil sur les démarches qu'elle pourroit faire, pour prévenir les violences du roi. Kniphausen étoit informé par la Bulow de toutes les menées de la Ramen ; il savoit que cette femme étoit étroitement liée avec Eversmann, très-grand favori du roi ; il n'ignoroit pas que la principale cause de nos maux étoit la confiance que la reine avoit en cette créature, qui animoit le roi, par les rapports qu'elle et son compagnon lui faisoient, vrais ou faux, contre mon frère et moi. Il jugea donc, qu'il falloit gagner ces deux personnages à quelque prix que ce fût. Il ne fit mention que d'Eversmann à la reine, trouvant trop dangereux de lui nommer la Ramen, et il conseilla à cette princesse, de tâcher de le mettre dans ses intérêts, en lui procurant une somme d'argent capable de le tenter, de la part du roi d'Angleterre. La reine goûta cet avis et en parla à Mr. du Bourguai. Après bien des difficultés ce Ministre lui fit remettre 500 écus, pendant qu'à la réquisition de Mr. Kniphausen il en fit toucher autant secrètement à la Ramen. L'un et l'autre promirent monts et merveilles, mais dès qu'ils eurent reçu l'argent, ils avertirent le roi de toute cette manigance, et amusèrent la reine et Mr. du Bourguai par de fausses confidences. Ce procédé de la reine acheva de pousser ce prince à bout ; il se crut trahi puisqu'elle vouloit déjà commencer à corrompre ses domestiques, et nous verrons les effets de son ressentiment dans l'année 1730, que je vais commencer.

Le roi se rendit à Berlin, pour y passer les fêtes de Noël. Il fut de très-bonne humeur pendant tout le séjour qu'il y fit, et quoiqu'il ne nous fît pas bon accueil à mon frère et à moi, il épargna du moins les injures. Nous avions trouvé moyen de radoucir ce dernier, et nous étions tous dans une sécurité parfaite, les bonnes manières du roi nous ôtant tout soupçon. Mais qui peut approfondir les replis du cœur humain ?

Ce prince repartit pour Potsdam. Quelques jours après le comte Fink reçut une lettre de sa part avec un ordre séparé, de n'en faire l'ouverture qu'en présence du Maréchal de Borck et de Grumkow. Il lui étoit en même temps défendu, sous peine de la vie, de ne point faire mention à personne ni de l'une ni de l'autre. Les deux Ministres que je viens de nommer, en avoient reçu un pareil, dans lequel il leur étoit enjoint, de se rendre chez le comte Fink. Dès qu'ils furent assemblés ils firent la lecture de cette lettre, laquelle en renfermoit une à la reine. Voici le contenu de celle qui étoit adressée au comte de Fink.

« Dès que Borck et Grumkow se seront rendus chez vous, vous irez tous trois chez ma femme. Vous lui direz de ma part, que je n'ignore aucune de ses intrigues, qu'elles me déplaisent et que j'en suis las, que je ne prétends plus être le jouet de sa famille, qui m'a traité indignement, qu'une fois pour toutes je veux marier ma fille Wilhelmine. Mais que pour dernière grâce je lui permets d'écrire encore une fois en Angleterre et de demander au roi une déclaration formelle sur le mariage de ma fille. Dites-lui, qu'en cas que la réponse qu'elle recevra ne soit pas selon mes désirs, je prétends absolument l'unir avec le duc de Weissenfeld ou avec le Margrave de Schwed ; que je lui laisserai le choix de ces deux partis, qu'elle doit m'engager sa parole d'honneur, de ne plus s'opposer à mes volontés, et que si elle continue à me chagriner par ses refus, je romprai pour jamais avec elle et la reléguerai elle et son indigne fille que je renierai, à Orangebourg, où elle pourra pleurer son obstination. Faites votre devoir en fidèles serviteurs et tâchez de la déterminer à suivre mes volontés, je vous en tiendrai compte. Mais au cas du contraire je saurai faire tomber mon ressentiment de votre conduite sur vous et sur vos familles.

Je suis votre affectionné roi

Guillaume. »

Ils se rendirent d'abord chez la reine. Elle ne s'attendoit à rien moins qu'à cette visite. J'étois chez elle lorsqu'on vint l'avertir, que ces trois Messieurs demandoient à lui parler de la part du roi. Je lui dis d'avance que je prévoyois que cela me regardoit. Elle haussa les épaules et me répondit : n'importe, il faut de la fermeté, et ce n'est pas ce qui m'embarrasse. En même temps elle passa dans sa chambre d'audience, où étoient ces Messieurs. Le comte de Fink lui exposa leur commission et lui présenta la lettre du roi. Après qu'elle l'eut lue, Grumkow prit la parole et voulut lui démontrer par un grand discours de politique, que l'intérêt et l'honneur du roi exigeoient, qu'elle se rendît à ses désirs en cas que la réponse d'Angleterre ne fût pas conforme à ses souhaits, et suivant l'exemple du diable, lorsqu'il voulut tenter notre Seigneur, il prétendoit la réduire par l'écriture sainte ; en lui alléguant des passages convenables au sujet dont il s'agissoit. Il lui représenta ensuite, que les pères avoient plus de droit sur leurs enfans que les mères, et que lorsque les parens ne se trouvoient pas d'accord, les enfans devoient obéir préférablement au père ; que ces derniers étoient maîtres de les forcer à se marier contre leur gré, et qu'enfin la reine auroit tout le tort de son côté, si elle ne se rendoit à ces raisons. Cette princesse refusa ce dernier article, en lui opposant l'exemple de

Béthuel, qui répondit à la proposition de mariage que le serviteur d'Abraham lui fit pour son maître Isaac : Faites chercher la fille et demandez-lui son sentiment. « Je n'ignore point la soumission que les femmes doivent avoir pour leurs maris, ajouta-t-elle, mais ceux-ci ne doivent en prétendre que des choses justes et raisonnables. Le procédé du roi ne s'accorde point avec cette vertu. Il prétend violenter les inclinations de ma fille et la rendre malheureuse pour le reste de ses jours, en lui donnant un brutal débauché, et cadet de famille, qui n'est que général du roi de Pologne, sans pays et sans avoir de quoi soutenir son caractère et son rang. Quel bien un tel mariage peut-il procurer à l'État ? aucun ! Tout au contraire, le roi se verra obligé d'entretenir éternellement ce gendre qui lui sera toujours à charge. J'écrirai en Angleterre selon les ordres du roi, mais quand même la réponse n'en seroit pas favorable, je ne donnerai jamais mon consentement au mariage que vous venez de me proposer, et j'aimerois mille fois mieux voir ma fille au tombeau que malheureuse. » Là s'arrêtant tout d'un coup elle dit, qu'elle se trouvoit mal et ajouta, qu'on devroit avoir plus de ménagement pour elle dans l'état où elle se trouvoit. « Cependant je n'en accuse point le roi, continua-t-elle en regardant Grumkow, je sais à qui je suis redevable de ses mauvais traitemens. » En proférant ces dernières paroles elle sortit, lui lançant un regard qui lui marquoit assez combien elle étoit piquée contre lui. Elle rentra dans sa chambre fort altérée. Dès que nous y fûmes seules, elle me conta toute cette conversation et me montra la lettre du roi. Les expressions en étoient si fortes et si dures que je la passerai sous silence. Nous versâmes un torrent de larmes en la relisant. Elle jugeoit bien qu'elle ne pouvoit plus faire que peu de fonds sur l'Angleterre, mais que du moins elle gagnerait du temps jusqu'au retour de la réponse, qu'elle devoit en recevoir. Elle résolut cependant d'employer tous ses efforts pour en tirer une favorable. Elle me chargea donc d'écrire à mon frère, de lui mander tout ce qui se passoit, et de lui faire la minute d'une seconde lettre, qu'il devoit écrire à la reine d'Angleterre. Voici le contenu de cette lettre que je fis bien malgré moi.

« Madame ma sœur et tante,

Quoique j'aie déjà eu l'honneur d'écrire à votre Majesté, et de lui expliquer la triste situation où je me trouve aussi bien que ma sœur, la réponse peu favorable qu'elle m'a donnée, ne m'a point découragé. Je ne saurois m'imaginer qu'une princesse dont les vertus et le mérite font l'admiration universelle, puisse laisser sans secours une sœur qui lui est tendrement attachée, en refusant de souscrire au mariage de ma sœur et du prince de Galles, qui cependant a été arrêté si solennellement par le traité d'Hannovre. J'ai déjà donné ma parole d'honneur à votre Majesté, de n'épouser jamais que la princesse Amélie, sa fille, je lui réitère encore cette promesse en cas qu'elle veuille donner son consentement au mariage de ma sœur. Nous sommes tout réduits à l'état du monde le plus fâcheux, et tout sera perdu si elle balance encore à nous donner une réponse favorable. Je me trouverois alors libre de toutes les promesses que je viens de lui faire, et obligé de suivre les volontés du roi, mon père, en prenant tel parti qu'il me proposera. Mais je suis convaincu, que je n'ai rien à craindre de ce côté-là, et que votre Majesté fera de mûres réflexions sur ce que je viens de lui mander, étant etc. »

Mon frère ne balança point à copier cette lettre. La reine en écrivit deux, dont l'une fut montrée au roi et l'autre contenoit un détail de ce qui venoit de se passer, et de toutes les raisons les plus fortes qui pussent porter la cour d'Angleterre à se rendre aux désirs du roi. Toutes ces lettres partirent par un courrier, le roi l'ayant exigé ainsi, afin de recevoir plus tôt la réponse ; il avoit même calculé, qu'en cas de vent contraire le courrier pouvoit être en trois semaines de retour. Il y avoit déjà dix jours de passés, et les inquiétudes de la reine alloient en augmentant à mesure que le temps s'écouloit. Comme personne ne présageoit rien de bon des résolutions d'Angleterre, et qu'on l'avertissoit de tout côté, que le roi se porteroit aux dernières extrémités si elle tardoit trop à venir, elle examina sérieusement ce qu'elle devoit faire pour détourner tout événement fâcheux. La comtesse de Fink, Madame de Sonsfeld et moi passâmes toute une après-midi dans son cabinet, pour chercher des expédiens. Nous conclûmes enfin unanimement qu'elle affecteroit d'être malade ; mais le moyen de le faire accroire au roi ? Si la méchante Ramen étoit informée de cette ruse, on ne faisoit qu'empirer les choses au lieu de les adoucir. Nous n'osions découvrir à la reine toutes les horreurs que nous savions de cette femme, car elle en étoit si fort éprise, qu'elle auroit été capable de le lui redire. Cependant il n'y avoit d'autre parti à prendre que celui-là. Il n'étoit pas probable qu'on voulût inquiéter la reine malade et enceinte, et du moins on donnoit le temps au courrier de revenir. Nous nous en tînmes donc à cet avis, mais nous lui fîmes comprendre nettement, que si elle ne gardoit le secret, tout cela ne serviroit qu'à rendre notre condition plus fâcheuse. La comtesse de Fink lui représenta même, qu'elle avoit des traîtres parmi ses domestiques, qui rapportoient tout au roi et à Sekendorff ; qu'elle étoit informée, qu'on avoit su dans la maison de ce dernier des conversations qu'elle et la reine avoient eues secrètement, et qui n'avoient pu être divulguées que par des gens qui avoient écouté aux portes. Elle loua sans affectation plusieurs des domestiques de cette princesse et affecta de ne point parler de la Ramen, et ajouta encore : tel qui vous paroît le plus attaché, Madame, est peut-être celui-là même qui vous trahit. Nous remarquâmes bien par le trouble de la reine, qu'elle avoit très-bien compris ce qu'on avoit voulu lui dire, mais elle n'en fit pas semblant, et nous promit un secret inviolable. Nous remîmes jusqu'au lendemain au soir à jouer la comédie. La reine commença par se plaindre le matin, et pour faire plus d'éclat, elle affecta de tomber en défaillance. Le soir à table nous composâmes si bien nos actions et nos visages, que tout le monde y fut attrapé, même la Ramen. Cette princesse resta le jour suivant au lit, et fit toutes les simagrées pour faire accroire qu'elle étoit bien mal. J'avertis mon frère, par son ordre, de ce qui se passoit, pour prévenir toutes les inquiétudes qu'il pouvoit avoir de cette feinte maladie. Mon esprit n'étoit rien moins que tranquille ; malgré l'éloignement que j'avois pour le prince de Galles, je voyois bien qu'entre trois maux, dont on me menaçoit, c'étoit sans contredit le plus petit, et je me voyois forcée par la malignité de mon étoile de souhaiter ce que j'aurois redouté en tout autre temps. La reine se levoit vers le soir, et soupoit avec nous dans sa chambre de lit, mais c'étoit le médecin qui lui faisoit faire cet effort par les instigations qu'on lui donnoit ; cet homme étoit entièrement dans les intérêts de la reine. Cinq jours se passèrent ainsi. Mais soit que la Ramen eût découvert la ruse ou que la reine la lui eût confiée, la crise recommença. Une nouvelle ambassade, composée des mêmes personnages qui lui avoient parlé la première fois, lui fut envoyée de la part du roi le 25. de Janvier, jour que je n'oublierai jamais. La commission, dont ces messieurs furent chargés, fut beaucoup plus forte que la précédente, et la lettre du roi, dont elle étoit accompagnée, étoit si terrible, qu'elle faisoit paroître douce celle qu'elle en avoit reçue ci-devant.

Le roi, lui dirent-ils, ne veut plus absolument entendre parler d'alliance avec l'Angleterre. Toutes réponses qui en pourront venir, lui sont entièrement indifférentes, et ne changeront rien au projet qu'il a fait, de marier la princesse, sa fille, avec le duc de Weissenfeld ou avec le Margrave de Schwed. Il prétend absolument qu'on lui obéisse, et fera même tomber son ressentiment sur votre Majesté, s'il trouve de la résistance à ses volontés. Il vous déclare, Madame, qu'il se séparera de vous, vous reléguera à votre douaire, enfermera Madame la princesse dans une forteresse et déshéritera le prince royal ; qu'après avoir mûrement réfléchi, il a trouvé la désobéissance de sa famille d'un très-dangereux exemple pour ses sujets, puisqu'au lieu de les animer par votre modèle à la soumission, vous faites le contraire. Il s'est donc proposé de faire un acte de justice dans sa propre maison, pour empêcher les mauvaises suites que votre manque de respect pourroit produire.

La reine ne répondit qu'en très-peu de mots : vous pouvez répondre au roi, qu'il ne me fera jamais consentir à rendre ma fille malheureuse, et que tant que j'aurai un souffle de vie, je ne souffrirai point qu'elle prenne ni l'un ni l'autre des partis proposés. Ils voulurent répliquer, mais la reine les pria de la laisser en repos, puisqu'ils ne tireroient point d'autre résolution d'elle. Dès le lendemain elle se remit au lit, contrefaisant la malade.

La réponse d'Angleterre arriva enfin. C'étoit toujours la même chanson. La reine, ma tante, mandoit, que le roi, son époux, étoit très-disposé à m'unir avec son fils, pourvu que le mariage de mon frère avec sa fille se fît en même temps. La lettre, qui étoit adressée à mon frère, ne consistoit que dans de simples complimens. La reine, ma mère, fut vivement piquée de ce procédé, elle me fit d'abord part de ces belles nouvelles. Le chagrin qu'elle en ressentoit, nous fit tout craindre pour sa santé. Elle ne put pourtant se dispenser d'envoyer la lettre, qu'elle venoit de recevoir, au roi. Elle y en joignit une de sa main, qui étoit écrite dans les termes les plus touchans. Le roi fut averti tout de suite par la Ramen du contenu de ces lettres et les renvoya à la reine sans les avoir lues. Eversmann en fut le porteur. Il vint le soir chez cette princesse, et lui conta, que le roi étoit dans une violente colère contre elle et contre moi ; qu'il avoit juré plusieurs fois, qu'il se porteroit à toutes les extrémités imaginables pour nous réduire, si nous ne nous rendions de bonne grâce à ses volontés ; qu'il étoit d'une humeur épouvantable dont tout le monde se ressentoit, et surtout mon frère qu'il avoit traité de la façon du monde la plus barbare, l'ayant mis tout en sang à force de coups, et l'ayant traîné par les cheveux par toute la chambre. Je n'étois point présente à cette narration. Après que ce malheureux eut assez joui du mortel chagrin que son rapport causoit à la reine, il vint me trouver. « Jusqu'à quand, me dit-il, prétendez-vous entretenir la désunion dans la famille et vous attirer la colère de votre père ? Je vous conseille en ami, de vous soumettre à ses volontés, sans quoi vous n'avez qu'à vous attendre aux plus terribles scènes. Il n'y a

point de temps à perdre, donnez-moi une lettre pour
le roi et mettez-vous au-dessus de toutes les crieries
de la reine. Je ne vous parle pas ainsi de moi-même,
mais par ordre. » Qu'on se mette à ma place et qu'on
juge de ce qui se passoit dans mon cœur, de me
voir si indignement traitée par ce faquin. Je fus
mille fois sur le point de lui répondre comme il le
méritoit, mais je prévis que je ne ferois qu'aigrir les
choses. Je me contentai de lui dire, d'un air fort
froid, que je connoissois trop bien le bon cœur du
roi, pour croire qu'il voulût me rendre malheureuse,
que j'étois au désespoir d'avoir encouru sa disgrâce,
que j'étois prête à faire toutes les soumissions imaginables pour regagner sa bienveillance, n'ayant
jamais manqué au respect et à la tendresse, qu'une
fille devoit avoir pour son père. Je lui tournai le
dos, en finissant ces dernières paroles, et m'assis fort
émue à un bout de la chambre. Mais la scène n'étoit
pas finie, il s'adressa encore à Madame de Sonsfeld.
« Le roi, lui dit-il, vous fait ordonner, de persuader
à la princesse d'épouser le duc de Weissenfeld ; il
vous fait dire, qu'en cas qu'elle ne puisse se résoudre en sa faveur, il lui laisse la liberté de prendre le
Margrave de Schwed ; que si vous croyez devoir
obéir aux ordres de la reine préférablement aux
siens, il saura vous montrer qu'il est votre souverain,
et vous enverra à Spandau où vous serez au pain et
à l'eau. Ce n'est pas tout. Votre famille portera aussi
le faix de sa colère, il la rendra malheureuse, au
lieu qu'elle sera comblée de grâces, si vous vous
rangez à votre devoir. »

« Le roi m'a chargée, lui répondit cette dame,
de l'éducation de la princesse. Je n'ai accepté cet
emploi qu'avec mille larmes, et uniquement pour
obéir aux ordres du roi. Il ne m'appartient pas de
lui donner conseil ni de me mêler de son mariage,

je ne lui parlerai ni pour ni contre les deux partis
que le roi lui fait proposer. J'invoquerai le ciel pour
qu'il lui inspire ce qui sera le plus convenable. Je
me soumets après cela à tout ce qu'il plaira au roi
de faire de ma famille et de moi. »

« Tout cela est bel et bon, reprit Eversmann, mais
vous verrez ce qui arrivera et ce que vous gagnerez
tous par votre obstination. Le roi a pris des résolutions violentes. Il ne donne que trois jours à la princesse pour se déterminer. Si au bout de ce temps
elle ne fléchit, il la fera conduire à Vousterhausen
où les princes en question se trouveront. Il contrain-
dra sa fille d'en choisir un et si elle ne veut le faire
de bonne grâce, on l'enfermera avec le duc de Weissenfeld ; après quoi elle sera encore trop heureuse
de l'épouser. »

Madame de Kamken qui étoit présente et qui
jusqu'alors avoit gardé le silence, ne put se contenir plus long-temps. Elle chanta pouille à Eversmann, lui reprochant qu'il mentoit, et qu'il avoit
inventé ce qu'il venoit de dire. Son zèle l'emporta
même à censurer le roi. L'autre lui soutint de son
côté d'un ton moqueur, que les effets prouveroient
bientôt ce qu'il avoit avancé. Mais, lui dit enfin
Madame de Kamken, n'y a-t-il donc dans le monde
d'autre parti convenable à la princesse, que les deux
qu'on propose ? « Si la reine, lui répondit-il, en peut
trouver de meilleur, à l'exclusion du prince de Galles,
peut-être que le roi entrera en composition avec
elle, quoiqu'il souhaite passionnément avoir le duc
pour gendre. »

La reine qui nous fit tous appeler, mit fin à cette
impertinente conversation. La comtesse de Fink
étoit assise au chevet de son lit et tâchoit de la tranquilliser. Elle remarqua d'abord à nos physionomies,
que nous avions quelque chose. Nous lui contâmes

tout l'entretien, que nous venions d'avoir, et elle nous fit part de celui qu'elle avoit eu. Nous consultâmes long-temps ensemble sur ce qu'il y avoit à faire dans des conjonctures si critiques. Madame de Kamken donna un avis, qui fut suivi. Elle conseilla à la reine, de faire venir le lendemain le Maréchal de Borck[1], homme d'une probité et d'une droiture infinie, et de lui demander ses lumières sur la situation où elle se trouvoit. Ce conseil fut exécuté. La reine exposa au Maréchal tout ce qui s'étoit passé la veille, ajoutant : « Je vous demande votre avis comme à un ami, parlez-moi sans détour et selon votre conscience. »

« Je suis au désespoir, lui répondit le Maréchal, de voir la désunion qui règne dans la famille royale et les cruels chagrins que votre Majesté endure. Il n'y avoit que le roi d'Angleterre qui pût y mettre fin ; mais ses réponses, étant toujours les mêmes, je vois bien, qu'il ne faut plus se flatter de ce côté-là. Ce que Eversmann vous a dit hier, Madame, des violences que le roi machine contre la princesse, ne me paroît pas tout-à-fait sans fondement. J'ai appris hier au soir, que le Margrave de Schwed est ici incognito, un de mes domestiques l'a vu. La curiosité m'a porté à m'informer sous main, si cela étoit vrai. On m'a rapporté, qu'il y a trois jours qu'il est en cette ville logé dans une petite maison à la ville neuve, d'où il ne sort que le soir sur la brune, pour n'être pas connu. J'ai reçu aujourd'hui des lettres de Dresde, que je puis montrer à votre Majesté, dans lesquelles on me mande, que le duc de Weissenfeld en étoit parti secrètement, pour se rendre à une petite ville à quelques milles de Vousterhausen. Votre Majesté connoît l'humeur du roi ; quand on est parvenu à l'animer à un certain point, il ne se possède plus, et ses emportemens le portent à des excès très-fâcheux. Ils sont d'autant plus à craindre présentement, qu'étant toujours obsédé par des gens mal intentionnés, on ne lui donne pas le temps de rentrer en lui-même. Bien loin de l'aigrir par des refus il faut tâcher de gagner du temps et de parer ses premières violences, en choisissant un troisième parti pour la princesse. Votre Majesté ne risque rien en le faisant, Sekendorff et Grumkow sont trop portés pour le duc de Weissenfeld, pour souffrir que la princesse en épouse un autre. Grumkow a ses vues particulières, il veut entièrement débusquer le prince d'Anhalt, et substituer le duc en sa place. Le roi se laissera apaiser par cette condescendance, et vous donnera le temps, Madame, de faire encore une tentative en Angleterre. » La reine parut contente de cet avis, et après avoir consulté quelque temps sur le parti qu'on proposeroit au roi, le choix tomba sur le prince héréditaire de Brandebourg-Culmbach[1]. Le Maréchal se chargea de faire avertir le roi sous main de ce changement. « En tout cas, dit-il à la reine, si toutes ces mesures ne servent de rien, votre Majesté aura du moins la satisfaction, de voir la princesse sa fille bien établie. On dit mille biens du prince de Bareith, il est d'un âge proportionné à celui de la princesse, et sera possesseur, après la mort de son père, d'un très-beau pays. » La reine approuva fort le raisonnement du Maréchal, et s'y conforma entièrement.

Le roi arriva deux jours après à Berlin. Il se rendit d'abord chez la reine. La rage et la colère étoient peintes dans ses yeux, je n'y étois point. La reine, contrefaisant toujours la malade, étoit au lit. La fureur et l'emportement du roi furent extrêmes, il lui dit toutes les invectives et les injures qui lui tombèrent dans l'esprit. Elle laissa passer ce premier mouvement et voulut l'attendrir, en lui disant les choses les plus tendres et les plus touchantes. Tout cela ne l'apaisa point :

« Choisissez, lui dit-il, entre les deux partis, que je vous ai fait proposer ; si vous voulez pourtant me faire plaisir, vous vous déterminerez pour le duc. »

« Le ciel m'en préserve », s'écria la reine.

« Eh bien, continua-t-il, il m'importe peu de votre consentement, je m'en vais aller chez la Margrave Philippe (cette princesse étoit mère du Margrave de Schwed) pour régler le mariage de votre indigne fille et faire avec elle les arrangemens pour les noces. »

Il sortit tout de suite de la chambre et se rendit chez la Margrave. Après les premiers complimens il lui apprit le sujet de sa visite, et lui ordonna d'assurer le prince, son fils, de sa part, que malgré toutes les oppositions de la reine, il le rendroit maître de ma personne. Il chargea aussi cette princesse de l'appareil des noces, qui devoient se faire dans huit jours. La Margrave avoit senti une joie infinie au commencement du discours du roi, mais la fin la fit changer de sentiment.

« Je reconnois comme je le dois la grâce que votre Majesté fait à mon fils, de le choisir pour son gendre ; je sens tout le prix du bonheur, qu'Elle lui destine, et les avantages qui en résulteroient pour lui et pour moi. Ce fils m'est plus cher que ma vie, et il n'y a rien que je ne fasse pour le rendre heureux, mais Sire, je serois au désespoir que ce fût contre le gré de la reine et de la princesse. Je ne puis donner mon consentement à ce mariage, qui rendroit cette dernière malheureuse, par l'antipathie qu'elle marque avoir pour lui, et si mon fils étoit assez lâche, pour vouloir l'épouser contre sa volonté, je serois la première à blâmer sa conduite, et ne le regarderois plus que comme un mal-honnête homme. »

« Aimez-vous donc mieux, répliqua le roi, qu'elle épouse le duc de Weissenfeld ? »

« Qu'elle épouse qui elle voudra, pourvu que ni mon fils ni moi ne soyons les instrumens de son malheur. »

Le roi ne pouvant réduire la fermeté de cette princesse, se retira. Je fus informée le soir même de toutes ces circonstances par un billet que la Margrave me fit tenir secrètement, me priant d'en informer la reine. J'étois remplie d'admiration et de reconnoissance d'un procédé si généreux. Je lui exprimai ces sentimens dans la réponse que je fis à son billet, et je n'oublierai jamais les obligations que je lui ai. Cependant les agitations continuelles de mon esprit rejaillissoient sur mon corps, je maigrissois à vue d'œil. L'on a vu ci-devant, que j'étois fort replète, j'étois si fort diminuée, que ma taille n'avoit qu'une demi-aune de contour. Je n'avois point encore paru devant le roi, la reine ne voulant pas m'exposer à être traitée comme mon frère. Celui-ci étoit dans un désespoir inconcevable. Ses peines m'étoient plus sensibles que les miennes, et je me serois sacrifiée volontiers pour l'en délivrer. J'allois toutes les après-midis chez la reine aux heures que le roi étoit occupé ailleurs. Elle avoit fait pratiquer un labyrinthe dans sa chambre, qui ne consistoit qu'en paravents, rangés de manière que je pouvois éviter le roi, en cas qu'il entrât fortuitement, sans en être aperçue. La méchante Ramen, qui ne dormoit non plus que le diable, voulut se donner la comédie à mes dépens, et dérangea cet asyle sans que j'y prisse garde. Le roi vint nous surprendre ; je voulus me sauver, mais je me trouvai malheureusement embarrassée parmi ces maudits paravents, dont plusieurs se renversèrent, ce qui m'empêcha de sortir. Ce prince, m'ayant vue, étoit à mes trousses et tâchoit de me saisir, pour me battre. Ne pouvant plus l'éviter, je me jetai derrière ma gouvernante. Le roi la poussa tant et tant, qu'elle se vit obligée de reculer, mais l'ayant recognée contre la cheminée, il fallut s'arrêter ; j'étois toujours derrière Madame de Sonsfeld et me trouvai entre le feu et les coups. Il appuya sa tête sur l'épaule de cette dernière, m'accablant d'injures et s'efforçant de m'attraper par la coiffure ; j'étois à terre à demi grillée. Cette scène auroit pris une fin tragique, si elle avoit continué, mes habits commençoient déjà à brûler. Le roi fatigué de crier et de se démener, y mit fin et s'en alla. Madame de Sonsfeld, quoique effrayée, montra sa fermeté dans cette occasion, elle resta tout le temps plantée devant moi, comme un piquet, regardant fixement ce prince. Le roi fut plus furieux le jour suivant qu'il ne l'avoit encore été. La pauvre reine fut traitée de Turc à More ; il la menaça de nous rouer de coups, mon frère et moi, en sa présence, et de m'envoyer incessamment à Spandau. Elle avoit encore différé de lui parler du prince de Bareith, dans l'espérance de pouvoir l'apaiser. Mais voyant que la colère de ce prince étoit à son plus haut période, elle ne balança plus à suivre les avis du Maréchal de Borck.

« Soyons raisonnables tous deux, lui dit-elle, je consens que vous rompiez le mariage de ma fille avec le prince de Galles, puisque vous dites, que votre tranquillité en dépend, mais en revanche ne me parlez plus des partis odieux que vous voulez lui donner. Cherchez-lui un établissement convenable et un époux avec lequel elle puisse vivre heureuse ; bien loin de m'opposer alors à vos volontés, je serai la première à y travailler. »

Le roi se radoucit d'abord, et après avoir rêvé quelque temps : « Votre expédient n'est pas mauvais, lui répondit-il, mais je ne connois point de partis mieux assortis pour ma fille que ceux que je vous ai nommés, si vous pouvez m'en proposer d'autres j'en serai d'accord. » La reine lui nomma le prince héréditaire de Bareith.

« J'en suis content, dit le roi, mais il n'y a qu'une petite difficulté, dont je veux bien vous avertir, c'est que je ne lui donnerai ni dot ni trousseau, et que je n'assisterai point à ses noces, puisqu'elle préférera vos volontés aux miennes. Si elle s'étoit mariée selon mon gré, je l'aurois avantagée plus que mes autres enfans, c'est à elle de voir à qui elle voudra obéir de nous deux. »

« Vous me réduisez au désespoir, s'écria la reine, je fais tout au monde pour vous satisfaire, et vous n'êtes pas content, vous voulez me donner la mort et me mettre au tombeau. À la bonne heure, ma fille pourra épouser votre cher duc de Weissenfeld, sans que j'y mette obstacle, mais je lui donne ma malédiction, si elle le prend de mon vivant. »

« Eh bien, Madame, vous serez satisfaite, dit le roi, j'écrirai demain au Margrave de Bareith, touchant cette affaire, et vous ferai voir la lettre. Vous pouvez en parler à votre indigne fille ; je lui laisse le temps de se déterminer jusqu'à demain sur le parti qu'elle voudra prendre. » Dès que le roi se fut retiré, la reine m'envoya chercher. Elle m'embrassa avec des transports de joie, auxquels je ne comprenois rien. « Tout va à souhait, me dit-elle, ma chère fille, je triomphe de mes ennemis, il n'est plus question, du gros Adolphe, ni du Margrave de Schwed, vous aurez le prince de Bareith, et c'est de ma main que vous le recevrez. » En même temps elle me fit un récit de toute la conversation qu'elle venoit d'avoir avec le roi. La conclusion ne m'en fut guère agréable, je demeurai tout interdite, ne sachant que lui répondre. « Eh bien, n'êtes-vous pas bien satisfaite des soins que j'ai pris pour vous ? » Je lui répondis, que je reconnoissois comme je le devois toutes les grâces qu'elle avoit pour moi, mais que je la suppliois de me donner du temps, pour penser à ce que j'avois à faire.

« Comment, reprit-elle, du temps ? J'ai cru que la chose se décidoit d'elle-même, et que vous vous rangeriez à ma volonté ? »

« Je ne balancerois pas à le faire, si le roi n'y mettoit des obstacles insurmontables. Votre Majesté ne peut prétendre de moi, que je sois mariée sans l'aveu du roi et sans les formalités requises. Quelle idée cela donneroit-il au public, et que pourroit-on penser de moi, si je sortois de la maison paternelle, d'une façon aussi indigne que le roi le prétend. Je ne puis faire autre chose dans les circonstances où je me trouve, que de répondre au roi, que je suis prête à épouser un des trois princes en question, pourvu que votre Majesté et lui s'accordent sur le choix. Mais je ne me déterminerai point avant que les sentimens de mon père et de ma mère ne soient réunis. »

« Prenez donc le grand Turc ou le grand Mogol, me dit la reine, et suivez votre caprice, je ne me serois pas attiré tant de chagrins, si je vous avois mieux connue. Suivez les ordres du roi, cela dépend de vous, je ne me mettrai plus en peine de ce qui vous regarde, et épargnez-moi, je vous prie, le chagrin de votre odieuse présence, car je ne saurois plus la supporter. » Je voulus répliquer, mais elle m'imposa silence et m'ordonna de me retirer. Je sortis toute en larmes. Madame de Sonsfeld fut appelée ensuite. La reine lui fit des plaintes très-aigres contre moi, et lui ordonna de me persuader à lui obéir. « Je veux absolument, lui dit-elle, qu'elle épouse le prince de Bareith ; ce mariage me fait tout autant de plaisir que celui d'Angleterre, je ne veux pas en avoir le démenti, et ma fille peut compter que je ne lui pardonnerai jamais si elle fait des difficultés. » Madame de Sonsfeld lui fit les mêmes représentations que moi et lui répondit hardiment, qu'elle ne se permettroit point de me conseiller là-dessus ; ce qui fâcha beaucoup la reine. Mon frère qui avoit été présent à toute cette conversation, vint me joindre et voulut me persuader d'obéir à la reine. Sa patience étoit poussée à bout, le roi continuoit toujours à le maltraiter, et les lenteurs de l'Angleterre commençoient à le lasser ; je crois même que son parti étoit pris dès lors de s'évader. Malgré les bonnes raisons que je lui donnai pour justifier mes refus, il se mit en colère et me dit des choses très-dures, ce qui acheva de me mettre au désespoir. Tous ceux que je consultois sur ma conduite l'approuvoient, et m'encouragoient à rester ferme, m'assurant, que c'étoit l'unique moyen de me raccommoder avec le roi, qui se laisseroit fléchir et se rendroit plus aisément aux désirs de la reine. Mlle. de Bulow, me voyant tout éplorée et hors de moi-même du procédé de mon frère, tâchoit de me consoler, elle m'assura même avoir un moyen sûr d'apaiser la reine, qu'elle vouloit lui donner le temps de se tranquilliser et laisser passer son premier emportement, et qu'elle me répondoit, que dès qu'elle lui auroit parlé, elle penseroit tout autrement qu'elle ne faisoit. Le lendemain au matin le roi montra à cette princesse la lettre qu'il venoit d'écrire au Margrave de Bareith. Elle étoit conçue en termes très-obligeants. Après l'avoir lue, il répéta à la reine, d'un ton rempli de colère, tout ce qu'il lui avoit dit la veille, c'est-à-dire, qu'il ne vouloit point être présent à mes noces ni me donner de dot. La reine se soumit à tout cela et il sortit en disant, qu'il alloit envoyer la lettre. C'étoit en effet son intention, mais Sekendorff et Grumkow, qui n'y trouvoient pas leur compte, l'en empêchèrent. La reine en fut informée secrètement le soir même par le Maréchal de Borck. Mlle. de Bulow trouva enfin moyen de lui parler. Elle lui dit, que Mr. du Bourguai et Mr. de Kniphausen après une mûre délibération avoient enfin résolu, que vu l'extrémité où se trouvoient les affaires, il falloit tenter un dernier effort en Angleterre, en y depêchant le chapelain anglois qui m'enseignoit cette langue ; que Mr. du Bourguai le chargeroit de lettres très-touchantes sur notre situation pour le ministère ; que cet homme, me voyant tous les jours, pourroit leur faire le portrait de ma personne et de mon caractère et les mettre au fait du déplorable état où nous étions réduits. La reine approuva fort cet arrangement. Elle écrivit par cette voie à la reine d'Angleterre, elle lui faisoit des plaintes amères de ses lenteurs et lui reprochoit le peu d'amitié qu'elle lui témoignoit. Le chapelain partit avec ces dépêches, comblé de présens de la reine. Il pleura à chaudes larmes en prenant congé de moi ; il me dit, en me saluant à l'angloise, qu'il renieroit toute sa nation, si elle ne faisoit son devoir en cette occasion.

Cependant le roi sembloit adouci, il en agissoit assez bien avec la reine, ne faisant plus mention de rien. La condition de mon frère et la mienne n'en étoient pas meilleures, je n'osois me montrer devant lui. Mon pauvre frère, qui ne pouvoit se dispenser d'être autour de sa personne, essuyoit journellement des coups de poing et de canne. Il étoit dans un désespoir affreux, et je souffrois plus que lui, de le voir traiter ainsi.

Cependant le roi résolut d'aller faire un tour à Dresde, pour s'aboucher avec le roi de Pologne. Son départ étoit fixé au 18. de Février. J'avois déjà pris congé de mon frère chez la reine, et m'étant retirée j'étois prête à me mettre au lit, lorsque je vis entrer un jeune homme, habillé fort magnifiquement à la françoise. Je fis un grand cri, ne sachant qui c'étoit, et me cachai derrière un paravent. Madame de Sonsfeld, aussi effrayée que moi, sortit d'abord pour savoir qui étoit assez hardi pour oser venir à une heure si indue. Mais je la vis rentrer un moment après avec ce cavalier, qui rioit de bon cœur et que je reconnus pour mon frère. Cet habillement le changeoit si fort, qu'il ne sembloit pas être la même personne. Il étoit de la meilleure humeur du monde. « Je viens encore une fois vous dire adieu, ma chère sœur, me dit-il, et comme je connois l'amitié que vous avez pour moi, je ne veux point vous faire un mystère de mes desseins. Je pars pour ne plus revenir, je ne saurois endurer les avanies qu'on me fait, ma patience est poussée à bout. L'occasion est favorable pour m'affranchir d'un joug odieux ; je m'esquiverai de Dresde et passerai en Angleterre, et je ne doute point que je ne vous tire d'ici, dès que j'y serai arrivé. Ainsi je vous prie de vous tranquilliser, nous nous reverrons bientôt dans des lieux où la joie succédera à nos larmes, et où nous pourrons jouir de l'agrément de nous voir en paix et libres de toute persécution. »

Je restai immobile, mais revenant de ma première surprise, je lui fis les représentations les plus fortes sur la démarche qu'il vouloit faire. Je lui en remontrai l'impossibilité et les suites affreuses qu'elle entraîneroit, et voyant qu'il restoit ferme dans sa résolution, je me jetai à ses pieds que j'arrosai de mes larmes. Madame de Sonsfeld, qui étoit présente, joignit ses prières aux miennes. Nous lui fimes enfin si bien concevoir que son projet étoit chimérique, qu'il me donna sa parole d'honneur de ne le point exécuter.

Quelques jours après le départ du roi, la reine tomba dangereusement malade, un accident subit la mit à deux doigts du tombeau. Ses souffrances étoient infinies et malgré sa fermeté, la force des douleurs lui faisoit jeter les hauts cris. Comme son mal ne s'étoit augmenté que par degrés, le roi fut de retour à Potsdam quelques jours avant qu'il fût parvenu à son dernier période. Madame de Kamken et le sieur Stahl, premier médecin de ce prince, l'avoient informé de l'état de la reine ; on lui fit même savoir, qu'elle étoit en danger de vie et qu'elle couroit risque de subir une opération fort dangereuse pour elle et son enfant, si elle n'amendoit bientôt. La Ramen, appuyée de Sekendorff, démentit ces rapports et fit assurer le roi, que la reine n'étoit point malade, et que toutes les simagrées qu'elle faisoit n'étoient qu'un jeu joué. Je ne quittois point le chevet de cette princesse.

L'indifférence que le roi lui témoignoit, augmentoit ses souffrances. Elles devinrent enfin si violentes, qu'on dépêcha une estafette au roi, pour le supplier de venir, s'il vouloit encore la trouver en vie. Il se rendit donc à Berlin, malgré toutes les peines que Sekendorff se donna pour l'en détourner. Il mena Holtzendorff avec lui, pour être informé au juste si la maladie étoit effective. Mais dès qu'il eut jeté les yeux sur elle, tous ses soupçons se dissipèrent et firent place à la plus amère douleur. Son désespoir augmenta par le rapport de son chirurgien, il fondoit en larmes et disoit à tous ceux qui étoient autour de lui, qu'il ne survivroit pas à la reine, si elle lui étoit enlevée. Les discours touchants qu'elle lui adressa, achevoient de le désespérer. Il lui demanda mille fois pardon, en présence de toutes ses dames, des chagrins qu'il lui avoit causés, et lui fit assez voir, que son cœur y avoit eu moins de part que les indignes gens qui l'avoient animé contre elle. La reine prit ce temps pour le conjurer d'en agir mieux avec mon frère et avec moi. Raccommodez-vous, lui dit-elle, avec ces deux enfans, et laissez-moi la consolation en mourant de revoir la paix rétablie dans la famille. Il me fit appeler. Je me jetai à ses pieds et lui dis tout ce que je crus le plus propre à l'émouvoir, et à l'attendrir en ma faveur. Mes sanglots me coupoient la parole, et tous ceux qui étoient présens pleuroient à chaudes larmes. Il me releva enfin et m'embrassa, paroissant lui-même touché de mon état. Mon frère vint ensuite. Il lui dit simplement, qu'il lui pardonnoit tout le passé en considération de sa mère ; qu'il devoit changer de conduite et se régler désormais selon ses volontés, et qu'en ce cas il pouvoit compter sur son amour paternel. Cette bonne union rétablie dans la famille réjouit si fort la reine, qu'au bout de trois jours elle fut hors de danger. Le roi, étant hors d'inquiétude pour elle, reprit toute sa haine contre mon frère et moi. Mais craignant pour la santé de son épouse, qui étoit encore fort chancelante, il nous faisoit bon visage en sa présence et nous maltraitoit dès que nous étions hors de sa chambre.

Mon frère commençoit même de recevoir ses caresses accoutumées de coups de canne et de poing. Nous cachions nos souffrances à la reine. Mon frère s'impatientoit de plus en plus, et me disoit tous les jours, qu'il étoit résolu de s'enfuir et qu'il n'en attendoit que l'occasion. Son esprit étoit si aigri, qu'il n'écoutoit plus mes exhortations et s'emportoit même souvent contre moi. Un jour, que j'employois tous

mes efforts pour l'apaiser, il me dit : « vous me prê-
chez toujours la patience, mais vous ne voulez
jamais vous mettre en ma place ; je suis le plus malheureux des hommes, environné depuis le matin
jusqu'au soir d'espions, qui donnent des interpréta-
tions malignes à toutes mes paroles et actions ; on
me défend les récréations les plus innocentes : je
n'ose lire, la musique m'est interdite, et je ne jouis
de ces plaisirs qu'à la dérobée et en tremblant. Mais
ce qui a achevé de me désespérer est l'aventure qui
m'est arrivée en dernier lieu à Potsdam, que je n'ai
point voulu dire à la reine pour ne pas l'inquiéter.
Comme j'entrai le matin dans la chambre du roi, il
me saisit d'abord par les cheveux et me jeta par
terre où, après avoir exercé la vigueur de ses bras
sur mon pauvre corps, il me traîna, malgré toute
ma résistance, à une fenêtre prochaine ; il prétendit
faire l'office des muets du sérail, car prenant la corde
qui attachoit le rideau, il me la passa autour du cou.
J'avois eu par bonheur pour moi le temps de me relever, je lui saisis les deux mains et me mis à crier.
Un valet de chambre vint aussitôt à mon secours,
et m'arracha de ses mains. Je suis journellement
exposé aux mêmes dangers, et mes maux sont si
désespérés, qu'il n'y a que de violens remèdes qui
puissent y mettre fin. Katt est dans mes intérêts, il
m'est attaché et me suivra au bout du monde, si je
le veux ; Keith me joindra aussi. Ce sont ces deux
personnages qui faciliteront ma fuite et avec lesquels
je dispose tout pour cela. Je n'en parlerai point à la
reine, elle ne manqueroit pas de le dire à la Ramen,
ce qui me perdroit. Je vous avertirai secrètement de
tout ce qui se passera, et je trouverai le moyen de
vous faire rendre sûrement mes lettres. » Qu'on
juge de ma douleur à ce triste récit ! La situation de
mon frère étoit si déplorable que je ne pouvois

désapprouver ses résolutions, mais j'en prévoyois des suites affreuses. Son plan étoit si mal imaginé, et les personnes qui en étoient informées, si étourdies et si peu propres pour conduire une affaire de cette conséquence, qu'elle ne pouvoit qu'échouer. Je remontrai tout cela à mon frère, mais il étoit si entêté de ses projets, qu'il n'ajouta point de foi à ce que je lui disois, et tout ce que je pus obtenir de lui fut, qu'il en remettroit l'exécution jusqu'à ce que l'on eût reçu les réponses aux lettres qui avoient été envoyées en Angleterre par le chapelain anglois. La reine se rétablissant cependant peu à peu, le roi retourna à Potsdam. Ces lettres arrivèrent quelques jours après son départ. Le chapelain étoit heureusement débarqué dans sa patrie, où il s'étoit acquitté de ses commissions, et avoit exposé notre situation au ministère anglois. Le portrait avantageux qu'il avoit fait de mon frère et de moi, avoit prévenu toute la nation en notre faveur. Il avoit même obtenu une audience du prince de Galles, qui lui avoit témoigné tout l'empressement imaginable pour m'épouser, et avoit même fait déclarer au roi, son père, qu'il ne s'uniroit jamais à d'autre qu'à moi. Le ministère avoit fortement appuyé les sollicitations du prince, et toute la nation avoit tant murmuré contre les lenteurs du roi, qu'il s'étoit enfin résolu de nommer le chevalier Hotham[1] son envoyé extraordinaire à Berlin. Ce chevalier devoit partir incessamment pour prendre son poste. Cette nouvelle causa une joie extrême à la reine ; elle calma aussi un peu les inquiétudes que me causoit mon frère, auquel je ne manquai pas d'en faire part. Je profitois de ce moment de calme pour faire mes dévotions. Je trouvai le dimanche au sortir de l'église Mr. de Katt, qui m'attendoit au bas de l'escalier du château ; il vint me rendre fort imprudemment une

lettre de mon frère. La chambre de la Ramen étoit
vis-à-vis de l'escalier, sa porte étoit ouverte, et elle
étoit assise de façon qu'elle pouvoit voir tout ce qui
se passoit. « Je viens de Potsdam, me dit Katt, j'y ai
passé trois jours incognito pour voir le prince royal,
il m'a chargé de cette lettre, avec ordre de la rendre
en main propre à V. A. R. Elle est de conséquence,
et il vous prie, Madame, de ne la point montrer à la
reine. » Je pris la lettre sans lui rien répondre et
j'enfilai l'escalier comme un éclair, très-fâchée de
l'étourderie qui venoit de se commettre. Après avoir
épanché ma bile contre Katt avec ma gouvernante,
sur l'embarras où il venoit de me jeter, je l'ouvris et
j'y trouvai ces mots :

« Je suis au désespoir, la tyrannie du roi ne va
qu'en augmentant, ma constance est à bout. Vous
vous flattez, mais vainement, que l'arrivée du chevalier Hotham mettra fin à nos maux. La reine gâte
toutes nos affaires par son aveugle confiance pour
la Ramen. Le roi est déjà informé, par le canal de
cette femme, des nouvelles qui sont arrivées, et de
toutes les mesures que l'on prend, ce qui l'aigrit toujours davantage ; je voudrois que cette carogne fût
pendue au plus haut gibet, elle est cause de notre
malheur. On ne devroit plus faire part à la reine des
nouvelles qui arriveront, sa foiblesse est impardonnable pour cette infâme créature. Le roi retournera
mardi à Berlin ; c'est encore un mystère. Adieu ma
chère sœur, je suis tout à vous. »

Je ne doutait point que la reine ne fût déjà informée par la Ramen, que j'avois reçu des lettres. Je ne
pouvois la lui montrer, et ne savois quel prétexte
prendre pour l'éviter. Je donnai enfin le mot à la
Mermann, et lui ordonnai de ne point m'envoyer

cette lettre, quand même je lui enverrois trente mes-
sagers pour la chercher ; qu'elle devoit dire, après
avoir fait semblant de la bien chercher, qu'il falloit
que je l'eusse brûlée par mégarde avec quelqu'autre
papier, que j'avois jeté au feu. Pour lui épargner un
mensonge, j'en fis un sacrifice à Vulcain. Heureusement la Ramen n'en fit point mention, ce qui me
tira de peine. On verra par la suite combien cette
étourderie de Katt me causa de chagrins.

Cependant Mr. Hotham arriva le deux de Mai à
Berlin. L'extrême foiblesse de la reine l'empêchoit
encore de quitter le lit. Mr. Hotham ne voulut jamais
lui faire part des commissions dont il étoit chargé,
quelqu'instance qu'elle lui fit faire pour les savoir. Il
demanda d'abord audience au roi. Ce prince lui
donna rendez-vous à Charlottenbourg. La reine,
curieuse de savoir ce qui s'y passeroit, y envoya
quelques-uns de ses domestiques travestis, pour
tâcher de découvrir quel train prenoient les affaires.
Mr. Hotham après avoir témoigné au roi les sentimens d'amitié que le roi d'Angleterre lui continuoit
toujours, lui dit, qu'il étoit chargé de me demander
en mariage pour le prince de Galles, et que pour
resserrer d'autant mieux l'union des deux maisons,
il ne doutoit point que le roi ne consentît à celui de
mon frère avec la princesse Amélie, que cependant
le roi son maître seroit content que mon mariage se
fît le premier, et qu'il dépendroit de celui de Prusse
de fixer celui de mon frère, quand il le voudroit.

Cette ouverture causa beaucoup de joie au roi. Il
y répondit de la manière du monde la plus obligeante. Le dîner mit fin à cette conversation. On
remarqua d'abord un air de contentement répandu
sur le visage du roi. Le repas se passa dans la joie,
Bacchus y présida comme de coutume. Le roi, dans
l'excès de sa bonne humeur, prit un grand verre et

porta tout haut à Mr. Hotham la santé de son
gendre, le prince de Galles et la mienne. Ce peu de
mots firent un effet bien différent sur les conviés,
Grumkow et Sekendorff en furent étourdis, pendant
que les clients de la reine et les autres envoyés en
triomphoient. Ils tinrent cependant une conduite
égale ; tous se levèrent de table pour le féliciter ; ce
prince étoit si rempli de joie, qu'il en versoit des
larmes. Après le repas, Mr. Hotham s'approchant du
roi le supplia, de ne point divulguer les propositions
qu'il lui avoit faites par rapport à mon mariage,
avant qu'il ne lui eût accordé une seconde audience.
Le roi fut un peu surpris du secret qu'on lui impo-
soit, on remarqua même quelques signes de chagrin
sur son visage. Sekendorff et Grumkow, accablés de
la scène dont ils avoient été témoins, s'en retournèrent à Berlin, bien penauds, voyant tous leurs
projets ruinés. Cependant les domestiques de la
reine vinrent lui annoncer ces nouvelles.

J'étois tranquillement dans ma chambre occupée
à mon ouvrage et à faire lire. Les dames de la reine,
suivies d'une cohue des domestiques, m'interrompi-
rent, et mettant un genou en terre me crièrent aux
oreilles, qu'ils venoient saluer la princesse de Galles.
Je crus bonnement que ces gens étoient devenus
fous, ils ne cessoient de m'étourdir, leur satisfaction
étant si grande, qu'ils ne savoient ce qu'ils faisoient.
Ils parloient tous à la fois, pleuroient, rioient, sautoient, m'embrassoient. Enfin, lorsque cette comédie eut duré quelque temps, ils me racontèrent ce
que je viens d'écrire. J'en fus si peu émue, que je leur
dis, en continuant toujours mon ouvrage : n'est-ce
que cela ? ce qui les surprit beaucoup. Quelque
temps après mes sœurs et plusieurs dames vinrent
aussi me féliciter, j'étois fort aimée et je fus plus
charmée des preuves que chacun m'en donna en

cette occasion que de ce qui y donnoit lieu. Je me rendis le soir chez la reine, on peut aisément se représenter sa joie. Elle m'appela d'abord sa chère princesse de Galles, et titra Madame de Sonsfeld de Milady. Cette dernière prit la liberté de l'avertir, qu'elle feroit mieux de dissimuler, que le roi, ne lui ayant donné aucun avis de toute cette affaire, pourroit être piqué qu'elle fît tant d'éclat et que la moindre bagatelle pouvoit ruiner encore toutes ces espérances. La comtesse de Fink s'étant jointe à elle, la reine, quoiqu'à regret, leur promit de se modérer.

Le roi arriva deux jours après. Il ne fit aucune mention de ce qui s'étoit passé, ce qui nous donna très-mauvaise opinion de toute la négociation de Mr. Hotham. Il fit part à la reine des engagemens qu'il avoit pris avec le duc de Bronswic-Bevern[1], qui avoit demandé la seconde de mes sœurs en mariage pour son fils aîné. Il attendoit ces deux princes le lendemain. Sekendorff étoit l'entremetteur de ce mariage, il portoit ses vues plus loin, et ne faisoit qu'ébaucher par cette alliance le grand plan qu'il méditoit. Le duc, beau-père de l'Impératrice, n'étoit alors que prince apanagé, son beau-père, le duc de Blankenbourg, étant l'héritier présomptif du duché de Bronswic. Je ne m'étendrai point à faire son portrait, il me suffira de dire, que ce prince étoit aimé et considéré de tous les honnêtes gens ; son fils marche sur ses traces. La reine étant près d'accoucher, les promesses de ma sœur se firent sans cérémonie. Le comte Sekendorff fut le seul des ministres étrangers qui y fût invité.

Mr. Hotham cependant avoit presque tous les jours des conférences secrètes avec le roi. La conclusion du double mariage ne s'accrochoit qu'à une condition que le roi d'Angleterre exigeoit de celui de Prusse, qui étoit, de lui sacrifier Grumkow. Le ministre anglois lui représenta, que cet homme, entièrement dans les intérêts de la cour de Vienne, étoit seul cause des brouilleries entre les deux maisons, qu'il trahissoit les secrets de l'État et que de concert avec un nommé Reichenbach, résident du roi d'Angleterre, il y faisoit les plus infâmes intrigues. Le chevalier ajouta, qu'on avoit intercepté de ses lettres à ce même Reichenbach, et qu'il étoit prêt à prouver ce qu'il venoit d'avancer, en les montrant au roi. Il continuoit toujours de presser le prince sur la conclusion du double mariage, l'assurant, que le roi son maître seroit satisfait des fiançailles de mon frère et laisseroit entièrement la liberté au roi de fixer le temps de ses noces. Il fit plus, en offrant au roi de donner cent mille liv. sterl. de dot à la princesse d'Angleterre, il n'en exigea aucune pour moi. Le prince fut ébranlé par tant d'offres avantageuses ; il lui répondit, qu'il ne balanceroit point à abandonner Grumkow, si on le pouvoit convaincre par ses écritures des détestables menées dont on l'accusoit, qu'il acceptoit avec plaisir l'alliance du prince de Galles, et qu'il penseroit aux propositions qu'il venoit de lui faire pour le mariage de mon frère. Quelques jours après il déclara à Mr. Hotham, qu'il consentoit aussi à ce dernier article, à condition néanmoins que mon frère seroit nommé Statthaltre de l'électorat d'Hannovre et y seroit entretenu aux dépens du roi d'Angleterre jusqu'à ce qu'il devînt par sa mort héritier du royaume de Prusse. Ce ministre lui répondit, qu'il en écriroit à sa cour ; mais qu'il n'osoit le flatter d'obtenir cette prétention.

Il recevoit toutes les postes des lettres du prince de Galles ; j'en vis plusieurs qu'il avoit envoyées à la reine. Je vous conjure, mon cher Hotham, lui disoit-il, faites bientôt une fin de mon mariage ; je suis amoureux comme un fou, et mon impatience

est sans égale. Je trouvai ces sentimens bien roma-
nesques, il ne m'avoit jamais vue, et ne me connoissoit que de réputation, aussi n'en fis-je que rire.

La reine accoucha le 23. d'un prince qui fut
nommé Auguste Ferdinand[1], et eut la famille de
Bronswic pour parrains et marraines.

Il sembloit cependant que les insinuations du
chevalier Hotham eussent fait impression sur le roi.
Il ne parloit quasi plus à Grumkow et affectoit d'en
dire du mal devant des gens qu'il connoissoit pour
être de ses amis.

Ce prince partit le 30. pour aller au camp de Mulberg, où le roi de Pologne l'avoit invité. Toute l'armée saxonne étoit rassemblée dans cet endroit, elle
y fit les évolutions et les manœuvres décrites par le
fameux chevalier Follard[2]. Les uniformes, les livrées
et les équipages étoient d'une magnificence achevée ;
les tables au nombre de 100 somptueusement servies, et l'on trouva que ce camp surpassoit de beaucoup celui de drap-d'or sous Louis XIV.

Mon frère vint prendre congé de moi le soir avant
son départ, il étoit encore habillé à la françoise, ce
qui me parut de mauvais augure ; je ne me trompai
pas. « Je viens vous dire adieu, me dit-il, non sans
une peine extrême, ne comptant pas vous revoir de
longtemps. Je n'ai que différé le dessein que j'avois
de me mettre à l'abri de la colère du roi ; je ne l'ai
jamais perdu de vue. Vos instances m'ont empêché
la dernière fois que je partis pour Dresde d'exécuter
mon projet, mais je ne dois plus temporiser, mon
sort empire de jour en jour, et si je perds cette occasion, je n'en trouverai peut-être de long-temps
d'aussi favorable. Rendez-vous donc à mes désirs,
et ne vous opposez plus à ma résolution, puisque
vous y perdriez vos peines. » Nous restâmes stupi-
fiées, Madame de Sonsfeld et moi. Je ne voulus pas

d'abord lui rompre en visière et lui demandai, de
quelle façon il vouloit conduire son évasion. Je
trouvai son plan si chimérique que je l'en fis convenir. Ma gouvernante lui allégua de son côté, qu'il
ruinoit entièrement par cette démarche les bonnes
intentions du roi d'Angleterre ; qu'avant que de rien
entreprendre il falloit attendre la fin de la négociation du chevalier Hotham ; que si elle se rompoit, il
auroit toujours la liberté d'en venir aux dernières
extrémités, et que si au contraire elle réussissoit, son
sort ne pouvoit qu'en devenir meilleur. Toutes ces
bonnes raisons le déterminèrent enfin à m'engager
sa parole d'honneur de ne rien tenter. Nous nous
séparâmes très-contents l'un de l'autre.

Dès que le roi fut à Mulberg, on s'appliqua à rompre toutes les mesures de Mr. Hotham. Il avoit fait
informer la reine par Mlle. de Bulow de tout ce qui
s'étoit passé dans les conférences qu'il avoit eues
avec le roi. Cette princesse eut la faiblesse de le
redire à la Ramen, et celle-ci ne manqua pas d'en
avertir Grumkow, qui sut profiter de ces éclaircissemens. Il fit insinuer par ses créatures au roi, que
toutes les avances d'Angleterre n'étoient qu'un jeu
joué, pour éloigner de lui tous ceux qui lui étoient
fidèles ; que cette cour ne tendoit qu'à mettre mon
frère sur le trône, et à s'emparer du gouvernement
par le moyen de la princesse d'Angleterre qu'il
devoit épouser ; que craignant la vigilance des véritables serviteurs du roi, elle tâcheroit de les éloigner
peu à peu pour ôter tout obstacle à ses desseins ;
que pour y parvenir on accorderoit tout ce que le roi
avoit demandé ; que ce prince ne pouvoit détourner
ce grand coup qu'en refusant constamment de donner les mains au mariage de mon frère, et en faisant
naître des difficultés capables de rompre cette négociation, sans se brouiller totalement. Ces mêmes

choses furent dites au roi par tant de gens différens, qui n'y sembloient être intéressés que par attachement pour lui, qu'elles lui firent enfin impression. On lui conseilla néanmoins de dissimuler encore et d'attendre les réponses d'Angleterre avant que de lever le masque. Ces détestables avis le rendirent furieux contre mon frère. Son esprit soupçonneux et méfiant ne lui permettant pas d'approfondir la vérité, il se ressouvenoit des rudes attaques qu'on avoit déjà faites à Grumkow, et dont ce dernier s'étoit toujours tiré aux dépens de ses accusateurs ; ces pensées le confirmèrent dans le sentiment qu'il avait de l'innocence de ce favori.

Il retourna à Berlin dans ces dispositions. Les caresses de la reine, qu'il chérissoit dans le fond au suprême degré, jointes à un certain tendre qu'il conservoit pour sa famille, l'inquiétoient à un point que ne pouvant plus se taire, il ouvrit son cœur à Mr. de Leuvener, ministre de Danemarc, très-honnête homme, qui avoit infiniment d'esprit et qu'il estimoit beaucoup. Mr. de Leuvener, qui étoit au fait des manigances de Grumkow et de Sekendorff, prit non seulement le parti du chevalier Hotham, mais informa encore le roi de plusieurs particularités, capables de lever ses doutes. Il démontra si bien ce qu'il avoit avancé, que ce prince, convaincu par son discours, lui promit d'éloigner son favori dès que mon mariage seroit rendu public, un reste de soupçon l'empêchant de faire ce sacrifice avant qu'on lui eût accordé ce qu'il exigeoit sur ce point. Le chevalier Hotham, instruit par Mr. de Leuvener de cette conversation, n'en fut point satisfait. Il lui montra ses instructions et lui dit, que le roi, son maître, ne signeroit aucun des articles stipulés avant qu'il ne reçût la satisfaction qu'il demandoit. On eut beau lui représenter d'en écrire à sa cour, pour obtenir qu'on se relâchât sur cet article, il n'en voulut rien faire, persuadé que l'honneur de sa nation y étoit intéressé.

Le roi étant retourné à Potsdam, la reine tint appartement à Mon-bijou. Mr. Hotham n'y vint point par politique. Grumkow y joua un triste personnage, il étoit pâle comme la mort et sembloit un excommunié, n'osant quasi lever les yeux de terre. Il s'étoit retiré dans un petit coin de la salle, où ni la reine ni personne ne lui parloient. Les réflexions que je fis, le voyant ainsi humilié, sur la vicissitude de toutes les choses humaines, m'inspirèrent de la compassion pour son malheur. Je ne voulus point y insulter, je lui adressai la parole et lui fis les mêmes politesses qu'à l'ordinaire. Mr. de Leuvener m'en fit des reproches, ajoutant, que l'envoyé d'Angleterre seroit très-piqué, s'il apprenoit que j'en avois agi ainsi avec l'ennemi mortel de son roi et de sa cour. Je n'ai rien à démêler jusqu'à présent, lui répondis-je, avec le chevalier Hotham ni avec sa cour, et n'ai pas besoin de régler ma conduite selon ses idées. J'ai pitié de tous les malheureux. Grumkow m'a donné de violens chagrins, mais j'ai le cœur trop bon pour lui témoigner le moindre ressentiment dans un temps où je le vois accablé et près de succomber. D'ailleurs, Monsieur, je trouve que c'est une mauvaise politique que de mépriser son ennemi, lorsqu'on croit qu'on n'en a rien à craindre ; il pourroit bien encore se tirer de ce mauvais pas et redevenir plus redoutable que jamais ; pour ma part je ne lui souhaite d'autre punition que celle, de n'être plus en état de faire du mal. Leuvener m'a dit depuis, qu'il s'étoit bien souvent ressouvenu de cette conversation, dans laquelle je n'avois que trop bien prévu ce qui arriva peu après.

Le roi revint à Berlin. Je retrouvai mon frère plus désespéré que jamais. Le colonel de Rocho qui ne le quittoit guère, fit avertir la reine, qu'il méditoit de s'enfuir, qu'il en parloit souvent dans l'excès de ses emportemens et qu'il prenoit certaines mesures qui lui faisoient tout craindre ; il la fit cependant assurer, qu'il épieroit si bien les démarches de mon frère, qu'il romproit tous les projets qu'il pourroit faire. Ce procédé de Mr. de Rocho étoit très-louable, mais son petit génie lui fit commettre des fautes très-grossières. Il se trouvoit dans un cas fort épineux ; en s'opposant aux volontés de mon frère il s'attiroit sa haine, et en le laissant s'enfuir, il encouroit la disgrâce du roi et risquoit peut-être sa tête. Ces réflexions l'intimidèrent si fort, qu'il en alla faire ses plaintes de maison en maison par toute la ville de Berlin, et que son secret devint bientôt celui de la fable. On peut bien juger que la clique autrichienne ne l'ignora pas. La reine au désespoir de ce que Rocho venoit de lui apprendre, m'en parla sachant que je connoissois parfaitement l'humeur de mon frère. Elle me demanda conseil sur ce qu'elle avoit à faire. Je n'osai lui dire sincèrement l'état des choses, craignant sa foiblesse pour la Ramen, qui auroit pu perdre mon frère. Je lui avouai, qu'il tomboit dans une mélancolie affreuse, qu'il avoit des momens de rage, qui m'avoient souvent effrayée, qu'il lui cachoit l'horreur de sa situation, ne voulant point l'inquiéter, mais que je ne croyais point qu'il seroit capable d'en venir aux extrémités qu'elle appréhendoit. Je lui fis concevoir, qu'on disoit des choses dans l'excès du désespoir, qu'on n'exécutoit point quand on rentroit dans son sang froid, et tâchai de faire mon possible pour lui ôter ces idées.

Les réponses d'Angleterre arrivèrent dans ces entrefaites. Elles furent telles que le roi pouvoit les désirer, on lui accordoit absolument tout ce qu'il avoit demandé, mais toujours à condition d'éloigner Grumkow avant que de rien conclure. Mr. Hotham avoit reçu des lettres originales interceptées de ce ministre. Il le fit savoir au roi, auquel il demanda une audience secrète. Sekendorff, qui avoit des mouches partout, en fut d'abord informé. Il sut prévenir Mr. Hotham et parla le premier à ce prince. Il commença par lui détailler les soins que l'Empereur s'étoit donnés pour gagner son amitié, lui fit valoir la complaisance qu'il avoit eue de lui accorder la liberté des enrôlements dans ses États, la garantie qu'il lui avoit donnée des duchés des Juliers et de Bergue, ajoutant, qu'il étoit bien dur pour l'Empereur, de voir que malgré toutes ces avances il l'abandonnoit pour prendre le parti de ses ennemis. « Je suis honnête homme, poursuivit-il, votre Majesté m'a reconnu toujours pour tel, je vous suis personnellement attaché et me vois forcé, par l'excès du dévouement que j'ai pour vous, de me mêler dans une affaire bien délicate, mais l'état dans lequel je vous vois me fait frémir ; arrive ce qui en pourra, j'aurai la consolation d'avoir fait mon devoir en vous avertissant de ce qui se passe. Le prince royal fait des trames secrètes avec l'Angleterre. Voici des lettres que je viens de recevoir de notre ministre à cette cour, en voici d'autres de l'envoyé de Cassel et de quelques-uns de mes amis. La reine d'Angleterre a eu l'imprudence de confier à plusieurs personnes les lettres que le prince royal lui a écrites ; elles contiennent des promesses de mariage dans toutes les formes, ce qui s'est fait à l'insu de votre Majesté, outre cela il court un bruit sourd en ville, qu'il a dessein de s'évader ; ces circonstances jointes ensemble, me paroissent suspectes. Grumkow a reçu des nouvelles plus détaillées

sur ce sujet, qu'il pourra lui faire voir. Au reste, Sire,
si le mariage de la princesse, votre fille, vous tient
si fort à cœur, j'ai ordre de ma cour de vous offrir
d'y travailler ; je ne désespère point d'en venir à
bout. Celui du prince royal me paroît trop dangereux
pour que vous puissiez y consentir ; songez, Sire,
combien d'inconvéniens il entraîne après lui : vous
aurez une belle-fille, vaine et glorieuse, qui remplira
votre cour d'intrigues, les revenus de votre royaume
ne suffiront point à ses dépenses, et qui sait si enfin
elle ne parviendra pas à vous dépouiller de votre
autorité. Je m'emporte, Sire, mais pardonnez-moi
en faveur de mon zèle, c'est Sekendorff et non le
ministre de l'Empereur qui vous parle. L'Angleterre
en agit avec vous comme on feroit avec un enfant,
elle vous leurre avec un morceau de sucre, et semble
dire : je vous le donnerai si vous m'obéissez, et si
vous chassez Grumkow. Quelle tache pour la gloire
de votre Majesté, si elle donne dans un aussi grossier panneau, et quel compte ses serviteurs fidèles
pourront-ils faire sur elle, s'ils se voient sans cesse
le jouet des puissances étrangères. » Il poussa son
hypocrisie jusqu'à pleurer et joua si bien la comédie, que son discours porta coup. Le roi resta rêveur
et inquiet, ne lui répondit pas grand'chose et le
quitta peu après. Il fut d'une humeur épouvantable
le reste du jour. Le lendemain 14. de Juillet le chevalier Hotham eut audience à son tour. Après avoir
assuré le roi, que sa cour lui accordoit entièrement
tout ce qu'il avoit souhaité, il lui remit des lettres de
Grumkow, ajoutant, qu'il ne doutoit point que le roi
ne l'abandonnât dès qu'il en auroit fait la lecture ;
qu'à la vérité l'une étoit en chiffres, mais qu'on
avoit trouvé des gens assez habiles pour la déchif-
frer. Le roi les prit d'un air furieux, les jeta au nez
de Mr. Hotham et leva la jambe comme pour lui

donner un coup de pied. Il se ravisa pourtant et sortit de la chambre sans lui rien dire, jetant la porte
après lui avec emportement. Le ministre anglois se
retira aussi furieux que le roi. Dès qu'il fut chez lui,
il fit appeler ceux de Danemarc et de Hollande, auxquels il conta ce qui venoit de se passer. Son génie
anglois parut dans cette circonstance, il dit à ces
Messieurs que si le roi étoit resté un moment de
plus, il lui auroit manqué de respect et se seroit
donné satisfaction. Il les intéressa à sa cause, qui
devenoit celle de toutes les têtes couronnées. Son
caractère de ministre ayant été violé par cette
insulte, il leur déclara, que sa négociation étant finie,
il prétendoit partir le jour suivant de grand matin.
La reine fut informée de cette fâcheuse aventure par
un billet de Mr. Hotham à Mlle. de Bulow ; on peut
aisément juger de sa douleur. Le roi de son côté en
avoit un cuisant repentir. Au désespoir de son
emportement, il eut recours aux ministres de Danemarc et de Hollande et les pria de faire son raccommodement avec celui d'Angleterre, il les chargea de
faire des excuses à ce dernier de la faute qu'il venoit
de commettre, les assurant, que s'il vouloit rester, il
tâcheroit de la lui faire oublier en ne lui donnant
que des sujets de satisfaction. Tout le jour se passa
en allées et venues, sans pouvoir rien obtenir de
Mr. Hotham, qui resta inébranlable sur son départ.
La mauvaise humeur du roi retomba sur la reine. Il
lui dit d'un ton moqueur, que toute la négociation
étant rompue, il avoit résolu de me faire Coadjutrice
à Herford. Pour cet effet il écrivit sur-le-champ à la
Margrave Philippe, abbesse de cette abbaye, pour la
prier d'y consentir ; on peut bien croire qu'elle ne fit
aucune difficulté à s'y prêter. Je crois que ce fut une
feinte de ce prince, pour faire agir la reine auprès
de Mr. Hotham. Son inquiétude s'augmentant à

mesure que le jour se passoit, il donna enfin commission aux ministres susmentionnés, de lui offrir
une réparation en forme en leur présence. Mr. de
Leuvener en avertit mon frère et le conjura d'écrire
un billet au ministre anglois, pour lui persuader
d'accepter cet expédient. Mon frère l'ayant dit à la
reine et celle-ci y ayant consenti, lui écrivit ce qui
suit.

« Monsieur,

Ayant appris par Mr. de Leuvener les dernières
intentions du roi, mon père, je ne doute pas que
vous ne vous rendiez à ses désirs. Songez, Monsieur,
que mon bonheur et celui de ma sœur dépendent de
la résolution que vous prendrez, et que votre réponse
fera l'union ou la désunion éternelle des deux maisons. Je me flatte qu'elle sera favorable et que vous
vous rendrez à mes instances. Je n'oublierai jamais
un tel service, que je reconnoîtroi toute ma vie par
l'estime la plus parfaite etc. »

Cette lettre fut rendue par Katt à Mr. Hotham ;
en voici la réponse.

« Monseigneur,

Mr. de Katt vient de me rendre la lettre de votre
Altesse royale. Je suis pénétré de reconnoissance de
la confiance qu'elle m'y témoigne. S'il ne s'agissoit
que de ma propre cause, je tenterois même jusqu'à
l'impossible, pour lui prouver mon respect par ma
déférence à ses ordres, mais l'affront que je viens de
recevoir, regardant le roi, mon maître, je ne puis
me rendre aux désirs de votre Altesse royale. Je
tâcherai de donner la meilleure tournure que je
puisse à cette affaire, et quoiqu'elle interrompe les

négociations, j'espère pourtant qu'elle ne les rompra pas tout-à-fait. Je suis etc. »

La lecture de cette lettre fut un coup de foudre pour la reine et pour moi. J'avois dans ce temps aussi peu d'inclination pour mon mariage avec le prince de Galles que ci-devant, mais le Margrave de Schwed, le duc de Weissenfeld, les coups et les injures m'étoient trop récents pour ne pas souhaiter d'en être à l'abri, et j'étois persuadée, que mon sort ne pouvoit être aussi mauvais en Angleterre qu'il alloit le devenir à Berlin, où je ne voyais que des abîmes de tout côté. Mon frère parut peu sensible à ce revers, il hocha la tête et me dit : « Faites-vous abbesse, vous aurez un établissement. Je ne comprends pas pourquoi la reine se chagrine, le malheur n'est pas bien grand. Je suis las de toutes ces manigances, mon parti est pris. Je n'ai rien à me reprocher envers vous, j'ai tout tenté pour votre mariage, tirez-vous d'affaire comme vous pourrez, il est temps que je pense à moi, j'ai assez souffert, ne me rabattez plus les oreilles par des prières et des larmes, elles seroient inutiles et ne me touchent plus. » Tout cela dit d'un ton piqué me perça le cœur. Son esprit étoit si aigri depuis quelque temps, et il menoit une vie si libertine, que les bons sentiments qu'il avoit eus, en sembloient étouffés. Je tâchai de l'apaiser et de lui faire entendre raison. Ses réponses brusques et dédaigneuses me fâchèrent enfin à mon tour, j'y répondis par quelques piquanteries qui m'en attirèrent de plus fortes, ce qui m'obligea de me taire, espérant de pouvoir me raccommoder avec lui, quand son emportement seroit passé.

Il devoit partir le lendemain de grand matin avec le roi pour aller à Anspach. Il falloit absolument faire ma paix encore ce soir-là. Je l'aimois trop pour me séparer brouillée d'avec lui, et je voulois prévenir encore s'il étoit possible, en lui faisant des avances, le coup qu'il méditoit. Il reçut avec beaucoup de froideur toutes les choses tendres et obligeantes que je lui dis, et comme je le pressois de me donner sa parole, qu'il n'entreprendroit rien, j'ai fait beaucoup de réflexions, me dit-il, qui m'ont fait changer de sentiment, je ne pense point à m'évader et reviendrai sûrement ici. Je ne pus lui répliquer et n'eus le temps que de l'embrasser. Le roi étant entré, il me dit tout bas : « Je viendrai encore chez vous ce soir. » Ce peu de mots ranimèrent mes espérances. Ayant pris congé du roi et nous étant retirés, j'attendis inutilement mon frère. Il m'envoya enfin à minuit son valet de chambre, avec un billet qui ne contenoit que des excuses et des assurances d'amitié. Ce valet de chambre avoit servi mon frère depuis qu'il étoit au monde, il avoit de l'esprit et sa fidélité avoit été à toute épreuve. Par malheur il devint amoureux d'une des femmes de chambre de la reine et l'épousa. Cette femme, gagnée par la Ramen, tiroit de son mari tous les secrets de mon frère, qu'elle rapportoit à cette mégère, qui les faisoit savoir au roi. Nous ne fûmes éclaircis de ces choses que depuis.

Cependant ce prince partit, comme je viens de le dire, le jour suivant 15. de Juillet. L'agitation de mon esprit ne me permit pas de dormir. Je passai la nuit à m'entretenir avec Madame de Sonsfeld. Nous fondions en larmes, ne prévoyant que trop ce qui alloit arriver. Il fallut pourtant me contraindre devant la reine. Cette princesse ne fit aucune attention à ma contenance, étant occupée à lire les lettres qu'on avoit interceptées de Grumkow, et que Mr. Hotham lui avoit fait remettre. Il y en avoit six ou sept, toutes datées du mois de Février, dans le temps que la reine avoit eu cette dangereuse maladie dont j'ai fait mention. En voici à peu près le contenu.

« On fait beaucoup de bruit ici de l'indisposition de la reine, qu'on dit être à l'extrémité. Faites savoir à la cour, qu'elle se porte comme un poisson dans l'eau*, son mal n'est qu'une feinte pour attendrir le roi, son frère. J'ai déjà aposté deux de mes émissaires** pour animer le Gros*** contre son fils. Continuez de me mander tout ce que vous apprendrez de ses intrigues avec la reine d'Angleterre. »

Dans une autre il y avoit :

« J'ai donné le mot à l'ami (Sekendorff), pour qu'il informe le Gros des correspondances de son fils en Angleterre. Écrivez-moi une lettre sur ce sujet que je puisse montrer, et tâchez de la tourner de façon que les soupçons qu'on en prendra, nous fassent plus tôt parvenir à nos fins. Ne craignez rien, je saurai vous soutenir et empêcherai bien qu'on découvre nos menées, car le cœur du Gros est dans mes mains, j'en fais ce que je veux. »

Voici ce que contenoient celles datées du mois de Mars :

« Que je suis surpris, mon cher Reichenbach, des démarches de l'Angleterre et surtout de celles du prince de Galles. Que prétendent-ils avec cette ambassade de Mr. Hotham ? et quel empressement pour épouser une princesse plus laide que le diable, couperosée, dégoûtante et stupide. Je m'étonne que ce prince, qui peut avoir le choix de tout ce qu'il y a de parfait, s'adresse à une pareille magotte. Son

---

* Ce sont les véritables expressions de cette lettre.
** C'étoient des valets de chambres et souvent moins.
*** C'étoit le roi.

sort me fait pitié, on devroit bien l'en avertir, je vous en laisse le soin. »

Les autres lettres étoient écrites dans le même style. Le caractère de l'auteur se manifeste assez par celles que je viens de mettre ici, il se fera connoître de plus en plus dans la suite de cet ouvrage.

Mr. Hotham partit comme il se l'étoit proposé. Pendant l'absence du roi la reine tint quatre fois par semaine appartement à Mon-bijou. Je fus charmée d'y voir Mr. de Katt, je me doutais bien que tant qu'il seroit à Berlin, mon frère n'entreprendroit rien. Il vint me dire un jour, qu'il alloit expédier une estafette au prince royal, et me demanda si je ne voulois pas lui écrire, cette voie étant sûre. Je fus fort surprise de cette proposition. « Vous faites fort mal, Monsieur, lui dis-je, de risquer pareilles choses, songez aux suites fâcheuses que cette estafette peut entraîner, si le roi en apprend quelque chose, soupçonneux comme il est, cela peut causer beaucoup de chagrin à mon frère, et ruiner pour jamais votre fortune. Quelque amitié que j'aie pour mon frère, je ne lui écrirai sûrement pas par cette occasion. » Il voulut encore me presser, mais je lui tournai le dos fort altérée de ce qu'il venoit de me dire ; prévoyant bien, que cette démarche ne se faisoit que par les raisons que je craignois depuis long-temps. Peu de jours après la Bulow et quelques bien intentionnés vinrent m'avertir, que Katt débitoit les projets de mon frère par toute la ville, et qu'il en avoit même parlé devant des personnes suspectes. Enorgueilli de sa faveur il s'en vantoit hautement, et faisoit parade d'une boëte qui renfermoit le portrait du prince royal et le mien. Le mal étoit parvenu à son comble par cette étourderie. Je jugeai donc à propos d'en informer la reine, afin qu'elle pût par son

autorité tirer cette boëte de ses mains et lui impo-
ser silence. Elle fut fort en colère du détail de ces
impertinences et donna ordre à Madame de Sonsfeld de faire un compliment très-désobligeant de sa
part à Katt, et de lui redemander mon portrait.
Celle-ci s'acquitta le même soir de sa commission,
Katt s'excusa le mieux qu'il put, mais quelques
remontrances que pût lui faire ma gouvernante, il
ne voulut jamais lui donner mon portrait, lui disant,
que mon frère lui avoit permis de le copier d'après
un original en miniature, dont elle-même lui avoit
fait présent, et qu'il lui avoit confié jusqu'à son
retour. Il l'assura de sa discrétion à l'avenir ; et la
pria de dire à la reine, qu'il la supplioit de se tranquilliser, que tant qu'il seroit en grâce auprès du
prince royal, il tâcheroit de détourner toutes les
résolutions funestes qu'il pourroit prendre, qu'il
entroit quelquefois dans son génie pour pouvoir le
ramener plus facilement, et que jusqu'à présent il
n'y avoit rien à craindre. La reine aimoit à se flatter ;
cette réponse dissipa toutes ses inquiétudes pour
mon frère. Mais le refus du portrait nous irrita si
fort l'une et l'autre contre Katt, que nous ne lui parlâmes plus.

Je fus fort surprise un matin, en m'éveillant, de
voir entrer la Ramen ; cette apparition me sembla
la suite d'un mauvais songe. Elle me dit, qu'elle
venoit uniquement à dessein de m'ouvrir son cœur.
Madame de Sonsfeld voulut se retirer, mais elle la
pria de rester, lui disant, que cette affaire l'intéressoit aussi. « Vous êtes triste, continua-t-elle, de ce
que la reine vous maltraite, rendez en plutôt grâces
à Dieu : si vous étiez sa favorite, le roi vous chasseroit bientôt. Pour moi je n'ai rien à craindre de ce
côté-là, j'ai su prendre mes précautions d'avance,
quand même ma faveur tomberoit, ce prince ne

m'abandonneroit pas et sauroit bien me soutenir. Je sais fort bien que vous n'ignorez aucune de mes intrigues, je veux bien vous les avouer. Il dépend de vous d'en avertir la reine. Si vous voulez encourir le ressentiment du roi, par les ordres duquel j'agis, il sera informé sur l'heure des obstacles que vous mettrez par là à ses desseins et se portera contre vous aux dernières extrémités. D'ailleurs vous connoissez le petit génie de la reine, je saurai m'apercevoir dans un moment des rapports que vous lui aurez faits de moi, je trouveroi moyen de lui persuader, que tout ce que vous aurez dit ne sont que des calomnies, et ferai retomber sur vous le tort que vous me prétendrez faire. » Elle nous avoit parlé à toutes les deux jusqu'alors, mais s'adressant à moi, elle ajouta : « vous allez tomber, Madame, dans un grand malheur, prenez votre parti d'avance, vous ne pourrez vous tirer de ces fâcheuses circonstances qu'en épousant le duc de Weissenfeld. Est-ce donc une si grande affaire que de se marier ? Ce n'est qu'ici qu'on en fait tant de bruit ; croyez-moi, un mari qu'on peut gouverner est une belle chose ; au reste ne vous inquiétez point de ce que dira la reine, je la connois à fond, et je vous assure, que si le roi la caresse et la distingue un peu devant le monde, elle se consolera bientôt, et ne se souciera plus de rien. » J'étois outrée contre cette femme ; si j'avois suiv⁻ mon premier mouvement, je l'aurois fait sortir par les fenêtres pour lui épargner le chemin. Mais il fallut dissimuler mon indignation. Je lui répondis que je me soumettois entièrement aux décrets de la providence, et du reste, que je ne ferois jamais la moindre chose sans consulter la reine et sans son aveu. Je me défis ainsi de cette maudite visite, remplie d'horreur du procédé de cette infâme

créature. Nous déplorâmes long-temps le sort de la
reine d'être tombée en de pareilles mains.

Mais j'en reviens à Grumkow. Sa contenance étoit
bien changée depuis le départ de Mr. Hotham ; un
air de satisfaction régnoit sur toute sa physionomie.
Il venoit assidûment rendre ses devoirs à la reine,
qui en agissoit poliment envers lui. Un soir (le 11.
d'Août, jour remarquable de toute manière), mon
esprit étant extrêmement agité et ayant été mélancolique tout le jour, sans en avoir plus de raison
que de coutume, je finis mon jeu de bonne heure, et
me fus promener avec la Bulow. Après avoir fait
quelques tours, je m'assis avec elle sur un banc à
l'extrémité du jardin. Grumkow vint m'y trouver.
Nous devions faire nos dévotions le dimanche suivant. Il étoit du nombre de ceux qui rejettent la
religion par le désir de contenter leurs passions et
sans connoissance de cause. N'étant point ferme
dans ses principes, il se faisoit quelquefois de cuisans reproches, et sentoit des remords de conscience, qui le rendoient mélancolique, et qu'il dissipoit
ensuite par le vin et la bonne chère. Mr. Jablonski,
un des chapelains du roi, avoit passé la journée
avec lui, et selon toute apparence lui avoit fait une
vive peinture de l'enfer. Il enfila d'abord un grand
discours de morale, qui me sembla dans sa bouche
comme l'évangile dans celle du diable ; tombant
ensuite sur d'autres matières, il me dit, qu'il avoit
été bien fâché des mauvais traîtemens que le roi
m'avoit faits, aussi bien que de ceux que mon frère
enduroit. « Le prince royal, continua-t-il, devroit se
prêter plus qu'il ne fait aux volontés de son père ;
c'est le plus grand roi qui ait jamais existé, et qui
joint toutes les vertus civiles aux vertus morales. »
Je craignis que cet entretien ne le menât plus loin,
ce que je voulus éviter. Je me levai donc et marchai

fort vite, prenant le chemin de la maison. Je ne lui répondis que sur le sujet du roi et tâchai de renchérir sur les éloges qu'il venoit de lui donner, mais il en revint à ses moutons.

« Vous avez tant d'ascendant sur l'esprit du prince royal, que vous êtes l'unique personne, Madame, qui puisse le ramener à son devoir ; c'est un charmant prince, mais qui est mal conseillé. »

« Si mon frère, lui répondis-je, veut suivre mes avis, il se réglera toujours selon les volontés du roi, pourvu qu'il soit informé de ses intentions. » Il voulut me répliquer, mais plusieurs dames vinrent nous interrompre, ce qui me tira d'un grand embarras. Le même soir la reine étant devant sa toilette à se décoiffer, et la Bulow étant assise à côté d'elle, ils entendirent un terrible fracas dans le cabinet prochain. Ce cabinet superbe étoit orné en cristal de roche et autres pierres précieuses d'un prix infini, sans compter l'or et les pièces travaillées avec art, qui y étoient en grand nombre. Entre les compartimens de ces pièces curieuses il étoit garni de vases de cette ancienne porcelaine du Japon et de la Chine d'une énorme grandeur. La reine crut d'abord que quelques-unes de ces grandes pièces étoient tombées et avoient causé ce bruit. La Bulow y étant entrée fut fort surprise de n'y trouver rien de dérangé. À peine en eut-elle fermé la porte et à peine en fut-elle sortie, que le fracas recommença. Elle renouvela ses visites à trois reprises, accompagnée d'une des femmes de la reine, trouvant toujours le tout dans un ordre parfait. Le bruit cessa enfin dans le cabinet, mais un autre plus affreux y succéda dans un corridor, qui séparoit les appartemens du roi de ceux de la reine et en faisoit la communication. Personne n'y passoit jamais que les domestiques de la chambre, et pour cet effet il y avoit deux sen-

tinelles aux deux bouts, qui en gardoient l'entrée.
La curieuse de savoir d'où provenoit ce bruit, ordonna à ses femmes de l'éclairer. La peur démasqua
le faux attachement de la Ramen ; elle ne
voulut point suivre la reine et s'enfuit pour se cacher dans la chambre voisine. Deux autres de ses
camarades accompagnèrent cette princesse avec la
Bulow, et à peine eurent-elles ouvert la porte, que
des gémissemens affreux, redoublés par des cris qui
les firent trembler de peur, frappèrent leurs oreilles.
La reine seule conserva sa fermeté. Étant entrée
dans le corridor, elle encouragea les autres à chercher ce que ce pouvoit être. Elles trouvèrent toutes
les portes fermées à verroux ; après les avoir
ouvertes, elles visitèrent tout l'endroit sans rien
trouver. Les deux gardes étoient à demi-morts de
frayeur. Ces gens avoient entendu les mêmes gémissemens proches d'eux, mais sans rien voir. La reine
leur demanda, s'il étoit entré quelqu'un dans les
chambres du roi ; ils l'assurèrent fort du contraire.
Elle s'en retourna à son appartement un peu altérée, et me conta cette aventure le lendemain.
Quoiqu'elle ne fût rien moins que superstitieuse, elle
m'ordonna de noter la date, pour voir ce que ce tintamarre présageroit. Je suis persuadée que la chose
étoit fort naturelle. Le hazard fit cependant que justement ce même soir mon frère fut arrêté et qu'au
retour du roi la scène la plus douloureuse pour la
reine se passa dans ce corridor.

Comme il n'y avoit point de cour ce jour là, il y
eut concert à Mon-bijou. Les amateurs de la musique avoient la permission d'y venir et Katt n'y manquoit jamais. Après avoir long-temps accompagné
du clavecin, je passai dans une chambre prochaine
où on jouoit. Katt m'y suivit, me priant pour l'amour

de Dieu de l'écouter un moment en faveur de mon frère. Ce nom si cher m'arrêta sur-le-champ.

« Je suis au désespoir, me dit-il, d'avoir encouru la disgrâce de la reine et celle de votre Altesse royale ; on leur a fait de mauvais rapports sur mon sujet ; on m'accuse de fortifier le prince royal dans le dessein qu'il a de s'évader. Je vous proteste par tout ce qu'il y a de plus sacré Madame, que je lui ai écrit et refusé nettement de le suivre, s'il entreprenoit de s'enfuir, et je vous réponds sur ma tête, qu'il ne fera jamais cette démarche sans moi. »

« Je la vois déjà branler sur vos épaules, lui répondis-je, et si vous ne changez bientôt de conduite, je pourrois bien la voir à vos pieds. Je ne vous nie point que la reine et moi ne soyons très-mécontentes de vous, je n'aurois jamais cru que vous eussiez l'étourderie de divulguer partout les desseins de mon frère, et de faire confidence à chacun de ses secrets. Vous deviez mieux reconnoître les bontés qu'il a pour vous, et faire plus de réflexions sur l'irrégularité de votre procédé. Surtout, Monsieur, il ne vous convient aucunement d'avoir mon portrait et d'en faire ostentation. La reine vous l'a fait demander, vous auriez dû lui obéir et le lui faire remettre. C'étoit le moyen de réparer votre faute, et il n'y a que ce seul expédient qui puisse vous faire obtenir votre grâce d'elle et de moi. »

« Pour ce qui regarde le premier article, reprit-il, je puis vous jurer, Madame, que je n'ai parlé qu'à Mr. de Leuvener de ce qui concernoit le prince royal, ce n'est point un personnage suspect et je ne crois pas que la reine y trouve à redire. Ayant copié moi-même le portrait de votre Altesse royale et celui du prince royal, je n'ai pas cru qu'il fût de conséquence de les faire voir à quelques-uns de mes amis, d'autant plus que je ne les ai produits que comme des pièces de mon ouvrage, mais je vous avoue Madame, que la mort me seroit moins dure que de m'en défaire. Au reste, continua-t-il, j'ai beaucoup d'ennemis envieux de ma faveur auprès du prince royal, qui ne pouvant trouver prise sur moi ont recours aux calomnies, mais je vous le répète encore, Madame, tant que je serai bien auprès de ce cher prince, je l'empêcherai toujours d'accomplir ses desseins, quoique dans le fond je ne voie pas qu'il risqueroit beaucoup. Quel tort et quel mal pourroit-il lui arriver si on le rattrapoit. C'est l'héritier de la couronne et personne ne seroit assez hardi pour s'y frotter. »

« En vérité, Monsieur, lui dis-je, vous jouez gros jeu et je crains fort que je ne sois que trop bon prophète. »

« Si je perds la tête, répondit-il, ce sera pour une belle cause, mais le prince royal ne m'abandonnera pas. » Je ne lui donnai pas le temps de m'en dire davantage et je le quittai. Ce fut la dernière fois que je le vis, et j'étois bien éloignée de penser que mes prédictions s'accompliroient si tôt, n'ayant voulu que l'intimider.

Le 15. d'Août, jour de naissance du roi, tout le monde vint féliciter la reine, et la cour fut très-nombreuse. J'y eus encore une longue conversation avec Grumkow. Il avoit congédié sa morale et s'étoit remis sur le ton badin ; il m'amusa beaucoup, ayant infiniment d'esprit. Il s'étendit encore fort au long sur les éloges du roi, et voyant que j'allois le quitter, il me dit d'un ton si expressif que j'en fus surprise : « Vous verrez dans peu, Madame, à quel point je vous suis attaché et combien je suis votre serviteur. » Je lui répondis fort obligeamment sur ce dernier article et voulus m'éloigner, mais la Bulow s'approchant commença par se chipoter avec lui ;

elle s'étoit mise sur ce pied-là, et ne pouvoit le voir sans lui dire des piquanteries. Je l'avois déjà avertie plus d'une fois de ne pas pousser trop loin la raillerie et de ménager Grumkow, lui disant, qu'il falloit suivre l'exemple des Indiens, qui adorent le diable afin qu'il ne leur fasse point de mal, mais elle ne songea guère à mettre mes leçons en pratique. La dispute qu'elle eut ce soir avec lui fut très-vive. Son antagoniste la finit en lui disant la même chose qu'à moi : « Dans peu je pourrai vous convaincre combien je suis de vos amis. » Il me sembla qu'il y avoit un sens caché sous ces paroles deux fois répétées, ce qui m'inquiéta.

La reine se fit un plaisir de me surprendre le jour suivant 16. du même mois. Elle donna un bal à Mon-bijou à l'honneur du roi. La salle à manger étoit décorée de devises et de lampions, et la table représentoit un parterre. Chacun de nous trouva un présent sous son couvert. Nous étions tous de la meilleure humeur du monde, il n'y avoit que les deux gouvernantes, de Kamken et de Sonsfeld, la comtesse de Fink et la Bulow qui semblassent tristes ; elles ne disoient mot, se plaignant d'être incommodées. Nous recommençâmes le bal après souper. Il y avoit plus de six ans que je n'avois dansé ; c'étoit du fruit nouveau et je m'en donnai à gogo, sans faire beaucoup d'attention à ce qui se passoit. La Bulow me dit plusieurs fois :

« Il est tard, je voudrois qu'on se retirât. »

« Eh, mon Dieu ! lui dis-je, laissez-moi le plaisir de danser tout mon soûl aujourd'hui, car je n'en aurai peut-être de long-temps. »

« Cela se pourroit bien », reprit-elle. Je ne fis aucune réflexion là-dessus et continuai à me divertir. Elle revint à la charge une demi-heure après :

« Finissez donc, me dit-elle, d'un air fâché, vous êtes si occupée, que vous n'avez point d'yeux. »

« Vous êtes de si mauvaise humeur aujourd'hui, répliquai-je, que je ne sais qu'en penser. »

« Regardez donc la reine, et vous n'aurez plus sujet, Madame, de me faire des reproches. » Un coup d'œil que je jetai de son côté, me glaça d'effroi. Je vis cette princesse plus pâle que la mort dans un coin de la chambre, s'entretenant avec sa grande maîtresse et Madame de Sonsfeld. Comme mon frère m'intéressoit plus que toute autre chose au monde, je m'informai aussitôt, si cela le regardoit ? La Bulow haussa les épaules, en disant : « Je n'en sais rien. » La reine donna un moment après le bonsoir et monta en carrosse avec moi. Elle ne me dit mot pendant tout le chemin, ce qui m'inquiéta à un tel point, que je pris des palpitations de cœur terribles. Dès que je fus retirée, je fis enrager ma gouvernante, pour savoir de quoi il s'agissoit. Elle me répondit les larmes aux yeux, que la reine lui avoit imposé silence. Pour le coup je crus mon frère mort, ce qui me jeta dans un tel désespoir, que Madame de Sonsfeld jugea à propos de me tirer d'erreur. Elle me conta donc, que Madame de Kamken avoit reçu le même matin une estafette du roi avec des lettres pour elle et pour la reine, que ce prince lui ordonnoit de préparer peu à peu l'esprit de cette princesse, pour lui apprendre enfin, qu'il avoit fait arrêter le prince royal, qui avoit tenté de s'enfuir. Le malheur de mon frère me perça le cœur, je passai toute la nuit dans des agitations affreuses. La reine me fit appeler de grand matin, pour me montrer la lettre du roi. La fureur se manifestoit évidemment dans cette lettre. Voici ce qu'elle contenoit :

« J'ai fait arrêter le coquin de Fritz ; je le traiterai comme son forfait et sa lâcheté le méritent ; je ne le reconnois plus pour mon fils, il m'a déshonoré avec toute ma maison, un tel malheureux n'est plus digne de vivre. »

Je tombai en faiblesse après cette lecture. L'état de la reine et le mien auroient attendri un cœur de roche. Dès qu'elle se fut un peu remise, elle me conta l'arrestation de Katt, dont je ferai ici un détail circonstancié, tel que nous l'avons appris depuis.

Mr. de Grumkow avoit été informé dès le 15. de la catastrophe de mon frère ; il n'avoit pu en cacher sa joie et en avoit fait confidence à plusieurs de ses amis. Mr. de Leuvener qui avoit des espions autour de lui, en fut averti. Il écrivit sur-le-champ à Katt, et lui conseilla de partir au plus tôt, puisqu'infailliblement il alloit être arrêté. Katt profita de l'avis et demanda permission au Maréchal de Natzmar, qui commandoit son corps, d'oser aller à Friderichsfelde, rendre ses devoirs au Margrave Albert ; ce qui lui fut accordé. Il avoit fait faire une selle, dans laquelle il pouvoit enfermer de l'argent et des papiers. Par malheur pour lui cette selle n'étant point faite, il fut contraint de l'attendre. Il employa cependant bien son temps, car il brûla ses papiers. Son cheval étant enfin sellé, il alloit monter dessus, lorsque le Maréchal arriva, accompagné de ses gardes, qui lui demanda son épée l'arrêtant de la part du roi. Katt la lui remit sans changer de couleur et fut aussitôt mené en prison. On mit le scellé sur tous ses effets, en présence du Maréchal, qui paroissoit plus altéré que son prisonnier. Il avoit tardé plus de trois heures à exécuter les ordres du roi, pour donner le temps à Katt de s'échapper, et fut très-fâché de le trouver encore là.

J'en reviens à la reine. Elle me demanda, si mon frère ne m'avoit jamais parlé de son dessein. Je lui fis alors un récit de toutes les particularités, que je savois sur ce sujet, m'excusant de les lui avoir cachées, par la crainte que j'avois eue de la commettre, si le cas venoit à exister ; je lui avouai de plus, que les assurances que Katt m'avoit faites, m'avoient jetée dans une sécurité parfaite, ne m'étant attendue à rien moins qu'à ce que je venois d'apprendre.

« Mais, me dit-elle, ne savez-vous rien de nos lettres. »

« J'en ai parlé souvent à mon frère et il m'a assuré qu'il les avoit brûlées. »

« Je connois trop bien votre frère, reprit-elle, et je parierois qu'elles sont parmi les effets de Katt. »

« Si cela est, nous sommes perdues. »

La reine devina juste ; nous apprîmes le lendemain qu'il y avoit plusieurs cassettes de mon frère chez Katt, où on avoit mis le scellé. Cette nouvelle nous fit frémir. Après avoir bien ruminé, elle eut encore recours au Maréchal Natzmar, qui lui avoit rendu service dans un cas pareil, comme je l'ai rapporté ci-devant. Elle envoya aussitôt chercher son aumô-nier, nommé Reinbeck, pour le charger de persuader au Maréchal de lui faire remettre la cassette qui contenoit les lettres. Reinbeck étant malade, se fit excuser, ce qui augmenta ses inquiétudes. Un cas fortuit y suppléa.

La comtesse de Fink vint le matin suivant chez moi. Je fus surprise de l'altération qui paroissoit sur son visage. Après avoir fait retirer tout le monde, hors Madame de Sonsfeld, elle me dit qu'elle étoit la plus malheureuse personne du monde et qu'elle venoit me confier ses peines. « Jugez, Madame, me dit-elle, de mon embarras. Je trouvai hier au soir, en rentrant chez moi, une caisse scellée et adressée à la reine, qu'on avoit remise à mes domestiques,

avec le billet que voici. » Elle me le donna, il n'y
avoit que ces mots :

« Ayez la bonté, Madame, de remettre cette cassette à la reine, elle renferme les lettres qu'elle et la
princesse ont écrites au prince royal. »

« Je n'ai pu comprendre, continua-t-elle, qui peut
m'avoir joué ce tour, car ceux qui la portoient
étoient masqués. Cependant je ne sais quelle résolution prendre ; je sens, qu'en envoyant ce fatal
dépôt au roi je perds la reine et au contraire, si je le
rends à cette princesse, j'en serai la victime. L'une
et l'autre de ces extrémités sont si fâcheuses pour
moi, que je ne sais à quoi me déterminer. » Nous lui
parlâmes si fortement et la pressâmes tant que
nous lui persuadâmes d'en parler à la reine, lui
démontrant, qu'elle ne risquoit rien en prenant ce
parti, puisque le paquet lui étoit adressé.
Nous nous rendîmes toutes trois chez cette princesse. La joie qu'elle eut de cette bonne nouvelle,
mit quelque trêve à sa douleur, mais elle ne fut pas
longue. Les réflexions suivirent bientôt ; voici comme
nous raisonnions. De quelle façon transporter cette
cassette secrètement au château sans qu'on s'en
aperçoive, y ayant des espions partout ? Quand même
cela se pourroit, n'est-il pas à craindre que Katt n'en
fasse mention, lorsqu'il sera interrogé ? Que deviendra alors la comtesse Fink, elle se trouvera innocemment impliquée dans cette mauvaise affaire, sans
savoir comment s'en tirer. Si cette dernière en agit
sans détours et la livre publiquement à la reine, le
roi en sera informé sur-le-champ et forcera cette
princesse à devenir elle-même l'instrument de son
malheur en lui remettant ses lettres. Le cas étoit
délicat, il y avoit des précipices de tout côté. Enfin,

après avoir bien pesé le pour et le contre, on choisit
le dernier de ces partis, comme le moins périlleux,
dans l'espérance, de trouver encore quelqu'expédient
pour nous rendre maîtres des papiers. Le porte-
feuille, car c'en étoit un fut donc porté dans l'appartement de la reine, qui le serra aussitôt en présence de ses domestiques et de la Ramen. Nos
conférences recommencèrent l'après-midi. La reine
étoit d'avis de brûler les lettres et de dire simplement
au roi, que n'étant pas d'importance, elle n'avoit pas
cru mal faire. Son avis fut hautement rejeté de nous
autres, l'un vouloit ceci, l'autre vouloit cela ; tout le
jour se passa de cette façon sans rien conclure.

Dès que je fus retirée, je dis à Madame de Sonsfeld, que j'avois trouvé un expédient infaillible, mais
qui deviendroit très-dangereux, si la reine le confioit
à la Ramen. Je lui fis comprendre, que si on pouvoit
venir à bout de lever le scellé sans le rompre, il n'y
auroit rien de si facile que de limer le cadenas, qui
fermoit le porte-feuille, qu'on en pourroit alors tirer
commodément les lettres et en écrire d'autres, pour
les remettre en place. Ma gouvernante approuva
fort mon idée, et nous convînmes de la proposer,
conjointement avec la comtesse de Fink, à la reine
et d'exiger sa parole d'honneur de n'en point parler.

Dès le jour suivant nous suivîmes ce projet comme
nous nous en étions donné le mot. Nous parlâmes
chacune d'une façon si intelligible, sans pourtant
nommer personne, que la reine remarqua, que nous
apostrophions la Ramen. Mais son foible pour cette
créature fut cause, qu'elle ne fit point semblant de
nous comprendre ; elle nous promit cependant un
secret éternel et nous tint parole cette fois-là. Nous
exécutâmes dès l'après-midi notre entreprise. La
reine se défit de ses dames et de ses domestiques, je
restai seule auprès d'elle. Nous trouvâmes d'abord

un terrible obstacle ; le porte-feuille étoit si pesant, que ni la reine ni moi ne pouvions le transporter, ce qui l'obligea de se confier à un de ses valets de chambre, vieux et fidèle domestique, d'une discrétion et d'une probité à toute épreuve. J'essayai pendant long-temps de lever le cachet, l'impossibilité que j'y trouvai me fit trembler. Ce valet de chambre, nommé Bock, ayant examiné les armes qui étoient celles de Katt, me dit avec beaucoup de joie : « Eh mon Dieu, Madame, j'ai un cachet tout pareil sur moi ; il y a plus de quatre semaines que je l'ai trouvé dans le jardin à Mon-bijou, je l'ai toujours porté depuis ce temps, pour tâcher d'apprendre à qui il appartenoit. » Ayant confronté ces deux cachets, nous les trouvâmes égaux et conclûmes qu'ils appartenoient à Katt. Ayant donc rompu les cordes et le cadenas, nous en vînmes à la visite des lettres. Il est temps à présent que je m'étende un peu là-dessus.

J'ai déjà parlé, dans le cours de cet ouvrage, de la manière peu respectueuse, dont nous parlions souvent du roi. La reine prenoit plaisir à nos satires et renchérissoit sur celles que nous faisions ; les lettres de cette princesse aussi bien que les miennes en étoient remplies. Elles contenoient outre cela le détail de toutes les intrigues en Angleterre, la maladie qu'elle avoit feinte l'hiver passé, pour gagner du temps, en un mot les secrets les plus importants. Il y avoit un article de plus dans les miennes. Pour plus de sûreté je n'écrivois avec de l'encre que des choses indifférentes, et me servois du citron pour celles qui étoient de conséquence ; en passant le papier sur le feu, le caractère paroissoit et devenoit lisible. La Ramen étoit d'ordinaire le sujet de cette écriture mystérieuse. J'invectivois contre elle, me plaignant amèrement de son ascendant sur l'esprit de la reine ; nous convenions aussi, par ce moyen, de ce qu'il falloit lui dire ou lui cacher. J'avois eu l'esprit si agité, que je n'avois fait aucune réflexion sur l'effet que ces lettres pouvoient produire sur cette princesse, l'idée qui m'en vint, en ouvrant le portefeuille, me fit trembler. Un heureux incident me tira d'embarras. L'aumônier Reinbeck se fit annoncer. La reine ne put se dispenser de lui parler, l'ayant envoyé chercher la veille. Elle étoit si troublée de tout ce qui se passoit, qu'elle me dit en sortant : au nom de Dieu, brûlez toutes ces lettres, que je n'en trouve pas une. Je ne me le fis pas dire deux fois et les jetai sur-le-champ au feu. Il y en avoit pour le moins 1 500 de la reine et de moi. J'avois à peine fini cette belle œuvre, qu'elle rentra. Nous fîmes alors la révision du reste des papiers. Il y avoit des lettres d'une infinité de gens, des billets-doux, des réflexions morales et des remarques sur l'histoire, dont mon frère étoit l'auteur ; une bourse, qui contenoit 1 000 pistoles, plusieurs pierreries et bijouteries et enfin une lettre de mon frère à Katt, dont voici la teneur ; elle étoit datée du mois de Mai.

« Je pars, mon cher Katt. J'ai si bien pris mes précautions, que je n'ai rien à craindre. Je passerai par Leipsic, où je me donnerai le nom de Marquis d'Ambreville. J'ai déjà fait avertir Keith, qui ira droit en Angleterre. Ne perdez point de temps, car je compte vous trouver à Leipsic. Adieu, ayez bon courage. »

Nous jetâmes tous ces papiers au feu, hors les petits ouvrages de mon frère, que j'ai conservés. Je commençai le soir même à récrire les lettres, qui devoient remplacer les autres. La reine en fit de même le jour suivant. Nous eûmes la précaution de prendre du papier de chaque année, pour empêcher toute découverte. Trois jours furent employés à cet ouvrage, pendant lesquels nous fabriquâmes 6 ou 700 lettres. C'étoit peu de chose en comparaison de celles que nous avions brûlées. Nous nous en aperçûmes, quand nous voulûmes refermer le portefeuille ; il étoit si vide que cela seul pouvoit nous trahir. J'étois d'avis de continuer d'écrire pour le remplir, mais les inquiétudes de la reine étoient si grandes, qu'elle aima mieux y fourrer toutes sortes de nippes que d'attendre plus long-temps à le refermer. Je m'y opposai tant que je pus, mais inutilement. Nous le remîmes enfin dans le même état où il avoit été, sans qu'on pût s'apercevoir du moindre changement.

Cependant le roi arriva le 27. d'Août à cinq heures du soir. Ses domestiques avoient pris les devants. La reine les fit venir et leur demanda des nouvelles de mon frère. Ils l'assurèrent qu'ils ignoroient entièrement son sort, qu'ils l'avoient laissé à Wesel en partant, et ne savoient point ce qu'on en avoit fait depuis. Mais je crois qu'il est à propos de rapporter ici les circonstances de son évasion, telles que je les ai apprises de sa propre bouche et de ceux qui étoient présens.

Son premier dessein fut de s'esquiver d'Ansbac. L'étourderie qu'il eut, de faire confidence au Margrave de son mécontentement, y mit obstacle. Ce prince, le voyant extrêmement aigri contre le roi, soupçonna quelque chose de son dessein et dérangea son plan en lui refusant des chevaux qu'il lui demandoit, sous prétexte, disoit-il, d'aller se promener. Le roi ne gardoit plus absolument de mesure avec lui et l'avoit maltraité publiquement en présence de plusieurs étrangers ; il lui avoit même répété ce que je lui avois entendu dire souvent : « Si mon père

m'avoit traité comme je vous traite, je m'en serois
enfui mille fois pour une, mais vous n'avez point de
cœur et n'êtes qu'un poltron. » Cependant mon frère,
ne pouvant parvenir à son but pendant son séjour
d'Ansbac, fut obligé d'attendre une autre occasion,
qui pouvoit se rencontrer facilement sur la route. Il
reçut à quelques milles de cette ville l'estafette de
Katt. Il y répondit aussitôt, lui mandant, qu'il comptoit se sauver dans deux jours ; qu'il lui donnoit
rendez-vous à la Haye, l'assurant, que son coup
étoit immanquable, parce que si même il étoit pour-
suivi, il trouveroit un asyle dans les couvens très-fré-
quens sur cette route. Son trouble lui fit oublier
d'adresser cette lettre à Berlin. Par malheur pour lui
il y avoit un cousin de Katt, qui portoit le même
nom, envoyé pour faire des recrues à 10 ou 12 milles de-là. L'estafette alla trouver celui-ci et lui remit
la lettre de mon frère.

Dans ces entrefaites le roi arriva proche de Francfort dans un village, où lui et toute sa suite passèrent la nuit dans des granges. Mon frère, le colonel
Rocho et son valet de chambre en partagèrent une.

J'ai déjà dit que Keith étoit devenu lieutenant
dans le régiment de Mosel. Le roi avoit repris son
frère en sa place pour page. Ce garçon étoit aussi sot
que son frère l'étoit peu. Le prince royal, le connoissant pour tel, ne s'étoit point confié à lui sur ses
desseins ; mais il jugea, que par rapport à sa bêtise
il seroit plus propre qu'un autre à faciliter son évasion. Il lui fit accroire, qu'ayant appris qu'il y avoit
de jolies filles dans un petit bourg prochain, il vouloit y chercher bonne fortune, et lui commanda
pour cet effet de le réveiller le matin à quatre heures
et de lui amener des chevaux, ce qui étoit très-facile,
puisque ce jour-là il y en avoit un marché. Le page
obéit, mais au lieu de réveiller mon frère, il s'adressa

à son valet de chambre. Celui-ci, depuis long-temps espion du roi, soupçonna quelque mystère, et pour approfondir la chose, il resta tranquille, affectant de dormir. Mon frère, qui n'étoit pas sans agitation à la veille d'une si grande entreprise, se réveilla un moment après. Il se lève, s'habille, et au lieu de son uniforme met son habit à la françoise et sort. Son valet de chambre qui avoit vu tout cela, en avertit promptement Mr. de Rocho. Celui-ci court tout troublé chez les généraux de la suite du roi. Tels étoient : Bodenbrok, Valdo et Derscho (ce dernier étoit de la clique impériale et digne ami de ceux qui en étoient les protecteurs). Après avoir consulté ensemble, ils se mirent aux trousses du prince royal, qu'ils cherchèrent par tout le village. Ils le trouvè-rent enfin au marché des chevaux, appuyé sur une voiture. Ils furent frappés de le voir vêtu à la fran-çoise et lui demandèrent fort respectueusement, ce qu'il faisoit là ? Le prince royal leur donna une réponse fort brusque. Il m'a dit depuis, qu'il étoit dans une telle rage, de se voir découvert, que s'il avoit eu des armes il auroit tout tenté contre ces messieurs.

« Monseigneur, lui dit Rocho, changez au nom de Dieu d'habit, le roi est réveillé et partira dans une demi-heure, que seroit-ce s'il vous voyoit ainsi. »

« Je vous promets, lui répliqua le prince royal, que je serai ici avant le départ du roi, je veux seule-ment faire un petit tour de promenade. » Ils dispu-toient encore ensemble, lorsque Keith arriva avec les chevaux. Mon frère en saisit un par la bride et voulut se jeter dessus. Il en fut empêché par ces messieurs, qui l'environnèrent et l'obligèrent bongré malgré de retourner à sa grange, où ils le forcèrent de mettre son uniforme ; malgré sa fureur il fut pour-tant obligé de se contraindre. Le général Derscho et le valet de chambre avertirent le même jour le roi de tout ce qui s'étoit passé. Ce prince dissimula et cacha son ressentiment, n'ayant point encore des preuves suffisantes contre mon frère, et se doutant bien, qu'il ne s'en tiendroit pas à cette première tentative.

Ils arrivèrent tous le soir à Francfort. Le roi y reçut le lendemain au matin une estafette du cousin de Katt, chargée de lettres, que mon frère avoit écrites à celui de Berlin. Il les communiqua sur-le-champ au général Valdo et au colonel Rocho et leur ordonna, de veiller sur la conduite de son fils, dont ils lui répondroient sur leur tête, et de le conduire tout droit dans le Jacht, qu'on avoit préparé pour lui, voulant faire le trajet de Francfort à Wesel par eau. Ces ordres furent immédiatement exécutés et cette scène se passa le 11. d'Août.

Le roi resta tout ce jour à Francfort et ne s'embarqua que le matin suivant. Dès qu'il vit mon frère, il se jeta sur lui et l'auroit étranglé, si le général Valdo ne fût venu à son secours. Il lui arracha les cheveux et le mit dans un si triste état, que ces messieurs, en craignant les suites, le supplièrent de permettre qu'on le menât dans un autre bateau, ce qui leur fut enfin accordé. On lui ôta son épée et il fut traité depuis ce moment en criminel d'État. Le roi se saisit de ses effets et de ses hardes : le valet de chambre de mon frère s'empara des papiers. Il répara ses fautes en les jetant au feu en présence de son maître, en quoi il nous rendit à tous un grand service. Le roi cependant étoit agité d'une si terrible colère, qu'il ne rouloit dans son esprit que des desseins funestes. Mon frère, d'un autre côté, paroissoit assez tranquille, se flattant toujours, de pouvoir échapper à la vigilance de ses surveillans.

Ils arrivèrent dans ces dispositions à Gueldre. Le roi prit de là les devans et mon frère le suivit avec ses deux gardiens. Il leur fit tant d'instances, qu'ils lui permirent d'entrer de nuit à Wesel. En arrivant au pont de bateaux, qui est à l'entrée de cette ville, il conjura ces messieurs, de lui permettre de mettre pied à terre, afin de n'être point connu. Ils lui accordèrent cette légère faveur, ne la croyant pas de conséquence. Dès qu'il fut hors de la chaise, il fit encore un effort pour échapper et se mit à courir de toute sa force. Une forte garde, commandée par le lieutenant-colonel Borck, que le roi avoit envoyée à sa rencontre le rattrapa, et le conduisit à une maison de la ville, voisine de celle où demeuroit ce prince, auquel on cacha soigneusement cette dernière incartade. Le roi l'examina lui-même le jour suivant. Il n'y avoit auprès de lui que le général Mosel, officier de fortune, qui par sa bravoure et son mérite avoit été élevé à ce grade. Il interrogea mon frère et lui demanda d'un ton furieux pourquoi il avoit voulu déserter ? (ce sont ses propres expressions.) Parce que, lui répondit-il d'un ton ferme, vous ne m'avez pas traité comme votre fils, mais comme un vil esclave. Vous n'êtes donc qu'un lâche déserteur, reprit le roi, qui n'a point d'honneur. J'en ai autant que vous, lui repartit le prince royal ; je n'ai fait que ce que vous m'avez dit cent fois, que vous feriez si vous étiez à ma place. Le roi, poussé à bout par cette dernière réponse et transporté de rage, tira son épée dont il voulut le percer. Le général Mosel s'aperçut de son dessein et se jeta entre deux, pour parer le coup : « Percez-moi, Sire, s'écriat-il, mais épargnez votre fils. » Ces mots arrêtèrent la fureur de ce prince qui fit ramener mon frère dans sa maison. Le général lui fit de fortes remontrances sur son action, lui représentant, qu'il seroit toujours maître de la personne de son fils, qu'il ne devoit point le condamner sans l'entendre, et enfin qu'il commettroit un péché irrémissible, s'il devenoit son bourreau ; il le supplia en même temps, de le faire examiner par des personnes sûres et fidèles, et de ne plus le voir puisqu'il n'étoit pas assez maître de lui-même, pour soutenir sa présence. Le roi goûta ces raisons et s'y rendit.

Il ne s'arrêta que quelques jours à Wesel et reprit la route de Berlin. Avant que de partir il associa le général Dosso aux deux autres surveillants de mon frère, et leur commanda de le suivre en quatre jours, leur laissant un ordre scellé, dans lequel il leur marquoit l'endroit où ils devoient le conduire, et qu'ils ne devoient ouvrir qu'à quelques milles de Wesel.

Mon frère étoit adoré de tout le pays. La manière cruelle dont le roi en avoit agi avec lui, excusoit en quelque façon ses démarches. On trembloit pour ses jours, les violences du roi étant connues. Plusieurs officiers, qui avoient à leur tête le colonel Groebnitz résolurent de tout risquer pour le délivrer. Ils lui avoient déjà procuré un habit de paysanne et des cordes, pour pouvoir descendre par les fenêtres, lorsque le général Dosso dérangea ces beaux projets, y ayant fait mettre des grilles de fer. Cet homme étoit favori du roi et son rapporteur. Par malheur ce prince n'en avoit toujours que de méchans ; celui-ci étoit un vrai suppôt de Satan, qui faisoit damner les honnêtes gens et fouloit le pauvre peuple. Les quatre jours étant écoulés, ils firent partir le prince royal et le menèrent à une petite ville, nommée Mitenwalde, à six milles de Berlin, selon les ordres qu'ils avoient reçus.

On sera peut-être curieux, de savoir ce que devint Keith. Un page du prince d'Anhalt, qui avoit été présent lorsque le prince royal fut arrêté à Franc-fort, étant arrivé 24 heures plus tôt que le roi à Wesel, alla rendre visite à Keith, qui avoit été son camarade, et lui conta fort naïvement la catastrophe de mon frère. Celui-ci se sauva le soir même, prétextant de chercher un déserteur, et se réfugia à la Haye dans la maison de Milord Chesterfield, Ministre d'Angleterre. Le colonel du Moulin fut dépêché à ses trousses. Ce dernier fit tant de diligence, qu'il arriva un quart d'heure après lui et le vit à la fenêtre de l'hôtel du Ministre anglois. Keith ne se fia point aux belles promesses que lui fit Mr. du Moulin. Celui-ci eut le chagrin de lui voir traverser le jour suivant la ville dans le carrosse de Milord Chesterfield, et s'embarquer pour passer en Angleterre.

J'en reviens à l'entrevue du roi et de la reine. Cette princesse étoit seule dans l'appartement de ce prince, lorsqu'il arriva. Du plus loin qu'il l'aperçut il lui cria :

« Votre indigne fils n'est plus, il est mort ! »

« Quoi, s'écria la reine, vous avez eu la barbarie de le tuer ? »

« Oui, vous dis-je, continua le roi, mais je veux la cassette. »

La reine alla la chercher, je profitai de ce moment pour la voir ; elle étoit toute hors d'elle-même et ne discontinuoit de crier : « Mon Dieu, mon fils, mon Dieu, mon fils ! » La respiration me manqua et je tombai pâmée entre les bras de Madame de Sonsfeld. Dès que la reine eut remis la cassette au roi, il la mit en pièces et en tira les lettres qu'il emporta. La reine prit ce temps, pour rentrer dans la chambre où nous étions. J'étois revenue à moi. Elle nous conta ce qui venoit de se passer, m'exhortant à tenir bonne contenance. La Ramen releva un peu nos espérances, en assurant la reine, que mon frère étoit en vie et qu'elle le savoit de bonne main. Le roi revint sur ces entrefaites. Nous accourûmes tous pour lui baiser la main, mais à peine m'eut-il envisagée, que la colère et la rage s'emparèrent de son cœur. Il devint tout noir, ses yeux étinceloient de fureur et l'écume lui sortoit de la bouche. « Infâme canaille, me dit-il, oses-tu te montrer devant moi ? va tenir compagnie à ton coquin de frère. » En proférant ces paroles il me saisit d'une main, m'appliquant plusieurs coups de poing au visage, dont l'un me frappa si violemment la tempe, que je tombai à la renverse et me serois fendu la tête contre la carne du lambris, si Madame de Sonsfeld ne m'eût garantie de la force du coup, en me retenant par la coiffure. Je restai à terre sans sentiment. Le roi, ne se possédant plus, voulut redoubler ses coups et me fouler aux pieds. La reine, mes frères et sœurs, et ceux qui étoient présens l'en empêchèrent. Ils se rangèrent tous autour de moi, ce qui donna le temps à Mesdames de Kamken et de Sonsfeld de me relever. Ils me placèrent sur une chaise dans l'embrasure de la fenêtre, qui étoit tout proche. Mais voyant que je restois toujours dans le même état, ils dépêchèrent une de mes sœurs, qui leur apporta un verre d'eau et quelques esprits, à l'aide desquels ils me rappelèrent un peu à la vie. Dès que je pus parler je leur reprochai les soins qu'ils prenoient de moi, la mort m'étant mille fois plus douce que la vie, dans l'état où les choses étoient réduites. Il est impossible de décrire la funeste situation où nous étions.

La reine poussoit des cris aigus, sa fermeté l'avoit abandonnée ; elle se tordoit les mains et couroit éperdue par la chambre. La rage défiguroit si fort le visage du roi, qu'il faisoit peur à voir. Mes frères et sœurs dont le plus jeune n'avoit que quatre ans étoient à ses genoux, et tâchoient de l'attendrir par leurs larmes. Madame de Sonsfeld soutenoit ma tête toute meurtrie et enflée des coups que j'avois reçus. Peut-on s'imaginer un tableau plus touchant ?

À la vérité le roi avait changé de ton ; il avouoit que mon frère étoit encore en vie, mais les horribles menaces qu'il faisoit, de le faire mourir et de m'enfermer pour le reste de mes jours entre quatre murailles, causoient cette désolation. Il m'accusoit d'être complice de l'entreprise du prince royal, qu'il traitoit de crime de lèse-Majesté, et d'avoir une intrigue amoureuse avec Katt, duquel, disoit-il, j'avois eu plusieurs enfants. Ma gouvernante, ne pouvant plus se modérer à ces insultes, eut le courage de lui répondre : « Cela n'est pas vrai, et quiconque a dit pareille chose à votre Majesté, en a menti. » Le roi ne lui répliqua rien et recommença ses invectives. La crainte de perdre mon frère me fit faire un effort sur moi-même. Je lui criai aussi haut que ma foiblesse put me le permettre, que je consentois à épouser le duc de Weissenfeld, s'il vouloit m'accorder sa vie. Le grand bruit, qu'il faisoit, l'empêcha de m'entendre. J'allois lui répéter la même déclaration, si Madame de Sonsfeld n'y eût mis obstacle, en me fermant la bouche avec son mouchoir. Je voulus m'en débarrasser, et détournant la tête je vis le pauvre Katt, qui traversoit la place, accompagné de quatre gens-d'armes, qui le conduisoient chez le roi. Pâle et défait il ôta pourtant le chapeau pour me saluer. On portoit après lui les coffres de mon frère et les siens, qu'on avoit saisis et scellés. Le roi fut averti un moment après qu'il étoit là. Il sortit en criant : « À présent j'aurai de quoi convaincre le coquin de Fritz et la canaille de Wilhelmine ; je trouverai assez de raisons valables pour leur faire couper la tête. » Madame de Kamken et la Ramen le suivirent.

Cette dernière l'arrêta par le bras, lui disant : « Si vous voulez faire mourir le prince royal, épargnez du moins la reine, elle est innocente de tout ceci, et vous pouvez m'en croire sur ma parole ; traitez-la avec douceur et elle fera tout ce que vous voudrez. » Madame de Kamken lui parla sur un autre ton. « Vous vous êtes piqué jusqu'à présent, d'être un prince juste, lui dit-elle, équitable et craignant Dieu. Cet Être bienfaisant vous en a récompensé en vous comblant de ses bénédictions, mais tremblez de vous départir de ses saints commandemens, et craignez les effets de la justice divine. Elle a su punir deux souverains, qui ont répandu, comme vous prétendez le faire, le sang de leur propre fils ; Philippe second et Pierre le grand sont morts sans ligne masculine ; leurs États ont été livrés en proie aux guerres étrangères et intestines, et ces deux monarques, de grands hommes qu'ils étoient, sont devenus l'horreur du genre humain. Rentrez en vous-même, Sire, le premier mouvement de votre colère est encore pardonnable, mais elle deviendra criminelle, si vous ne tâchez de la vaincre. »

Le roi ne l'interrompit point, il la regarda quelque temps. Lorsqu'elle eut fini de parler il rompit enfin le silence. « Vous êtes bien hardie de me tenir un semblable langage, lui dit-il, cependant je n'en suis point fâché, vos intentions sont bonnes, vous me parlez avec franchise, cela augmente mon estime pour vous ; allez tranquilliser ma femme. »

Cette action est si belle des deux côtés, qu'il ne faut que la lire, pour lui donner les éloges qu'elle mérite. En effet, la modération du roi dans l'excès de son courroux, et le courage de cette dame, de s'y exposer, sont des traits d'histoire, qui leur font un honneur infini. Nous admirâmes l'impudence de la Ramen et son effronterie, d'avoir osé parler comme elle avoit fait de la reine, en présence de Madame de Kamken.

Dès que le roi fut loin, on me transporta dans une chambre prochaine, où il n'entroit jamais. J'avois pris un si fort tremblement, que je ne pouvois me soutenir sur mes jambes, et l'altération se jeta si bien sur mes nerfs, que j'en conservai toute ma vie un triste calendrier. Ce prince avoit fait assembler dans son appartement Grumkow, l'auditeur-général Milius et le fiscal-général Gerber, qui avoit pris la place de Katch, mort depuis quelques années. Katt se jeta d'abord aux pieds du roi. Ce prince à son aspect sentit renaître toute son indignation, il lui donna des coups de pied, de canne et plusieurs souf-flets, qui le mirent en sang. Grumkow le supplia de se modérer et de permettre qu'on l'interrogeât. Il avoua sur-le-champ tout ce qu'il savoit de l'évasion de mon frère et s'en confessa le complice, assurant néanmoins, qu'ils n'avoient jamais formé le moin-dre dessein ni contre la personne du roi ni contre l'État ; que leur projet n'avoit été que de se sous-traire à son courroux, de se retirer en Angleterre et de se mettre sous la protection de cette couronne. Étant ensuite interrogé sur les lettres de la reine et sur les miennes, il répondit, qu'il les avoit fait remettre à cette princesse selon les ordres du prince royal. On lui demanda, si j'avois été informée de leur dessein, ce qu'il nia fortement ; s'il ne m'avoit jamais rendu des lettres de mon frère et si je ne l'avois point chargé des miennes ? Il répliqua, qu'il se ressouvenoit m'en avoir donné une de mon frère un dimanche, que je revenois du dôme ; qu'il en ignoroit le contenu, mais que les miennes n'avoient jamais passé par ses mains. Il avoua, qu'il avoit été plusieurs fois secrètement à Potsdam voir le prince royal, et que le lieutenant Span, du régiment du roi, l'avoit introduit déguisé dans la ville ; que Keith devoit être compagnon de leur fuite et qu'ils avoient eu correspondance ensemble.

L'interrogatoire fini, on visita les effets de mon frère et de Katt, où il ne se trouva pas la moindre chose de conséquence. Grumkow parcourut les lettres de la reine et les miennes, fâché de n'y point trouver ce qu'il y cherchoit. Il se tourna avec emportement du côté du roi et lui dit : « Sire, ces maudites femmes nous ont dupés ; je ne trouve rien dans ces lettres qui puisse leur faire tort, et celles qui pourroient nous donner des lumières n'existent sûrement plus. »

Le roi retourna chez la reine. « Je ne m'y suis pas trompé, lui dit-il, votre indigne fille est du complot ; Katt vient de confesser qu'il lui a rendu des lettres de son frère. Annoncez-lui, que je lui donne sa chambre pour prison ; je vais donner ordre qu'on y redouble la garde ; je la ferai examiner à la rigueur et la ferai transférer dans un endroit, où elle pourra faire pénitence de ses crimes ; elle peut se préparer à partir, dès qu'elle aura été interrogée. » Ce discours se tint encore avec fureur et emportement. La pauvre reine protesta de mon innocence, elle fit mille imprécations contre Katt, d'avoir avancé un pareil mensonge, et commanda à Madame de Kamken, de me demander ce qu'il en étoit. Je me trouvai dans un terrible embarras. On se souviendra que cette lettre, contenant des invectives contre la Ramen, je n'avois osé la montrer à la reine. Je me crus perdue, me voyant encore sur le point de me brouiller avec elle. Cependant faisant réflexion, qu'il y avoit près d'un an que cette aventure s'étoit passée, je résolus de payer d'effronterie. Je répondis donc à Madame de Kamken, que la reine avoit apparemment oublié que je lui avois montré cette lettre, qu'elle ne renfermoit aucun mystère, que la façon dont Katt me l'avoit remise me justifioit pleinement, puisqu'il me l'avoit donnée publiquement ; qu'à la vérité je l'avois brûlée, mais que je m'en ressouvenois si bien, que si le roi l'ordonnoit, je pourrois la récrire mot à mot. Cette réponse fut rendue tout de suite au roi, qui se retira un moment après, pour parler encore avec ceux qui étoient assemblés chez lui.

La reine vint me trouver. Madame de Sonsfeld me seconda si bien, que nous lui persuadâmes, qu'elle avoit été informée de ce que j'avois fait dire au roi. Elle s'acquitta, en versant un torrent de larmes, des commissions qu'il lui avoit données pour moi, me recommandant très-fortement, de garder le secret sur ce qui regardoit la cassette, et d'en rester toujours sur la négative. Nous prîmes ensuite un tendre congé ; elle me serra long-temps entre ses bras. Je la suppliai de se tranquilliser, l'assurant, que j'étois entièrement résignée à la volonté de Dieu et du roi, et que le malheur, que j'appréhendois le plus pour moi, étoit de me séparer d'elle. On l'arracha avec peine d'auprès de moi. Je fus transportée en chaise à porteurs dans ma chambre à travers une foule de peuple, qui s'étoit amassée au château.

Les appartemens de la reine étant à rez de chaussée, et les fenêtres ayant été ouvertes, les paysans avoient été spectateurs de toute la scène, qu'ils avoient pu voir et entendre distinctement. Comme on augmente toujours les objets, le bruit courut, que j'étois morte aussi bien que mon frère, ce qui fit une rumeur terrible par toute la ville, dont la désolation fut générale.

Dès que je fus dans ma chambre, on doubla la garde devant toutes mes portes et l'officier faisoit la ronde sept ou huit fois par jour. Madame de Sonsfeld et la Mermann furent les deux fidèles compagnes de mon malheur. Je passai une nuit affreuse ; les idées les plus funestes se présentoient à mon imagination. Mon sort ne me causoit aucune inquiétude, mon esprit s'étoit habitué depuis ma tendre jeunesse au chagrin et au déplaisir, et j'envisageois la mort comme la fin de mes peines ; mais le sort de tant de personnes, qui m'étoient chères, m'intéressoit à un point que je souffrois mille morts pour une, en pensant à leurs différentes situations. Je fus hors d'état de sortir du lit le jour suivant, ne pouvant me tenir debout et ayant des maux de tête affreux, des coups que j'avois reçus.

La Ramen vint me faire d'un air triste et composé un compliment de la reine, qui me faisoit avertir, que je devois être examinée ce jour-là par les mêmes personnages qui avoient interrogé Katt la veille. Elle m'exhortoit, de bien prendre garde à ce que je disois, et surtout de lui tenir la parole que je lui avois donnée. Cette commission étoit capable de me perdre, donnant assez à connoître, que j'étois informée de quelques circonstances qui lui étoient de conséquence. Je pris cependant mon parti sur-le-champ. « Assurez la reine de mes respects, lui dis-je, et dites-lui, que c'est la meilleure nouvelle que je puisse apprendre ; que je répondrai avec sincérité à tout ce qu'on me demandera, et que je saurai si bien prouver mon innocence, qu'on ne trouvera aucune prise sur moi. »

« La reine est néanmoins dans mille inquiétudes pour cet interrogatoire, car elle craint, Madame, que vous n'aurez pas la fermeté de le soutenir. »

« On n'a pas besoin de fermeté, lui repartis-je, quand on n'a rien à se reprocher. »

« Le roi se propose de terribles choses, continuat-elle, votre départ est résolu, Madame ; il vous enverra dans un cloître, nommé le St. Sépulcre, où

vous serez traitée en criminelle d'État, séparée de
votre grande maîtresse et de vos domestiques, et
sous une si rigide discipline, que vous me faites
pitié. »

« Le roi est mon père et mon souverain, lui repartis-je, il est maître de disposer de moi selon son bon
plaisir ; mon unique confiance est en Dieu, qui ne
m'abandonnera pas. »

« Vous n'affectez tant de fermeté, reprit-elle, que
parce que vous vous imaginez, que tout ceci ne sont
que des menaces en l'air. Mais j'ai vu de mes propres yeux l'arrêt de votre exil, signé de la main du
roi, et pour vous convaincre de la réalité de ce que
je vous dis, la pauvre Bulow vient d'être chassée de
la cour, elle et toute sa famille sont reléguées en
Lithuanie ; le lieutenant Span est cassé et envoyé
à Spandau ; une maîtresse du prince royal est
condamnée au fouet et au bannissement ; Duhan,
précepteur de votre frère, relégué aussi à Memel ;
Jacques, bibliothécaire du prince royal, a subi le
même sort, et Madame de Sonsfeld seroit bien plus
malheureuse que tous ceux-là, si elle n'avoit été
brouillée cet été avec la reine. »

Il faut remarquer ici, que la reine ne s'étoit fâchée
contre elle que parce qu'elle avoit soutenu qu'on
avoit mal fait, en s'opiniâtrant à culbuter Grumkow
avant mon mariage ; qu'on auroit dû commencer
avant toutes choses à terminer celui-ci et travailler
ensuite à éloigner ce ministre.

Je ne sais comment je pus endurer le discours de
l'impertinente Ramen. Cependant ma contenance
me sauva et fit juger à cette mégère, ou que j'étois
innocente ou que je ne me laisserois pas intimider.
Elle me délivra enfin de son odieuse présence.

Je quittai ma dissimulation dès qu'elle fut sortie.
Le malheur de tant d'honnêtes gens me perça le cœur.

Je l'épanchai dans le sein de Madame de Sonsfeld. Notre séparation, dont on m'avoit menacée, achevoit de me réduire au désespoir. Je ne sais comment j'ai pu survivre à tant de cuisans chagrins. La journée se passa dans le deuil et dans les larmes. J'attendois ceux qui devoient m'interroger ; chaque petit bruit augmentoit mes alarmes. Mon attente toutefois fut vaine et personne ne vint.

Le lendemain l'officieuse Ramen réitéra sa visite. Elle recommanda encore la fermeté de la part de la reine et me dit, que mon examen n'avoit pu se faire la veille, le roi ayant jugé à propos de faire venir le prince royal, pour le confronter avec Katt et avec moi ; qu'on le conduiroit en ville le soir sur la brune, pour prévenir le tumulte et que je devois me préparer à répondre le jour suivant aux accusations qu'on formeroit contre moi. Je ne me démontai point. « Mettez-moi aux pieds de la reine, lui repartis-je, et dites-lui, que je ne déguiserai rien de tout ce que je sais, si on m'interroge ; que je la supplie de se tranquilliser, puisque je ne suis coupable en rien. »

Cependant mes réponses désoloient la reine, elle s'imagina que la peur et le chagrin m'avoient fait tourner la tête, et que je découvrirois à la première question qu'on me feroit, les mystères dont j'étois dépositaire. Pour s'en éclaircir, elle m'envoya l'après-midi son fidèle valet de chambre Bock. Je fus ravie de voir cet homme. Je me plaignis amèrement à lui de la façon d'agir de la reine, qui m'exposoit aux plus grands malheurs, par les commissions qu'elle donnoit à la Ramen. Je le chargeai d'assurer cette princesse de ma discrétion, comme aussi de la supplier de ne plus envoyer si souvent chez moi, de crainte de donner du soupçon, et surtout de ne charger personne de ce qu'elle auroit à me faire savoir, que lui qui étoit seul informé de l'aventure de la cassette, dont je ne pouvois m'expliquer avec la Ramen. Je fus obligée de prendre ce détour, pour ne point offenser la reine, qui auroit été fort piquée, si elle s'étoit aperçue que je me méfiois de sa favorite.

Je passai tout ce jour à la fenêtre, dans l'espérance de voir passer mon frère. La seule idée d'une vue si chère me faisoit souhaiter de lui être confrontée. Il n'en fut pourtant rien.

Le roi changea d'avis et le fit conduire le 5. de Septembre à Custrin, forteresse située sur la Varte dans la Nouvelle-Marche.

Le prince royal avoit été mené d'abord à Mittenwalde, proche de Berlin, où Grumkow, Derscho, Milius et Gerber l'interrogèrent pour la première fois. Le dernier lui fit grand peur. L'ayant vu sortir de carrosse avec un manteau rouge, il le prit pour le bourreau, qui venoit lui donner la question. Il étoit assis sur un méchant coffre faute de chaise, et n'avoit eu tout ce temps d'autre lit que le plancher. Il soutint l'examen avec fermeté ; ses réponses furent conformes à celles de Katt. On lui produisit les débris du porte-feuille, en lui demandant, si les lettres et les pièces, qu'il renfermoit, y étoient toutes ? Mon frère eut la présence d'esprit de répondre, que les lettres y étoient, mais qu'il voyoit plusieurs bijouteries qu'il ne connoissoit pas.

Cette réponse ouvrit les yeux à Grumkow et le mit au fait de la tromperie que nous avions faite. Il n'y avoit plus de remède ; il jugea bien, que ni menaces ni voies de fait ne nous feroient confesser leur contenu. Il pressa encore mon frère sur plusieurs articles, sans en tirer que des répliques fières et très-dures, ce qui lui faisant perdre patience, il le menaça de la question. Mon frère m'a avoué depuis, que tout son sang se glaça dans ses veines à cette déclaration. Il sut pourtant dissimuler sa frayeur et lui repartit, qu'un bourreau tel que lui ne pouvoit que prendre plaisir à parler de son métier ; qu'il n'en craignoit point les effets, qu'il avoit tout avoué, mais qu'il s'en repentoit, puisque ce n'est pas à moi, continua-t-il, de m'abaisser jusqu'à répondre à un coquin comme vous.

Transféré le jour suivant à Custrin, il fut privé de ses domestiques et de ses effets, et on ne lui laissa que ce qu'il avoit sur le corps. Pour toute occupation on lui donna une bible et quelques livres de dévotion ; sa dépense fut réglée à quatre gros par jour (argent d'ici 3 bons patz, ou 12 sols et demi de France). La chambre qui lui servoit de prison, ne recevoit le jour que par une petite lucarne ; il restoit tout le soir dans l'obscurité et on ne lui portoit de lumière qu'à l'heure du souper, fixée à sept heures. Quelle affreuse situation pour un jeune prince, l'amour et l'unique espérance de son pays ! Il fut encore examiné quelques jours après. Il est à remarquer que tout l'interrogatoire se fit toujours sous le nom du colonel Fritz, et on ne me titra que de Mlle. Wilhelmine. Grumkow avoit trop d'esprit pour ne pas concevoir que le crime imaginaire du coupable n'étoit dans le fond qu'une étourderie de jeune homme, laquelle n'étoit pas condamnable, quand on réfléchissoit aux circonstances où mon frère s'étoit trouvé. Il fit donc convenir le roi de tourner son procès d'une autre façon et de le traiter comme un déserteur et sur le pied militaire.

Mon frère étoit si aigri par les indignités qu'on lui faisoit, que les commissaires n'en purent tirer que des injures et des invectives. Enragés de ne rien découvrir, leur fureur retomba sur Katt, auquel ils voulurent faire donner la question. Le Maréchal de Wartensleben, aïeul de celui-ci et grand ami de

Sekendorff, détourna ce coup par ses instances réitérées à ce ministre.

Cependant mon sort étoit toujours le même. Je prenois tous les soirs un tendre congé de Madame de Sonsfeld et de la Mermann, n'étant pas sûre de les revoir le lendemain. Je fis remettre secrètement à la reine mes pierreries et ce que j'avois de plus précieux. J'envoyai de nuit les lettres que j'avois reçues de mon frère, à Mlle. de Jocour, gouvernante de mes sœurs cadettes, ne pouvant me résoudre à les brûler. Mes précautions ainsi prises, j'attendois mon destin avec constance.

Le roi partit enfin. La reine vint me voir le même soir. Notre entrevue fut des plus touchantes. Elle me dit, qu'elle me croyoit à l'abri de l'interrogatoire et du cloître, le roi n'en ayant plus parlé les derniers jours. Elle me conta aussi, qu'on étoit redevable au prince d'Anhalt de l'évasion de Keith ; que c'étoit lui qui l'avoit fait avertir par son page de la détention de mon frère. Ce prince s'étoit entièrement changé à son avantage depuis sa brouillerie avec Grumkow ; il ne se mêloit plus d'intrigues, et tâchoit de rendre service à tout le monde. J'avois eu le bonheur de le raccommoder avec la reine et le prince royal, auxquels il étoit entièrement dévoué. Le roi ne pouvant se venger personnellement de Keith, le fit pendre en effigie, et fit son frère sergent dans un régiment, pour punition d'avoir amené les chevaux au prince royal. La reine me fit aussi part d'une particularité très-intéressante, comme on le verra par la suite. C'étoit le mariage de ma quatrième sœur avec le prince héréditaire de Bareith, que le roi avoit publié la veille. « Dieu merci ! ajouta-t-elle, je n'ai plus rien à craindre pour vous de ce côté-là ; c'est un bon parti pour Sophie, mais qui ne vous convenoit pas. » Elle m'apprit quelques jours après avec un air de satisfaction, que ce prince étoit mort à Paris d'une fièvre chaude. « J'en suis fort fâchée, lui répondis-je, c'est dommage, tout le monde en disoit beaucoup de bien, et ma sœur auroit été fort heureuse avec lui. » « Et moi, j'en suis charmée, continua-t-elle, j'ai toujours craint un dessous de cartes, et c'est une inquiétude de moins. » (Cette nouvelle étoit fausse ; il fut très-mal effectivement, mais il réchappa heureusement de la fièvre chaude.)

La reine partit le 13. Septembre pour Vousterhausen. Notre séparation ne se fit point sans répandre des larmes. Nous convînmes de faire passer nos lettres par le canal du valet de chambre Bock, à la femme duquel on les rendroit à Berlin.

Je m'accoutumai assez bien à ma prison. Jusque-là le genre de vie que je menois, étoit fort doux. Je voyais de temps en temps mes sœurs et les dames de la reine ; mes heures étoient si bien réglées, que je ne m'ennuyois point ; je lisois, j'écrivois, je composois de la musique et faisois de petits ouvrages pour m'amuser. Mais tout cela ne faisoit que me distraire quelques momens ; la situation de mon frère se représentoit sans cesse à mon imagination ; ce qui me jetoit dans une profonde mélancolie. Ma santé étoit aussi fort mauvaise ; j'avois conservé une telle foiblesse de nerfs, qu'à peine je pouvois marcher, et que je tremblois si fort, que je ne pouvois lever les bras.

J'étois à méditer une après-midi. Ma bonne Mermann vint m'interrompre ; elle étoit pâle comme la mort et je remarquai en elle tous les signes d'une grande frayeur :

« Eh mon Dieu, lui dis-je, qu'avez-vous ? mon arrêt est-il prononcé ? »

« Non, Madame, mais le mien le sera peut-être bientôt. Je me trouve dans un cruel embarras. Un

sergent des gens-d'armes est venu ce matin chez
mon mari, pour lui remettre de la part de Katt un
paquet, à ce qu'il disoit de grande conséquence
pour votre Altesse royale. Mon mari qu'on soupçonne déjà, parce qu'il a été des amis de ce dernier,
n'a point voulu l'accepter, et a prié cet homme de
revenir ce soir. C'est à vous, Madame, à décider de
ce qu'il doit faire ; vous connoissez mon attachement pour vous, je suis déterminée à tout risquer,
pour vous en convaincre. » J'aimois beaucoup cette
femme, qui avoit certainement bien du mérite. Le
risque qu'elle couroit me laissa quelque temps en
suspens. Madame de Sonsfeld qui étoit présente, lui
demanda, si elle ne savoit point ce que contenoit ce
paquet ?

« Le sergent, repartit-elle, a dit à mon mari, que
c'est un portrait. »

« Ah ciel ! s'écria ma gouvernante, c'est celui de
votre Altesse royale, que j'ai donné au prince royal,
et qu'il a laissé en garde à Katt, comme il me l'a dit
lui-même. Vous êtes perdue, Madame, s'il tombe
entre les mains du roi ; il accuse déjà Katt d'avoir
été votre galant, s'il trouve encore ce portrait, sans
rien examiner il commencera par punir et vous trai-
tera de la façon la plus cruelle. Il faut absolument le
ravoir, continua-t-elle, en s'adressant à la Mermann,
vous hasardez autant en l'acceptant qu'en le refusant, il vaut donc mieux choisir le premier parti,
puisque vous n'avez à craindre que l'indiscrétion du
sergent, au lieu que votre malheur est sûr, si vous
prenez le second, car si la princesse est abîmée,
nous le serons avec elle, et son innocence et la nôtre
ne serviront de rien. » La Mermann ne balança plus
et me rendit le soir-même mon portrait. La chose
resta secrète, le sergent étant par bonheur honnête
homme.

La pauvre femme retomba quelques jours après dans de nouvelles inquiétudes, aussi grandes que celle-ci. Un inconnu vint lui rendre une lettre. Sa surprise fut extrême, de trouver en l'ouvrant qu'elle en renfermoit une de mon frère pour moi. Elle me l'apporta sur-le-champ. Elle étoit écrite au crayon. Je l'ai conservée soigneusement jusqu'à présent ; en voici les propres expressions.

« Ma chère sœur,

L'on va m'hérétiser après le conseil de guerre, qui va se tenir à présent, car il n'en faut pas davantage pour passer pour hérésiarque, que de n'être pas en toutes choses conforme au sentiment du maître. Vous pouvez donc juger sans peine de la jolie façon dont on m'accommodera. Pour moi je ne m'embarrasse guère des anathèmes qui seront prononcés contre moi, pourvu que je sache, que mon aimable sœur s'inscrive à faux là-contre. Quel plaisir pour moi, que ni grilles ni verroux ne peuvent m'empêcher de vous témoigner ma parfaite amitié. Oui, ma chère sœur, il se trouve encore d'honnêtes gens dans ce siècle quasi entièrement corrompu, qui me procurent les moyens nécessaires pour vous témoigner mes soumissions. Oui, ma chère sœur, pourvu que je sache que vous soyez heureuse, la prison me deviendra un séjour de félicité et de contentement. Chi ha tempo ha vita ! Consolons-nous avec cela. Je souhaiterois du fond de mon cœur n'avoir plus besoin d'interprète pour vous parler, et que nous vissions ces heureux jours, où votre Principe et ma Principessa* feront une douce harmonie, ou pour

---

* Mon frère avoit donné ce titre à sa flûte, disant, qu'il ne seroit jamais véritablement amoureux que de cette princesse. Il en faisoit souvent de jolis badinages, qui nous faisoient rire. Pour y répondre j'avois nommé mon luth Prince, lui disant, que c'étoit son rival.

parler plus net, où j'aurai le plaisir de vous entretenir moi-même et de vous assurer, que rien au
monde ne sauroit diminuer mon amitié pour vous.
Adieu.

Le prisonnier. »

Cette lettre me perça le cœur ; mes larmes m'empêchèrent longtemps de parler. Je ne comprenois
rien au tour badin de mon frère. Son style me rassura quelques momens pour me replonger ensuite
dans de plus fortes alarmes. Le conseil de guerre
dont il faisoit mention et dont on m'avoit fait mystère, me jetoit dans des agitations terribles. Je tourmentai inutilement Madame de Sonsfeld, pour me
permettre de lui répondre, mais elle resta inflexible,
et ne me fit entendre raison qu'avec beaucoup de
peine. Mon sort changea quelques jours après.

Un dimanche, 5. de Novembre, étant tranquillement dans mon lit, on vint m'avertir que Eversmann
demandoit à me parler de la part du roi. Je le fis
entrer, dissimulant tant bien que mal mon trouble.
« Je viens de Vousterhausen, me dit-il ; le roi m'a
ordonné de vous dire, que jusqu'à présent il vous a
traitée avec douceur et ménagement, il n'a point
voulu vous faire interroger, de crainte de vous trouver coupable, d'autant plus que le prince royal et
Katt ont avoué que vous étiez leur complice (ceci
étoit entièrement faux), mais il prétend de vous en
reconnoissance, que vous vous déterminiez sur le
choix des deux partis qu'il vous a si souvent proposés. Prenez garde, Madame, à la réponse que vous
me donnerez, la vie du prince royal et peut-être la
vôtre en dépendent ; il est dans une furieuse colère
contre le prince et ne parle que de le faire décapiter.
Je n'ose vous dire les funestes desseins qu'il roule

dans son esprit contre vous deux, je tremble quand j'y pense, et il n'y a que vous qui puissiez les détourner. Songez-y bien, je fais le préambule, mais le roi vous enverra d'autres personnes, qui sauront vous mettre à la raison, si vous ne me donnez une déclaration favorable. »

Je souffris maux et martyres pendant tout ce discours. J'étois assez incertaine de ma réponse, si la fin de son raisonnement ne me l'eût suggérée. « Le roi est le maître, lui repartis-je, il peut disposer de ma vie et de ma mort, mais il ne peut me rendre coupable, lorsque je ne le suis pas. Je ne désire rien tant que d'être examinée, mon innocence paroîtroit dans tout son lustre. Pour ce qui regarde les deux partis en question, ils me sont l'un et l'autre si odieux, que le choix en seroit trop difficile ; cependant j'obéirai aux ordres du roi, dès qu'il sera d'accord avec la reine. » Il se mit à rire fort insolemment.

« La reine ? s'écria-t-il, le roi lui a déclaré nettement, qu'il ne veut plus qu'elle se mêle de quoi que ce soit. »

« Il ne peut pourtant empêcher qu'elle ne reste ma mère, ni lui ôter l'autorité que cette qualité lui donne sur moi. Que je suis malheureuse ! quelle nécessité y-a-t-il de me marier, et d'où vient qu'on ne s'accorde pas sur celui que je dois épouser ? Je suis livrée au sort le plus cruel, menacée alternativement de la malédiction de mon père et de ma mère, sans savoir quel parti prendre, ne pouvant obéir à l'un sans désobéir à l'autre. »

« Eh bien, continua-t-il, préparez-vous donc à mourir ; je vois bien qu'il n'est plus temps de vous rien cacher. On recommencera le procès du prince royal et de Katt, où vous allez être impliquée ; il faut une victime de plus à la fureur du roi, Katt ne suffit pas pour éteindre sa rage, et on sera charmé de sauver votre frère à vos dépens. »

« Que vous me faites plaisir, lui répondis-je ; je suis détachée du monde ; les adversités, que j'y ai éprouvées, m'ont fait reconnoître la vanité de toutes les choses humaines ; je recevrai la mort avec joie et sans crainte, puisqu'elle me conduira à un heureux repos, dont personne ne pourra me priver. »

« Mais que deviendroit en ce cas le prince royal ? » repartit-il.

« Si je lui sauve la vie, ma félicité est parfaite, et s'il meurt, je n'aurai pas le chagrin de lui survivre. »

« Vous êtes inflexible, Madame, mais ceux que le roi vous enverra, sauront vous mettre à la raison. J'ai de plus à vous défendre expressément de la part de ce prince, de rien faire savoir de tout ce que je vous ai dit, à la reine. »

Cette triste conversation finit par là.

J'étois dans une altération effroyable, craignant de faire tort à mon frère par mes refus. On m'avoit fait accroire, que le conseil de guerre l'avoit condamné à une année de prison, et que Katt avoit été enfermé dans une forteresse pour le reste de ses jours. Je me tranquillisai pourtant, étant maîtresse de mon sort, et de rendre telle réponse qu'il me plairoit à ceux qui devoient m'être envoyés de la part du roi, n'en voulant point donner de positive à un faquin comme Eversmann.

Je contai d'abord toutes ces circonstances à Madame de Sonsfeld. Nous conclûmes toutes deux d'en informer la reine. Comme nous jugeâmes bien que je serois épiée, je n'osai risquer de donner ma lettre à la femme de Bock, de crainte, qu'elle ne fût interceptée. J'eus donc recours à Mlle. de Kamken, fille de la grande maîtresse, que la reine avoit reprise à la place de la Bulow. Cette fille avoit infiniment d'esprit, de mérite et de solidité.

On avoit oublié de mettre la garde à un dégagement, qui faisoit la communication de l'appartement de mes sœurs et du mien, ce qui m'avoit facilité le plaisir de les voir. Mlle. de Kamken s'introduisit par là secrètement chez moi. Les difficultés qu'elle me fit, ne me rebutèrent point. Je m'avisai d'empaqueter ma lettre dans un fromage, que je coupai en deux et que je rajustai ensemble le mieux que je pus. Envoyez ce fromage à votre mère, lui dis-je, mandez-lui, qu'il vient de Madame de Roukoul ; on ne s'avisera sûrement pas d'y chercher une lettre. Cet expédient la rassura ; elle suivit mon intention, qui réussit heureusement. J'avois supplié la reine, de garder le secret sur ce que je lui mandois et de me faire savoir ses ordres par la même voie. Elle fit tout à rebours.

Madame de Roukoul vint m'en apporter la réponse le lendemain matin. Cette dame étoit âgée de 70 ans ; elle étoit remplie de probité et de mérite, mais son grand âge ne permettoit pas qu'on s'y fiât. Comme elle se doutoit de quelque mystère, elle voulut être présente à l'ouverture de la lettre. Il fallut donc malgré bongré la lire devant elle. Il n'y avoit que ce peu de mots :

« Vous êtes une poule mouillée qui s'épouvante de tout. Songez que je vous donne ma malédiction, si vous consentez à ce qu'on exige de vous. Faites la malade, pour gagner du temps. »

Les cornes me vinrent à la tête en lisant ce billet, et surtout la fin m'en embarrassa beaucoup. Le conseil étoit bon, mais il falloit de la discrétion, et j'étois sûre qu'on pécheroit de ce côté-là.

Dès que je fus seule avec Madame de Sonsfeld, nous consultâmes ensemble sur ce qu'il y avoit à faire. Nous jugeâmes qu'il étoit nécessaire de tromper Madame de Roukoul, et de lui donner le change sur ma feinte maladie. Madame de Sonsfeld me conseilla de remettre la comédie, que nous avions projetée, au jour suivant, pour des raisons, disoit-elle, qu'elle ne pouvoit m'expliquer.

Eversmann vint lui rendre visite le même soir.

« Le roi m'envoie, lui dit-il ; il vous commande d'employer tous vos efforts pour persuader à la princesse d'épouser le duc de Weissenfeld. Ses refus ont épuisé sa patience ; il vous fait dire, que votre logement est préparé à Spandau, où il vous enverra si elle ne se rend à ses volontés. »

« Je quitterai la cour, lui repartit-elle, dès qu'il le jugera à propos. Le roi doit se ressouvenir de la répugnance que j'ai eue d'accepter le poste de gouvernante auprès de la princesse ; je lui remontrai mon peu de capacité pour cet emploi, il me le donna malgré mes représentations. Je l'ai élevée dans les principes de la vertu et du christianisme ; je l'aime et la chéris plus que ma vie, mais je suis prête à donner, nonobstant cela, ma démission, si le roi ne me juge plus capable de remplir mes fonctions ; je ne puis me mêler de choses qui passent mon hémisphère. La princesse est d'un âge assez mûr, pour savoir elle-même ce qu'elle a à faire. Je souhaite qu'elle prenne des résolutions conformes aux volontés du roi et de la reine ; pour moi je resterai neutre et ne m'ingérerai point de lui donner conseil pour ou contre. »

« Vous n'êtes peut-être pas informée, répondit-il, de la terrible tragédie qui s'est passée ce matin. Le sang de Katt n'a point apaisé le ressentiment du roi, il est plus furieux que jamais, et je crains fort que votre conduite ne lui donne lieu d'en venir avec vous à de fâcheuses extrémités. »

Sur cela il lui conta la déplorable fin de Katt, que je réserve pour un autre lieu, ne voulant point interrompre le fil de ma narration. Madame de Sonsfeld en fut terriblement frappée ; elle ignorait cette triste catastrophe, dont toutes les circonstances la firent frémir ; sa fermeté n'en fut pourtant point ébranlée. « Ménagez, au nom de Dieu, la princesse, s'écria-t-elle, et ne lui parlez point de cette exécution ; elle a le cœur bon et compatissant, la situation du prince royal et le malheur de Katt ne peuvent que lui causer une violente altération, qui achèveroit de ruiner sa santé déjà fort dérangée ; et pour ce qui me regarde, j'attends avec tranquillité et résignation tout ce qu'il plaira à la providence d'ordonner sur mon sujet. » Eversmann, n'en pouvant tirer d'autre réponse, se retira assez mal satisfait.

J'endurois de violentes inquiétudes pendant cette conversation. Madame de Sonsfeld me la rendit mot-à-mot, à l'article de Katt près ; elle étoit fort altérée et ne pouvoit me cacher ses larmes. Je pris le change, croyant que les menaces d'Eversmann les causoient.

Je me préparai à jouer la scène dont nous étions convenues. Je mis la Mermann de la confidence, j'étois sûre de sa discrétion et de sa fidélité. Je dinois tête à tête avec ma gouvernante dans un cabinet dont la porte donnoit sur un corridor ; notre ordinaire étoit si mince, que nous jeûnions la plupart du temps ; ce n'étoient que des os sans chair, cuits avec de l'eau et du sel, on ne nous donnoit au lieu de vin que de la petite bierre ce qui nous obligeoit de boire de l'eau toute pure. Nous étant mises à table, nous nous plaignîmes de ce qu'il faisoit trop chaud et nous fimes ouvrir la porte du corridor où il y avoit toujours beaucoup de monde qui alloit et venoit. Je me laissai tomber tout doucement de la

chaise, en criant : je me meurs. Madame de Sonsfeld courut promptement pour me secourir en appelant à l'aide. Ceux de dehors me voyant dans cet
état me crurent morte, et en semèrent le bruit par
tout le château. Les lamentations de la gouvernante
et de la Mermann les confirmèrent dans cette idée ;
mes sœurs et les dames de la reine accoururent
dans ma chambre. Je contrefis si bien la morte pendant une heure, qu'on envoya enfin chercher Stahl.
Je repris mes sens avant son arrivée. Je maudissois
mille fois en moi-même la nécessité qui me réduisoit
à faire un personnage si contraire à mon caractère.
On m'avoit couchée sur mon lit ; je priai tout le
monde de se retirer et de me laisser un peu tranquille. Je donnai par ce moyen le temps à Madame
de Sonsfeld de prévenir le médecin, qui étoit entièrement dévoué à la reine. Il ne manqua pas de dire
que j'étois fort malade. Tout le jour se passa ainsi.

J'eus encore le lendemain le chagrin de recevoir
une visite de ce vilain visage de Eversmann. Comme
je m'étois bien attendue qu'il ne manqueroit pas de
venir examiner si mon mal étoit vrai ou faux, j'avois
pris mes précautions de loin et avois eu soin de me
faire chauffer des pierres de térébenthine, qui étoient
cachées dans mon lit et dont je pouvois me servir
lorsque quelqu'un de suspect venoit chez moi. Je les
tenois entre mes mains, qui en devenoient brû-
lantes et faisoient accroire à chacun que j'avois une
grosse fièvre et beaucoup de chaleur. Il venoit de
Vousterhausen, où on étoit déjà informé de l'accident qui m'étoit survenu la veille. « Êtes-vous bien
malade ? me dit-il, donnez-moi un peu la main, que
je voie si vous avez de la chaleur. » Je la lui tendis
sur-le-champ. Surpris de me trouver si mal, il
demanda à Madame de Sonsfeld, si elle n'avoit pas
envoyé chercher Stahl ? « Je l'ai risqué, lui répondit-

elle, car la princesse étoit hier dans un tel état, qu'il n'y avoit point de temps à perdre pour la secourir ; mais je n'ai osé le faire venir aujourd'hui, et j'en ai demandé la permission à la reine. » Il la tira à part et sortit avec elle. « Je vous avois défendu, lui dit-il, de la part du roi, aussi bien qu'à la princesse de ne point informer la reine des commissions dont il m'avoit chargé pour vous, vous avez pourtant eu le courage l'une et l'autre de désobéir à cet ordre. La reine est instruite de tout ; elle m'a traité comme le dernier des hommes, mais rendez grâces, vous et votre princesse, à ma bonté qui m'empêche de me venger. Si j'informois le roi de tout ceci, il vous feroit un mauvais parti à l'une et à l'autre. C'est ce que j'ai voulu vous dire seulement en passant, afin que cela ne vous arrive plus. » Il se retira en proférant ces dernières paroles, et épargna la peine à Madame de Sonsfeld de lui répondre. Elle rentra tout effrayée dans ma chambre, pour me conter cette nouvelle imprudence de la reine. J'en restai stupifiée. Nous ne doutâmes plus qu'elle n'en parlât encore au roi, ce qui auroit achevé de tout gâter et de nous exposer aux plus grands malheurs.

Chaque jour étoit signalé par quelque catastrophe. Ce n'étoient que des emprisonnemens, des confiscations et des exécutions continuelles, ce qui me faisoit appréhender, que les menaces du roi ne se changeassent enfin en effets, surtout s'il pouvoit trouver la moindre prise. Je le répète encore, mon sort m'inquiétoit le moins ; celui des personnes que j'aimois absorboit toute mon attention. Je réfléchis toute la nuit sur ma situation ; grand Dieu, qu'elle étoit affreuse ! Je me voyois sans soutien, ne pouvant compter sur la reine, qui n'avoit aucun crédit et qui embrouilloit tout par ses imprudences et son indiscrétion. Mon frère ne me sortoit point de l'esprit. Je

soupçonnois des mystères sur son sujet ; mais toutes mes instances étoient inutiles et on me répondoit
toujours qu'il étoit enfermé pour un an. Ne sachant
pas la mort de Katt, je craignois qu'on ne recom-
mençât les procédures et que la fin n'en fût funeste.
Ma chère gouvernante m'alarmoit bien vivement ;
je l'aimois tendrement et j'aurois mieux aimé mourir
que de l'exposer par mon obstination à tenir compagnie à tant d'illustres infortunés. Je me résolus donc
enfin fermement à me sacrifier pour les autres et à
épouser le duc de Weissenfeld, avec condition toutefois, que le roi m'accorderoit la grâce de mon frère.
Je remis à lui faire savoir mes intentions jusqu'à ce
qu'il m'envoyât ceux dont Eversmann m'avoit parlé.
J'eus grand soin de cacher ce projet à Madame de
Sonsfeld, qui y auroit mis sûrement obstacle.

Je passai ainsi six ou sept jours, au bout desquels
Eversmann renouvela ses visites. J'affectois une
grande foiblesse, qui me faisoit encore garder le lit.
Il vint m'annoncer, que le roi étoit averti que je
voyois mes sœurs et les dames de la reine, qu'il en
étoit dans une très-violente colère, et qu'il me faisoit défendre sous peine de la vie de ne plus sortir
de ma chambre et de ne point mettre la tête à la
fenêtre.

En effet les ordres furent si bien donnés, que je
devins prisonnière dans toutes les formes, et qu'on
ne laissa plus entrer personne chez moi sans un
ordre exprès du roi. Je pris mon parti là-dessus et je
jugeai que Eversmann, malgré sa feinte générosité,
en étoit la cause. Ce qui m'incommodoit le plus,
c'étoit ma feinte maladie et de garder tout le jour le
lit ; je ne pouvois lire qu'à bâtons rompus, ce diantre d'homme venant m'interrompre à tout bout de
champ et me rabattre les oreilles de son duc de
Weissenfeld et de ses menaces.

La reine cependant arriva le 22. au matin à Berlin.
À force d'affectation et de chagrin, j'étois très-indis-
posée en effet. Ma sœur Charlotte[1] avoit obtenu la
permission de me voir ; elle courut d'abord chez
moi. Je l'aimois beaucoup ; elle avoit de l'esprit, de
la vivacité et l'humeur fort douce. Elle m'a bien mal
récompensée depuis de l'amitié que j'avois pour
elle. À peine eut-elle mis le pied dans ma chambre,
qu'elle me dit :

« N'avez-vous pas bien plaint mon pauvre frère et
regretté Katt ? »

« Pourquoi ? » lui repartis-je en m'effrayant.

« Quoi, vous n'en savez rien ? » continua-t-elle en
racontant fort confusément cette déplorable tragédie. J'en fus si saisie que le cœur me manqua. Mais
il est à propos de placer ici ce grand événement.

Le conseil de guerre, qui devoit décider du sort
des deux criminels, fut assemblé le 1. de Novembre
à Potsdam. Il étoit composé de deux généraux, de
deux colonels, de deux lieutenant-colonels, de deux
majors, de deux capitaines et de deux lieutenants.
Tout le monde s'étant excusé d'en être, le roi fit tirer
toute l'armée au sort. Il tomba sur les généraux
Denhoff et Linger, les colonels Derscho et Panewitz.
J'ai oublié les lieutenant-colonels, le major Schenk
des gens-d'armes et Weier du régiment du roi, aussi
bien que le capitaine Einsiedel de ce même régiment. Ils donnèrent chacun leur voix par un passage de l'écriture sainte. Je ne me souviens que de
celui de Denhoff, qui allégua la douleur de David,
lorsqu'on vint lui dire la mort d'Absalon, et s'écria :
ah mon fils Absalon, mon fils Absalon ! etc. Le même
et Linger opinèrent au pardon, mais les autres, pour
faire leur cour au roi, condamnèrent mon frère et
Katt à être décapités, procédure inouïe dans un
pays chrétien et policé. Le roi auroit fait exécuter
cette sentence, si toutes les puissances étrangères

n'avoient intercédé pour le prince, particulièrement l'Empereur et les états généraux. Sekendorff se donna de grands mouvemens ; ayant causé le mal il voulut le réparer. Il dit au roi, que le prince étoit à la vérité son fils, mais qu'il appartenoit à l'empire et que sa Majesté n'avoit aucun droit sur lui. Il eut bien de la peine à obtenir sa grâce ; ses sollicitations diminuèrent peu à peu les desseins sanguinaires du roi. Grumkow qui s'en aperçut, voulut s'en faire un mérite auprès de mon frère ; il se rendit à Custrin et l'engagea d'écrire et de faire des soumissions au roi.

Sekendorff entreprit aussi de sauver Katt, mais le roi resta inflexible. Son arrêt lui fut prononcé le 2. du même mois. Il l'entendit lire sans changer de couleur. Je me soumets, dit-il, aux ordres du roi et de la providence ; je vais mourir pour une belle cause et j'envisage le trépas sans frayeur, n'ayant rien à me reprocher. Dès qu'il fut seul il appela Mr. Hartenfeld, qui étoit de garde auprès de lui et qui étoit fort de ses amis. Il lui donna la boîte qui renfermoit le portrait de mon frère et le mien. Gardez-la, lui dit-il, et souvenez-vous quelquefois du malheureux Katt, mais ne la montrez à personne, cela pourroit encore faire du tort après ma mort aux illustres personnes que j'y ai peintes. Il écrivit ensuite trois lettres, à son aïeul, à son père et à son beau-frère. J'en ai obtenu les copies et je les ai traduites mot-à-mot de l'allemand.

« Monsieur mon très-honoré grand-père,

Je ne saurois vous exprimer avec quelle douleur et agitation j'écris celle-ci. Moi qui ai été le principal objet de vos soins, que vous aviez destiné à être le soutien de votre famille, que vous aviez élevé dans des sentimens utiles au service du maître et du prochain, qui ne suis jamais sorti de chez vous sans être honoré de vos bontés et de vos conseils ; moi qui devois faire la consolation et la félicité de votre vieillesse, enfin moi, misérable que je suis ! je deviens l'objet de votre douleur et de votre désespoir. Au lieu de vous réjouir par de bonnes nouvelles, je me vois obligé de vous annoncer l'arrêt de ma mort, qui a déjà été prononcé. Ne prenez pas mon triste sort trop à cœur ; il faut se soumettre aux décrets de la providence ; si elle nous éprouve par des adversités, elle nous donne aussi la force de les soutenir avec fermeté et de les vaincre. Il n'y a rien d'impossible à Dieu, il peut secourir quand il veut. Je mets toute ma confiance en cet Être suprême, qui peut encore diriger le cœur du roi à la clémence et me faire obtenir autant de grâces que j'ai éprouvé de rigueur. Si ce n'est point la volonté de Dieu, je ne l'en louerai et bénirai pas moins, étant persuadé que ce qu'il fera sera pour mon bien. Ainsi je me soumets avec patience à ce que votre crédit et celui de vos amis pourra obtenir de sa Majesté. Je vous demande en attendant mille fois pardon de mes fautes passées, espérant que le bon Dieu, qui pardonne aux plus grands pécheurs, aura compassion de moi. Je vous supplie de suivre son exemple envers moi et de me croire etc.

Le 2. de Novembre 1730. »

Voici des vers qu'on trouva écrits sur la fenêtre de sa prison :

> *Par le temps et la patience*
> *On obtient une bonne conscience ;*
> *Si vous voulez savoir qui écrit cela,*
> *Le nom de Katt vous l'apprendra,*
> *Toujours content en espérance.*

Au dessous il y avoit :

« Celui que la curiosité portera à lire cette écriture, apprendra que l'écrivain a été mis aux arrêts par ordre de sa Majesté le 16. d'Août de l'année 1730, non sans l'espérance de recevoir la liberté, quoique la façon dont il est gardé lui fasse augurer quelque chose de funeste. »

Un ecclésiastique étant venu le voir le jour suivant, pour le préparer à la mort, il lui dit : « Je suis un grand pécheur ; ma trop grande ambition m'a fait commettre bien des fautes, dont je me repens de tout mon cœur. Je me suis reposé sur ma fortune ; les bonnes grâces du prince royal m'ont aveuglé à un point que je me suis méconnu moi-même. À présent je reconnois que tout est vanité ; je sens un vif repentir de mes péchés et je désire la mort comme le seul chemin qui puisse me conduire à un bonheur stable et éternel. »

Il passa cette journée et celle qui suivit en de pareilles conversations. Le lendemain au soir le major Schenk vint l'avertir que son supplice devoit se faire à Custrin et que le carrosse, qui devoit l'y conduire, l'attendoit. Il parut un peu étonné de cette nouvelle, mais reprenant d'abord sa tranquillité, il suivit avec un visage riant Mr. de Schenk, qui monta en carrosse avec lui aussi bien que deux autres officiers des gens-d'armes. Un gros détachement de ce corps les escorta jusqu'à Custrin. Mr. de Schenk qui étoit fort touché lui dit, qu'il étoit au désespoir d'être chargé d'une si triste commission.

« J'ai ordre de sa Majesté, continua-t-il, d'être présent à votre exécution ; j'ai refusé par deux fois ce funeste emploi, il faut obéir : mais Dieu sait ce qu'il m'en coûte ! Plaise au ciel que le cœur du roi se change et que je puisse avoir la satisfaction de vous annoncer votre grâce. »

« Vous avez trop de bonté, lui répliqua Katt, mais je suis content de mon sort. Je meurs pour un maître que j'aime, et j'ai la consolation de lui donner par mon trépas la plus forte preuve d'attachement qu'on puisse exiger. Je ne regrette point le monde, je vais jouir d'une félicité sans fin. »

Pendant le chemin il prit congé des deux officiers, qui étoient auprès de lui, et de tous ceux qui l'escortoient. Il arriva à 9 heures du matin à Custrin, où on le mena droit à l'échafaud.

Le jour auparavant le général Lepel, gouverneur de la forteresse, et le président Municho conduisirent mon frère dans un appartement, qu'on lui avoit préparé exprès dans l'étage au-dessous de celui où il avoit logé. Il y trouva un lit et des meubles. Les rideaux des fenêtres étoient baissés, ce qui l'empêcha de voir d'abord ce qui se passoit au dehors. On lui apporta un habit brun tout uni, qu'on l'obligea de mettre. J'ai oublié de dire, qu'on en avoit donné un pareil à Katt. Alors le général, ayant levé les rideaux lui fit voir un échafaud tout couvert de noir de la hauteur de la fenêtre, qu'on avoit élargie et dont on avoit ôté les grilles ; après quoi lui et Municho se retirèrent. Cette vision et l'altération de Municho firent croire à mon frère, qu'on alloit lui prononcer sa sentence de mort, et que ces apprêts se faisoient pour lui, ce qui lui causa une violente agitation.

Mr. de Municho et le général Lepel entrèrent dans sa chambre le matin, un moment avant que Katt parût, et tâchèrent de le préparer le mieux qu'ils purent à cette terrible scène. On dit que rien n'égala son désespoir. Pendant ce temps Schenk rendit le

même office à Katt. Il lui dit en entrant dans la forteresse : Conservez votre fermeté, mon cher Katt,
vous allez soutenir une terrible épreuve, vous êtes à
Custrin et vous allez voir le prince royal. Dites plutôt, lui repartit-il, que je vais avoir la plus grande
consolation qu'on ait pu m'accorder. En disant cela
il monta sur l'échafaud. On obligea alors mon malheureux frère de se mettre à la fenêtre. Il voulut se
jeter dehors, mais on le retint. « Je vous conjure, au
nom de Dieu, dit-il à ceux qui étoient à l'entour de
lui, de retarder l'exécution, je veux écrire au roi que
je suis prêt à renoncer à tous les droits que j'ai sur
la couronne, s'il veut pardonner à Katt. » Mr. de
Municho lui ferma la bouche avec son mouchoir.
Jetant les yeux sur lui, « que je suis malheureux mon
cher Katt ! lui dit-il, je suis cause de votre mort ; plût
à Dieu que je fusse à votre place ». « Ah, Monseigneur, répliqua celui-ci, si j'avois mille vies, je les
sacrifierois pour vous. » En même temps il se mit à
genoux. Un de ses domestiques voulut lui bander
les yeux, mais il ne voulut pas le souffrir. Alors
élevant son âme à Dieu il s'écria : « Mon Dieu ! je
remets mon âme entre tes mains. » À peine eut-il
proféré ces paroles, que sa tête, tranchée d'un coup,
roula à ses pieds. En tombant il étendit les bras du
côté de la fenêtre où avoit été mon frère. Il n'y étoit
plus ; une forte foiblesse qui lui étoit survenue,
avoit obligé ces Messieurs de le porter sur son lit.
Il y resta quelques heures sans sentiment. Dès
qu'il eut repris ses sens, le premier objet qui s'offrit
à sa vue, fut le corps sanglant du pauvre Katt,
qu'on avoit posé de façon, qu'il ne pouvoit éviter de
le voir. Cet objet le rejeta dans une seconde foiblesse, dont il ne revint que pour prendre une violente
fièvre. Mr. de Municho, malgré les ordres du roi, fit
fermer les rideaux de la fenêtre et envoya chercher

les médecins, qui le trouvèrent en grand danger. Il
ne voulut rien prendre de ce qu'ils lui donnèrent.
Il étoit tout hors de lui-même et dans de si fortes
agitations, qu'il se seroit tué si on ne l'en avoit
empêché. On crut le ramener par la religion, et on
envoya chercher un ecclésiastique, pour le consoler ; mais tout cela fut inutile, et ses mouvemens violents ne se calmèrent que lorsque ses forces furent
épuisées. Les larmes succédèrent à ces terribles
transports. Ce ne fut qu'avec une peine extrême
qu'on lui persuada de prendre des médecines. On
n'en vint à bout qu'en lui représentant, qu'il causeroit encore la mort de la reine et la mienne, s'il persistoit à vouloir mourir. Il conserva pendant long-
temps une profonde mélancolie, et fut trois fois
vingt-quatre heures en grand danger. Le corps de
Katt resta exposé sur l'échafaud jusqu'au coucher
du soleil. On l'enterra dans un des bastions de la
forteresse. Le lendemain le bourreau alla demander le salaire de cette exécution au Maréchal de
Wartensleben[1], ce qui faillit lui causer la mort de
douleur.

Trois ou quatre jours après Grumkow, comme je
l'ai déjà dit, obtint la permission du roi d'aller à
Custrin. Il entra chez mon frère d'un air soumis et
respectueux. « Je ne viens, lui dit-il, que pour demander pardon à votre Altesse royale du peu de ménagement que j'ai eu jusqu'à présent pour Elle ; j'y ai
été obligé pour obéir aux ordres du roi, je les ai
même exécutés ponctuellement, pour être plus à
portée, Monseigneur, de vous rendre service. Le chagrin qu'on vient de vous causer par la mort de Katt,
nous a fait une peine infinie, à Sekendorff et à moi.
Nous avons employé tous nos efforts pour le sauver,
mais inutilement. Nous allons les redoubler pour
faire votre paix avec le roi, mais il faut que votre

Altesse royale y travaille Elle-même, et qu'elle me charge d'une lettre remplie de soumissions, que je présenterai au roi et que j'appuyerai de tout mon pouvoir. » Mon frère se détermina avec beaucoup de peine à cette démarche, il la fit toutefois.

Grumkow fit un portrait si touchant de son triste état, qu'il émut le cœur de ce prince, qui lui accorda sa grâce. Il fut élargi le 12. de Novembre de la forteresse ; on lui donna la ville pour prison. Le roi lui conféra le titre de conseiller de guerre, avec ordre, d'assister ponctuellement aux délibérations de la chambre des finances et des domaines. Il y étoit assis après le dernier des conseillers de guerre. Il plaça auprès de lui trois hommes de robe : MM. de Vollen, de Rovedel et de Natzmar. Ce dernier étoit fils du Maréchal. Il avoit de l'esprit et du monde, ayant beaucoup voyagé ; mais c'étoit un petit-maître manqué. Je ne puis m'empêcher de mettre ici un trait de son étourderie.

Étant à Vienne dans l'antichambre de l'Empereur, il aperçut le duc de Lorraine, depuis Empereur, dans un coin de la chambre, qui bâilloit ; sans penser à l'impertinence de son action, il court lui fourrer le doigt dans la bouche. Le duc en fut un peu surpris, mais connoissant l'humeur de Charles VI., fort rigide sur les étiquettes, il n'en fit point de bruit et se contenta de lui dire, qu'apparemment il s'étoit mépris.

Les deux autres de ces Messieurs étoient d'honnêtes gens, mais fort épais. La dépense de mon frère fut réglée fort petitement ; on lui défendit toute récréation, surtout la lecture et de parler et d'écrire en françois. Toute la noblesse du voisinage se cotisa pour fournir à sa table, aussi bien que les réfugiés françois de Berlin, qui lui envoyèrent du linge et des rafraîchissemens. On eut bien de la peine à dissiper

sa mélancolie ; il ne voulut jamais quitter l'habit
brun, qu'on lui avoit donné dans la forteresse, qu'il
ne fût en lambeaux, parce qu'il étoit égal à celui de
Katt. Malgré toutes les rigoureuses défenses du roi,
il passoit fort bien son temps, ceux qui étoient
autour de lui ne faisant pas semblant de s'apercevoir
de ce qu'il faisoit.

L'élargissement de mon frère modéra un peu ma
douleur et me causa une vive joie. La reine l'augmenta par sa présence. Elle me conta tous les chagrins qu'elle avoit endurés à Vousterhausen, et ses
inquiétudes pour mon frère. Je pleurois et riois tour
à tour des différentes situations où il avoit été. Elle
continua ses visites tant que le roi fut absent. Elle
ne cessoit de m'inquiéter sur l'avenir. « Je pars le
mois prochain pour Potsdam, me disoit-elle ; je suis
avertie qu'on vous livrera de terribles assauts ; on
vous ôtera la Sonsfeld, qui vous quittera de très-
mauvaise grâce, et on vous donnera en sa place des
personnes suspectes, peut-être même vous enverra-
t-on à une forteresse. Prenez votre parti là-dessus
d'avance, et armez-vous de fermeté ; refusez constamment de vous marier et laissez-moi faire le reste ; si
vous suivez mes conseils, je ne désespère pas encore
de vous établir en Angleterre. » Je lui promis tout
ce qu'elle vouloit pour la tranquilliser, mais ma résolution étoit prise, d'obéir au roi. Ce prince interrompit nos entrevues ; il vint passer les fêtes de Noël à
Berlin et y resta une quinzaine de jours. Ainsi finit
cette triste année, mémorable en événemens funestes.

L'année 1731, que je vais commencer, fut encore
bien dure pour moi ; ce fut pourtant durant son cours
qu'on jeta les fondemens du bonheur de ma vie.

Le roi retourna le 11. de Janvier à Postdam, où la
reine le suivit le 28. Pendant le peu de temps qu'elle

resta à Berlin, Mr. de Sastot, son chambellan et proche parent de Grumkow, entreprit de les réconcilier. Grumkow, plus raffiné que lui, et bien résolu de s'en servir pour dupe, profita de cette occasion pour parvenir à ses fins. Il le chargea de faire toutes les avances imaginables de sa part à la reine et de l'assurer, que si elle vouloit encore se confier à lui, il se chargeoit de faire réussir mon mariage avec le prince de Galles. La reine qui aimoit à se flatter, donna tout du long dans le panneau, et en deux jours de temps ils étoient amis à brûler. La reine m'en fit d'abord confidence. Grumkow étoit devenu le plus honnête homme du monde, et elle rejetoit tout le passé sur Sekendorff et sur la mauvaise conduite du chevalier Hotham. Je fus extrêmement surprise de cette nouvelle, qui m'alarma beaucoup, pouvant bien augurer les suites. Mais comme je savois que la reine ne pouvoit souffrir les contradictions, je lui déguisai mes pensées.

La veille de son départ, me regardant fixement : « Je viens prendre congé de vous, ma chère fille, me dit-elle. Je me flatte que Grumkow me tiendra parole et qu'il empêchera qu'on ne vous inquiète pendant mon séjour de Potsdam ; mais comme on ne peut pas toujours prévoir l'avenir, et que Grumkow est obligé par politique d'avoir de grands ménagemens pour Sekendorff, afin de le tromper d'autant mieux, j'exige une chose de vous, qui seule peut me tranquilliser pendant mon absence ; c'est que vous fassiez un serment sur votre salut éternel, que vous n'épouserez jamais que le prince de Galles. Vous voyez bien que je ne vous demande rien que de juste et de raisonnable, ainsi je ne doute pas que vous ne me donniez cette satisfaction. » Cette proposition me rendit interdite ; je crus l'éluder en lui représentant, que Grumkow étant de son parti, il n'y avoit plus rien à craindre pour moi, et que j'étois persuadée qu'il feroit mon mariage puisqu'il l'avoit promis. La reine ne se laissa point amuser par cette réponse, et insista sur le serment. Il me vint heureusement une bonne idée que je suivis pour me tirer d'embarras. « Je suis calviniste, lui dis-je, et votre Majesté n'ignore pas que la prédestination est un des articles principaux de ma religion. Mon sort est écrit au ciel, si la providence par ses décrets éternels a conclu que je sois établie en Angleterre, ni le roi ni aucune puissance humaine ne seront en état de l'empêcher, et si au contraire elle en a ordonné autrement, toutes les peines et les efforts que votre Majesté se donnera pour y parvenir, seront vains. Je ne puis donc prêter un serment téméraire, que je ne serois peut-être pas en état de tenir, et offenser Dieu en agissant contre les principes de ma conscience et de la croyance que j'ai. Tout ce que je puis promettre est, de ne point me rendre aux volontés du roi qu'à la dernière extrémité. » La reine n'eut rien à me répliquer ; je remarquai que ma réponse l'avoit fâchée, mais je ne fis semblant de rien. Nous nous attendrîmes toutes les deux en prenant congé ; le cœur me fendoit et je ne pouvois me séparer d'elle, je l'aimois à l'adoration, et en effet elle avoit bien des belles qualités. Nous convînmes d'adresser des lettres indifférentes à la Ramen et de nous servir de la femme du valet de chambre, pour faire passer celles qui étoient de conséquence.

J'ai oublié un article fort intéressant. La Bulow avant que de partir pour la Lithuanie, avoit eu une grande conversation avec Boshart, chapelain de la reine, dans laquelle elle lui avoit dévoilé le caractère de la Ramen et toutes ses intrigues. Cet ecclésiastique, qui hantoit beaucoup de gens, en avoit déjà entendu quelque chose. Il résolut d'en avertir la reine, et eut le bonheur de la convaincre si authentiquement des infâmes menées de cette femme, qu'elle lui promit de ne lui rien confier que ce qu'elle voudroit qui parvînt aux oreilles du roi. Elle nous conta d'abord ce que Boshart lui avoit dit, et nous avoua alors, qu'elle avoit bien remarqué la défiance que nous avions eue pour cette créature, mais qu'elle n'avoit pu s'imaginer qu'elle fût capable d'une telle noirceur. Nous lui conseillâmes de jouer fin contre fin, de continuer à lui faire bon visage et de lui en donner à garder tant qu'elle pourroit.

Je me trouvai bien désolée après le départ de la reine, enfermée dans ma chambre de lit, où je ne voyois personne, continuant toujours à faire abstinence, car je mourois de faim. Je lisois tant que le jour duroit et je faisois des remarques sur mes lectures. Ma santé s'affoiblissoit beaucoup, je devenois maigre comme un squelette faute d'alimens et d'exercices.

Un jour que nous étions à table, Madame de Sonsfeld et moi, à nous regarder tristement, n'ayant rien à manger qu'une soupe d'eau au sel et un ragoût de vieux os, rempli de cheveux et de saloperies, nous entendîmes cogner assez rudement contre la fenêtre. Surprises nous nous levâmes précipitamment pour voir ce que c'étoit. Nous trouvâmes une corneille, qui tenoit un morceau de pain dans son bec ; elle le posa dès qu'elle nous vit sur le rebord de la croisée et s'envola. Les larmes nous vinrent aux yeux de cette aventure. Notre sort est bien déplorable, dis-je à ma gouvernante, puisqu'il touche les êtres privés de raison ; ils ont plus de compassion de nous que les hommes, qui nous traitent avec tant de cruauté. Acceptons l'augure de cet oiseau, notre situation va changer de face. Je lis actuellement l'Histoire romaine, et j'y ai trouvé, continuai-je en

badinant, que leur approche porte bonheur. Au reste
il n'y avoit rien que de très-naturel à ce que je viens
de dire. La corneille étoit privée et appartenoit au
Margrave Albert ; elle s'étoit peut-être égarée et
recherchoit son gîte. Cependant mes domestiques
trouvèrent cette circonstance si merveilleuse, qu'elle
fut divulguée en peu de temps par toute la ville ; ce
qui inspira tant de pitié pour mes peines à la colonie
françoise qu'au risque d'encourir le ressentiment du
roi, ils m'envoyoient tous les jours à manger dans
des corbeilles, qu'ils posoient devant ma garde-robe,
et que la Mermann prenoit soin de vuider. Cette
action et le zèle qu'ils témoignoient à mon frère m'a
inspiré une haute estime pour cette nation, que je
me suis fait une loi de soulager et de protéger quand
j'en trouve les occasions.

Tout le mois de Février se passa de cette façon.
La reine fit tant d'instances à Grumkow, qu'il
m'obtint enfin la permission de revoir mes sœurs et
les dames de cette princesse. J'étois alors dans une
tranquillité parfaite, hors d'appréhension pour mon
frère, et je n'entendois plus parler de mes odieux
mariages. Ma petite société étoit douce et accom-
modante ; je m'accoutumois peu à peu à la retraite
et devenois véritable philosophe.

La reine m'écrivoit de temps en temps ce qui se
passoit. Elle continuoit à être au mieux avec Grumkow. Elle me manda, qu'il alloit faire une dernière
tentative en Angleterre, à laquelle le roi avoit consenti,
et qu'elle s'en promettoit de très-heureuses suites.
Je n'étois pas de son avis. Je ne pouvois concevoir
comment elle pouvoit se fier à un homme qui se faisoit un point d'honneur de tromper tout le monde, et
qui n'avoit cessé jusqu'alors de la persécuter. Je me
doutai d'avance que la fin de cette grande amitié
seroit funeste et qu'elle en seroit la dupe. Mes

conjectures furent justes. Le roi commença à tourmenter la reine sur mon mariage à la fin de Mars.
Elle m'en avertit d'abord, se plaignant beaucoup
de ce qu'elle enduroit de sa mauvaise humeur. Il la
maltraitoit publiquement à table et paroissoit plus
animé que jamais contre mon frère et contre moi
sans qu'elle en sût les raisons. Grumkow en rejetoit
la faute sur Sekendorff et lui faisoit accroire, que ce
ministre, ayant averti le roi de sa bonne intelligence
avec elle, avoit diminué par là son crédit.

Je n'avois point participé aux sacrements depuis
neuf mois, n'en ayant pu obtenir la permission du
roi. La reine me permit de lui écrire, pour lui
demander cette grâce. Malgré les défenses de cette
princesse je témoignai à ce prince la douleur que
me causoit sa disgrâce. Ma lettre fut des plus touchantes et capable d'attendrir un cœur de roche.
Pour toute réponse il dit à la reine, que sa canaille
de fille pouvoit communier. Il donna ses ordres
pour cet effet à Eversmann et lui nomma l'ecclésiastique, qui devoit en faire la fonction. Cela se passa
secrètement dans ma chambre, où Eversmann fut
présent à cette pieuse cérémonie. Tout le monde en
tira un bon augure pour mon raccommodement, le
roi en ayant usé de même avec mon frère avant qu'il
sortît de la forteresse.

Cependant Grumkow avoit écrit par ordre du roi
en Angleterre. Il s'étoit adressé à Reichenbach, pour
le charger de demander une déclaration formelle
sur mon mariage avec le prince de Galles ; mais il
avoit eu soin de donner des instructions secrètes à
celui-ci, pour le faire échouer.

Dans ces entrefaites Eversmann recommença ses
visites. Il vint me faire un jour des compliments de
la reine, et comme je m'informai de sa santé et de
celle du roi, « il est de très-mauvaise humeur, me

dit-il, et la reine est triste sans que j'en sache la raison. Je suis affairé que c'est terrible. Le roi m'a ordonné de mettre le grand appartement en ordre et d'y faire transporter toute la nouvelle argenterie. Vous aurez bien du bruit au-dessus de votre tête, Madame, car on y prépare plusieurs fêtes. Les noces de la princesse Sophie doivent se faire bientôt avec le prince de Bareith. Le roi a invité beaucoup d'étrangers : le duc de Wirtemberg, le duc, la duchesse et le prince Charles de Bevern, le prince de Hohenzollern et quantité d'autres. Que je vous plains, continua-t-il, de ne point être de ces plaisirs ; car le roi a dit qu'il ne souffriroit point que vous parussiez en sa présence. » « Je prendrai aisément mon parti là-dessus, lui répondis-je, mais je n'en prendrai jamais sur la disgrâce de ce prince, et je n'aurai point de repos jusqu'à ce qu'il m'ait rendu ses bonnes grâces. »

Je ne fis pas grande réflexion sur cette conversation, mais Madame de Sonsfeld m'en parut inquiète. « Il se forme un nouvel orage, me dit-elle ; Grumkow dupe sûrement la reine, et je crains fort, Madame, que tous ces apprêts ne se fassent pour vous. Au nom de Dieu ! tenez bon et ne vous rendez pas malheureuse. On vous destine le prince de Bareith ; préparez votre réponse d'avance car j'appréhende que la bombe ne crève quand vous vous y attendrez le moins. » Comme je ne voulois point lui dire mes intentions, je ne lui répondis que problématiquement là-dessus.

Les réponses d'Angleterre étant arrivées, la reine ne manqua pas de m'en faire part. Reichenbach avoit très-bien exécuté les instructions de Grumkow. Il parla avec tant de fierté de la part du roi aux ministres anglois, que ceux-ci, déjà fort piqués de l'affront fait au chevalier Hotham, prirent la déclaration pour une nouvelle insulte. Le roi d'Angleterre en fut outré ; il jugea pourtant nécessaire de cacher sa réponse au prince de Galles et au reste de la nation. Il répondit au roi, qu'il ne se désisteroit jamais du mariage de mon frère avec la princesse sa fille, et que si cette condition n'étoit pas de son goût, il marieroit le prince de Galles avant la fin de l'année. Le roi, mon père, lui écrivit par la même poste, qu'il étoit résolu de faire mes noces avant qu'il fût deux mois et qu'il préparoit tout pour cet effet. La reine fut au désespoir de cette rupture, comme on peut bien le croire ; mais je ne sais quel espoir lui restoit encore, puisqu'elle me recommandoit toujours de rester ferme à refuser tous les partis qu'on me proposeroit...

Sept ou huit jours après Eversmann vint chez moi. Il affectoit un air hypocrite et vouloit faire le bon valet. « Je vous ai aimée, me dit-il, depuis que vous êtes au monde, je vous ai portée mille fois sur mes bras et vous étiez la favorite de chacun ; malgré toutes les duretés, que je vous ai dites de la part du roi, je suis pourtant de vos amis ; je veux vous en donner une preuve aujourd'hui et vous avertir de ce qui se passe. Votre mariage est entièrement rompu avec le prince de Galles. La réponse qu'on a donnée au roi, l'a rendu furieux ; il fait souffrir maux et martyres à la reine, qui devient maigre comme un bâton. Il est animé tout de nouveau contre le prince royal ; il dit qu'on n'a pas bien examiné lui et Katt, et qu'il y a bien des circonstances de conséquence qu'il ignore et qu'il veut encore approfondir. Votre mariage avec le duc de Weissenfeld est fermement résolu ; je prévois les plus grands malheurs si vous persistez dans votre obstination ; le roi se portera aux dernières extrémités contre la reine, contre le prince royal et contre vous. Dans peu vous apprendrez si je mens ou si je dis vrai. C'est à vous à penser à ce que vous voulez faire. » Ma réponse étoit toujours la même, c'étoit un refrain que j'avois appris par cœur à force de le répéter. Il se retira donc assez mal-satisfait.

Je reçus la même après-midi une lettre de la reine, qui confirma ce que Eversmann venoit de me dire. La femme du valet de chambre me la rendit elle-même et m'en fit voir une de son mari. « Il est impossible, lui mandoit-il, de vous décrire le déplorable état où se trouve la reine ; peu s'en fallut que hier le roi n'en vînt aux plus fâcheuses extrémités avec elle, ayant voulu la frapper de sa canne. Il est plus enragé que jamais contre le prince royal et la princesse. Dieu, ayez pitié de nous dans de si fortes adversités ! »

Le lendemain, 10. de Mai, jour le plus mémorable de ma vie, Eversmann réitéra sa visite. À peine étois-je réveillée qu'il parut devant mon lit. « Je reviens dans ce moment de Potsdam, me dit-il, où j'ai été obligé d'aller hier, après être sorti de chez vous. Je n'ai pu m'imaginer quelle affaire pressante m'y appeloit si fort à la hâte. J'ai trouvé le roi et la reine ensemble. Cette princesse pleuroit à chaudes larmes et le roi paroissoit fort en colère. Dès qu'il m'a vu il m'a ordonné de retourner au plus vite ici, pour faire les emplettes nécessaires pour vos noces. La reine a voulu faire un dernier effort pour détourner ce coup et l'apaiser, mais plus elle lui faisoit d'instances plus il aigrissoit. Il a juré par tous les diables de l'enfer qu'il chasseroit ignominieusement Madame de Sonsfeld, et que pour faire un exemple de sévérité, il la feroit fouetter publiquement par tous les carrefours de la ville, puisqu'elle seule, dit-il, est cause de votre désobéissance ; et pour vous, continua-t-il, si vous ne vous soumettez, on vous mènera à une forteresse, et je veux bien vous avertir que les chevaux sont déjà commandés pour cet effet. Adressant ensuite la parole à Madame de Sonsfeld, je vous plains de tout mon cœur, lui dit-il, d'être condamnée à une pareille infamie, mais il dépend de la princesse de vous l'épargner. Il faut pourtant avouer que vous ferez un beau spectacle, et que le sang, qui découlera de votre dos blanc, en relèvera la blancheur et sera appétissant à voir. » Il falloit être de pierre pour entendre de pareils propos avec sang-froid ; cependant je me modérai et tâchai de rompre cet entretien sans entrer en matières.

Je fis part de ces belles nouvelles aux dames de la reine. Elles me demandèrent quel parti je prendrois dans de si cruelles conjonctures ? « Celui d'obéir, leur répondis-je, pourvu qu'on m'envoie quelqu'autre que Eversmann, auquel je suis bien résolue de ne jamais donner ma réponse. Je ne doute plus d'aucune menace depuis l'horrible tragédie de Katt et tant d'autres voies de fait, qui se sont passées depuis peu. La Bulow et Duhan étoient aussi innocens que Madame de Sonsfeld, cependant on ne les a pas épargnés. D'ailleurs la considération même de la reine et de mon frère me déterminent absolument à mettre fin à toutes ces dissensions domestiques. » Madame de Sonsfeld, qui m'avoit épiée, se jeta à mes pieds :

« Au nom de Dieu ! s'écria-t-elle, ne vous laissez point intimider : je connois votre bon cœur, vous appréhendez mon malheur et vous m'y précipitez, Madame, en voulant vous rendre infortunée pour le reste de vos jours. »

« Je ne crains rien, j'ai la conscience nette et je me trouve la plus heureuse personne du monde si je puis faire votre félicité à mes dépens. »

Je fis semblant, pour la tranquilliser, de changer d'avis.

Le soir à cinq heures la femme du valet de chambre m'apporta une lettre de la reine ; elle étoit écrite ce même matin. En voici le contenu :

« Tout est perdu ! ma chère fille, le roit veut vous marier quoi qu'il coûte. J'ai soutenu plusieurs terribles assauts sur ce sujet, mais ni mes prières ni mes larmes n'ont rien effectué. Eversmann a ordre de faire les emplettes pour vos noces. Il faut vous préparer à perdre la Sonsfeld ; il veut la faire dégrader avec infamie si vous n'obéissez. On vous enverra quelqu'un pour vous persuader ; au nom de Dieu, ne consentez à rien ! Je saurai bien vous soutenir ; une prison vaut mieux qu'un mauvais mariage. Adieu, ma chère fille, j'attends tout de votre fermeté. »

Madame de Sonsfeld me réitéra encore ses instances et me parla très-fortement pour me déterminer à suivre les ordres de la reine. Pour me défaire de ces tourmens, je repassai dans ma chambre, où je me mis devant mon clavecin, faisant semblant de composer. À peine y étois-je un moment que je vis entrer un domestique, qui me dit d'un air effaré : « mon Dieu, Madame, il y a quatre Messieurs là, qui demandent à vous parler de la part du roi. »

« Qui sont-ils ? » lui dis-je fort précipitamment.

« Je me suis si effrayé, me répondit-il, que je n'y ai pas pris garde. »

Je courus alors dans la chambre où étoit la compagnie. Dès que je leur eus dit de quoi il étoit question chacun s'enfuit. La gouvernante qui étoit allée recevoir cette malencontreuse visite, rentra suivie de ces Messieurs. « Au nom de Dieu ! me dit-elle en

passant, ne vous laissez pas intimider. » Je passai
dans ma chambre de lit, où ils entrèrent incontinent.
C'étoit MM. de Borck, Grumkow, Poudevel, son gendre, et un quatrième qui m'étoit inconnu, mais que
j'appris depuis être Mr. Tulmeier, ministre d'État,
qui jusqu'alors avoit été dans les intérêts de la reine.
Ils firent retirer ma gouvernante et fermèrent fort
soigneusement la porte. J'avouerai que malgré toute
ma résolution, je sentis une altération effroyable,
en me voyant au dénouement de mon sort, et sans
une chaise que je trouvai au milieu de la chambre
sur laquelle je m'appuyai, je serois tombée à terre.

Grumkow prit le premier la parole. « Nous venons
ici, Madame, me dit-il, par ordre du roi. Ce prince
s'est laissé fléchir jusqu'à présent, dans l'espérance
de pouvoir encore effectuer votre mariage avec le
prince de Galles. J'ai été moi-même chargé de cette
négociation, et j'ai fait tout mon possible pour déterminer la cour de Londres à consentir au simple
mariage. Mais au lieu de répondre comme elle le
devoit aux propositions avantageuses du roi, mon
maître, il n'en a reçu qu'un refus méprisant ; le roi
d'Angleterre lui ayant déclaré qu'il marieroit son fils
avant la fin de l'année. Sa Majesté très-piquée de ce
procédé y a répondu, en assurant le roi, son beau-
frère, que votre hymen se feroit avant trois mois.
Vous jugez bien, Madame, qu'il n'en veut point avoir
le démenti, et quoiqu'en qualité de père et de souverain il puisse se dispenser de pareilles discussions
avec vous, il veut pourtant bien s'abaisser jusqu'à ce
point et vous exposer le déshonneur qu'il y auroit
pour vous et pour lui, d'être plus longtemps le jouet
de l'Angleterre. Vous n'ignorez pas, Madame, que
l'obstination de cette cour a causé tous les malheurs
de votre maison. Les intrigues de la reine et sa per-
sévérance à s'opposer aux volontés du roi l'ont aigri

à un tel point contre elle, qu'on ne doit s'attendre tous les jours qu'à une rupture totale entr'eux. Songez, Madame, au malheur du prince royal et de tant d'autres personnes, auxquelles le roi a fait ressentir le poids de son courroux. Ce pauvre prince traîne une vie misérable à Custrin. Le roi est encore si animé contre lui, qu'il regrette d'avoir fait mourir Katt, parce que, dit-il, il en auroit pu tirer des éclaircissemens plus forts ; il soupçonne toujours le prince royal de crime de lèse-Majesté, et sera charmé de trouver le prétexte de vos refus pour recommencer son procès. Mais j'en viens au point essentiel. Pour aplanir toutes les difficultés que vous pourriez lui faire, nous avons ordre de ne vous proposer que le prince héréditaire de Bareith. Vous ne pouvez rien alléguer contre ce parti. Ce prince devient le médiateur entre le roi et la reine ; c'est elle qui l'a proposé au roi, elle ne pourra donc qu'applaudir à ce choix. Il est de la maison de Brandebourg et sera possesseur d'un très-beau pays après la mort de son père. Comme vous ne le connoissez point, Madame, vous ne pouvez avoir d'aversion pour lui. Au reste tout le monde en dit un bien infini. Il est vrai qu'ayant été élevée dans des idées de grandeur, et vous étant flattée de porter une couronne, sa perte ne peut que vous être sensible ; mais les grandes princesses sont nées pour être sacrifiées au bien de l'État. Dans le fond les grandeurs ne font pas le solide bonheur, ainsi soumettez-vous, Madame, aux décrets de la providence et donnez-nous une réponse capable de rétablir le calme dans votre famille. Il me reste encore deux articles à vous dire, dont l'un, à ce que j'espère, sera inutile. Le roi vous promet de vous avantager en cas d'obéissance au double de ses autres enfans, et vous accorde incessamment après vos noces l'entière liberté du prince royal. Il veut en votre considération oublier entièrement le passé, et en agir bien avec lui comme aussi avec la reine. Mais si contre son attente et contre toutes ces raisons, que je regarde comme invincibles, vous vous opiniâtrez dans vos refus, nous avons l'ordre du roi, que voici (il me le montra), de vous conduire sur-le-champ à Memel (cette forteresse est en Lithuanie) et de traiter Madame de Sonsfeld et vos autres domestiques avec la dernière rigueur. »

J'avois eu le temps de réfléchir pendant ce discours et de me remettre de ma première frayeur. « Ce que vous venez de me dire, Monsieur, lui répliquai-je, est si sensé et si raisonnable, qu'il seroit très-difficile de refuser vos argumens. Si le roi m'avoit connue, il me rendroit peut-être plus de justice qu'il ne fait. L'ambition n'est point mon défaut et je renonce sans peine aux grandeurs dont vous avez fait mention. La reine a cru faire mon bonheur en m'établissant en Angleterre, mais elle n'a jamais consulté mon cœur sur cet article, et je n'ai jamais osé lui dire mes véritables sentiments. Je ne sais par où j'ai mérité la disgrâce du roi ; il s'est toujours adressé à la reine lorsqu'il s'agissoit de me marier, et ne m'a jamais fait dire ses volontés, là-dessus. Il est vrai que Eversmann s'est mêlé de me porter souvent des ordres de sa part, auxquels j'ai ajouté si peu de foi, que je n'ai pas daigné y répondre, et je n'ai pas jugé à propos de me compromettre avec un vil domestique, ni d'entrer en matière avec lui sur des choses de si grande conséquence. Vous me promettez de la part du roi, qu'il en agira mieux dorénavant avec la reine ; il m'accorde l'entière liberté de mon frère et me flatte d'une paix stable dans la famille ; ces trois raisons sont plus que suffisantes pour me déterminer à me soumettre aux volontés du roi, et tireroient de moi un plus grand sacrifice, si son ordre l'exigeoit. Après cela je ne lui demande qu'une grâce, qui est de me permettre d'obtenir le consentement de la reine. »

« Ah ! Madame, me dit Grumkow, vous exigez des choses impossibles de nous. Le roi veut une réponse positive et sans conditions, et nous a ordonné de ne point vous quitter que vous ne l'ayez donnée. » « Pouvez-vous balancer encore ? poursuivit le Maréchal de Borck, la tranquillité de sa Majesté et de toute votre maison dépend de votre résolution. La reine ne peut qu'approuver votre démarche, et si elle agit autrement, tout le monde désapprouvera son procédé. Il y va du tout pour le tout, continua-t-il les larmes aux yeux ; ne nous réduisez point, au nom de Dieu ! Madame, à la triste nécessité d'obéir, en vous rendant malheureuse. »

J'étois dans une agitation terrible. Je courois çà et là par la chambre, cherchant dans ma tête un expédient pour satisfaire le roi sans me brouiller avec la reine. Ces Messieurs voulurent me laisser le temps de réfléchir. Grumkow, Borck et Poudevel s'approchant de la croisée se parlèrent bas à l'oreille. Tulmeier prit ce temps pour s'approcher de moi, et s'apercevant que je ne le connoissois pas, il me dit son nom. « Il n'est plus temps de vous défendre, me dit-il tout bas, souscrivez à tout ce qu'on exige de vous ; votre mariage ne se fera point, je vous en réponds sur ma tête. Il faut apaiser le roi quoi qu'il coûte, et je me charge de faire comprendre à la reine que c'est le seul moyen de tirer une déclaration favorable du roi d'Angleterre. » Ces mots me déterminèrent. Me rapprochant de ces Messieurs : « Eh bien ! leur dis-je, mon parti est pris ; je consens à toutes vos propositions ; je me sacrifie pour ma famille. Je m'attends à de cruels chagrins, mais la pureté de mes intentions me les fera souffrir avec constance. Pour vous, Messieurs, je vous cite devant le tribunal de Dieu, si vous ne faites en sorte que le roi me tienne les promesses que vous m'avez faites de sa part en faveur de la reine et de mon frère. » Ils firent alors les plus terribles sermens de les faire exécuter en tout point, après quoi ils me prièrent d'écrire ma résolution au roi. Grumkow remarquant que j'étois fort émue, me dicta la lettre ; il se chargea aussi de celle que j'écrivis à la reine. Ils se retirèrent enfin. Tulmeier me dit encore qu'il n'y avoit rien de perdu.

« Je ne me soucie point de l'Angleterre, lui repartis-je, c'est la reine seule qui m'inquiète. »

« Nous l'apaiserons, je vous en assure », répliqua-t-il.

Dès que je fus seule, je me laissai tomber sur un fauteuil, où je fondis en larmes. Madame de Sonsfeld me trouva dans cette situation. Je lui fis d'une voix entrecoupée le récit de ce qui venoit de se passer. Elle me fit les plus cruels reproches ; son désespoir étoit inconcevable. Tout le monde étoit consterné et pleuroit. Mon triste cœur refermoit mes pensées, car je fus immobile tout ce jour, et Madame de Sonsfeld près, chacun approuvoit mon action ; mais tous craignoient le ressentiment de la reine pour moi. Le matin suivant j'écrivis à cette princesse. J'ai conservé la copie de cette lettre ; la voici.

« Madame,

Votre Majesté sera déjà informée de mon malheur par la lettre que j'eus hier l'honneur de lui écrire sous le couvert du roi. À peine ai-je encore la force de tracer ces lignes et mon état est digne de pitié. Ce ne sont point les menaces, quelques fortes qu'elles pussent être, qui m'ont arraché mon consentement à la volonté du roi ; un intérêt plus cher m'a déterminée à ce sacrifice. J'ai été jusqu'à présent la cause innocente de tous les chagrins que votre Majesté a endurés. Mon cœur trop sensible a été pénétré des détails touchans qu'elle m'en a faits en dernier lieu. Elle vouloit souffrir pour moi, n'est-il pas bien plus naturel que je me sacrifie pour elle et que je mette fin une fois pour toutes à cette funeste division dans la famille ? Ai-je pu balancer un moment sur le choix du malheur ou de la grâce de mon frère ? Quels affreux discours ne m'a-t-on pas tenus sur son sujet ; je frémis quand j'y pense. On m'a refusé d'avance tout ce que je pouvois alléguer contre la proposition du roi. Votre Majesté elle-même lui a proposé le prince de Bareith comme un parti convenable pour moi et sembloit contente si je l'épousois ; je ne puis donc m'imaginer qu'elle désapprouve ma résolution. La nécessité est une loi ; quelques instances que j'aie faites, je n'ai pu obtenir de demander le consentement de votre Majesté. Il falloit opter, ou d'obéir de bonne grâce, en obtenant des avantages réels pour mon frère, ou de m'exposer aux dernières extrémités, qui m'auroient pourtant enfin réduite à la même démarche que je viens de faire. J'aurai l'honneur de faire un détail plus circonstancié à votre Majesté, quand je pourrai me mettre à ses pieds. Je comprends assez quelle doit être sa douleur, et c'est ce qui me touche le plus. Je la supplie très-humblement de se tranquilliser sur mon sort et de s'en remettre à la providence, qui fait tout pour notre bien, d'autant plus que je me trouve heureuse, puisque je deviens l'instrument du bonheur de ma chère mère et de mon frère ; que ne ferois-je pas pour leur témoigner ma tendresse ! Je lui réitère mes supplications en faveur de sa santé, que je la conjure de ménager et de ne point altérer par un trop violent chagrin. Le plaisir de revoir bientôt mon frère doit lui rendre ce revers plus supportable. J'espère qu'elle m'accordera un généreux pardon de la faute que j'ai commise, de m'engager à son insu en faveur de mes tendres sentimens et du respect avec lequel je serai toute ma vie etc. etc. »

Le même soir Eversmann porta cette lettre du roi, écrite de main propre :

« Je suis bien aise, ma chère Wilhelmine, que vous vous soumettiez aux volontés de votre père. Le bon Dieu vous bénira et je ne vous abandonnerai jamais. J'aurai soin de vous toute ma vie et vous prouverai en toute occasion que je suis

votre fidèle père. »

Eversmann devant aller à Postdam je lui donnai ma réponse. Il me seroit difficile de décrire l'état où je me trouvois. Mon amour-propre se trouvoit flatté par l'action que je venois de faire ; je m'en applaudissois intérieurement et sentois une secrète satisfaction d'avoir mis des personnes, qui m'étoient si chères, à l'abri de toute persécution. L'idée de mon sort ne se présentoit ensuite à moi que pour me jeter dans de cruelles inquiétudes. Je ne connoissois point celui que je devois épouser ; on en disoit du bien, mais peut-on juger du caractère d'un prince qu'on ne voit qu'en public et dont les manières prévenantes peuvent cacher bien des vices et des défauts ? Je me figurois d'avance les fureurs et le désespoir de la reine, et j'avoue que ce seul point m'agitoit plus que l'autre. J'étois ainsi absorbée dans ce mélange de plaisirs et de peines, lorsque la femme de Bock me rendit la réponse de la reine à la première lettre que je lui avois écrite. Grand Dieu, quelle lettre ! Les expressions en étoient si dures que je faillis en mourir. Il m'est impossible de la rendre entière, je n'en donnerai qu'une légère ébauche ici. Cette mère m'est trop chère encore, malgré sa cruauté, pour la compromettre par un écrit qui ne lui feroit pas honneur ; je n'ai pas voulu le conserver pour cette raison. En voici quelques expressions.

« Vous me percez le cœur en me causant le plus violent chagrin que j'aie enduré de ma vie. J'avois mis tout mon espoir en vous, mais je vous connoissois mal. Vous avez eu l'adresse de me déguiser la méchanceté de votre âme et la bassesse de vos sentimens. Je me repens mille fois des bontés que j'ai eues pour vous, des soins que j'ai pris de votre éducation et des peines que j'ai souffertes pour vous. Je ne vous reconnois plus pour ma fille et ne vous regarderai dorénavant que comme ma cruelle ennemie, puisque c'est vous qui me sacrifiez à mes persécuteurs, qui triomphent de moi. Ne comptez plus sur moi ; je vous jure une haine éternelle et ne vous pardonnerai jamais. »

Ce dernier article me fit frémir ; je connoissois parfaitement la reine et son humeur vindicative. On crut que je perdrois l'esprit, tant mes premiers mouvemens furent violens. La femme de Bock me parla fort sensément : elle me représenta que cette lettre étoit écrite dans la force du premier emportement. Elle me lut celle de son mari, qui me faisoit assurer que tous ceux qui étoient autour de la reine s'étoient réunis pour l'apaiser ; que je devois continuer à lui faire des soumissions et qu'il ne doutoit point qu'elle ne rentrât en elle-même. Cinq ou six jours se passèrent ainsi, pendant lesquels je ne reçus que des lettres assommantes.

Au bout de ce temps Eversmann revint de Potsdam. Il me fit un compliment des plus gracieux du roi et me dit de sa part, que comptant être à Berlin le 23. il n'avoit pas jugé à propos de me faire venir à Potsdam, d'autant plus qu'il valoit mieux donner le temps à la reine de s'apaiser. Il ajouta, qu'elle étoit dans une colère terrible contre moi, et que je devois m'armer de fermeté pour la première entrevue, qui ne se passeroit point sans de grands emportemens. Il renouvela sa visite trois jours après. Le roi vous fait avertir, Madame, me dit-il, qu'il sera demain de bonne heure ici, et vous fait ordonner de vous trouver avec Mesdames vos sœurs dans son appartement. L'inquiétude où j'étois pour le retour de la reine me fit passer ce jour-là et cette nuit dans la plus profonde tristesse.

Je me rendis le lendemain chez le roi, qui arriva à deux heures de l'après-midi. Je m'attendois à être bien reçue, mais quelle fut ma surprise de le voir entrer avec un visage aussi furieux que celui qu'il avoit eu la dernière fois que je l'avois vu. Il me demanda d'un ton de colère : si je voulois lui obéir ? Je me jetai à ses pieds, l'assurant que j'étois soumise à ses volontés, et que je le suppliois de me rendre son amour paternel. Ma réponse changea toute sa physionomie. Il me releva et me dit en m'embrassant : je suis content de vous, j'aurai soin de vous toute ma vie et ne vous abandonnerai jamais. Se tournant vers ma sœur Sophie : félicitez votre sœur, elle est promise avec le prince héréditaire de Bareith ; que cela ne vous chagrine point, j'aurai soin de vous faire un autre établissement. Il me donna ensuite une pièce d'étoffe : voilà de quoi vous parer pour les fêtes que je donnerai. J'ai un peu à faire, continua-t-il, allez attendre votre mère. Elle n'arriva qu'à sept heures du soir. J'allai la recevoir dans sa première anti-chambre et tombai en foiblesse en me baissant pour lui baiser la main. On fut long-temps à me faire revenir. On m'a dit depuis qu'elle ne parut point touchée de mon état. Dès que je fus revenue à moi je me jetai à ses pieds ; le cœur m'étoit si serré et ma voix si entrecoupée de sanglots, que je ne pouvois prononcer une parole. La reine me regardoit pendant ce temps d'un œil sévère et mépri-sant, et me répétoit tout ce qu'elle m'avoit écrit. Cette scène n'auroit point fini si la Ramen ne l'eût tirée à part. Elle lui représenta, que si le roi appre-noit son procédé, il le trouveroit très-mauvais et s'en vengeroit sur mon frère et sur elle ; que ma douleur étoit si violente que je ne pourrois la contraindre devant ce prince, ce qui pourroit lui attirer de nou-veaux désagrémens très sensibles. Cet officieux ser-mon fit son effet. La reine craignoit dans le fond de son cœur le roi autant que le diable. Elle me releva enfin en me disant d'un air sec qu'elle me pardon-noit à condition que je me contraindrois.

La duchesse de Bevern entra dans ces entrefaites. Elle sembla touchée de mon état ; tout mon visage étoit bouffi et écorché à force d'avoir pleuré. Elle me témoigna tout bas la part qu'elle prenoit à ma douleur. Une certaine sympathie fit naître entre nous une amitié qui continue encore jusqu'à ce jour.

Cependant Mr. Tulmeier me tint la parole qu'il m'avoit donnée, d'apaiser la reine. Il lui écrivit secrè-tement le lendemain que les affaires n'étoient point encore désespérées ; que mon mariage n'étoit qu'une feinte du roi, pour déterminer celui d'Angleterre à prendre enfin une meilleure résolution ; qu'il s'étoit informé de tous côtés, pour apprendre des nouvel-les du prince de Bareith, et qu'on l'avoit assuré qu'il

étoit encore à Paris. Cette lettre calma entièrement
la reine. J'ai déjà dit qu'elle aimoit à se flatter ; en
effet elle fut d'une humeur charmante ce jour-là. Je
fus obligée de lui conter tout ce qui s'étoit passé
pendant son absence. Elle se contenta de me faire
encore quelques reproches sur mon peu de fermeté,
mais elle les assaisonna de plus de douceur. En
revanche toute sa colère tomba sur Madame de
Sonsfeld. Elle l'avoit fort maltraitée la veille, et malgré tout ce que je pus dire, elle continua à lui témoigner sa haine. Trois jours se passèrent ainsi fort
tranquillement. Le roi ne parloit absolument plus
de mon mariage, il sembloit que mon consentement
lui en eût fait perdre l'idée.

Le lundi 28. de Mai étoit fixé pour la grande revue ;
elle devoit se faire avec éclat. Le roi avoit assemblé
tous les régimens d'infanterie et de cavalerie qui
étoient dans le voisinage, ce qui composoit avec la
garnison de Berlin un corps de vingt mille hommes.
Le duc Eberhard Louis de Wirtemberg arriva à
temps pour la voir. Le roi avoit été chez ce prince
peu de temps avant la malheureuse fuite de mon
frère. Charmé des empressemens que le duc avoit
eus, pour lui rendre le séjour de Stoutgard agréable, il l'avoit invité à se rendre à Berlin. Comme le
plus grand plaisir de ce monarque ne consistoit que
dans le militaire, il jugeoit d'autrui par lui-même, et
croyoit donner beaucoup de satisfaction aux princes étrangers qui venoient à sa cour, en leur montrant ses troupes. Il faut pourtant avouer qu'il se
surpassa en cette occasion par la somptuosité de sa
table, où on servit quatorze plats tant que les étrangers restèrent à Berlin, ce qui ne fut pas un petit
effort pour ce prince.

Le roi pria le dimanche 27. la reine d'être spectatrice de la revue, et d'y aller en phaéton avec ma

sœur, la duchesse et moi. Comme il devoit se lever de très-bonne heure il se coucha à sept, et lui enjoignit d'amuser le soir les principautés et de souper avec eux. Nous jouâmes au pharaon jusqu'à ce qu'on eût servi. En traversant la chambre pour nous mettre à table, nous vîmes arriver une chaise avec des chevaux de poste, qui s'arrêta au grand escalier après avoir traversé la cour du château. La reine en parut surprise, n'y ayant que les princes qui eussent cette prérogative. Elle s'informa d'abord qui c'étoit, et apprit un moment après que c'étoit le prince héréditaire de Bareith. La tête de Méduse n'a jamais produit pareil effroi que cette nouvelle en causa à cette princesse. Elle resta interdite et changea si souvent de visage que nous crûmes tous qu'elle prendroit une foiblesse. Son état me perça le cœur ; j'étois aussi immobile qu'elle et chacun paroissoit consterné. Toutefois n'abandonnant jamais mes réflexions, je conclus qu'il se préparoit quelque scène désagréable pour le jour suivant, et suppliai la reine de me dispenser d'aller à la revue, m'attendant à toutes sortes de mauvaises plaisanteries du roi, qui lui feroient autant de peine à elle qu'à moi, surtout s'il falloit les subir en public. Elle approuva mes raisons, mais après avoir débattu le pour et le contre, la crainte servile qu'elle avoit pour son époux, l'emporta et il fut résolu que j'irois. Je ne pus dormir de toute la nuit. Madame de Sonsfeld la passa à côté de mon lit, tâchant de me consoler et de me rassurer sur l'avenir. Je me levai à quatre heures du matin et me mis trois coëffes dans le visage pour cacher mon trouble. M'étant rendue dans cet équipage chez la reine, nous partîmes aussitôt.

Les troupes étoient déjà rangées en ordre de bataille, lorsque nous arrivâmes. Le roi nous fit passer devant la ligne. Il faut avouer que c'étoit le plus beau spectacle qu'on pût voir. Mais je ne m'arrête point sur ce sujet ; ces troupes ont montré qu'elles étoient aussi bonnes que belles, et le roi, mon père, s'est fait un renom éternel par la merveilleuse discipline qu'il y a introduite, ayant jeté par là les fondemens de la grandeur de sa maison. Le Margrave de Schwed étoit à la tête de son régiment ; il sembloit bouffi de colère et nous salua en détournant les yeux. Le colonel Wachholtz, que le roi avoit donné pour conducteur à la reine, nous plaça à côté de la batterie de canons, qui étoit fort éloignée de cette petite armée. Là il s'approcha de la reine et lui dit à l'oreille, que le roi lui avoit commandé de lui présenter le prince de Bareith. Il le lui amena un moment après. Elle le reçut d'un air fier et lui fit quelques questions fort sèches, qui finirent par un signe de se retirer. La chaleur étoit extrême, je n'avois point dormi, j'étois remplie d'inquiétudes et à jeun ; tout cela me fit trouver mal. La reine me permit de me mettre dans le carrosse des gouvernantes, où je me trouvai bientôt mieux. Le roi et les princes dînèrent ensemble, et ce jour se passa dans notre solitude ordinaire.

Le 28. au matin toutes les principautés se rendirent chez la reine ; elle ne parla quasi point au prince de Bareith. Il se fit présenter à moi ; je ne lui fis qu'une révérence sans répondre à son compliment. Ce prince est grand et très-bien fait ; il a l'air noble ; ses traits ne sont ni beaux ni réguliers, mais sa physionomie ouverte, prévenante et remplie d'agrémens lui tient lieu de beauté. Il paroissoit fort vif, avoit la réplique prompte et n'étoit point embarrassé.

Deux jours se passèrent ainsi. Le silence du roi nous déroutoit entièrement, et ranimoit les espérances de la reine ; mais la chance changea le 31.

Le roi nous ayant appelées, elle et moi, dans son cabinet, vous savez, lui dit-il, que j'ai engagé ma fille au prince de Bareith, j'ai fixé les promesses à demain. Soyez persuadée que je vous aurai une obligation infinie, et que vous vous attirerez toute ma tendresse si vous en agissez bien avec lui et avec Wilhelmine ; mais comptez en revanche sur toute mon indignation, si vous faites le contraire. Le diable m'emporte ! je saurai mettre fin à vos tracasseries et m'en venger d'une façon sanglante. La reine effrayée lui promit tout ce qu'il voulut, ce qui lui attira beaucoup de caresses. Il la pria de me parer au mieux et de me prêter ses pierreries. Elle étoit dans une rage terrible, et me jetoit de temps en temps des regards furieux. Le roi sortit et rentra peu après dans l'appartement de cette princesse, accompagné du prince qu'il lui présenta comme son gendre. Elle lui fit assez bon accueil en présence du roi, mais dès qu'il fut sorti, elle ne cessa de lui dire des piquanteries. Après le jeu on se mit à table. Le souper fini, elle voulut se retirer, mais le prince la suivit. « Je vous supplie, Madame, lui dit-il, de m'accorder un moment d'audience. Je n'ignore aucune des particularités qui concernent votre Majesté et la princesse, je sais qu'elle a été destinée à porter une couronne, et que votre Majesté a souhaité avec ardeur de l'établir en Angleterre ; ce n'est que la rupture des deux cours qui me procure l'honneur que le roi m'a fait de me choisir pour son gendre. Je me trouve le plus heureux des mortels, d'oser aspirer à une princesse pour laquelle je me sens tout le respect et les sentimens qu'elle mérite. Mais ces mêmes sentimens me la font trop chérir pour la plonger dans le malheur par un hymen qui n'est peut-être point de son goût. Je vous supplie donc, Madame, de vous expliquer avec sincérité sur cet article, et d'être persuadée que votre réponse fera tout le bonheur ou le malheur de ma vie, puisque si elle ne m'est point favorable je romprai tout engagement avec le roi, quelqu'infortuné que j'en puisse devenir. » La reine resta quelque temps interdite, mais se défiant de la bonne foi du prince elle lui répondit, qu'elle n'avoit rien à redire au choix du roi ; qu'elle obéissoit à ses ordres et moi aussi. Elle ne put s'empêcher de dire à Madame de Kamken, que le prince avoit fait là un tour bien spirituel, mais qu'elle n'y avoit pas été attrapée.

Le dimanche 3. de Juin je me rendis le matin en déshabillé chez la reine. Le roi y étoit. Il me caressa beaucoup en me donnant la bague de promesse, qui étoit un gros brillant, et me réitéra sa parole d'avoir soin de moi toute ma vie si je faisois les choses de bonne grâce. Il me fit même présent d'un service d'or, me disant que ce cadeau n'étoit qu'une bagatelle, puisqu'il m'en destinoit de plus considérables.

Le soir à sept heures nous nous rendîmes aux grands appartemens. On y avoit préparé une chambre pour la reine, sa cour et les principautés, où nous nous assîmes pour attendre le roi. La reine, malgré toute la contrainte qu'elle se faisoit, étoit dans une altération aisée à remarquer. Elle ne m'avoit dit mot de tout le jour, et n'exprimoit sa colère que par son coup d'œil. La Margrave Philippe, que le roi avoit obligée d'être présente à la cérémonie de mes fiançailles, étoit bleue dans le visage à force d'agitation. Son fils, le Margrave de Schwed, fit nettement refuser de s'y trouver, et sortit de la ville pour ne pas entendre le bruit du canon. Le roi parut enfin avec le prince. Il étoit aussi troublé que la reine, ce qui lui fit oublier de faire mes promesses en public dans la salle où étoit le monde. Il s'approcha de moi, tenant le prince par la main, et nous

fit changer de bague. Je le fis en tremblant. Je voulus lui baiser la main, mais il me releva et me serra
long-temps entre ses bras. Les larmes lui couloient
le long des joues ; j'y répondis par les miennes ; notre
silence étoit plus expressif que tout ce que nous
aurions pu nous dire. La reine à laquelle je rendis
mes soumissions, me reçut fort froidement. Après
avoir reçu les complimens de toutes les principautés qui étoient là, le roi ordonna au prince de me
donner la main et de commencer le bal dans la salle
destinée pour cet effet. Mon mariage avoit été tenu
si secret que personne n'en savoit rien. Ce fut une
consternation et une douleur générales lorsqu'il fut
publié. J'avois beaucoup d'amis et m'étois attiré la
bienveillance de tout le monde. Le roi pleura tout
le soir ; il embrassa Madame de Sonsfeld, et lui
dit beaucoup de choses obligeantes. Grumkow et
Sekendorff étoient les seuls contens ; ils venoient
de faire un nouveau coup de leur métier. Milord
Chesterfield[1], ambassadeur d'Angleterre en Hollande,
avoit dépêché un courrier de sa cour, qui étoit arrivé
le matin. Le résident anglois auquel il étoit adressé,
fut obligé d'envoyer ses dépêches au ministère. Grumkow se chargea de les porter au roi ; mais il ne les
lui remit qu'après que je fus promise. C'étoit une
déclaration formelle sur mon mariage, sans exiger
celui de mon frère. Le roi qui dans le fond ne me
marioit qu'à contre cœur, fut accablé par la lecture
de ces lettres. Il dissimula cependant son chagrin
devant Grumkow et Sekendorff, voyant bien que les
choses étoient trop avancées pour reculer, cette dernière proposition étant arrivée trop tard, et ne pouvant rétracter mon engagement sans offenser un
prince souverain de l'empire, ce qui auroit pu faire
tort à mes autres sœurs ; d'ailleurs ce prince s'est

toujours piqué de bonne foi, et tenoit sa parole quand il l'avoit une fois donnée.

La reine fut informée le lendemain de cette catastrophe. Quoiqu'on lui eût fait part des refus du roi, elle recommença à se flatter de rompre mon mariage, et me défendit sous peine de son indignation de parler au prince et de lui faire des politesses. Je lui obéis exactement, dans l'espérance de l'apaiser par ma condescendance à ses volontés. Mais dans le fond de mon cœur je n'aspirois qu'à être bientôt mariée ; les mauvais traitemens de cette princesse et la haine qu'elle me témoignoit en toute rencontre me réduisoient au désespoir. Hors Madame de Kamken j'étois le rebut de toute sa cour, qui mettoit ma patience à l'épreuve par ses mépris et son insolence. Tel est le cours du monde. La faveur des grands décide de tout ; on est recherché et adoré tant qu'on la possède et sa privation entraîne le dédain et les insultes. Je fus l'idole de chacun tant que j'avais à espérer une éclatante fortune ; on me faisoit la cour pour avoir part un jour à mes bienfaits ; on me tourna le dos dès que ces espérances s'évanouirent. J'étois bien folle de me chagriner de la perte de pareils amis. On me vantoit sans cesse la magnificence de la cour de Bareith[1] ; on m'assuroit qu'elle surpassoit de beaucoup en richesse celle de Berlin, et que c'étoit le centre des plaisirs ; mais ceux qui me parloient ainsi, y avoient été du temps du Margrave dernier mort, et ne savoient pas les changements qui y étoient arrivés depuis. Ces beaux rapports me donnoient une envie extrême d'y être bientôt. Je ne me sentois aucune antipathie pour le prince, mais en revanche j'étois indifférente sur son sujet. Je ne le connoissois que de vue, et mon cœur n'étoit pas assez léger pour s'attacher à lui sans connoissance de cause. Mais il est temps de faire une petite digression sur son sujet, et de mettre le lecteur au fait de ce qui concerne cette cour.

Le Margrave Henri, aïeul de mon époux, étoit prince apanagé de la maison de Bareith. Il s'étoit marié fort jeune et avoit eu beaucoup d'enfans. Un très-petit apanage qu'il tiroit tous les ans, ne suffisoit pas pour l'entretien d'une si nombreuse famille, et il se trouvoit dans une grande nécessité, n'ayant quelquefois pas de quoi se nourrir, et étant réduit à mener la vie d'un bourgeois faute d'argent. Il étoit héritier du pays de Bareith en cas que le Margrave George Guillaume, alors régnant, mourût sans enfans mâles. Cependant toute espérance paroissoit assez vaine de ce côté-là, ce prince étant fort jeune et ayant un fils. Le roi Frédéric Ier, mon aïeul, sachant les tristes circonstances où il se trouvoit, résolut d'en profiter. Il lui fit proposer de lui céder ses prétentions sur la principauté, moyennant une grosse pension et un régiment qu'il donneroit au second de ses fils. Après bien des allées et des venues le traité fut conclu, et les deux fils aînés du malheureux prince Henri se rendirent à Utrecht pour y faire leurs études. À leur retour de l'université ils trouvèrent leur père à l'extrémité et toute leur famille désolée, les conditions du traité n'ayant point été remplies et la pension retranchée des deux tiers. Le prince Henri étant mort dans ces entrefaites, le Margrave George Frédéric Charles, après bien des sollicitations inutiles auprès du ministère, se résolut enfin à établir son séjour à Veverling, petite ville dans le pays du roi. Ce fut là où la princesse de Holstein[1], son épouse, mit au monde celui qui devoit être mon époux et plusieurs autres enfants dont je parlerai ensuite. Le roi Frédéric Ier mourut aussi peu de temps après. L'avènement du roi mon père à la couronne ne changea point le sort des princes.

Réduits au désespoir ils commencèrent à examiner leur renonciation, qu'ils trouvèrent invalide du sentiment de tous les jurisconsultes qu'ils consultèrent sur cet article. Ils se retirèrent donc secrètement de Veverling et parcoururent toutes les cours d'Allemagne pour les mettre dans leurs intérêts. Soutenus de l'Empereur, de l'empire et de la justice de leur cause, ils parvinrent à faire rompre le traité qui avoit été fait, et furent entièrement rétablis dans tous leurs droits. Le Margrave George Guillaume et son fils étant morts, la principauté retomba au prince George Frédéric Charles. Il trouva les affaires en grande confusion, beaucoup de dettes, peu d'argent et un ministère corrompu. Cela fut cause qu'il envoya son fils aîné à Genève sous la conduite d'un roturier, fort honnête homme à la vérité, mais fort incapable de donner une éducation telle qu'il la falloit à un prince héréditaire. Son entretien fut réglé avec tant d'économie qu'à peine il suffisoit pour sa dépense. Ayant fini ses études, on le fit voyager et lui donna pour gouverneur Mr. de Voit. Le prince étoit de retour de ses voyages en arrivant à Berlin. Je ne prétends flatter personne ; je m'en tiens à l'exacte vérité. Le portrait que je vais faire de ce prince sera sincère et sans préjugé.

J'ai déjà dit qu'il est extrêmement vif, un sang bouillant le porte à la colère ; mais il sait si bien la vaincre que l'on ne s'en aperçoit point, et que personne n'en a jamais été la victime. Il est fort gai ; sa conversation est agréable, quoiqu'il ait quelque peine à s'expliquer, parce qu'il grasseye beaucoup. Sa conception est aisée et son esprit pénétrant. La bonté de son cœur lui attire l'attachement de tous ceux qui le connoissent. Il est généreux, charitable, compatissant, poli, prévenant, d'une humeur toujours égale, enfin il possède toutes les vertus sans mélange de vices. Le seul défaut que je lui aie trouvé est un peu trop de légèreté. Il faut que je fasse mention de celui-ci, sans quoi on m'accuseroit de prévention ; il s'en est cependant beaucoup corrigé. Au reste tout son pays, dont il est adoré, souscrira sans peine à tout ce que je viens d'écrire sur son sujet. Mais j'en reviens à ce qui me regarde.

J'ai déjà dit que ma sœur Charlotte étoit promise avec le prince Charles de Bevern. C'étoit celle que j'aimois le plus de la famille ; elle m'avoit éblouie par ses caresses, son enjouement et son esprit. Je ne connoissois point son intérieur, sans quoi j'aurois mieux placé mon amitié. Elle est de ces caractères qui ne se soucient de rien que d'eux-mêmes ; sans solidité, satyrique à l'excès, fausse, jalouse, un peu coquette et fort intéressée ; mais d'une humeur toujours égale, fort douce et complaisante. J'avois fait mon possible pour la mettre bien dans l'esprit de la reine. Comme elle l'avoit accompagnée aux voyages de Vousterhausen et de Potsdam, elle s'étoit insinuée fort avant dans l'esprit de cette princesse. Mlle. de Montbail, fille de Madame de Roukoul, étoit sa gouvernante. Cette fille m'avoit prise en guignon, fâchée de ce qu'on me destinoit un plus grand établissement qu'à ma sœur, et que j'étois traitée avec plus de distinction qu'elle. Elle ne cessoit de l'animer contre moi ; elle se réjouit beaucoup de mon mariage, espérant que ma sœur pourroit reprendre ma place en Angleterre. Celle-ci craignant que ma présence ne diminuât son crédit, ne manquoit pas de me rendre toutes sortes de mauvais services auprès de la reine. En revanche elle trouvoit le prince de Bareith fort à son gré ; il étoit plus beau, mieux fait et plus vif que celui de Bevern, et lui faisoit beaucoup de politesses, au lieu que l'autre étoit timide et avoit un phlegme qui ne l'accommodoit pas. Elle fit son possible pour le mettre bien avec la reine, mais elle ne réussit pas.

Le roi pour amuser les étrangers et surtout la duchesse de Bevern, nous invita tous à une grande chasse au parc de Charlottenbourg. Le prince d'Anhalt y fut prié avec ses deux fils Léopold et Maurice. Il s'étoit fort piqué de la préférence que le roi avoit donné au prince de Bareith sur celui de Schwed, s'étant toujours flatté que j'épouserois ce dernier. Le prince héréditaire étoit fort adroit et tiroit si juste qu'il ne manquoit jamais son coup. Cette chasse pensa lui devenir funeste. Un étourdi de chasseur, qui chargeoit ses armes, eut l'imprudence de lui présenter une arquebuse bandée ; elle se débanda dans le temps que le prince la prit et la balle frisa la tempe du roi. Le prince d'Anhalt en fit beaucoup de bruit. Son fils, le prince Léopold, ne manqua pas d'enchérir ; il dit assez haut pour que le prince héréditaire pût l'entendre, qu'un tel coup méritoit qu'on tuât sur-le-champ celui qui l'avoit fait. Le prince lui donna une forte réplique, et l'affaire seroit allée loin, si le duc de Bevern et Sekendorff ne se fussent entremis pour les raccommoder. Le roi blâma la conduite du prince Léopold, mais il fit semblant de ne point s'apercevoir de ce qui s'étoit passé.

La chasse finie, nous nous rendîmes tous à Charlottenbourg, où nous devions passer quelques jours. La reine continua d'y turlupiner le prince. Elle vouloit me mortifier par là et se moquer du choix que le roi avoit fait. Elle lui dit un jour, que j'aimois beaucoup à m'occuper ; que j'étois élevée comme une princesse qui aspiroit à porter une couronne, et que je possédois toutes les sciences. (Elle avançoit beaucoup trop sur mon compte.) « Savez-vous l'histoire, continua-t-elle, la géographie, l'italien, l'anglois, la peinture, la musique ? » etc. Le prince lui répondit oui et non, selon que le cas l'exigeoit. Mais voyant que ses questions ne finissoient point et qu'elle l'examinoit comme un enfant, il se mit enfin à rire et lui dit : « Je sais aussi mon catéchisme et le credo. » La reine fut un peu déconcertée de cette dernière réplique, et ne l'examina plus depuis ce temps-là.

Le roi et tous les princes étrangers, hors celui de Bareith, partirent peu après notre retour à Berlin. Le chagrin, la colère et la cruelle contrainte de la reine firent enfin succomber sa santé. Elle prit la fièvre tierce, qu'elle garda trois semaines. Je ne la quittai point pendant tout le cours de sa maladie ; et tâchai de regagner son amitié par mes attentions à la servir et à l'amuser. Mais je ne retrouvois plus en elle cette mère si tendre qui partageoit mes peines et dont je faisois la consolation. Lorsqu'elle me voyoit inquiète de son état : « Il vous sied bien, me disoit-elle, de vous alarmer pour ma santé, puisque c'est vous qui me donnez la mort. » Quand j'étois triste, elle me reprochait fort aigrement mon humeur inégale ; quand j'affectois d'être gaie, c'étoit mon prochain mariage qui y donnoit lieu. Je n'osois mettre que des habits crasseux, de peur qu'elle ne s'imaginât que je voulusse plaire au prince ; enfin j'étois la personne du monde le plus à plaindre, et souvent la tête me tournoit. Je dînois et soupois dans son antichambre avec le prince et les dames. Elle envoyoit cinquante espions à mes trousses, pour savoir si je lui parlois ; mais je n'étois jamais en défaut de ce côté-là, car je ne lui disois mot et lui tournois toujours le dos à table. Il m'a dit depuis, qu'il avoit été souvent au désespoir et sur le point de partir, si Mr. de Voit ne l'en avoit empêché. Ce pauvre prince étoit dans une aussi mauvaise situation que moi. Tout le monde prenoit à tâche de donner une tournure maligne à ses actions et à ses paroles ; on n'avoit pas la moindre considération pour lui, et on le traitoit comme un petit gredin, ce qui l'avoit si fort intimidé, qu'il étoit toujours distrait et mélancolique.

La reine étant rétablie, le roi retourna à Berlin. Il ne s'y arrêta que quelques jours, devant aller en Prusse. Il annonça à la reine, qu'il comptoit faire mes noces à son retour, qui devoit être en six semaines ; qu'il lui feroit donner l'argent nécessaire pour m'équiper, et qu'elle devoit tâcher de divertir le prince pendant son absence par des bals et des festins. Cette princesse, qui ne cherchoit qu'à gagner du temps, lui fit quantité de difficultés, lui représentant qu'il étoit impossible de me nipper dans un si court espace, les marchands n'étant point assez fournis pour livrer ce qui seroit nécessaire. Ses raisons prévalurent pour mon malheur, car le roi étoit très-bien disposé pour moi et m'auroit fait de grands avantages, qui s'en allèrent en fumée dès que mon mariage fut reculé.

La reine changea de conduite après le départ du roi. Elle affecta de témoigner de l'amitié au prince et d'être satisfaite de l'avoir pour gendre, mais elle ne se contraignit point avec moi, et je restai son souffre-douleur aussi bien que Madame de Sonsfeld. Je séchai sur pied et ma santé se ruinoit à force de chagrins. J'inspirai enfin de la compassion à ceux qui en étoient les moins susceptibles. J'aurois pu dire comme Alzire[1] dans la tragédie : mes maux ont-ils touché les cœurs nés pour la haine ? La Ramen qui me voyait souvent au désespoir et à laquelle j'avois dit plusieurs fois dans la violence de mon transport, que la reine me poussoit à bout, et que je me jetterois aux pieds du roi à son retour pour le supplier de me dispenser de me marier, en avertit Grumkow et lui fit craindre qu'en effet je ne prisse cette résolution. Celui-ci n'ignorant pas que la reine intriguoit toujours en Angleterre, et redoutant de nouvelles propositions de cette cour, résolut de lui donner le change et de mettre fin à sa mauvaise humeur pour moi d'une façon assez étrange. Il lui fit dire par Mr. de Sastot, que le roi se repentoit de m'avoir engagée, qu'il ne pouvoit souffrir le prince héréditaire, et qu'il se proposoit de rompre mon mariage à son retour de Prusse et me donner le duc de Weissenfeld. Il lui recommanda surtout le secret, puisqu'il n'y avoit que lui qui sût les intentions du roi. Cette fausse confidence fit l'effet que Grumkow s'en étoit promis. La reine prit d'abord son parti, qui fut de protéger hautement le prince héréditaire. Elle me fit part de ses craintes et m'ordonna de lui faire des politesses, disant qu'elle aimoit mieux mourir que de me voir duchesse de Weissenfeld. Tel étoit son génie ; il suffisoit que le roi approuvât une chose pour qu'elle y trouvât à redire. Je ne comprenois rien à toute cette énigme, que Grumkow m'a dévoilée depuis.

Ce bon intervalle ne fut pas de durée. Le roi étant revenu peu après de Prusse, témoigna assez par ses actions qu'on en avoit donné à garder à la reine. À la vérité les manières polies et réservées du prince ne lui plaisoient pas. Il vouloit un gendre qui n'aimât que le militaire, le vin et l'économie et qui eût les façons allemandes. Pour approfondir son caractère et tâcher de le former, il l'enivroit tous les jours. Le prince supportoit si bien le vin, qu'il ne changeoit jamais de conduite et gardoit son bon sens pendant que les autres le perdoient. Cela faisoit enrager le roi. Il se plaignit même de lui à Grumkow et à Sekendorff, disant qu'il n'étoit qu'un petit-maître, qui n'avoit point d'esprit et dont les manières lui étoient odieuses. Ces discours souvent répétés firent craindre à ces derniers que l'aversion du roi n'entraînât des suites fâcheuses pour leurs intérêts. Ils proposèrent au prince héréditaire, pour les prévenir, de lui faire avoir un régiment prussien, et lui représentèrent que c'étoit l'unique moyen de s'insinuer et de mettre fin à son mariage. Le prince se trouva fort embarrassé. Le Margrave, son père, étoit altier dans ses volontés. Il n'avoit jamais voulu consentir que son fils s'adonnât au militaire, et pour lui en couper les moyens il avoit cédé deux régimens impériaux, que le Margrave George Guillaume avoit levés, l'un à son fils cadet[1], l'autre au général Philippi. Cependant après de mûres réflexions il se rendit aux instances de Grumkow. Le roi fut charmé d'apprendre que le prince souhaitoit d'entrer dans son service. Il lui conféra quelques jours après un régiment de dragons et lui fit présent d'une épée d'or si pesante qu'à peine on pouvoit la lever.

Je fus très-fâchée de tout cela. Il suffisoit d'être en service pour être traité en esclave. Ni mes frères ni les princes du sang n'avoient d'autre distinction que celle qu'ils recevoient de leur grade militaire. Ils étoient confinés à leur garnison, d'où ils ne sortoient que pour passer en revue, n'avoient pour compagnie que des brutaux officiers sans esprit et sans éducation, avec lesquels ils s'abrutissoient entièrement, n'ayant d'autre occupation que de faire exercer les troupes. Je ne doutai point que le prince ne fût mis sur le même pied. Mes conjectures se trouvèrent justes. Le roi avant de retourner à Potsdam lui fit insinuer, qu'il lui feroit plaisir d'aller prendre possession de son régiment. Il fallut obéir.

La veille de son départ il m'accosta dans le jardin à Mon-bijou. Il savoit mon mécontentement, Madame de Sonsfeld l'ayant dit à Mr. de Voit. Je me promenois avec elle lorsqu'il m'aborda. « Je n'ai pu jusqu'à présent, me dit-il, trouver l'occasion de parler à votre Altesse royale, et lui témoigner le désespoir dans lequel je suis de remarquer par toutes ses actions l'aversion qu'elle a pour moi. Je suis informé des mauvaises impressions qu'on lui a données sur mon sujet, qui me désolent. Suis-je cause, Madame, des chagrins que vous avez endurés ? Je n'aurois jamais osé aspirer à la possession de votre Altesse royale, si le roi ne m'en avoit fait la première proposition. Ai-je pu la refuser en me rendant le plus malheureux des hommes, et pouvez-vous me condamner, Madame, de l'avoir acceptée ? Cependant je pars sans savoir combien durera mon absence. J'ose donc la supplier de me donner une réponse positive, et de me dire, si elle se sent en effet une haine insurmontable pour moi. En ce cas je prendrai d'elle un congé éternel, et romprai pour jamais mon engagement, en me rendant malheureux pour toute ma vie et au risque d'encourir le courroux de mon père et du roi. Mais, Madame, si je puis me flatter que je me sois trompé et que vous ayez quelque bonté pour moi, j'espère que vous me ferez la grâce de me promettre que vous me tiendrez la parole que vous m'avez donnée par ordre du roi, de n'être jamais à d'autre qu'à moi. » Il avoit les larmes aux yeux en me parlant et paroissoit fort touché. Pour moi j'étois dans un embarras extrême. Je n'étois point faite à pareil jargon, et j'avois rougi jusqu'au bout des doigts. Comme je ne répondois point, il redoubla ses instances et me dit enfin d'un air fort triste, qu'il ne remarquoit que trop que mon silence ne lui présageoit rien de bon, et qu'il prendroit ses mesures là-dessus. Je le rompis enfin. « Ma parole est inviolable, lui répondis-je ; je vous l'ai donnée par ordre du roi ; mais vous pouvez compter que je vous la tiendrai exactement. » La reine, qui s'approcha, me fit beaucoup de plaisir en mettant fin à cette conversation.

Madame de Kamken s'étoit divertie cette après-midi à faire des devises de sucre. Elle en donna à tout le monde le soir à table. Le prince m'en cassa une dans la main ; il en fit de même à ma sœur. Mais la reine ne s'en fâcha que contre moi, et se leva de table sur-le-champ. Elle prit congé du prince fort à la hâte et se mit en carrosse avec ma sœur et moi. « Je ne vous connois plus, me dit-elle, depuis que vos maudites promesses se sont faites. Vous n'avez plus ni pudeur ni modestie. J'ai rougi pour vous quand votre sot de prince vous a cassé une devise dans la main. Ce sont des familiarités qui ne conviennent point, et il auroit dû être mieux informé du respect qu'il vous doit. » Je lui répondis, qu'en ayant agi de même avec ma sœur, je n'avois pas cru que la chose fût de conséquence, mais que cela n'arriveroit plus. Cela ne l'apaisa point ; elle saisit cette occasion de maltraiter Madame de Sonsfeld le lendemain. Madame de Kamken qui étoit présente, mit fin à ses gronderies et lui parla si fortement sur mon sujet, que faute de réplique elle fut obligée de se taire.

Jusque-là je n'avois senti que les peines du purgatoire ; j'éprouvai quinze jours après celles de l'enfer, étant obligée de suivre la reine à Vousterhausen. Il n'y eut que ma sœur Charlotte, les deux gouvernantes de Kamken et de Sonsfeld et la Montbail qui furent de ce voyage. La description de ce fameux séjour ne sera pas hors de sa place ici.

Le roi avoit fait élever à force de bras et de dépenses une colline de sable aride, qui bornoit si bien la vue qu'on ne voyoit le château enchanté qu'à sa descente. Ce soi-disant palais ne consistoit que dans un

corps de logis fort petit, dont la beauté étoit relevée
par une tour antique, qui contenoit un escalier de
bois en escargot. Ce corps de logis étoit entourné
d'une terrasse, autour de laquelle on avoit creusé
un fossé, dont l'eau noire et croupissante ressem-
bloit à celle du Styx et répandoit une odeur affreuse,
capable de suffoquer. Trois ponts, placés à chaque
face de la maison, faisoient la communication de la
cour, du jardin et d'un moulin, qui étoit vis-à-vis.
Cette cour étoit formée de deux côtés par des ailes,
où logeoient les Messieurs de la suite du roi. Elle
étoit bornée par une palissade, à l'entrée de laquelle
on avoit attaché deux aigles blancs, deux aigles
noirs et deux ours en guise de garde, très-méchans
animaux, pour le dire en passant, qui attaquoient
tout le monde. Au milieu de cette cour s'élevoit un
puits, dont avec beaucoup d'art on avoit fait une
fontaine pour l'usage de la cuisine. Ce groupe magnifique étoit environné de gradins et d'un treillis de
fer en dehors, et c'étoit l'endroit agréable que le roi
avoit choisi pour fumer le soir. Ma sœur et moi avec
toute notre suite nous n'avions pour tout potage que
deux chambres, ou pour mieux m'expliquer, deux
galetas. Quelque temps qu'il fît, nous dînions sous
une tente tendue sous un gros tilleul, et lorsqu'il
pleuvoit fort, nous avions de l'eau à mi-jambe, cet
endroit étant creux. La table étoit toujours de 24 personnes, dont les trois quarts faisoient diète, l'ordinaire n'étant que de six plats servis avec beaucoup
d'économie. Depuis les neuf heures du matin jusqu'à
trois ou quatre heures après minuit nous étions
enfermées avec la reine, sans oser respirer l'air ni
aller au jardin qui étoit tout proche, parce qu'elle
ne le vouloit pas. Elle jouoit tout le jour avec ses
trois dames au tocadille pendant que le roi étoit
dehors. Ainsi je restais seule avec ma sœur, qui me

traitoit du haut en bas, et devenois hypocondre à force d'être assise et d'entendre des choses désagréables. Le roi étoit toujours levé de table à une heure après-midi. Il se couchoit alors sur un fauteuil, placé sur la terrasse, et dormoit jusqu'à deux heures et demie, exposé à la plus forte ardeur du soleil, que nous partagions avec lui, étant tous couchés à terre à ses pieds. Tel étoit l'agréable genre de vie que nous menions à ce charmant endroit.

Le prince héréditaire y arriva quelques jours après nous. Il m'avoit écrit plusieurs fois ; la reine m'avoit toujours dicté mes réponses. J'avois eu aussi le plaisir de recevoir une lettre de mon frère, que le major Sonsfeld m'avoit fait remettre par sa sœur. Il me louoit beaucoup de la bonne résolution que j'avois prise, de mettre fin aux dissensions domestiques par mon mariage. Il paroissoit inquiet de mon sort, me priant de lui faire le portrait du prince et de lui mander si j'étois contente du choix du roi. Il m'assuroit, qu'il étoit fort satisfait de sa façon de vivre ; qu'il se divertissoit très-bien, et que le seul chagrin qu'il avoit étoit de n'être pas auprès de moi. On lui avoit caché ce que j'avois souffert pour lui, et il ignoroit qu'il m'étoit redevable des bons traitemens qu'on lui faisoit et de sa grâce future. Je ne voulus pas le lui écrire, et ne lui répondis que sur les articles qu'il vouloit savoir. Je lui fis part aussi du changement de la reine, et le priai de lui écrire et de lui faire entendre raison sur mon mariage. Il le fit, mais sans rien effectuer. Cette princesse n'en fut que plus piquée, sentant qu'il n'y avoit qu'elle de toute la famille qui désapprouvât ma conduite.

Cependant le prince héréditaire s'insinuoit tous les jours davantage dans les bonnes grâces de ma sœur. Plus son penchant augmentoit pour lui, plus sa haine redoubla pour moi ; elle m'en faisoit sentir les cruels effets en animant la reine contre moi. Un jour que celle-ci m'avoit fort maltraitée et que je pleurois à chaudes larmes dans un coin de la chambre, elle m'aborda.

« Qu'avez-vous, me dit-elle, qui vous afflige si fort ? »

« Je suis au désespoir, lui répondis-je, que la reine ne puisse plus me souffrir ; si cela continue j'en mourrai de douleur. »

« Vous êtes bien folle, repartit-elle ; si j'avois un aussi aimable amant que vous, je me soucierois bien de la reine ; pour moi je ris quand elle me gronde, car autant vaut. »

« Vous ne l'aimez donc pas, lui répliquai-je, car quand on aime quelqu'un, on est sensible sur son sujet. D'ailleurs vous ne pouvez vous plaindre de votre sort ; le prince Charles a du mérite et de bonnes qualités ; et de quelque côté que vous vous tourniez, la fortune vous rit au lieu que je suis abandonnée de tout le monde et même du roi, qui ne me regarde plus depuis quelque temps. »

« Eh bien, me répondit-elle d'un petit air malin, si vous trouvez le prince Charles si fort à votre gré, troquons d'amans ; voici ma bague de promesse, donnez-moi la vôtre. » Je pris son raisonnement pour un badinage et lui dis, que mon cœur étant entièrement libre, je voulois bien les lui céder l'un et l'autre.

« Donnez-moi donc votre bague », continua-t-elle en me la tirant du doigt.

« Prenez-la, lui dis-je, elle est à votre service. »

Elle la mit et cacha celle qu'elle avoit reçue de son fiancé, dans un petit coin. Je ne fis aucune réflexion sur tout cela, mais Madame de Sonsfeld s'étant aperçue que cette bague manquoit, et ayant pris garde que ma sœur la portoit depuis trois jours, me repré-

senta, que si le roi et le prince s'en apercevoient,
j'en aurois du chagrin. Je la lui redemandai, mais
elle ne voulut point me la rendre, quelques instances que Madame de Sonsfeld et moi lui fissions. Il
fallut donc m'adresser à la Ramen, qui le dit à la
reine. Elle gronda beaucoup ma sœur, qui reprit sa
bague et me rendit la mienne. Elle ne me le pardonna pas. Je n'osois plus lever les yeux, car elle
disoit d'abord à la reine que je jouois de la paupière
avec le prince.

Nous partîmes de Vousterhausen pour aller à
Maqueno, séjour aussi désagréable que celui que
nous quittions. Il s'y passa de nouvelles scènes. Les
Anglois murmuroient depuis long-temps contre le
roi d'Angleterre ; ils avoient toujours désiré avec
ardeur de me voir établie dans ce royaume. Le
prince de Galles commençoit à se faire un parti ; il
ne pouvoit se consoler de la rupture de son mariage
avec moi. Secondé de toute la nation il fit tant de
bruit, que le roi pour le contenter résolut de faire
encore les avances au roi, mon père ; mais ne voulant point s'exposer à un refus, il chargea la cour de
Hesse de sonder les intentions de ce prince. Le prince
Guillaume dépêcha pour cet effet le colonel Donep
à Berlin. Celui-ci arriva à Maqueno en même temps
que nous. Je ne sais point les propositions qu'il fit
au roi. Je m'imagine que le mariage de mon frère
n'y fut point oublié. La première réponse du roi fut
si obligeante, que Donep ne douta point de la réussite de sa négociation. Il n'avoit jamais été employé
dans les affaires, et étoit ami intime de Grumkow ;
ne le croyant pas suspect, il lui fit confidence de sa
commission. Celui-ci voyant le roi indéterminé, lui
parla fortement et lui conseilla de faire plusieurs
prétentions que j'ignore, et qu'il savoit d'avance
qu'on n'accorderoit pas. Quinze jours se passèrent à

débattre cette affaire. Mr. Donep vouloit une réponse positive. Le roi étoit d'une humeur terrible, son irrésolution en étoit cause.

J'étois extrêmement malade pendant ce temps ; j'avois un abcès à la gorge, accompagné d'une grosse fièvre. La reine avoit l'inhumanité de me forcer à sortir. Je fus trois jours si mal que je ne pouvois parler ni me tenir debout. On peut bien croire que je faisois une triste figure. L'abcès étant crevé je me trouvai mieux. Le roi nous régala, malgré son humeur chagrine, d'une comédie allemande et du spectacle des danseurs de corde. Il les fit jouer dans une grande place proche de la maison. Il s'assit à une fenêtre avec la reine ; ma sœur, le prince et moi, nous nous plaçâmes dans l'autre croisée. Il avoit l'air fort triste et me conta tout bas, sans que ma sœur s'en aperçût, l'ambassade de Mr. Donep et les inquiétudes où il se trouvoit. Cette nouvelle que j'ignorois entièrement, m'effraya beaucoup. Je le priai instamment de n'en point parler à la reine, qui n'en étoit pas informée, étant persuadée que mes chagrins s'augmenteroient si elle l'apprenoit. Mes précautions furent inutiles ; Mr. Donep l'en fit avertir le lendemain. L'air triste et pensif du prince la remplit d'espérance ; pour cacher son jeu elle l'accabla de politesses. Dès que je fus dans ma chambre je fis de sérieuses réflexions sur la conduite que je tiendrois, en cas que le roi voulût entrer dans les vues de l'Angleterre. La sincérité et la franchise du prince, qui m'avoit fait part de ce qui étoit sur le tapis, m'avoit donné beaucoup d'estime pour lui. Je ne trouvois rien à redire ni contre sa personne ni contre son caractère. Je ne connoissois point le prince de Galles ; je n'avois jamais eu d'inclination pour lui ; mon ambition étoit bornée. J'avois pris enfin mon parti. J'étois lasse d'être le jouet de la

fortune et bien résolue, si on me laissoit le choix, de
m'en tenir à celui que le roi avoit fait pour moi, mais
en cas du contraire de ne point changer sans lui
faire de fortes représentations.

Nous retournâmes le lendemain de bon matin à
Vousterhausen. La reine s'enferma seule avec moi
dès que nous fûmes arrivés. Après m'avoir appris ce
que Mr. Donep lui avoit fait savoir ; « Aujourd'hui
continua-t-elle, votre fichu mariage sera rompu, et
je compte que votre sot de prince partira demain,
car je ne doute point que, si le roi vous laisse la liberté du choix, vous ne vous déterminiez pour mon
neveu. Je veux absolument savoir vos sentimens
là-dessus. Je ne vous parle pas ainsi sans raison,
m'entendez-vous ? D'ailleurs je vous crois le cœur
trop bien placé pour balancer un moment. » Je restai stupéfiée pendant ce raisonnement, et j'appelai
tous les Saints du paradis à mon secours, pour
m'inspirer une réponse ambiguë, capable de me
tirer d'embarras. Je ne sais si ce furent eux ou mon
bon génie qui m'inspira. Je pris enfin courage. « J'ai
été toujours soumise, lui répondis-je, aux ordres de
votre Majesté et n'y ai désobéi que contrainte par
un pouvoir supérieur. Je n'en ai agi ainsi que pour
remettre la paix dans la famille, procurer la liberté
à mon frère et pour vous épargner, Madame, mille
chagrins que vous endureriez encore. L'inclination
n'a été pour rien dans la démarche que j'ai faite, le
prince m'étoit inconnu. Mais depuis qu'il en est
autrement, qu'il a gagné mon estime et que je ne lui
trouve aucun défaut qui puisse lui attirer mon aversion, je me trouverois très-condamnable, si je voulois retirer la parole que je lui ai donnée. » La reine
m'interrompit ; furieuse de ce que je venois de lui
dire elle me traita du haut en bas. Malgré toute ma
douleur il fallut pourtant me contraindre devant le

roi. Ce prince ne me regardoit plus depuis son retour de Prusse, ce qui augmentoit encore mon désespoir. Il fut de très-mauvaise humeur ce jour-là. Le soir le prince vint souper avec nous comme à l'ordinaire. La reine ni ma sœur n'étoient point dans la chambre lorsqu'il entra. Sa physionomie étoit toute changée, elle étoit aussi gaie qu'elle avoit paru triste. Il me dit tout bas : le roi a tout refusé ; Donep . . . . Je ne fis semblant de rien, mais cette nouvelle me réjouit beaucoup. La reine l'apprit quelques heures après. Elle en eut le cœur outré et son chagrin retomba sur moi, qui en fus la partie souffrante.

Mes noces étant fixées au 20. de Novembre et le roi voulant qu'elles se fissent avec éclat, y avoit invité plusieurs principautés ; toute la famille de Bevern, la duchesse de Meiningen, le Margrave, mon beau-père, et le Margrave d'Anspac avec ma sœur. Ces deux derniers arrivèrent les premiers à Vousterhausen. Le roi alla au devant d'eux à cheval et mena ma sœur chez la reine. Nous ne la reconnûmes quasi point, elle avoit été fort belle et ne l'étoit plus ; son teint étoit gâté et ses manières fort affectées. Elle avoit repris ma place dans la faveur du roi, mais la reine n'avoit jamais pu la souffrir. Elle fut même piquée des caresses et des distinctions que le roi lui fit, ne pouvant endurer qu'il en fît à d'autres plus qu'à elle ; elle fut pourtant obligée de lui faire bonne mine. Mon entrevue fut plus sincère ; ma sœur m'avoit toujours aimée et je lui avois rendu le réciproque. Après le souper le roi la conduisit dans sa chambre, qui étoit à côté de la mienne sous le toit. Ses gens n'étant point encore arrivés, le roi me montrant du doigt lui dit : votre sœur pourra vous servir de femme de chambre, car elle n'est bonne qu'à cela.

Je crus tomber de mon haut en entendant ces paroles. Le roi se retira un moment après et j'en fis de même. J'avois le cœur si gros que je faillis mourir la nuit. Quel crime avois-je commis, qui pût m'attirer un si cruel traitement en présence de celui que je devois épouser et de toute une cour étrangère ? Ma sœur même en fut mortifiée et fit ce qu'elle put pour me consoler. Pour m'humilier davantage, le roi lui donna le lendemain la préséance, qu'elle ne pouvoit prétendre sur moi, étant l'aînée. La reine en fut très-fâchée, mais ses représentations ne firent aucun effet. Pour moi, je n'y fus sensible que parce que c'étoit une suite de ce que le roi m'avoit dit la veille. Ce prince prit à tâche de m'humilier tant que nous restâmes à ce maudit Vousterhausen. Il ne savoit lui-même ce qu'il vouloit. Il y avoit des moments qu'il sentoit de cruels repentirs de m'avoir engagée et d'avoir rompu avec l'Angleterre ; dans d'autres instans il étoit plus animé que jamais contre cette cour, mais ces derniers n'étoient pas de durée. Quoi qu'il en soit, toute sa mauvaise humeur retomboit sur moi.

Nous retournâmes enfin le 5. de Novembre à Berlin. La duchesse de Saxe-Meiningen, ma grand'tante, fille de l'électeur Frédéric Guillaume, y arriva deux jours après nous. Cette princesse étoit veuve de son troisième mari, ayant épousé en premières noces le duc de Courlande et s'étant remariée après sa mort au Margrave Christian Ernst de Bareith. Elle avoit trouvé moyen de ruiner totalement les pays de ces deux princes. On dit qu'elle avoit fort aimé à plaire dans sa jeunesse ; il y paroissoit encore par ses manières affectées. Elle auroit été excellente actrice pour jouer les rôles de caractère. Sa physionomie rubiconde, et sa taille d'une grosseur si monstrueuse, qu'elle avoit peine à marcher, lui donnoient l'air d'un Bacchus femelle. Elle prenoit soin d'exposer à la vue deux grosses tétasses flasques et ridées, qu'elle fouettoit continuellement avec ses mains pour y attirer l'attention. Quoiqu'elle eût 60 ans passés, elle étoit requinquée comme une jeune personne ; coiffée en cheveux marronnés tout remplis de pompons couleur de rose, qui faisoient la nuance claire de son visage, et si couverte de pierres de couleur qu'on l'eût prise pour l'arc-en-ciel. La reine fut obligée par ordre du roi de lui rendre la première visite. « Faites-vous avertir, me dit-elle, quand je serai de retour, et allez ensuite chez la duchesse. » J'obéis ponctuellement à ses ordres. Comme il étoit tard et qu'il y avoit appartement le soir, ma visite ne fut pas longue. Je trouvai la cour commencée en entrant chez la reine, qui étoit occupée à entretenir le monde. Dès qu'elle me vit, elle me demanda d'un ton de colère, pourquoi je venois si tard.

« J'ai été chez la duchesse, lui répondis-je, comme votre Majesté me l'a ordonné. »

« Comment, reprit-elle, par mon ordre ? je ne vous ai jamais commandé de faire des bassesses ni d'oublier votre rang et votre caractère : mais depuis quelque temps vous êtes si accoutumée à faire des lâchetés que celle-ci ne me surprend pas. »

Cette dure réprimande à la face du public me piqua jusqu'au vif. Je baissai les yeux, et quelque effort que je fisse pour tenir contenance, je ne pus en venir à bout. Tout le monde blâma la reine et me plaignit tout bas. Madame de Grumkow, quoique femme d'un fort méchant mari, avoit beaucoup de mérite. Elle s'approcha de moi pour me demander ce qui portoit la reine à me traiter avec tant de dureté. Je levai les épaules sans lui répondre.

Le roi, le Margrave de Bareith, et la cour de Bevern arrivèrent le lendemain. Le Margrave me fut présenté chez la reine, où il me fit des protestations sans fin, comme il n'y avoit plus de six jours jusqu'à celui fixé pour mes noces. Le roi ordonna absolument à la reine d'accorder l'entrée libre chez moi au Margrave et à son fils. Ils n'en profitèrent pas beaucoup, car j'étois toute la journée chez elle, et ne les voyois qu'un moment le soir en présence de beaucoup de monde.

Le 19. je fus surprise de trouver cette princesse toute changée à mon égard. Elle m'accabla de caresses, m'assurant que j'étois le plus cher de ses enfans. Je ne compris rien à son procédé ; mais elle se démasqua le soir, me tirant à part dans son cabinet : « Vous allez être sacrifiée demain, me dit-elle ; malgré tous mes efforts je n'ai pu parvenir à retarder votre hymen. J'attends un courrier d'Angleterre et je suis sûre d'avance que le roi, mon frère, se désistera du mariage de votre frère ; moyennant quoi le roi ne fera plus de difficultés pour rompre vos engagemens avec le prince héréditaire. Cependant comme j'ignore combien de temps le courrier tardera encore à arriver, et que je ne trouve aucun expédient pour empêcher que vos noces ne se fassent demain, il m'est venu une idée qui peut me mettre l'esprit en repos, et c'est de vous que j'en attends l'exécution. Promettez-moi donc, de n'avoir aucune familiarité avec le prince et de vivre avec lui comme frère et sœur, puisque c'est le seul moyen de dissoudre votre mariage, qui sera nul s'il n'est pas consommé. » Le roi survint dans le temps que j'allois lui répondre, et il lui fut impossible de me parler de tout le soir, tant elle fut obsédée.

Le lendemain matin je me rendis en déshabillé dans son appartement. Elle me prit par la main et

me conduisit chez le roi pour y faire ma renonciation à l'allodial, coutume établie pour tout pays. J'y
trouvai le Margrave et son fils, Grumkow, Poudevel,
Toulmeier et Voit, ministre de Bareith. On me lut la
formule du serment qui portoit, que je me désistois
de mes prétentions sur tous les biens allodiaux, tant
que mes frères et leur postérité masculine exis-
teroient, mais qu'en cas de leur mort je rentrerois
dans tous mes droits d'héritière présomptive. Le serment fait, on en exigea un second qui me jeta dans
une surprise extrême, n'ayant point été prévenue sur
ce sujet. C'étoit de renoncer pour jamais à l'héritage
de la reine, si elle venoit à décéder sans avoir fait
de testament. Je restai immobile. Le roi s'apercevant de mon trouble me dit les larmes aux yeux en
m'embrassant : « Il faut vous soumettre, ma chère
fille, à cette dure loi ; votre sœur d'Ansbac a passé
même condamnation. Dans le fond ce n'est qu'une
formalité, car votre mère est toujours maîtresse de
faire un testament quand elle voudra. » Je lui baisai
la main en lui représentant, qu'il m'avoit fait promettre authentiquement d'avoir soin de moi, et que
je ne pouvois croire qu'il me traiteroit avec tant de
dureté. « Il n'est pas temps de faire des difficultés,
répliqua-t-il d'un ton de colère ; signez de bonne
grâce ou je vous ferai signer par force. » Il me dit
ces derniers mots tout bas. Il fallut donc lui obéir
bongré malgré. Dès que cette maudite cérémonie fut
finie, il me fit beaucoup de caresses, me loua de ma
soumission et fut libéral en promesses qu'il n'avoit
pas dessein de tenir.

Nous nous mîmes ensuite à table où il me fit
asseoir à côté de lui. Il n'y avoit que le prince, mes
sœurs et frères, et la duchesse de Bevern. J'étois
triste et pensive. Il est naturel de faire des réflexions

sur le point de contracter des nœuds qui décident
du bonheur ou du malheur de notre vie.

Dès que nous eûmes dîné, le roi ordonna à la
reine de commencer à me parer. Il étoit quatre heures et je devois être prête à sept. La reine voulut me
coiffer. Comme elle n'étoit pas habile au métier de
femme de chambre elle n'en put venir à bout. Ses
dames y suppléèrent ; mais aussitôt que mes cheveux
étoient accommodés d'un côté elle les gâtoit, et tout
cela n'étoit que feinte pour gagner du temps, dans
l'espérance que le courrier arriveroit. Elle ignoroit
qu'il étoit déjà en ville, et que Grumkow en avoit les
dépêches. On peut bien s'imaginer qu'il ne les donna
au roi qu'après que la bénédiction fut donnée. Tout
cela fut cause que je fus attifée comme une folle. À
force de manier mes cheveux, la frisure en étoit sortie ; j'avois l'air d'un petit garçon, car ils me tomboient tous dans le visage. On me mit la couronne
royale et 24 boucles de cheveux, grosses comme un
bras. Telle étoit l'ordonnance de la reine. Je ne pouvois soutenir ma tête, trop foible pour un si grand
poids. Mon habit étoit une robe d'une étoffe d'argent
fort riche avec un point d'Espagne d'or, et ma queue
étoit de douze aunes de long. Je faillis de mourir
sous cet accoutrement. Deux des dames de la reine
et deux des miennes portoient ma queue. Ces deux
dernières étoient Mlle. de Sonsfeld, sœur de ma gouvernante, et Mlle. de Grumkow, nièce de mon per-
sécuteur. J'avois été obligée d'accepter celle-ci, le
roi l'ayant voulu absolument. Madame de Sonsfeld
fut déclarée ce jour-là abbesse de Volmerstedt et le
roi lui conféra lui-même l'ordre de ce chapitre. Nous
nous rendîmes tous au grand appartement. J'en ferai
une petite description ici.

Il est composé de six grandes chambres, qui aboutissent à une salle magnifiquement ornée en peintures

et architecture. Au sortir de cette salle on entre dans
deux chambres très-bien décorées, qui conduisent à
une galerie ornée de très-beaux tableaux. Tout ceci
est en enfilade. Cette galerie qui a 90 pieds de long,
fait l'entrée d'un second appartement composé de
14 chambres aussi vastes et aussi bien décorées que
les premières, au bout desquelles on trouve une salle
fort spacieuse, qui est destinée pour les grandes
cérémonies. Il n'y a rien de rare à tout ce que je
viens de décrire ; mais voici le merveilleux. La première chambre contient un lustre d'argent qui pèse
10,000 écus ; tout l'assortiment accompagne cette
pièce en poids. La seconde est encore plus superbe.
Les trumeaux y sont d'argent massif et les miroirs
de 12 pieds de hauteur ; 12 personnes peuvent se
placer commodément aux tables qui sont placées
sous ces miroirs ; le lustre est beaucoup plus grand
que le précédent. Tout cela va en augmentant jusqu'à
la dernière salle, qui renferme les pièces les plus
considérables. On y voit les portraits du roi et de la
reine et ceux de l'Empereur et de l'Impératrice, tout
en grand avec des cadres d'argent. Le lustre pèse
50,000 écus ; le globe en est si grand qu'un enfant
de huit ans pourroit y entrer commodément. Les
plaques ont six pieds de haut, les guéridons en ont
douze, le balcon pour la musique est aussi de ce précieux métal ; en un mot cette salle contient plus de
deux millions d'argenterie en poids. Tout cela est
travaillé avec art et avec goût. Mais dans le fond
c'est une magnificence qui ne réjouit pas la vue et
qui a beaucoup de désagrément ; car au lieu de bougies on y allume des cierges, ce qui cause une vapeur
suffocante et noircit les visages et les habits. Le roi,
mon père, avoit fait faire toute cette argenterie après
son premier voyage à Dresde. Il avoit vu dans cette
ville le trésor du roi de Pologne : il voulut renchérir

sur ce prince, et ne pouvant le surpasser du côté des pierres précieuses et rares, il s'avisa de faire fabriquer ce que je viens de décrire, pour posséder une nouveauté qu'aucun souverain de l'Europe n'avoit encore eue.

Ce fut dans cette dernière salle que se fit la cérémonie de mon mariage. On fit une triple décharge de canon lorsqu'on nous donna la bénédiction. Tous les envoyés, à l'exception de celui d'Angleterre, y étoient. Le Margrave de Schwed fut obligé de s'y trouver par ordre exprès du roi. Après avoir fait et reçu les félicitations, on me fit asseoir sur un fauteuil sous le dais, à côté de la reine. Le prince héréditaire commença le bal avec ma sœur d'Anspac. Il ne dura qu'une heure ; après quoi on se mit à table. Le roi avoit fait tirer aux billets, pour éviter les disputes de rang parmi tant de princes étrangers. Je fus placée au haut bout avec le prince, chacun sur un fauteuil. Le Margrave, mon beau-père, étoit à côté de moi. Le roi qui n'avoit point de moitié, se mit à côté du prince. Il y avoit 34 principautés à cette table. Le roi se divertit à enivrer le prince, et le fit tant boire qu'il le vit enfin en pointe de vin. Deux dames restèrent tout le temps derrière moi, et les Messieurs de service qu'on m'avoit donnés, qui étoient le colonel Vreiche et le major Stecho, me servirent tout le temps aussi bien que Mr. de Voit, qui avoit été déclaré mon grand-maître, et Mr. Bindemann qu'on m'avoit donné pour gentilhomme de la chambre. Après le souper nous repassâmes dans la première salle où tout étoit préparé pour la danse des flambeaux. Cette danse est une vieille étiquette allemande ; elle se fait en cérémonie. Les Maréchaux de la cour avec leurs bâtons de commandant commencent la marche ; ils sont suivis de tous les lieutenants-généraux de l'armée, qui portent chacun un cierge allumé. Les nouveaux époux font deux tours en marchant gravement ; la mariée prend tous les princes l'un après l'autre ; quand elle a fini sa tournée, le marié prend sa place et fait le même tour avec les princesses. Tout cela se fait au son des timbales et des trompettes. La danse finie, on me conduisit dans le premier appartement, où on avoit tendu un lit et un meuble de velours cramoisi brodé de perles. Selon l'étiquette la reine devoit me déshabiller, mais elle me trouva indigne de cet honneur et ne me donna que la chemise. Mes sœurs et les princesses me rendirent cet office. Dès que je fus en déshabillé tout le monde prit congé de moi et se retira, à l'exception de ma sœur d'Anspac et de la duchesse de Bevern. On me transporta alors dans mon véritable appartement, où le roi me fit mettre à genoux et m'ordonna de réciter tout haut le credo et le pater. La reine étoit furieuse et maltraitoit tout le monde. Elle avoit appris que le courrier étoit arrivé, ce qui la mettoit au désespoir ; elle me dit encore mille duretés avant de s'en aller.

Il faut avouer que mon mariage est la chose du monde la plus extraordinaire. Le roi, mon père, l'avoit fait à contre-cœur et s'en repentoit tous les jours ; il auroit pu le rompre et l'accomplit contre ses désirs. Je n'ai pas besoin de parler des sentimens de la reine, on peut assez voir par ce que j'en ai écrit combien elle y étoit contraire. Le Margrave de Bareith en étoit aussi mécontent que ces derniers. Il n'y avoit consenti que dans l'espérance d'en tirer de grands avantages, dont il se voyait frustré par l'avarice du roi. Il étoit jaloux du bonheur de son fils, et son esprit méfiant lui donnoit des peurs paniques dont j'aurai lieu de parler dans la suite. Je me trouvai donc mariée contre le gré des trois personnes principales qui pouvoient disposer de mon sort et de celui du prince, et cependant de leur consentement. Quand je réfléchis quelquefois à tout cela, je ne puis m'empêcher de croire une destinée, et ma philosophie cède quelquefois aux pensées que l'expérience me fait naître sur ce sujet. Mais trève de réflexions ! ces mémoires ne finiroient jamais, si je voulois écrire toutes celles que j'ai faites dans les différentes situations où je me suis trouvée.

Le lendemain matin le roi, suivi des princes et des généraux, vint me rendre visite et me fit présent d'un service d'argent. La reine selon les règles devoit me faire le même honneur, mais elle s'en dispensa. Malgré tous mes chagrins je n'oubliai pas mon frère. J'envoyai Mr. de Voit chez Grumkow, pour le sommer de sa parole. Il me fit assurer qu'il en parleroit au roi, mais que je devois patienter quelques jours, puisqu'il falloit prendre sa bisque pour réussir.

Le 23. il y eut bal au grand appartement. On tira aux billets avant que d'y aller. Je tirai numéro 1. Avec le prince on compta 700 couples, tous gens de condition. Il y avoit quatre quadrilles. Je conduisis la première, la Margrave Philippe la seconde, la Margrave Albert la troisième et sa fille la quatrième. La mienne me fut assignée à la galerie de tableaux. La reine et toutes les principautés en étoient.

J'aimois la danse ; j'en profitai. Grumkow vint m'interrompre au milieu d'un menuet. « Eh mon Dieu, Madame, me dit-il, il semble que vous soyez piquée de la tarentule ; ne voyez-vous donc point ces étrangers qui viennent d'arriver ? » Je m'arrêtai tout court, et regardant de tout côté je vis en effet un jeune homme habillé de gris qui m'étoit inconnu. « Allez donc embrasser le prince royal, me dit-il, le voilà devant vous. » Tout mon sang se bouleversa dans mon corps de joie. « Ô ciel, mon frère ! m'écriai-je ; mais je ne le trouve point ; où est-il ? faites-le

moi voir au nom de Dieu ! » Grumkow me conduisit à lui. En m'approchant je le reconnus, mais avec
peine. Il étoit prodigieusement engraissé et avoit pris
le cou fort court, son visage étoit aussi fort changé
et n'étoit plus si beau qu'il l'avoit été. Je lui sautai
au cou ; j'étais si saisie que je ne proférois que des
propos interrompus, je pleurois, je riois comme une
personne hors de sens. De ma vie je n'ai senti une
joie si vive. Après ces premiers mouvemens j'allai
me jeter aux pieds du roi, qui me dit tout haut en
présence de mon frère : « Êtes-vous contente de
moi ? vous voyez que je vous ai tenu parole. » Je
pris mon frère par la main et je suppliai le roi de lui
rendre son amitié. Cette scène fut si touchante,
qu'elle tira les larmes des yeux de toute l'assemblée.
Je m'approchai ensuite de la reine. Elle fut obligée
de m'embrasser, le roi étant vis-à-vis d'elle, mais je
remarquai que sa joie n'étoit qu'affectée. Je retournai encore à mon frère, je lui fis mille caresses et lui
dis les choses les plus tendres ; à tout cela il étoit
froid comme glace, et ne répondoit que par mono-
syllabes. Je lui présentai le prince auquel il ne dit
mot. Je fus étourdie de cette façon d'agir, j'en rejetai cependant la cause sur le roi qui nous observoit
et qui intimidoit par là mon frère. Sa contenance
même me surprenoit ; il avoit l'air fier et regardoit
tout le monde du haut en bas. On se mit enfin à
table. Le roi n'y fut pas et soupa tête-à-tête avec son
fils. La reine en parut inquiète et envoya épier ce qui
se passoit. On lui rapporta qu'il étoit de fort bonne
humeur et qu'il parloit fort amicalement avec mon
frère. Je crus que cela lui feroit plaisir, mais quelque
effort qu'elle fît, elle ne pouvoit cacher son secret
dépit. En effet elle n'aimoit ses enfans qu'autant
qu'ils étoient relatifs à ses vues d'ambition. L'obligation que mon frère m'avoit de sa réconciliation

avec le roi, lui faisoit plus de peine que de joie, n'en étant pas l'auteur. Au sortir de table, Grumkow vint me dire que le prince royal gâtoit encore toutes ses affaires. « L'accueil qu'il vous a fait, continua-t-il, a déplu au roi ; il dit que si c'est par contrainte pour lui, il doit s'en offenser, puisqu'il lui marque en cela une défiance qui ne lui promet rien de bon pour l'avenir, et si au contraire sa froideur provient d'in-différence et d'ingratitude pour votre Altesse royale, il ne peut l'attribuer qu'à la marque d'un mauvais cœur. Le roi en revanche est très-content de vous, Madame, vous en avez agi sincèrement ; continuez toujours de même et faites, au nom de Dieu ! que le prince royal en agisse avec franchise et sans détours. » Je le remerciai de son avis, que je trouvai bon. Le bal recommença. Je me rapprochai de mon frère et lui répétai ce que Grumkow venoit de me dire ; je lui fis même quelques petits reproches sur son changement. Il me répondit, qu'il étoit toujours le même et qu'il avoit ses raisons pour en agir ainsi.

Il me rendit visite le lendemain matin par ordre du roi. Le prince eut l'attention de se retirer et me laissa seule avec lui et Madame de Sonsfeld. Il me fit un récit de tous ses malheurs, tels que je les ai décrits. Je lui fis part des miens. Il parut fort dé-contenancé à la fin de ma narration ; il me fit des remercîmens des obligations qu'il m'avoit et quel-ques caresses, dont on voyoit bien qu'ils ne partoient pas de cœur. Il entama un discours indifférent pour rompre cette conversation, et sous prétexte de voir mon appartement il passa dans la chambre prochaine où étoit le prince. Il le parcourut des yeux pendant quelque temps depuis la tête jusqu'aux pieds, et après lui avoir fait quelques politesses assez froi-des, il se retira.

J'avoue que son procédé me dérouta. Ma gouvernante tiroit les épaules et n'en pouvoit revenir. Je ne connoissois plus ce cher frère, qui m'avoit coûté tant de larmes et pour lequel je m'étois sacrifiée. Le prince remarquant mon trouble me dit, qu'il voyoit bien que je n'étois pas contente et qu'il étoit surpris du peu d'amitié que le prince royal me faisoit, que surtout il étoit fort mortifié de remarquer qu'il n'avoit pas le bonheur de lui plaire. Je tâchai de lui ôter ces idées et continuai d'en agir de même avec mon frère. Je ferai ici une petite interruption. Ces mémoires ne sont remplis que d'événemens tragiques qui pourroient enfin ennuyer, il est juste de les diversifier quelquefois par des circonstances plus gaies, quoiqu'elles ne me regardent pas.

La reine avoit à sa cour une Dlle. de Pannewitz[1], qui étoit sa première fille d'honneur. Cette dame étoit belle comme les anges, et possédoit autant de vertu que de beauté. Le roi, dont le cœur avoit été jusqu'alors insensible, ne put résister à ses charmes ; il commença en ce temps-là à lui faire la cour. Ce prince n'étoit point galant ; connoissant son foible il prévit qu'il ne réussiroit jamais à contrefaire les manières de petit-maître ni à attraper le style amoureux : il resta donc dans son naturel et voulut commencer le roman par la fin. Il fit une description très-scabreuse de son amour à la Pannewitz et lui demanda, si elle vouloit être sa maîtresse. Cette belle le traita comme un nègre, se trouvant fort offensée de cette proposition. Le roi ne se rebuta pas, il continua de lui en conter pendant un an. Le dénouement de cette aventure fut assez singulier. La Pannewitz ayant suivi la reine à Brunswick, où devoient se faire les noces de mon frère, rencontra le roi sur un petit degré dérobé, qui menoit à l'appartement de cette princesse. Il l'empêcha de s'enfuir et voulut l'embrasser, lui mettant la main sur la gorge. Cette fille furieuse lui appliqua un coup de poing au milieu de la physionomie avec tant de succès, que le sang lui sortit d'abord par le nez et par la bouche. Il ne s'en fâcha point et se contenta de l'appeler depuis la méchante diablesse. J'en reviens à mon sujet.

Il sembloit que tous les démons de l'enfer fussent déchaînés contre moi. Le Margrave d'Anspac voulut aussi se mêler de me persécuter. C'étoit un jeune prince fort mal élevé ; il vivoit comme chien et chat avec ma sœur, qu'il maltraitroit continuellement. Celle-ci y donnoit quelquefois lieu. Sa cour n'étoit composée que de gens malins et intrigans, qui l'animoient contre celle de Bareith. Ces deux pays sont voisins, et quoique leur intérêt soit d'être amis et d'agir de concert, leur jalousie mutuelle est cause de leur désunion. Le Margrave d'Anspac et sa cour ne pouvoient digérer mon mariage avec le prince héréditaire. On faisoit mille faux rapports de celui-ci à l'autre. Piqué au vif contre nous il nous rendoit de mauvais services auprès de la reine, tournant en mal toutes nos paroles et nos actions. Il étoit secondé par ma sœur Charlotte, qui attisoit le feu tant qu'elle pouvoit. J'étais informée de tout cela, ma sœur cadette m'en ayant avertie, mais je faisois semblant de l'ignorer.

Il se donna encore plusieurs bals à mon honneur et gloire ; le reste du temps nous jouions chez la reine. Les princes étoient obligés de passer la soirée avec le roi et d'assister à la tabagie, d'où ils ne revenoient qu'à l'heure du souper.

Le Margrave d'Anspac s'avisa de se mettre sur la friperie du prince héréditaire ; il le turlupina sur un sujet très-sensible. J'ai déjà dit que la mère de celui-ci étoit une princesse de Holstein. Elle s'étoit si mal conduite, et avoit fait tant d'extravagances, que le prince son époux, alors encore apanagé, s'étoit vu obligé de la faire enfermer dans une forteresse appartenant au Margrave d'Anspac. Elle étoit le sujet des piquantes railleries que ce prince faisoit à mon époux, qui en témoigna son ressentiment et y répondit fort sensément. Je respecte trop la présence du roi, lui répliqua-t-il, pour répondre sur-le-champ et comme il le faut à de tels propos, mais je saurai prendre ma revanche quand il en sera temps. Mon frère et les princes étoient présens ; ils firent leur possible pour les raccommoder ; mais tout ce qu'ils purent obtenir du prince héréditaire fut, qu'il ne passeroit pas outre jusqu'au surlendemain. Je remarquai le soir même beaucoup d'altération sur le visage du prince, mais quelques instances que je lui fisse, il ne voulut point m'en dire la cause. Je l'appris le jour suivant par le Margrave, mon beau-père, qui en avoit été informé par le duc de Bevern. Nous parlâmes tous deux au prince. Je lui fis concevoir que ce différend ne pouvoit avoir que des suites fâcheuses ; c'étoit renouveler en premier lieu une vieille catastrophe fort désagréable pour mon père et pour lui ; son adversaire étoit son beau-père, un prince sans héritiers, dont le pays devoit lui retomber après sa mort, ce qui auroit causé en cas d'accident beaucoup de faux jugemens préjudiciables à la gloire du prince. La colère où il étoit l'empêcha d'écouter nos raisons. Le duc de Bevern, qui survint, le sermonna tant, qu'il lui donna sa parole de se tenir tranquille, pourvu que le Margrave d'Anspac lui fît faire des excuses. Tous me conseillèrent de parler à ce dernier et de tâcher de les rapatrier. Tout le jour se passa donc paisiblement. Je pris encore mes mesures le soir avec le duc et la duchesse. J'étois fort triste et inquiète, dans l'appréhension que cette affaire n'allât mal. Ma sœur, qui en étoit informée et nous épioit, me jeta tout-à-coup les bras au cou :

« Je suis au désespoir, me dit-elle, de ce qui s'est passé hier ; mon époux est dans son tort ; je vous demande pardon pour lui de l'incartade qu'il a faite, je l'en gronderai d'importance. »

« Je suis bien fâchée, lui répondis-je, que vous ayez entendu notre conversation. Soyez persuadée que la dissension de nos époux ne diminuera en rien la tendresse que j'ai pour vous. Je vous demande seulement une grâce, qui est de ne point vous mêler de tout ceci, vous ne ferez que vous attirer du chagrin et vous aigrirez encore plus les esprits. »

Après bien des représentations elle me le promit. Le Margrave d'Anspac étoit toujours assis à côté de moi. Le soir, dès que nous fûmes levés de table et que la reine fut sortie, je l'accostai fort civilement et m'apprêtois à lui parler de l'affaire en question. Ma sœur ne m'en laissa pas le temps et débuta par lui chanter pouille. Il se mit en colère et haussa la voix pour lui répliquer des duretés. Le prince héréditaire, qui en entendit quelques-unes, crut qu'elles s'adressoient à lui ; il s'approcha à son tour, lui demandant raison de son procédé. « Venez, venez, lui dit-il, vuider notre différend, il faut des actions et non des paroles. » Le pauvre Margrave resta stupéfié. Allons donc, continua le prince, venez vous battre, ou je vous jette dans la cheminée où vous pourrez griller à votre aise. Cette menace fit tant de peur à son antagoniste, qu'il se prit amèrement à pleurer, ce qui produisit une tragi-comédie. Mon frère et tous ceux qui étoient là firent de grands éclats de rire. Le Margrave, rempli de frayeur, se sauva dans la chambre d'audience de la reine, qui se promenoit gravement sans faire semblant de rien ; il s'y cacha derrière un rideau. La duchesse, qui l'avoit suivi, voulut bien lui rendre l'office de nourrice et le consoler, l'assurant que le prince héréditaire ne le tueroit pas. Mais tout cela ne rassura point ce pauvre enfant, qui n'eut le courage de sortir de sa niche que lorsque son antagoniste fut parti. Mon frère, le Margrave mon beau-père et le prince Charles emmenèrent celui-ci. Je les trouvai encore ensemble lorsque je rentrai chez moi. La scène qui venoit de se passer nous fournit matière à plaisanter ; le pauvre Margrave d'Anspac n'y fut pas épargné. Le duc de Bevern le reconduisit chez lui, où il exhala sa colère par des vomissemens et une diarrhée, qui pensa l'envoyer à l'autre monde. Cette forte évacuation ayant chassé sa bile et l'ayant remis dans un état plus rassis, il fit des réflexions sérieuses sur le danger qu'il avoit couru. La crainte de la grillade le fit résoudre à faire des avances au prince héréditaire ; le duc de Bevern en fut chargé. Le prince héréditaire accepta les excuses du Margrave ; la paix se fit et depuis ce temps ils n'ont plus eu de démêlé personnel.

Quelques jours après le roi conféra un régiment d'infanterie à mon frère ; il lui rendit son uniforme et son épée. Son domicile fut fixé à Rupin[1], où étoit son régiment ; ses revenus furent augmentés, et quoique fort modiques il pouvoit faire la figure d'un riche particulier. Il fut obligé de partir pour aller à sa garnison. Quoiqu'il fût fort changé à mon égard, cette séparation me fit une peine infinie. Je ne comptois plus le revoir avant mon départ, ce qui me toucha vivement. Il en parut attendri, et le congé fut plus tendre que notre première entrevue. Sa présence m'avoit fait oublier tous mes chagrins ; je les ressentis plus fortement après son départ. Du côté de la reine c'étoit toujours la même chanson ; elle

se contraignoit devant le monde, mais en particulier elle me traitoit d'autant plus cruellement.

Le roi ne me regardoit plus depuis mes noces, et
tous ces grands avantages qu'il m'avoit promis s'en
alloient en fumée. Il n'y avoit que deux moyens de
s'insinuer auprès de lui ; l'un étoit de lui fournir de
grands hommes, l'autre de lui donner à manger
avec une compagnie, composée de ses favoris, et de
lui faire boire rasade. Le premier de ces expédiens
m'étoit impossible, les grands hommes ne croissant
pas comme les champignons ; leur rareté même
étoit si grande, qu'à peine en trouvoit-on trois dans
un pays qui pussent convenir. Il fallut donc choisir
le second parti. J'invitai ce prince à dîner. Toutes
les principautés en furent. La table étoit de 40 couverts et servie de tout ce qu'il y avoit de plus exquis.
Le prince héréditaire fit les honneurs de la vigne. Il
n'y eut que lui seul d'hommes qui restât dans son
sens. Le roi et le reste des conviés étoient ivres
morts. Je ne l'ai jamais vu si gai ; il nous mangea de
caresses le prince et moi. Mon arrangement lui plut
si fort, qu'il voulut rester le soir. Il fit venir la musique et envoya chercher plusieurs dames de la ville.
Il commença le bal avec moi et dansa avec toutes
les dames, ce qu'il n'avoit jamais fait. Cette fête
dura jusqu'à trois heures après minuit.

Ce prince partit le 17. de Décembre pour aller à
Nauen, où il avoit fait préparer une magnifique
chasse de sanglier. Tous les princes, tant étrangers
que du sang, l'y suivirent. Ce petit voyage ne dura
que quatre jours et me donna encore de nouveaux
chagrins.

Le Margrave d'Anspac ne faisoit que dissimuler
son dépit contre le prince depuis leur dernier différend ; il cherchoit avec ardeur une occasion de se
venger. Il faut rendre justice à qui elle est due. Le

prince a de l'esprit et le cœur bon ; il est enclin à la colère ; ceux qui sont autour de lui sont de vrais suppôts de Satan, qui l'ont précipité dans le vice et tâchent encore d'étouffer les bonnes qualités qu'il possède. Il n'avoit que 17 ans, étoit sans expérience et mal conseillé. J'ai déjà dit que pour faire sa cour à la reine il lui servoit d'espion. Elle ne manqua pas de lui demander des nouvelles à son retour de Nauen. Il lui répondit, que celles qu'il savoit étoient très-mauvaises ; qu'elle avoit tous les sujets du monde d'être mécontente de mon mariage ; que je deviendrois la plus malheureuse personne de l'univers, puisque j'avois un vrai monstre de mari, enseveli dans les plus affreuses débauches, qui passoit les nuits à s'enivrer avec les domestiques et les gueuses du cabaret ; qu'il étoit pair et compagnon avec cette racaille, et que la chronique scandaleuse débitoit qu'il y avoit eu une bataille où il avoit reçu des coups. Cette confidence bien loin d'affliger la reine lui fit plaisir. Elle se résolut de s'en donner les violons à mes dépens. Dès que tout le monde se fut assemblé chez elle, elle nous fit asseoir en cercle et tourna adroitement la conversation sur le séjour de Nauen. Sans nommer personne elle se mit sur la friperie du prince qu'elle ne ménagea point et qu'elle turlupina d'une façon sanglante. Je m'aperçus d'abord que c'étoit lui qu'elle apostrophoit, mais je ne comprenois rien à ses discours. Elle parloit de combat, de blessures, choses inconnues pour moi, et elle jetoit des regards malins à ma sœur Charlotte, qui lui répondoit par signes en me regardant. Le Margrave de Bareith étoit sérieux et de mauvaise humeur, et toute la compagnie baissoit les yeux. Le jeu mit fin à cette conversation. Ma sœur d'Anspac, qui avoit beaucoup d'amitié pour moi, voyant mon inquiétude, me mit au fait de l'énigme. Il n'y avoit que cinq semaines que j'étois mariée ; j'avois étudié le caractère du prince et lui avois trouvé beaucoup de sentimens et le cœur trop bien placé pour commettre les infamies dont on l'accusoit. Le duc de Bevern m'assura même qu'il n'y avoit pas un mot de vrai, que le prince héréditaire ne l'avoit pas quitté un moment et qu'ils avoient couché porte à porte. Nous conclûmes l'un et l'autre que cette belle fable étoit une invention du Margrave d'Anspac. Le duc se chargea de détromper le roi auquel on avoit fait aussi ce beau rapport, et me pria fort de me mettre au-dessus de toutes les railleries de la reine, puisque dans le fond elle ne pouvoit me rendre malheureuse. Le Margrave d'Anspac ou plutôt sa cour avoit fait savoir cette même nouvelle au roi et au Margrave de Bareith. Ce dernier sans rien examiner étoit dans une rage terrible contre son fils ; il le ramena le soir dans ma chambre, où il le traita fort durement. Le prince n'eut pas de peine à se justifier ; il auroit éclaté contre l'auteur de la fourberie, si nous ne l'en eussions empêché.

Cette aventure fut sue le lendemain de toute la ville. Elle fit beaucoup de déshonneur au Margrave d'Anspac et le rendit odieux. Le roi en fut fort irrité, mais il dissimula de crainte d'aigrir les esprits. La reine en fut penaude et bien fâchée de ne pouvoir trouver prise sur un gendre qu'elle haïssoit cordialement.

Quelques jours après elle me demanda d'un air malin, si je ne m'étois point encore informée de ce qui étoit stipulé pour moi dans mon contrat de mariage. « Je suis curieuse de savoir, me dit-elle, les grands avantages que le roi vous a faits et combien vous aurez de revenus. Je ne sais comment Mr. Gidikins (résident d'Angleterre) l'a appris ; mais je sais bien qu'il a dit, qu'une femme de chambre de la princesse de Galles avoit de plus gros gages que vous n'auriez de revenus par an. Je vous conseille de prendre vos mesures d'avance, car si vous gueusez après, ce ne sera pas ma faute, du moins ne vous attendez plus à rien de moi. Je n'ai pas fait votre mariage, c'est au roi, en qui vous avez eu tant de confiance, à avoir soin de vous. »

Ce raisonnement ne me pronostiqua rien de bon. Je questionnai le soir même Mr. de Voit sur cet article. Quelle fut ma surprise en apprenant ce détail. Le roi pour tout potage avoit prêté au Margrave un capital de 260 mille écus sans intérêts ; on devoit tous les ans, à commencer de l'année 1733, rembourser 25 mille écus de ce capital. Ma dot étoit comme à l'ordinaire de 40 mille écus. En dédommagement de la renonciation que j'avois faite à l'héritage de la reine, il me donnoit 60 mille écus. C'étoient les mêmes accords qui avoient été faits avec ma sœur. De la part du Margrave les revenus annuels du prince et les miens, y compris notre cour, étoient fixés à 14 mille écus, dont il me revenoit 2,000. On comptoit encore sur cette somme les étrennes et les présens extraordinaires, ainsi bien compté et rabattu il me restoit 800 écus pour mon entretien. Le roi comptoit pour avantages le régiment qu'il avoit donné au prince, et le service d'argent dont il m'avoit fait présent. Je laisse à juger de mon étonnement. Mr. de Voit me dit, que le roi avoit tout réglé ; qu'il avoit cru que c'étoit de mon consentement, sans quoi il m'en auroit avertie plus tôt, et qu'il n'y avoit plus de remède, les conventions étant faites et signées.

Après avoir rêvé quelque temps à ma situation présente, je pris le parti de m'adresser à Grumkow. Je l'envoyai chercher le lendemain matin. Mr. de Voit lui expliqua en peu de mots le cas dont il s'agissoit. Grumkow me fit serment de n'avoir point été consulté sur toute cette affaire. « Je suis surpris, continua-t-il, de n'en avoir pas été informé, c'est un mal qui n'est plus à réparer. Il faut chercher d'autres expédiens et tâcher d'extorquer une pension au roi ; mais avant de lui en parler il faut absolument attendre que le Margrave, votre beau-père, soit parti. Je connois notre Sire, il est tenace comme le diable, quand il s'agit de donner ; si je lui en parle à présent, il fera des querelles d'Allemand à ce prince pour faire augmenter vos revenus, ce qui causera des brouilleries dont infailliblement vous serez la victime ; au lieu que s'il est loin, sa Majesté sera obligée de remédier au tort qu'il vous a fait. Je vous promets mon secours, Madame, et je vous ferai savoir quand il sera temps de lui parler vous-même. » Je lui fis beaucoup de remercîmens et lui promis de suivre ses conseils.

La reine s'étoit divertie à mes dépens ; elle étoit instruite de toute cette affaire et n'avoit souhaité que je m'en informasse que pour m'humilier. Elle entretenoit sans cesse des mouches autour de mes appartemens ; elle fut avertie sur-le-champ de la visite de Grumkow et devina tout de suite quel en étoit le sujet. Elle voulut s'en assurer et me tirer les vers du nez. Après m'avoir parlé quelque temps fort aimablement, elle se rabattit sur mon départ. « Je suis au désespoir de vous perdre, me dit-elle ; j'ai fait mon possible pour reculer le terme de notre séparation. Ce qui m'afflige le plus c'est de vous voir si mal pourvue ; je sais tout cela sur le bout du doigt. Le roi vous a cruellement abandonnée ; je l'ai prévu, vous n'avez pas voulu me croire. Cependant j'approuve beaucoup que vous ayez parlé à Grumkow, je suis persuadée que s'il le peut il vous rendra service ; que vous a-t-il conseillé ? » J'avoue ma bêtise, je lui contai toute ma conversation avec ce dernier, la conjurant de garder le secret. « Je vous le promets, continua-t-elle, je connois trop la conséquence de ce que vous venez de me dire pour en parler. » Pour mes péchés elle resta l'après-midi seule avec le roi. Ne sachant comment l'entretenir elle lui découvrit le pot aux roses et lui révéla ce que je lui avois confié. Le roi affecta de me plaindre et d'être touché de mon état, mais dans le fond il fut vivement piqué que je me fusse adressée à elle et à Grumkow. Il étoit soupçonneux ; il s'imagina que je faisois des intrigues et voulut m'en punir. À peine eut-il quitté la reine qu'il se fit donner mon contrat de mariage et retrancha quatre mille écus de la somme destinée pour le prince et pour moi.

La reine victorieuse du bon service qu'elle venoit de me rendre me fit appeler au plus vite. Vous n'avez plus besoin, me dit-elle lorsque j'entrai, de mêler Grumkow de vos affaires ; j'ai parlé au roi, continua-t-elle en m'embrassant, je lui ai conté notre conversation de ce matin, il a paru attendri et m'a promis de vous satisfaire. Peu s'en fallut que je ne devinsse statue de sel comme la femme de Loth. Mon premier mouvement s'exhala en jérémiades et en reproches respectueux sur son indiscrétion. Elle s'en fâcha et me fit taire à force de duretés. Je maudis mille fois mon imprudence ; j'en recevois le salaire, je ne pouvois en murmurer. Grumkow m'en fit faire de sanglans reproches par Mr. de Voit et me fit avertir de la belle œuvre que le roi venoit de faire. Il me fit d'amères plaintes de ce que je l'avois exposé à la colère de ce prince, et me fit assurer qu'il ne se mêleroit jamais plus de ce qui me regarderoit. Cette dernière aventure me poussa à bout et me causa un violent chagrin.

Le Margrave, mon beau-père, la cour d'Anspac, de Meinungen et de Bevern partirent dans ces entrefaites. Je regrettai beaucoup cette dernière et surtout la duchesse, pour laquelle j'avois pris une tendre amitié. Elle avoit été confidente de mes peines et m'avoit rendu beaucoup de bons offices.

Le roi retourna à Potsdam, où la reine eut ordre de le joindre avec moi, devant partir de là pour Bareith. L'impatience de m'y trouver me faisoit compter les heures et les minutes. Berlin m'étoit devenu aussi odieux qu'il m'avoit été autrefois cher. Je me flattois, à l'exclusion des richesses, de mener une vie douce et tranquille dans mon nouveau domicile et de commencer une année plus heureuse que celle qui venoit de finir.

[1732-1742]

Une nouvelle époque fit l'ouverture de 1732. Il y avoit déjà quelque temps que je me trouvois fort incommodée ; j'en avois attribué la cause à l'agitation continuelle de mon esprit accablé de tant d'adversités différentes. Je voulus faire mes dévotions ; je pris une défaillance à l'église, qui dura quelques heures. Je me trouvai au lit en revenant à moi, entourée de la reine et d'une foule de monde, qui étoit accouru pour me secourir. Le médecin jugea que j'étois enceinte. On m'en badina beaucoup, mais je ne fis aucune attention à tout ce qu'on me dit. Je souffrois trop ; j'eus plusieurs foiblesses tout ce jour-là, ce qui m'empêcha de me lever. La reine me fit dire le lendemain, qu'elle viendroit le soir célébrer les rois chez moi. Cette petite fête fut assez triste ; ceux qui y étoient, sembloient touchés de me perdre, ils avoient tous les larmes aux yeux. Je pris un tendre congé de la Margrave Philippe ; mon mariage n'avoit point altéré notre amitié, et je me sentis attendrie de me séparer de mes amies.

Le lendemain (7. Janvier) nous nous rendîmes à Potsdam. Le roi m'y reçut à bras ouverts. L'espérance de se voir bientôt grand-père lui causoit une joie inconcevable, il m'accabloit de caresses et

d'attentions. Je profitai de ces bonnes dispositions
par lui demander une grâce. Madame de Sonsfeld
avoit trois nièces, filles du général Marwitz ; sa sœur
étant morte, elle les avoit fait élever. Ces trois filles,
dont l'aînée avoit 14 ans, étoient héritières d'un bien
très-considérable. Sa tante souhaitoit amener cette
aînée avec elle à Bareith, pour achever de la former ;
elle n'osoit cependant accomplir ses désirs sans une
permission expresse du roi ; ce prince ayant fait une
ordonnance, par laquelle il étoit défendu à toutes
les filles riches de sortir de son pays, sous peine de
confiscation de tout leur bien. Le roi m'accorda cette
faveur à condition que je lui engageasse ma parole
d'honneur de ne point marier cette fille hors de ses
États[*] ; en quoi je le satisfis.

Le jour de mon départ étant enfin fixé au 11. Janvier, je résolus de faire une dernière tentative pour
attendrir ce prince. Je trouvai moyen de lui parler en
particulier et de lui ouvrir mon cœur. Je fis l'apolo-
gie de ma conduite passée, sans compromettre la
reine ; je lui peignis avec les couleurs les plus touchantes la douleur que m'avoit causée sa disgrâce ;
j'y ajoutai un portrait naïf de ma situation présente,
le suppliant par tout ce qu'il y avoit de plus sacré
de ne point m'abandonner, et de m'accorder son
secours et sa protection. Mon discours fit son effet ;
il fondoit en larmes, ne pouvant me répondre à force
de sanglots : il m'expliquoit ses pensées par ses
embrassemens. Faisant enfin un effort sur lui « Je
suis au désespoir, me dit-il, de ne vous avoir pas
connue ; on m'avoit fait un si horrible portrait de
vous, que je vous ai haïe autant que je vous chéris
présentement. Si je m'étois adressé à vous, je me

---

[*] Comme cet article est de conséquence pour la suite de ces
mémoires, je prie le lecteur d'y faire attention.

serois épargné bien du chagrin et à vous aussi ;
mais on m'a empêché de vous parler, en me représentant que vous étiez plus méchante que le diable,
et que vous me porteriez à des extrémités que j'ai
mieux aimé éviter. Votre mère par ses intrigues est
en partie cause du malheur de la famille ; j'ai été
trompé et dupé de tout côté, mais j'ai les mains liées,
et quoique mon cœur soit navré, il faut que je laisse
ces iniquités impunies. » Je pris le parti de la reine
et lui représentai, que ses intentions avoient été bonnes, que l'amitié seule, qu'elle avoit eue pour mon
frère et pour moi, l'avoit portée à en agir comme
elle avoit fait, qu'ainsi il ne pouvoit lui en vouloir
du mal. « N'entrons point dans ce détail, me répondit-il, ce qui est passé est passé, je veux bien
l'oublier. Pour vous, ma chère fille, soyez persuadée
que vous m'êtes la plus chère de la famille, et que je
vous tiendrai religieusement les promesses que je
vous ai faites, de vous avantager plus que mes autres
enfans ; continuez d'avoir de la confiance en moi, et
comptez toujours sur mon secours et sur ma protection. Je suis trop affligé pour prendre congé de
vous ; embrassez votre époux de ma part, je suis si
touché que je ne puis le voir. » Il se retira tout en
larmes. Je me retirai de mon côté en sanglotant, et
me rendis chez la reine. Ma séparation d'avec elle
ne fut point si touchante que celle du roi ; malgré
mes soumissions et mes tendres caresses elle resta
froide comme glace, sans s'émouvoir ni me faire la
moindre amitié. Le duc de Holstein me conduisit
au carrosse, où je montai avec le prince et Madame
de Sonsfeld.

J'arrivai heureusement le même soir à Closterzin,
qui étoit le premier gîte. La seconde journée de
mon voyage ne fut pas si heureuse que la première.
Mon carrosse versa de mon côté ; deux paires de

pistolets chargés et deux coffres-forts, qu'on y avoit
fourrés, je ne sais pourquoi, me tombèrent sur le
corps sans me faire le moindre mal. Madame de
Sonsfeld me crut morte ; sa frayeur l'aveugloit si
fort, qu'elle ne cessoit de crier comme une excom-
muniée : mon Dieu, Seigneur Jésus ; ayez pitié de
nous. Je crus qu'elle étoit blessée, ce qui m'alarma
plus que la chute ; je le lui demandai. Eh mon Dieu !
non, Madame, me dit-elle, je ne crains que pour
vous. Le prince héréditaire plus mort que vif étoit
sauté par la portière ; il n'avoit pas le courage de
me demander si je m'étois fait mal. Cette scène me
parut comique ; j'étois chargée comme un mulet de
tout le bagage qui étoit dans la voiture, dont on ne
me débarrassa qu'avec peine. Le Margrave me porta
sur un champ couvert de neige. Il geloit à pierre fen-
dre, mes souliers prirent à la glace ; je courois risque
d'avoir le sort de la femme de Loth et de devenir statue de glace, si ma suite ne fût arrivée pour me
tirer de là. Mes dames pleuroient et se lamentoient,
croyant pour sûr que je ferois une fausse-couche ;
on m'arrosoit de toutes sortes d'esprits et on vouloit
me faire avaler de vilaines drogues, dont je ne voulus point. On releva enfin le carrosse et je continuai
mon voyage.

Mr. de Burstel, conseiller privé du roi, m'accompagnoit, et devoit prendre à Bareith la qualité de ministre à cette cour. Il se rendit chez ma gouvernante,
dès que nous fûmes arrivés à Torgow, et la chargea
de me représenter, que quoique je ne me ressentisse
point de la chute que je venois de faire, la prudence
exigeoit que je m'arrêtasse quelques jours en chemin, pour parer les mauvaises suites qui pourroient
en arriver. Madame de Sonsfeld et Mr. de Voit furent
du même sentiment. Ils firent tellement peur au
prince, que tout ce que je pus obtenir fut d'aller le

lendemain jusqu'à Leipsic. Je comptois m'y divertir ;
la foire, qui est une des plus fameuses d'Allemagne,
s'y tenant alors. Il y avoit toujours pendant ce temps
beaucoup d'étrangers dans cette ville, où la cour de
Dresde se rendoit ordinairement.

Nous y arrivâmes le jour suivant. Par décorum je
me mis d'abord au lit. Je m'informai tout de suite,
s'il y avoit beaucoup de monde ? Mais ô douleur ! La
foire étoit finie et la cour aussi bien que les étrangers
étoient partis la veille. Au lieu de m'amuser je m'en-
nuyai cruellement les deux jours que je fus obligée
de m'y arrêter. Fatiguée d'harangues et de cérémonies j'en partis enfin, pour continuer mon voyage. Il
se passa fort heureusement à la frayeur près, que me
causèrent les rochers et les précipices ; les chemins
étoient abominables. Quoiqu'il fît un froid terrible,
j'aimai mieux marcher que d'être secouée.

J'arrivai enfin à Hoff, première ville du territoire
de Bareith. On m'y reçut en cérémonie au bruit du
canon. La bourgeoisie sous les armes bordoit les
rues jusqu'au château. Le Maréchal de Reitzenstein
avec quelques Messieurs de la cour et toute la
noblesse immédiate du Vogtland m'attendoient au
bas de l'escalier (si on peut appeler tel une espèce
d'échelle de bois), et me conduisirent dans mon
appartement. Mr. de Reitzenstein me complimenta
de la part du Margrave sur mon arrivée dans son
pays. J'essuyai ensuite une longue harangue de la
noblesse. Mr. de Voit m'avoit fort priée de faire bon
accueil à ces gens-là. Il est connu que la maison
d'Autriche a donné certains privilèges à la noblesse
aux dépens des princes ; ces privilèges sont entièrement injustes et ne tendent qu'à abaisser les souverains de l'empire. Ceux-ci n'ont jamais voulu les
reconnoître ; chaque gentilhomme immédiat prétend
être aussi souverain chez lui que le prince, dont il

est vassal, ce qui cause des procès et des chicanes
perpétuelles. Celle du Vogtland s'étoit séparée du
reste, s'étant brouillée avec les autres cantons. Le
Margrave avoit saisi cette occasion pour la réduire
à quelques privilèges près, sur le pied de ses autres
vassaux ; mais non content de cela, il avoit tenté
peu avant mon mariage de les dépouiller encore de
ceux qu'il leur avoit laissés. Ces Messieurs, n'étant
pas d'humeur de le souffrir, s'étoient rebellés et
avoient causé une émeute qui eût pu devenir funeste,
si on ne l'avoit apaisée. Les esprits étoient encore
fort aigris à mon arrivée. Mr. de Voit, d'une très-
illustre famille immédiate, mais d'un autre canton,
n'ayant point de terres dans le Margraviat, fit envisager au prince, que pour rétablir la tranquillité, il
falloit tâcher de gagner ces gens par la douceur et
par les bonnes façons. Ils étoient tous de grande
maison et il y en avoit de fort riches. On croira sans
doute que leurs manières y répondoient ? point du
tout ! J'en vis une trentaine, dont la plupart étoient
des Reitzensteins. C'étoient tous des visages à épouvanter les petits enfans ; leurs physionomies étoient
à demi couvertes de teignasses en guise de perruques, où des poux d'aussi antique origine que la leur,
avoient établi leur domicile depuis des temps immémoriaux ; leur hétéroclite figure étoit attifée de
vêtemens qui ne le cédoient point aux poux pour
l'ancienneté ; c'étoit un héritage de leurs ancêtres,
qui les avoient transmis de père en fils ; la plupart
n'étoient point faits sur leurs tailles ; l'or en étoit si
éraillé, qu'on ne pouvoit le reconnoître ; c'étoit pourtant leur habit de cérémonie, et ils se croyoient pour
le moins aussi respectables sous ces antiques haillons
que l'Empereur, revêtu de ceux de Charlemagne.
Leurs façons grossières accompagnoient parfaitement leur accoutrement, on les eût pris pour des

manans ; pour surcroit d'agrément la plupart étoient galeux. J'eus toutes les peines du monde de m'empêcher de rire en considérant ces figures. Ce ne fut pas tout, on me présenta un moment après des animaux d'une autre espèce ; c'étoient les ecclésiastiques, dont il fallut encore écouter la harangue. Ceux-ci avoient des fraises autour du cou, qui sembloient de petits paniers, tant elles étoient grandes. Celui qui me complimenta nasilloit et parloit si lentement, que je crus perdre patience. Je me défis enfin de cette arche de Noë et me mis à table, où les premiers de la noblesse furent invités. J'entamai diverses matières indifférentes pour faire raisonner ces automates, sans en pouvoir tirer que oui ou non ; ne sachant plus que dire, je m'avisai de parler d'économie. Au seul nom leur esprit se développa ; j'appris en un moment le détail de leur ménage et de tout ce qui y appartient ; il s'éleva même une dispute fort spirituelle et intéressante pour eux. Les uns soutenoient que le bétail du bas pays étoit plus beau et rapportoit plus que celui des montagnes, quelques beaux-esprits de leur troupe prétendoient le contraire. Je ne dis mot à tout cela et j'allois m'endormir d'ennui, quand on vint m'avertir de la part de Mr. Voit, qu'il falloit commencer à boire dans un grand verre à la santé du Margrave. On m'en apporta un de si copieuse taille, que j'aurois pu y fourrer ma tête, avec cela il étoit si pesant, que peu s'en fallut que je ne le laissasse tomber. Le Maréchal de la cour répliqua à mon début buvant à ma santé, celle du roi, de la reine, et enfin de tous mes frères et sœurs suivit. Je fus éreintée à force de révérences, et dans un instant je me trouvai en compagnie de 34 ivrognes, ivres à n'en pouvoir plus. Fatiguée comme un chien et rassasiée à rendre les tripes et les boyaux de tous ces désastreux visages, je me levai enfin et me retirai fort peu édifiée de ce premier début. Pour comble de chagrin on m'annonça qu'il falloit encore m'arrêter à Hoff le lendemain, n'étant pas séant de voyager le dimanche. On me régala d'un sermon très-convenable à la compagnie de la veille. Le ministre nous fit un détail historique, critique et scandaleux de tous les mariages qui s'étoient faits depuis la création, à commencer par celui d'Adam et d'Ève jusqu'au temps de Noë ; il se piqua de bien circonstancier les faits, ce qui causa des éclats de rire des hommes et nous fit rougir de honte. Le repas fut semblable au précédent. J'eus une nouvelle fête l'après-midi ; ce fut de recevoir la cour femelle, que je n'avois point encore vue ; c'étoient les chastes épouses des Messieurs de la noblesse. Elles ne le cédoient en rien à leurs chers époux. Qu'on se figure des monstres coiffés en marrons ou plutôt en nids d'hirondelles, leurs cheveux étant postiches et remplis de crasse et de vilenies ? Leur habillement étoit aussi antique que ceux de leurs maris ; cinquante nœuds de rubans de toutes couleurs en relevoient le lustre ; des révérences gauches et souvent réitérées accompagnoient tout cela. Je n'ai rien vu de plus comique. Il y avoit quelques-unes de ces guenons qui avoient été à la cour, celles-ci jouoient les rôles des petits-maîtres à Paris, elles se donnoient des airs et des grâces, que les autres s'efforçoient d'imiter. Ajoutez à cela la façon dont elles nous examinoient, rien ne peut s'imaginer de plus ridicule et de plus risible.

Je partis enfin le jour suivant pour aller à Gefress, où le Margrave m'attendoit. Il me reçut dans un méchant cabaret ; pour me consoler de ce mauvais gîte, il m'assura que l'Empereur Joseph y avoit passé une nuit. Il me fit beaucoup de politesses, et nous accabla d'amitiés le prince et moi. Après souper il me mena dans ma chambre de lit, où il m'entretint deux heures debout. La conversation ne roula que sur Télémaque et sur l'histoire romaine par Amelot de Houssaye ; les deux uniques livres qu'il eût lus, aussi les savoit-il par cœur comme les prêtres leur bréviaire. Le bon prince, ne possédoit pas l'éloquence ; ses raisonnements étoient comparables aux vieux sermons qu'on fait lire pour s'endormir. Ma grossesse commençoit à m'incommoder beaucoup. Je me trouvai mal et serois tombée tout de mon long, si le prince ne m'eût soutenue. J'eus une terrible foiblesse, dont je ne revins que quelques heures après. Quoiqu'encore fort indisposée, je partis le lendemain pour Bareith, qui n'en étoit éloignée que de trois milles.

J'y arrivai enfin le 22. de Janvier à six heures du soir. On sera peut-être curieux de savoir mon entrée ; la voici. À une portée de fusil de la ville je fus haranguée de la part du Margrave par Mr. de Dobenek, grand-bailli de Bareith. C'étoit une grande figure tout d'une venue, affectant de parler un allemand épuré et possédant l'art déclamatoire des comédiens germaniques, d'ailleurs très-bon et honnête homme. Nous entrâmes peu après en ville au bruit d'une triple décharge du canon. Le carrosse où étoient les Messieurs commença la marche ; puis suivoit le mien, attelé de six haridelles de poste ; ensuite mes dames ; après les gens de la chambre et enfin six ou sept chariots de bagages fermoient la marche. Je fus un peu piquée de cette réception, mais je n'en fis rien remarquer. Le Margrave et les deux princesses ses filles me reçurent au bas de l'escalier avec la cour ; il me conduisit d'abord à mon appartement. Il étoit si beau, qu'il mérite bien que je m'y arrête un moment. J'y fus introduite par un long corridor, tapissé de toiles d'araignées et si crasseux, que cela

faisoit mal au cœur. J'entrai dans une grande chambre, dont le plafond, quoique antique, faisoit le plus
grand ornement ; la hautelice qui y étoit, avoit été,
à ce que je crois, fort belle de son temps, pour lors
elle étoit si vieille et si ternie, qu'on ne pouvoit
deviner ce qu'elle représentoit qu'avec l'aide d'un
microscope ; les figures en étoient en grand et les
visages si troués et passés, qu'il sembloit que ce fussent des spectres. Le cabinet prochain étoit meublé
d'une brocatelle couleur de crasse ; à côté de celui-
ci on en trouvoit un second, dont l'ameublement de
damas vert piqué faisoit un effet admirable ; je dis
piqué, car il étoit en lambeaux, la toile paroissant
partout. J'entrai dans ma chambre de lit, dont tout
l'assortiment étoit de damas vert avec des aigles d'or
éraillés. Mon lit étoit si beau et si neuf, qu'en quinze
jours de temps il n'avoit plus de rideaux, car dès
qu'on y touchoit ils se déchiroient. Cette magnificence à laquelle je n'étois pas accoutumée, me surprit extrêmement. Le Margrave me fit donner un
fauteuil ; nous nous assîmes tous pour faire la belle
conversation, où Télémaque et Amelot ne furent
point oubliés. On me présenta ensuite les Messieurs
de la cour et les étrangers ; en voici le portrait, à
commencer par le Margrave[1].

Ce prince, alors âgé de 43 ans, étoit plus beau que
laid ; sa physionomie fausse ne prévenoit point, on
peut la compter au nombre de celles qui ne promettent rien ; sa maigreur étoit extrême et ses jambes
cagneuses ; il n'avoit ni air ni grâce, quoiqu'il s'effor-
çât de s'en donner ; son corps cacochyme contenoit
un génie fort borné, il connoissoit si peu son foible,
qu'il s'imaginoit avoir beaucoup d'esprit ; il étoit
très-poli, sans posséder cette aisance de manières
qui doit assaisonner la politesse ; infatué d'amour-
propre, il ne parloit que de sa justice et de son grand

art de régner ; il vouloit passer pour avoir de la fermeté et s'en piquoit même, mais en sa place il avoit beaucoup de timidité et de foiblesse ; il étoit faux, jaloux et soupçonneux ; ce dernier défaut étoit en quelque façon pardonnable, ce prince ne l'ayant contracté qu'à force d'avoir été dupé par des gens auxquels il avoit donné sa confiance ; il n'avoit aucune application pour les affaires, la lecture de Télémaque et d'Amelot lui avoit gâté l'esprit, il en tiroit des maximes de morale, qui convenoient à son caractère et à ses passions ; sa conduite étoit un mélange de haut et de bas, tantôt il faisoit l'Empereur et introduisoit des étiquettes ridicules, qui ne lui convenoient pas, et d'un autre côté il s'abaissoit jusqu'à oublier sa dignité ; il n'étoit ni avare ni généreux, et ne donnoit jamais sans qu'on l'en fît souvenir ; son plus grand défaut étoit d'aimer le vin, il buvoit depuis le matin jusqu'au soir, ce qui contribuoit beaucoup à lui affoiblir l'esprit. Je crois que dans le fond il n'avoit pas le cœur mauvais. Sa popularité lui avoit attiré l'amour de ses sujets ; malgré son peu de génie il étoit doué de beaucoup de pénétration et connoissoit à fond ceux qui composoient son ministère et sa cour. Ce prince se piquoit d'être physionomiste, et de pouvoir par cet art approfondir le caractère de ceux qui étoient autour de lui. Plusieurs coquins, dont il se servoit comme d'espions, lui faisoient faire des injustices par leurs faux rapports ; j'en ai souvent éprouvé les calomnies.

La princesse Charlotte, sa fille aînée, pouvoit passer pour une vraie beauté, mais ce n'étoit qu'une belle statue, étant tout-à-fait simple et ayant quelquefois l'esprit dérangé.

La seconde, nommée Wilhelmine[1], étoit grande et bien faite, mais point jolie ; elle en étoit récompensée du côté de l'esprit ; elle étoit la favorite de son père, qu'elle avoit gouverné totalement jusqu'à mon arrivée ; son humeur étoit fort intrigante ; à ce défaut elle joignoit ceux d'une hauteur insupportable, d'une fausseté infinie et de beaucoup de coquetterie. Elle s'en est entièrement corrigée depuis son mariage, et je puis dire qu'elle possède présentement autant de bonnes qualités qu'elle en avoit alors de mauvaises.

Madame de Gravenreuther, leur gouvernante, étoit une bonne campagnarde, qui ne leur servoit que de compagnie.

Mr. le Baron Stein, premier ministre est d'une très-grande et illustre maison ; il a des manières et du monde ; c'est un fort honnête homme, mais qui ne pèche pas du côté de l'esprit ; il est du nombre de ces gens qui disent oui à tout, et qui ne pensent pas plus loin que leur nez.

Mr. de Voit, mon grand-maître, aussi d'illustre maison que ce dernier, étoit second ministre. C'est un homme de mise qui a beaucoup voyagé, et a été dans le grand monde ; il est assez agréable dans la société et avec cela homme de bien ; sa hauteur et son ton décisif le rendoient odieux ; son désir de dominer lui faisoit commettre des fautes grossières ; son peu de fermeté et ses peurs paniques lui avoient fait donner le surnom de père des difficultés. En effet il prenoit ombrage de tout, et s'inquiétoit perpétuellement sans rime ni raison.

Mr. de Fischer, aussi ministre, de roturier qu'il étoit, s'étoit poussé peu à peu jusqu'à ce qu'il fût parvenu à cet emploi. Il avoit le mérite des gens de sa sorte, qui s'élèvent ordinairement dans la bonne fortune, et oublient la bassesse de leur extraction ; il tranchoit du grand seigneur ; son caractère brouillon, intrigant et ambitieux ne valoit rien, il possédoit alors la confiance du Margrave ; fâché de n'avoir eu aucune part à mon mariage et que Mr. de Voit, dont il étoit l'ennemi juré, y eût travaillé, il fit retomber sur le prince et sur moi toute sa rage et nous a causé de cruels chagrins.

Mr. de Corff, grand-écuyer, pouvoit passer avec raison pour le plus grand lourdaud de son siècle ; il n'avoit pas le sens commun et s'imaginoit avoir beaucoup d'esprit, c'étoit ce qu'on appelle ordinairement une méchante bête, car il étoit intrigant et rapporteur.

Le grand-veneur de Gleichen est un bon et honnête homme, qui ne se mêle que de son métier ; sa physionomie ostrogothique porte l'empreinte de son sort ; les cornes d'Actéon convenoient à son métier ; il les porte avec patience, ayant consenti à se séparer de sa femme, qui les lui avoit plantées, pour lui faire épouser son amant. J'ai vu très-souvent cette dame en compagnie de ses deux maris ; celui-ci vit encore, le second, qui étoit Mr. de Berghover, est mort.

Le colonel de Reitzenstein est un très-méchant homme, rempli de vices sans mélange de vertus ; il n'est plus en service.

Mr. de Wittinghoff étoit la copie de celui-ci. Je passe le reste sous silence, n'ayant fait mention de ceux-ci que parce qu'ils sont relatifs à ces mémoires.

Je fus très-mal édifiée de cette cour, et encore plus de la mauvaise chère que nous fîmes ce soir-là ; c'étoient des ragoûts à la diable, assaisonnés de vin aigre, de gros raisins et d'ognons. Je me trouvai mal à la fin du repas et fus obligée de me retirer. On n'avoit pas eu les moindres attentions pour moi, mes appartemens n'avoient pas été chauffés, les fenêtres y étoient en pièces, ce qui causoit un froid insoutenable. Je fus malade à mourir toute la nuit, que je passai en souffrances et à faire de tristes réflexions sur ma situation. Je me trouvai dans un nouveau monde avec des gens plus semblables à des villageois qu'à des courtisans ; la pauvreté régnoit partout ; j'avois beau chercher ces richesses qu'on m'avoit tant vantées, je n'en voyois pas la moindre apparence. Le prince s'efforçoit de me consoler ; je l'aimois passionnément ; la conformité d'humeur et de caractère lie les cœurs ; elle se trouvoit en nous, et c'étoit l'unique soulagement que je trouvasse à mes peines.

Je tins appartement le lendemain. Je trouvai les dames aussi désagréables que les hommes. La Baronne de Stein ne voulut point céder le pas à ma gouvernante. Je priai le Margrave d'y mettre ordre ; il me le promit, mais n'en fit rien.

Le jour suivant il y eut table de cérémonie. Il y en avoit beaucoup dans ce temps-là ; je décrirai celle-ci. Le bruit des timbales et des trompettes se fit entendre à trois reprises différentes ; savoir à onze heures, à onze et demie et enfin à midi. Le prince, suivi de toute la cour, se rendit à ce dernier signal chez son père, qu'il conduisit chez moi. Tout le monde étoit en habit de gala fort propre. Mr. de Reitzenstein nous avertit qu'on avoit servi ; il passa devant avec son bâton de Maréchal. Le Margrave me donna la main et me mena dans une grande salle, meublée de la même brocatelle couleur de crasse, qui étoit dans mon cabinet. La table de 20 couverts étoit placée sur une estrade sous le dais ; la garde l'environnoit. Je fus placée au haut bout. Il n'y eut que Mr. de Burstel et les ministres qui y fussent invités ; le reste de la cour resta derrière nous, jusqu'à ce que le premier service fût levé. Il n'y eut que ma gouvernante qui dînât avec nous. On but plus de trente santés au bruit des timbales, des trompettes et du canon. Cette insupportable cérémonie dura trois heures, qui me parurent des siècles, étant malade à n'en pouvoir plus. J'avois des foiblesses continuelles et ne pouvois manger ni boire quoi que ce fût. Le Margrave me régala encore de plusieurs fêtes, dont je ne pus jouir à cause de mes incommodités ; je ne fus même plus en état d'aller à table. Ma gouvernante me tenoit compagnie et mangeoit à la dérobée, pour m'épargner la peine que me causoit le manger. En revanche j'étois obsédée toute l'après-midi par le Margrave, qui m'incommodoit et me gênoit cruellement. On lui représenta enfin, que je dépérissois si fort, qu'il seroit à craindre que je ne fisse une fausse-couche, puisqu'il m'empêchoit par ses visites de prendre mes commodités. J'étois très-satisfaite de lui et m'attendois à mener une vie paisible. Je comptois sans mon hôte. Ma carrière d'adversités n'étoit point encore à son terme.

La princesse Wilhelmine et Mr. de Fischer, au désespoir de l'ascendant que je gagnois sur l'esprit du Margrave, troublèrent notre belle union. Je fus assez sotte pour donner lieu à la première brouillerie. Je ne ménage point mon amour-propre et j'avoue sincèrement mes fautes. Mr. de Voit avoit obtenu son poste de grand-maître auprès de moi par l'intercession du roi. Le Margrave jaloux et soupçonneux, fâché de voir qu'il s'attachoit au prince et à moi, avoit conçu une violente aversion contre lui, laquelle toutefois il avoit si bien dissimulée, que personne que Mr. Fischer ne s'en étoit aperçu. Celui-ci, ennemi juré de Voit, son émule dans la faveur de ce prince, saisit cette occasion pour l'animer encore plus contre lui. Il lui fit concevoir, que Mr. de Voit, étant de la noblesse immédiate, ne manqueroit pas de prévenir le prince héréditaire en faveur de ceux qui en étoient ; que cela pouvoit tirer à de fâcheuses conséquences ; que la noblesse du Vogtland, étant fort mécontente, pouvoit former un parti, pour le forcer

à se démettre de la régence en faveur de son fils ;
que selon toutes les apparences le roi soutiendroit
hautement ce dernier ; que les intérêts de ce prince
étoient si étroitement liés avec ceux de l'Empereur,
qu'on ne pouvoit douter que ce dernier n'agît de
concert avec le roi, pour réduire le Margrave à prendre le parti du roi Victor Amédée de Sardaigne[1] en
abdiquant. Ce pompeux galimatias de Mr. Fischer
porta coup. Le Margrave n'examina point le peu de
solidité qu'il y avoit dans son raisonnement. Il ne
dépend point de l'Empereur de forcer un prince souverain à se démettre de la régence, ni même de le
mettre au ban de l'empire sans l'aveu de tout le corps
germanique. C'étoit aussi le même Mr. Fischer qui
avoit ordonné mon entrée à Bareith, et qui avoit
conseillé à ce prince de commencer par nous mortifier et à nous tenir bas. Les attentions infinies que
j'avois pour lui, le tenoient encore en balance ;
d'ailleurs il n'avoit jamais trouvé Mr. de Voit ni chez
le prince ni chez moi, lorsqu'il y étoit venu à l'improviste, et peut-être ses soupçons se seroient-ils évanouis, si la conjoncture, que je vais rapporter, n'eût
réveillé ses alarmes.

Mr. de Voit vint me prier un jour de représenter au
Margrave, que malgré toutes les peines qu'il s'étoit
données, de faire réussir mon mariage, il n'en avoit
pas reçu la moindre récompense ; que même le
prince ne lui avoit pas donné un sol de traitement
de plus pour l'emploi qu'il exerçoit auprès de moi,
quoique cette charge l'engageât à des dépenses iné-
vitables, auxquelles il n'étoit pas en état de suffire ;
qu'il me supplioit donc de faire ensorte que le Margrave lui conférât le grand-bailliage de Hoff, qu'il
lui avoit déjà promis plusieurs fois. Je trouvai sa
demande si juste, que je ne fis aucune difficulté de

lui accorder mon intercession. Je voulus prendre mon temps.

Le Margrave m'avoit témoigné plusieurs fois, qu'il avoit envie de voir la vaisselle d'argent que le roi m'avoit donnée. Je lui dis en badinant, que je voulois le traiter, pour la lui montrer dans son lustre. Le prince à quelques jours de là l'invita de ma part. Il y eut bal avant le souper. Le Margrave paroissoit de fort bonne humeur ; la mauvaise y succéda en nous mettant à table. On me dit après, qu'il avoit changé de couleur en jetant les yeux sur ma vaisselle, qui étoit très-belle et beaucoup plus magnifique que la sienne. Il sut si bien se contraindre, qu'il se remit d'abord. Il me disoit mille choses obligeantes, en m'assurant que je lui étois plus chère que tous ses propres enfans. Je pris de là occasion de lui présenter la lettre de Mr. Voit, en le priant de m'accorder la première grâce que je lui demandois. Il prit la lettre avec emportement. « Je vous supplie, Madame, me dit-il, d'épargner à l'avenir vos sollicitations ; lorsque je veux faire des faveurs aux gens, j'y pense de moi-même et n'ai besoin de personne pour m'en faire souvenir. » Ma surprise m'empêcha de répondre. Il se leva un moment après. J'étois outrée contre lui ; j'avoue mon foible. J'avois été élevée dans des idées de grandeurs, destinée successivement à occuper les premiers trônes de l'Europe ; j'étois imbue des sentimens qu'on m'avoit insinués à Berlin, où on ne parle du roi que comme du premier et du plus puissant monarque de ce vaste hémisphère ; on y traite les princes de l'empire et même les électeurs comme ses vassaux, qu'il peut exterminer quand il le juge à propos. Je croyois par ces faux préjugés le Margrave fort honoré de m'avoir pour belle-fille, et ne pouvois digérer le peu d'égards qu'il me marquoit en cette occasion ; un refus

obligeant ne m'auroit point choquée, son air furi-
bond, son geste et enfin la manière sèche dont il
m'avoit répondu, me piquoient vivement. J'en fis des
plaintes amères à Burstel. Celui-ci, n'ayant jamais
été employé dans les affaires d'État, avoit les mêmes
préventions que moi ; il étoit vif et bouillant ; au
lieu de m'apaiser il acheva de m'aigrir. Ma gouvernante, qui étoit présente, me voyant fort émue,
appréhenda pour ma santé. Les invectives de Burstel
l'avoient animée ; pleine d'un faux zèle elle s'approcha du Margrave, auquel elle reprocha avec beaucoup de douceur son peu de considération. Ce prince
lui donna une réplique brusque ; elle y répondit, et
en un mot ils se disputèrent d'importance, ce qui mit
fin au bal.

Dès que nous fûmes retirés, le prince, qui étoit
déjà informé de toute cette scène, m'amena Burstel
et Voit. Il étoit jeune et bouillant ; c'étoit un bruit
du diable. Nous parlions tous à la fois ; Madame de
Sonsfeld pleuroit sans dire mot ; enfin tout ce tracas
finit sans pouvoir convenir de rien.

Le jour suivant le Maréchal de Reitzenstein fut
chargé de laver la tête à Mr. de Voit. Il lui remit une
mercuriale par écrit de la part du Margrave, sur ce
qu'il s'étoit adressé à moi pour obtenir des grâces.
Ce prince lui fit même l'avanie de lui faire redemander son ordre, sous prétexte, qu'ayant celui de
St. Jean, il ne pouvoit les porter tous deux à la fois.
Ce Maréchal étoit très-honnête homme et bien intentionné. Il pria Mr. de Voit de m'avertir, que ce prince
étoit dans une terrible colère contre moi et surtout
contre Madame de Sonsfeld ; qu'il avoit dessein
d'écrire au roi, pour se plaindre de sa conduite et le
prier de la rappeler à Berlin. Voit me conta toutes
ces choses en présence de Burstel. Celui-ci voulut
envoyer sur-le-champ une estafette au roi, pour

l'informer de tout ce tripotage. J'étois de son avis, quoiqu'il fût très-mauvais. Par bonheur ma gouvernante eut plus de sang-froid ; elle lui conseilla, de faire le méchant en présence de ceux qu'il connoissoit pour espions du Margrave, et de leur faire accroire, qu'il auroit dépêché cet exprès à Berlin, si je ne l'en avois empêché. Cet expédient réussit ; les discours simulés de Burtel lui furent rapportés. Il en eut peur ; ma feinte générosité le charma si fort, qu'il m'écrivit le lendemain une lettre fort civile. J'y répondis de même, et le raccommodement se fit du moins en apparence ; car dans le fond il ne m'aimoit point, ce dernier trait ayant réveillé tous ses soupçons.

Peu de temps après je reçus des lettres de mon frère, remplies de jérémiades. « Jusqu'ici, me mandoit-il, mon sort a été assez doux. J'ai vécu tranquillement dans ma garnison ; ma flûte, mes livres et quelques gens affectionnés m'y ont fait passer une vie fort paisible. On veut me forcer de l'abandonner, pour me marier avec la princesse de Bevern, que je ne connois point ; on m'a extorqué un oui qui m'a causé bien de la peine. Faudra-t-il toujours être tyrannisé, sans espoir de changement ? Encore si ma chère sœur étoit ici, j'endurerois tout avec patience. »

Je fus fort touchée de l'affliction de mon frère. Je l'aimois passionnément ; cette marque de retour et de confiance me fit un sensible plaisir. La reine me notifia quelques postes après les promesses du prince royal. Voici ce qu'elle me mandoit de ma future belle-sœur.

« La princesse est belle, mais sotte comme un panier, elle n'a pas la moindre éducation. Je ne sais comment mon fils s'accommodera de cette guenuche. »

Cette nouvelle outre le chagrin qu'elle me causa, par l'intérêt que je prenois au destin de mon frère, m'en attira d'autres. La princesse Wilhelmine s'étoit flattée jusqu'alors de l'épouser ; dans l'idée que je pouvois y contribuer, elle m'avoit fait toutes les avances imaginables. J'avois pris ses caresses pour argent comptant, ne m'étant point doutée de son dessein. J'aurois fort souhaité qu'une de mes belles-sœurs eût pu convenir à mon frère. On voit bien par le portrait que j'en ai tracé, qu'elles n'étoient point son fait. Quoi qu'il en soit, elle fut fort piquée contre moi, s'imaginant que je lui avois été contraire, et que je n'avois pas fait un rapport assez avantageux d'elle à la reine. Sa jalousie, jointe à son dépit, la porta à se venger. Elle en trouva l'occasion peu après, comme je vais le dire.

Je reçus encore en ce temps-là une lettre de mon frère. Il me mandoit, qu'ayant beaucoup de choses à me dire, qu'il n'osoit confier à la plume, il avoit persuadé le prince Alexandre, apanagé de Wirtemberg, de passer par Bareith, pour m'informer de tout ce qui se passoit. Je fis avertir le Margrave de cette visite. Ce prince n'aimoit ni le monde ni les étrangers, parce qu'il ne savoit que leur dire et que cela l'embarrassoit. Il contrefit le malade, pour ne pas recevoir le duc, et me fit prier de faire les honneurs dans son absence. Le duc arriva fort tard. Après les premiers complimens il s'acquitta des commissions de mon frère, en me disant, qu'il étoit au désespoir de se marier ; que la princesse étoit si mal élevée, qu'elle ne répondait que oui ou non à tout ce qu'on lui disoit ; que bien des gens croyoient qu'elle étoit muette par politique, un défaut, qu'elle avoit à la langue, l'empêchant de s'exprimer intelligiblement. Il m'assura, que Sekendorff et Grumkow étoient toujours les tout-puissans auprès du roi, et que la reine, malgré la contrainte qu'elle se faisoit devant le monde, étoit plongée dans un cruel chagrin. Notre conversation fut un peu longue ; elle étoit trop intéressante pour la finir sitôt. On lui présenta ensuite les deux princesses ; il les salua sans leur rien dire. Je passai mon temps si agréablement avec lui, que je le conjurai de rester encore le lendemain. La princesse Wilhelmine fit la diablesse de ce que je ne l'avois pas présentée d'abord au duc, et que je m'étois entretenue si long-temps avec lui. Elle commença par ma gouvernante, qu'elle traita de Turc à More, pour finir avec moi. Madame de Sonsfeld, qui n'étoit pas endurante, et qui avec justice ne croyoit pas qu'elle fût en droit de la maltraiter, lui dit vertement son fait. Je conservai quelque temps mon sang-froid, qu'elle me fit perdre à la fin, je lui répondis quelques piquanteries et la laissai là.

Dès que le duc fut parti, elle dépêcha une Italienne, qui étoit sa femme de chambre, au Margrave pour le prier de lui accorder audience. Cette créature étoit méchante comme un diable ; la chronique scandaleuse disoit, qu'elle étoit maîtresse de ce prince ; je crois pourtant qu'on lui faisoit fort. Elle eut un long tête-à-tête avec lui pour préparer son esprit à ce que la princesse avoit à lui dire. Il dîna ce jour seul avec sa fille. Je fus fort surprise de lui trouver l'après-midi les yeux gros et rouges. Je lui demandai, si elle avoit du chagrin, ayant l'air d'avoir pleuré ? Elle me répondit d'un ton ironique, qu'elle étoit enrhumée et qu'elle seroit bien folle de s'affliger, son père lui témoignant toutes les bontés et amitiés qu'elle pouvoit désirer. J'avois trop d'expérience pour être dupée. Je m'aperçus d'abord qu'il y avoit quelque intrigue en campagne contre moi ; plusieurs bien intentionnés me confirmèrent dans cette pensée, en m'avertissant qu'elle disoit pis que pendre de moi à tout le monde. Elle avoit effectivement si bien aigri le Margrave, que depuis ce temps-là il m'a joué bien des mauvais tours. Elle se plaignoit surtout que je la traitois comme une servante, ce qui étoit entièrement faux. Non contente de semer la discorde entre son père et moi, elle voulut aussi me brouiller avec le prince. Elle l'obsédoit continuellement, couroit à la chasse et se promenoit tout le jour avec lui, de façon que je ne le voyois presque plus.

Comme il faisoit mauvais temps et que j'étois fort incommodée je ne pouvois sortir. Je faisois semblant de dormir l'après-midi, pour me défaire de mes dames et pleurer à mon aise. L'amitié du prince pouvoit seule soulager mes peines, je me voyois à la veille de la perdre par les machinations de ma belle-sœur. J'étois si pauvre, que je n'avois pas de quoi me faire un habit ; j'avois dépensé d'avance deux quartiers qu'on m'avoit donnés à Berlin, en présens indispensables, que j'avois été obligée d'y faire. Le roi ni la reine n'avoient voulu me donner un sol ; personne ne vouloit me prêter, ce qui me mettoit dans une grande nécessité. J'étois comme la brebis parmi les loups, dans une cour, ou plutôt dans un village, parmi des brutaux méchans et dangereux, sans la moindre récréation. Malade et le cœur rempli de chagrin, Madame de Sonsfeld tâchoit de me consoler, mais dans le fond elle étoit aussi triste que moi. Je tenois cependant bonne contenance et m'efforçois de regagner le Margrave. Je fais trêve à mes lamentations, pour rapporter encore une scène comique.

La St. George approchoit. Le Margrave Christian Ernst avoit institué l'ordre de l'aigle rouge ce jour-là ; depuis ce temps on le célébroit toujours avec pompe et cérémonie. Le Margrave créoit des chevaliers, auxquels il ne le donnoit qu'à moins qu'ils ne fussent de très-grande maison. Cet ordre étoit si distingué, que plusieurs princes le portoient. Quoique fort foible et accablée, je suivis la cour au Brandebourger, maison de plaisance, toute proche de la ville. Je n'ai jamais rien vu de plus beau pour la situation ; le bâtiment est rempli de défauts et assez incommode, le jardin sans être grand est joli ; il est borné par un lac, au milieu duquel il y a une île, où on a pratiqué un port ; on y voit une petite flotte, composée de yachts et de galères, ce qui fait un coup-d'œil charmant. On fit une triple décharge du port et des vaisseaux, après quoi les fanfares des trompettes et le bruit des timbales se fit entendre à trois reprises différentes. À la dernière nous nous rendîmes en procession, le prince avec les Messieurs et moi avec les dames, chez le Margrave. Il étoit debout, fort richement vêtu, à côté d'une table, sur laquelle il s'appuyoit d'une main, pour imiter l'étiquette de Vienne. Il tâchoit même de contrefaire l'Empereur, et affectoit un air grave et soi-disant majestueux, pour inspirer du respect. Il n'y réussit pas avec moi ; je trouvai cela si ridicule, que j'eus bien de la peine à conserver mon sérieux. Le prince et moi fûmes les premiers admis à l'audience ; ensuite les princesses, après quoi tout le monde entra pêle-mêle. Lorsqu'il fut assez rassasié de complimens, il conféra l'ordre à deux Messieurs auxquels il fit une harangue assez mauvaise et assez mal prononcée. On fit encore une décharge de canons, après quoi on se mit à table. Je n'y pus rester qu'un moment, ne pouvant supporter l'odeur du manger. Toutes les santés furent saluées de trois coups de canon. On y but copieusement ; tout étoit ivre mort, hors le prince. Quoique nous fussions au mois d'Avril, il faisoit un froid insoutenable. Un heureux accident

nous fit retourner en ville et nous épargna deux
ennuyantes fêtes, telles que celle que je viens de
décrire, qui devoient encore se donner. Le feu prit
la nuit dans les chambres des dames, qui étoient au-
dessus de moi ; mon appartement en fut si endom-
magé, que je ne pus y demeurer. Je fus charmée de
me retrouver à Bareith, le froid m'ayant fait beaucoup de mal.

Je me trouvai quelque temps après à demi-terme.
Madame de Sonsfeld le fit savoir au Margrave par
Mr. de Reitzenstein. Celui-ci lui demanda ses ordres,
pour faire prier Dieu pour moi dans les églises,
comme cela se pratique partout. Ce prince fit un
grand éclat de rire, et lui répondit, que c'étoit une
feinte de ma gouvernante, puisqu'il savoit positivement que je n'étois pas enceinte. Comme j'étois fort
menue et que ma grossesse ne paroissoit guère, la
princesse Wilhelmine lui avoit fait accroire qu'il n'en
étoit rien. On eut toutes les peines du monde à le
lui persuader. Mr. de Burstel fut obligé de lui en
parler, pour obtenir que je fusse insérée dans la
prière. Il est impossible de décrire quelle joie cette
nouvelle causa dans le pays. L'extrême satisfaction
qu'on en ressentit piqua le Margrave jusqu'au fond
du cœur ; malgré toute sa dissimulation on remarquoit combien il en étoit fâché. Sa mauvaise humeur
augmenta par les insinuations de sa fille et de
Mr. Fischer, qui lui soufflèrent aux oreilles, que son
fils étoit plus aimé que lui et que tout le monde se
tourneroit du côté du soleil levant. Ce prince quitta
même sa contrainte et dit hautement, qu'il souhaitoit que j'accouchasse d'une fille, puisque si j'avois
un fils, il seroit forcé, selon mon contrat de mariage,
de me donner une augmentation de revenus. Rempli de rage il tira un soir le prince à part dans mon
premier cabinet ; après l'avoir long-temps querellé

sur ses prétendues liaisons avec la noblesse immédiate, il exigea un aveu sincère de ses intrigues. Le
prince eut beau jurer de son innocence et lui représenter, que cette fiction n'étoit inventée que par de
méchantes gens, qui ne cherchoient qu'à les brouiller,
il ne put le détromper et ne fit que l'animer davantage. Plein d'emportement il saisit son fils au collet
et levoit déjà sa canne pour le frapper, si je n'étois
apparue. Le prince s'étoit emparé de la canne et
tâchoit de se défaire de lui, pour s'enfuir. Qu'on
juge de ma frayeur ! Ma présence lui fit lâcher prise
et le décontenança ; il me donna le bonsoir et se
retira.

Le prince ne se possédoit pas. J'eus une peine
extrême à le tranquilliser ; comme il a le cœur très-
bon, je l'apaisai à force de remontrances et le fis
consentir à faire des soumissions à son père. Le
raccommodement se fit le jour suivant. Je pris de là
occasion d'avoir un éclaircissement avec le Margrave. Je lui parlai si fortement et le persuadai si
bien de la fausseté de ses soupçons, qu'il me promit
de m'avertir à l'avenir de tout le mal qu'on lui diroit
du prince et de moi. Cette réconciliation fut un coup
de foudre pour ma belle-sœur ; elle appréhenda d'en
être la victime, elle se trompoit ; j'étois trop géné-
reuse pour me venger.

Je me fis saigner quelque temps après, ce qui me
causa une si grande révolution, que je fus très-mal
pendant quelques jours. Ma belle-sœur ne me quitta
presque point, et eut toutes sortes d'attentions pour
moi. Je prévis qu'elle avoit quelque dessein, sans
pouvoir le deviner. Elle me le découvrit elle-même
un jour qu'elle étoit seule avec moi. Je me flatte,
Madame, me dit-elle, que vous avez quelques bontés
pour moi, ce qui m'engage à vous parler avec
confiance. Malgré l'amitié que mon père a pour moi,

il néglige entièrement le soin de mon établissement ;
je cours risque de rester à reverdir, si on ne le porte
à y penser. Je connois mon cousin, le prince héréditaire d'Ostfrise ; nous nous sommes aimés depuis
notre tendre jeunesse et notre inclination s'est
accrue avec l'âge. Sa mère, qui est ma tante, souhaite
passionnément notre mariage ; elle a prié plusieurs
fois mon père de m'envoyer en Ostfrise[1], l'assurant
qu'elle me traiteroit comme sa propre fille et me
feroit épouser son fils, s'il m'agréoit encore. Je supplie donc, au nom de Dieu ! votre Altesse royale, de
persuader mon père de consentir à mes désirs, en
me permettant d'aller à Aurich, où je brûle déjà
d'être.

Je me trouvai embarrassée, ne sachant que lui
répondre, et craignant que cette confidence ne fût
un artifice pour approfondir mes pensées. Je suis
au désespoir, lui repartis-je, de ne pouvoir vous être
utile dans le service que vous exigez de moi ; j'ai fait
vœu de ne jamais me mêler de mariage et ne puis
consentir à engager le Margrave de vous éloigner.
D'ailleurs, ma chère sœur, la démarche que vous
méditez est fort délicate, et mérite que vous la pesiez
mûrement, avant d'en parler au prince ; vous ne pouvez partir d'ici sans avoir une promesse de mariage
dans les formes. Il y a longtemps que vous n'avez
vu le prince d'Ostfrise, êtes-vous sûre que vous le
retrouverez tel qu'il vous a quittée, et que vos inclinations mutuelles ne seront point changées ? Vous
seriez fort malheureuse en ce cas, car après avoir
fait le premier pas, vous seriez forcée de l'épouser ou
de couvrir votre maison d'opprobre. Ne vous précipitez donc pas, et ne faites rien sans avoir bien
délibéré sur le pour et le contre. Elle se prit à pleurer chaudement, disant que j'avois une haine invétérée contre elle, ne voulant pas seulement lui prêter

mon secours pour la rendre heureuse ; qu'elle n'avoit pas le courage de parler elle-même à son père sur ce sujet ; qu'elle me conjuroit de ne la point abandonner et de lui parler de sa part. Je cédai enfin à ses instances et m'acquittai de ma commission.

Le Margrave fut fort surpris en apprenant les intentions de sa fille. Il la fit venir sur-le-champ, ne pouvant croire que ce fût tout de bon. Elle tomba d'accord de tout ce que j'avois avancé et le supplia très-fortement de consentir à ses désirs. Ce prince lui fit les mêmes objections que moi, mais elle le pressa tant et tant, qu'il lui accorda son aveu. Je n'avois point été présente à cette conversation. Le Margrave écrivit le même jour à la princesse sa sœur, et lui manda qu'il lui enverroit sa fille, si elle lui donnoit des sûretés suffisantes pour son mariage. Je laisse là cette matière jusqu'à la réponse, qui n'arriva que quelque temps après.

L'Empereur et l'Impératrice se rendirent environ en celui-ci au Carlsbad[1], pour s'y servir des bains et des eaux minérales. Ce prince n'avoit que trois princesses, l'Archiduc étant mort en 17... On se flattoit que ces bains, très-renommés pour la fécondité, procureroient un Archiduc à l'Impératrice et accompliroient par là les vœux de toute l'Allemagne. Plusieurs mauvais politiques, dont notre cour fourmilloit, conseillèrent au Margrave d'y aller rendre ses devoirs à l'Empereur. Le prince le pria de souffrir qu'il pût l'y accompagner, ce qui lui fut enfin accordé d'assez mauvaise grâce. Ils partirent ensemble avec une suite assez mesquine. Quoique Carlsbad ne fût qu'à 12 milles de Bareith, le Margrave trouva moyen de ne les faire qu'en quatre jours ; il s'arrêtoit à tous les quarts de mille pour manger et pour boire. Ce voyage ne lui procura pas la satisfaction qu'il s'étoit promise. L'Empereur et l'Impératrice distinguèrent

beaucoup le prince héréditaire et ne s'entretinrent
avec le Margrave que de moi, ce qui le piqua fort. Il
maltraita pendant tout le temps le pauvre prince,
qui fut toujours enfermé dans sa maison, sans oser
aller en compagnie.

À leur retour nous allâmes à l'hermitage[1], maison
de plaisance, unique dans son genre. Je remets à
en faire la description dans un autre lieu. La princesse d'Eutingen, épouse du comte de Hohenlow-
Veikersheim, vint m'y trouver. Cette princesse, cousine de l'Impératrice du côté de sa mère, étoit fort
laide, mais fort sensée. Le Margrave qui la connoissoit depuis maintes années, l'aimoit et avoit beaucoup de confiance en elle. Il y avoit déjà longtemps
que la princesse Charlotte tomboit dans une noire
mélancolie. Son père, à l'instigation de la princesse
Wilhelmine, ne pouvoit la souffrir et la maltraitoit ;
sa sœur en agissoit fort mal avec elle et se faisoit un
plaisir de la turlupiner, étant jalouse de sa beauté.
Malgré les soins que je m'étois donnés, pour la mettre
bien avec son père, je n'avois pu y réussir. Elle ouvrit
son cœur à celle de Veikersheim, qui proposa au Margrave de l'emmener avec elle, pour tâcher de dissiper
son humeur noire. Elles partirent donc ensemble.

Les réponses d'Ostfrise arrivèrent dans ce temps-
là. La princesse donna toutes les sûretés qu'on avoit
exigées pour le mariage de sa nièce et de son fils. Le
départ de celle-ci fut fixé en trois semaines. Quoique je n'eusse jamais parlé sur son sujet au prince, il
fut néanmoins charmé d'en être quitte. La conduite
irrégulière qu'elle menoit, jointe à ses intrigues et
au mal qu'il lui avoit entendu dire ouvertement de
moi, l'en avoit entièrement dégoûté. Le changement
qu'elle remarqua en lui, fut en partie cause de la
résolution qu'elle prit d'aller à Aurich, s'étant toujours flattée de gouverner son frère et de me tenir

par-là sous sa dépendance ; voyant ses espérances déçues, elle préféra de se retirer et de faire un petit parti, au chagrin de rester oisive au sein de sa famille, où elle auroit trouvé avec le temps un meilleur établissement. Le Margrave nous laissa à l'hermitage et se rendit à Himmelcron, pour prendre congé d'elle. Elle profita de la douleur que cette séparation causoit à son père, pour nous rendre de mauvais services, à quoi elle réussit parfaitement. Elle ne fut regrettée que de lui et des brouillons de la cour. Je passois ce peu de jours fort tranquillement à l'hermitage. Le Margrave y dérangea nos petits plaisirs par son retour ; je puis les appeler petits, car ils étoient bien médiocres.

Mr. de Burstel prit son audience de congé et retourna à Berlin fort mal satisfait de ce prince. Malgré toutes les défenses que je lui avois faites, il informa le roi de notre triste situation. Ce prince, qui avoit naturellement le cœur bon, fut touché de son récit et du pitoyable état de ma santé. Voici ce qu'il m'écrivit de main propre sur ce sujet ; je le copie mot pour mot.

« Je suis bien fâché, ma chère fille, qu'on vous chagrine tant. Quoique vous ne me l'écriviez point, je sais fort bien que c'est cela qui vous rend malade. Il faut que vous veniez ici auprès de votre père et de votre mère qui vous aiment ; je vous ferai préparer un bon logement, pour que vous puissiez accoucher ici. Comptez que je vous témoignerai mon amitié et que j'aurai toute ma vie soin de vous. »

J'en reçus encore plusieurs aussi pressantes que celle-ci. J'étois mourante ; mes fréquentes foiblesses avoient fait place à des suffocations ; je devenois toute noire, les yeux me sortoient de la tête et la respiration me manquoit si fort, que j'étois toujours sur le point d'étouffer, tout mon sang se portant à la poitrine. On avoit fait assembler les médecins de la ville, pour faire une consultation. Tout le monde opinoit à la saignée, mais ces Messieurs ne le voulurent pas. Jamais, disoient-ils, on n'a saigné une femme enceinte deux fois et surtout au pied. Ils ajoutoient que ces abus qui s'étoient introduits en France, étoient diamétralement opposés aux règles de leur art. Quoi que je puisse leur dire, ils ne voulurent point en avoir le démenti, de crainte de commettre un crime de lèse-faculté. Je crus, malgré toutes mes infirmités, être encore assez forte pour soutenir le voyage de Berlin. Je vivois dans un esclavage affreux. Je n'osois sortir ni faire la moindre chose sans permission ; lorsque je parlois deux fois de suite à quelqu'un, je le rendois malheureux ; quand le prince montoit à cheval, on disoit qu'il ruinoit les chevaux ; lorsqu'il alloit à la chasse, on l'accusoit de détruire le gibier ; s'il restoit en chambre, il y faisoit des intrigues ; de quelque façon qu'il se conduisît, tout étoit crime et les querelles et mercuriales ne cessoient point. Nous résolûmes donc d'aller à Berlin, pour nous soustraire à cette tyrannie. Je priai le roi d'en écrire au Margrave ; il le fit en termes très-obligeants. Le Margrave fut charmé de trouver ce prétexte de nous éloigner. Le prince ni moi n'étions point en état de payer le voyage, il fallut donc en parler à son père. Il n'eut garde de faire des difficultés et m'envoya le lendemain 1.000 florins. La somme étoit si modique, qu'elle suffisoit à peine pour faire la moitié du chemin ; je trouvai le reste dans la bourse de mes dames et de mes pauvres domestiques. Nous étions à la fin de Juin, je devois accoucher au mois d'Août.

Le public murmuroit beaucoup contre ce voyage et en attribuoit la cause aux mauvaises façons du Margrave. Ces plaintes lui furent rapportées ; jaloux de sa renommée il voulut se disculper de ces accusations. Il choisit Mr. Dobenek, comme l'homme le plus éloquent de sa cour, pour me persuader de rester à Bareith. Sa rhétorique théâtrale ne me toucha point. Je lui répondis fort obligeamment sans lui rien accorder, m'excusant sur l'empressement que j'avois, de revoir ma famille, et sur la parole que j'avois donnée au roi, d'être en peu de jours à Berlin.

Je partis le lendemain et arrivai le soir à Himmelcron. Le Margrave nous y reçut fort amicalement. J'y trouvai Mr. de Bobenhausen, ministre de Cassel, que je ne connoissois point ; ma maigreur et ma foiblesse le frappèrent ; il conseilla le soir même à ce prince, sur lequel il avoit quelque ascendant, de ne pas souffrir que je passasse outre. Le premier médecin du Margrave d'Anspac qu'on avoit consulté sur mon état, se joignit à lui et dit hautement, que si je partois on devoit conduire mon cercueil après moi, puisque je n'endurerois pas deux postes sans courir risque de la vie. Il tint le même propos au prince héréditaire, qui ne voulut pas entendre parler de mon voyage non plus que son père. Je me vis donc obligée de céder aux bonnes raisons et aux instances qu'ils me firent. Pour comble d'infortune il fallut rester à Himmelcron[1]. Cette maison de plaisance avoit été autrefois un couvent de religieuses. L'abbesse étant devenue protestante, on l'avoit sécularisé ainsi que ses nonnains ; après leur mort il étoit retombé à la maison. La situation en est assez belle et le château fort logeable ; pour toute promenade il n'y a qu'un mail, qui égale en beauté et en longueur celui d'Utrecht ; le Margrave y avoit établi une fauconnerie, on pouvoit voir le vol aux fenêtres du château. Nous y menions un genre de vie fort triste. Ce prince s'enivroit tous les jours avec sa cour ; on ne voyoit que des ivrognes, privés du peu de bon sens qui leur restoit encore ; nous étions environnés d'espions ; tant que le jour duroit, deux méchantes trompettes, accompagnées de cors de chasse détestables, nous écorchoient les oreilles. Ce tintamarre m'empêchoit de lire, ce qui étoit mon unique récréation. J'avois pour lectrice la petite Marwitz, nièce de ma gouvernante. Cette enfant, qui n'avoit que quatorze ans, avoit été élevée par la comtesse de Fink ; elle n'avoit ni éducation, ni sentimens, ni manières. Sa tante se donnoit beaucoup de peine pour la morigéner ; la grande dissipation lui ôtoit tout le fruit qu'elle s'en promettoit. Cette fille possédoit un grand fonds d'esprit et de mémoire ; elle s'attachoit beaucoup à moi, ce qui me donna le désir de la former. Je raisonnois tous les jours avec elle sur notre lecture, tâchois de lui inspirer de bons sentimens et de lui apprendre à penser juste. J'aurai ample matière de parler d'elle dans la suite de ces mémoires, où elle a beaucoup de part.

Nous partîmes enfin de Himmelcron. Le Margrave avec le prince allèrent à Selb, petite ville sur les confins de Bohême, pour assister à une grande chasse, qu'on y avoit préparée pour eux, et je retournai à l'hermitage.

J'y arrivai fort malade, les insomnies s'étoient jointes à mes autres maux, je ne pouvois plus être couchée sans suffoquer. On fit appeler le médecin ; celui-ci ignorantus ignorantium ignorantissime, me donna triple dose d'une médecine en elle-même assez forte. Je faillis mourir lorsqu'elle commença à opérer ; je tombai d'une foiblesse dans l'autre, ce qui fit craindre une fausse-couche. La bonté de mon tempérament et les soins qu'on prit de moi me rappelèrent à la vie. Une estafette que je reçus du roi, contribua à ma guérison par la joie infinie qu'elle me causa. Il me mandoit, que dans trois jours il comptoit me voir à l'hermitage.

Ce prince venoit de Prague ; il s'étoit donné rendez-vous avec l'Empereur dans une petite ville près de celle-ci, nommée Altrop. On y avoit construit une salle, qui avoit deux issues pour la commodité du cérémonial. L'Empereur, l'Impératrice et le roi devoient arriver en même temps et entrer chacun par les issues, qui étoient de leur côté, et rester à leur place à table. Malgré toutes les représentations qu'on pût faire au roi, il se rendit le premier à l'endroit assigné et surprit beaucoup l'Empereur, en allant au-devant de lui pour le recevoir ; il lui fit même des complimens peu séants à une tête couronnée. J'ai ouï souvent depuis conter cette entrevue à Grumkow. Il enrageoit, disoit-il, dans sa peau de voir combien son maître s'abaissoit.

J'envoyai la lettre du roi par estafette au Margrave. Il m'en renvoya une autre, pour me prier d'avoir soin de tout ce qui concernoit la réception du roi, et me mandoit, qu'il resteroit à Selb, qui étoit sur la route, pour y recevoir ce prince et l'accompagner à l'hermitage. Il m'avertissoit aussi, que le prince Albert, son frère, lieutenant-général au service de l'Empereur, et le prince de Gotha[1] étoient avec lui. Nous étions fort à l'étroit à l'hermitage quand le Margrave y étoit, on peut juger qu'il fallut bien se presser pour y loger le roi et sa suite. Je laissai Monplaisir, qui est une métairie attenante, au Margrave, à son frère et au prince de Gotha, ce dont il fut très-content. J'avois fini de faire avec beaucoup de peine mes arrangemens, lorsqu'il arriva un nouvel incident, qui fut cause de tous les chagrins que j'essuyai depuis.

Mr. de Bindeman, celui de toute la cour qui seul étoit resté auprès de moi, reçut la nuit une lettre du grand-Maréchal d'Anspac qui l'avertissoit, que le Margrave et son épouse, avec une suite de plus de cent personnes, comptoient être le soir suivant à l'hermitage. Le pauvre Bindeman, quoique fort honnête homme, n'avoit pas inventé la poudre. Il ne voulut pas me faire réveiller ; l'impossibilité qu'il trouva à loger tout ce monde, lui fit répondre, que le Margrave se feroit un plaisir de recevoir celui d'Anspac, mais qu'il se trouvoit très-embarrassé n'y ayant point de place, puisqu'à peine on en avoit trouvé assez pour le roi. J'appris cette nouvelle à mon réveil. J'informai sur-le-champ le Margrave de ce contre-temps ; je lui représentai, que la cour d'Anspac seroit fort piquée si on ne trouvoit moyen de les accommoder à l'hermitage ; que j'étois résolue de camper et de lui céder mes chambres, afin que cette cour trouvât place à Mon-plaisir. Ce prince me répondit tout de suite, qu'il ne souffriroit jamais que je sortisse de mon appartement, qu'il me prioit de lui faire accommoder une cellule et qu'il comprenoit très-bien, que si on désobligeoit le Margrave, il en auroit du chagrin tant de sa part que du côté du roi.

J'attendis ma sœur jusqu'à huit heures du soir. Son retardement m'inquiéta ; j'envoyai des gens de tous côtés à sa rencontre, craignant qu'il ne lui fût survenu quelqu'accident. Mr. de Bindeman remarquant mon trouble : ne vous alarmez point, Madame, me dit-il d'un air victorieux, la Margrave ne viendra point, elle a certainement rebroussé chemin. Comment se peut-il, lui répondis-je, que vous en sachiez des nouvelles ? Ah ! Madame, nous ne sommes pas si sots qu'on se l'imagine, j'ai prévu l'embarras où ils alloient vous jeter. Il me conta alors la réponse qu'il avoit faite ; il étoit tout fier de cette belle action. J'en compris d'abord la conséquence et ne doutai pas un moment, que cela ne causât une terrible brouillerie entre les deux maisons et ne me privât peut-être de tous les avantages que pouvoit me procurer la visite du roi.

Mr. de Sekendorff, grand-Maréchal d'Anspac, arriva dans ces entrefaites. J'ai déjà parlé ailleurs de lui ; il étoit digne cousin du ministre à Berlin. Il me chanta pouille de la part de son maître et de sa maîtresse, disant, que jamais on n'avoit refusé si désobligeamment de recevoir un prince proche parent ; que le Margrave, connoissant le peu d'égard et d'amitié qu'on avoit pour lui, ne se seroit pas avisé de venir nous voir, si le roi ne le lui eût ordonné ; qu'il partoit incessamment, pour faire des plaintes à ce prince de notre procédé, et qu'il m'assuroit, que le Margrave avoit juré de ne remettre de sa vie le pied sur le territoire de Bareith. Je m'excusai sur la bévue de Bindeman et le persuadai enfin, que la bêtise de cet homme étoit cause de ce tripotage. Malgré cela il voulut partir. Je tâchai cependant de l'amuser, pour avoir le temps d'avertir le maître de poste de ne lui point donner de chevaux.

Je mandai encore le même soir au Margrave ce qui venoit d'arriver, et dépêchai un exprès à Mr. Gleichen, grand-forêtier, pour lui ordonner de venir. Je le chargeai de lettres pour ma sœur et son époux. Je leur faisois des excuses sur le quiproquo de Bindeman et les invitai à retourner à l'hermitage. Je passai une très-mauvaise nuit. Je n'avois d'autre soutien que le roi ; j'appréhendois son courroux, ne doutant point que ceux d'Anspac ne l'animassent contre moi ; je craignois d'être maltraitée, ce qui m'auroit été mille fois plus sensible à Bareith qu'à Berlin, par rapport aux suites. Mr. de Gleichen fut de retour deux heures avant l'arrivée du roi. Le Margrave et ma sœur répondirent très-obligeamment aux lettres que je leur avois écrites ; ils furent même charmés de ma façon d'agir, mais ils ne voulurent point venir, quelques instances que Mr. de Gleichen leur fit sur ce sujet.

Le roi me reçut fort gracieusement. Il s'attendrit me trouvant à peine connoissable, tant j'étois maigre et abattue. Je voulus le conduire à son appartement, il ne voulut point le souffrir et me mena au mien, où nous restâmes seuls. La joie que je ressentois et les caresses que je lui fis, lui firent plaisir, reconnoissant qu'elles partoient du cœur. Je lui contois naturellement le grabuge qu'il y avoit avec le Margrave d'Anspac ; je lui montrai les lettres que Gleichen m'avoit remises et le suppliai de nous raccommoder. « Il est fâcheux, me dit-il, que Bindeman ait fait cette incartade, et surtout que vous ayez à faire à des gens sans raison. Mon gendre s'imagine être Louis XIV ; à son avis vous auriez dû prendre la poste et lui demander pardon ; lui et toute sa cour sont des fous. Cependant je suis très-satisfait de votre conduite ; je vais parler à Sekendorff et leur faire dire de venir. Que le diable les emporte s'ils me le refusent. » Il sortit en disant ces mots et lui ordonna, de leur dépêcher une estafette pour cet effet.

Grumkow et Sekendorff, le ministre, étoient de la suite du roi. Je leur fis beaucoup de politesses. Ils me firent de grands complimens de la part de l'Impératrice et me dirent, qu'elle avoit parlé de moi au roi dans les termes les plus avantageux. Ce prince, qui avoit entendu notre conversation, s'approcha : oui, ma chère fille, me dit-il, vous devez de la reconnoissance à cette princesse des sentimens qu'elle a pour vous ; écrivez-lui pour l'en remercier.

Nous nous mîmes à table. Le roi me donna la main et s'assit à la première place qu'il trouva. Il fut de très-bonne humeur ; je la dérangeai un peu. J'étois extrêmement foible et j'avois fait de grands efforts pour me contraindre ; je me trouvai mal et fus obligée de me retirer. Le roi me suivit ; on eut bien de la peine à le rassurer. Je me levai le lendemain de bon matin pour le mener promener. Il trouva cet endroit charmant et surtout mon petit hermitage, que j'avois fait préparer pour la tabagie. Vous avez, me dit-il, toutes les attentions imaginables pour moi, il me semble que je suis chez moi ; mes chambres sont rangées comme à Potsdam, j'y ai trouvé mes escabelles, mes tables et mes tonneaux pour me laver ; je ne sais comment vous avez fait faire tout cela en si peu de temps.

La violence que je me fis de promener si longtemps, me fut fatale. Je pris mes suffocations à dîner d'une force si terrible, qu'on crut que j'allois expirer. Comme je devois accoucher à la fin du mois et que c'étoit le sept, le roi s'imagina que j'étois à mon terme. Il fit chercher au plus vite son premier médecin Stahl[1], qui ne faisoit que d'arriver de Berlin avec la sage-femme qui devoit m'assister.

Cet homme étoit un très-habile chimiste, auquel on a l'obligation de plusieurs découvertes curieuses, mais il n'étoit pas grand physicien. Son système étoit singulier ; il prétendoit, que lorsque l'âme se trouvoit embarrassée par une trop grande affluence de matière, elle s'en dégageoit en causant des maladies au corps qui lui étoient profitables ; que les maux épidémiques et dangereux ne provenoient que de la foiblesse de cette âme, qui n'avoit pas la force de repousser cette matière, la troubloit dans ses opérations, ce qui souvent entraînoit la mort. En vertu de ce raisonnement il ne se servoit jamais que de

deux sortes de remèdes, qu'il appliquoit indifférem-
ment à toutes sortes de maux ; c'étoient des poudres
tempérantes et des pilules. Il me trouva fort mal et
me donna d'abord une prise de ses merveilleuses
pilules.

Le roi et Madame de Sonsfeld restèrent toute
l'après-midi chez moi. Il me questionna beaucoup
sur ma situation présente. Je lui contai toutes mes
peines, le suppliant toutefois de faire bon accueil
au Margrave, puisque s'il en agissoit autrement, il
ne feroit que l'aigrir davantage. « Je vois bien, me
dit-il, que vous n'avez pas été en état de venir à Berlin, mais il faut absolument que vous y alliez après
vos couches, pour lever toute difficulté là-dessus.
Mon gendre partira le premier, vous le suivrez lorsque vous serez rétablie. Je vous defrayerai vous et
votre suite, et tâcherai d'arranger mes affaires de
façon que je puisse vous avantager ; vous prendrez
votre enfant avec vous ; je ne puis souffrir qu'on vous
maltraite. Votre beau-père et mon gendre d'Anspac
sont deux fous, qu'on devroit mettre aux petites-
maisons. Je ferai en votre faveur des politesses au
premier, mais pour le second et votre sœur, je les
rangerai à leur devoir et leur laverai la tête comme
ils le méritent. » Je le conjurai de se désister de cette
dernière proposition, lui représentant qu'il rendroit
ma sœur plus malheureuse qu'elle ne l'étoit ; qu'il
les ramèneroit l'un et l'autre à leur devoir, s'il les
prenoit par la douceur ; que je le suppliois d'en agir
bien avec eux, de crainte qu'ils ne m'accusassent de
l'avoir animé, pour me venger du dernier tour qu'ils
m'avoient joué. Il entra dans mes raisons et m'accorda encore cette grâce. Ils arrivèrent peu après.
Le roi les reçut très-froidement ; comme il étoit tard,

on se mit à table, où ce prince se plaça entre ma
sœur et moi. Après souper chacun se retira.

Le roi rendit visite le lendemain matin à ma sœur.
Je ne sais s'il fut mécontent de la réception qu'elle
lui fit, ou si quelque autre raison le mit de mauvaise humeur contre elle et son époux, mais je sais
bien qu'il ne fit que les gronder tout le jour, qui se
passa en mercuriales. Il y eut tabagie le soir, à
laquelle nous assistâmes. Il entra dans un grand
détail avec le Margrave, mon beau-père, sur l'état
de son pays. Ce prince qui étoit très-ignorant sur
cet article, ne put répondre aux questions qu'il lui
fit. Cela fâcha le roi et le porta à lui reprocher son
peu d'application aux affaires, d'où provenoit le
désordre terrible qui y régnoit. On vous trompe de
tous côtés, lui dit-il, et on profite de votre noncha-
lance. Vous vous plaignez de vos dettes, et vous ne
faites rien pour les payer. Je vous ai prêté un capital de 260 mille écus, outre la dot de ma fille ; au
lieu de contenter vos créanciers, vous laissez pour-
rir cette somme dans vos coffres et perdez les intérêts qu'elle devroit vous rapporter, aussi bien que
votre crédit. Il est temps que vous mettiez ordre à
tout cela. Tous vos soins seront inutiles, si vous ne
faites part de tout à votre fils ; c'est lui qui doit vous
aider à porter le poids de la régence, et c'est à vous
à le mettre au fait des affaires ; vos gens ayant deux
surveillans, n'oseront risquer de vous duper comme
par le passé, surtout quand ils verront régner une
bonne intelligence entre vous : au reste je connois
trop bien mon gendre, pour croire qu'il abusera
jamais du crédit que vous lui donnerez. Envoyez-le
tous les jours à tous les dicastères, il vous fera un
rapport de tout ce qui s'y passera ; sa présence obligera ceux qui y sont à devenir plus laborieux et à
faire plus vite les expéditions.

Ce discours me fit beaucoup de peine ; j'en compris d'abord les suites. Le Margrave en fut interdit et y donna une réponse problématique. Le roi lui répliqua, qu'il ne se mêleroit pas de ses affaires, si l'estime qu'il avoit pour lui et l'intérêt de ses enfans ne l'exigeoient. Voulez-vous, mon cher Margrave, continua-t-il, que je vous envoie quelqu'un qui redresse vos finances, et qui vous tire de l'embarras où vous êtes, d'où vous ne sortirez jamais, si vous ne prenez des étrangers, car vos gens se soutiennent les uns les autres comme une chaîne : qui en attaque un, les attaque tous, car ils sont tous d'accord pour vous filouter, et il n'y a qu'un tiers qui puisse approfondir leurs menées. J'ai été dans la même situation que vous, en parvenant à la régence, et me suis très-bien trouvé du conseil que je vous donne.

Le Margrave, quoique piqué du premier raisonnement du roi, trouva tant de justice en celui-ci, qu'il accepta avec plaisir cette offre. Ce prince lui fit promettre, de nous envoyer à Berlin après mes couches, lui représentant, qu'il ne lui en coûteroit rien et que cela lui épargneroit beaucoup de dépenses. Le beau-père lui accorda très-volontiers cet article, et ils se séparèrent en apparence très-satisfaits l'un de l'autre. Je pris le soir un tendre congé de ce cher père, non sans verser beaucoup de larmes. Il partit le jour suivant, 9. du mois d'Août.

La cour d'Anspac s'arrêta encore quelques jours après son départ. La Grumkow[1] fut cause de cette prolongation de séjour ; le Margrave, mon beau-frère, étoit devenu amoureux d'elle. Le mauvais ménage, qu'il menoit avec ma sœur, l'avoit abruti. Elle étoit si jalouse, qu'il n'osoit parler à une dame. La Grumkow n'eut pas sujet de devenir fière de sa conquête. Toute autre qu'elle auroit été fort piquée de la façon dont le Margrave lui faisoit la cour, qui étoit fort impertinente et telle, qu'on pourroit la faire à une catin. Cette fille étoit drôle comme un coffre ; elle avoit hérité de la méchante langue de son oncle, sa satire emportoit la pièce ; elle joignoit à ce défaut ceux de la coquetterie, de l'orgueil et de mentir effrontément. Je n'avois aucune confiance en elle, connoissant son méchant caractère. Ma sœur fut au désespoir de cet amour naissant. Je fis ce que je pus, pour faire entendre raison à la Grumkow, mais inutilement ; elle savoit que j'étois obligée de la ménager, à cause de son oncle, et elle se mettoit fort peu en peine de moi. La cour d'Anspac me tira d'inquiétude par son départ.

Le Margrave, qui avoit dissimulé tout ce temps, jeta alors tout son venin contre son fils et contre moi. Il me députa Mr. de Voit, auquel il ordonna de me dire, qu'il n'étoit point encore mort, et qu'il se flattoit de vivre encore de longues années, pour me faire enrager ; qu'il m'assuroit, que tant qu'il seroit en vie, il prétendoit être le maître chez lui et ne souffriroit point que je me donnasse des airs de régente, comme j'avois fait en dernier lieu, en lui ôtant les appartemens qu'on lui avoit préparés à Mon-plaisir, pour y loger le Margrave d'Anspac ; que c'étoit moi, qui avois instigué le roi à lui tenir les propos désagréables qu'il avoit essuyés : que Madame de Sonsfeld, qu'il regardoit comme sa plus cruelle ennemie, étoit cause de tout le mal ; qu'il étoit las des intrigues continuelles qu'elle faisoit ; qu'il avoit fermement résolu de l'envoyer à la forteresse de Plassenbourg pour la convaincre, qu'il ne faisoit pas bon se frotter à lui, et pour lui apprendre à avoir plus de respect, qu'elle n'en avoit pour son maître.

Je l'avoue, je fus terriblement fâchée de ce compliment ; j'épanchai un peu fortement ma bile

contre le Margrave, que ma langue n'épargna pas.
Voit et ma gouvernante laissèrent passer mon premier mouvement. Cette dernière s'embarrassoit
fort peu de ces menaces : elle n'en fit que rire et me
conseilla, de lui écrire fort civilement et de répondre avec douceur à ce procédé extravagant. Il me
vint dans l'esprit de charger le prince Albert de cette
lettre, et de le prier de faire le raccommodement.
J'avois eu le temps de faire connoissance avec lui. Il
étoit lieutenant-général au service de l'Empereur, et
s'étoit fort distingué dans toutes les actions où il
avoit été. Ce prince étoit laid sans être choquant ;
ses manières étoient polies et sa conversation agréable ; il possédoit avec tous ces avantages un bon
caractère et beaucoup de bon sens ; il avoit une forte
amitié pour son neveu et pour moi, et me tenoit
fidèle compagnie. Je lui avois déjà parlé plusieurs
fois de mes peines ; il connoissoit son frère à fond
et me donnoit quelquefois des conseils. Il le con-
damna fort en cette occasion, surtout après que je
lui eus fait voir les lettres qu'il m'avoit écrites de
Selb, dans lesquelles il me mandoit, que je devois
avoir soin de tout dans son absence, et que je devois
lui faire accommoder une cellule. Donnez-moi ces
lettres, Madame, me dit-il, il faut le convaincre par
sa propre écriture ; je vous promets que je lui dirai
vertement la vérité ; tout ceci n'est qu'une mauvaise
chicane, il ne sauroit vivre deux jours en repos,
sans en faire à quelqu'un ; il a été tel dès sa tendre
jeunesse, son tempérament mélancolique en est
cause. En effet il lui démontra si bien son tort, qu'il
n'eut rien à répliquer, et il fut fort honteux de se
trouver si bien convaincu. Il me fit beaucoup d'assurances de tendresse, accompagnées de baisers de
Judas, car il méditoit déjà de me rejouer une nouvelle niche.

Comme mon terme approchoit, on le pria de retourner à Bareith. Je trouvai ma chambre de lit fort proprement meublée, ce que j'avois obtenu avec bien de la peine, et un de mes cabinets boisés, que j'ornai de porcelaines, rendoit mon appartement plus gai.

Le Margrave avec le prince, son frère, vinrent prendre congé le jour suivant de moi, voulant aller à Himmelcron. Le Margrave me dit, qu'il ne comptoit me revoir qu'après que je serois accouchée. Je lui répondis, que j'étois bien mortifiée qu'il me quittât sitôt ; que je ne savois ce que la providence avoit décrété sur mon sort ; que peut-être je prenois un congé éternel de lui ; que je le priois d'être persuadé que je n'avois jamais eu dessein de l'offenser, que j'avois toujours recherché les moyens de lui plaire et de vivre en bonne intelligence avec lui ; que j'espérois, si Dieu me donnoit la vie, de lui prouver à l'avenir la pureté de mes intentions. Je lui remontrai ensuite, qu'il falloit envoyer quelqu'un à Berlin, pour notifier au roi la nouvelle de ma délivrance, et que je croyois que Mr. de Voit qui étoit déjà faufilé, seroit le plus propre pour cette commission ; que comme Himmelcron étoit sur la route, il pourroit en même temps lui annoncer mon destin. Le Margrave rougit et fut quelque temps pensif. « Il est juste, me dit-il, qu'il aille à Berlin, mais il peut s'épargner la peine de passer par Himmelcron ; j'ai ordonné qu'on place des canons de distance en distance sur le chemin, je serai plus tôt informé des nouvelles de votre Altesse royale, que je ne le pourrois être par courrier. — Si votre Altesse n'agrée point Mr. de Voit, elle aura la bonté de me nommer celui que je dois lui envoyer ; ce seroit manquer à mon devoir et à ce que je lui dois, si j'en agissois autrement. — Quand on veut vivre de bonne amitié, repartit-il, il faut bannir les cérémonies, je les hais à la mort, et votre Altesse royale m'obligera infiniment de m'épargner cette ambassade ; j'ordonnerai à Voit d'aller à Berlin ; je souhaite de tout mon cœur de trouver à mon retour un petit-fils, qui ressemble à sa mère. » Il m'embrassa et sortit. Le prince Albert avoit été présent à cette conversation. Je lui demandai, quelle raison le Margrave avoit d'en agir ainsi, et ce qu'il me conseilloit de faire. Il n'en a point d'autre que son caprice, me répondit-il ; il faut avoir patience avec lui, et puisqu'il ne veut pas que votre Altesse royale lui dépêche quelqu'un, il faudra s'accommoder en cela à ses volontés.

Je tombai malade le 29. au soir ; je fus très-mal le 30. et en grand danger le 31. J'accouchai cependant à sept heures du soir d'une fille, dans le temps qu'on désespéroit de ma vie et de celle de mon enfant. On m'a dit depuis, que le prince héréditaire avoit été dans un état digne de compassion. Sa joie fut extrême de me voir délivrée ; il ne s'informa pas seulement de l'enfant, toutes ses pensées n'étoient fixées que sur moi. Je ne pouvois lui témoigner ma reconnoissance, car je tombois d'une foiblesse dans l'autre.

Mr. de Voit partit immédiatement après pour Berlin. On fit une triple décharge de canons dès qu'il fut hors de la ville. Les ecclésiastiques vinrent en corps faire la prière devant mon lit ; je n'entendis rien, étant toujours en défaillance. Quoique le Margrave eût été averti du danger où j'avois été, il n'avoit pas daigné faire demander de mes nouvelles. Je fus très-mal toute la nuit ; quelque sommeil que je pris vers le matin, me rendit un peu de force.

Le prince héréditaire reçut à midi un billet de son oncle, qui lui mandoit, que le vent ayant été contraire et les canons mal placés, le Margrave avoit ignoré que j'étois accouchée ; qu'il avoit été le premier à lui en porter la nouvelle ; qu'il ne savoit quelle mouche avoit piqué son frère, qu'il étoit d'une humeur horrible ; qu'il faisoit son possible pour le persuader de retourner en ville, mais qu'il ne pouvoit assurer rien de positif là-dessus. Il arriva pourtant le soir à six heures. Il envoya d'abord chercher Mr. de Reitzenstein, auquel il se plaignit amèrement de son fils et de moi, disant, que nous le traitions comme un chiffon ; que nous n'avions pas eu seulement la considération de lui faire part de ma délivrance ; qu'il avoit été le dernier de toute sa cour à l'apprendre ; que ce peu d'égards avoit épuisé sa patience ; qu'il vouloit enfin faire voir par des actions de vigueur qu'il étoit le maître, étant fermement intentionné d'envoyer son fils à Plassenbourg. Je vous ordonne, continua-t-il, de les informer l'un et l'autre de cette résolution. Reitzenstein, plus mort que vif de l'emportement dans lequel il le voyoit, lui répondit, qu'il le supplioit de charger quelqu'autre de cette commission ; qu'il n'avoit pas le cœur assez dur pour me porter une telle nouvelle dans l'état dangereux où je me trouvois encore, la moindre altération pouvant me coûter la vie ; qu'il ne pouvoit comprendre par où le prince avoit mérité une telle colère et qu'il le conjuroit de bien peser ce qu'il vouloit faire, avant que d'en venir à de pareils éclats. Le prince Albert, se doutant de quelque chose, entra dans ces entrefaites ; il prit hautement notre parti. « Mon Dieu ! mon cher frère, lui dit-il, j'ai été présent à la conversation que vous avez eue avec son Altesse royale avant que de partir, et de la défense absolue que vous lui avez faite, de ne vous point faire avertir lorsqu'elle seroit accouchée ; elle en a été inquiète, et je lui ai conseillé moi-même de suivre en cela vos volontés. » Le Margrave resta stupéfié, ne s'étant point aperçu que son frère eût été témoin de notre pourparler. Il fut fort décontenancé, et ne sachant que dire, il s'en prit à sa mémoire, contre laquelle il se déchaîna beaucoup, sur ce que, disoit-il, elle s'affoiblissoit de jour en jour. Il fit appeler le prince, auquel il voulut faire bon accueil, mais son embarras montra qu'il n'étoit pas sincère. Ils se rendirent tous chez moi. Chacun remarqua la contrainte qu'il se fit, pour me parler obligeamment. Il me fit un long galimatias sur la coutume du pays, qui exigeoit, que l'enfant fût baptisé le troisième jour de sa naissance ; que cette cérémonie devoit se faire avec pompe et dignité le matin suivant, car, dit-il, la petite princesse a un roi pour aïeul et doit avoir plus de prérogatives pour cette raison, qu'elle n'en auroit sans cela. Je lui répondis, qu'il étoit le maître d'ordonner comme il le jugeroit à propos, mais que je le conjurois de permettre que je restasse tranquille, étant trop foible pour voir beaucoup de monde et recevoir leurs complimens. Il me pria de choisir les parrains et les marraines. Je m'en défendis long-temps, mais voyant qu'il s'y opiniâtroit, je nommai lui, le roi, la reine, l'Impératrice, la reine de Danemarc, sa sœur, la Margrave douairière de Culmbach, sa mère, mon frère, ma sœur d'Anspac et le prince Albert. Il fut très-content de ce compérage et se retira un moment après.

Le lendemain signal se donna par les timbales et les trompettes. Le Margrave, accompagné de toute la cour, se rendit chez moi. La princesse Charlotte, qui étoit depuis quelques jours de retour, porta ma fille au baptême. Elle reçut le sacrement sous le dais dans ma chambre d'audience. On tira le canon lorsque le ministre donna la bénédiction. Il y eut un dîner table de cérémonie et bal le soir.

Le prince Guillaume, mon beau-frère, arriva quinze jours après, de retour de ses voyages de France et de Hollande. Le prince héréditaire s'étoit fort réjoui de le revoir, l'aimant beaucoup ; son bon cœur le portant à avoir les mêmes sentiments pour toute sa famille. Il le conduisit d'abord chez moi. Ce prince, âgé de 20. ans, étoit de la grandeur d'un enfant de quatorze ; son visage étoit beau, mais sans agrément ; malgré sa petite taille il étoit bien fait ; ses manières étoient aussi enfantines que sa figure ; son génie très-borné, ou pour mieux dire il n'en avoit point ; il avoit étudié à Utrecht sans rien apprendre, son esprit distrait et volage ne pouvant s'appliquer qu'à chasser les mouches ; il avoit le cœur bon plutôt par tempérament que par principes. Le prince et moi nous fîmes notre possible pour le morigéner tant qu'il resta à Bareith, mais nous y perdîmes nos peines. Il étoit colonel d'infanterie au service de l'Empereur, et devoit aller joindre son régiment en Italie et s'arrêter quelque temps avec son oncle à Vienne.

Mr. de Voit revint aussi de Berlin. Il me remit les lettres les plus gracieuses du roi et de la reine et m'assura, que le roi avoit parlé du prince héréditaire et de moi dans les termes les plus tendres, et qu'il y avoit eu une joie universelle à Berlin de ma délivrance.

Je commençois à goûter quelque tranquillité, lorsqu'elle fut dérangée par une lettre du roi, qui ordonnoit au prince héréditaire, de se rendre incessamment à Berlin, pour aller de là à son régiment ; il l'assuroit de son amitié, et des preuves éclatantes qu'il lui en donneroit. Ce fut un coup de foudre pour moi. J'aimois passionnément le prince, notre union étoit des plus heureuses ; une longue séparation me faisoit tout appréhender. Je craignois, que jeune

comme il étoit il ne s'abrutît et ne tombât dans la
débauche, sachant d'avance que les officiers prussiens, à leur métier près, sont fort butors et libertins.
J'avois vu plusieurs princes fort aimables, lorsqu'ils
étoient entrés au service du roi, perdre leur esprit et
leurs manières et devenir de vrais brutaux. Il en
étoit fort fâché lui-même ; tout ce que nous pûmes
faire fut de reculer le voyage tant qu'il fut possible.
Il fallut pourtant partir le 3. d'Octobre. Le Margrave
n'ayant point voulu lui donner d'argent, il fut obligé
d'en emprunter. Ma santé, qui commençoit à se
remettre, fut de nouveau dérangée par les inquiétudes que me causa son absence. Toute la famille,
hors le Margrave, se rassembloit tous les soirs chez
moi ; nous tâchions de tuer le temps ensemble.

Je fis enfin ma première sortie et me préparois
pour aller à Berlin, lorsque je reçus une lettre du roi,
qui me replongea dans de nouveaux embarras. Il
m'ordonnoit d'aller à Anspac. Je ne souhaite rien
tant, me mandoit-il, que la bonne union entre vos
deux maisons ; votre politique, votre intérêt, enfin
tout vous la rend nécessaire. Je suis averti que mon
gendre et ma fille seront fort piqués, si vous manquez à les aller voir ; il faut éviter et étouffer toute
animosité par votre présence, vous pourrez venir
ensuite recevoir les caresses d'un père qui vous le
prouvera. J'envoyai cette lettre au Margrave. Il me
fit répondre par Mr. de Voit, que le conseil que le
roi me donnoit étoit très-juste, et qu'il approuvoit
fort que je le suivisse.

Tout cela étoit bel et bon, mais je n'avois point
d'argent. J'avois épuisé ma bourse en faveur du prince
et personne ne vouloit me faire crédit. Je me résolus donc de parler sur cet article et sur plusieurs
autres au Margrave. J'ai appris par Mr. de Voit,
lui dis-je, que votre Altesse approuve mon voyage

d'Anspac. Je suis au désespoir de lui être à charge en cette occasion, mais votre Altesse sait l'impuissance dans laquelle je suis, de suffire à des dépenses extraordinaires ; le peu de revenu que j'ai ne fournit qu'à peine à mon entretien, ce qui me met dans l'impossibilité de faire ce voyage et celui de Berlin à mes propres frais. D'ailleurs je ne crois pas que je puisse risquer d'emmener ma fille avec moi à ce dernier endroit, la saison étant trop avancée. Je ne puis pas non plus la laisser à l'abandon entre les mains de ses femmes ; je souhaiterois fort pouvoir lui donner une gouvernante, qui pût avec le temps avoir soin de son éducation. Je penserai à tout cela, me dit-il, et je chargerai Mr. de Voit de ma réponse. Elle fut digne de lui. Il me fit dire, qu'il étoit très-mortifié de ne pouvoir m'accorder les deux articles en question ; qu'il n'y avoit rien de stipulé dans mon contrat de mariage pour les frais des voyages que j'aurois envie de faire, ni pour l'entretien des filles que je mettrois au monde ; qu'étant obligé d'équiper son fils cadet, ses finances en étoient si fort dérangées, que cela le mettoit hors d'état de m'assister.

J'avois reçu plusieurs fois des nouvelles du prince, qui ne pouvoit assez se louer des bontés que le roi lui témoignoit. Il me mandoit, que ce prince aussi bien que la reine marquoient une vive impatience de me revoir, et que tout le monde l'assuroit, que le roi avoit dessein de se signaler en notre faveur : qu'il alloit incessamment à son régiment et qu'il passeroit par Rupin, pour y rendre visite à mon frère. Ses lettres me firent naître quelque espérance, que le roi me payeroit la course. J'eus mon recours à lui et je le suppliai, de m'envoyer de l'argent et de me mander ce que je ferois de ma fille. Pour ne point perdre de temps, Mr. de Voit me fit avoir 2.000 écus qu'il emprunta sous son nom.

Le Margrave tomba malade dans ces entrefaites. Quoiqu'on cachât beaucoup le danger dans lequel il étoit, tout le monde en étoit informé, ce qui me fit reculer mon départ de quelques jours. Il refusa mes visites et ne voulut voir personne. Sa retraite nous mit un peu à notre aise, car le bon prince avoit le malheur d'endormir par son éternelle morale et ses répétitions continuelles ceux qui étoient obligés de l'entendre. Nous fûmes dédommagés de son absence par un autre personnage aussi ennuyeux que lui. Ce fut le cadet de ses frères, que je nommerai à l'avenir le prince de Neustat, parce qu'il y faisoit sa résidence.

Celui-ci étoit colonel d'un régiment au service de Danemarc et débarquoit fraîchement de Copenhague, dans l'intention de se marier, comme nous l'apprîmes depuis. Il notifia son arrivée à Neustat au Margrave et lui manda, qu'il iroit dans quelques jours à Bareith. Ce prince étoit le rebut de sa famille. Le Margrave ne le pouvoit souffrir et n'étoit point impatient de le revoir, surtout étant malade. Il lui répondit, qu'il lui feroit plaisir de venir lorsque je serois de retour d'Anspac et qu'il se porteroit mieux. Le prince reçut cette lettre proche de Bareith. Les chemins étoient si mauvais, qu'il ne put retourner sur ses pas. Sa grandeur se trouva fort offensée de cette lettre de son frère ; pour s'en venger, il descendit à la maison de poste, où il passa la nuit sans faire annoncer son arrivée au Margrave, ni à aucun de la famille. Ce prince le fit prier plusieurs fois de venir occuper les appartements qu'on lui avoit préparés au château. Il le refusa constamment, disant, que son frère lui avoit fait une avanie, à laquelle il vouloit répondre en refusant de le voir. Après bien

des allées et des venues, on lui dépêcha le prince
Guillaume, qui amena enfin cette aimable figure
chez le Margrave, et de là chez moi. Je commencerai
son portrait du bon côté. Il étoit plus grand que
petit et assez bien fait ; la quantité de rats, qui
logeoient dans sa cervelle, exigeoient beaucoup de
place ; aussi y en avoit-il dans sa caboche, qui étoit
copieusement grande ; deux petits yeux de cochon
d'un bleu pâle remplaçoient assez mal le vide de
cette tête ; sa bouche carrée étoit un gouffre, dont
les lèvres retirées laissoient voir les gencives et deux
rangées de dents noires et dégoûtantes ; cette gueule
étoit toujours béante ; son menton à triple étage
ornoit ces charmes ; un emplâtre servoit d'agrément
à l'inférieur de ce menton ; il y étoit flanqué, pour
cacher une fistule, mais comme il tomboit souvent,
on avoit le plaisir de la contempler à son aise et
d'en voir sortir une cascade de matière, très-utile au
bien de la société, qui pouvoit épargner par sa vue
l'émétique et les vomitifs ; aussi dit-on, que les médecins et les apothicaires employoient tout leur art
pour le guérir, ne pouvant plus avoir de débit de
leurs drogues évacuatives ; à toutes ces beautés se
joignoit celle d'une chevelure dorée et fort en désordre, qui accompagnoit très-bien un habit sans goût,
mais si chargé d'or et d'argent, qu'à peine pouvoit-il
le porter. Son âme étoit aussi bien avantagée que
son corps ; son cerveau se détraquoit parfois ; il étoit
furieux dans ses absences d'esprit et vouloit tuer
tout le monde. Toute la famille se trouvoit rassemblée par sa présence.

Je partis enfin le 21. d'Octobre pour Anspac. Je
devois m'arrêter à Erlangue, pour voir la ville et
dîner chez la Margrave douairière, veuve du Margrave George Guillaume[1]. Cette princesse avoit fait
beaucoup de bruit dans le monde par sa beauté et

sa mauvaise conduite. C'étoit une vraie Messaline, qui avoit tué plusieurs de ses enfans en se faisant avorter afin de conserver sa belle taille. Je n'étois pas fort empressée de la voir et priai le Margrave, de me permettre de passer la nuit à Beiersdorf, ne voulant point dormir dans une maison remplie des plus affreux désordres.

J'arrivai par des chemins épouvantables le soir à cette petite ville, qui est tout près d'Erlangue. J'y trouvai Mr. de Fischer, Mr. d'Egloffstein, chef d'un canton de la noblesse immédiate, Mr. de Wildenstein, membre de ce même canton, et Mr. de Bassewitz, lieutenant-général du cercle. Ces Messieurs me complimentèrent sur mon arrivée. Mr. de Fischer me dit, que le Margrave lui avoit ordonné de me recevoir avec les mêmes honneurs, qu'on avoit coutume de lui rendre ; qu'il avoit averti la Margrave, de me traiter comme devoit l'être la fille d'un roi et de me céder le rang ; que n'ayant rien pu obtenir d'elle sur cet article, il avoit commandé, qu'on me servît une table dans l'appartement qui m'étoit destiné ; qu'il me conseilloit, de ne la point voir, ni même de lui faire annoncer ma venue. Il finissoit à peine ce discours, qu'on vint m'avertir, que le grand-maître de cette princesse demandoit à me parler. Je le fis entrer. Il me harangua une bonne demi-heure, toujours en bredouillant, et finit par me dire, que sa maîtresse alloit se mettre en carrosse, pour venir me prier à souper. Je me défendis le mieux que je pus de la visite et du souper ; m'excusant sur la fatigue du voyage. Voyant qu'il ne gagnoit rien de ce côté-là, il m'invita à dîner pour le lendemain. Mr. de Fischer prit la parole et lui dit : « Son Altesse royale ira chez la Margrave, si elle veut lui rendre ce qui lui est dû, sans quoi elle ne l'honorera pas de sa présence. » L'autre lui répliqua fort décontenancé,

que sa maîtresse savoit trop bien ce qui étoit dû à la
fille d'un grand roi pour y manquer, et qu'elle me
rendroit tous les honneurs qui dépendroient d'elle.
Je renvoyai d'abord un des Messieurs de ma suite
lui rendre son compliment, après quoi je me mis à
table. Pendant le souper, Mr. de Fischer ne dis-
continua point de faire les éloges de mon beau-frère
et ne daigna pas nommer le prince mon époux. J'en
fus si piquée, que je me levai et donnai le bonsoir à
la société.

Je partis le jour suivant à dix heures. Je fus escor-
tée par 4 compagnies de cavalerie, partie milice de
Beiersdorf, partie d'Erlangue. Un grand cortège de
Messieurs, tant étrangers qu'en service, m'accompagna. J'entrai avec tout ce train en ville. La bourgeoisie et milice y étoient rangées sous les armes
et bordoient les rues ; l'affluence du monde qui
accourut pour me voir, fut extrême. Je parvins enfin
au château. Je trouvai la Margrave au bas de l'escalier avec toute sa cour. Après les premières politesses
de part et d'autre, je montai à mon appartement, où
elle me suivit. Cette princesse mérite bien, que j'en
dise un mot.

Elle étoit née princesse de Saxe-Weissenfeld et
sœur du duc Jean Adolf, elle avoit été belle comme
un ange, à ce qu'on disoit ; pour lors elle étoit si
changée, qu'il falloit étudier son visage, pour trouver les débris de ses charmes ; elle étoit grande et
paroissoit avoir eu la taille belle ; son visage étoit
fort long ainsi que son nez, qui la défiguroit beaucoup, ayant été gelé, ce qui lui donnoit une couleur
betterave fort désagréable ; ses yeux, accoutumés à
donner la loi, étoient grands, bien fendus et bruns,
mais si abattus, que leur vivacité en étoit diminuée ;
au défaut de sourcils naturels, elle en portoit de
postiches fort épais et noirs comme l'encre ; sa

bouche, quoique grande, étoit bien façonnée et remplie d'agrémens ; ses dents blanches comme de
l'ivoire et bien rangées ; son teint, quoiqu'uni, étoit
jaunâtre, plombé et flasque ; elle avoit bon air, mais
un peu affecté ; c'étoit la Laïs de son siècle ; elle ne
plut jamais que par sa figure, car pour de l'esprit,
elle n'en avoit pas l'ombre.

Nous nous assîmes ensemble. La conversation fut
assez différente ; au lieu des hauteurs qu'elle avoit
témoignées deux jours auparavant, elle me fit maintes bassesses, me baisant à tout moment la main,
malgré bongré que j'en eusse. Fort satisfaite des
politesses que je lui fis, elle me dit, qu'elle étoit très-
charmée d'avoir le bonheur de me connoître ; qu'elle
avoit eu bien peur de moi, puisqu'on lui avoit dit,
que j'étois fière et hautaine et que je la traiterois du
haut en bas. Elle me présenta sa soi-disante gouvernante (car elle n'en avoit jamais que d'emprunt) et
ses deux filles d'honneur. Ces dernières étoient
jumelles, très-petites et si replètes, qu'elles pouvoient
à peine marcher ; ces deux paquets de chair voulant
se baisser pour me baiser la main, perdirent l'équilibre et roulèrent à terre, ce qui dérangea mon
sérieux et celui de la noble assemblée. On ne sauroit se représenter rien de si hideux, que la cour de
cette Margrave ; je crois que tous les monstres du
pays et des alentours s'étoient rassemblés à son service ; peut-être étoit-ce par bonne politique, voulant
relever par ces horreurs ses charmes surannés. On
servit enfin. La Margrave fut fort embarrassée pendant tout le repas. Mr. d'Egloffstein, son amant
favorisé d'alors, l'avoit si bien sermonnée, qu'elle
n'osoit ni manger ni parler sans sa permission. Je
lui rendis visite l'après-dîner. Je trouvai dans son
appartement les dames de la ville, qui me furent
présentées. Après avoir pris le café, je voulus

prendre congé d'elle, mais elle s'opiniâtra à vouloir m'accompagner jusqu'au bas de l'escalier, disant, que Mr. d'Egloffstein lui avoit ordonné ainsi, et qu'elle suivoit en tout ses volontés. J'eus beau m'opposer à cette extravagante politesse, il fallut la souffrir.

Comme il étoit tard et que les chemins étoient détestables, je fus obligée de rester la nuit à Carlsbourg, où je trouvai plusieurs officiers de la maison du Margrave d'Anspac et quelques Messieurs de cette cour, qu'il y avoit envoyés exprès pour y faire les honneurs.

J'arrivai enfin le soir suivant à cette ville, où je fus reçue à bras ouverts de mon beau-frère et de ma sœur. J'eus tout lieu d'être satisfaite de leurs attentions et de l'amitié qu'ils me témoignèrent. Il y eut pendant tout le séjour que j'y fis, table de cérémonie. Je priai en vain ma sœur, de lever cet ennuyant cérémonial et de vivre avec moi de bonne amitié, elle me répondit, qu'on ne pouvoit rien changer à cela ; qu'ils seroient blâmés de tout le monde s'ils en agissoient autrement, puisque c'étoit un usage introduit dans toutes les cours. Elle se trouvoit enceinte de trois mois, ce qui causoit une joie universelle dans tout le pays. Son sort n'en étoit pas plus heureux. J'ai déjà dit ailleurs qu'elle avoit été fort mal élevée ; on auroit pu redresser en partie cette négligence, si on lui avoit donné une femme d'esprit pour gouvernante, car elle n'avoit que 14. ans lorsqu'elle se maria ; on gâta tout en lui donnant une campagnarde, pour laquelle elle n'avoit aucune considération.

Le Margrave s'étoit enfin lassé de ses caprices ; deux indignes favoris, dont l'un étoit le grand-Maréchal de Sekendorff et l'autre un certain Mr. de Schenk, le gouvernoient entièrement et l'avoient plongé dans les débauches. Il avoit pris depuis peu

une maîtresse de basse extraction, qui avoit vécu
de son corps et s'étoit prostituée à tout venant. Il
l'aimoit passionnément ; son amour a été constant ;
il a encore actuellement cette catin, qui lui a donné
trois enfans, dont, à ce que dit la chronique scandaleuse, il n'est point le père. Il a fait baroniser son
fils putatif et lui a donné le nom de Falk, qui signifie faucon en françois, parce qu'il fait lui-même la
profession de fauconnier, et en remplit jusqu'au
plus vil emploi. Il étoit brouillé pour lors à toute
outrance avec ma sœur. Celle-ci piquée qu'il lui pré-
férât une infâme servante qui nettoyoit le château,
lui en avoit fait de sanglans reproches, ce qui n'avoit
fait qu'aigrir le mal. Je fis mon possible pour les
raccommoder, et si je n'y réussis pas entièrement,
j'obtins du moins qu'on bannît les éclats. Comme
j'avois des attentions continuelles pour obliger chacun, je me fis beaucoup d'amis. Le Margrave lui-
même lia avec moi une amitié qui a souvent été
utile à ma sœur. Ce prince devant aller à Pommersfelde, pour y voir le prince de Bamberg, nous partîmes ensemble le 28. Octobre, la route étant la
même jusqu'à Beiersdorf où le Margrave prit congé
de moi.

J'y trouvai la réponse du roi à la dernière lettre
que je lui avois écrite. Elle étoit de main propre ; la
voici mot pour mot.

« Ma chère fille, j'ai bien reçu votre lettre, et suis
fâché d'apprendre qu'on continue à vous chagriner
et à vous refuser de l'argent pour votre voyage. J'ai
écrit une lettre fort dure à votre vieux fou de beau-
père pour qu'il vous paye ces voyages. Il faut que la
Flore Sonsfeld reste auprès de la petite Frédérique,
cela vous épargnera les gages d'une gouvernante. Je
vous attends avec impatience et suis etc. »

Cette lettre me fit faire de cruelles réflexions ; je prévis d'abord que le roi m'avoit dupée et que j'allois me trouver entre deux selles. Les duretés qu'il avoit écrites au Margrave, me chiffonnoient l'esprit ; la douceur et les bonnes façons pouvoient seules le ramener. Le prince continuoit à m'assurer des bonnes intentions du roi ; il me mandoit, que mon frère s'employoit fortement en ma faveur et que son ancienne tendresse sembloit se rallumer ; que la reine paroissoit fort portée pour nous et me promettoit tous les agrémens qui dépendroient d'elle ; que même elle témoignoit beaucoup de joie et d'impatience de me revoir. Mon frère m'écrivit à peu près les mêmes choses, mais la reine le contredisoit entièrement. Que venez-vous faire dans cette galère, me disoit-elle, est-il possible que vous puissiez encore vous fier aux promesses du roi, après qu'il vous a si cruellement abandonnée ? Restez chez vous et épargnez vos continuelles lamentations, vous deviez vous attendre à tout ce qui vous arrive. Les lettres de Grumkow à sa nièce n'étoient remplies que de pronostics fâcheux. Tout cela me causoit de cruelles inquiétudes. Cependant je ne pouvois plus me dispenser d'aller à Berlin, ne pouvant m'attendre qu'à de mortels chagrins après ce que le roi venoit d'écrire au Margrave.

Je partis le 29. de Beiersdorf et me rendis le même soir à Bareith. Le Margrave me reçut très-bien en apparence ; il me demanda d'abord, si j'avois fixé le jour de mon départ pour Berlin ? Je lui répondis, que n'ayant point encore reçu de réponse du roi, je n'avois point d'argent pour le voyage. Il me dit d'un air ironique : je vois bien que cela traînera en longueur, et pour vous faire partir, je sacrifierois volontiers 10 mille florins. Je le remerciai de ses bonnes intentions, l'assurant, que s'il vouloit me donner

2,000 écus, je lui en serois très-redevable. Il me conta ensuite, qu'il se présentoit deux partis pour la princesse Charlotte ; c'étoient le duc de Weissenfeld et le prince de Usingen ; que sa fille s'étoit déclarée pour le second de ces princes et qu'il demandoit mon avis là-dessus. Je fis ce que je pus pour l'y persuader, mais il refusa, quoi qu'on pût lui dire, ces deux concurrens, ne voulant pas, disoit-il, marier sa fille ainée avant la cadette. Celle-ci étoit très-mécontente en Ostfrise. Elle y avoit tout gâté par ses hauteurs et par ses mauvaises façons envers son oncle et sa tante ; elle vouloit à toute force retourner à Bareith et prioit instamment son père de la faire revenir. Le Margrave n'étoit point de son avis, en concevant très-bien les suites. Il étoit résolu, si le mariage se rompoit, de lui faire faire un tour en Danemarc avant que de retourner à Bareith, pour empêcher l'éclat que feroit cette rupture. Au lieu de 2,000 écus, que j'avois demandés, il m'envoya le jour suivant 1,000 florins, ce qui ne suffisoit pas pour payer la poste. Pour comble d'infortune je fus encore obligée d'aller à Cobourg voir ma tante, la duchesse de Meiningen, qui étoit venue me rendre visite l'été précédent. C'étoit un voyage de politique ; elle m'avoit donné quelque espérance de me faire héritière des biens immenses qu'elle possédoit, et dont elle étoit maîtresse absolue. Cette méchante princesse auroit réparé par cette action tous les maux qu'elle avoit causés au pays et à la maison de Culmbach, qu'elle avoit totalement ruinée et réduite dans le triste état où je l'avois trouvée.

Cobourg n'étant qu'à huit milles de Bareith, je m'y rendis en un jour et y arrivai le soir 3. Novembre. Je trouvai ma bonne tante requinquée, à son ordinaire, en fleurs et en colifichets. Notre entrevue coûta cher à ses tétons flétris et surannés, elle les fouetta doublement à mon honneur et gloire, m'appelant mille fois sa chère âme. Son appartement et celui qu'on m'avoit préparé étoient de la plus grande magnificence, tant en meubles qu'en argenterie ; on y voyoit partout les armes de Brandebourg, ce qui me fit faire de tristes réflexions. Je passai le jour suivant à causer et à travailler avec la duchesse, n'y ayant point de noblesse ni de cour à Cobourg que la sienne, qui étoit très-médiocre. Je ne pus obtenir aucune résolution favorable pour moi ; elle me réitéra ses promesses, mais ne voulut faire point de testament en ma faveur ; on m'avertit même secrètement, qu'elle m'avoit dupée comme bien d'autres, qu'elle avoit leurrés pour en tirer des présens.

Je retournai le 5. à Bareith, en maudissant cette vieille sempiternelle. Le Margrave étoit de nouveau incommodé ; sa santé étoit si dérangée depuis quelque temps par la boisson, qui lui attaquoit la poitrine et les nerfs, que la faculté n'en auguroit rien de bon. Il fut charmé du choix que j'avois fait de Mlle. de Sonsfeld pour rester auprès de ma fille. J'eus bien de la peine à persuader celle-ci d'accepter cet emploi. Le Margrave, qui l'estimoit beaucoup, joignit ses prières aux miennes, ce qui la détermina enfin d'acquiescer à nos désirs. N'ayant donc plus rien qui pût m'arrêter à Bareith, j'en partis le 12. Le congé que je pris du Margrave, ne fut pas des plus tendres, nous étions réciproquement charmés de nous séparer. Je laissai Mr. de Voit auprès de lui, pour lever tout ombrage. Mr. de Sekendorff, qu'il m'avoit donné pour écuyer, fut de ma suite. C'étoit un garçon d'esprit, qui avoit voyagé et qui étoit assez agréable dans la société.

La saison et les chemins étoient diaboliques ; cependant ne me reposant que deux ou trois heures la nuit, j'arrivai le 16. à Berlin. Pour mes péchés le roi en étoit parti la veille, pour aller à Potsdam, et la reine avoit fait ce jour-là ses dévotions. Quoiqu'elle fût informée par une estafette, que j'avois envoyée d'avance, de mon arrivée, elle fit semblant de l'ignorer. Je descendis de carrosse sans lumière ; mes jambes étoient si engourdies, que je tombai de mon long. Mr. de Brand, grand-maître de la reine, se trouva par hazard à mon passage, et eut la charité de m'aider à marcher. Personne ne vint au-devant de moi que mes sœurs, qui me reçurent à la porte de la chambre d'audience. Je vis de loin la reine dans sa chambre de lit, qui balançoit à venir à ma rencontre. Elle prit enfin ce parti, et après m'avoir embrassée, elle me présenta le prince, qu'elle avoit caché. J'eus tant de joie de le revoir, que j'oubliai la mauvaise réception qu'on m'avoit faite. Je n'eus pourtant pas le temps de lui parler ; elle me prit la main et me conduisit dans son cabinet, où elle se flanqua sur un fauteuil, sans m'ordonner de m'asseoir. Me regardant alors d'un air sévère : que venez vous faire ici ? me dit-elle. Tout mon sang se glaça par ce début.

« Je suis venue, lui répondis-je, par ordre du roi, mais principalement pour me mettre aux pieds d'une mère que j'adore et dont l'absence m'étoit insupportable. »

« Dites plutôt, continua-t-elle, que vous y venez pour m'enfoncer un poignard dans le cœur, et pour convaincre tout le genre humain de la sottise que vous avez faite d'épouser un gueux. Après cette démarche vous deviez rester à Bareith, pour y cacher votre honte, sans la publier encore ici. Je vous avois mandé de prendre ce parti. Le roi ne vous fera aucun avantage et se repent déjà des promesses qu'il vous a faites. Je prévois d'avance que vous nous rabattrez

les oreilles de vos chagrins, ce qui m'ennuiera beaucoup, et que vous nous serez à charge à tous. »

Ces propos me percèrent le cœur. Je fondis en larmes ; je craignois la reine plus que la mort ; j'étois
dans la galère, il falloit y voguer ; je me jetai à ses
genoux : je lui tins les discours les plus tendres. Elle
me laissa une bonne demi-heure dans cette situation ; soit que mes larmes l'eussent touchée, ou
qu'elle voulût pourtant garder quelque bienséance,
elle me releva enfin. Je veux bien, me dit-elle d'un
air méprisant, avoir compassion de vous et oublier
le passé, à condition que vous changiez de conduite
à l'avenir. (On verra plus loin ce qu'elle entendoit
par-là.) Elle sortit en prononçant ces dernières
paroles.

Mlle. de Pannewitz entra dans ces entrefaites. Elle
avoit été beaucoup de mes amies ; je courus l'embrasser et lui faire part de mon désastre. Elle ne me
répondit rien, me regardant du haut en bas. Les
autres dames, à l'exception de Madame de Kamken,
en firent de même. Celle-ci me dit tout bas, que je
devois me contraindre, qu'elle feroit son possible
pour me rendre service et que tout changeroit dans
quelques jours. Le prince, qui remarquoit mon trouble, me regardoit tristement, ne pouvant rien comprendre au changement subit de la reine. Le repas
s'accorda avec le début. Ma sœur Charlotte se mit
sur ma friperie et n'épargna pas sa sanglante satire.
La reine lui jetoit des regards d'approbation à chaque trait malin qu'elle me lançoit. Je gardois le
silence à ces propos offensans, mais le diable n'y perdit rien, car je crevois de dépit. Mes sœurs Sophie
et Ulrique[1] me dirent en passant tout bas, qu'elles
m'aimoient toujours ; qu'elles auroient bien des choses à me communiquer, mais qu'elles n'osoient me
parler, la reine le leur ayant défendu. Malgré toutes

les fatigues que j'avois endurées ce jour-là, elle me
retint jusqu'à une heure après minuit.

Dès que je fus retirée, nos jérémiades commencèrent. Je contai au prince et à Madame de Sonsfeld
l'accueil que la reine m'avoit fait. Elle me dit, que
celui qu'elle en avoit reçu valoit le mien. Le prince
me flattoit encore que mon sort changeroit par le
retour du roi ; mais mon Dieu ! qu'il le connoissoit
peu. J'écrivis le lendemain à ce prince, pour lui
notifier mon arrivée. J'eus cependant la consolation
de recevoir une lettre de mon frère, que Mr. de
Knobelsdorff, son gentil-homme, me rendit. Il m'assuroit, qu'il comptoit me voir le surlendemain. Je
l'aimois toujours bien tendrement et son amitié faisoit mon unique espérance. Ma sœur Charlotte vint
aussi me rendre visite, ou plutôt au prince, car elle
ne fit que badiner avec lui, sans me regarder. La
reine me fit un peu meilleur visage que la veille. Elle
vivoit alors dans une retraite profonde, ne voyant
pas même les princesses du sang ; elle se faisoit lire
l'après-dîner et jouoit le soir. J'eus beaucoup de
monde ce jour-là, qui vint chez moi plus par bienséance, que par autre raison, car j'essuyai bien des
discours désagréables.

Le roi arriva le soir suivant. Il me reçut fort froidement. « Ha, ha ! me dit-il, vous voilà, je suis bien
aise de vous voir, m'éclairant avec une lumière ; vous
êtes bien changée, continua-t-il ; que fait la petite
Frédérique ? Que je vous plains, poursuivit-il, après
que je lui eus répondu, vous n'avez pas le pain et
sans moi vous seriez obligée de gueuser. Je suis aussi
un pauvre homme, je ne suis pas en état de vous
donner beaucoup ; je ferai ce que je pourrai ; je vous
donnerai par dix ou douze florins, selon que mes
affaires le permettront ; ce sera toujours de quoi soulager votre misère ; et vous, Madame, adressant la

parole à la reine, vous lui ferez quelquefois présent d'un habit, car la pauvre enfant n'a pas la chemise sur le corps. » Je crevois dans ma peau de me voir traitée si charitablement, et maudissois ma sotte crédulité, qui m'avoit entraînée dans ce labyrinthe. Ce pompeux raisonnement me fut encore répété le jour suivant en pleine table. Le prince en rougit jusqu'aux ongles ; il répondit au roi, qu'un prince qui possédoit un pays tel que le sien, ne pouvoit passer pour un gueux ; que son père étoit seul cause de la triste situation où il se trouvoit, ne voulant rien lui donner, suivant en cela l'exemple de beaucoup d'autres. Le roi rougit à son tour, se sentant coupable de cette foiblesse, et changea de discours.

J'eus enfin le lendemain le plaisir de voir mon frère. Il fut si charmé de me trouver auprès de la reine, qu'il se donna à peine le temps de lui dire deux mots, pour venir m'embrasser. Il est aisé de s'imaginer que notre entrevue fut des plus tendres. Nous avions tant de choses à nous dire, que nous ne savions par où commencer. Je lui contai tous mes désastres. Il me parut surpris de la réception qu'on m'avoit faite et me dit qu'il falloit que quelque chose secrète, qu'il ignoroit encore, eût produit ce subit changement ; qu'il tâcheroit de s'en éclaircir et parleroit à Grumkow et à Sekendorff en ma faveur, ces deux personnages étant entièrement dans ses intérêts, et que pour ce qui regardoit la reine, il se chargeoit de lui faire entendre raison, ayant un grand ascendant sur elle. Elle se promenoit pendant toute cette conversation avec ma sœur et paroissoit inquiète. Nous nous rapprochâmes d'elles.

La reine fit tomber le discours à table sur la princesse royale future. Votre frère, me dit-elle en le regardant, est au désespoir de l'épouser et n'a pas tort ; c'est une vraie bête, elle répond à tout ce qu'on

lui dit par un oui et un non, accompagné d'un rire
niais, qui fait mal au cœur. Oh ! dit ma sœur Charlotte, votre Majesté ne connoît pas encore tout son
mérite. J'ai été un matin à sa toilette ; j'ai cru y suffoquer, elle puoit comme une charogne ; je crois
qu'elle a pour le moins dix ou douze fistules, car
cela n'est pas naturel. J'ai remarqué aussi qu'elle est
contrefaite ; son corps de jupe est rembourré d'un
côté, et elle a une hanche plus haute que l'autre[1]. Je
fus fort étonnée de ces propos, qui se tenoient en
présence des domestiques et surtout en celle de
mon frère. Je m'aperçus qu'il changeoit de couleur
et qu'ils lui faisoient de la peine. Il se retira aussitôt
après souper. J'en fis autant. Il vint me voir un
moment après. Je lui demandai s'il étoit satisfait du
roi ? Il me répondit, que sa situation changeoit à
tout moment ; que tantôt il étoit en faveur et tantôt
en disgrâce ; que son plus grand bonheur consistoit
dans l'absence ; qu'il menoit une vie douce et tranquille à son régiment ; que l'étude et la musique y
faisoient ses principales occupations ; qu'il avoit fait
bâtir une maison et fait faire un jardin charmant,
où il pouvoit lire et se promener. Je le priai de me
dire, si le portrait que la reine et ma sœur m'avoient
fait de la princesse de Brunswick étoit véritable ?
Nous sommes seuls, repartit-il, et je n'ai rien de
caché pour vous, je vous parlerai avec sincérité. La
reine par ses diables d'intrigues est la seule source
de nos malheurs. À peine avez-vous été partie, qu'elle
a renoué avec l'Angleterre ; elle a voulu vous substituer ma sœur Charlotte et lui faire épouser le prince
de Galles. Vous jugez bien qu'elle a employé tous
ses efforts pour faire réussir son plan et pour me
marier avec la princesse Amélie. Le roi en a été
informé aussitôt que ce dessein a été tramé, la Ramen
(qui est plus en grâce que jamais auprès d'elle) l'en

ayant averti. Ce prince a été piqué au vif de ces nouvelles manigances qui ont causé maintes brouilleries entre la reine et lui. Sekendorff s'en est enfin mêlé, et a conseillé au roi de mettre fin à ces tripoteries, en concluant mon mariage avec la princesse de Brunswick. La reine ne peut se consoler de ce revers ; le désespoir où elle est lui fait exhaler son venin contre cette pauvre princesse. Elle a prétendu de moi que je refuse absolument ce parti, et m'a dit, qu'elle ne se soucioit point, si la mésintelligence recommençoit entre le roi et moi ; que je devois seulement témoigner de la fermeté et qu'elle sauroit bien me soutenir. Je n'ai point voulu suivre son conseil et lui ai déclaré nettement, que je ne voulois pas encourir la disgrâce de mon père, qui m'a fait assez souffrir par le passé. Pour ce qui regarde la princesse, je ne la hais pas tant que j'en fais semblant ; j'affecte de ne pouvoir la souffrir, pour faire d'autant plus valoir mon obéissance auprès du roi. Elle est jolie, son teint est de lis et de roses, ses traits sont délicats et tout son visage ensemble fait celui d'une belle personne ; elle n'a point d'éducation et se met très-mal, mais je me flatte, que lorsqu'elle sera ici, vous aurez la bonté de la former. Je vous la recommande, ma chère sœur, et j'espère que vous la prendrez sous votre protection. On peut bien juger que ma réponse fut telle qu'il pouvoit la désirer.

Le roi nous annonça qu'il avoit fait venir une troupe de comédiens allemands. Nous vîmes le soir ce beau spectacle, qui étoit propre à dormir debout. Il y prit tant de goût, qu'il engagea la troupe. On étoit excommunié quand on n'y alloit pas. Le spectacle duroit quatre heures ; on n'osoit ni remuer ni parler sans s'attirer des mercuriales ; le froid y étoit excessif, ce qui faisoit beaucoup de tort à ma santé. Mon frère me dit, qu'il avoit parlé en ma faveur avec Sekendorff et Grumkow ; que ce premier l'avoit prié de lui obtenir une audience secrète auprès de moi, et qu'il me conseilloit fort de le voir. C'est un brave homme, ajouta-t-il en riant, car il m'envoie souvent des espèces dont j'ai grand besoin. J'ai déjà imaginé qu'il pourroit vous en procurer aussi ; mes galions sont arrivés hier et j'en partagerai la charge avec vous. En effet, il m'apporta le lendemain 1,000 écus, m'assurant qu'il m'en feroit avoir davantage. Je fis beaucoup de difficultés pour les accepter, ne voulant pas lui être à charge. Il hocha la tête et me répondit : prenez-les hardiment, car l'Impératrice me fait tenir autant d'argent que j'en veux, et je vous assure que je déloge d'abord le diable de chez moi quand il vient s'y nicher. Madame l'Impératrice, lui repartis-je, est donc meilleure exorciste que les autres prêtres ? Oui, me dit-il, et je vous promets qu'elle fera déloger votre diable aussi bien que le mien.

Quoique je fusse environnée d'espions de la reine, qui l'informoient tout de suite de toutes les allées et venues qui se faisoient chez moi, le prince trouva pourtant moyen d'introduire secrètement Sekendorff dans mon appartement. Je lui détaillai ma situation présente, tant du côté de Berlin que de celui de Bareith. Ce ministre étoit fort estimé du prince mon beau-père, qui avoit une grande confiance en lui. Il me répliqua d'abord, qu'il considéroit mon état comme un mal sans remède. Je connois à fond le Margrave, me dit-il, c'est un prince faux, dissimulé et soupçonneux ; son petit génie est sans cesse agité de mille craintes ; il s'est fiché dans la tête qu'on veut le forcer d'abdiquer ; quel temps ne faudra-t-il pas pour lui ôter cette idée ; je suppose même qu'on y réussisse, cela ne vous servira de rien, car il trouvera toujours de nouveaux sujets d'exercer son

imagination et de vous faire enrager ; il n'y a donc
rien à espérer de ce côté-là. J'en dis autant du roi.
Celui-ci est idolâtre de son argent, les beaux yeux de
sa cassette l'attachent uniquement. Vous le connoissez, Madame, et vous devez savoir qu'il n'est pas
facile à gouverner ; nous pouvons faire Grumkow
et moi tout le mal qu'il nous plaît, en revanche
nous n'avons aucun crédit pour faire du bien. Il est
vrai que ce prince a des intervalles de générosité,
lorsqu'on saisit son premier mouvement, mais ce
premier mouvement passé, on n'en tire plus rien. Il
en est au repentir de toutes les promesses qu'il a
faites à votre Altesse royale à l'hermitage et vous
cherchera noise, pour pouvoir les rétracter. Vous
voyez donc bien, Madame, qu'il faut vous armer de
patience, la mort du Margrave étant le seul remède
à vos maux, sa santé a toujours été très-foible, et il
ne manquera pas de se tuer à force de boire. Cependant il vous reste encore une ressource. L'Impératrice m'ordonne de vous assurer de la haute estime
et tendresse qu'elle a conçue pour votre Altesse
royale sur le portrait avantageux qu'on lui a fait
d'Elle ; elle tâchera de vous convaincre en toute
occasion de ses sentimens. Cette princesse est fort
touchée d'apprendre l'éloignement que le prince
royal semble avoir pour la princesse de Brunswick,
sa nièce ; elle souhaite avec ardeur une bonne harmonie entre les époux futurs, se flattant de resserrer
encore plus étroitement par cette alliance les nœuds
de l'amitié qui règne entre les maisons d'Autriche et
de Prusse. Votre Altesse royale y peut contribuer
mieux que personne par l'ascendant qu'Elle a sur
l'esprit du prince son frère. Elle vous recommande
cette nièce si chère et vous assure, qu'elle vous mar-
quera sa reconnoissance par des preuves authenti-
ques et qu'elle tâchera de vous faire plaisir en toute

occasion. Je suis très-redevable lui répondis-je, aux bontés que l'Impératrice me témoigne ; j'aurois prévenu ses désirs quand même elle ne les auroit pas expliqués. Mon frère étant promis et n'y ayant, selon toute apparence, aucun obstacle qui puisse mettre empêchement à son mariage, je croirois agir contre mon devoir, si je ne travaillois de tout mon pouvoir à fomenter une bonne harmonie entre lui et sa future épouse. Il suffit qu'elle porte ce titre pour m'engager d'avoir pour elle tous les égards et toute considération qu'exige une personne qui appartient de si près à un frère qui m'est cher, et que j'aime avec tant d'ardeur. Je souhaiterois, Monsieur, que vous pussiez me donner d'aussi favorables résolutions que celles-ci sur le détail de mes chagrins, auxquels je sens bien que je succomberai. Je rompis cet entretien, dont je fus très-peu édifiée.

Mon frère retourna quelques jours après à son régiment, ce qui acheva de m'accabler de toute manière. Le roi s'occupoit de la comédie et de force repas qu'on lui donnoit. Grumkow, Sekendorff et plusieurs généraux le traitoient tous les jours à la ronde ; on s'y enivroit à ne pouvoir rester debout. Le pauvre prince héréditaire étoit de toutes ces fêtes. Le roi le forçoit à boire malgré qu'il en eût. Il nous maltraitoit l'un et l'autre et ne nous parloit que pour nous dire des duretés. La reine au contraire en agissoit bien avec le prince et très-mal avec moi. Ma sœur, qui la gouvernoit entièrement, jalouse de l'amitié que mon frère m'avoit témoignée, l'animoit et tournoit en mal toutes mes actions et mes paroles. Elle ne pouvoit cacher le penchant qu'elle avoit pour le prince, tout le monde s'en apercevoit ; elle lui attiroit les caresses de la reine et chantoit sans cesse ses louanges. Il badinoit avec elle, feignant de

ne point s'apercevoir de l'inclination qu'elle avoit
pour lui.

Les fatigues et les chagrins commençoient à me
ruiner la santé. J'étois très-inquiète à l'égard de celle
du prince. Il revint un jour d'un de ces fameux
repas, qui s'étoit donné chez le général Glasenap,
plus pâle que la mort et dans un emportement si
terrible, qu'il trembloit comme une feuille. Je fus fort
effrayée de le voir en cet état, et ma frayeur fut aug-
mentée par une défaillance qu'il prit un moment
après. Quoiqu'à demi morte moi-même, je lui donnai promptement du secours et le rappelai à la vie.
Il me conta alors la scène qui s'étoit passée entre le
roi et lui. Ce prince, contre sa coutume, ne l'avoit
point placé à table à côté de lui. Sekendorff avoit
été obligé par son ordre de se mettre entre eux deux.
Le roi, adressant la parole à Sekendorff, lui dit assez
haut pour que le prince pût l'entendre : « Je ne puis
souffrir mon gendre, c'est un sot ; je fais ce que je
puis pour le morigéner et j'y perds mes peines ; il
n'a pas seulement l'esprit de vider un grand verre et
ne prend plaisir à rien. » Le prince en tenoit justement un qu'on lui avoit porté à la santé du roi. Outré
de ce qu'il venoit d'entendre : je voudrois, dit-il tout
haut à Sekendorff, que le roi ne fût pas mon beau-
père, je lui ferois voir bientôt que ce sot dont il
parle, pourroit lui faire changer de langage, et qu'il
n'est pas homme à se laisser maltraiter. Il avala en
même temps cette furieuse lampée, qui lui fut quasi
aussi funeste que du poison. Le roi devint cramoisi
de colère ; il se contint toutefois assez pour ne rien
répliquer. Il se leva peu après de table et s'en
retourna seul dans sa chaise, sans y faire placer le
prince, qui fut obligé de retourner à pied au château,
n'ayant point de voiture. Il étoit dans une telle fureur,
que je crus qu'il prendroit une attaque d'apoplexie.

Comme il n'étoit pas en état d'aller à la comédie
et que j'y craignois de nouvelles catastrophes, je fis
faire ses excuses et les miennes à la reine, sous prétexte qu'il étoit incommodé. Elle me fit répondre,
que le prince pouvoit faire ce qui lui plaisoit ;
qu'elle ne feroit point nos excuses au roi et qu'absolument je devois sortir. Il ne voulut pas rester seul ;
nous allâmes l'un et l'autre à cette chienne de comédie. Je mis une coëffe, pour cacher mon désordre, et
ne fis qu'y pleurer. Le prince étoit si défait, que tout
le monde s'en aperçut.

Nous nous retirâmes aussitôt après souper. Il fut
très-malade toute la nuit et voulut à toute force
retourner à Bareith. J'étois de son avis, mais Sekendorff
et Grumkow l'en détournèrent, en l'assurant,
qu'ils parleroient très-fortement à son sujet au roi
et tâcheroient de lui faire changer de conduite.
Ils boudèrent ensemble tant qu'il resta à Berlin. Il
retourna enfin à Potsdam, où nous le suivîmes l'année 1733.

La santé du prince étoit fort dérangée ; il maigrissoit à vue d'œil et se trouvoit incommodé d'une toux
qui ne lui laissoit de repos ni jour ni nuit. Les
médecins de Berlin commençoient à craindre qu'il
ne prît l'étisie, ce qui me mettoit dans de cruelles
alarmes. Le séjour de Potsdam ne fit que les augmenter ; les veilles et les fatigues continuelles qu'il
enduroit augmentèrent son mal. La triste vie que
nous y menions abattoit l'esprit autant qu'elle nui-
soit au corps. On dînoit à midi. Le repas étoit mauvais et si mince, qu'on ne pouvoit se rassasier. Un
fou, placé vis-à-vis du roi, lui contoit les nouvelles
des gazettes, sur lesquelles il faisoit des commentaires politiques aussi ennuyeux que ridicules. Au sortir de table le prince dormoit dans un fauteuil, placé
à côté de la cheminée ; nous étions tous à l'entour

de lui à le voir ronfler ; son sommeil duroit jusqu'à trois heures, puis il alloit se promener à cheval. J'étois obligée de rester toute l'après-midi chez la reine et de lire devant elle ce que je ne pouvois supporter. Les piquanteries et les mercuriales ne cessoient point. À force d'en entendre j'aurois dû m'y accoutumer, mais ma sensibilité naturelle me les faisoit sentir bien vivement. Je ne voyois presque point le prince, la reine ne le vouloit pas ; le moindre coup d'œil que je lui faisois, étoit un crime qu'il falloit expier par de sanglantes railleries. Le roi revenoit à six et se mettoit à peindre ou plutôt à barbouiller jusqu'à sept ; ensuite il fumoit. La reine jouoit pendant ce temps au tocadille. On soupoit le soir à huit heures chez cette princesse ; la table duroit toujours jusqu'à minuit ; la conversation étoit semblable au sermon de certains prédicateurs, qui sont des remèdes contre l'insomnie. C'étoit la Montbail qui en faisoit les frais et qui nous assommoit avec ses vieux contes et légendes de la cour d'Hannovre que nous savions par cœur. Toutes les différentes situations de ma vie ne m'ont rien paru en comparaison de celle-là ; rien ne m'étoit plus cher que le prince, je le voyois dépérir journellement, sans pouvoir le soigner ni le secourir. J'étois maltraitée de tous côtés, je n'avois pas un sou et je souffrois continuellement. La seule pensée réjouissante qui me restât encore, étoit celle d'une mort prochaine, toujours le dernier secours des malheureux ; j'avois un dégoût continuel ; je ne me suis nourrie deux ans entiers que d'un morceau de pain sec et d'eau toute pure, sans rien prendre hors des repas, mon estomac ne pouvant même supporter le bouillon.

Le roi fut fort affligé en ce temps-ci en apprenant la nouvelle du décès du roi de Pologne. Ce prince avoit rendu l'esprit à Varsovie, où il s'étoit rendu pour assister à la diète. Grumkow l'avoit vu sur la route à Frauenblatt, où il avoit été le complimenter de la part du roi de Prusse. Ils firent une forte débauche ensemble en vin d'Hongrie, ce qui accéléra la fin de ce prince. Le congé qu'il prit de ce ministre, qu'il aimoit beaucoup, fut des plus tendres ; adieu ! mon cher Grumkow, lui dit-il, je ne vous reverrai plus. Quelques jours avant l'arrivée du courrier, Grumkow dit au roi en ma présence et celle de plus de 40 témoins : « Ah ! Sire, je suis au désespoir, le pauvre patron est mort. J'étois cette nuit bien éveillé, tout-à-coup le rideau de mon lit s'est ouvert ; je l'ai vu, il avoit un habit mortuaire ; il m'a regardé fixement ; j'ai voulu me lever, étant fort altéré, mais ce fantôme a disparu. » Il se trouva par hazard que le roi de Pologne décéda la même nuit. Je crois que Grumkow ayant l'esprit frappé des dernières paroles que lui avoit dites ce prince, avoit pris ce songe pour une vérité. Quoi qu'il en soit, cette vision le rendit mélancolique pendant quelque temps, et ce ne fut qu'avec le secours du vin de Hongrie qu'il reprit sa gaieté naturelle.

Cependant le prince héréditaire s'affoiblissant à vue, succomba sous le poids de son mal et n'étoit plus en état de quitter le lit. J'envoyai chercher le chirurgien-major du régiment du roi, qui lui trouva de la fièvre. Il se chargea de faire ses excuses au roi, auquel il exagéra si bien le danger dans lequel il se trouvoit, que ce prince en fut fort effrayé. L'inquiétude que ce récit lui causa l'obligea de venir nous voir. Il parut surpris de trouver en si peu de temps le prince si changé ; la peur qu'il eut de sa mort prochaine lui fit dépêcher sur-le-champ une estafette à Berlin, pour en faire venir les plus fameux médecins. Je vis entrer le jour suivant toute la faculté en procession dans ma chambre. Le prince ne put

s'empêcher de rire en voyant ces doctes personnages, et me demanda, si je voulois le faire recevoir
médecin, ou l'envoyer à l'autre monde ? Après que
cette noble faculté eut examiné toutes les circonstances de son mal, elle conclut, que moyennant du
repos et beaucoup de régime, on pourroit prévenir
l'étisie.

J'étois seule avec Madame de Sonsfeld à Potsdam,
ayant été obligée de laisser le reste de ma suite à
Berlin par ordre du roi. Je ne quittois ni nuit ni jour
le prince, et ne m'absentois qu'un quart d'heure pour
rendre mes devoirs à la reine et au roi. Ce dernier
me faisoit mille caresses et louoit mon assiduité
auprès de mon époux, en disant que toutes les
femmes devoient suivre le bon exemple que je leur
donnois. Je suis très-bien informé, me dit-il une
après-midi que je lui faisois ma cour, de ce qui cause
la maladie de votre mari. Il s'est fâché de quelques
propos que j'ai tenus sur son sujet le jour que je
dînai chez Glasenap, et il s'est fort emporté ici contre
quelques-uns de mes officiers, qui l'ont raillé assez
fortement par mon ordre. J'ai eu tort, mais tout ce
que j'ai fait n'a été que par bonne intention et par
amitié pour vous et pour lui. J'ai voulu le dégourdir,
il faut qu'un jeune homme ait de la vivacité et de
l'étourderie et qu'il ne soit pas toujours comme un
Caton ; mes officiers sont tous propres à le former.

———

La mauvaise humeur de la reine continuoit toujours, elle me cherchoit noise sur tout ce que je

faisois. Lorsque je venois le matin chez elle, elle me
disoit : bonjour ! Madame, mon Dieu ! comme vous
voilà bâtie ; vous êtes coiffée comme une folle, et
toujours ce cou allongé ; je vous l'ai dit déjà cent fois
que je ne puis souffrir votre mauvais air, vous me
ferez enfin perdre patience ! C'étoit le refrain de
tous les jours. Elle vouloit que je fusse habillée à la
mode de Berlin ; on y portoit les cheveux tout plats
sans la moindre frisure ; les miens étoient accommodés à la françoise, le prince héréditaire l'ayant
voulu comme cela, et d'ailleurs on les portoit ainsi
par tout pays, hors à Berlin. J'étois si maigre, que
j'avois peine à me tenir dans mon corps de jupe, et
ayant toujours l'estomac enflé, je souffrois beaucoup
quand je voulois me redresser ; mais tout cela n'étoit
qu'excuses frivoles qu'on n'acceptoit pas.

Les nouvelles que je reçus dans ce temps-là de
Bareith furent bien satisfaisantes. Mlle. de Sonsfeld
me mandoit que la santé du Margrave dépérissoit à
vue. Il étoit allé à Neustat voir son malotru de frère,
dont j'ai fait le portrait ci-dessus. Ce prince venoit
d'épouser une princesse d'Anhalt-Schaumbourg. Le
Margrave fit des dépenses énormes pendant son
séjour de Neustat ; il y passoit les journées entières
à boire et à se divertir. Il fit une terrible chute dans
son ivresse, étant tombé d'un escalier. On l'emporta
à demi mort dans son appartement. Je ne sais s'il se
blessa intérieurement, les médecins qu'il avoit autour
de lui étant si ignorans, qu'on ne pouvoit se fier à
leur rapport. Soit donc la chute ou la boisson, l'une
des deux au moins lui causa une si terrible perte de
sang par les hémorroïdes, qu'on s'attendoit à le voir
expirer. On envoya même chercher un ecclésiastique
pour lui faire la prière et le préparer à la mort, mais
son tempérament le sauva encore pour cette fois et
il se remit, quoique fort lentement.

Tout le monde crioit depuis ce temps après notre retour. Le Margrave le souhaitoit lui-même et m'écrivit, que je devois lui mander de quelle façon il devoit s'y prendre pour nous faire retourner à Bareith. Je montrai sa lettre à quelques personnes dont j'étois sûre qu'ils le rediroient au roi, et leur contai toutes les circonstances que je viens de rapporter. On ne manqua pas d'en avertir le roi. Il ne vouloit pas nous perdre et malgré cela il ne vouloit pas en agir bien avec nous. Cependant il résolut de tâcher de nous regagner, pour nous ôter toute idée de départ. Il me fit mille caresses et me parla avec éloges du prince héréditaire, mais tout cela ne me touchoit plus, j'avois été trop souvent trompée pour être plus long-temps sa dupe. Le roi ne se portoit point bien ; il étoit fort changé de visage et le corps lui enfloit toutes les nuits. Une après-midi qu'il dormoit et que nous étions toutes assises autour de lui, il lui prit une suffocation. Comme il ronfloit toujours extrêmement fort, nous ne nous en aperçûmes pas d'abord. Je fus la première à remarquer qu'il devenoit tout noir et que le visage lui enfloit. Je me mis à crier en le disant à la reine ; elle le poussa plusieurs fois pour le réveiller, mais inutilement. Je courus appeler du monde ; on lui coupa la cravate et nous lui jetâmes tous de l'eau dans le visage, ce qui le fit enfin revenir peu à peu. Il fut fort altéré de cet accident mais tous les médecins qu'il avoit autour de lui pour lui faire leur cour, traitèrent cela en bagatelle, quoique dans le fond il fût fort dangereux et chacun se disoit à l'oreille que c'étoit une goutte remontée, qui pouvoit lui jouer de mauvais tours.

La belle saison qui réjouit et fait revivre la nature ne fut pour nous qu'une nouvelle pénitence ; nous étions obligés d'aller tous les soirs au jardin du roi. Ce prince lui avoit donné le nom de Marli je ne sais

pourquoi. C'étoit un très-beau jardin potager, où le
roi s'étoit fait un plaisir de ramasser toutes des
meilleures sortes de fruits qu'il y ait en Europe ;
mais il n'y avoit pas le moindre agrément à s'y promener, n'y ayant point d'ombre. Nous y allions à
trois heures de l'après-midi pour nous griller à la
fraîcheur de Mr. de Vendôme. On y soupoit à huit
heures très-frugalement et sans se charger l'estomac,
et on se retiroit à neuf heures. Le roi se levait tous
les jours à quatre heures du matin, pour être présent
à l'exercice de son régiment. Cet exercice se faisoit
sous mes fenêtres, et comme je logeois au rez de
chaussée, je ne pouvois fermer les yeux de toute la
nuit, car on tiroit par divisions et par pelotons. Un
soldat, voulant charger trop vite, et n'ayant pas eu
le temps de tirer la baguette de son fusil, le coup
donna dans ma chambre et abattit le miroir de ma
toilette, qui par un hazard sans exemple resta dans
son entier.

Je supportois toutes ces fatigues avec patience, le
retour du prince héréditaire me causoit trop de joie
pour penser à autre chose. Il arriva le 21. de Mai à
Potsdam en compagnie de mon frère. J'eus la satisfaction de lui trouver beaucoup meilleur visage que
lorsqu'il étoit parti, mais sa toux continuoit toujours,
quoiqu'elle fût fort diminuée. Le roi le reçut très-
bien et fut très-content du rapport qu'il lui fit de
son régiment. La Margrave Albertine, sa fille et le
prince de Berenbourg arrivèrent le même soir. Les
noces de ce dernier étoient fixées au lendemain. La
princesse Albertine étoit dans un contentement parfait, et ne faisoit que rire lorsqu'on lui parloit de son
futur. Elle avoit deux dames qui faisoient son écho ;
le prince donnoit le signal par un éclat de rire, ces
deux dames y répondoient et nous trouvions cela
si drôle, que nous en riions aussi, si bien que ce

n'étoient que risées. Le roi qui aimoit à tourmenter la promise, lui disoit maintes gravelures, auxquelles elle ne répondoit qu'en riant et s'attiroit à elle et nous tous de grosses sottises. Je me tuois de lui dire de prendre son sérieux, mais c'étoit peine perdue, et sa joie d'avoir bientôt un si aimable mari étoit trop vive pour la contenir.

Le prince héréditaire et le prince Charles de Brunswick, que le roi avoit aussi invité à la noce, allèrent le lendemain rendre visite au promis, plus pour s'en divertir que par civilité. Il n'y avoit que lui qui ignorât qu'il devoit se marier le soir, ses distractions ou sa courte mémoire le lui avoient fait oublier. Il juroit comme un charretier qu'il n'avoit ni habit ni robe de chambre, et qu'il falloit remettre la noce au lendemain. Cela divertit beaucoup le roi. Le prince héréditaire fut obligé de lui prêter sa robe de chambre. Il en fut si reconnoissant, qu'il lui demanda conseil sur tout ce qu'il devoit faire. Dieu sait en quelles mains charitables il étoit tombé et les conseils qu'il lui donna. Je sais bien que je n'ai rien vu de plus comique que cette noce. Il y eut trois jours de suite bal, où nous nous en donnâmes au cœur joie. Mais cette joie s'évanouit bien vite, car le prince héréditaire fut obligé de retourner à son régiment. Il repartit le 26. de Mai aussi bien que mon frère et toutes les autres principautés.

Le roi avoit été fort charmé du prince héréditaire ; il me dit qu'il le trouvoit fort changé à son avantage. « Ce sera mon gendre favori, ajouta-t-il ; et adressant la parole à la reine : j'aime trop mes enfans, lui dit-il, oui, que le diable m'emporte ! si je ne donne à mon gendre tout l'argent que je lui ai prêté, pourvu qu'il continue à en agir comme il le fait à présent. » Je m'approchai de lui, et lui baisant la main je le remerciai avec les termes les plus tendres, et comme

il me répéta encore une fois ce qu'il venoit de dire à
la reine, je lui répondis, que je serois au désespoir
s'il pouvoit s'imaginer qu'il y eût quelques vues d'intérêt dans notre conduite ; qu'il étoit vrai que nous
avions eu besoin de son secours, mais que nous ne
voulions point lui être à charge, et que, si je savois
que la promesse qu'il venoit de me faire l'incommo-
dât le moins du monde je serais la première à refuser cette grâce. Les larmes lui vinrent aux yeux et
me regardant tendrement : « Non, dit-il, ma chère
fille, je ne me résoudrai jamais à vous laisser partir
d'ici et j'aurai soin de vous tant que je respirerai. »
Je fus touchée de ces dernières paroles, mais elles
m'alarmèrent beaucoup ; je connoissois trop l'inconstance du roi pour me fier à toutes ses belles
paroles. J'y fus pourtant sensible ; je l'aimais tendrement et sans la jalousie que la reine avoit contre
moi, j'aurois pu regagner son cœur ; mais il étoit
impossible qu'on pût être bien auprès de l'un sans
se brouiller avec l'autre. Elle me rendit bien cher ce
moment de douceur que je venois de goûter, et ne
fit que me quereller depuis le matin jusqu'au soir. Je
n'ai jamais pu approfondir une intrigue qu'on avoit
formée contre le prince héréditaire et moi, je ne sais
pas encore qui en étoit l'auteur ; mais je sais bien
qu'en ce temps-là on fit ce que l'on put pour mettre
la désunion entre nous. On venoit me dire pis que
pendre de lui, pendant qu'on lui en disoit autant de
moi. Mais tout cela ne faisoit aucune impression
sur nous, et nous nous avertissions mutuellement de
ces belles menées.

Le roi me dit un jour : « J'ai fait un plan pour votre
établissement ici. Je donnerai une pension à votre
mari, afin qu'il puisse tenir son ménage sans s'incommoder ; il restera à Basewaldt et vous irez le voir
de temps en temps ; car si vous étiez toujours auprès

de lui, il négligeroit le service. » On peut bien juger combien ce beau plan fut de mon goût. Cependant je ne voulus point rompre en visière au roi et lui répondis simplement, que j'encouragerois toujours le prince héréditaire à faire son devoir. Le roi remarqua bien que ses idées ne me plaisoient pas et il changea de discours. Comme il devoit partir avec la reine le 8. de Juin, pour se rendre à Brunswick et y assister aux noces de mon frère, qui devoient y être célébrées, je lui demandai la permission d'aller joindre le prince héréditaire à son régiment. Il me l'accorda d'abord, mais ayant rêvé quelque temps il me dit : cela ne vaut pas la peine de faire ce voyage ; je serai de retour dans huit jours et je le ferai venir alors.

Je fus fort estomaquée de cette réponse ; je craignois Berlin comme le feu ; je m'attendois à y recevoir de nouveaux désagrémens, et la reine y avoit pourvu, ayant défendu à mes sœurs de venir chez moi et ayant fait ordonner la même chose à ses dames. Tout cela me mit le sang si fort en mouvement, que je me trouvai mal le soir et fus obligée de me retirer. Je me mis tout de suite au lit, où je m'endormis de foiblesse et de fatigue. J'avois reposé environ trois heures, lorsque j'entendis un bruit épouvantable dans ma garde-robe. Je m'éveillai en sursaut, et ouvrant mon rideau j'appelai ma bonne et fidèle Mermann, compagne de tous mes chagrins et qui ne me quittoit jamais ; mais j'avois beau m'égosiller, personne ne venoit et le bruit augmentoit. Mais quelle fut ma frayeur quand je vis enfin ouvrir la porte, et qu'à la lueur de la lampe qui brûloit dans ma chambre, j'aperçus une douzaine de grands grenadiers avec leurs moustaches noires, et que je vis étinceler leurs armes. Je me crus pour le coup perdue et qu'on venoit m'arrêter ; je m'exa-

minois déjà, pour savoir quel crime j'avois commis,
sans me trouver coupable de rien. Ma femme de
chambre me tira enfin d'inquiétude ; elle entra dans
ma chambre et me dit, qu'elle n'avoit pu venir plus
tôt, s'étant disputée avec ces gens pour les empêcher
d'entrer ; que le feu étoit au château et qu'il étoit
cause de cette rumeur. Je lui demandai où il brûloit ? Elle biaisa quelque temps ; enfin elle me dit
que c'étoit dans la chambre de mes sœurs, et que
leurs domestiques n'y vouloient laisser entrer personne, disant que c'étoit chez moi. Ma gouvernante
étoit d'abord accourue au premier bruit ; elle amusa
assez long-temps les officiers, pour me donner le
temps de me lever. Ils visitèrent toute ma chambre,
où tout étoit en très-bon ordre et où ils ne trouvèrent pas la moindre apparence de feu. Ils passèrent
ensuite dans celle de mes sœurs, qui logeoient porte
à porte avec moi. Ils la trouvèrent en flammes, leurs
lits étoient déjà à demi consumés et la boiserie de la
chambre étoit tout en feu. À force de bras on l'éteignit et ils allèrent en faire le rapport au roi. Ce
prince étoit fort rigide sur de pareilles choses, et les
domestiques innocens ou coupables étoient chassés
sans rémission.

J'aurois été bien lotie si cet accident étoit arrivé
chez moi. À la première alarme on avoit déjà eu la
bonté de dire au roi que c'étoit dans ma chambre,
et il en avoit fait beaucoup de bruit ; dès qu'il sut que
c'étoit dans celle de mes sœurs il se rapaisa. Celles-
ci vinrent tout effrayées chez moi et crioient miséricorde, ne sachant où coucher. J'offris mon lit à ma
sœur Charlotte, les deux autres s'accommodèrent
de celui du prince héréditaire et la Montbail fut
obligée de se contenter d'un lit de repos, ce qui la
fit grogner non entre ses dents, car il y avoit belle
saison qu'elle les avoit perdues, et il ne lui en restoit

plus qu'une, sur laquelle elle jouoit de l'épinette. Je crus que dans son désespoir cette dernière relique mâchelière nous sauteroit à la tête, car elle ne pouvoit se consoler de n'avoir point de lit de plume, pour y dorloter sa vieille carcasse décharnée. Ma sœur s'endormit tout de suite, mais n'étant pas accoutumée à coucher à deux, elle me donnoit des coups en dormant pour se faire place, qui me réveilloient en sursaut à demi-endormie ; je lui en rendois ; nous nous mettions à rire et à peine avions-nous fermé les yeux que cette bataille recommençoit. Mes deux sœurs cadettes faisoient le même ménage de leur côté. Voyant enfin que nous ne pouvions avoir de repos, nous appelâmes nos gens et nous fîmes donner le déjeûner. La Montbail voulut en faire l'ornement ; elle vint nous apparoître comme le soleil levant, tout son déshabillé étant jonquille aussi bien que son visage. Elle nous chanta ses doléances sur l'incommodité qu'elle avoit soufferte toute la nuit, ayant été si mal couchée, et se plaignant que toutes ses côtes lui faisoient mal. J'eus une joie maligne de cette petite mortification qu'elle venoit d'essuyer, elle m'en procuroit tous les jours par douzaine, animant la reine et ma sœur Charlotte contre moi. Cette dernière obtint avec beaucoup de peine la grâce de ses domestiques du roi. Ce prince me dit, que j'avois été bien bonne de m'incommoder ainsi toute la nuit pour accommoder mes sœurs. Nous lui contâmes nos aventures nocturnes, qui le firent rire de bon cœur. Il devoit partir le jour suivant avec la reine. Cette princesse étoit dans une noire mélancolie ; elle étoit changée de visage que cela faisoit peine à voir, mais sa mauvaise humeur empêchoit qu'on en pût avoir compassion, car elle devenoit quasi aussi méchante que le roi, et personne ne pouvoit durer avec elle, pas même ma sœur. Mon frère arriva le soir. Il fut de très-bonne humeur avec moi, mais dès que quelqu'un le regardoit, il faisoit la moue et affectoit d'être triste. Nous nous séparâmes tous le lendemain et j'allai à Berlin avec mes sœurs.

Le roi nous avoit ordonné d'aller tous les soirs à la comédie allemande, de quoi nous enragions de bon cœur. Les princesses du sang qui étoient toujours fort de mes amies, y venoient par complaisance pour moi et je m'entretenois avec elles sans prendre garde au spectacle, qui étoit la plus pitoyable chose du monde. La Margrave Philippe m'invita plusieurs fois à souper. Je me divertissois fort bien auprès d'elle ; nous y avions une petite coterie de gens d'esprit, qui rendoit nos soupers fort agréables. J'évitai de hanter tant qu'il m'étoit possible tous ceux que je connoissois propres à me chagriner, ce qui me fit passer mon temps assez paisiblement à Berlin.

Sastot, chambellan de la reine, venoit souper chez moi. Quoiqu'il fût intime avec Grumkow, il étoit fort honnête homme et m'étoit fort attaché. Il n'avoit pas un grand génie, mais il avoit beaucoup de bon sens. Je lui faisois part de tous mes chagrins et de la résolution que j'avois prise, de m'en retourner à Bareith, à quelque prix que ce fût, après la revue du régiment du prince héréditaire. Il me conta là-dessus que Grumkow l'avoit chargé de me dire, qu'il avoit reçu, il y avoit quelque temps, une lettre du prince héréditaire, qui lui avoit marqué avoir les mêmes intentions que moi et sembloit même vouloir se défaire de son régiment prussien ; que lui, Grumkow, en avoit fait la confidence au roi et lui avoit représenté combien nous étions mécontents de sa façon d'agir envers nous ; que le roi avoit été fort surpris, et qu'après avoir rêvé quelque temps il lui avoit dit : je ne puis me résoudre à laisser partir ma fille et mon gendre, je lui donnerai vingt mille écus de pension

après la revue, à condition qu'il reste à son régiment ;
et pour ma fille, elle restera auprès de sa mère et
pourra l'aller voir de temps en temps ; que Grumkow
ne sachant point nos intentions, n'avoit rien voulu
répondre là-dessus, mais qu'il me prioit de lui faire
savoir ce qu'il devoit faire. Je chargeai Sastot d'un
compliment très-obligeant pour ce ministre, et le fis
prier instamment de faire en sorte que nous pussions partir ; que ma santé étoit ruinée ; que j'étois
accablée de fatigues et de chagrins, et que je ne
voulois pas vivre séparée du prince héréditaire ;
qu'il ne nous convenoit ni à l'un ni à l'autre d'aller
nous ensevelir dans une garnison ; que le Margrave
baissoit à vue d'œil et que notre présence étoit nécessaire à Bareith.

Sastot vint le lendemain m'apporter sa réponse. Il
me faisoit assurer, qu'il emploiroit tous ses efforts
pour nous faire partir, mais qu'il étoit nécessaire que
le Margrave fît des démarches pour cela, et qu'il falloit commencer par prévenir le roi sur la maladie
de ce prince. Il me fit dire aussi, que les États du
pays de Clèves avoient envoyé, il y avoit quelque
temps, des députés au roi, pour le supplier de me
nommer gouvernante de leur province, s'offrant
de m'entretenir à leurs dépens et sans qu'il en cou-
tât une obole au roi ; mais que ce prince les avoit
renvoyés avec une forte mercuriale, et leur avoit
défendu sous peine de punition de ne jamais revenir lui faire de pareilles propositions. Je fus très-
fâchée du chagrin que ces bonnes gens s'étoient
attiré pour l'amour de moi. Je n'avois pas eu la
moindre idée de la démarche qu'ils avoient faite,
sans quoi je l'aurois empêchée pouvant bien prévoir
que le roi la refuseroit.

J'étois dans l'impatience de recevoir des nouvelles
de Brunswick, et de savoir les particularités qui s'y

passoient. Mon frère eut l'attention pour moi de m'en faire informer ; il m'envoya Mr. de Kaiserling, son favori, dans ce temps-là. Il me dit, que mon frère étoit fort content de son sort, qu'il avoit très-bien joué son personnage le jour de ses noces, qui avoient été célébrées le 12. de Juin, ayant affecté d'être d'une humeur épouvantable et ayant beaucoup grondé ses domestiques en présence du roi ; que le roi l'en avoit plusieurs fois repris et avoit paru fort rêveur ; que la reine étoit enthousiasmée de la cour de Brunswick, mais qu'elle ne pouvoit souffrir la princesse royale et qu'elle avoit traité les deux duchesses comme des chiens ; que la duchesse régnante avoit voulu s'en plaindre au roi et qu'on l'en avoit empêchée avec beaucoup de peine. Je reçus aussi le soir une lettre de main propre du roi ; elle étoit des plus obligeantes. Ce prince m'ordonnoit de me rendre le jour suivant à Potsdam avec mes sœurs, et m'assuroit, que j'y reverrois bientôt le prince héréditaire. Ce dernier article me causa une joie sans égale, et je partis gaiement pour Potsdam.

Le roi y arriva avant la reine. Il me témoigna mille bontés. Il me dit, qu'il étoit charmé de sa belle-fille, que je devois lier amitié avec elle ; qu'elle étoit une bonne enfant, mais qu'il falloit encore l'élever. Vous serez bien mal logée, continua-t-il, je ne puis vous donner que deux chambres ; vous vous y accommoderez avec votre Margrave, votre sœur et toute votre suite. La reine qui arriva dans ces entrefaites, rompit la conversation. Elle me fit assez bon accueil et dit à ma sœur en l'embrassant : je vous félicite, ma chère Lottine, vous serez fort heureuse, vous aurez une cour magnifique et tous les plaisirs que vous pourrez souhaiter. Elle me conta ensuite, que mon frère ne pouvoit pas souffrir la princesse royale et que le mariage n'étoit point consommé ; qu'elle étoit plus bête que jamais, malgré les soins que Madame Katch, sa grande gouvernante, se donnoit pour la morigéner. Elle vous plaira au premier coup-d'œil, me dit-elle, car son visage est charmant, mais elle n'est pas supportable quand on la voit plus d'un moment. Elle se mit à rire ensuite de la belle ordonnance que le roi avoit faite pour nous loger, et nous demanda comment nous ferions ? Ma sœur lui répondit, que le roi avoit beau ordonner, et qu'il étoit impossible que nous pussions nous accommoder ensemble. En effet je crois que jamais personne ne se seroit avisé de pareille chose. Les deux chambres qu'on nous destinoit n'avoient point de dégagement et l'une étoit un petit cabinet. Nous allâmes, ma sœur et moi, faire nos petits arrangemens ; je lui laissai le cabinet pour elle et sa femme de chambre, et à force de paravens je fis tout un appartement de ma chambre ; nous y étions dix personnes, compté le prince héréditaire et nos domestiques. Ma gouvernante qui se trouvoit depuis quelque temps fort incommodée, tomba tout d'un coup malade d'une inflammation à la gorge, accompagnée d'une grosse fièvre. Je fus fort alarmée de son mal d'autant plus que je n'avois personne autour de moi.

J'attendois le prince héréditaire le surlendemain, et la princesse royale ; le duc, la duchesse de Brunswick et le duc et la duchesse de Bevern avec leur fils devoient arriver le 22. de Juin. La reine m'avoit fait un terrible portrait de celle de Brunswick. Cette princesse étoit mère de l'Impératrice et prétendoit en cette qualité des honneurs et des distinctions qu'elle n'étoit pas en droit d'exiger. Elle étoit d'une hauteur insupportable et avoit voulu prétendre le pas devant la princesse royale. La reine me dit, que si je prenois mes mesures d'avance, j'aurois beaucoup de tracasseries avec elle.

Je me trouvai fort embarrassée. Le roi vivoit comme un gentilhomme campagnard et ne vouloit pas qu'il y eût une ombre de cérémonie chez lui. Il traitoit mes sœurs comme filles de la maison et vouloit qu'elles en fissent les honneurs, ne pouvant souffrir les disputes de rang ; elles cédoient à toutes les princesses étrangères qui venoient à Berlin. Je savois que c'étoit une corde fort difficile à toucher et qui pouvoit me causer beaucoup de chagrin, mais je savois aussi que si je perdois une fois mes prérogatives comme fille de roi, je ne les rattraperois jamais. Après bien des réflexions je me résolus de risquer le paquet et d'en parler au roi. La reine promit de m'appuyer de toutes ses forces.

Cette princesse avec mes frères et sœurs lui souhaitoient toujours le bonsoir, et restoient auprès de lui jusqu'à ce qu'il se fût endormi. Je m'étois dispensée de cette étiquette depuis que j'étois mariée, mais comme le roi étoit ordinairement de bonne humeur le soir, je me proposai de prendre ce temps pour lui parler. Dès qu'il me vit il me dit : ah ! venez-vous me voir aussi ? Je lui dis, que je venois de recevoir une lettre du prince héréditaire, qui l'assuroit de ses respects et qu'il m'avoit chargée de m'informer de ses ordres, pour savoir s'il devoit se rendre à Potsdam ou à Berlin. Il me dit : je vais demain à Berlin, mandez-lui qu'il s'y trouve ; je vous l'amènerai demain au soir. Je suis très-content de lui, ajouta-t-il, il a mis son régiment dans le plus bel ordre du monde, et je sais qu'il ne se donne de repos ni nuit ni jour pour le bien discipliner. Ce début me donna un peu de courage. Je tournai insensiblement la conversation sur les principautés de Brunswick, et je demandai enfin au roi comment je devois me comporter avec eux, puisque je ne voulois rien faire sans ses ordres, et que je savois que la duchesse de

Brunswick me disputeroit la préséance. Le roi me répondit : cela seroit bien ridicule, elle n'en fera rien. Point du tout, dit la reine, elle l'a prétendu sur la princesse royale et je lui ai donné une bonne mercuriale de cette affaire-là. C'est une vieille folle, lui dit le roi, mais il faut pourtant la ménager, puisqu'elle est mère de l'Impératrice ; et m'adressant la parole : vous n'irez point lui rendre visite, continua-t-il, avant qu'elle ne soit venue chez vous, et vous passerez partout devant elle ; mais je ferai tirer tous les jours aux billets, pour qu'elle ne soit pas tout-à-fait indisposée. Je fus très-charmée de m'être tirée si heureusement de ce mauvais pas et me retirai.

J'eus enfin le plaisir de recevoir le jour suivant le prince héréditaire, ce qui fit disparoître tous mes chagrins. Il me conta que son oncle, le prince de Culmbach[1], arriveroit dans quelques jours. Le roi l'avoit invité à venir à Berlin, et je me réjouissois fort de le revoir, espérant qu'il nous aideroit à sortir d'esclavage par le crédit qu'il avoit sur l'esprit de mon père.

Cependant toute la cour de Brunswick arriva le lendemain le 24. de Juin. Le roi accompagné de mon frère, du prince héréditaire et d'une grande suite de généraux et d'officiers alla au devant de la princesse royale à cheval. La reine, mes sœurs et moi nous la reçûmes sur le perron. Je ferai son portrait ici telle qu'elle étoit alors, car elle a bien changé depuis.

La princesse royale est grande ; sa taille n'est point fine ; elle avance le corps, ce qui lui donne très-mauvaise grâce ; elle est d'une blancheur éblouissante et cette blancheur est relevée des couleurs les plus vives, ses yeux sont d'un bleu pâle et ne promettent pas beaucoup d'esprit ; sa bouche est petite ; tous ses traits sont mignons sans être beaux, et tout l'ensemble de son visage est si charmant et si enfantin, qu'on croiroit que cette tête appartient à un enfant de douze ans ; ses cheveux sont blonds et bouclés naturellement ; mais toutes ses beautés sont défigurées par ses dents, qui sont noires et mal rangées ; elle n'avoit ni manières ni la moindre petite façon ; beaucoup de difficulté à parler et à se faire entendre, et l'on étoit obligé de deviner ce qu'elle vouloit dire, ce qui étoit fort embarrassant.

Le roi la conduisit, après qu'elle nous eût toutes saluées, dans l'appartement de la reine, et voyant qu'elle étoit fort échauffée et dépoudrée, il dit à mon frère de la conduire chez elle. Je l'y suivis. Mon frère lui dit en me présentant à elle : voilà une sœur que j'adore et à laquelle j'ai toutes les obligations imaginables ; elle a eu la bonté de me promettre d'avoir soin de vous et de vous assister de ses bons conseils ; je veux que vous la respectiez plus que le roi et la reine, et que vous ne fassiez pas la moindre démarche sans son avis, entendez-vous ? J'embrassai la princesse royale et lui fis toutes les assurances possibles de mon attachement, mais elle resta comme une statue sans nous dire un mot. Ses gens n'étant pas encore arrivés, je la repoudrai moi-même et raccommodai un peu son ajustement, sans qu'elle m'en remerciât, ne répondant rien à toutes les caresses que je lui faisois. Mon frère s'en inquiéta à la fin et dit tout haut : peste soit de la bête ! remerciez donc ma sœur. Elle me fit enfin une révérence sur le modèle de celle d'Agnès dans l'École des femmes. Je la reconduisis chez la reine, fort peu édifiée de son esprit.

J'y trouvai les deux duchesses. Celle de Brunswick pouvoit avoir 50 ans, mais elle étoit si bien conservée, qu'elle paroissoit n'en avoir que 40. Cette princesse a beaucoup d'esprit et de monde, mais il règne un certain air de coquetterie dans tout son maintien,

qui dénote assez qu'elle n'a pas été une Lucrèce.
Mr. de Stocken étoit son amant dans ce temps-là. Il
est mal aisé de comprendre comment une princesse
de tant d'esprit avoit pu si mal placer ses inclinations, car je n'ai rien vu de plus maussade et de plus
insupportable que ce Monsieur-là. Le duc, son
époux, ne l'étoit pas moins ; les plaisirs de Cythère
lui avoient coûté cher, ce prince n'avoit point de nez.
Mon frère pour badiner disoit, qu'il l'avoit perdu
dans une bataille contre les François. Ce prince joignoit à plusieurs autres belles qualités celle d'être
excellent mari. Il n'ignoroit pas la conduite de la
duchesse son épouse, mais il la souffroit patiemment
et avoit pour elle tous les égards et la tendresse
imaginables. On dit qu'elle le maîtrisoit au point
qu'il étoit obligé de lui faire des présens très-considérables toutes les fois qu'il venoit coucher avec
elle. Sa fille, la duchesse de Bevern et moi nous
fûmes charmées de nous revoir ; j'étois intimement
liée avec elle et son époux, comme on l'aura vu ci-
dessus. Nous tirâmes aux billets et on se mit à une
grande table de 40 couverts. Le roi nous régala de
la musique des janissaires, composée de plus de
50 nègres. Leurs instrumens consistoient en de longues trompettes, de petites timbales et des plaques
d'un certain métal qu'ils frappoient l'une contre
l'autre ; tout cela ensemble faisoit un bruit épouvantable. Au sortir de table nous prîmes le café
chez la reine, et le roi nous mena ensuite à la verre-
rie. La princesse royale ne me quittoit pas d'un pas,
mais je n'avois pas pu réussir encore à la faire parler. Le roi nous fit à tous des présens. On retourna
chez la reine, où on joua le soir.

Le lendemain, le 25. de Juin, nous allâmes tous à
six heures du matin à la revue du régiment du roi.
Nous retournâmes à midi en ville, où on se mit

d'abord à table. Le roi partit l'après-dîner avec le prince héréditaire et mon frère pour se rendre à Berlin, et nous autres principautés femelles nous nous rendîmes à Charlottenbourg. La reine se mit en carrosse avec les deux duchesses et le vieux duc de Brunswick ; la princesse royale, ma sœur et moi nous fûmes placées dans le second carrosse. La chaleur étoit excessive et la poussière nous incommodoit beaucoup. La princesse royale se trouva mal et ne fit que rendre pendant tout le chemin. Cela causa une grande joie à tout le monde hors à la reine, car on espéroit que ces maux de cœur provenoient d'une bonne cause.

Nous arrivâmes enfin à huit heures du soir à Charlottenbourg, où je fus charmée de trouver mes dames. La princesse royale alla se coucher et nous nous mîmes à table. Mr. de Eversmann qui avoit eu le soin de régler les logemens, eut la bonté de l'accommoder de façon que j'étois obligée de traverser la cour du château à pied pour aller chez la reine. Je fus fort piquée de cette espèce d'avanie, car on avoit logé toutes les dames des duchesses dans les premiers appartements et on m'avoit donné le plus simple de tous. La reine avoit été d'une humeur plus supportable envers moi depuis son retour de Brunswick, mais ses mauvaises façons recommencèrent ; elle me dit mille piquanteries tant que dura le souper et me regarda du haut en bas.

Le jour suivant la duchesse de Brunswick vint me rendre sa première visite, en me faisant beaucoup d'excuses de ne me l'avoir pas faite plus tôt. Nous allâmes toutes ensemble chez la reine. Cette princesse nous dit, qu'elle ne vouloit manger qu'une fois ce jour-là ; qu'il falloit toutes nous retirer de bonne heure, pour pouvoir être en état d'être prêtes le jour suivant pour l'entrée de la princesse royale. Elle

nous fit venir les violons et on dansa toute l'après-
midi jusqu'à dix heures du soir. Je me flattois, mais
inutilement, que le prince héréditaire viendroit nous
surprendre, mais le roi n'avoit jamais voulu lui en
accorder la permission. Il étoit resté à Berlin à s'ennuyer, et quoiqu'il eût l'habitude de souper, le roi
n'avoit pas eu la considération de lui faire apprê-
ter la moindre chose, et on lui avoit même refusé
jusqu'au beurre et au fromage. Notre bal ne fut
donc guère animé ; j'en étois la spectatrice, ne pouvant danser à cause de mon extrême foiblesse. La
reine congédia toutes les principautés à 9 heures,
et entra dans sa chambre à coucher. Elle nous
demanda, à ma sœur et à moi, si nous voulions souper ? Je lui répondis, que je n'avois pas faim et que
j'irois me coucher, si elle me le permettoit. Elle me
regarda de travers sans me dire mot. Nous avions
ordre d'être prêtes à 3 heures du matin, pour assister à la grande revue ; nous devions toutes être
parées de notre mieux, et il n'y avoit pas beaucoup
de temps pour dormir. Je priai Madame de Kamken
de me procurer mon congé, étant harassée de fatigue, mais elle me conseilla de rester, la reine voulant
souper. Je restai donc et nous nous mîmes à table
toutes les quatre. La reine ne fit que se déchaîner
contre toute la maison de Brunswick et contre moi ;
il n'y eut point d'invectives qu'elle ne dît contre la
princesse royale et contre sa mère ; ma sœur faisoit
son écho et n'épargnoit pas même le prince Charles.
Ce beau repas dura jusqu'à minuit ; la fin couronna
l'œuvre. Nous sommes toutes des étourdies ! s'écria
la reine tout d'un coup, en jetant les yeux sur moi ;
nous parlons ici trop librement devant des gens suspects, et toute la clique sera informée dès demain de
notre conversation ; je connois les espions qui sont
autour de moi et qui font amitié avec mes ennemis,

mais je saurai les faire rentrer dans leur devoir.
Bonsoir ! Madame, continua-t-elle en m'adressant
la parole, ne manquez pas d'être prête à 3 heures,
car je ne suis pas d'humeur à vous attendre. Je me
retirai sans dire mot. J'étois outrée de tout ce que
j'avois entendu, et je comprenois fort bien que ces
gens suspects et ces espions n'étoient que ma petite
personne.

Je me retirai dans ma chambre, où je trouvai ma
bonne gouvernante qui commençoit à se rétablir
avec sa nièce, la Marwitz. Je leur fis part de l'agréable soirée que je venois de passer. Je pleurois à chaudes larmes ; je voulus faire la malade et rester dans
ma chambre, mais elles trouvèrent moyen de me
tranquilliser et de m'en empêcher. Il étoit si tard,
que je n'eus que le temps de m'habiller et j'arrivai
avant 3 heures toute parée dans l'appartement de la
reine. On peut bien juger que j'y avois l'entrée libre,
elle me fut pourtant refusée cette fois ; la Ramen
avec son air de suffisance m'arrêta à la porte de la
chambre. Eh mon Dieu ! Madame, me dit-elle, c'est
vous ? quoi, déjà toute prête ? la reine ne fait que
s'éveiller et elle m'a ordonné de ne laisser entrer personne ; je vous avertirai quand il sera temps de
venir. J'allai en attendant me promener dans la
galerie avec mes dames. Les deux duchesses s'y rendirent un moment après. Celle de Bevern me regardant tendrement me dit : vous avez du chagrin,
vous avez sûrement pleuré. Cela est vrai, lui dis-je,
et j'espère qu'on sera bientôt content, et que la mort
me délivrera de mes peines, car je ne puis quasi me
traîner et je sens que mes forces diminuent journellement. Vous avez de l'ascendant sur Sekendorff et
vous en avez sur le roi, tirez-moi d'ici, pour l'amour
de Dieu ! et faites en sorte qu'on me laisse mourir
en paix à Bareith. Je ferai tout mon possible pour

vous contenter, Madame, me répondit ma bonne
duchesse ; quoique vous ne vous expliquiez pas avec
moi, je sais tout ce qui s'est passé hier au soir, et je
veux bien vous nommer mon auteur, c'est la princesse Charlotte. Je fus frappée de ce qu'elle me
disoit. Vous êtes surprise, continua-t-elle, mais je
ne le suis pas ; j'aurai une belle-fille qui nous donnera du fil à retordre, mon fils la connoît aussi bien
que moi, mais il saura la ranger. La reine nous interrompit ; elle entra dans la chambre, accompagnée
de ma sœur et de la princesse royale, auxquelles elle
n'avoit pas fait refuser sa porte comme à moi. Après
avoir salué les duchesses, elle me dit en me regardant du haut en bas : vous avez dormi longtemps,
Madame, je crois que vous pourriez bien être éveillée
quand je le suis. Je suis depuis 3 heures ici, lui dis-
je, la Ramen le sait et n'a pas voulu me laisser entrer.
Elle a fort bien fait, dit-elle, vous êtes mieux à votre
place avec les duchesses qu'avec moi. En même
temps elle se mit dans une espèce de petit char avec
la princesse royale. Je montai dans un carrosse de
parade avec ma sœur, les deux duchesses dans un
autre et tous les princes et Messieurs de la cour
montèrent à cheval.

Nous fûmes une bonne heure en chemin pour
arriver au rendez-vous. Il faisoit une chaleur excessive. On avoit fait tendre une douzaine de tentes de
simple toile, qui pouvoient contenir cinq personnes
chacune. Ces tentes étoient destinées pour la reine,
les princesses et toutes les dames de la ville et de
la cour. Plus de 80 carrosses, remplis de dames, se
mirent à notre suite. Tous les équipages étoient
magnifiques et tout le monde s'étoit réuni pour briller
ce jour-là. Nous passâmes toutes dans cet ordre
devant les troupes, au nombre de 22,000 hommes,
qui étoient rangés en bataille. Le roi étoit à l'entrée

de la tente préparée pour la reine. Il nous y fourra toutes de façon qu'il y avoit toujours quatre de nous qui étoient debout, pendant que les autres étoient couchées à terre ou assises. Le soleil nous dardoit à travers cette fine toile et nous succombions sous la pesanteur de nos habits. Ajoutez à cela qu'il n'y avoit pas le moindre rafraîchissement. Je me couchai à terre au fond de la tente ; les autres qui étoient toutes devant moi me garantissant un peu du soleil. Je restai dans cette attitude depuis 5 heures du matin jusqu'à 3 heures de l'après-midi, où nous nous remîmes toutes en carrosse. Nous allions pas à pas, de façon que nous ne débarquâmes qu'à 5 heures du soir au château, sans avoir pu prendre une goutte d'eau.

Nous nous mîmes tout de suite à table avec tous les princes. Le roi vint à la fin du repas. Il étoit de fort bonne humeur et un peu gris, ayant traité tous les généraux et colonels de l'armée. Nous nous levâmes de table à 9 heures, et après avoir pris le café, nous nous mîmes en carrosse dans le même ordre qu'à l'entrée et allâmes conduire la princesse à son palais. Nous y restâmes jusqu'à 11 heures, après quoi chacun se retira.

Nous eûmes toutes ordre de la reine d'être habillées à 8 heures du matin, devant aller avec le roi à la dédicace de l'église St. Pierre. Je ne pus être de cette partie, ayant été malade à mourir toute la nuit, et me trouvant encore si mal le matin, que je ne pouvois me remuer. J'envoyai faire mes excuses à la reine. Elle m'envoya la Ramen pour me dire, que je devois sortir à quelque prix que ce fût ; que j'étois toujours malade imaginaire et qu'elle n'acceptoit point d'excuses. Je dis à cette femme, qu'elle pouvoit assurer la reine que j'étois réellement malade et hors d'état de quitter le lit ; que je ferois faire mes excuses au roi, et que j'étois persuadée qu'il ne trouveroit point mauvais que je restasse dans ma chambre. J'envoyai pourtant la Grumkow chez la reine. Cette fille étoit hardie et avoit la langue bien pendue. La reine avoit des égards pour elle à cause de son oncle. Je lui fis la leçon. Dès que la reine la vit elle lui dit : bonjour ! Grumkow, eh bien ! ma fille a ses caprices aujourd'hui ; elle ne veut pas sortir et se donner des airs de rester dans sa chambre et de prendre ses aises, pendant que moi, qui suis plus qu'elle, suis obligée de me fatiguer. Madame (c'est la Grumkow qui parle), Votre Majesté lui fait tort ; Son Altesse royale est déjà incommodée depuis longtemps, sa santé est fort dérangée, elle n'est pas en état de supporter les fatigues, elle a été fort mal cette nuit et je ne sais si elle sera en état de faire demain sa cour à Votre Majesté. Demain, dit la reine, demain ! je crois que vous rêvez ; il faut savoir se contraindre dans ce monde, il faut qu'elle sorte, et dites-lui de ma part que je le lui ordonne. Ma foi ! Madame, dit la Grumkow, je n'en ferai rien ; Madame la Margrave fera fort bien de retourner le plus tôt qu'elle pourra à Bareith, où elle pourra prendre ses aises et ses commodités, et où elle ne sera pas traitée comme ici. La reine fut un peu décontenancée de cette réponse hardie, à laquelle elle ne répondit rien. J'avois fait faire mes excuses au roi. Il envoya d'abord demander de mes nouvelles et me fit dire, que je devois ménager ma santé et faire en sorte que je ne fusse pas malade aux noces de ma sœur. En se mettant à table, il s'informa encore de moi auprès du prince héréditaire. Tout le monde lui dit que j'étois dans une très-mauvaise peau. La duchesse de Bevern appuya fort là-dessus et lui dit, que si je ne me servois d'une cure, je courois risque de voyager bientôt à l'autre monde. Il en parut touché, mais la reine crevoit de dépit de voir que tout le monde lui donnoit le tort. Je sortis le jour suivant. La reine ne me dit rien, mais elle boudoit avec moi. Le soir il y eut comédie allemande.

Le prince de Culmbach, qui m'avoit rendu visite dès mon arrivée à Berlin, étoit fort mécontent de la réception que le roi lui avoit faite. J'avois fait ce que j'avois pu pour l'apaiser. Le roi l'avoit invité à venir à Berlin, et il s'étoit attendu à y être bien reçu. Je lui promis de faire tous mes efforts pour lui procurer plus d'agrémens, mais je comptois sans mon hôte. On continuoit de tirer le midi et le soir aux billets ; tous les princes et les princesses, tant du sang qu'étrangers se rendoient le matin chez la reine, et dînoient avec le roi sans y être invités. Le prince de Culmbach s'y trouva le jour suivant comme les autres. Mr. de Schlippenbach qui faisoit les fonctions de grand-Maréchal, vint lui dire d'un air fort piteux, qu'il étoit au désespoir de se voir obligé de l'informer que le roi lui avoit défendu de l'inviter à table et de ne lui point donner de billet ; qu'il aimoit mieux l'en avertir d'avance, afin qu'il pût prendre ses mesures là-dessus. Le prince de Culmbach outré de colère de l'affront qu'on lui faisoit, vint s'en plaindre à ma gouvernante, qui vint aussitôt me le dire. Je fus au désespoir de tout cela ; outre l'estime que j'avois pour le prince de Culmbach, l'avanie qu'on lui faisoit retomboit sur nous. Il n'étoit pourtant pas temps de faire des plaintes et des représentations, le pauvre prince fut donc obligé de se retirer sans manger. Il s'assit dans mon antichambre, où je le trouvai. Il étoit piqué au vif ; le prince héréditaire l'étoit aussi ; ils vouloient partir sur-le-champ l'un et l'autre, et j'eus bien de la peine à les apaiser. Je promis au prince de Culmbach de lui faire avoir satisfaction. Le général Marwitz étoit à Berlin. Je l'envoyai chercher et le chargeai de raccommoder cette affaire. Il en parla si fortement au roi, qu'il fit faire le lendemain des excuses au prince de Culmbach sur ce qu'il étoit arrivé un malentendu.

Tout l'amusement qu'on donnoit à toutes ces principautés étrangères étoit la comédie allemande, où tout le monde s'endormoit d'ennui. La duchesse de Bevern, le prince héréditaire, le prince Charles et moi, nous nous y placions toujours de façon, que le roi ni la reine ne pouvoient nous voir, et nous causions ensemble. J'allois toujours à ce chien de spectacle avec la duchesse de Brunswick. Elle ne vouloit point se mettre en carrosse avec la reine, ne voulant pas céder le pas à la princesse royale. Elle affectoit tous les jours de prendre les devants, pour entrer en carrosse avant moi et se mettre à la droite. Je ne suis ni hautaine ni tracassière, mais je veux que chacun me rende ce qui m'est dû, et lorsque je vois qu'on y manque, je sais me mettre sur mon quant à moi aussi bien qu'un autre. J'avois eu la patience de ne faire semblant de rien les premiers jours, mais je la perdis à la fin et je pris si bien mon temps, que je passai la première et me mis à la droite. De ma vie je n'ai vu une femme dans une pareille fureur. Elle devint cramoisie et elle eut besoin de toute sa raison pour ne pas m'arracher les yeux ; elle étoit toute bouffie de colère. Enfin après avoir ravalé plusieurs fois quelque impertinence qu'elle vouloit me dire, je ne suis point sur mon rang, me dit-elle, c'est le moindre de mes soucis. Ni moi non plus, Madame, lui dis-je et je trouve en effet qu'il n'y a rien de plus ridicule que de vouloir s'attribuer des prérogatives qui ne nous appartiennent pas, et encore plus ridicule de ne pas maintenir celles qu'on a. En disant cela je portai la main à ma coiffure, car je craignois fort qu'elle ne la fît voler ; mais heureusement le carrosse arrêta et elle en sortit en grognant entre ses dents.

Je contai cette scène en arrivant à la reine. Elle oublia sa bouderie, tant cette conversation la divertit ; elle approuva fort mon procédé et me promit de la faire bien enrager le soir. Cette princesse étoit détestée de tout le monde par sa hauteur. De peur que les dames qui alloient chez elle ne s'assissent dans sa chambre, elle en avoit fait ôter tous les sièges, ce qui ne se faisoit jamais chez la reine, où il étoit permis à chacun de s'asseoir dans la première antichambre. Les dames de la cour et de la ville en furent si choquées, qu'elles ne voulurent plus remettre le pied chez elle. Elle se donna encore un nouveau ridicule dans une aventure qui arriva quelques jours après.

Nous étions tous à la comédie. Ce spectacle se donnoit dans un endroit où avoit été autrefois le manège. Il n'y avoit que deux issues ; celle par laquelle nous y venions étoit par l'écurie, qu'il falloit traverser et d'où on entroit dans un petit corridor si étroit, qu'à peine une personne pouvoit y passer. Le roi se plaçoit à côté de la porte, de façon que nous passions tous en revue devant lui. Je me mettois toujours à l'autre bout du banc avec ma petite coterie que j'ai déjà nommée. À peine la pièce eut-elle commencé, qu'il s'éleva un orage épouvantable. Les éclairs donnoient de toutes parts et il sembloit que le théâtre fût en feu ; un coup de tonnerre qui fit un bruit affreux, succéda à ces éclairs. Il n'y eut personne qui ne fit le plongeon, croyant que la foudre avoit donné au milieu du théâtre. Un moment après nous entendîmes des cris terribles, et on vint avertir le roi que la foudre étoit tombée dans l'écurie. Ce prince étant près de la porte, sortit aussitôt avec la reine et la princesse royale. Mais à peine furent-ils dehors,

que chacun se précipita dans ce corridor, de façon
que mes sœurs, la duchesse de Bevern, le prince
héréditaire, le prince Charles et moi ne pûmes sortir. La vieille duchesse de Brunswick faisoit tous ses
efforts pour se sauver, mais inutilement. Nous
attendîmes long-temps, dans l'espérance que la foule
se dissiperoit, mais commençant à craindre pour
notre vie nous résolûmes de faire un généreux effort
pour passer. Le prince héréditaire et Charles nous
frayèrent le chemin à grands coups de poings. Il
pleuvoit si fort que l'eau tomboit du ciel comme un
déluge. Je montai en carrosse avec mes trois sœurs
et la duchesse de Bevern. Celle de Brunswick, par
les soins des deux princes et de son cher Mr. Stoeken
s'étoit dépêtrée de la foule et nous suivoit ; elle se
mit en carrosse avec le duc, son époux. Les deux
princes voulurent s'y mettre, mais elle eut l'effronterie de leur dire, qu'ils étoient encore de jeunes gens,
que la pluie ne leur feroit aucun mal et qu'il falloit
que Mr. Stoeken fût dans son carrosse. Les deux
princes ne lui pardonnèrent pas ce tour-là, et firent
des railleries piquantes sur son compte, qui donnèrent à rire au public ; car quoique le prince Charles
fût son petit-fils, il ne la ménagea pas moins que le
prince héréditaire.

J'ai déjà dit que le roi se trouvoit incommodé
depuis quelque temps, et que les médecins prenoient
son mal pour une goutte remontée. Les inquiétudes
où nous étions pour lui se dissipèrent ; il prit ce jour-
là la goutte à la main droite. Il souffroit beaucoup,
mais on étoit bien aise que son mal se fût dissipé
par là.

Le jour suivant, le 2. de Juillet, fixé pour les noces
de ma sœur, nous nous rendîmes toutes dans l'appartement du roi, où ma sœur fit sa renonciation.
Nous allâmes ensuite dîner chez la reine. Le roi s'étoit

couché ; il nous fit appeler après le dîner, la reine, ma sœur et moi. Nous prîmes des sièges et nous nous rangeâmes autour de son lit. Ma sœur avoit l'air triste ; la reine avoit eu le jour précédent une longue conversation avec elle et lui avoit confié le mortel chagrin, dans lequel elle se trouvoit, de voir toutes ses espérances ruinées. Ma chère Charlotte, lui avoit-elle dit, le cœur me saigne, quand je pense que vous allez être sacrifiée demain ; j'ai caché mon secret à tout le monde mais j'avois fait jouer tant de ressorts, que je me flattois encore qu'on feroit quelques démarches en Angleterre pour rompre votre mariage. Je suis dans un chagrin mortel, mes ennemis triomphent partout de moi, et vous allez épouser un gueux qui n'a pas le sens commun. Cette conversation me fut rapportée par mes sœurs cadettes. Ses grandes vues d'ambition que la reine avoit mises en tête à ma sœur, lui donnoient cet air triste dont je viens de parler. Le roi qui savoit tout ce qui se passoit dans la chambre de la reine par la Ramen qui étoit son espion, jugea bien de quoi il étoit question.

« Qu'avez-vous, ma chère Lotte ? lui dit-il, êtes-vous fâchée de vous marier ? »

« Il est bien naturel, lui repartit-elle, d'être un peu pensive un jour de noce ; l'engagement que je vais prendre est pour toute ma vie, et il est tout simple que je fasse des réflexions là-dessus. »

Le roi se mit à rire malicieusement : « des réflexions ! dit-il ; c'est Madame votre mère qui vous en fait faire, et qui travaille toujours au malheur de ses enfans par des chimères qu'elle leur met dans l'esprit ; consolez-vous, vous ne seriez jamais allée en Angleterre, on ne vous y a jamais souhaitée et on n'a pas fait la moindre démarche pour cela ; j'aurois été charmé de vous y établir, mais ils ne veulent point de paix avec moi et me chagrinent tant qu'ils peuvent. Pour vous, me dit-il, je vous avoue que je suis cause que votre mariage s'est rompu ; je m'en repens tous les jours, mais ce sont ces diables de ministres qui m'ont trompé. Je vous demande pardon, je vous ai causé bien du chagrin, mais ce sont de méchantes gens qui m'ont porté à cela ; si j'en avois agi en homme d'esprit, j'aurois congédié Grumkow dans le temps que Hotham étoit ici, mais j'étois ensorcelé alors, et je suis plus à plaindre qu'à condamner ». Je lui répondis, qu'il n'avoit aucun reproche à se faire là-dessus ; que j'étois très-contente de mon sort, ayant un époux qui m'aimoit et que j'aimois passionnément, et que Dieu pourvoiroit au reste. Ma réponse lui plut ; il m'embrassa. « Vous êtes une honnête femme, me dit-il, et Dieu vous bénira. » Nous nous retirâmes ensuite pour aller nous habiller. La reine m'ordonna de me trouver à 8 heures aux grands appartemens du château.

J'y trouvai tout le monde assemblé. On me mena dans une chambre destinée pour les principautés. La princesse royale y étoit avec mes deux sœurs cadettes, les princesses du sang et les deux duchesses. La reine y vint un moment après, accompagnée de la mariée. Le prince Charles lui donna la main et la conduisit à la salle où se devoit donner la bénédiction. Nous suivîmes toutes selon notre rang, conduite chacune par un prince. Le roi étoit assis vis-à-vis de la table nuptiale. Toute la cérémonie des noces fut pareille à la mienne à cela près, que la reine déshabilla toute seule ma sœur et ne voulut pas souffrir qu'un autre lui mît une épingle. Tout fut fini à deux heures après minuit.

Mon jour de naissance étant le lendemain, tous les princes et princesses vinrent me rendre visite le matin. Ils se firent tous un plaisir de m'apporter des présens ; j'en reçus des paniers remplis de tout le monde, hors de la reine. Nous allâmes toutes ensemble chez ma sœur, et de là je me rendis chez le roi. Ce prince étoit au lit, fort incommodé de la goutte. Dès qu'il me vit il m'appela et me félicita, me souhaitant beaucoup de bonheur ; et se tournant vers la reine, il la chargea de chercher un présent pour moi. « Laissez-le lui choisir à elle-même, lui dit-il, je le payerai, et il faut que vous lui en donniez aussi un. » L'après-midi la reine fit venir quelques marchands bijoutiers, et me dit de choisir ce qui me plairoit le plus. Il y avoit une petite montre de jaspe garnie de brillans, dont le marchand demandoit 400 écus, mon choix tomba sur cette montre. La reine la considéra pendant quelque temps, puis me regardant d'un œil de mépris : vous vous imaginez, dit-elle, Madame, que le roi vous fera un présent si considérable ; vous n'avez pas le pain et vous voulez des montres ? un présent beaucoup moindre pourra vous contenter. En même temps elle renvoya toute la boutique, ne retenant qu'une petite bague de dix écus, qu'elle me donna, et elle dit ensuite au roi, que tout ce qu'elle avoit vu étoit si cher, qu'elle n'avoit rien voulu choisir. Son procédé me mortifia plus que la perte de mon présent, mais je m'étois armée de patience, et l'espoir de me retrouver bientôt à Bareith m'aidoit à supporter toutes ces avanies.

Le jour suivant il y eut bal. Comme il y avoit un monde infini, on dansa dans quatre endroits différens et on divisa le bal en quadrilles. Ma sœur de Brunswick menoit la première ; la reine, la princesse royale, mes sœurs et moi en étions ; la Margrave Philippe menoit la seconde ; la princesse de Zerbst la troisième et Madame de Brand la quatrième. Le bal commença à 4 heures de l'après-midi. Tous les cierges, car je ne puis les appeler bougies, étoient allumés et il faisoit une chaleur à mourir. Il y eut deux bals de cette espèce, où tout le monde crevoit de fatigue et de chaleur.

J'étois sur les dents ; mon mal augmentoit à vue d'œil et ma foiblesse étoit si grande, que je ne pouvois quasi marcher. Le prince héréditaire étoit dans des inquiétudes mortelles de me voir dépérir comme cela, et surtout d'être obligé de me quitter. Il partit le 9. de Juillet, pour se rendre à son régiment, dont la revue étoit fixée au 5. d'Août. Comme il faisoit le plus beau temps du monde, je fis partie avec la princesse royale d'aller nous promener sur le vourste. C'est une espèce de voiture découverte, où 12 personnes peuvent être placées, ce qui est fort joli, puisque l'on peut jouir en même temps du plaisir de la promenade et de la conversation. J'allois souper chez la princesse royale en petite coterie, et nous passâmes la soirée très-agréablement.

Le lendemain il y eut grande promenade. Nous étions toutes en phaéton, parées de notre mieux ; toute la noblesse suivoit en carrosse ; on en compta 85. Le roi dans une berline menoit le branle ; il avoit ordonné d'avance tout le tour que nous devions faire ; il s'endormit. Il vint une pluie et un orage épouvantables ; malgré cela nous nous promenions toujours pas à pas. On peut bien s'imaginer comme nous fûmes accommodées ; nous étions mouillées comme des canes ; les cheveux nous pendoient autour de la tête et nos habits et coiffures étoient abymées. Nous débarquâmes enfin après 3 heures de pluie à Mon-bijou, où il devoit y avoir une grande illumination et bal. Je n'ai rien vu de si comique que toutes ces dames, faites comme des Xantippes et dont les habits leur colloient sur le corps. Nous ne pûmes pas même nous faire sécher et il fallut rester tout le soir avec nos habits mouillés. Tous les jours suivans il y eut comédie.

Ma santé et mes forces diminuant journellement, et Mr. Stahl, premier médecin du roi, dont j'ai déjà fait mention, me négligeant totalement, je m'adressai à celui du duc de Brunswick et le consultai sur mon état. Après en avoir examiné toutes les circonstances, il conclut, que j'avois une fièvre lente et un commencement de squirre à l'estomac. Il me dit, que si je ne me soumettois à temps à une cure, je courois risque de mourir avant qu'il y eût un an. Je le priai de mettre son sentiment sur mon mal par écrit, ce qu'il fit. Mon frère ayant été informé de cette consultation et de la conclusion du médecin, en fut alarmé et fit venir son chirurgien-major, homme fort habile. Il fut du même avis que le médecin. Ils vouloient l'un et l'autre me faire une cure, mais je ne voulus point, sachant d'avance qu'elle ne me feroit aucun bien, ne pouvant me ménager et ayant l'esprit trop abattu.

J'avois écrit à Bareith, pour faire en sorte que le Margrave nous tirât de Berlin. Sa lettre, que j'attendois avec tant d'impatience, arriva enfin. Elle étoit tournée de façon que je pus la montrer au roi. Ce prince en avoit reçu une pareille à la mienne, et je me flattois que je ne trouverois aucune difficulté à partir. Lorsque j'entrai le matin chez la reine, j'y trouvai le roi et la duchesse de Bevern. « J'ai reçu, me dit-il, une lettre de votre beau-père, qui veut vous ravoir auprès de lui ; il veut vous augmenter vos revenus de 8,000 écus, afin que vous puissiez tenir votre ménage à part à Erlangue, mais je crois que cela ne sera pas nécessaire, puisque je compte que vous resterez ici ; que voulez-vous que je lui réponde là-dessus ? » Je lui dis, que je serois charmée de pouvoir rester à Berlin auprès de lui, mais que la santé du Margrave s'affoiblissant, je croyois qu'il vaudroit mieux que nous retournassions à Bareith et que le prince héréditaire apprît à connoître son pays. Le roi fronça les sourcils :

« Voulez-vous donc avoir votre ménage à part ? » continua-t-il.

« Cela est impossible, répliquai-je, avec 8,000 écus ; s'il vouloit en donner une fois autant, cela se pour-roit. »

« Si je puis l'obtenir, repartit le roi, je vous laisse-rai aller, mais s'il fait des difficultés, vous resterez ici. »

La duchesse de Bevern prit alors la parole et lui dit, que j'étois en très-mauvais état et que j'avois besoin de ménager fort ma santé, ce que je pourrois mieux faire à Bareith qu'à Berlin. Elle lui fit le détail de mon mal, concluant que le médecin m'avoit pres-crit de prendre les eaux. Elle les prendra à Charlot-tenbourg, dit le roi ; si elle veut je lui tiendrai sa table et elle y sera mieux qu'à Bareith. La duchesse ni moi nous n'osâmes rien répliquer à cela, et je fus au désespoir de voir que je n'étois pas si près de sor-tir de Berlin, que je me l'étois figuré.

Les ducs et les duchesses partirent le jour suivant. Ma sœur les suivit le 17. de Juillet. Le congé que je pris d'elle ne fut guère touchant ; la reine en revan-che fut fort triste de son départ. Cette princesse a le cœur bon, mais ses soupçons, sa jalousie et ses intri-gues étoient cause des fautes qu'elle commettoit.

Ma sœur ne fut pas plus tôt partie, qu'elle devint plus traitable avec moi. Je tâchois par toutes sortes de moyens de regagner son amitié ; et du moins si je ne réussis pas, je gagnai sur elle qu'elle en agissoit mieux avec moi que par le passé. J'avois informé le Margrave de la conversation que j'avois eue avec le roi, touchant mon départ, et je l'avois fort prié de rester ferme sur notre retour, sans quoi il ne l'obtien-droit point.

Le roi étoit parti pour la Poméranie le même jour du départ de ma sœur. Il fut enthousiasmé du régiment du prince héréditaire ; rien n'étoit plus beau, plus en ordre et mieux discipliné. Il le ramena avec lui à Berlin le 8. d'Août. Je pressai fort mon frère de nous faire obtenir notre congé. Il conclut avec Sekendorff et Grumkow d'en parler au roi le lendemain, mon frère devant traiter le roi ce jour-là. Le bonheur voulut que je reçusse le matin une lettre du Margrave, dans laquelle il m'en adressoit une pour le roi. Je la présentai à ce prince au sortir de table. Il étoit de bonne humeur et avoit une petite pointe de vin. Tout son visage se changea pourtant en lisant cette lettre. Il garda quelques momens le silence, et le rompant enfin : votre beau-père ne sait ce qu'il veut ; vous êtes mieux ici que chez lui ; il faut que mon gendre s'applique au militaire et à l'économie, cela lui est beaucoup plus utile que de planter des choux à Bareith. Grumkow et Sekendorff lui représentèrent alors, que s'il refusoit de nous laisser aller, il nous brouilleroit avec le Margrave ; que tout cassé qu'il étoit il pourroit lui prendre envie de se remarier, ce qui nous seroit fort préjudiciable ; enfin tout le monde se joignit à eux. Le roi me regardant me demanda, ce que j'en pensois ? Je lui répondis, que ces Messieurs avoient raison et que le roi nous feroit une grâce de nous laisser partir. Eh bien ! partez donc, dit-il, mais vous n'êtes pas si pressés, vous pouvez attendre jusqu'au 23. d'Août. Jamais joie n'égala la mienne d'avoir obtenu mon congé.

Je passai fort tranquillement les quinze jours, que je restai encore à Berlin. La reine me regrettoit, ayant commencé à se raccoutumer à moi. J'eus même une grande explication avec elle. Elle me dit, que Grumkow avoit été cause de son mauvais procédé envers moi, et qu'il lui avoit dit, que ma seule

timidité avoit été cause de la rupture avec l'Angleterre ; que l'empressement du roi à me faire épouser le prince héréditaire n'avoit été que simagrée, et
que si j'avois eu plus de fermeté dans le temps qu'il
m'envoya ces Messieurs, cela ne seroit jamais arrivé ;
que je devois juger si elle avoit des sujets de plaintes contre moi. Je lui démontrai clairement la fourberie de Grumkow.

Le roi vint me dire adieu le jour de mon départ,
mais d'une façon fort froide. Ce fut la dernière fois
que je vis ce cher père[1], dont la mémoire me sera à
jamais en vénération. Le congé que je pris de mon
frère fut des plus touchans. La reine fondoit en larmes lorsque je me séparai d'elle, et je partis toute
en pleurs.

Je dînai à Sarmund ; après un léger repas je me
remis en voiture. Le cocher eut encore la bonté de
nous verser à bas d'une chaussée. Le carrosse fit deux
fois la culbute et tomba sur l'impériale. Comme je
ne m'y étois pas attendue, je m'écorchai tout le
visage et me fit plusieurs contusions à la tête. Cela
ne m'empêcha pas de continuer mon voyage.

J'arrivai le jour suivant à Halle, où je fus reçue en
cérémonie. On m'envoya d'abord une députation de
l'université, qui me harangua sur mon heureuse
arrivée ; et Mr. de Vachholtz, qui commandoit à
Halle dans l'absence du prince d'Anhalt, me donna
une garde et vint me demander la parole. Je trouvai
en cette ville la duchesse de Ratziville, sœur de la
Margrave Philippe, qui étoit venue exprès de Dessau
pour me voir. Je la connoissois très-particulièrement ;
elle avoit beaucoup d'esprit et d'acquis, ce qui rendoit sa société très-agréable.

Je partis le lendemain de Halle et j'arrivai le 30,
d'Août à Hoff. Mr. de Voit, qui vint me joindre à
Schleitz, m'avertit que le Margrave y étoit et qu'il

témoignoit beaucoup de joie et d'impatience de nous revoir. Il vint au devant de nous avec un cortège de 30 carrosses à quelques portées de fusil de la ville. Je fis arrêter ma voiture et je descendis de carrosse, voyant qu'il en faisoit de même. Il me reçut le plus obligeamment du monde et caressa fort le prince héréditaire. Nous nous remîmes tous dans mon carrosse, où il prit place. Il me dit, qu'il me trouvoit prodigieusement changée et maigrie, mais qu'il espéroit que ma santé se rétabliroit bientôt, ayant fait l'acquisition d'un très-habile médecin.

Nous nous arrêtâmes un jour à Hoff et j'arrivai le 2. de Septembre à Bareith. J'y trouvai Mlle. de Sonsfeld, qui fut charmée de me revoir et qui me présenta ma petite fille, que je n'aurois sûrement pas reconnue. On lui avoit appris nombre de singeries, et je puis dire que c'étoit le plus bel enfant qu'on pût voir.

Dès le lendemain je reçus la visite de ce fameux médecin, qu'on m'avoit tant prôné. Je lui montrai le sentiment de ceux que j'avois consultés à Berlin et qu'ils m'avoient donné par écrit. Il me dit, qu'il n'étoit pas de leur avis, que mon mal provenoit d'un estomac gâté et d'un sang corrompu, et qu'il commenceroit par me faire saigner, qu'ensuite il me feroit boire tous les matins des bouillons avec de l'orge et qu'il étoit persuadé que je me trouverois bientôt mieux. Il débuta par me faire tirer le jour suivant 10 onces de sang, ce qui augmenta si fort ma foiblesse, que je fus obligée de garder quelques jours la chambre. La Marwitz lisoit devant moi les après-midis et le Margrave venoit me voir le soir. Ce prince avoit toutes sortes d'attentions pour moi ; mais j'en avois l'obligation à Mlle. de Sonsfeld, qui s'étoit acquis un tel ascendant sur son esprit, qu'elle en disposoit entièrement. Pour comble de bonheur

il alla à Himmelcron et me laissa à Bareith. Il vint
me dire en prenant congé de moi, qu'il s'en alloit
exprès pour me laisser le temps de rétablir ma
santé ; qu'il savoit bien que je me contraignois à
sortir et à m'habiller quand il étoit, et que cela m'incommodoit ; qu'il me prioit de me divertir tant que
je pourrois jusqu'à son retour. Je fus charmée de
toutes ces attentions, et j'étois bien résolue de me
ménager, de façon que je pusse conserver toujours
cette bonne harmonie. Ma cour d'Anspac vint aussi
me rendre visite pour quelques jours, et je commençois à goûter quelque tranquillité, lorsqu'un nouvel
incident me replongea dans de nouvelles inquiétudes. Mais il faut que je reprenne ces événemens de
plus haut.

J'ai déjà parlé de la mort inopinée d'Auguste, roi
de Pologne. Après le trépas de ce prince il s'étoit
formé deux partis dans cette république, dont l'un,
porté pour l'électeur de Saxe, étoit appuyé par l'Empereur et la Russie, l'autre, porté pour Stanislas,
étoit soutenu par la France. La politique de l'Empereur toujours opposée à celle de cette monarchie,
celle du roi de Prusse qui ne se soucioit point d'avoir
un voisin protégé par une aussi grande puissance,
et celle de Russie toujours alliée de l'Empereur et
des électeurs de Saxe, s'opposoient ouvertement à
une pareille élection. Cependant malgré tous leurs
efforts la fraction françoise prédomina et élut Stanislas Leczinski pour roi de Pologne. La Russie, très
choquée de cette élection, fit marcher des troupes
en Pologne et commença ses exploits militaires par
le siège de Dantzick. Tout se préparoit à une rupture
entre la France et l'Empereur. Ce dernier commençoit à faire défiler des troupes en Italie et du côté
du Rhin. Par le traité secret que le roi avoit fait avec
l'Empereur, il devoit lui fournir 10,000 hommes. On

me manda de Berlin, que le roi se préparoit à faire la campagne lui-même, et qu'il comptoit fort que le prince héréditaire la feroit avec lui.

C'étoit là le sujet de mes inquiétudes. J'étois si accoutumée à en avoir, que je m'alarmois de tout. J'étois plongée dans une noire mélancolie. Tous les chagrins que j'avois eus à Berlin m'avoient si fort abattu l'esprit, que j'eus bien de la peine à reprendre mon humeur enjouée. Ma santé étoit toujours la même et tout le monde me croyoit étique. Je m'attendois bien moi-même à ne pas réchapper de cette maladie et j'attendois la mort avec fermeté. La seule récréation que j'eusse étoit l'étude. Je m'occupois tout le jour à lire et à écrire, je raisonnois avec la Marwitz et tâchois de lui apprendre à penser juste et à faire des réflexions. J'avois beaucoup d'amitié pour cette fille, qui avoit un attachement extrême pour moi. Elle commençoit à prendre beaucoup de solidité, et tâchoit de me prévenir en tout ce qu'elle croyoit pouvoir me faire plaisir.

Cependant les troupes impériales s'assembloient peu à peu. Le duc de Bevern en avoit le commandement. Le prince héréditaire brûloit d'envie de faire la campagne. Elle ne pouvoit durer longtemps cette année, la saison étant trop avancée, et d'ailleurs le Margrave s'opposoit ouvertement à ses désirs. Tout ce qu'il put obtenir fut la permission d'aller voir l'armée proche de Heilbronn. Il partit le 30. de Septembre et fut de retour le 1er de Novembre.

Nous eûmes dans ce temps-là la visite de la princesse de Culmbach, fille du Margrave George Guillaume. L'histoire de cette princesse est si singulière, qu'elle mérite bien une place dans ces mémoires.

Elle avoit été élevée jusqu'à 12 ans auprès de la reine de Pologne, sa tante. Madame sa mère, qui étoit cette Margrave dont j'ai fait le portrait dans ma relation du voyage que je fis à Erlangue, ne jugea pas à propos de la laisser plus long-temps à Dresde et la fit revenir à Bareith. Cette jeune princesse étoit belle et ses charmes ne cédoient en rien à ceux de Madame sa mère à cela près, que sa taille étoit contrefaite et que ce défaut étoit si grand, qu'on ne le pouvoit cacher par l'art. Le Margrave, mon beau-père, qui étoit héritier présomptif du Margraviat, le Margrave George Guillaume n'ayant point d'enfans mâles, fut du nombre des prétendans de cette princesse. Il étoit déjà séparé dans ce temps-là de son épouse, et par conséquent libre de contracter un autre mariage. La Margrave ne pouvoit souffrir ce prince. Sa fille étoit dans les mêmes dispositions pour lui. Sa beauté, sa modestie, ses manières donnoient une jalousie affreuse à sa mère. Elle résolut de plonger cette pauvre princesse dans le malheur. Le Margrave, son époux, penchoit pour le mariage de sa fille avec le prince de Culmbach. La Margrave pour le rompre jeta les yeux sur un certain Vobser, gentil-homme de la chambre de son époux. Elle lui fit promettre 4,000 ducats, s'il pouvoit s'insinuer de façon auprès de la princesse, qu'il pût lui fabriquer un enfant. Vobser se trouva très-charmé de cette proposition. Il fit long-temps la cour à la princesse sans autre récompense que des mépris et des dédains. La Margrave voyant qu'elle ne parviendroit à son but de cette façon, fit cacher Vobser une nuit dans la chambre de la princesse. Ses domestiques étoient gagnés. On l'enferma avec lui ; malgré ses pleurs et ses cris il vint à bout d'en avoir la possession. Ses soumissions, ses respects et ses larmes fléchirent la princesse. Il lui fit accroire, qu'il ne dépendoit que du Margrave de le faire déclarer comte et ensuite prince de l'empire, ce qui le mettoit en état de pouvoir l'épouser ; que comme elle étoit fille unique, il ne dépendroit que du Margrave de lui laisser la plus grande partie de son pays, en augmentant les allodiaux, qui étoient très-considérables. L'amour joint à ces autres considérations, portèrent la princesse à lier une intrigue avec son amant et de lui donner des rendez-vous. Ces entrevues furent enfin si fréquentes, qu'elle devint enceinte. La Margrave qui conduisoit toute l'intrigue de concert avec Mr. Stuterheim, premier ministre du Margrave, fut d'abord avertie de la réussite de ses désirs ; mais elle fit semblant d'ignorer la grossesse de sa fille, qui tâchoit de son côté de cacher son état autant qu'il étoit possible. Le prince de Culmbach de son côté ne pensoit qu'à faire réussir son mariage avec cette princesse. Il étoit au point de se rendre à Bareith pour la demander au Margrave, lorsqu'il reçut une lettre de Stuterheim, qui lui faisoit part de tout ce que je viens d'écrire. Il renonça tout de suite à son entreprise bien heureux d'en avoir été averti à temps et avant qu'il eût encore fait la moindre démarche. Cependant la princesse affectoit d'être fort malade et de craindre une hydropisie. Plusieurs personnes charitables, qui avoient approfondi les desseins de la Margrave et la maladie de sa fille, lui offrirent leurs services pour la tirer de ce mauvais pas, mais, guidée par son amant, elle ne voulut jamais leur rien avouer. Le temps de son terme s'approchoit. La Margrave se rendit avec elle à l'hermitage, tandis que le Margrave et Mr. Vobser étoient à la chasse à quelques lieues de là. La pauvre princesse y prit les douleurs d'enfantement ; elle n'eut pas la fermeté de retenir ses cris. Sa mère accourut dans le temps qu'elle donnoit le jour à deux garçons jumeaux, dont les visages étoient noirs comme de l'encre. La Margrave, malgré les prières et les représentations de tous ceux qui étoient autour d'elle, prit ces deux enfans, et courant partout elle les montra à tout le monde criant que sa fille étoit une dévergondée et qu'elle venoit d'accoucher. On envoya sur-le-champ une estafette au Margrave, pour lui faire part de cette terrible nouvelle. Vobser étoit à côté de lui lorsqu'il lut la lettre, et remarquant que ce prince changeoit de visage, il jugea par-là du contenu de la lettre et se sauva au plus vite. Le Margrave fut si troublé de cette catastrophe, qu'avant qu'il pût revenir de son étonnement Vobser étoit déjà loin. La princesse fut envoyée quelques jours après à Plassenbourg. La Margrave avoit tant badiné avec ses deux enfans, qu'ils moururent l'un et l'autre. Pour Vobser, il écrivit une grande lettre au Margrave, dans laquelle il demanda le payement des 4,000 ducats qui lui avoient été promis. Ce prince se seroit peut-être vengé de son épouse, si la mort qui le surprit peu de temps après, ne l'en eût empêché. Le Margrave, mon beau-père, voulut en parvenant à la régence faire relâcher la princesse, mais la reine de Pologne s'y opposa. Cependant comme elle n'étoit plus si exactement gardée, quelques prêtres catholiques tâchèrent de la voir, et lui persuadèrent, que si elle changeoit de religion, elle auroit la protection puissante de l'Impératrice Amélie, qui la tireroit bientôt de la captivité où elle languissoit, et lui donneroit suffisamment de quoi soutenir son caractère. Elle se laissa éblouir par ces belles raisons et fit secrètement abjuration de la foi luthérienne. La reine de Pologne étant morte quelque temps après, et cette princesse ayant été élargie, elle embrassa publiquement la foi catholique. Un remords de conscience qui lui prit peu avant mon retour à Bareith, lui fit de nouveau quitter cette religion et retourner à la foi protestante. Le Margrave qui voulut témoigner en cette occasion son zèle pour la religion, l'invita à venir à Bareith, où elle fut reçue selon son caractère et où il tâcha de la réhabiliter. Cette princesse a du mérite ; sa conduite a été des plus réglées ; elle fait un bien infini et ses bonnes qualités effacent la faute dans laquelle elle a eu le malheur de tomber.

La princesse ne s'arrêta pas long-temps à Bareith ; elle retourna quelques jours après son arrivée à Culmbach, pour y recevoir le Margrave et le prince héréditaire, qui devoient y aller à la chasse. Ma santé ne me permettant pas de les suivre, je restai à Bareith.

Comme je n'omets rien de tout ce qui m'est arrivé, et que j'aime à diversifier ces mémoires par toutes sortes de petites anecdotes, je vais en raconter une qui fit impression sur bien des gens, hors sur moi, m'étant défaite à force d'étude et de réflexions de beaucoup de préjugés et me piquant d'être un peu philosophe.

Les appartemens du prince héréditaire consistoient en deux grandes chambres de suite et un cabinet à côté. Ces chambres n'avoient que deux issues ; l'une par ma chambre de lit et l'autre par un petit vestibule ; où il y avoit deux sentinelles et un des domestiques du prince, qui y dormoient. La nuit du 7. au 8. de Novembre les deux sentinelles et le domestique du vestibule entendirent marcher dans cette grande chambre pendant long-temps, après quoi ils ouïrent des plaintes et enfin des lamentations terribles. Ils y entrèrent à diverses reprises sans rien voir, et aussitôt qu'ils ressortoient de cette chambre, le bruit recommençoit. Six sentinelles qui furent relevées cette nuit-là, attestèrent toutes la même chose. Sur le rapport qu'on en fit au Maréchal de Reitzenstein, la chose fut examinée à la rigueur, sans que l'on pût découvrir ce que ce pouvoit être. On me fit un mystère de cela. Quelques personnes prétendoient que c'étoit la femme blanche, qui venoit pronostiquer ma mort ; d'autres craignoient qu'il n'arrivât un malheur au prince héréditaire. Cette dernière crainte fut bientôt dissipée, car le 11. de Novembre le Margrave revint avec le prince à Bareith. À peine étoient-ils débarqués, qu'il arriva un courrier avec la triste nouvelle de la mort du prince Guillaume, mon beau-frère, et ce qu'il y a de plus extraordinaire, c'est que ce prince avoit expiré la même nuit qu'on avoit entendu tout ce bruit au château. Il étoit parti de Vienne avec le prince de Culmbach pour se rendre à son régiment, qui étoit à Crémone. À peine y fut-il arrivé, qu'il prit la petite vérole, qui l'emporta en 7 jours de temps. Ce fut un bonheur pour toute la famille ; ce prince avoit un si petit génie, qu'il auroit fait du tort à toute sa maison, s'il avoit vécu.

Le Margrave reçut cette nouvelle avec beaucoup de fermeté et ne versa pas une larme. Le prince héréditaire en fut inconsolable, et j'eus toutes les peines du monde à le distraire de sa douleur. Le prince de Culmbach trouva moyen de faire transporter secrètement son corps à Bareith. Nous nous rendîmes tous avec le Margrave à Himmelcron, pour n'être pas témoins de son enterrement. Son corps devoit être déposé dans l'église de St. Pierre, où sont les tombeaux de tous les princes de la maison. Le caveau où ils reposent est muré. On l'ouvrit quelques jours avant l'enterrement pour y donner de l'air, mais quelle fut la surprise de ceux qui y descendirent de trouver tout ce caveau rempli de sang. Toute la ville accourut pour voir ce miracle. On en tiroit déjà force conséquences fâcheuses. On vint me conter ce phénomène à Himmelcron et on m'apporta un mouchoir teint de ce sang miraculeux. Personne ne vouloit en informer le Margrave, de crainte de l'inquiéter. Pour moi, qui n'ai pas beaucoup de foi aux miracles, je jugeai qu'il seroit bon d'avertir le Margrave de ce qui se passoit ; je le priai instamment d'envoyer Mr. Goerkel, son premier médecin, pour examiner ce que ce pouvoit être. Le Margrave m'accorda ma demande, et prévoyant bien lui-même quelle peur panique cela imprimeroit dans les esprits, il me pria d'avoir soin d'approfondir ce qui pouvoit y avoir donné lieu. Goerkel vint me rapporter le soir, que le sang ruisseloit tellement dans le caveau, qu'il en avoit fait emporter quelques baquets remplis, et qu'après avoir fait une exacte visite, il avoit trouvé qu'il découloit par une fente imperceptible d'un cercueil de plomb, qui renfermoit une princesse de la maison, morte depuis 80 ans, et qu'on ne pouvoit mieux faire pour se mettre au fait, que d'ouvrir ce cercueil. Le Margrave donna des ordres pour cela, mais on ne put en venir à bout sans le briser totalement, ce qu'on ne voulut pas faire. Il n'y avoit point de chimiste assez habile à Bareith, pour approfondir par la force de son art si c'étoit du sang ou quelque liqueur. Un des médecins de la ville nous tira enfin d'embarras et eut le courage d'en goûter. Le miracle disparut sur-le-champ ; c'étoit du baume. La princesse qui étoit enfermée dans le cercueil d'où sortoit cette liqueur, avoit été extraordinairement replète ; on l'avoit embaumée, sa graisse, jointe au baume, avoit produit tout ce phénomène, que les médecins trouvèrent cependant très-singulier par rapport à la longueur du temps qui s'étoit écoulé depuis sa mort. L'enterrement du prince se fit le 3. de Décembre. J'avois permis à mes deux dames, la Grumkow et la Marwitz, d'y aller. Elles rentrèrent le soir.

Le lendemain étant seule avec la Marwitz et la trouvant distraite et rêveuse, je lui en demandai le sujet. Elle se mit à soupirer, en me disant qu'elle étoit fort triste, mais qu'elle n'osoit parler. Cette réponse m'inspira de la curiosité ; je la pressai beaucoup de me confier son chagrin. Plût au ciel que je pusse vous le dire, Madame, me répondit-elle ; j'ai plus d'envie de vous le faire savoir, que vous n'en avez de l'apprendre, mais j'ai fait un serment affreux de garder le silence ; tout ce que je puis vous dire est, que cela vous regarde. L'air et le ton dont elle me parloit m'alarmèrent. Je ne pouvois comprendre ce que ce pouvoit être, et je tâchai de le deviner en l'interrogeant sur toutes sortes de matières. Elle branloit toujours la tête en signe de négative ; enfin elle me dit que cela regardoit le Margrave. « Comment ! dis-je, veut-il se marier ? » Elle me fit un signe d'approbation. « Mais mon Dieu ! lui dis-je, avec qui ? et comment venez-vous à en être informée la première ? en ce cas, sans me dire de quoi il s'agit, vous pouvez me le signifier. » Sur cela elle se leva, et sautant par la chambre, elle prit un crayon, avec lequel elle se mit à écrire sur la muraille, après quoi elle s'enfuit. J'étois déjà fort inquiète, mais je demeurai immobile en lisant ce qu'elle avoit tracé. Voici ce que c'étoit.

J'ai été ce matin chez ma tante Flore (c'étoit le nom de baptême de Mlle. de Sonsfeld, que je continuerai à lui donner dans la suite de ces mémoires) et la trouvant fort pensive et occupée, je lui ai demandé ce qu'elle avoit ? Elle m'a répondu, qu'elle avoit bien des choses en tête, qui me surprendroient fort si elle me les disoit. Je l'ai pressée de s'expliquer. Je vous confierai mon secret, m'a-t-elle dit, mais j'exige de vous que vous me juriez de garder un silence inviolable sur ce que je vous dirai. Je lui ai promis ce qu'elle m'a demandé. Sur cela elle m'a conté, que le Margrave avoit commencé à lui faire la cour après notre départ pour Berlin, et qu'il avoit conçu une si haute estime pour elle, qu'il avoit résolu de l'épouser ; qu'il vouloit la faire déclarer comtesse de l'empire, afin qu'elle pût prendre le rang de princesse après son mariage ; qu'il vouloit en ce cas quitter tout-à-fait Bareith et s'établir avec elle à Himmelcron ; qu'il lui donneroit un capital assez considérable qu'il placeroit dans quelque pays étranger, et qui lui servant de douaire la mettroit à l'abri de toutes les chicanes que le prince héréditaire pourroit lui faire, et que le Margrave n'attendoit que l'enterrement de son fils, pour faire part à Votre Altesse royale de son dessein. Je lui ai représenté, que ni Votre Altesse royale ni le prince héréditaire ne consentiroient jamais à un tel mariage ; que le roi soutiendroit Vos Altesses de tout son pouvoir ; que toute notre famille étoit dans les États de ce prince, qui pourroit se venger sur nos parens du tort qu'elle vouloit faire à Votre Altesse royale ; que la gouvernante seroit obligée de quitter sa cour ; qu'elle se chagrineroit à la mort et qu'enfin je ne pouvois m'imaginer qu'elle pût donner dans de pareilles chimères. Ce ne sont point des chimères, m'a dit ma tante ; je ne sais pourquoi je ne profiterois pas de la fortune, qui se présente pour moi ; quel tort ferai-je au prince héréditaire et à Son Altesse royale ? si ce n'est pas moi qui épouse le Margrave, c'en sera une autre, et au bout du compte le Margrave n'a pas besoin de leur consentement. Mais, si vous avez des enfans ? lui dis-je. Si j'en ai, a-t-elle reparti, je crèverai, mais je suis trop vieille pour en avoir. Prenez garde à ce que vous ferez, lui ai-je dit, et ne traitez pas cela en bagatelle, car j'en prévois de terribles suites. Oh ! vous n'êtes qu'une jeune personne, a dit la tante, vous vous effarouchez sans raison et je suis bien fâchée de vous avoir confié mon secret, au moins gardez-vous d'en parler à personne ; j'irai à Himmelcron, et je tâcherai peu à peu de prévenir ma sœur là-dessus, car elle n'en sait rien.

De ma vie je n'ai été si surprise ; une foule de réflexions me roulèrent d'abord dans la tête. Le temps étoit court ; Mlle. de Sonsfeld devoit venir le jour suivant, et selon toute apparence le Margrave devoit me faire part de tout ce beau dessein. J'effaçai d'abord ce que la Marwitz avoit écrit et je fis appeler le prince héréditaire, auquel je fis part de tout ce mystère. Nous nous mîmes à la torture pour chercher l'un et l'autre des expédients, sans en trouver.

Je m'étois fort altérée. Je fis la malade le soir à table, mon trouble m'empêchant de tenir contenance. Nous ne pûmes dormir de toute la nuit, le prince héréditaire et moi, et ne fîmes que nous promener par la chambre. La chose étoit de grande conséquence de toutes façons. Premièrement il n'étoit guère honorable pour nous d'avoir une belle-mère si fort au dessous de notre caractère ; secondement cette belle-mère ne pouvoit que nous faire un tort infini, achever de ruiner le pays, et qui plus est, nous brouiller de nouveau avec le Margrave ; troisièmement la gouvernante, que j'aimois comme ma mère et qui m'étoit attachée à brûler, et la Marwitz à laquelle je voulois un bien infini, étoient obligées de me quitter et devenoient les plus malheureuses personnes du monde, car le roi les auroit forcées à retourner à Berlin, où il les auroit fait enfermer, et en quatrième lieu cette aventure ne pouvoit que me faire un tort infini dans le monde ; on ne pouvoit que penser que je m'étois laissé duper, personne ne pouvant que soupçonner ma gouvernante et sa sœur d'intelligence pour me tromper. Tout cela me mit si fort le sang en mouvement, que malgré tous les efforts que je fis je ne pus me contraindre le lendemain, de façon que dès que la Flore m'eut envisagée elle remarqua que j'avois un mortel chagrin, en conclut par l'air embarrassé dont je lui parlai, que la Marwitz m'avoit découvert le pot aux roses (ordinairement lorsqu'on a quelque chose à se reprocher on est craintif). Elle persuada donc au Margrave d'attendre encore à me parler, jugeant qu'il n'en étoit pas encore temps. Après avoir fait cette démarche, elle fit de cruels reproches à la Marwitz sur son indiscrétion, mais cette fille la rassura si bien, qu'elle trouva moyen de lui tirer encore les vers du nez. La Flore lui parla avec une satisfaction extrême de sa future grandeur. Je pourrai, dit-elle, prétendre le rang sur Son Altesse royale en qualité de belle-mère, et le Margrave m'a dit, qu'il vouloit absolument que j'eusse la préséance, mais je ne manquerai jamais à ce que je dois à la princesse héréditaire, et je tâcherai de lui rendre toutes sortes de bons services. Je veux attendre encore quelque temps avant que de lui découvrir tout ceci ; je tâcherai de la gagner, le Margrave fera la même chose, et à force de caresses elle donnera les mains à ce que nous voudrons.

La Marwitz ne manqua pas de me rapporter tout ceci. Après avoir bien ruminé dans ma cervelle, je résolus d'avertir la gouvernante de ce qui se passoit. Mais pour ne point compromettre la Marwitz, je feignis d'avoir reçu un billet anonyme, par lequel on m'informoit de tous ces beaux projets. Madame de Sonsfeld jeta d'abord feu et flammes, disant que c'étoit une invention de ses ennemis, qui vouloient la perdre elle et sa famille. Mais sur les fortes preuves que je lui donnai de la probabilité qu'il y avoit au contenu du billet, elle s'apaisa peu à peu. Je lui fis envisager ensuite les fréquentes visites que le

Margrave faisoit à sa sœur, les égards et les considérations qu'il avoit pour elle et mille petites choses, auxquelles je n'avois pas moi-même fait réflexion, mais qui étoient frappantes après l'avis. Ma gouvernante leva les yeux et les mains au ciel en fondant en larmes. Dans son premier mouvement elle vouloit aller chanter pouille au Margrave, ensuite elle vouloit demander son congé et emmener sa sœur avec elle. Ce n'étoit point mon compte que tout cela. Je lui représentai tant et tant qu'il falloit rompre cette intrigue par la douceur et par des remontrances qu'on feroit à sa sœur, qu'enfin elle consentit à ce que je voulus. La Flore revint encore plusieurs fois à Himmelcron. La gouvernante ne pouvoit s'empêcher de la picoter sur les longues conversations qu'elle avoit avec le Margrave, mais je la tourmentois tant qu'elle gardoit encore le silence.

Nous retournâmes enfin le 20. de Décembre en ville. Ce fut là que son humeur violente ne pouvant plus se contenir, elle traita sa sœur de Turc à More et lui dit que je savois toutes ses menées. La Flore avoit un génie très-borné. La gouvernante qui étoit de beaucoup plus âgée qu'elle, avoit eu soin de son éducation, ce qui étoit cause qu'elle avoit conservé une espèce de crainte pour elle. Cette pauvre fille se laissa intimider et lui confessa tout ce que je viens d'écrire. Elle lui montra même des lettres du Margrave, dans lesquelles il lui faisoit part du plan qu'il avoit fait pour la sûreté de son établissement en cas qu'elle devînt veuve, et ses lettres étoient remplies des promesses les plus flatteuses. La gouvernante, après les avoir lues, lui dit, qu'elle devoit venir avec elle sur-le-champ chez moi et me porter ses lettres, et que là elle devoit en écrire une en ma présence au Margrave et rompre une fois pour toutes avec lui, sinon qu'elle, la gouvernante, partiroit sur l'heure,

et que si la Flore ne vouloit pas la suivre, elle trouveroit bien moyen de la tirer de Bareith d'une ou
d'autre façon. Le ton ferme avec lequel Madame de
Sonsfeld lui parla, lui fit peur. Elle vint chez moi.
Après m'avoir fait le récit de tout son roman elle
voulut me faire accroire, qu'elle n'avoit eu aucun
dessein d'accepter les offres du Margrave. Je fis semblant d'être sa dupe. Elle me fit lire les lettres qu'elle
avoit reçues de lui. Je lui parlai avec douceur et
amitié, mais en même temps je lui fis comprendre,
que je ne donnerois jamais les mains à ce mariage.
Le prince héréditaire lui fit beaucoup de promesses,
d'avoir toute sa vie soin d'elle, mais il lui dit à peu
près les mêmes choses que moi. Pour princesse, lui
dis-je, vous ne le serez jamais ; vous ne pouvez le
devenir que par l'Empereur et ce prince a trop de
considération pour le roi, pour faire une chose qui
le désobligeroit si fort, et pour être mariée de la
main gauche, je vous crois le cœur trop bien placé,
pour accepter un pareil poste ; vous voyez bien que
c'est une chose impossible. Sur cela elle me promit
d'écrire si fortement au Margrave, qu'elle lui ôteroit
cette idée totalement de l'esprit ; mais que pouvant
néanmoins nous être de quelque utilité par l'ascendant qu'elle avoit sur lui, elle vouloit se ménager, de
façon qu'elle pût nous rendre service, et le tenir en
bride en même temps. Elle tint parole, et je fus charmée d'avoir rompu si heureusement cette méchante
affaire. Il faut pourtant que je fasse son portrait ici.

Mlle. de Sonsfeld n'a que cinq pieds ; elle est extraordinairement replète et boite du pied gauche ; elle
avoit été une beauté parfaite dans sa jeunesse, mais
la petite vérole lui avoit si fort grossi les traits, qu'elle
ne pouvoit plus passer pour telle ; cependant tout
son visage est prévenant et ses yeux si spirituels,
qu'on y est trompé ; sa tête, trop grande pour son

petit corps, la fait paroître naine, mais cependant sa figure n'est point frappante ; elle a bonne grâce, des façons et des manières qui dénotent qu'elle a été dans le grand monde ; son cœur est excellent, elle est douce et serviable, et en un mot, il n'y a rien à redire à son caractère ; sa conduite a toujours été des plus réglées ; mais le ciel ne l'avoit pas douée d'esprit ; elle a une certaine routine du monde, qui est cause qu'on ne remarque pas ce défaut, et ce n'est que dans le particulier qu'on s'en aperçoit ; les avantages que le Margrave lui avoit offerts, l'avoient éblouie, son amour-propre et son ambition l'avoient séduite et son peu de génie l'avoit empêchée d'en prévoir les conséquences.

Le Margrave commença bien tristement l'année 1734, puisque ce fut par la perte de ses espérances. Il pleura beaucoup en recevant la fatale lettre de la Flore, à ce qu'elle me conta. Cependant ce premier mouvement passé, il se flatta de nouveau de la réduire.

Ma santé étoit toujours le même. Je n'avois plus de fièvre continue, mais elle venoit tous les soirs. Cela ne m'empêchoit pas de voir du monde, mais je m'ennuyois beaucoup, et d'ailleurs j'étois toujours mélancolique, quoique je me contraignisse si fort, qu'il n'y avoit que ceux qui étoient autour de moi qui le remarquassent. Cette mélancolie provenoit en partie de ma maladie, et en partie de tous les cha-grins que j'avois essuyés à Berlin, et qui m'avoient accoutumée à rêver et à être toujours pensive.

Le régiment impérial du prince Guillaume étant devenu vacant par sa mort, on conseilla au Margrave de le demander pour son fils. Ce régiment avoit été levé par le Margrave George Guillaume à condition, qu'il resteroit à la maison. Le Margrave me chargea d'écrire à ce sujet à l'Impératrice. Cette princesse me répondit fort obligeamment et m'accorda ma prière. Le prince héréditaire en eut beaucoup de joie, aimant fort le militaire, qui étoit sa plus grande passion.

Nous étions dans le temps du carnaval. La Marwitz qui faisoit ce qu'elle pouvoit pour me dissiper, me proposa de faire en sorte qu'il y eût une Wirthschaft. Le prince héréditaire qui aimoit à se divertir, me pressa aussi de disposer le Margrave à cela. La chose étoit assez difficile. Le Margrave n'étoit point porté pour les plaisirs ; il s'en faisoit un cas de conscience, et son aumônier, piétiste outré, le confirmoit dans ses idées. La Flore à qui nous en parlâmes, promit de faire réussir la chose. En effet elle sut si bien tourner l'esprit du Margrave, qu'il vint me proposer cette fête. J'y topai d'abord. Il me pria de l'ordonner telle que je la voudrois, à condition qu'il ne se masqueroit point. Cet amusement n'est connu qu'en Allemagne. Il y a un hôte et une hôtesse qui traitent ; les autres masques représentent tous les métiers et professions différentes qu'il y a au monde. On ne met point de masque devant le visage à ces sortes de fêtes, et c'étoit pour cela que la Marwitz avoit inventé cela, sachant bien qu'il seroit inutile de proposer un bal masqué, que le Margrave n'auroit jamais souffert.

Je fis décorer toute la salle, qui est d'une grandeur immense, comme un bois, au bout duquel on voyoit un village avec son hôtellerie, ayant pour enseigne la bonne femme sans tête. Cette hôtellerie étoit toute construite d'écorce d'arbres, et son toit étoit couvert de lampions. Elle contenoit une table de cent couverts, dont le milieu représentoit un parterre, orné de divers jets d'eau. Les maisons de paysans enfermoient des boutiques de rafraîchissemens. Le bal commença après souper. Tout le monde fut charmé de cette fête et se divertit très-bien. Il n'y eut que moi qui eusse l'ennui en partage, car le Margrave ne cessa de m'entretenir de sa désagréable morale, et m'obséda si bien tout le soir, que je ne pus parler à personne, quoiqu'il y eût beaucoup d'étrangers avec lesquels j'aurois volontiers lié conversation.

Le dimanche après, l'aumônier du Margrave prêcha publiquement contre cette masquerade. Il nous apostropha tous en pleine église, et quoiqu'il y épargnât le Margrave en public, il lui fit des reproches si durs dans son particulier, d'avoir donné les mains à un tel péché, que le pauvre Margrave se crut damné à toute éternité. Il fit tant de sermens à cet ecclésiastique, de ne plus souffrir de pareils plaisirs dans son pays, qu'il en reçut enfin une absolution. Mais ce prince ne s'en tint pas là et voulut aussi faire abjurer les plaisirs au prince héréditaire. Celui-ci trouva moyen d'éluder le serment qu'il prétendoit de lui, ce qui déplut fort au Margrave. Une aventure qui arriva alors augmenta encore sa superstition, et nous auroit réduits à vivre comme les religieux de la Trappe, si le prince héréditaire ne s'étoit donné la peine d'approfondir le faux.

Depuis la mort du prince Guillaume une terreur panique s'étoit emparée de tous les esprits. Il y avoit tous les jours des histoires de revenans, qu'on prétendoit avoir vus au château, les unes plus ridicules que les autres. Le soin de ma conversation fit agir un esprit en chair et en os en ma faveur. L'on croit toujours ce que l'on souhaite. Un bruit de ville me faisoit passer pour enceinte. Comme j'étois persuadée que ce bruit étoit faux, moitié pour m'amuser, moitié pour le bien de ma santé, auquel les médecins avoient prescrit beaucoup d'exercice, j'apprenois à monter à cheval. Le Margrave m'avoit donné un cheval noir fort doux, et comme j'étois fort foible, je ne montois tout au plus qu'un quart d'heure. Toute nouveauté est mal reçue. Cette mode, fort en vogue en Angleterre et en France, n'étoit point introduite en Allemagne. Tout le monde cria contre, et ce fut ce qui donna lieu aux revenans. On vint bientôt avertir le Maréchal de Reitzenstein, qu'un spectre d'une figure effrayante apparoissoit tous les soirs dans un des corridors du château, et prononçoit d'une voix terrible ces étonnantes paroles : dites à la princesse du pays, que si elle continue à monter le cheval noir, elle aura un grand malheur, et qu'elle se garde bien de sortir de sa chambre pendant la durée de six semaines. Mr. de Reitzenstein, fort superstitieux de son petit naturel, avertit aussitôt le Margrave de cette apparition ; sur quoi défense expresse me fut faite de sortir du château, ni d'aller au manège.

Cela m'affligea beaucoup, et surtout que ce fût pour une si pauvre raison. J'assurai le Margrave que tout cela n'étoit qu'un jeu joué. Le prince héréditaire lui fit même part de conjectures qu'il tiroit là-dessus, et fit tant d'instances au Margrave, qu'il lui permit enfin d'approfondir la chose. Le prince introduisit des gens affidés par toutes les issues par où l'esprit pouvoit passer, mais il étoit si bien informé, qu'il ne se montra point les jours qu'on l'épioit. Le prince promit enfin une grosse récompense à celle qui l'avoit dénoncé, si elle pouvoit découvrir ce que c'étoit. La pauvre femme prit une lanterne sourde avec elle et n'eut que le temps d'envisager le spectre. Il avoit bien pris ses précautions, et lui souffla un poison si subtil dans les yeux, qu'elle en perdit la vue. Elle déposa que l'esprit avoit deux coques de noix sur les yeux, qu'il avoit tout le visage emmailloté dans de la toile grise, de façon qu'elle

n'avoit pu le reconnoître. Cette découverte ne dissipa point la bigoterie du Margrave, ou plutôt sa
mauvaise humeur contre nous. Le prince héréditaire jugea, que pour nous mettre à l'abri de toute
brouillerie, nous ferions bien de nous éloigner. Il y
avoit déjà longtemps que nous devions une visite au
Margrave d'Anspac ; nous prîmes ce temps critique
pour nous en acquitter, et nous partîmes le 21. de
Janvier.

La prédiction du spectre pensa s'accomplir. En
passant par-dessus un précipice d'une hauteur prodigieuse, la roue de devant sortit de l'ornière, et nous
aurions culbuté, si mes heyducs n'avoient arrêté le
carrosse par les roues de derrière. Le Margrave, la
Marwitz et ma gouvernante en sortirent avec peine,
le rocher empêchant qu'on pût ouvrir tout-à-fait la
portière. Mes gens s'imaginant que nous étions tous
hors de la voiture, laissèrent échapper les roues. La
frayeur me donna des forces et de l'adresse ; je fran-
chis la portière d'un saut, mais les deux pieds me
glissèrent et je tombai sous le carrosse dans le temps
qu'il recommençoit à marcher. La Marwitz et un
officier prussien, qui nous avoient suivis, me saisirent par l'habit et me retirèrent de là, sans quoi
j'aurois été rouée. Comme je m'étois fort effrayée, on
me fit prendre un peu de vin pour me remettre,
après quoi nous continuâmes notre voyage.

Ce n'étoit que depuis la nuit que le dégel étoit
venu. Le soleil commençoit à faire place aux ombres,
pour parler en style de roman, et nous avions une
rivière à passer. Cette rivière étoit gelée, mais à
peine y fûmes-nous entrés, que la glace se rompit et
que les chevaux et le carrosse tout penché et à demi
renversé y restèrent. Il fallut nous retirer de là à
force de poulies et avec de très-grandes précautions,
sans quoi nous aurions pu nous noyer très-facilement.

Nous arrivâmes enfin à Beiersdorf, où je me couchai d'abord, étant à demi-morte de fatigue et de toutes les frayeurs que j'avois eues, et nous nous rendîmes le lendemain au soir à Anspac. J'y fus reçue comme la première fois, et comme j'ai déjà fait la description de cette cour, je ne m'arrêterai pas au séjour que j'y fis. J'en repartis le 8. de Février et arrivai le jour suivant à Bareith.

De nouveaux désastres nous y attendoient. Dans le temps que je m'étois mariée, le roi avoit fait une convention avec le Margrave, qui étoit, que ce prince permettroit les enrôlemens prussiens dans son pays pour trois régimens, à savoir celui de mon frère, celui du prince héréditaire et celui du prince d'Anhalt. Mr. de Munichow, capitaine du régiment de Bareith, y étoit pour avoir soin des recrues. C'étoit un jeune homme, grand favori de mon frère et fils de ce président Munichow, qui lui avoit rendu tant de bons services pendant sa détention. Mon frère l'avoit fort recommandé au prince héréditaire. C'étoit un bon garçon, mais qui n'avoit pas inventé la poudre. Il vint au devant de nous à Streitberg, où nous devions dîner, et annonça d'abord au prince héréditaire, qu'il avoit fait la capture d'un homme de six pieds. Cet homme, disoit-il, étoit de Bamberg et avoit voulu s'engager dans un autre régiment, ce qui l'avoit déterminé à l'enlever de force proche de Bareith, et si secrètement, que personne n'en savoit rien, et de l'envoyer à Basewaldt. Il ajoutoit à cela, que c'étoit un garnement qui n'étoit d'aucun usage dans la société, et qu'ainsi il jugeoit que cette affaire ne feroit point de bruit.

Le prince héréditaire me fit part de cette belle prouesse de Munichow et prévit qu'il en auroit du chagrin. Il le témoigna même à Munichow, mais ce garçon le rassura si fort sur les mesures qu'il avoit

gardées dans toute cette entreprise, que nous crûmes
que peut-être la chose ne transpireroit point. Ce qui
me fit juger que le Margrave l'ignoroit, fut, qu'il nous
reçut très-bien. Il se rendit même le 12. de Février à
Himmelcron.

Nous ne pensions plus du tout à toute cette histoire, lorsque Mr. de Voit vint le soir à minuit nous
faire réveiller, et demanda instamment à nous parler. Il vint nous dire, que Mr. Lauterbach, conseiller
privé, mais qui n'étoit pas d'une famille distinguée,
étoit venu le trouver sur la brune et l'avoit chargé
de nous avertir, qu'il venoit de Himmelcron, où il
avoit trouvé le Margrave dans une si violente colère,
qu'il ne l'avoit vu de sa vie dans un tel emportement ;
que ce prince savoit l'action de Munichow ; qu'il
soupçonnoit son fils d'y avoir trempé, et qu'il avoit
juré de s'en venger d'une façon éclatante ; qu'il
reviendroit le lendemain en ville, et que nous n'avions
qu'à prendre nos mesures d'avance, puisqu'il craignoit tout pour le prince héréditaire.

Cet avis nous jeta dans des transes mortelles. Nous
tînmes le conseil des rats, car tous les expédiens
étoient inutiles et le prince héréditaire ne pouvoit
que prendre le parti de la soumission ; mais si celui-
là ne servoit de rien, tout étoit perdu. Nous passâmes
une cruelle nuit.

Dès que le jour parut, j'envoyai chercher la gouvernante. Encore nouveau conseil sans conclusion.
Enfin je parlai à la Flore. Elle me promit d'employer
tout son crédit, pour raccommoder cette méchante
affaire, mais elle craignoit de ne pas réussir, parce
qu'on avoit si peu d'égard à faire plaisir au Margrave, qu'on ne pouvoit le condamner s'il nous
payoit de la même monnoie. Je lui dis, qu'elle devoit
m'expliquer cette énigme à laquelle je ne comprenois rien, et que je ne me ressouvenois pas que ni le

prince héréditaire, ni moi eussions en rien manqué à ce que nous devions au Margrave. Elle leva les épaules sans me répondre. Je compris très-bien ce qu'elle vouloit dire, mais je feignis de ne pas le comprendre, et comme je la pressai de parler plus clairement, ne sachant que me répondre, elle me dit, que je turlupinois le Margrave et le traitois comme un petit génie qui n'avoit pas le sens commun. Si j'ai dit, repartis-je, qu'il a un petit génie, je n'ai dit que la vérité, mais je n'ai jamais parlé de lui sur ce pied qu'à des personnes dont j'étois sûre, qu'elles n'en feroient pas mauvais usage, comme votre sœur et vous. J'avoue qu'il a raison d'être fâché, car j'ai désapprouvé la conduite de Munichow, dès que j'ai appris cette belle aventure, et quand même il en parleroit un peu fortement à son fils, je ne pourrois le désapprouver, pourvu seulement qu'il s'abstienne de violences, car en ce cas il se mettra dans son tort.

Je passai toute l'après-dînée dans des inquiétudes mortelles. Je connoissois les emportemens du Margrave, et je savois qu'il étoit capable de tout dans son premier mouvement. Il arriva enfin à cinq heures. Le prince héréditaire le reçut, comme de coutume, au bas de l'escalier et le conduisit dans son appartement. Le Margrave lui fit mille caresses et s'entretint une grosse heure avec lui, après quoi il lui dit, qu'il avoit un peu à faire et qu'il se rendroit bientôt chez moi.

Le prince héréditaire revint triomphant. Il me fit les éloges de son père, en présence de la Flore, et dit, que jamais il n'oublieroit la modération qu'il lui témoignoit en cette rencontre ; que le Margrave l'avoit beaucoup mieux mis dans son tort, que s'il l'avoit maltraité, quoique dans le fond il fût innocent et qu'il n'eût point de part à cette violence. Mais il changea bientôt de langage, car on vint l'avertir un moment après, que Mr. de Munichow étoit arrêté avec deux sous-officiers du régiment de Bareith.

Il n'y avoit pas long-temps que les Hollandois avoient fait arquebuser un officier prussien qui avoit voulu enrôler sur leur territoire, et je me ressouvins, que le Margrave avoit fort approuvé cette action. Je ne doutai nullement qu'il ne préparât le même sort à Munichow. Cela me fit frémir ; j'en prévoyois les suites les plus affreuses, et je ruminois déjà dans ma tête, comment on le tireroit de ce mauvais pas, lorsque le Margrave entra. Il me fit un accueil très-obligeant. J'étois fort altérée, mais comme nous devions souper, je ne lui parlai de rien. Au sortir de table je m'approchai de lui : « Votre Altesse, lui dis-je, a sujet d'être fâchée de la violence que Munichow vient de commettre ; j'avoue, que son procédé est inexcusable et qu'il mérite l'indignation de Votre Altesse ; le prince héréditaire l'en a fort réprimandé et le condamne autant que moi, mais comme sa détention pourroit me causer beaucoup de chagrin de la part du roi, qui prendra cette affaire fort à cœur, je supplie Votre Altesse de le faire relâcher en ma considération ; c'est la première grâce que je Lui demande, et je suis persuadée qu'Elle ne me la refusera pas. » Il m'écouta d'un grand sang froid, puis prenant un ton de souverain :

« Votre Altesse royale, me dit-il, me demande toujours des grâces que je ne puis lui accorder ; le fait est atroce ; l'homme qu'on a enlevé est un prêtre catholique, on l'a garrotté et traité de la façon la plus cruelle, et cela, pour ainsi dire, en ma présence ; outre les affaires que cela me fera avec l'évêque de Bamberg, je ne puis souffrir qu'on manque de cette façon au respect qui m'est dû, et à l'autorité que Dieu m'a mise en main ; tant que je vivrai, je ne souffrirai jamais de pareilles violences dans mon pays, et si mon fils y avoit part, je souhaiterois qu'il ne fût jamais né, ou qu'il fût crevé au berceau ; je suis le maître ici, et je saurai faire connoître à tous ceux qui veulent se mêler d'agir contre mon autorité, que je suis tel. »

« Je crois, lui dis-je, Monseigneur, que personne n'en doute, et je serois au désespoir, si Votre Altesse s'imaginoit que le prince héréditaire ait eu part à toute cette affaire. »

« Je ne le crois pas non plus, Madame, mais mon fils auroit mieux fait de m'avertir lui-même de tout ceci ; je crois cependant que Munichow lui aura rapporté les choses différemment. »

« Cela est vrai, lui dis-je, mais si j'osois ajouter un mot ? »

« Vous pouvez dire ce qu'il vous plaira, Madame. »

« Eh bien donc, repris-je, que Votre Altesse fasse succéder la clémence à la justice, et qu'Elle se contente de la satisfaction qu'Elle s'est donnée en faisant arrêter Munichow, qu'Elle le fasse relâcher demain, et le prince héréditaire le fera partir sur-le-champ ; c'est un favori de mon frère, il lui a des obligations à lui et à toute sa famille, et il sera très-reconnoissant s'il apprend que Votre Altesse a eu la considération de le relâcher en faveur des services qu'il lui a rendus. »

« Je supplie Votre Altesse royale de ne plus me parler sur ce sujet, je dois savoir ce que j'ai à faire et je lui souhaite le bonsoir. » À ces mots il sortit et me laissa stupéfaite.

Le prince héréditaire me trouva encore tout altérée de ce beau discours. Nous jugeâmes tous les deux que l'affaire devenoit sérieuse. Le prince héréditaire étoit dans une colère terrible contre son père ; je n'étois pas moins animée contre lui. Le Margrave avoit raison de ressentir le manque de respect qu'on avoit eu pour lui, mais il auroit pu s'y prendre d'une autre façon, en parler à son fils, faire arrêter l'officier et m'accorder ensuite son élargissement ; mais la fausseté avec laquelle il en agissoit, étoit inexcusable, et découvroit suffisamment les sentimens de son cœur, qui ne nous étoient rien moins que favorables. Munichow fut examiné dans les formes. Il nia qu'il eût fait maltraiter l'homme en question, et protesta qu'il avoit ignoré son caractère de prêtre, cet homme n'en ayant pas porté les habits. Il fut interrogé deux fois le même jour sans qu'on en pût tirer autre chose. La Flore de son côté n'avoit rien pu obtenir du Margrave. Je me résolus donc de faire la malade et de me mettre au lit. On fit ce que l'on put pour l'attendrir sur mon sujet, en lui disant que j'étois malade de chagrin ; il n'en fit que rire.

Jusque-là j'avois tâché de raccommoder tout cela par la douceur, mais Munichow ayant fait avertir le prince héréditaire qu'on avoit redoublé ses gardes, et qu'on le traitoit comme un criminel auquel on veut faire le procès, je jugeai qu'il étoit temps d'employer d'autres moyens pour le tirer de ce mauvais pas. J'envoyai chercher le baron Stein, premier ministre. Je lui détaillai les suites fâcheuses que pouvoit avoir le procédé du Margrave, s'il vouloit se porter à des violences contre Munichow ; en un mot, je lui fis une si terrible peur du roi, qu'il me promit d'employer tous ses efforts pour fléchir le Margrave. Tout effrayé de ce que je lui avois dit, il s'enfuit chez ce prince, qu'il sut si bien intimider qu'il fit relâcher Munichow sur-le-champ. Il chargea le baron Stein de me dire, qu'il ne prétendoit point que Munichow partît, qu'il vouloit lui faire des politesses et qu'il me prioit instamment de raccommoder cette affaire auprès du roi. Je le fis remercier des égards qu'il avoit marqué avoir pour moi, en m'accordant ma prière, et je lui fis dire, que le prince héréditaire renverroit Mr. Munichow tout de suite à son régiment, parce qu'il ne vouloit point garder autour de lui des gens qui avoient eu le malheur d'offenser son père ; que je ferois au roi le détail de tout ce qui s'étoit passé, et que je ne doutois pas que cette affaire ne fût bientôt assoupie. Il fut charmé de mon procédé. Mr. Munichow prit congé de lui et la paix fut rétablie. Le prince héréditaire obtint même du roi que le prêtre fût relâché, de façon que le Margrave reçut toute la satisfaction qu'il avoit pu exiger.

Je commençois à peine à respirer et à me tranquilliser, que je fus replongée dans de nouvelles inquiétudes. Elles furent causées par une lettre du roi. Ce prince me mandoit, qu'ayant accordé à l'Empereur les 10,000 hommes stipulés dans le traité de Vienne, il comptoit faire lui-même la campagne sur le Rhin, et qu'il prétendoit que le prince héréditaire la fît avec lui ; que je devois en parler au Margrave de sa part et faire en sorte qu'il y consentît. Le prince héréditaire le souhaitoit passionnément ; se voyant soutenu du roi, il ne désespéra pas d'y disposer son père. Pour moi, en revanche, j'y étois fort contraire. Je connoissois le prince héréditaire ; il avoit une ambition démesurée de se distinguer ; sa principale passion étoit pour le militaire ; il étoit vif et bouillant. Tout cela me faisoit craindre qu'il ne s'exposât trop et qu'il ne lui arrivât un accident. Je n'avois rien de si cher au monde que lui ; nous ne faisions qu'un cœur et qu'une âme ; nous n'avions rien de caché l'un pour l'autre, et je crois que jamais deux cœurs n'ont été unis comme les nôtres. Malgré cela je me vis contrainte de montrer la lettre du roi au Margrave. Je trompai cependant le prince héréditaire. Je trouvai moyen d'en parler d'avance au ministre et de faire en sorte qu'on lui déconseillât de laisser partir le prince. Je n'eus aucune peine pour cela ; il étoit devenu fils unique depuis la mort de son frère. Ils désapprouvèrent unanimement l'idée du roi et me promirent d'agir si bien, que le Margrave ne donneroit jamais les mains à ce beau projet. Ayant ainsi préparé mes cartes, j'en parlai au Margrave. Il me parut embarrassé et me dit, qu'il vouloit y penser. Le prince héréditaire remuoit de son côté ciel et terre, pour persuader son père à le laisser partir ; mais personne ne vouloit se mêler de cela, de façon que le Margrave écrivit lui-même au roi, qu'il ne souffriroit jamais que son fils fît la campagne, que toute l'espérance du pays étoit fondée sur ce fils et que tout son pays s'y opposoit. Cette réponse ferma pour quelque temps la bouche au roi et me tranquillisa aussi.

Je n'ai point fait mention de ma belle-sœur, la princesse Charlotte. Elle étoit folle à être mise aux petites maisons. Il lui prenoit les vapeurs noires qui la rendoient de temps en temps furieuse. Le Margrave étoit obligé de la battre dans ce temps-là, sans quoi personne n'en pouvoit venir à bout. Les médecins prétendoient, que ces frénésies lui provenoient d'un tempérament trop amoureux, et que le seul moyen de la guérir étoit de la marier. Leur jugement n'étoit point faux ; on en remarquoit la vérité par diverses circonstances que je ne puis détailler ici. Elle paroissoit en public le matin et le soir, et on la gardoit à vue le reste du temps. Lorsqu'elle voyoit un homme elle rioit et lui faisoit des signes. On tâchoit toujours de donner une tournure à cela, et on plaçoit des dames vis-à-vis d'elle, pour empêcher qu'elle ne s'oubliât pas.

Le duc de Weimar avoit des vues sur elle depuis long-temps. C'est un des princes les plus puissants de la maison de Saxe, mais qui passoit pour être aussi fou dans son genre, que la princesse l'étoit dans le sien, de façon que c'étoit un mariage très-bien assorti. Il s'adressa à Mr. Dobenek, pour avoir le portrait de ma belle-sœur. Quoiqu'il fût très-désavantageux pour la princesse, il en fut charmé. Il la fit demander dans toutes les formes au Margrave, à condition néanmoins, qu'on ne feroit point éclater ses prétentions, jusqu'à ce qu'il fût à Bareith. Le Margrave y topa tout de suite, comme on peut bien se l'imaginer et on commença sous main à faire tous les préparatifs des noces.

La princesse Wilhelmine avoit aussi épousé le prince d'Ostfrise depuis quelques mois n'ayant pu se résoudre d'aller en Danemarc.

J'en reviens au duc de Weimar. Il arriva comme Nicodème dans la nuit, car il ne fit annoncer sa venue que quelques heures auparavant. Le duc de Cobourg[1] se fit annoncer en même temps, ce qui nous fâcha beaucoup, car ce prince devoit hériter de la plus grande partie du pays de Weimar après décès du duc sans enfans mâles. Comme ce prince n'en avoit point, nous crûmes que le duc de Cobourg venoit exprès pour rompre ce mariage. Ils arrivèrent l'un et l'autre le soir. Le Margrave qui n'aimoit ni le monde ni les étrangers, me pria de faire les honneurs de la maison, et ordonna à toute sa cour de suivre mes ordres. Ces deux princes furent donc menés tout de suite chez moi.

Celui de Weimar est petit et maigre comme une haridelle. Il me fit un compliment fort bien tourné, et je ne lui trouvai aucun ridicule le premier jour. Il considéra beaucoup la princesse qui étoit belle comme un ange, et que j'avois fait adoniser le mieux que j'avois pu.

Le duc de Cobourg est grand, très-bien fait et sa physionomie est des plus prévenantes. Il est très-poli, et c'est un prince qui a beaucoup de bon sens et qui est fort estimable par la bonté de son caractère.

Le lendemain le duc de Weimar commença à se découvrir un peu plus. Il ne m'entretint pendant deux heures que de mensonges si grossiers qu'il lui auroit été impossible de mentir ainsi, s'il n'avoit été à l'école du diable. Tout ce jour se passa sans qu'il fît parler au Margrave, qui en fut fort inquiet, et qui me pria pour l'amour de Dieu de faire en sorte que ce mariage réussît. « Je ne veux point me compromettre avec le duc de Weimar, me dit-il ; il n'y a que Votre Altesse royale qui puisse finir cette affaire ; j'aurois un mortel chagrin si ce mariage se rompoit ; ce seroit une insulte faite à ma maison et qui tireroit à de très-fâcheuses suites. »

Je me rendis à ses instances, mais je me trouvai fort embarrassée, ne sachant comment faire expliquer le duc. Celui de Cobourg me tira de peine. Il me fit demander, à moi et au prince héréditaire, une audience particulière. Il me dit, qu'il remarquoit bien que nous avions de la défiance de lui, étant l'héritier collatéral du duc de Weimar ; qu'il venoit exprès se justifier auprès de nous ; qu'il n'étoit venu à Bareith que dans l'intention de faire réussir le mariage du duc ; que ce prince avoit des caprices terribles ; que c'étoit une tête sans cervelle, qui n'avoit jamais de plan fixe et qui changeoit d'humeur vingt fois par jour ; que nous ne parviendrions jamais à nos fins en restant sur le qui vive ; que je devois en badinant le faire déclarer et faire les promesses tout de suite ; qu'il me seconderoit de tout son pouvoir ; que la princesse lui plaisoit fort et qu'il me répondoit que les fiançailles se feroient encore le soir même,

si je voulois suivre son conseil. Nous le remerciâmes
beaucoup. Il me fit ma leçon et pria le prince héréditaire de ne s'en point mêler, car, dit-il, il aime
les dames, et Son Altesse royale le fera sauter par-
dessus le bâton, si elle veut. Je fis avertir le Margrave de tout ceci, et le fis prier de se tenir prêt à
venir chez moi au premier signal que je donnerois,
afin qu'il pût être présent aux fiançailles.

Je commençai à préparer mes cartes dès midi. Je
fis assembler toutes les musiques enragées que je
pus rassembler ; des trompettes, des timbales, des
cornemuses, des chalumeaux, des trompes, des cors
de chasse, enfin que sais-je, qui nous écorchèrent
les oreilles au point que nous étions à demi sourds.
Mon duc entra bientôt dans son emphase de folie.
Il la mit dans tout son jour ; on auroit dit qu'il étoit
possédé. Il se leva de table, joua lui-même des timbales, racla du violon, sauta, dansa et fit toutes les
extravagances imaginables. Au sortir de table je le
menai avec le duc de Cobourg, la princesse et mes
dames dans mon cabinet. Je débutai par lui parler
de la guerre du Rhin et de condamner l'Empereur
de ce qu'il négligeoit de lui donner le commandement de ses armées. Il m'entassa alors gasconnade
sur gasconnade et des rodomontades sans fin, et
finit un galimatias, qui dura toute une heure, par
me dire, qu'il feroit la campagne et que son équipage étoit déjà fait.

« Je n'approuve point cela, lui dis-je, un prince
comme vous ne doit point s'exposer ; vous avez de
grandes espérances devant vous, vous pouvez encore
devenir électeur de Saxe, quoiqu'il y ait une ving-
taine de princes à envoyer à l'autre monde, avant
que vous puissiez y prétendre. »

« Cela est vrai, dit-il, mais je suis né pour les
armes et c'est mon métier. »

« Je sais un moyen d'accommoder tout cela, continuai-je, c'est de vous marier et d'avoir bientôt un fils, et alors vous pourrez aller en campagne, quand vous le voudrez. »

« Oh ! dit-il, pour des femmes, j'en trouverai cent pour une ; il y a trois princesses et deux comtesses à Hoff qui m'attendent là, mais elles ne sont pas de mon goût et je les renverrai ; le roi, votre père, Madame, vous a fait offrir à moi, il n'auroit dépendu que de moi de vous épouser, mais je ne vous connoissois pas et je refusai ses offres ; à présent j'en suis au désespoir, car je vous adore, oui, le diable m'emporte ! je suis amoureux de vous comme un chien. »

« Que je suis malheureuse ! lui dis-je, vous m'avez fait l'avanie de me refuser ; j'ai ignoré cet affront jusqu'à présent, j'en veux tirer satisfaction quoi qu'il en coûte. »

Je contrefis la désespérée ; le prince héréditaire et mes dames rioient à n'en pouvoir plus. Enfin mon duc, tout tremblant à mes pieds, s'égosilla à me faire des déclarations d'amour, qu'il avoit apprises par cœur dans quelque roman allemand. Je continuai toujours à faire la méchante. Il me dit enfin, qu'il étoit prêt à me donner telle satisfaction que j'exigerois de lui.

« Eh bien ! lui dis-je, je ne puis en recevoir d'autre, que de vous faire épouser une de mes parentes ; voyez si vous en êtes content. »

« De tout mon cœur, me dit-il, donnez-moi qui vous voudrez, et je veux que la foudre m'écrase, si je ne l'épouse sur-le-champ. »

« Je n'ai pas besoin de chercher loin ; en voici une, lui dis-je, en prenant ma belle-sœur par la main et la lui présentant, elle est plus belle et plus aimable que moi, et vous ne perdrez rien au troc. »

Il voulut l'embrasser, mais elle le repoussa. « Peste ! qu'elle est fière, dit-il, mais elle me plaît et j'en suis très-content. » J'envoyai chercher au plus vite le Margrave, lui faisant dire, que dès qu'il viendroit, il devoit les faire changer de bagues. Ce prince entra un moment après. Je lui dis aussitôt, que j'avois pris la liberté de faire un mariage ; qu'il n'y manquoit que son consentement ; que j'avois tant d'estime pour le duc, que je lui avois engagé ma parole de lui faire obtenir la princesse Charlotte, et que j'espérois que le Margrave n'y seroit pas contraire. Le Margrave au lieu de me répondre, tint la bouche ouverte, se mit à rire et demanda au duc, comment il se portait ? Je crus que le duc de Cobourg, le prince héréditaire et moi nous sortirions de la peau de rage, car notre fou enfila un grand discours avec le Margrave et ne pensa plus à faire la promesse de mariage. Il fallut recommencer tout de nouveau à le mettre en train. Enfin à force de pousser le Margrave, il lui fit promettre. On tira aussitôt du canon. Toute la cour et les dames de la ville étoient dans mon antichambre. Nous reçûmes tout de suite les complimens. On tira aux billets et on se mit à table. Après le souper il y eut bal. Je me retirai après avoir dansé avec le duc de Weimar. Je n'en pouvois plus de fatigue, la gorge me faisoit un mal terrible à force d'avoir parlé.

Le lendemain matin Mr. de Comartin, colonel des gardes du duc, demanda à me parler. Il débuta par me faire bien des excuses sur la commission dont il étoit chargé ; que le duc étoit comme un forcené ; qu'il vouloit partir et qu'il me faisoit dire, qu'il ne vouloit point se marier ; qu'il vouloit faire vœu de célibat et qu'en un mot tout ce qui s'étoit passé la veille n'avoit été que badinage. Comartin me dit, qu'il me conseilloit de prendre la chose fort haut et de faire comme si cela m'étoit fort indifférent. Je lui répondis, qu'il n'avoit pas besoin de me donner ces avis-là, qu'il n'avoit qu'à dire au duc de ma part, que j'avois cru lui faire beaucoup d'honneur en lui donnant ma belle-sœur ; que je me souciois fort peu de son alliance et qu'il me feroit un sensible plaisir de partir le plus tôt qu'il se pourroit. Faites-lui aussi un compliment de ma part, lui dit le prince héréditaire, et assurez-le que je lui témoignerai bientôt moi-même à quel point je suis charmé de son procédé.

Je fis avertir le Margrave de ce qui se passoit, et le fis prier de faire semblant d'ignorer tout cela, puisque j'espérois encore de redresser cette affaire. Je n'eus pas tort. Comartin revint un moment après me demander pardon de la part de son maître, et me prier pour l'amour de Dieu de le raccommoder avec le prince héréditaire. Le duc le suivit de près. Je fis long-temps la méchante, mais enfin je me laissai attendrir et le prince héréditaire en fit de même. Nous réglâmes ensemble que les noces se feroient le jour suivant, le 7. d'Avril.

Je fis habiller la princesse dans ma chambre en robe et coiffer en cheveux, avec une couronne ducale de mes pierreries sur la tête. Nous avions joué de bonheur jusque-là avec elle ; son esprit avoit été plus rassis et tranquille, mais lorsque je voulus lui mettre la couronne, elle se mit à crier et à pleurer comme une folle, s'enfuyant d'une chambre dans l'autre, se jetant à genoux à chaque siège qu'elle voyoit et y faisant sa prière. Mlle de Sonsfeld qui avoit le plus d'autorité sur elle, lui demanda ce qu'elle avoit ? Elle lui répondit, qu'on vouloit la faire mourir ; qu'elle ne voyoit que des ennemis autour d'elle, qui vouloient l'égorger. Enfin à force de lui parler, nous découvrîmes ce qui donnoit lieu à cette peur

panique. La princesse étoit allée voir la chapelle
ardente, où reposoit le corps de son frère ; la même
couronne de mes pierreries, qu'elle devoit porter ce
jour-là, avoit été posée sur un coussin, proche du
cercueil. Nous eûmes toutes les peines du monde
à la rassurer. Elle étoit belle comme un ange. Dès
qu'elle fut habillée, le Margrave et les deux ducs la
vinrent prendre chez moi. Nous la conduisîmes
dans ma chambre d'audience, où elle fit sa renonciation. On donna la bénédiction un moment après
dans la même chambre. Il y eut table de cérémonie.
On dansa après le souper la danse des flambeaux,
et ensuite je menai la mariée dans sa chambre
pour la déshabiller, pendant que les princes rendoient le même office au duc. Tout le monde s'étoit
retiré. Dès qu'elle fut couchée, j'envoyai avertir le
duc de venir. J'attendis toute une heure ; personne
ne vint. J'y renvoyai une seconde fois. Le prince
héréditaire vint me dire, que le duc étoit comme un
furieux et qu'il ne vouloit point se coucher ; qu'ils
s'étoient servis déjà de toute leur rhétorique, sans
en pouvoir venir à bout. Il nous arrêta de cette
façon jusqu'à quatre heures après minuit. Le prince
héréditaire fut obligé de lui faire encore peur et
de le menacer de se battre avec lui. Je me retirai
dès qu'il fut au lit.

Les veilles et les fatigues achevoient de ruiner ma
santé. Toutes les médecines que j'avois prises, ne
m'avoient fait aucun effet et je souffrois toujours.

Le jour suivant nous eûmes encore de nouveaux
tripotages. Le duc se plaignit de son épouse, l'ac-
cusant de n'avoir pas voulu consommer le mariage.
Ce train continua tout le temps qu'il resta à Bareith.
Je ne voulus pas m'en mêler. Le Margrave et le
prince héréditaire furent obligés d'y mettre ordre.
Enfin il partit le 14. d'Avril, et ce fut un grand bon-

heur pour nous, car s'il étoit resté plus long-temps, il nous auroit fait tourner la tête. Comme la duchesse n'avoit point encore de dames, je fus charmée de trouver ce prétexte pour éloigner pendant quelque temps Mlle de Sonsfeld. Je lui donnai permission de rester six semaines absente. Le prince héréditaire accompagna sa sœur jusqu'à Cobourg, où il ne s'arrêta que quelques jours.

Le Margrave se rendit à Himmelcron, et le prince héréditaire et moi à l'hermitage. J'y reçus une lettre de la reine, qui me surprit beaucoup. Elle me mandoit, que ma quatrième sœur, nommée Sophie, étoit promise au Margrave de Schwed, celui même qui m'avoit été destiné. Elle faisoit des éloges surprenans de ce prince. Elle ne lui auroit jamais été si contraire, disoit-elle, si elle l'avoit connu plus tôt. J'admirai l'instabilité de toutes les choses humaines, et surtout l'inconstance du cœur humain. Le Margrave avoit si bien gagné la reine par les rapports qu'il lui faisoit, qu'elle avoit enfin donné les mains au mariage de ma sœur. Mais dès qu'il fut promis, il leva le masque et se montra tel qu'il étoit, ce qui fut cause que peu de jours après je reçus une lettre de la reine toute contradictoire à l'autre, et qui étoit remplie d'horreurs contre ce prince. Je fus au désespoir de ce mariage à cause de ma sœur, que j'aimois tendrement. Elle n'étoit pas belle, mais son bon caractère, sa douceur, et mille bonnes qualités l'en récompensoient suffisamment. Elle sut si bien ramener son époux et prendre un tel ascendant sur son esprit, qu'il devint doux comme un mouton avec elle. Cependant tous les soins qu'elle s'est donnés n'ont pu corriger ce prince de ses défauts ; il est toujours le même, hors qu'il en agit comme un ange avec son épouse, qui est fort heureuse avec lui.

Mes alarmes, touchant la campagne du prince héréditaire, recommencèrent. Il intriguoit sous main, pour obtenir la permission du Margrave d'y aller et je travaillois de mon côté pour l'empêcher, de façon que nous nous trompions tous deux. Mais une seconde lettre du roi que je reçus, me causa un cruel chagrin. En voici le contenu.

« Je pars, ma chère fille, dans six semaines, pour aller au Rhin. Mon fils et mes cousins feront la campagne avec moi ; il faut que mon gendre la fasse aussi. Doit-il planter des choux à Bareith, pendant que tous les princes de l'empire vont à la guerre ? Il passera dans le monde, pour un poltron qui n'a point d'honneur ; toutes les raisons du Margrave ne valent rien. Rendez-lui la ci-jointe et dites-lui, qu'il déshonore son fils, s'il l'empêche d'aller à la guerre. Rendez-moi une prompte réponse et soyez persuadée que je suis etc. »

Mon Dieu ! que devins-je en lisant cette lettre ; je versai un torrent de larmes. Le prince héréditaire me parla très-fortement et me dit, que si je ne déterminois son père à le laisser aller, je le forcerois à s'enfuir de Bareith et à faire la campagne sans son consentement. Je lui répondis, que tout ce qu'il pouvoit exiger de moi étoit, que je ne lui serois pas contraire, mais que je ne persuaderois point le Margrave à le faire partir. J'envoyai la lettre du roi à ce prince. Il m'écrivit et me pria de retourner en ville, où il y avoit bien des choses à me communiquer et où il vouloit consulter le conseil sur cette affaire.

J'allai donc le 14. de Juin à Bareith. Le Margrave me montra la lettre du roi, qui étoit à peu près dans les mêmes termes que la mienne, et une du comte

Sekendorff. Ce général le prioit pour l'amour de Dieu
de se rendre aux désirs du roi, lui représentant,
qu'en voulant empêcher le prince héréditaire d'aller
en campagne, on lui attireroit beaucoup de méchantes affaires sur les bras ; que la saison étoit avancée ;
que cette campagne ne pouvoit durer long-temps
et qu'il espéroit lui relivrer son fils sain et sauf et
couvert de gloire, lorsqu'elle seroit achevée. Il me
demanda, ce que je pensois de tout cela ? Je lui
répondis, que je remettois toute cette affaire entre
ses mains, qu'il étoit père et que j'étois persuadée,
qu'il pèseroit bien mûrement le pour et le contre,
avant que de rien décider. Il me parut fort inquiet.
En effet tout le pays étoit contraire à la campagne
et on disoit hautement, que si le Margrave souffroit
que son fils y allât, ce seroit un signe qu'il ne l'aimoit
pas. Il répondit donc au roi, que la proposition qu'il
lui faisoit étoit de si grande conséquence, qu'il ne
pouvoit se déterminer si vite. Le prince héréditaire
de son côté étoit d'une humeur épouvantable de voir
les irrésolutions du Margrave. Il le pressoit vivement
tous les jours d'acquiescer à ses désirs.

Cependant le roi étoit déjà parti de Berlin, pour
se rendre à l'armée. Mon frère et tous les princes le
suivirent quelques jours après. Le roi avoit pris sa
route par le pays de Clèves. Mon frère me manda,
qu'il prendroit la sienne par Bareith, mais que le roi
lui ayant expressément défendu d'y faire séjour, il
me prioit de me trouver le 2. Juillet à Berneck, qui
est à deux milles de Bareith, où il pouvoit s'arrêter quelques heures. Je ne négligeai pas cette occasion de voir ce cher frère ; je me mis en chemin de
grand matin avec ma gouvernante, Mr. de Voit et
Mr. Sekendorff. Le prince avoit un gentilhomme
de la chambre avec lui, et le baron Stein nous

suivoit, pour complimenter mon frère de la part du Margrave.

J'arrivai à dix heures à Berneck. Il faisoit une chaleur excessive et je me trouvai déjà fort fatiguée du chemin que j'avois fait. Je descendis à la maison qui étoit préparée pour mon frère. Nous restâmes à l'attendre jusqu'à trois heures de l'après-midi. L'impatience nous prit enfin et nous nous mîmes à table. Pendant que nous y étions, il survint un orage épouvantable. Je n'ai rien vu de si terrible ; le tonnerre retentissoit dans les rochers, dont Berneck est entouré, et il sembloit que le monde alloit périr ; un torrent d'eau succéda à l'orage. Il étoit quatre heures et je ne pouvois comprendre où mon frère étoit. Plusieurs gens à cheval, que j'avois envoyés d'avance pour savoir où il étoit, ne revenoient point. Enfin, malgré toutes mes prières, le prince héréditaire voulut aussi aller le chercher. Je restai jusqu'à neuf heures du soir à attendre, sans que personne ne revînt. J'étois dans de cruelles agitations ; ces cataractes d'eau sont fort dangereuses dans les pays de montagnes, les chemins sont inondés dans un moment et il arrive très-souvent des malheurs. Je crus pour sûr qu'il en étoit survenu à mon frère ou au prince héréditaire. Enfin à neuf heures on vint me dire, que mon frère avoit changé de route et qu'il étoit allé à Culmbach, où il vouloit rester la nuit. Je voulus y aller (Culmbach est à quatre milles de Berneck, mais les chemins sont affreux et remplis de précipices) ; tout le monde s'y opposa, et malgré bongré on me mit en carrosse, pour me mener à Himmelcron, qui n'étoit qu'à deux milles de là. Nous pensâmes nous noyer en chemin, les eaux s'étant si fort accrues, que les chevaux ne les pouvoient passer qu'à la nage.

J'arrivai enfin à une heure après minuit. Je me jetai aussitôt sur un lit ; j'étois mourante et dans des transes mortelles qu'il ne fût arrivé quelque accident à mon frère ou au prince héréditaire. Ce dernier me tira enfin d'inquiétude. Il arriva à quatre heures, sans me dire des nouvelles de mon frère. Je commençois à m'assoupir, étant un peu plus tranquille, quand on vint m'avertir, que Mr. de Knobelsdorff vouloit me parler de la part du prince royal. Je m'élançai du lit et courus à lui. Il me dit, que mon frère n'avoit compté me voir que le jour suivant, ce qui avoit été cause qu'il s'étoit reposé à Hoff ; que si je voulois, il se rendroit à quelque endroit proche de Bareith ; qu'il y seroit précisément à huit heures et qu'il y resteroit quelques heures pour me parler. Je n'eus donc pas le temps de dormir et me remis en carrosse, pour me trouver au rendez-vous.

Mon frère m'accabla de caresses, mais me trouva dans un si pitoyable état, qu'il ne put retenir ses larmes. Je ne pouvois me tenir sur mes jambes et me trouvois mal à tout moment tant j'étois foible. Il me dit, que le roi étoit fort piqué contre le Margrave de ce qu'il ne vouloit pas souffrir que son fils fît la campagne. Je lui dis toutes les raisons du Margrave et j'ajoutai, qu'il n'avoit pas tort. Eh bien ! dit-il, qu'il quitte donc le militaire et qu'il rende son régiment au roi ; d'ailleurs tranquillisez-vous sur toutes les craintes que vous pourriez avoir pour lui, car je sais des nouvelles certaines qu'il n'y aura pas trop de sang de répandu. On forme pourtant le siège de Philippsbourg, lui répondis-je. Oui, dit mon frère, mais on ne risquera pas une bataille pour dégager cette place. Le prince héréditaire entra dans ces entrefaites et pria pour l'amour de Dieu mon frère de le tirer de Bareith. Ils se retirèrent ensemble à une fenêtre où ils s'entretinrent long-temps. Enfin mon frère me dit, qu'il écriroit une lettre très-obligeante au Margrave, et qu'il lui donneroit de si

bonnes raisons en faveur de la campagne, qu'il ne
doutoit pas que cette lettre ne fît son effet. Nous
resterons ensemble, dit-il en adressant la parole au
prince héréditaire, et je serai charmé d'être toujours
avec mon cher frère. Il écrivit la lettre, qu'il donna
au baron Stein, pour la remettre au Margrave. Nous
prîmes un tendre congé l'un de l'autre, non sans verser des larmes. Il promit d'obtenir la permission du
roi de s'arrêter à Bareith à son retour, après quoi il
partit. Ce fut la dernière fois que je le vis sur l'ancien
pied avec moi, il changea bien depuis.

Nous retournâmes à Bareith, où je fus si mal,
qu'on crut pendant trois jours que je n'en reviendrois
pas. Je réchappai pourtant encore cette fois, mais je
repris la fièvre lente beaucoup plus forte, que je ne
l'avois eue par le passé.

Je n'ai point parlé tout ce temps-ci de Mlle. de
Sonsfeld. Elle étoit revenue de Weimar, où elle avoit
laissé le duc et la duchesse en paix et en tranquillité. Je m'étois toujours flattée que l'absence la ban-
niroit du cœur du Margrave, mais j'avois compté
sans mon hôte, et ce prince étoit plus amoureux que
jamais à son retour. On dit qu'il n'y a point de laides amours, mais je soutiens qu'il y en a de très-
désagréables, et celui-ci peut être compté du nombre. La passion du Margrave ne souffroit plus de
contrainte ; il étoit tout le jour chez sa belle à laquelle il faisoit des déclarations morales et se
contentoit de lui sucer les mains. Il mettoit tous les
jours un habit neuf et faisoit adoniser sa teignasse,
pour paroître plus jeune. Lorsqu'il ne pouvoit la voir,
les billets doux rouloient. Ces billets étoient des plus
tendres, mais si fades, qu'il y avoit de quoi se trouver mal. Toutes ses vues, disoit-il, ne tendoient qu'au
mariage, son amour étant tout-à-fait dégagé de la
matière. Ce dernier article pouvoit être très-véridique,

car il étoit déjà si exténué, qu'il n'avoit que la peau et les os, ayant déjà l'étisie dans les formes. Tout cela nous déplaisoit fort. La Flore aimoit autant qu'elle étoit aimée, et je prévoyois qu'elle se rendroit enfin aux désirs de son cacochyme amant.

Ce pauvre prince outre les rigueurs de sa belle se vit accablé d'un nouveau chagrin, qui lui fut très-sensible et auquel je pris toute la part imaginable. Ce fut la triste nouvelle de la mort du prince de Culmbach. Son adjudant vint la lui annoncer. Ce prince fut tué le 29. de Juin à la bataille de Parme, qui se donna sous le commandement du général Merci. Il s'étoit déjà emparé d'une des batteries des François, lorsqu'il reçut deux coups de feu qui le couchèrent par terre dans le fossé. On l'emporta dans une cassine voisine. Les chirurgiens lui annoncèrent, qu'il n'avoit que quelques heures à vivre, sa blessure étant mortelle. J'ai le plaisir, dit-il, de mourir du genre de mort que j'ai toujours souhaité, et je serai content, pourvu que nous soyons vainqueurs. Ce furent ses dernières paroles ; il perdit le sentiment et quelques momens après la vie. Le Maréchal de Merci et quinze généraux de marque furent tués à cette action. Le champ de bataille demeura aux François et on peut leur attribuer la victoire, la perte des Autrichiens ayant été inouïe. Le prince héréditaire et moi nous fûmes touchés jusqu'au fond du cœur de cette perte. J'en versai bien des larmes, ayant perdu un vrai ami et un prince qui faisoit honneur à sa maison. On transporta secrètement son corps à Bareith.

Cependant la lettre que mon frère avoit écrite au Margrave, avoit fait son effet et on travailloit à force à l'équipage du prince héréditaire. J'étois ensevelie dans la plus noire mélancolie. La mort du prince de Culmbach m'avoit frappée ; je me figurois que le

prince héréditaire pouvoit avoir le même sort. Le
mauvais état de ma santé me consolait. Je pensois,
que si le prince héréditaire étoit tué, je ne lui survi-
vrois pas. Le médecin s'étoit contenté jusqu'alors
de me faire saigner huit fois pendant dix mois de
temps. Il ne connoissoit pas mon mal et s'imaginoit
qu'il provenoit de trop de sang ; avec cela il ne m'avoit
donné que des choses fortes, qui me soulageoient
pour quelques heures, mais qui augmentoient mon
mal. Il voulut donc commencer une autre cure avec
moi et nous fit prendre les eaux. Nous allâmes au
Brandenbourger avec le Margrave, afin que je pusse
m'en servir plus commodément. Mais mon estomac
trop foible ne fut pas en état de les supporter et je
fus obligée de les quitter dès le troisième jour.

Le corps du prince de Culmbach arriva dans ces
entrefaites à Bareith. On le déposa dans la chapelle,
les apprêts de son enterrement, qui devoit se faire
avec pompe et cérémonie, n'étant pas faits. Le Margrave étoit toujours vivement touché de cette perte
Il diminuoit de jour en jour. Le médecin lui déclara,
qu'il étoit dans un état dangereux, et que s'il ne
renonçoit à la boisson, il deviendroit incurable. Mais
ce prince y étoit si fort accoutumé, qu'il lui étoit
impossible de passer un jour sans s'enivrer deux
fois.

Enfin le malheureux jour du départ du prince
héréditaire arriva ; ce fut le 7. d'Août. Il n'y a que
les personnes qui aiment aussi fortement que moi
qui puissent se représenter ce que je souffris ; mille
morts ne sont pas à comparer à la douleur que je
ressentis ; j'avois l'imagination frappée et j'étois dans
la persuasion de ne plus revoir le prince. Il s'arracha d'auprès de moi, étant lui-même si altéré de mon
état, qu'il ne savoit ce qu'il faisoit. On le mena dans
sa chaise à demi-mort, et pour moi, je restai dans

une situation qui auroit touché les choses inanimées. Je fus quatre jours dans cet état. Enfin à force de réflexions je tâchois de modérer ma douleur et de la tenir dans de certaines bornes.

Je n'ai point parlé jusqu'à présent de toute la campagne du Rhin, n'ayant pas voulu interrompre le fil de ma narration. Je ne m'arrêterai qu'aux événemens principaux.

Le duc de Bevern avoit reçu le commandement de l'armée impériale l'année précédente. Cette armée qui ne consistoit qu'en vingt mille hommes, s'étoit tenue sur la défensive et n'avoit pu empêcher l'armée françoise, sous le commandement du duc de Bervie[1], de passer le Rhin. Le prince Eugène de Savoye[2] vint prendre la place du duc de Bevern. Il fut très-mécontent à son arrivée à l'armée des dispositions qu'il trouva. Il abandonna sur-le-champ les lignes de Stokhoff. Les François poursuivirent les Impériaux, mais sans pouvoir leur faire le moindre dommage. Quoique la France n'eût point jusque-là attaqué l'empire, les intrigues de la cour de Vienne prévalurent sur la politique des princes, qui se mêlèrent inconsidérément de cette guerre, en fournissant leur contingent à l'Empereur. Les Danois au nombre de 6,000, les Prussiens au nombre de 10,000 et les troupes de l'empire tirèrent très-à-propos le prince Eugène de la mauvaise situation, où il se trouvoit. Il ne put cependant empêcher les François de s'emparer de Kehl et de mettre le siège devant Philippsbourg. Cette place se rendit aussi après six semaines d'une vigoureuse défense. Le Maréchal de Bervie et le prince de Lixin furent tués dans la tranchée. Le prince héréditaire arriva deux jours après la prise de cette place. Le roi avoit employé tous ses efforts pour persuader le prince Eugène à livrer bataille pour sauver la place, mais ce prince n'avoit jamais voulu,

ayant représenté au roi, que s'il avoit le malheur
d'être battu, toute l'Allemagne étoit ouverte aux
François et qu'ils pourroient s'emparer de tout ce
qui leur plairoit.

Le prince héréditaire fut très-bien reçu du roi et de
mon frère. Ce dernier lui prêta une tente, ses équipages n'étant point encore arrivés. Il trouva le roi
fort changé de visage et maigri. Ce prince avoit la
goutte à la main, et convoit déjà en ce temps-là la
maladie dont il est mort. Il ne put soutenir toute la
campagne et fut obligé de partir, pour se rendre au
pays de Clèves. Il fit mille caresses au prince héréditaire avant son départ, et lui ordonna de s'arrêter
à Bareith au retour de la campagne. Le prince héréditaire se fit bientôt aimer de tous les généraux et
officiers de l'armée. Il s'appliquoit autant qu'il pouvoit d'apprendre le métier auprès d'eux. Sa conduite
régulière, sa politesse et ses manières affables et
prévenantes lui attirèrent tous les cœurs. Il n'en
étoit pas de même de mon frère. Il s'étoit lié d'amitié avec le prince Henri, second prince du sang et
frère du Margrave de Schwed. Ce prince n'avoit
pour tout mérite que sa beauté. Il étoit vicieux, son
caractère étoit mauvais et il avoit toujours témoigné
une bassesse de sentimens, qui l'avoit rendu mépri-
sable. Malgré cela il sut si bien s'insinuer auprès de
mon frère, qu'il le corrompit et l'engagea dans les
plus affreuses débauches. Ce ne fut pas tout. Il lui
rendit suspects tous les honnêtes gens : il n'y avoit
que ses semblables qui fussent les bien-venus ; en un
mot, mon frère devint tout différent de ce qu'il avoit
été, de façon que tout le monde étoit mécontent de
lui ; le prince héréditaire en eut sa part comme les
autres.

Un jour qu'il étoit allé reconnoître l'ennemi avec le
duc Alexandre de Wirtemberg, mon frère, plusieurs

princes et généraux, ils trouvèrent les François qui étoient postés en-deçà du Rhin. Le prince héréditaire se mit à dessiner leur poste et ne prit pas garde que mon frère commençoit à s'éloigner. Un jeune hussard qu'il avoit auprès de lui, s'amusa fort mal à propos de tirer sur l'ennemi avec une arquebuse rayée. MM. les François y répondirent sur-le-champ, et bientôt les balles volèrent autour du prince héréditaire. Il ne voulut pas se retirer et acheva tranquillement son dessin, donnant néanmoins une bonne mercuriale au hussard de son imprudence. Son dessin fini, il se remit à cheval et alla rejoindre mon frère. Celui-ci tenoit des propos assez piquans avec le prince Henri, sur ce qui venoit d'arriver. Le prince héréditaire les entendit. Il conta le fait à mon frère, et voyant qu'il continuoit toujours à chuchoter à l'oreille du prince Henri, en le regardant d'un air moqueur : celui qui dit des mensonges de moi à votre Altesse royale, lui dit-il, est un tel et tel, et je saurai lui apprendre à devenir véridique et à se désaccoutumer de débiter des calomnies. Mon frère se tut aussi bien que le prince Henri, auquel ces dernières paroles avoient été adressées.

Le jour suivant le prince héréditaire turlupina le prince Henri de la façon la plus cruelle en présence de tous les généraux. Celui-ci fila doux et engagea mon frère à faire quelques politesses au prince héréditaire, qui étoit très-mécontent de lui.

Un courrier qui arriva quelques jours après à l'armée, les informa du triste état où se trouvoit le roi. Il étoit allé à Clèves et s'étoit vu obligé d'y demeurer, son mal s'étant fort augmenté. Le corps commençoit à lui enfler et les médecins jugeoient qu'il étoit hydropique, et que son état étoit très-dangereux et précaire.

J'en reviens à Bareith. Le corps du prince de
Culmbach devant être inhumé le 25. d'Août, nous
nous rendîmes à Himmelcron, pour n'être pas présents à cette cérémonie. Depuis le départ du prince
héréditaire j'aperçus que l'amour du Margrave alloit
grand train. Mlle. de Sonsfeld ne pouvoit s'empêcher de témoigner les sentiments qu'elle avoit pour
lui ; certains propos qu'elle tenoit, dénotoient assez
qu'elle succomberoit à la tentation d'être Margrave.
Ce prince s'affoiblissoit à vue d'œil. Son médecin,
le plus ignorant qu'il y eût jamais, lui promit de le
guérir par certains bains et par une boisson, qu'il
regardoit comme un remède universel ; c'étoient des
pommes de pins cuites dans de l'eau. Le Margrave
et moi, nous commençâmes notre cure en même
temps, mais par bonheur pour moi il y eut des gens
charitables qui m'avertirent que je me tuerois en la
continuant. On voulut donner le même avis au Margrave, mais il étoit si entiché de son médecin, qu'il
continua ses bains, où il tomboit tous les jours en
foiblesse. Il faisoit travailler jour et nuit, pour accommoder le château à Himmelcron. Il y faisoit fabriquer un nouvel appartement, tout décoré avec des
dorures et des glaces. Il vouloit y faire un magnifique
jardin et une ménagerie, et on bâtissait déjà un
manège.

Tout cela me faisoit conclure qu'il alloit se marier
et qu'il vouloit s'établir tout-à-fait à Himmelcron.
La Marwitz me confirmoit dans cette idée et m'avertissoit sans cesse d'être sur mes gardes. Cette fille
avoit beaucoup d'esprit et de solidité, je pouvois
compter sur sa discrétion, et je l'aimois tous les jours
davantage. Comme elle épioit sans cesse, elle s'aperçut qu'il y avoit beaucoup de personnes mêlées dans
cette intrigue, et entr'autres Mr. de Hesberg[1], qui
avoit été gouverneur du prince Guillaume. Je le

connoissois pour un très-honnête homme et ne fis point de difficulté de m'ouvrir à lui sur ce sujet ; mais je résolus d'attendre, que je fusse de retour de Himmelcron.

Je m'y rendis le 24. d'Août avec ma gouvernante et la Marwitz. J'y passois le temps le plus ennuyeux du monde. Le Margrave étoit dans un état à faire peur ; sa mémoire baissoit si fort, qu'il ne savoit la plupart du temps ce qu'il disoit. À la fin du repas et après avoir bu il lui prenoit des tics convulsifs qui me causoient des frayeurs terribles, car je m'attendois à tout moment à le voir tomber en convulsions, auxquelles il avoit été sujet dans sa jeunesse. Il restoit toute la sainte journée dans ma chambre, ce qui me gênoit beaucoup.

Nous retournâmes enfin à Bareith le 4. de Septembre, où je tâchois d'avoir une entrevue secrète avec Mr. de Hesberg. Il m'avoua, qu'il étoit informé de ce que je voulois savoir, que Mlle. de Sonsfeld lui en avoit fait la confidence, et voici le détail qu'il me fit. Depuis que j'avois rompu cette intrigue la première fois, le Margrave n'avoit point ralenti ses instances ; Mlle. de Sonsfeld s'étoit tenue quelque temps sur la défensive, mais enfin elle s'étoit rendue, à condition néanmoins qu'elle n'épouseroit le Margrave qu'avec mon consentement ; ce prince jugeant qu'il trouveroit bien des difficultés à vouloir la faire déclarer princesse, avoit résolu pour lever tout obstacle, de lui faire donner le titre de comtesse de Himmelcron ; il vouloit se retirer avec elle dans cet endroit, et lui donner un capital très-considérable qu'il vouloit placer hors du pays ; le Margrave n'attendoit que le retour du prince héréditaire et le départ de mon frère pour nous en faire la proposition, bien résolu si nous faisions des difficultés, de s'en venger et de passer outre.

Tout cela m'alarma au suprême degré. Il étoit très-facile pour moi de rompre toute cette intrigue, si j'avois voulu en avertir le roi, mais j'aimois trop ma gouvernante pour l'exposer, elle et sa famille, au ressentiment de ce prince. Je résolus donc de risquer le tout pour le tout. J'envoyai chercher Mlle. de Sonsfeld. Je lui déclarai tout net, que je savois toutes ses menées avec le Margrave ; que je lui avois déjà une fois parlé clair sur ce sujet ; que je ne donnerois jamais les mains à son mariage ; qu'elle me forceroit d'avoir recours au roi, si elle vouloit l'accomplir ; qu'elle devoit rompre tous ses rendez-vous avec le Margrave, qui faisoient du tort à sa réputation ; qu'elle devoit considérer l'état où se trouvoit ce prince, qui étoit au bord de la fosse et qui ne pouvoit vivre ; que si elle l'épousoit par tendresse, sa perte lui seroit bien plus sensible après son mariage qu'auparavant, et que si c'étoit par intérêt, elle pouvoit compter que j'aurois soin d'elle toute ma vie, et que je tâcherois de la récompenser de l'effort qu'elle auroit fait sur elle-même. J'assaisonnai cela de beaucoup d'expressions obligeantes, et moitié par douceur et moitié par menace je tirai d'elle une seconde promesse, qu'elle ne passeroit pas outre. Elle m'avoua, qu'elle s'étoit toujours flattée de me fléchir, et qu'elle ne pouvoit nier qu'elle ne fût sensible à l'amour que le Margrave avoit pour elle ; qu'elle seroit cependant obligée d'aller bride en main avec lui et de ne pas l'effaroucher, de peur que son ressentiment ne tombât sur nous ; car, me dit-elle, Madame, s'il savoit que Votre Altesse royale est contraire à ses vues, et qu'elle est cause que je les rejette, il se porteroit aux dernières extrémités.

Effectivement elle se gouverna avec tant de prudence, qu'elle amusa le Margrave jusqu'à sa mort, et trouva moyen par son crédit de nous rendre toutes sortes de bons offices. Il ne lui manquoit que le titre de Margrave, car elle en avoit toute l'autorité ; rien ne se faisoit sans sa volonté et toutes les grâces passoient par ses mains. Le premier plaisir qu'elle me fit, fut de persuader le Margrave à faire revenir le prince héréditaire. Les François cantonnoient déjà et il n'y avoit plus rien à faire à l'armée. Elle ne l'obtint cependant qu'avec beaucoup de peine.

J'eus le plaisir de revoir ce cher prince le 14. de ce mois. Il avoit eu une approbation générale. Je reçus diverses lettres sur son sujet de l'armée, remplies de ses éloges et de l'application qu'il s'étoit donnée pour apprendre le métier. Je le trouvai fort engraissé et bien portant. Il me témoigna le mécontentement qu'il avoit de mon frère et me dit, qu'il avoit si fort changé à son désavantage, que je ne le reconnoîtrois plus ; qu'il ne se soucioit plus de moi, et qu'en un mot c'étoit tout un autre homme. Ce rapport m'affligea beaucoup. Cependant je me flattois de regagner le cœur de mon frère, pendant le séjour qu'il devoit faire chez nous.

Le roi étoit dans un état pitoyable. On l'avoit transporté à Berlin. Tous les médecins qui étoient autour de lui regardoient son mal comme incurable.

Le Margrave dépérissoit à vue. Sa santé ne lui permettant pas de recevoir mon frère il se rendit au parc, où il y avoit une très-belle maison, pour éviter sa présence et recommencer une nouvelle cure. Mais il ne put la continuer ; il prit un crachement de sang, qui fit craindre pour sa vie. Tout le monde lui conseilla de se défaire de son médecin. On l'anima si fort contre ce malheureux, qu'il l'auroit fait arrêter, si on ne l'en avoit empêché. Les autres médecins disoient que c'étoit les bains, qu'il avoit fait prendre au Margrave, qui l'avoient réduit à ce triste état. Goekel prétendoit le contraire ; voici

comment il vouloit prouver l'efficace de ses bains.
On conserve, disoit-il, les corps en les embaumant ;
je conclus de là, que si je puis parvenir à embaumer
une personne pleine de vie, cette personne pourra
vivre quelques centaines d'années ; or le plus excellent préservatif contre la corruption est la pomme
de pin ; j'ai donc agi en homme sensé et qui entend
son métier en les ordonnant au Margrave et à la
princesse héréditaire. Je ris bien de ce beau système,
qui nous auroit rendus momies, le Margrave et moi.

Nous reçûmes dans ce temps-là des nouvelles
d'Italie. Elles furent avantageuses pour les Autrichiens. Le comte Koenigsek surprit l'armée du
Maréchal de Broglio et celle du roi de Sardaigne,
en faisant passer la rivière Seggio à ses troupes. Le
Maréchal se sauva nu-pieds et l'autre chaussé. Toute
l'armée des alliés fut mise en déroute. On dit, qu'il
n'y avoit rien de plus plaisant à voir que les hussards
autrichiens, qui s'étoient parés des habits galonnés
des officiers françois. Ceux-ci eurent leur revanche
quelques jours après. Le comte Koenigsek les ayant
poursuivis, les François lui livrèrent bataille devant
la ville Guastala et le défirent. Le prince Louis de
Wirtemberg et plusieurs autres braves généraux
autrichiens y furent tués.

Cependant mon frère arriva le 5. d'Octobre. Il me
parut fort décontenancé, et pour rompre tout entretien avec moi, il me dit, qu'il étoit obligé d'écrire au
roi et à la reine. Je lui fis donner des plumes et du
papier. Il écrivit dans ma chambre et employa plus
d'une grosse heure pour écrire deux lettres, où il n'y
avoit que deux lignes. Il se fit ensuite présenter toute
la cour, et se contenta de regarder tous ceux qui la
composoient d'un air moqueur, après quoi nous
nous mîmes à table. Il ne fit dans toute sa conversation que turlupiner tout ce qu'il voyoit en me

répétant plus de cent fois le mot de petit prince et de petite cour. J'étois outrée et ne pouvois comprendre comment il avoit changé si subitement envers moi. L'étiquette de toutes les cours de l'empire n'accorde la table des princes qu'à ceux qui ont le rang de capitaine ; les lieutenans et les enseignes sont exclus et sont placés à la troisième table. Mon frère avoit un lieutenant dans sa suite ; il le fit placer à table en me disant, que les lieutenans du roi valoient bien les ministres du Margrave. Je ravalai cette dureté et ne fis semblant de rien.

L'après-midi étant seule avec lui, il me dit : notre Sire tire à sa fin et ne vivra pas ce mois. Je sais que je vous ai fait de grandes promesses, mais je ne suis pas en état de vous les tenir ; je vous laisserai la moitié de la somme que le feu roi vous a prêtée ; je crois que vous aurez tout lieu d'être satisfaite de cela. Je lui dis, que ma tendresse pour lui n'avoit jamais été intéressée ; que je ne lui demanderois jamais rien que la continuation de son amitié, et que je ne voulois pas un sou de lui, si cela l'incommodoit de la moindre manière. « Non, non, dit-il, vous aurez ces 100,000 écus, je vous les ai destinés. On sera bien surpris dans le monde, continua-t-il, de me voir agir tout différemment qu'on ne l'auroit cru ; on s'imagine que je vais prodiguer tous mes trésors et que l'argent deviendra aussi commun à Berlin que les pierres, mais je m'en garderai bien, j'augmenterai mon armée et je laisserai tout sur le même pied. J'aurai de grandes considérations pour la reine, ma mère, je la rassasierai d'honneurs, mais je ne souffrirai point qu'elle se mêle de mes affaires, et si elle le fait, elle trouvera à qui parler. »

Je tombai de mon haut en entendant tout cela ; je ne savois si je dormois ou si je veillois. Il me questionna ensuite sur les affaires du pays. Je lui en fis le détail. Il me dit : quand votre benêt de beau-père mourra, je vous conseille de casser toute la cour et de vous réduire sur le pied de gentils-hommes, pour payer vos dettes ; au bout du compte vous n'avez pas besoin de tant de monde, et il faut aussi que vous tâchiez de diminuer tous les gages de ceux, que vous ne pourrez vous dispenser de garder ; vous avez été accoutumée à vivre à Berlin avec quatre plats, c'est tout ce qu'il vous faut ici, et je vous ferai venir de temps en temps à Berlin, cela vous épargnera la table et le ménage.

Il y avoit déjà long-temps que j'avois le cœur gros, je ne pus retenir mes larmes en entendant toutes ces indignités. « Pourquoi pleurez-vous ? me dit-il. Ah, ah ! c'est que vous êtes mélancolique ; il faut dissiper cette humeur noire, la musique nous attend et je vous ferai passer cet accès en jouant de la flûte. » Il me donna la main et me conduisit dans l'autre chambre. Je me mis au clavecin, que j'inondai de mes larmes. La Marwitz se plaça vis-à-vis de moi, pour empêcher les autres de voir mon désordre.

Il reçut enfin le quatrième jour de son arrivée une estafette de la reine, qui le conjuroit de se hâter de revenir, le roi étant à l'extrémité. Cette nouvelle acheva de me désoler. J'aimois le roi et je voyois bien par le train que prenoient les choses, que je ne pouvois plus compter sur mon frère. Il fut pourtant un peu plus obligeant envers moi les deux derniers jours avant son départ. L'amitié que j'avois pour lui, me fit excuser ses irrégularités et je me crus bien rapatriée avec lui, mais le prince héréditaire n'y fut pas trompé, et me prédit d'avance bien des choses qui se sont vérifiées dans la suite. Mon frère repartit donc le 9. d'Octobre, me laissant en suspens sur son sujet.

Le Margrave revint deux jours après à Bareith, je fus fort surprise en le revoyant. Je n'ai de ma vie vu un changement pareil ; tout son visage étoit si tiré, qu'il n'étoit pas reconnoissable. Il vint se reposer un moment chez moi. Tout le temps qu'il y resta il ne fit que se déchaîner contre son médecin et me faire le détail de sa maladie. Elle augmenta bientôt si fort, qu'il ne fut plus en état de quitter la chambre. Je lui rendois visite tous les jours. Ce prince étoit d'une humeur insupportable ; il nous faisoit souffrir maux et martyres. Nous n'osions plus parler à personne, sans courir risque de rendre ses gens malheureux, et ses soupçons le portoient à s'imaginer, que nous formions des intrigues avec tout le monde. Il étoit défendu de rire ; dès que nous étions un peu gais, il disoit que c'étoit de la joie que nous avions de sa maladie. Pour mettre fin à toutes ces chicanes, nous ne vîmes plus personne et nous nous réduisîmes, le prince héréditaire et moi, à n'avoir commerce qu'avec mes dames, qui étoient les seuls êtres vivans que nous vissions. Nous dînions et soupions en particulier. Je travaillois, je lisois, je composois de la musique tous les jours ; nous jouions au colin-maillard, ou nous chantions et dansions ; enfin il n'y avoit point de folies dont nous ne nous avisassions pour tuer le temps. Mais j'ai négligé jusqu'à présent de rapporter un fait assez intéressant, n'ayant pas voulu interrompre le fil de ma narration.

J'ai déjà fait le portrait de la Margrave douairière de Culmbach, qui faisoit sa demeure à Erlangue. Cette princesse s'étoit amourachée d'un certain comte Hoditz, homme d'une très-grande maison de Silésie, mais franc-libertin et aventurier. Comme la conduite de cette princesse étoit connue et qu'il lui falloit toujours un adorateur, cette nouvelle intrigue ne donna point d'ombrage au Margrave. Elle garda

même quelques dehors avec son amant au commencement de leurs amours, mais sa passion pour
lui augmenta tout d'un coup si fort, qu'elle résolut
de l'épouser. Le comte sut si bien mener cette
affaire, que personne ne s'aperçut de leur dessein
que lorsqu'il fut accompli. Les deux amans choisirent une nuit fort obscure pour s'évader du château ;
une fausse clef qu'ils avoient pris soin de faire fabriquer, leur procura la sortie du jardin. Malgré une
pluie épouvantable ils gagnèrent à pied un petit
village bambergeois, à une demi-lieue d'Erlangue.
Madame la Margrave n'avoit pour tout habillement
qu'une simple jupe de basin et un pet-en-l'air de la
même étoffe. Ils trouvèrent deux prêtres catholiques dans le village qui les marièrent, après quoi ils
retournèrent à Erlangue dans le même ordre qu'ils
en étoient partis. Le secrétaire de la Margrave et
quelques domestiques du comte, qui les avoient suivis, leur servirent de témoins. Le comte partit quelques jours après pour Vienne. Sa nouvelle épouse
lui fit présent d'une partie de ses pierreries et engagea le reste pour payer les frais de son voyage. Cette
démarche fit du bruit. Le secrétaire de la Margrave
prévoyant bien qu'il n'avoit plus aucune fortune à
espérer de sa maîtresse, vint dénoncer le fait au
Margrave.

Ce prince envoya d'abord le Baron Stein à Erlangue
pour examiner la chose. La Margrave avoua tout de
suite son mariage. On lui fit toutes les représentations imaginables, pour lui montrer la bassesse
de son procédé, et les suites funestes qui s'en sui-
vroient, lui offrant de faire rompre son mariage, qui
ne s'étoit pas fait selon les cérémonies de l'église, les
deux prêtres n'ayant pas reçu la dispense de l'évêque de Bamberg pour les marier. Toutes les raisons
qu'on put lui alléguer furent inutiles. Elle répondit,

qu'elle aimeroit mieux manger du pain sec et ne boire que de l'eau avec son cher comte, que d'avoir l'empire de l'univers. Le Margrave voyant qu'il ne gagneroit rien sur son esprit, avertit le duc de Weissenfeld de ce qui se passoit. Ce prince envoya un de ses ministres à Erlangue, mais toutes les instances et remontrances de celui-ci furent aussi peu efficaces, que celles du baron Stein. Elle sortit du château pour se rendre auprès de son époux, mais ses créanciers, qui étoient en grand nombre, l'arrêtèrent. Pour se sauver de leurs mains, elle leur abandonna tous ses effets. Elle se rendit à Vienne, où elle abjura la foi luthérienne pour embrasser la catholique. Elle y est encore présentement dans une misère affreuse, méprisée de tout le monde et vivant des charités, que lui fait la noblesse. Son époux l'a cajolée tant qu'elle a eu un sou de bien. Elle a été obligée de vendre toutes ses nippes, pour suffire aux dépenses du comte, qui l'a laissée à présent dans le plus cruel abandon.

Le commencement de l'année 1735 ne fut pas favorable au Margrave. Sa santé s'affoiblissoit à vue, et il ne pouvoit plus quitter le lit ; mille fantaisies lui passoient par la tête ; il ne s'imaginoit point de mourir, et faisoit faire tous les jours des plans pour l'embellissement de Himmelcron. Il vouloit rendre cet endroit magnifique et y dépenser 100,000 florins en bâtimens. J'ai déjà parlé de son ordre. Il le fit changer et voulut y ajouter des commanderies ; certaines terres allodiales devoient être employées à cet usage. Non content de tout cela, il acheta une immense quantité de chevaux et fit faire diverses sortes de voitures, voulant jouer, disoit-il, le grand Seigneur ; en un mot, si Dieu ne l'avoit retiré du monde, il auroit ruiné tout son pays et nous auroit laissés à l'aumône. Tous ceux qui étoient en charge, voyant bien qu'il ne pouvoit réchapper de cette maladie, s'adressoient au prince héréditaire. Celui-ci tâchoit sous main de faire traîner les bâtimens de Himmelcron et le plan des commanderies. Le Margrave avoit même des momens où son esprit étoit détraqué, toutes les affaires alloient cahin-caha, et il nous faisoit tous les chagrins imaginables. Je le laisserai reposer un peu pour voir ce qui se passoit à Berlin.

Le roi y étoit toujours très-mal de l'hydropisie. Il souffroit prodigieusement ; les jambes lui étoient crevées ; il étoit obligé de les tenir dans des baquets, pour y laisser couler l'eau qui en sortoit. Son mal augmentant à vue d'œil, il résolut de faire les noces de ma sœur Sophie avec le Margrave de Schwed. La bénédiction de leur mariage se donna le 7. de Janvier devant son lit. Une espèce de grosseur qu'il avoit à une de ses jambes, fit croire aux médecins qu'il s'y formoit un abcès, ils résolurent d'y faire une incision. L'opération fut longue et douloureuse. Le roi la soutint avec une fermeté héroïque et se fit donner un miroir, pour être en état de mieux voir travailler les chirurgiens. Mon frère me mandoit toutes les postes, qu'il n'avoit plus que 24 heures à vivre, mais il comptoit sans son hôte, et la quantité d'eau que le roi avoit perdue, jointe à l'habileté des médecins, rétablit entièrement ce prince. Cette cure fut regardée comme un miracle. Sa convalescence me combla de joie. Toutes mes sœurs se rendirent à Berlin pour féliciter le roi sur le rétablissement de sa santé. Je ne pus lui témoigner la satisfaction que j'en ressentois que par écrit, ne pouvant m'éloigner dans l'état où étoit le Margrave.

Ce prince, tout mourant qu'il étoit, voulut conférer son nouvel ordre en cérémonie. Tous ceux qui en étoient chevaliers, le reçurent de lui. Il étoit couché dans son lit, où il reçut des complimens de toute la cour. Cet ordre consiste dans une croix blanche ; l'aigle rouge qui représente les armes de la maison, est au milieu ; elle est attachée à un ruban ponceau, bordé d'or, et on le porte autour du cou ; l'étoile est d'argent ; l'aigle rouge est au milieu avec cette devise latine : sincère et constant. Il y eut grande table chez moi et le soir bal, qui ne dura qu'un quart d'heure.

Je fus bien attristée en ce temps-là par une lettre de la duchesse de Brunswick, qui me faisoit part de la mort de son époux. Il n'y avoit qu'un an qu'il étoit parvenu à la régence. Je le regrettai sincèrement, et je conserve encore une tendre amitié pour la duchesse, son épouse. Le prince Charles, son fils, se vit prince régnant par ce décès. Ma sœur joua de bonheur, si on peut appeler ainsi la perte d'un si brave prince, car elle se vit deux ans après son mariage, et contre toute apparence, princesse régnante.

Cependant la maladie du Margrave augmenta si fort, qu'on lui conseilla de faire venir un médecin très-habile d'Erfort, pour le consulter. Celui qu'il avoit pris à la place de Goekel, se nommoit Zeitz. C'étoit un homme d'esprit, qui avoit un peu plus de savoir que son prédécesseur, mais dont le système étoit aussi ridicule, que celui de l'autre. D'ailleurs cet homme avoit un très-mauvais caractère ; il n'avoit point de religion, et par conséquent aucun frein qui pût le tenir en bride. Il n'est pas donné à chacun d'avoir une foi aveugle, même on trouvera ordinairement que ceux qui croient le moins, vivent le plus moralement bien, mais un mauvais esprit, qui n'a point de religion, est un meuble très-dangereux dans la société. La plupart des gens ne savent ce qu'ils croient ; les uns rejettent la religion, parce qu'elle est contraire à leurs passions ; les autres pour être à la mode ; d'autres encore pour s'attirer la renommée de gens d'esprit. Je désapprouve fort ces sortes d'esprits forts, mais je ne puis condamner ceux qui se font une étude de rechercher la vérité et de se défaire de tout préjugé. Je suis même convaincue, que les personnes qui s'accoutument à réfléchir, ne peuvent qu'être vertueuses ; en recherchant la vérité, on apprend à raisonner juste, et en apprenant à raisonner juste, on ne peut qu'aimer la vertu. Mes réflexions m'ont éloignée de mon sujet. J'y reviens.

Mr. Juch qui étoit le médecin que l'on fit venir, annonça tout franchement au Margrave, qu'il ne réchapperoit point de cette maladie, et qu'il n'avoit plus que quelques semaines à vivre. Zeitz l'assura en revanche, qu'il le tireroit d'affaire. Il ajouta foi aux paroles du dernier. Cela est naturel, nous nous flattons toujours de ce que nous espérons. Il continua donc à faire travailler à Himmelcron et à régler les commanderies de son ordre.

La princesse d'Ostfrise ayant appris le triste état où il se trouvoit, se mit en chemin pour venir à Bareith. Cela nous alarma fort, le prince héréditaire et moi. Elle pouvoit nous faire un tort infini, en engageant son père à faire un testament en sa faveur et en celle de sa sœur. Mlle. de Sonsfeld sut si bien tourner l'esprit du Margrave qu'elle lui fit accroire, qu'il s'attendriroit trop s'il voyait sa fille, que d'ailleurs elle prétendroit bien des choses contraires aux intérêts de son pays, et qu'il seroit dur au Margrave de lui refuser. Enfin, elle fit si bien, que ce prince lui envoya une estafette, pour la prier de ne point venir. L'estafette la rencontra à Halberstadt, qui est à moitié chemin de Bareith. Elle fut donc obligée de s'en retourner.

L'amour du Margrave pour Mlle. de Sonsfeld
continuoit toujours, mais elle me tenoit exactement
la parole qu'elle m'avoit donnée, et me faisoit part
de tous les entretiens qu'elle avoit avec lui. Sans elle
nous aurions mal passé notre temps, et il se seroit
porté à toutes sortes d'extrémités, car il nous traitoit comme des chiens. Nous prenions patience sur
tout cela, et surtout moi, dans l'espérance que notre
délivrance étoit prochaine. Il faut pourtant que je
rende cette justice au prince héréditaire, que je ne
l'ai jamais entendu murmurer contre son père, hors
le jour qu'il voulut le battre, et qu'il en a toujours
parlé en termes très-respectueux. Il voyoit bien lui-
même que son père tiroit à sa fin. Il n'étoit informé
que superficiellement de ses affaires, et tenoit tous
les jours des conférences secrètes avec Mr. de Voit,
qui l'instruisoit de l'état de son pays. Je connoissois
à fond le caractère du prince héréditaire, et je savois
qu'il ne se laisseroit jamais gouverner. Je m'étois
bien proposé de ne me mêler de rien ; je hais les
intrigues à la mort, mais en revanche je voulois rester sur un certain pied de considération, et ne voulois pas non plus que personne se mêlât de ce qui
me regardoit. Je ne sais si Mr. Voit fit comprendre
au prince que je gouvernerois, ou s'il eut lui-même
cette idée de moi, mais je m'aperçus qu'il n'en agissoit plus avec moi avec la même franchise qu'à l'ordinaire. Cela m'inquiéta, mais cependant je ne fis
semblant de rien.

La Marwitz me dit un jour : le prince héréditaire
est encore trop vif pour entrer dans tous les détails
de la régence ; je suis persuadée que votre Altesse
royale sera obligée de l'assister ; il est encore jeune,
il n'est informé de rien, il n'a point d'expérience ; je
crains que s'il ne suit vos conseils, on ne lui fasse
faire bien des bévues. Je vous assure, ma chère, lui

dis-je, que vous vous trompez fort ; je ne me mêlerai
de rien, et je vous assure, que le prince ne s'adres-
sera pas à moi pour avoir mon avis. Elle en fut surprise. Le prince entra justement dans la chambre.
Elle lui parla quasi de même qu'à moi, et je répétai
au prince ce que j'avois répondu à la Marwitz. Il
garda le silence ; il étoit fort froid envers moi. Je
rejetai toujours ce changement sur les affaires qui
lui rouloient dans la tête. Jusque-là il n'avoit eu
rien de caché pour moi, il m'avoit fait part de ses
plus secrètes pensées, mais il ne me confia point ses
idées sur l'avenir, et je ne m'en informai pas non
plus.

Un jour que nous étions à table, on vint nous
chercher au plus vite chez le Margrave, en nous
disant qu'il étoit à l'agonie. Nous le trouvâmes couché dans un fauteuil ; une suffocation qui lui avoit
pris, l'avoit mis à deux doigts du tombeau ; son pouls
étoit comme celui d'une personne qui se meurt. Il
nous regarda tous sans nous dire mot. On avoit
envoyé chercher un ecclésiastique. Il témoigna
d'abord que cela ne lui faisoit pas plaisir. L'ecclésiastique lui fit une assez belle exhortation sur l'état
où il se trouvoit, lui disant, qu'il étoit près de rendre
compte de ses actions à Dieu, qu'il devoit se soumettre à ses saintes volontés, et qu'il lui donneroit
la force d'envisager la mort avec fermeté. J'ai admi-
nistré la justice, lui dit-il ; j'ai été charitable envers
les pauvres ; je n'ai point débauché avec les femmes ;
j'ai rempli les devoirs d'un prince juste et équitable ;
je n'ai rien à me reprocher et puis paroître devant le
tribunal de Dieu avec assurance. Nous sommes tous
pécheurs, lui répondit son aumônier, et le plus juste
pèche sept fois, et quand nous avons fait tout ce qui
nous est ordonné, nous sommes pourtant des serviteurs inutiles. Nous remarquâmes tous que ce

discours lui déplaisoit. Il répéta avec plus de véhé-
mence : non, je n'ai rien à me reprocher, mon peuple pourra me pleurer comme son père. Il garda
quelques momens le silence, après quoi il nous pria
de nous retirer. On le remit au lit, et nous fûmes
bien surpris lorsqu'on nous vint dire le soir, qu'il
étoit beaucoup mieux. On nous apprit en même
temps, qu'il avoit fort grondé ses domestiques de
l'alarme qu'ils avoient faite, et surtout de ce qu'ils
avoient appelé l'ecclésiastique. Il sembla que son
mal fût diminué, mais le 6. de Mai il augmenta si
fort, que Zeitz qui l'avoit toujours flatté de le rétablir,
vint lui annoncer son arrêt de mort. Il tomba dans
une profonde rêverie et ordonna que tout le monde
le laissât seul ce jour-là. Il étoit d'une foiblesse
extrême.

Le lendemain il nous envoya chercher, le prince
héréditaire et moi. Il fit une longue exhortation à
son fils sur la manière dont il devoit gouverner son
pays, et me dit, qu'il m'avoit toujours tendrement
aimée ; qu'il reconnoissoit mon mérite ; qu'il me
conjuroit de faire souvenir tous les jours son fils
des préceptes de morale et de régence qu'il venoit de
lui donner ; qu'il me souhaitoit beaucoup de bonheur, et qu'il me prioit d'accepter une tabatière, qu'il
me donna pour me souvenir de lui. Nous nous
mîmes à genoux, le prince héréditaire et moi. Il nous
donna sa bénédiction et nous embrassa l'un et l'autre.
Nous fondions en larmes. Ce qu'il m'avoit dit m'avoit
si fort touchée, que si j'avois pu lui prolonger la vie,
je l'aurois fait. Il nous pria ensuite de ne plus le venir
voir, que lorsqu'il seroit à l'agonie ; et s'adressant à
moi : je vous conjure, Madame, ajouta-t-il, faites-moi
cette grâce. Il fit ensuite venir ma fille, à laquelle il
donna aussi sa bénédiction ; après quoi il prit congé
de toutes mes dames, l'une après l'autre, hors de

Mlle de Sonsfeld, qui étoit malade. Les conseillers privés eurent aussi leur tour. Il leur fit une longue harangue et leur détailla toutes les obligations que le pays lui avoit, et répéta à peu près ce qu'il avoit dit à l'ecclésiastique ; il leur recommanda fortement le bien de son pays et l'attachement qu'ils devoient avoir pour leur nouveau maître, finissant par leur donner les derniers adieux. Il eut la force d'esprit de prendre congé de toute sa cour, depuis le premier ministre jusqu'au dernier de ses domestiques. J'étois fort touchée, mais je ne puis nier que je ne trouvasse beaucoup d'ostentation dans son fait, car il ne cessoit de relever envers chacun les soins qu'il s'étoit donnés pour le bien de son pays. On verra par la suite qu'il ne s'imaginoit point encore de mourir, et que tout ce qu'il faisoit n'étoit que pour jouer la comédie. Il s'affoiblit extrêmement à la fin de cette triste cérémonie. Dès qu'elle fut finie, il nous pria de nous retirer.

Les médecins nous avertirent, qu'ils le trouvoient si mal, qu'on ne pouvoit plus compter un moment sur sa vie. Pour être plus à portée de le venir voir et accomplir la promesse que nous lui avions faite, d'être présens à sa fin, nous nous logeâmes dans un appartement tout proche du sien, et la nuit nous ne fîmes que nous coucher tout habillés sur le lit.

Le lendemain trouvant que sa foiblesse augmentoit, il envoya chercher le prince héréditaire, auquel il remit la régence en présence du conseil, et ordonna à chacun de ne plus l'importuner d'aucune affaire. J'étois allée tous les matins et tous les soirs demander de ses nouvelles dans son antichambre, car il n'y avoit que le prince héréditaire qui eût l'entrée libre chez lui. Dès qu'il lui eut remis la régence, il s'en repentit et ne put s'empêcher de brusquer son fils toutes les fois qu'il le voyait. Il s'informa même

auprès de quelques Messieurs de sa cour, qui ne le
quittoient pas, et auprès de ses domestiques, si son
fils se mêloit déjà d'ordonner, ajoutant, qu'il nageoit
sans doute dans la joie de se voir son propre maître. On l'assura avec vérité, que le prince héréditaire
avoit juré de ne donner aucun ordre tant qu'il vivroit
encore, et qu'il n'avoit voulu expédier aucune affaire.

Sa maladie traîna jusqu'au 16. de Mai au soir, où
l'on vint nous appeler à la hâte ; il étoit 9 heures.
Nous trouvâmes tout le monde en prière dans son
antichambre ; on l'entendoit râler de très-loin ; il
souffroit les peines de l'enfer. Il dit à son fils : mon
cher fils, je suffoque, je ne puis plus endurer des
souffrances qui me mettent au désespoir. Il crioit et
hurloit que cela faisoit peur à entendre ; par trois
fois il perdit les sens, et par trois fois il les reprit. Il
parla jusqu'à son dernier soupir et expira enfin à
six heures et demie du 17. de Mai au matin.

Je n'ai de ma vie été plus altérée. Je n'avois jamais
vu mourir personne ; cette image me frappa si fort,
que j'eus peine à me l'ôter de long-temps de l'esprit.
Le prince héréditaire étoit dans le dernier désespoir.
Nous le tirâmes avec toutes les peines du monde de
cette chambre et le ramenâmes dans la sienne, où il
fut près d'une heure avant que de pouvoir se remettre. Toute la cour l'avoit suivi. Dès qu'il fut un peu
revenu à lui, Mr. de Voit lui dit, qu'il étoit nécessaire qu'il confirmât le conseil. Le Margrave hésita
quelque temps et ne lui répondit rien, mais me tirant
à part, il demanda, ce que j'en pensois ? Je lui répondis ingénieusement, que je ne trouvois pas cela si
pressé ; qu'il n'y avoit qu'une heure que son père
étoit mort ; qu'il me sembloit qu'il falloit garder un
certain décorum, et ne pas montrer tant d'avidité à
s'emparer de la régence, et qu'en remettant la chose
au lendemain, il auroit le temps de faire de mûres

réflexions sur les personnes qu'il vouloit mettre en place. Il goûta mes avis. Il étoit fort accablé et moi aussi, ayant veillé toute la nuit et ma santé étant très-foible. Pour éluder toutes les persécutions de ces Messieurs, il se coucha et reposa quelques heures ; mais on le pressa tant et tant, et on lui montra tant de difficultés à laisser vaquer plus long-temps le conseil, qu'enfin il le confirma. Il fut composé du baron Stein, Voit, Dobenek, Hesberg, Lauterbach et Thomas.

Ensuite on régla le deuil et l'enterrement, et l'on fit accroire au Margrave, que c'étoit au conseil, à fournir tout ce qu'il falloit employer à cela. Le Margrave étoit fort novice dans toutes ces sortes d'affaires et se trouvoit obligé de s'en fier à ce qu'on lui disoit. Ces Messieurs furent assemblés pendant trois semaines, et ne s'occupèrent qu'à acheter du drap. Quoique cela fût du département du Maréchal de la cour, ils commençoient à se donner des airs insupportables, surtout Mr. de Voit. Cet homme m'avoit toutes les obligations imaginables ; je l'avois soutenu de tout mon pouvoir du vivant du feu Margrave. Il étoit mon grand-maître, et les devoirs de sa charge exigeoient que du moins il vînt tous les jours chez moi ; il n'en fit pourtant rien et ne me fit pas même faire ses excuses, ce qui me piqua fort contre lui. Cependant le corps du Margrave fut mis en parade. Ses obsèques se firent le 31. de Mai, comme il avoit ordonné avant sa mort, sans cérémonie, mais avec décence. Son corps fut transporté à Himmelcron et déposé dans un caveau, qu'il avoit fait faire exprès.

Nous mîmes le grand deuil le 1. de Juin, pour ne le quitter qu'un an après. Je tins appartement ce jour-là, pour recevoir les complimens de condoléance de toute la cour, et nous dînâmes pour la première fois en public. Mais tout cet attirail noir et le décorum qu'il falloit observer, étant trop incommodes, nous nous rendîmes au Brandenbourger, où nous restâmes quelques semaines.

Mr. de Voit vint un jour chez moi. Il me dit, qu'il savoit que j'étois fâchée contre lui de ce qu'il ne me faisoit pas régulièrement sa cour, mais qu'il étoit si occupé, qu'il ne lui restoit pas un moment de temps ; que cependant le conseil ne m'avoit pas oubliée, et qu'on avoit résolu d'intercéder pour moi auprès du Margrave, pour qu'il me donnât une augmentation de revenus, et qu'ils ne doutoient point que le Margrave ne me l'accordât. Je fus piquée au vif de ce beau discours. Je lui répondis d'un air fort froid, que si j'avois besoin d'une augmentation de revenus, je la demanderois moi-même au Margrave ; que j'étois très-persuadée qu'il ne me la refuseroit pas ; que je leur étois obligée de leurs bonnes intentions, mais que je les dispensois du soin de parler en ma faveur, puisque je prendrois cette peine moi-même. Il fut un peu décontenancé et me dit, qu'il étoit cependant désagréable de demander soi-même des grâces. « Mais plus encore, lui dis-je, Monsieur, de les faire demander par d'autres, et afin que vous appreniez à connoître mon caractère, sachez, que quand même le Margrave voudroit me donner une augmentation, je ne l'accepterois pas, ses affaires étant trop dérangées par les grandes dépenses, qu'il est obligé de faire, pour m'avantager sans s'incommoder ; d'ailleurs, Monsieur, je veux lui avoir l'obligation à lui-même des avantages qu'il me fera, sans quoi ils ne me feront aucun plaisir. »

Je prévis bien que ces Messieurs prétendoient me mettre sur le pied où étoit ma sœur d'Anspac, qui n'osoit grouiller devant eux et qui étoit toujours obligée de s'adresser à un troisième, pour négocier ce qu'elle vouloit de son époux. Le froid que le Margrave avoit pour moi, joint à ses idées, m'alarmèrent beaucoup. Je me retirai dans mon cabinet avec ma gouvernante, à laquelle je communiquai mes pensées ; je pleurois à chaudes larmes. Elle haussa les épaules et me dit, qu'elle avoit les mêmes appréhensions que moi ; que même ces Messieurs faisoient assez comprendre, que leur but étoit de gouverner eux seuls l'esprit du Margrave ; que pour y parvenir, il falloit commencer à me mettre peu à peu sous leur férule ; qu'ils ne s'occupoient uniquement que de bagatelles, voulant entrer dans les moindres petits détails, qui n'étoient pas de leur ressort, et négligeant les grands. Elle me conjura de parler au Margrave et de lui ouvrir les yeux ; qu'elle de son côté tâcheroit de préluder, pour lui préparer l'esprit sur ce que je lui dirois. Je balançai long-temps, mais elle me donna tant de bonnes raisons, qu'enfin je m'y résolus.

J'en parlai en effet au Margrave, mais il le trouva fort mauvais ; il me répondit beaucoup de choses dures. Je suis vive, je sais me modérer jusqu'à un certain point, mais je suis femme et j'ai mes foiblesses comme les autres, je me brouillai à toute outrance avec mon époux ; j'étois dans un tel désespoir, que je tombai en foiblesse. On me mit sur le lit. J'eus un tel saisissement, qu'on crut que j'allois expirer. On appela au plus vite le Margrave. Mon état le toucha vivement ; il étoit dans des angoisses mortelles. Nous nous fîmes des excuses réciproques, et après un long éclaircissement, il m'avoua, qu'on lui avoit mis martel en tête contre moi ; il me demanda mille fois pardon. Je lui promis, que je ne me mêlerois de rien, mais que j'espérois en revanche, qu'il ne souffriroit pas qu'on causât de la mésintelligence entre nous et qu'on m'abaissât, comme on l'intentionnoit. Il me répondit, que je lui ferois toujours plaisir d'en agir avec la même sincérité, comme j'avois fait par le passé ; qu'il me prioit de lui dire toujours mes pensées naturellement, et que de son côté il n'auroit rien de caché pour moi, de façon que nous fûmes meilleurs amis que jamais. Il me demanda mes sentimens sur tout ce qui se passoit. Je lui dis, que je le connoissois pour l'homme du monde qui aimoit le moins à se laisser gouverner ; que cependant l'ascendant qu'il laissoit prendre au conseil, le mèneroit bientôt à cela, qu'il auroit peine à se retirer de leurs pattes, quand il y seroit une fois ; qu'alors il seroit obligé de se servir des voies de la rigueur, pour les faire rentrer dans leur devoir ; qu'il devoit se souvenir des dernières paroles de son père, qui lui avoit dit, de tenir toujours ses ministres en bride, d'écouter leurs conseils, mais de les bien peser avant que de les suivre. Il rêva longtemps, après quoi il me dit : que voulez-vous que je fasse ? il faut bien que je me fie à eux ; je ne suis informé de rien ; je leur ai dit moi-même que je voulois qu'on traitât d'affaires plus sérieuses et qu'on ne s'amusât pas à la bagatelle, mais ils m'ont répondu, qu'on ne pouvoit faire tout à la fois.

Le colonel de Reitzenstein avoit été envoyé à Berlin et Mr. de Hesberg en Danemarc. Les finances étoient dans un si triste état, que je fus obligée de lever un capital de 6,000 écus, pour suffire à ces deux ambassades. J'en fis présent au Margrave ; si j'avois pu lui faire plaisir aux dépens de ma vie, je l'aurois fait. Il avoit de son côté toutes les considérations imaginables pour moi, et me témoignoit le réciproque des sentimens que j'avois pour lui. Son cœur étoit si bon, qu'il ne pouvoit se résoudre à dire un mot de désobligeant à qui que ce fût, ni à refuser la moindre grâce, quand on la lui demandoit. Cette

trop grande bonté lui attira bien du chagrin depuis ;
elle fut aussi cause qu'il conserva toute la cour telle
qu'elle étoit. Tous ceux qui lui étoient attachés lui
représentèrent, qu'il devoit se défaire à temps des
brouillons et intrigans qui y étoient, mais il ne put
s'y résoudre. Il ne négligea aucun des devoirs qu'il
devoit à la mémoire de son père, et ne congédia
aucun de ses domestiques, dont il retint la plus
grande partie et donna des charges aux autres. Il ne
fit paroître aucun ressentiment à ceux qui l'avoient
chagriné et qui avoient été cause de ses brouilleries
avec lui. Quelqu'un lui en parla, et il répondit ces
belles paroles : « J'ai oublié le passé, et je veux que
tout le monde soit content dans mes États. »

Les Messieurs du conseil désapprouvèrent fort le
procédé généreux du Margrave envers les domestiques de son père. Ils me députèrent Mr. de Voit. Il
vint tout essoufflé me faire des plaintes amères de
la part de ses confrères. Je n'ai jamais rien entendu
de plus impertinent que tout son raisonnement.
Le Margrave, disoit-il, a fait une chose inouïe, en
conférant des charges et des emplois sans l'avis de
son conseil ; et frappant la terre de sa canne, il ne
lui est permis, ajouta-t-il, de chasser ni de prendre
une servante de cuisine à notre insu ; nous sommes
tous déshonorés et nous irons en corps faire nos
représentations au Margrave. Je lui répondis, que je
ne me mêlois de rien et qu'ils pouvoient faire ce qu'ils
trouveroient bon. Le Margrave étoit dans la chambre prochaine avec ma gouvernante ; il entendit tout
le discours de Voit. Il auroit éclaté contre lui, si ma
gouvernante ne l'en avoit empêché.

Dès que Voit fut parti, il entra dans ma chambre,
où il jeta feu et flamme ; il vouloit casser le conseil
et faire le diable à quatre. Je l'apaisai peu à peu. Il
reconnut alors la vérité de mes prédictions, et résolut

d'avoir recours à un homme qui avoit été secrétaire de son père. Cet homme se nommoit Ellerot. Il avoit autant d'esprit qu'on peut en avoir. Le feu Margrave avoit eu une confiance aveugle en lui vers la fin de ses jours, et l'avoit fort estimé pour sa droiture. Son fils qui se ressouvint que cet homme savoit à fond les affaires de son pays, crut n'avoir rien de mieux à faire que de le prendre auprès de lui, pour l'opposer aux entreprises impérieuses du conseil. Ellerot le mit en peu de temps au fait de tout et lui communiqua tous les plans du feu Margrave.

Cependant ma santé commençoit un peu à se rétablir. Faute de mieux, nous avions été obligés de garder le médecin Zeitz. Il me fit prendre les eaux de Seltre avec le lait de chèvre, et me prescrivit de prendre beaucoup d'exercice pendant la cure. J'appris à tirer et j'allois quasi tous les soirs à la chasse avec le Margrave. Je ne pouvois marcher long-temps, étant encore trop foible. Le Margrave m'avoit fait faire une voiture, de laquelle je pouvois commodément tirer. C'étoit pour tuer le temps plutôt, que pour faire la guerre aux animaux, que je m'amusois à cela, car je n'aime point la chasse, et je l'ai abandonnée dès que j'ai eu d'autres occupations. Ma passion dominante a toujours été l'étude, la musique et surtout les charmes de la société. Je me trouvois hors d'état de contenter ces trois passions, ma santé m'empêchant de m'appliquer comme par le passé, et la musique et la société étant détestables.

La campagne du Rhin prenoit le train de celle de l'année précédente et ne se passoit qu'à boire et à manger. Douze mille Russes devoient aller joindre l'armée de l'Empereur, et ces troupes devoient passer par le Haut-Palatinat. Nous fimes la partie d'aller les voir. Mais avant que de partir, nous donnâmes audience à Mr. le baron de Pelnitz, qui vint nous faire le compliment de condoléance de la part du roi.

Cet homme a fait assez de bruit dans le monde, pour que j'en dise un mot. Il est auteur des mémoires qui ont paru sous son nom. Le roi se les fit lire. La description qu'il y trouva de la cour de Berlin lui plut si fort, qu'il eut envie de revoir Pelnitz, qui dans ce temps-là étoit à Vienne, où il vivoit des grâces de l'Impératrice. Il se rendit à Berlin et sut si bien s'insinuer dans l'esprit du roi, qu'il en obtint une pension de 1,500 écus. Je l'avois fort connu dans ma jeunesse. Cet homme a infiniment d'esprit et de lecture ; sa conversation est des plus agréables ; son cœur n'est pas mauvais, mais il n'a ni conduite ni jugement, et pèche la plupart du temps par étourderie. Il a su conserver sa faveur pendant toute la vie du roi et l'a assisté jusqu'à son dernier soupir. Il nous fut d'une grande ressource et nous amusoit beaucoup. Nous le prîmes avec nous à un couvent, où nous restâmes la nuit, l'armée russienne devant passer le lendemain proche de là et d'une petite ville, nommée Vilsek.

Nous partîmes le jour suivant de bon matin et dînâmes à cet endroit. Le général Keith qui commandoit cette colonne de l'armée, ayant été averti que nous étions là, nous envoya aussitôt une garde de fantassins. Ils étoient tous bottés, et pour nous faire honneur, ils tirèrent des guêtres par-dessus leurs bottes. Je n'ai rien vu de plus risible que cet accoutrement, qui me paroissoit d'autant plus extraordinaire, que j'étois accoutumée à la propreté des troupes prussiennes, qui étoient toujours tirées à quatre épingles. Mr. de Keith vint nous voir dès qu'il fut arrivé. Ce général, Irlandois de nation, est un homme très-poli et qui sent son monde. Il nous pria de nous arrêter encore un moment, puisqu'il avoit donné ordre qu'on rangeât ses troupes en ordre de bataille. Nous montâmes en voiture pour les voir. C'étoient tous de petits hommes ramassés, qui ne faisoient pas grande parade et qui étoient fort mal rangés. Le général m'accorda la grâce de deux déserteurs, qui devoient être pendus. Il les fit mener devant ma chaise. Ils se prosternèrent devant moi et frappèrent la terre de leurs têtes si fortement, que si elles n'avoient été russiennes, elles se seroient sûrement cassées. Je vis aussi leur prêtre, qui fit beaucoup de salamalecs et me demanda excuse de n'avoir pas porté ses idoles, pour me faire honneur. Cette nation est à peu près comme des bêtes ; ils buvoient de la fange et mangeoient des champignons empoisonnés et de l'herbe, sans que cela leur fît le moindre mal. Dès qu'ils arrivoient à leur quartier, ils se mettoient dans un four, où ils tâchoient de suer, et lorsqu'ils étoient bien mouillés, ils se jetoient dans de l'eau froide, et en hiver dans la neige, où ils restoient quelque temps. C'est là leur remède souverain, qui conserve, disent-ils, leur santé. Nous prîmes congé du général et retournâmes à notre couvent, et de là au Brandenbourger.

J'ai oublié de dire, que mon jour de naissance avoit été célébré le 3. d'Août. Le Margrave m'avoit donné des présens magnifiques en pierreries, une augmentation de revenus et l'hermitage. Je ne voulus recevoir l'augmentation que l'année prochaine. Je m'occupois tout le mois d'Août à faire accommoder les chemins à l'hermitage. J'y fis pratiquer une infinité de promenades. J'y allois tous les jours et je m'amusois à faire moi-même des plans pour embellir et rendre cet endroit commode.

Nous eûmes un surcroît de bonne compagnie dans ce temps-là. C'étoient Mr. de Baument, major d'un régiment impérial du Margrave, et le comte de

Bourkhausen, capitaine du même régiment. Ce dernier étoit neveu de ma gouvernante. Le Margrave avoit eu soin jusque-là de sa fortune et l'aimoit beaucoup. Ce jeune homme avoit infiniment d'esprit, mais il étoit d'une étourderie insupportable. Son père, homme de très-grande naissance et d'une des premières familles de Silésie, avoit trouvé moyen de manger 400 mille écus de bien, qu'il possédoit, et de faire encore des dettes, de façon que tous ses enfans étoient ruinés et ne vivoient en Silésie que des charités de la noblesse et de la gouvernante. Il étoit venu très-souvent à Bareith depuis que j'étois mariée, et avoit contracté la passion la plus violente pour sa cousine la Marwitz. Celle-ci l'avoit toujours traité avec beaucoup de hauteur ; et comme il étoit fort vif, son désespoir lui avoit fait commettre cent extravagances, qui lui avoient fait du tort. Je continuerai à parler de ces amours, qui ont une grande connexion avec la suite de ces mémoires.

Ma gouvernante fit aussi venir en ce temps-ci ses deux autres nièces de Marwitz. L'aînée des deux se nommoit Albertine, et la cadette Caroline. Je les appellerai dorénavant par leurs noms de baptême, pour les distinguer de leur sœur aînée. La cadette n'eut pas été quinze jours à Bareith, qu'elle y fit une conquête. Elle étoit très-jolie ; un visage mignon, le plus beau teint du monde et un petit air de douceur lui attirèrent tous les regards.

Dès que le Margrave étoit parvenu à la régence, il avoit augmenté ma cour. Le comte de Schoenbourg devint mon chambellan et un certain Mr. de Vesterhagen mon gentilhomme de la chambre. Schoenbourg étoit fils d'un comte régnant de l'empire ; son père vivoit encore. Il étoit riche et toutes les jeunes filles de qualité de Bareith s'empressoient à faire sa conquête. Mais elles y perdirent toutes leurs peines, et les beaux yeux de Caroline réduisirent bientôt son cœur ; il en devint éperdument amoureux. Elle lui vouloit du bien. Ils lièrent une amitié très-étroite ensemble, dont je rapporterai les suites, quand il en sera temps.

Pour la Marwitz, je l'aimois à la passion ; nous n'avions rien de caché l'une pour l'autre. Je n'ai jamais vu un rapport de caractère pareil au nôtre ; elle ne pouvoit vivre sans moi, ni moi sans elle ; elle ne faisoit pas un pas sans me consulter et elle étoit approuvée de tout le monde.

Nous allâmes tous au parc, où le Margrave vouloit tenir le rut du cerf. Comme cet endroit est à un mille de la ville et qu'il n'y avoit qu'une compagnie choisie, nous nous en donnâmes à cœur joie. Il y avoit tous les jours bal et nous dansions six heures de suite dans une salle pavée et très-incommode, de manière que nos pieds étoient meurtris. Cet exercice me faisoit un bien infini. Nous étions tous de la meilleure humeur du monde. Le Margrave aimoit la joie et la bonne compagnie ; ses manières polies et obligeantes le faisoient adorer, et nous vivions tous dans l'union la plus parfaite.

La paix sembloit se rétablir partout. On commençoit déjà les négociations entre l'Empereur et la France. Elle fut conclue pendant l'hiver. Les Espagnols restèrent en possession des royaumes de Naples et de Sicile, qu'ils avoient enlevés à l'Empereur. Le duc de Lorraine abandonna ses États à la France, et reçut en revanche le grand-duché de Toscane. La France et l'Espagne de leur côté accédèrent à la sanction pragmatique. Ainsi le repos fut rétabli en Allemagne.

Le Margrave n'avoit point encore reçu l'hommage de son pays ; la cérémonie s'en fit à notre retour à Bareith. Le même acte devoit se faire à Erlangue.

L'évêque de Bamberg[1] et de Wirzbourg se trouvoit justement à la magnifique maison de campagne, nommée Pommersfelde, qui n'en est qu'à quatre milles. Il nous avoit fait inviter à nous y rendre, aussi bien que le Margrave et la Margrave d'Anspac, se proposant de s'unir avec nous, pour rétablir une bonne union dans le cercle.

Mr. de Bremer, ci-devant gouverneur du Margrave d'Anspac, étoit à Bareith. Je le chargeai d'un compliment pour ma sœur, et le priai de lui dire de ma part, que j'étois avertie que l'évêque avoit une hauteur extrême ; qu'il auroit des prétentions ridicules sur les titres que nous lui donnerions, et que je prévoyais qu'il y auroit des chipotages ; que nous étions sœurs ; que nous avions les mêmes prérogatives et les mêmes étiquettes ; que j'étois résolue d'agir de concert avec elle, et que je la faisois prier de me faire savoir ses intentions ; que tout le monde auroit les yeux sur nous et que j'étois d'avis de ne céder aucune vétille de tout ce qui nous appartenoit. Mr. de Bremer approuva fort mon procédé. Nous ne donnons que le titre de Liebden aux évêques et aux nouveaux princes de l'empire. Ce titre ne signifie pas tant qu'abbesse, et il n'est pas possible de le traduire en françois. L'évêque prétendoit qu'on devoit lui donner un titre plus honorable et que nous devions l'appeler Votre grâce, sans quoi il ne vouloit pas nous donner l'Altesse royale. Je ne fus avertie de tout ceci que sous main. J'aurois pu faire des pourparlers là-dessus, mais on m'en dissuada et on m'assura qu'il se rangeroit de lui-même à son devoir.

Mr. de Bremer partit pour Anspac, et me rapporta une réponse très-favorable de ma sœur. Elle me manda, qu'elle se régleroit d'après moi et qu'elle étoit très-satisfaite de tout ce que je lui avois fait dire par Bremer. J'ai toujours conservé mes prérogatives comme fille de roi, et le Margrave les a toujours soutenues ; c'était avec son approbation que j'avois fait cette démarche, et il me disoit souvent, qu'il avoit très-mauvaise opinion des gens, lorsqu'ils oublioient ce qu'ils étoient.

Nous partîmes donc au mois de Novembre et couchâmes la nuit à Beiersdorf. Nous fîmes le lendemain notre entrée à Erlangue. On y avoit construit plusieurs arcs de triomphe ; les magistrats vinrent haranguer le Margrave aux portes de la ville et lui présentèrent les clefs ; toute la bourgeoisie et la milice étoient rangées le long des rues. Nous étions, le Margrave et moi, dans un carrosse de parade drapé. À cause du deuil nous fûmes rassasiés de harangues, que nous reçûmes l'un et l'autre ce jour-là.

Le lendemain il prit l'hommage. Il y eut table de cérémonie et le soir appartement. Nous nous arrêtâmes quelques jours à Erlangue et partîmes de là pour Pommersfelde.

Nous y arrivâmes à cinq heures du soir. L'évêque nous reçut au bas de l'escalier avec toute sa cour. Après les premiers complimens il me présenta sa belle-sœur, la générale-comtesse de Schoenborn, et sa nièce du même nom, abbesse d'un chapitre de Wirzbourg. Je vous supplie, Madame, me dit-il, de les regarder comme vos servantes ; je les ai fait venir exprès pour faire les honneurs chez moi. Je fis beaucoup de politesses à ces dames, après quoi l'évêque me conduisit dans mon appartement. Il fit donner des sièges. Je me flanquai sur un fauteuil et nous allions entamer la conversation, quand les deux comtesses entrèrent dans la chambre. Je fus surprise de ne pas voir ma gouvernante avec elles. Je ne fis pourtant semblant de rien. Mon ajustement étoit fort dérangé ; je pris ce prétexte pour me retirer un moment. L'évêque et ses dames se retirèrent aussi.

Dès que je fus seule, j'envoyai chercher mes dames, et je demandai à la gouvernante, pourquoi elle ne m'avoit pas suivie ? C'est, dit-elle, parce que je n'ai pas voulu m'exposer à recevoir une avanie ; car ces comtesses m'ont traitée comme un chien et ne m'ont pas dit un mot ; elles ont passé haut la main devant moi, et sans l'un des Messieurs de la cour, que je ne connois pas, je n'aurois trouvé votre appartement. Je suis bien aise de savoir cela, lui dis-je, le Margrave m'a permis de soutenir mes droits, et je suis très-bien informée que ma gouvernante ne doit céder le pas tout au plus qu'aux comtesses régnantes de l'empire ; elle ne l'est point et ne peut le prétendre en aucune façon.

Le Margrave me dit, que je devois en parler avec Voit, qui étant mon grand-maître, devoit selon les fonctions de sa charge, porter la parole en mon nom et faire des représentations là-dessus. Je l'envoyai chercher et lui exposai mes intentions. Mr. de Voit étoit le plus grand poltron qu'il y eût dans l'univers ; il étoit toujours rempli de terreurs paniques et de difficultés. Il fit un visage long d'une aune. Votre Altesse royale ne comprend pas, me dit-il, la conséquence de l'ordre qu'Elle me donne ; on s'assemble ici pour fomenter l'union des membres du cercle de Franconie ; est-ce un temps pour chercher chicane aux gens ? l'évêque prendra cette affaire fort haut ; il sera désobligé, il ne démordra point de son entreprise, et si vous voulez soutenir la chose, cela deviendra une affaire de l'empire. Je fis un grand éclat de rire. Une affaire de l'empire, lui répondis-je, eh bien ! tant mieux ; les dames n'en ont jamais été mêlées, et ce sera quelque chose de nouveau. Le Margrave tira les épaules et le regarda d'un air de compassion. Mais qu'il en soit ce qui en pourra, je vous prie de faire savoir à l'évêque, ajoutai-je, que j'ai tant d'estime pour lui, que je serois fâchée de le désobliger, qu'il auroit dû prendre de meilleures mesures pour éviter toute tracasserie ; qu'il ne pouvoit ignorer les prérogatives des filles de roi, ayant été élevé toute sa vie à Vienne ; que je me fais honneur d'être l'épouse du Margrave, mais que je ne veux pas perdre pour cela une vétille de ce qui m'appartient. Mr. de Voit fit encore beaucoup de difficultés, mais le Margrave lui dit, de se dépêcher, qu'il étoit tard et qu'il falloit mettre une prompte fin à tout cela.

Mr. de Voit en parla donc de ma part à Mr. de Rottenhan, grand-écuyer de l'évêque. On tint un long pourparler, où il fut enfin résolu, que les deux comtesses partiroient, dès qu'elles auroient reçu ma sœur.

À peine cette décision fut-elle prise, que la cour d'Anspac arriva. J'envoyai aussitôt faire un compliment à ma sœur et lui fis dire, que je me rendrois chez elle dès qu'elle seroit seule. Je n'étois nullement obligée de lui rendre la première visite, mon droit d'aînesse me donnant le pas sur toutes mes sœurs, et le Margrave ayant la préséance sur le Margrave d'Anspac. Je pouvois le prétendre doublement ; mais comme nous sommes tous d'un même sang, je n'ai jamais voulu me prévaloir de mes droits. Ma sœur me fit répondre, qu'elle viendroit chez moi. Elle s'y rendit un moment après avec le Margrave. Ils me parurent fort froids l'un et l'autre. Ma sœur étoit enceinte. Je lui en témoignai ma joie et lui fis toutes les avances imaginables, mais elle ne me témoigna pas le réciproque. Je lui fis part de ce que j'avois fait ; elle ne me répondit rien. L'évêque vint nous trouver. Elle s'évada et s'en retourna chez elle. Elle prit ce temps pour se faire présenter les Messieurs

qui composoient la cour de l'évêque. Elle leur parla
des comtesses et les assura, qu'elle condamnoit fort
mon procédé, qu'elle n'étoit pas si hautaine que
moi et qu'elle n'auroit jamais souffert ce qui venoit
de se passer, si elle avoit été là. Tout le monde désap-
prouva sa conduite.

Nous allâmes la chercher pour se mettre à table.
Je fus placée au haut bout. Elle ne voulut pas s'asseoir à côté de moi, et plaça l'évêque entre nous
deux. Elle lui donnoit l'Altesse à tort et à travers,
malgré l'accord que nous avions fait. Pour moi, je
m'en tins à mes idées et n'en démordis point ; j'avois
toutes les attentions imaginables pour l'évêque et
pour sa cour, et lui faisois toutes les politesses qui
dépendoient de moi. Il est temps que je fasse son
portrait.

Il est connu que la famille de Schoenborn est une
des premières et des plus illustres d'Allemagne ; elle
a donné plusieurs électeurs et évêques à l'empire.
Celui dont je parle avoit été élevé à Vienne. Son
esprit et sa capacité le poussèrent à devenir chancelier de l'empire. Il exerça très-long-temps cette charge.
Les évêchés de Wirzbourg et de Bamberg étant
venus à vaquer par la mort de leurs évêques, la cour
de Vienne profita de cette occasion, pour récompenser les services du vice-chancelier, et sut si bien
corrompre les voix, qu'il fut élu prince et évêque de
ces deux évêchés. Il peut passer avec justice pour
un grand génie et pour un grand politique. Son
caractère répond à cette dernière qualité, car il est
fourbe, raffiné et faux ; ses manières sont hautes ;
son esprit n'est point agréable, étant trop pédantes-
que ; cependant on s'en accommode quand on le
connoît, et surtout quand on s'applique à profiter
de ses lumières. J'eus le bonheur de gagner son
approbation. J'ai été souvent quatre ou cinq heures

à raisonner avec lui tête-à-tête. Je ne m'ennuyois
point ; il me faisoit part de bien des particularités
que j'ignorois. On peut bien dire que son esprit est
universel. Il n'y a point de matières que nous n'ayons
rebattues ensemble.

Dès que nous fûmes levés de table, je reconduisis
ma sœur dans son appartement, et l'évêque me
ramena dans le mien. Il y faisoit un froid terrible.
Je me couchai tout de suite et m'endormis. À peine
avois-je reposé une heure, que le Margrave m'éveilla,
pour me dire, qu'on vouloit forcer la porte de ma
chambre. Cette porte donnoit sur un corridor et on
y avoit placé un hussard. J'entendis effectivement
qu'on travailloit à rompre la serrure. Nous appelâmes tout doucement nos gens, pour voir ce que
c'étoit et ils trouvèrent effectivement Mr. le hussard
encore occupé à son ouvrage. Il demanda grâce au
Margrave, le priant pour l'amour de Dieu de ne le
point trahir, ce que le Margrave eut la générosité de
lui promettre.

Le lendemain matin je commençai, dès que je fus
levée, à faire la visite de tout le château. Pommersfelde est un grand bâtiment, dont le corps de logis
est détaché des ailes ; ce corps de logis a quatre
pavillons ; il est de figure carrée, et lorsqu'on le voit
de loin, il semble une masse de pierres ; le dehors est
rempli de défauts ; dès qu'on est entré dans la cour,
l'idée qu'on s'étoit faite de ce château se change, et
on y remarque un air de grandeur, qu'on n'avoit pas
observé ; d'abord on monte un perron de cinq ou
six marches, pour entrer dans un portail écrasé et
étroit, qui défigure fort ce bâtiment ; un escalier
magnifique se présente et laisse voir toute la hauteur
de ce palais, la voûte de cet escalier n'étant soutenue
que par une espèce d'équilibre ; le plafond est peint à
fresque ; les garde-fous sont de marbre blanc, ornés

de statues ; cet escalier mène à un grand vestibule, pavé de marbre, d'où l'on entre dans une salle ; cette salle est ornée de dorures et de peintures ; on y voit des tableaux des premiers maîtres, tels que des Rubens, des Guido Reni et des Paul Véronèse, toute sa décoration cependant ne me plut point, elle avoit plutôt l'air d'une chapelle que d'une salle, et on n'y voyait point cette noblesse d'architecture, qui joint le goût à la magnificence ; cette salle conduit à deux appartemens en enfilade, tout ornés de tableaux ; une de ces chambres renferme une tapisserie de cuir, dont on fait grand cas, étant peinte par Raphaël ; la galerie de tableaux est ce qu'il y a de plus beau, les amateurs de la peinture y peuvent contenter leur goût ; comme je l'aime fort, je m'y arrêtai quelques heures à examiner tous les tableaux.

Je dînai ce jour-là et les suivans en particulier avec ma sœur, nos gouvernantes et deux dames de conseillers privés d'Anspac. L'évêque et les Margraves alloient tous les jours à la chasse, d'où ils ne revenoient qu'à cinq heures du soir. Je m'ennuyois fort, étant enfermée tout le jour avec ma sœur qui me faisoit la mine. Au retour des princes on s'assembloit dans la salle, pour assister à ce qu'on appeloit une sérénade. Ces sérénades sont des abrégés d'opéra. La musique en étoit détestable ; cinq ou six chattes et autant de raminagrobis allemands nous écorchoient les oreilles par leur chant pendant quatre heures, où il falloit se morfondre, car le froid étoit excessif. On soupoit ensuite, et on ne se couchoit qu'à trois heures du matin, fatigué comme un chien de n'avoir rien fait toute la journée.

On nous proposa un nouveau plaisir, qui sentoit bien l'ecclésiastique. Ce fut d'aller dîner à Bamberg et d'y voir l'église et les reliques. Je fis dire à ma sœur, que si elle y alloit, j'irois aussi, et que si elle refusoit cette partie, je resterois pour lui tenir compagnie. Elle me fit répondre, qu'elle seroit bien aise d'aller à Bamberg, et que je n'avois qu'à accepter l'offre qu'on nous avoit faite. La chasse devoit se faire de ce côté-là et les princes devoient s'y rendre pour y dîner avec nous. On vint me réveiller à sept heures du matin pour me dire, qu'il étoit temps de m'habiller et de partir, qu'il nous falloit quatre heures pour arriver à Bamberg, et que la chasse ne devant pas durer long-temps, je n'aurois le temps de ne rien voir, si je ne partois bientôt. Je me levai du lit en grognant ; j'étois malade, le froid et les fatigues dérangeoient bien aisément ma santé mal affermie.

Dès que je fus habillée, je me rendis chez ma sœur. Je fus fort surprise de la trouver encore au lit. Elle me dit, qu'elle étoit incommodée et qu'elle ne pouvoit aller à Bamberg. Elle avoit très-bon visage et travailloit dans son lit. Je lui dis, qu'elle m'auroit fait plaisir de m'en faire avertir plus tôt ; que j'avois fait demander de ses nouvelles, et qu'on m'avoit répondu qu'elle se portoit bien. Madame de Bodenbrock, sa gouvernante, tiroit les épaules et me faisoit signe que ce n'étoit que caprice. Elle employa si bien sa rhétorique, qu'elle la persuada à se lever et à s'habiller. Je n'ai jamais vu de plus longue toilette, elle dura pour le moins deux heures.

On avoit attelé deux carrosses de parade magnifiques. Le premier devoit être pour moi, et le second pour ma sœur. Je lui demandai, si elle ne vouloit pas que nous allassions ensemble. Elle me dit que non.

« Montez donc en carrosse, » lui dis-je.

« Oh ! mon Dieu non, me dit-elle, vous avez le rang et je n'ai garde de me placer la première. »

« Je n'ai point de rang avec mes sœurs, lui dis-je, et je n'aurai jamais de disputes là-dessus avec elles. »

Le Grand-Maréchal de l'évêque, homme assez massif, me prit par la main et me dit, voici votre voiture, Madame, ayez la grâce d'y entrer, car elle est préparée pour vous. J'y entrai donc avec ma gouvernante et n'eus pas seulement le temps de demander ma pelisse. Nous allions pas à pas. Nous gelions de froid ; les doigts et les pieds nous étoient si engourdis, que nous ne pouvions plus les remuer. Je fis ordonner au cocher d'aller plus vite, et il exécuta si bien mes ordres, qu'en trois heures de temps nous arrivâmes à Bamberg.

On me conduisit droit à l'église, où les prêtres avoient étalé les reliques. Il y avoit un morceau de la Croix dans une châsse d'or ; deux des vases qui avoient servi à la noce de Cana ; des os de la Vierge ; un petit haillon de l'habit de Joseph ; le crâne de l'Empereur Frédéric et de l'Impératrice Cunégonde, patrons de Bamberg et fondateurs du chapitre ; les dents de l'Impératrice sembloient des défenses de sanglier par leur longueur.

J'étois si gelée, que je ne pouvois marcher. Je me remis en carrosse, pour aller au château. On me mena dans l'appartement qui m'étoit préparé. J'y pris des douleurs dans le corps et dans tous les membres. Mes dames me déshabillèrent, et à force de me frotter elles me firent un peu revenir le sentiment.

Dès que ma sœur fut arrivée, je me fis informer de l'état de sa santé et lui fis faire des excuses de ce que je n'allois pas chez elle, me trouvant incommodée. Elle me fit répondre, qu'étant fort fatiguée, elle vouloit se jeter sur le lit et tâcher de dormir, et qu'elle me prioit de ne point venir chez elle. J'y renvoyai plusieurs fois, et on me dit toujours qu'elle reposoit. À force de soins je me trouvai un peu mieux, et m'ennuyant beaucoup, je me mis à jouer au tocadille.

Les princes ne revinrent qu'à six heures. Ils dînèrent à une table séparée ; celle où nous devions
manger étoit servie dans ma chambre. Ma sœur y
vint ; elle avoit l'air fâché. Toute sa cour, et surtout
les dames, faisoient la mine et affectoient de lâcher
des propos assez piquans. Je ne fis pas semblant de
les comprendre, jugeant cela au-dessous de moi.

Après le dîner ma sœur passa avec moi dans un
cabinet où nous prîmes le café. Je lui dis, que je
voyois bien qu'elle étoit fâchée contre moi, que je la
priois de me dire ce qu'elle avoit, et que si j'avois eu
le malheur de l'offenser, j'étois prête à lui en faire
toutes les réparations imaginables. Elle me répondit
d'un air fort froid, qu'elle n'avoit rien contre moi,
qu'elle étoit malade et qu'elle ne pouvoit être de
bonne humeur, et en même temps elle s'appuya
contre une table, où elle se mit à rêver. Je m'assis
vis-à-vis d'elle et en fis de même.

L'évêque nous tira de cette conversation muette ;
il me reconduisit en carrosse, où je me remis avec
ma gouvernante. Je suis au désespoir, me dit celle-
ci, le diable est déchaîné à la cour d'Anspac ; on a
maltraité ma sœur et la Marwitz d'une manière terrible ; Madame de Zoch leur a dit mille impertinences ; j'y ai encore mis fin à temps, sans quoi je crois
qu'elles se seroient décoiffées. Ils ont dit publiquement que votre Altesse royale avoit fait ordonner au
cocher, qui menoit la Margrave d'Anspac, d'aller à
toute bride, afin qu'elle fît une fausse-couche ; ils ont
fort plaint cette pauvre princesse, laquelle, disoient-
ils, étoit toute meurtrie des secousses de la voiture.

Je devins furieuse en entendant ces belles nouvelles ; je voulois tirer satisfaction de la calomnie qu'on
avoit débitée contre moi, mais ma gouvernante me
fit tant de représentations, que je consentis à les
ignorer.

Ma sœur ne voulant pas souper, je me fis excuser aussi auprès de l'évêque. Mes dames vinrent me conter toute cette histoire. Je vis bien enfin moi-même, que si nous n'étions les plus sages, cette affaire iroit plus loin, et donneroit matière à parler au public. Je leur ordonnai donc à toutes de laisser tomber cela, et de continuer à faire des politesses aux dames d'Anspac, jugeant bien que tout le blâme retomberoit sur elles des tracasseries qu'elles avoient voulu faire. Je n'eus pas tort. Toute la cour fut informée le lendemain de ce qui s'étoit passé, et on se disoit à l'oreille, que Mesdames les conseillères avoient trouvé le vin bon et en avoient bu un peu plus, qu'il ne leur en falloit. Le Margrave d'Anspac même fut très-fâché des impertinences qui s'étoient dites contre moi, et en fit réprimander très-fortement les auteurs.

Nous partîmes enfin deux jours après et retournâmes à Erlangue. J'y eus un petit chagrin domestique. Un petit chien de Bologne, que j'avois depuis 19 ans, mourut. J'aimois beaucoup cette bête, qui avoit été compagne de tous mes malheurs ; je fus sensible à sa perte. Les animaux me paroissent une espèce d'êtres raisonnables ; j'en ai vu de si spirituels, qu'il ne leur manquoit que la parole pour expliquer clairement leurs pensées. Je trouve le système de Descartes très-ridicule sur ce sujet. Je respecte la fidélité d'un chien ; il me semble qu'il a cet avantage sur l'humanité, qui est si inconstante et changeante. Si je voulois examiner cette matière à fond, je m'engagerois à prouver qu'il y a plus de raison parmi les animaux, que parmi les hommes. Mais ce sont mes mémoires que j'écris, et non leurs éloges, quoique cet article puisse servir d'épitaphe à ma petite chienne. Nous ne nous arrêtâmes que quelques jours à Erlangue et retournâmes à Bareith.

Il ne se passa rien de fort extraordinaire l'année 1736. J'ai déjà dit que la paix se fit entre l'Empereur et la France. Elle nous procura le passage des
troupes autrichiennes, quoique ce passage fût fort
onéreux aux princes de l'empire, qui contre toute
équité et justice étoient obligés de leur donner les
étapes. Le mal étant sans remède, nous tâchâmes
d'en tirer parti tant que nous pûmes. Nous avions
tous les jours un monde infini. Les officiers autrichiens étoient pour la plupart des gens très-aimables.
Je vis quelques-unes de leurs femmes, qui l'étoient
aussi. Nous nous divertissions à merveille. Il y avoit
quasi tous les jours bal, et ma santé commençoit à
se rétablir.

Je donnai une fête magnifique le jour de naissance
du Margrave, qui est le 10. de Mai, dans la grande
salle du château. J'y avois fait construire le mont
Parnasse ; un chanteur assez bon, que je venois d'engager, représentoit Apollon ; neuf dames, magnifiquement vêtues, étoient les Muses ; au-dessous du
Parnasse j'avois fait pratiquer un théâtre ; Apollon
chantoit une cantate et ordonnait aux Muses de
célébrer cet heureux jour ; aussitôt elles descendirent de leur place et dansèrent un ballet ; au-dessous
du théâtre étoit une table de 150 couverts, très-
magnifiquement décorée ; le reste de la salle étoit
orné de devises et de verdure ; nous représentions
tous les Dieux du paganisme. Je n'ai rien vu de
plus beau que cette fête, qui eut une approbation
générale.

Depuis que le Margrave avoit pris Ellerot, ses
affaires commençoient à se remettre. On trouva une
grande augmentation de revenus, qu'on avoit tenue
secrète et dont selon toute apparence Messieurs de
la chambre des finances avoient profité. Le Margrave cassa tous les membres de cette chambre et

en remit d'autres à leur place. Ellerot trouva outre
cela moyen de rechercher de vieilles dettes, qu'on
devoit depuis des temps immémoriaux aux Margraves de Bareith, et il eut le bonheur d'en tirer le
payement. De pauvres que nous étions, nous nous
trouvâmes tout d'un coup riches.

Cependant cette année ne mit fin à une guerre,
que pour en rallumer une autre. La Russie étoit
en guerre avec les Turcs, et n'avoit accordé les
12,000 hommes, dont j'ai déjà fait mention, à l'Empereur qu'à condition, qu'il romproit la trève qu'il
avoit avec les Mahométans, et qu'il les attaqueroit
en Hongrie. Toutes les troupes de ce prince commençoient à y défiler. On peut regarder cet événement comme le commencement de la décadence
de la maison d'Autriche.

L'Empereur fit célébrer à peu près en ce temps-ci
les noces de l'archiduchesse Marie-Thérèse, sa fille
aînée, avec le nouveau grand-duc de Florence.

Le prince de Galles épousa aussi cette année la
princesse de Saxo-Gotha. Ce fut le roi son père, qui
fit ce mariage, où le cœur du prince n'eut aucune
part, cette princesse n'étant ni belle ni spirituelle. Il
vit pourtant très-bien avec elle. J'en reviens à ce qui
me regarde.

Nous allâmes passer la belle saison au Brandenbourger. Le Margrave y tomba malade ; il lui prenoit des foiblesses et des maux de tête terribles. Cela
ne l'empêchoit pas de sortir ; mais j'en étois dans de
cruelles inquiétudes. Il n'y a point de parfait bonheur dans ce monde ; je jouissois de tout celui que
je pouvois souhaiter, mais mes craintes pour une
santé si précieuse faisoient disparoître tous mes
autres sujets de contentement. Le médecin me faisoit craindre, que les accidens du Margrave ne fussent
des avant-coureurs d'apoplexie. J'étois quelquefois

dans un désespoir, que je ne savois ce que je faisois.
Je fus enfin tirée de peine. Il prit les hémorrhoïdes,
qui le soulagèrent aussitôt. Comme cette maladie
n'est dangereuse que lorsqu'on ne la ménage pas,
et qu'elle pouvoit contribuer à la conservation du
Margrave, qui est extrêmement sanguin, j'en fus
charmée.

Depuis que le prince étoit parvenu au règne, il
s'étoit fort appliqué à se concilier l'amitié du roi et
de la reine de Danemarc[1]. La reine ayant été princesse apanagée et fille d'un cadet de la maison,
n'avoit reçu aucune dot, cela étant stipulé ainsi dans
la maison de Brandenbourg, sans quoi les apanages
et les dots iroient à toute éternité, et ne pourroient
manquer à la fin de ruiner la maison. La reine fit
savoir au Margrave, que s'il vouloit lui donner la
sienne, elle lui feroit des avantages qui l'en récom-
penseroient au quadruple. Le Margrave la lui accorda,
se fiant à sa parole.

Le roi et la reine devoient aller à Altona et y faire
quelque séjour. Ils l'invitèrent à s'y rendre, et on lui
fit entendre sous main, que la reine avoit de grands
desseins et qu'elle vouloit lui témoigner sa reconnoissance d'une façon éclatante. Quelques arrangemens, que le Margrave fut obligé de faire, retardèrent
son départ. Le roi de Danemarc lui envoya une estafette, pour lui faire savoir, qu'il ne s'arrêteroit pas
plus de quinze jours à Altona, et que s'il avoit dessein de le voir, il devoit presser son voyage.

Le Margrave partit, résolu d'aller nuit et jour,
pour trouver encore le roi, son oncle. Il faut passer
par les États du roi, mon père, pour se rendre à
Altona, et par la ville de Halberstadt, qui n'en est
qu'à 12 ou 13 milles. Le Margrave s'y arrêta pour
dîner chez le général Marwitz. Il y apprit, que le roi
y étoit attendu dans trois ou quatre jours, pour y

faire la revue des troupes des environs. Il falloit opter, ou de renoncer à voir le roi de Danemarc, ou celui de Prusse. Les mécontentemens que le Margrave éprouvoit de la part de ce dernier, la parole qu'il avoit donnée à l'autre et les avantages qu'on lui avoit fait espérer, l'engagèrent à continuer son voyage. Il expliqua toutes les raisons qui le lui avoient fait entreprendre, au général Marwitz, le chargeant d'en informer le roi et de l'assurer, que s'il se trouvoit encore à Berlin à son retour, il ne manqueroit pas d'aller lui rendre ses devoirs.

Il repartit de Halberstadt l'après-midi et arriva le lendemain à Brunswick, où il dîna. Il y fut très-bien reçu de son ancien ami, le duc et de ma sœur. De là il continua sa route jusqu'à Zelle, où il trouva des lettres d'Altona, par lesquelles il apprit, que le roi de Danemarc étoit tombé dangereusement malade. Il se reposa donc à Zelle, et n'arriva que quelques jours après à Altona.

Il fut reçu par le Grand-Maréchal et toute la cour dans une maison qui lui avoit été préparée, y ayant trop peu de place dans celle que le roi occupoit, où il y en avoit à peine pour se loger. L'accueil que la reine, son oncle et sa tante lui firent fut des plus tendres. La reine avoit été très-belle, mais les fatigues et les incommodités qu'elle avoit, ne lui laissoient plus que de beaux restes. Madame sa mère, la Margrave de Culmbach, qui ne l'avoit point quittée depuis son mariage, la gouvernoit entièrement, et par conséquent aussi le roi et la cour. Cette princesse avoit beaucoup d'esprit ; elle jugea, que pour se conserver la faveur, il falloit jeter le roi et la reine dans la bigoterie. Le roi aimoit naturellement les plaisirs et la bonne compagnie ; pour le détourner de son penchant, elle lui faisoit des cas de conscience des choses les plus innocentes. Ce prince qui a beaucoup de belles qualités, possède un génie fort borné. Celui de la reine est à sa portée et elle n'en a pas plus que lui. La Margrave ne trouvoit donc que des esprits dociles à recevoir sa morale. Cette cour conservoit encore un air de grandeur ; mais dans le fond c'étoit un cloître, où on ne faisoit que prier Dieu et s'ennuyer. Le Margrave me dit, que jamais le temps ne lui avoit paru plus long. On le combla d'honneurs et de belles paroles, mais on oublia ce qu'on lui avoit promis, et il s'en retourna très-charmé d'être hors de cette cour.

Le roi, mon père, étant déjà reparti pour la Prusse, le Margrave revint tout droit à Bareith, malgré les conseils de mon frère, qui vouloit qu'il s'arrêtât à Brunswick, pour attendre son retour à Berlin, qui ne devoit se faire qu'en six semaines. J'avois reçu une lettre très-désobligeante de mon frère sur le voyage du Margrave ; elle étoit bien différente de sa façon d'écrire d'autrefois. La voici.

« J'ai bien lu votre lettre, ma très-chère sœur ; mais si vous voulez que je vous parle avec ma franchise ordinaire, il m'est impossible d'approuver que le Margrave passe à dix ou douze milles d'un endroit, où le roi doit se rendre, sans lui venir faire la cour. À vous dire la vérité, l'on en parle comme d'une grossièreté, et je suis obligé d'y souscrire. Le Margrave peut réparer la chose ; il n'a, en s'en retournant, qu'à passer par Berlin, quand le roi reviendra de Prusse. Car j'avoue, que je ne m'étonne nullement que le roi soit fâché de son procédé. C'est montrer trop peu de considération pour un roi, qui en même temps est son beau-père. Je doute fort de tous les avantages que le Margrave espère avoir du roi de Danemarc ; il n'en aura jamais de pareils à ceux qu'il a reçus du roi, possédant un trésor tel que vous. J'aurois encore une infinité de choses à dire sur cette matière, mais je me borne à vous assurer etc. »

Quoique la fin de cette lettre semblât raccommoder un peu le commencement, elle me parut fort dure. Les expressions me semblèrent peu mesurées, et tout son style m'avoit été inconnu jusqu'alors. Mon frère étoit tout changé envers moi depuis son retour du Rhin ; toutes les lettres que je recevois de lui étoient guindées ; il y paroissoit un certain embarras, qui me marquoit assez que son cœur n'étoit plus le même pour moi. J'en étois vivement touchée ; ma tendresse pour lui n'étoit point diminuée, et je n'avois rien à me reprocher à cet égard. Je supportois donc tout cela avec patience, me flattant qu'avec le temps je regagnerois son amitié.

J'ai passois mon temps fort agréablement au Brandenbourger pendant l'absence du Margrave ; mais peut-on être content éloigné de ce qu'on aime ? En effet je n'avois de vraie satisfaction que lorsque j'étois auprès de lui, et je tâchois plutôt de me dissiper que de me divertir. J'avois très-bonne compagnie, avec laquelle je tâchois de m'amuser, et je passois les matins et quelques heures de l'après-midi à la lecture et à la musique.

J'ai déjà fait le portrait de la Grumkow au commencement de ces mémoires, et on y aura vu, que joint à plusieurs autres grands défauts, elle avoit celui de la coquetterie. Elle avoit eu déjà plusieurs amans, depuis qu'elle étoit auprès de moi, ce qui m'avoit fort indisposée contre elle ; mais comme elle avoit gardé jusque-là les bienséances, j'avois fait semblant d'ignorer sa conduite. Cette fille devenoit envers moi d'une impertinence insupportable. Elle ne venoit plus chez moi qu'aux heures de repas, passant les jours et la moitié des nuits avec Mr. de Vesterhagen, mon gentilhomme de la chambre. Ce Monsieur, quoique marié, en étoit éperdument amoureux et lui faisoit des présens considérables, qu'elle faisoit passer pour venir de son père. Quoiqu'elle n'eût aucun attachement pour moi et nulle envie de remplir les devoirs de sa charge, elle étoit d'une jalousie extrême contre la Marwitz, et tâchoit de l'humilier tant qu'elle le pouvoit. Je me voyois hors d'état de mettre ordre à sa conduite, par les ménagemens que j'étois encore obligée d'avoir pour son oncle, et je me contentois de lui faire remarquer mon mécontentement par quelques piquanteries, que je lui lâchois par-ci par-là, pour la faire rentrer en elle-même ; mais son penchant l'emportoit au-dessus de sa raison et l'empêchoit de renoncer à son amour. Comme il eut des suites très-fâcheuses pour la Marwitz, qu'elle accusoit de m'en avoir informée, et que cette intrigue a quelque connexion avec mes mémoires, j'en rapporterai la suite dans son temps.

Le Margrave arriva enfin le 16. de Juillet. Ma joie fut extrême de le revoir, et il fut très-satisfait de se retrouver chez lui. Il fit célébrer mon jour de naissance par une fête charmante, qu'il me donna dans un grand jardin qui appartenoit au château. Ce jardin étoit tout illuminé de lampions ; on y avoit pratiqué un théâtre, dont toutes les coulisses étoient de gros tilleuls ; Diane et ses nymphes y parurent, on y joua une espèce de petite pastorale ; vis-à-vis du théâtre étoit un salon rehaussé de quatre marches, dont tout le dehors étoit si bien illuminé, qu'il sembloit une boule de feu ; tous les parterres du jardin étoient ornés de lampions de diverses couleurs, ce qui faisoit un effet charmant.

Nous partîmes le lendemain de cette fête pour nous rendre à l'hermitage. J'en ferai ici la description.

Cet endroit est situé sur une montagne. On y arrive par une avenue et par une chaussée, que le Margrave a fait faire. Le mont Parnasse se présente à l'entrée de l'hermitage. C'est une voûte, soutenue de quatre colonnes, au-dessus de laquelle on voit Apollon et les neuf Muses, qui jettent toutes de l'eau ; cette voûte est si artistement construite, qu'on la prendroit pour un véritable rocher. Vous voyez d'un côté un berceau, qui vous conduit à un autre rocher artificiel, environné d'arbres, où il y a six jets d'eau ; au-dessous de ce rocher on trouve une petite porte, par laquelle on entre dans une espèce de souterrain, qui mène dans une grotte. Cette grotte est ornée de coquillages très-beaux et très-rares, et elle reçoit le jour par un dôme, qui est au-dessus ; il y a un grand jet d'eau au milieu et six cascades tout à l'entour ; tout le plancher, qui est de marbre, jette aussi de l'eau, de façon qu'il est très-aisé d'attraper les gens et de les inonder lorsqu'ils y sont. Il y a deux rampes de chaque côté de la grotte, qui mènent à deux appartemens, chacun composé de trois petites chambres en miniature. Au sortir de la grotte on entre dans une petite cour, toute environnée de ces rochers artificiels, entremêlés d'arbres et de haies ; un grand jet d'eau, placé au milieu, y donne une continuelle fraîcheur. Ces rochers cachent les ailes de la maison, qui sont composées chacune de quatre petites cellules, ou de huit petites chambres, y ayant toujours une garde-robe et une chambre de lit. Cette cour conduit au corps de logis. On se trouve d'abord dans un salon, dont le plafond est très-bien peint et doré ; ce salon est tout revêtu de marbre de Bareith ; le fond en est de marbre gris et les pilastres de marbre rouge ; les corniches et les chapiteaux en sont dorés ; tout le parquet est de marbre des diverses sortes, qu'on en trouve ici ; mon appartement est à droite. Il se présente d'abord une chambre, dont la peinture représente au plafond les dames romaines lorsqu'elles arrachèrent la ville de Rome au pillage des ennemis ; l'entour de cette peinture est à fond bleu ; tous les reliefs sont dorés et argentés ; les lambris sont de marbre fin noir et les compartimens de marbre fin jaune ; la tapisserie est de damas jaune à galons d'argent. De là on entre dans les ailes, que j'ai fait ajouter ; à savoir dans une chambre, dont le plafond est en bas-relief et tout doré ; la peinture représente l'histoire de Chélonide et de Cléobrontas ; la boiserie est à fond blanc et tous les reliefs dorés ; les trumeaux et le dessus des cheminées sont partout de belles glaces ; la tapisserie de cette chambre est une étoffe à fond bleu et or excessivement riche, dont toutes les fleurs sont de chenille ; c'est la plus belle chose qu'on puisse voir. Ensuite vient un petit cabinet, dont la boiserie est du Japon ; mon frère m'en avoit fait présent ; elle avoit coûté un argent infini, et je crois que c'est l'unique de cette espèce qui ait paru en Europe ; on l'avoit donnée à mon frère pour telle ; le fond en est d'or grené et toutes les figures sont en relief ; le plafond, les trumeaux et tout ce qu'il y a dans ce cabinet s'accorde avec cette boiserie ; tous ceux qui l'ont vu en ont été charmés. À côté de ce cabinet, en tournant à droite, est la chambre de musique ; elle est toute de marbre fin blanc, et les compartimens verds ; dans chaque compartiment il y a un trophée de musique doré et très-bien travaillé ; les portraits de plusieurs belles personnes, que j'ai amassés, de la main des plus habiles maîtres, sont placés au-dessus de ces trophées et enchâssés dans la muraille dans des cadres ornés et dorés ; le fond du plafond est blanc ; les reliefs représentent Orphée, jouant de sa lyre et attirant les animaux ; tous ces reliefs sont dorés ; mon clavecin et tous les instrumens de musique sont placés dans cette chambre, au bout de laquelle est mon cabinet d'étude ; il est d'un vernis à fond brun et peint en miniature avec des fleurs naturelles ; c'est là où je suis encore occupée à écrire ces mémoires et où je passe bien des heures à faire mes réflexions. La chambre de musique me conduit par une autre porte dans celle où je m'habille, qui est toute simple, et de là j'entre dans ma chambre à coucher, dont le lit est de damas bleu à galons d'or, et la tapisserie de satin à bandes. Ma garde-robe est à côté, ce qui y donne une grande commodité. La distribution de l'appartement du Margrave est égale au mien, mais il est différemment décoré. La première de ses chambres est meublée d'une espèce de vernis, dont j'ai trouvé l'invention ; la peinture, qui est très-belle, représente toute l'histoire d'Alexandre, et je l'ai fait copier d'après les estampes de Le Brun ; ce sont proprement des tableaux de la grandeur des murailles, peints en détrempe sur du papier collé sur de la toile, sur lequel j'ai fait passer un vernis pour le conserver. Ces tableaux ont été admirés de tous les connoisseurs. Le fond du plafond et de la boiserie est blanc et les ornemens dorés ; la peinture de ce plafond représente Alexandre, comme il jette l'encens au feu, et qu'Aristote le reprend de ce qu'il le fait avec trop de profusion. La boiserie de la seconde chambre est à fond brun foncé ; tous les reliefs sont de trophées des armes de tous les peuples du monde ; tout cela ainsi que l'entour du plafond est doré ; on voit dans le milieu de ce plafond Artaxerxe, comme il reçoit Thémistocle ; la tapisserie est une haute-lisse, qui représente toute l'histoire de ce général grec. Le cabinet à côté est orné de très-beaux tableaux ; la boiserie est de bois d'ébène, relevée d'ornemens dorés ; l'histoire de Mutius Scévola est peinte sur le plafond. La chambre à côté est revêtue de carreaux de porcelaine de Vienne, peints en miniature ; le plafond en est tout peint et présente Léonidas, lorsqu'il défend les Thermopyles. La chambre de lit est de damas verd avec des galons d'or. On trouvera peut-être singulier que j'aie choisi tous ces sujets d'histoire pour en orner mes plafonds, mais j'aime tout ce qui est spéculatif, et tous ces sujets d'histoire que j'ai choisis, représentent autant de vertus, qu'on auroit pu peut-être mieux habiller à la moderne par des emblèmes, mais qui n'auroient pas tant réjoui la vue. J'en reviens à ma description. La maison en dehors n'est ornée d'aucune architecture ; on la prendroit pour une ruine, entourée de rochers ; elle est environnée d'un bois de haute futaie ; sur le devant de la maison est un petit parterre, émaillé de fleurs, et à l'extrémité duquel on trouve une cascade, qui semble taillée dans le roc, et qui coule jusqu'au bas de la montagne, où elle tombe dans un grand bassin ; deux allées de grands tilleuls la bordent de chaque côté, et l'on y a pratiqué des marches de gazon, pour la descendre commodément ; il y a deux reposoirs, au milieu desquels il y a des jets d'eau, entourés de sièges de gazon pour s'asseoir ; sur les côtés de la maison il y a dix allées de tilleuls si épais, que le soleil n'y perce jamais. Chaque route du bois mène à un hermitage ou à quelque chose de nouveau ; chacun y a son hermitage et ils sont tous différens les uns des autres. Le mien découvre à la vue les ruines d'un temple, bâties sur les dessins qui nous restent encore de l'ancienne Rome ; je l'ai consacré aux Muses. On y voit les portraits de tous les fameux savans des derniers siècles ; tels que Descartes, Leibnitz, Locke, Newton, Bayle, Voltaire, Maupertuis, etc. À côté du petit salon, qui est de forme orbiculaire, il y a deux petites chambres et une petite cuisine, que j'ai ornée de cette porcelaine antique de Raphaël. En sortant de ces petites chambres, on entre dans un petit jardin, sur le devant duquel il y a une ruine d'un portique ; le jardin est environné d'un berceau où on peut se reposer à lire dans la plus grande ardeur du soleil, sans en être incommodé. En montant plus haut, la vue est frappée d'un nouvel objet ; c'est un théâtre, construit de pierre de taille, dont toutes les voûtes sont détachées, de façon qu'on y peut jouer un opéra en plein air. Je ne m'arrêterai pas à le décrire ; le dessin que j'ajouterai à ces mémoires de toutes les pièces curieuses de ma seigneurie, fera voir que c'est un endroit unique. La rivière coule au bas tout autour de la montagne ; il y a des promenades et des vues magnifiques de quelque côté qu'on aille se promener. Comme je le décris dans l'état où il est à présent, et que j'écris ceci l'année 1744, je continuerai à marquer toutes les augmentations que j'y ferai encore avec le temps.

Je me suis peut-être trop long-temps étendue là-dessus, mais j'écris pour me divertir et ne compte pas que ces mémoires seront jamais imprimés ; peut-être même que j'en ferai un jour un sacrifice à Vulcain, peut-être les donnerai-je à ma fille, enfin je suis pyrrhonienne là-dessus. Je le répète encore, je n'écris que pour m'amuser, et je me fais un plaisir de ne rien cacher de tout ce qui m'est arrivé, pas même mes plus secrètes pensées.

La guerre se renouvela à la fin de cette année entre l'Empereur et les Turcs. Elle étoit des plus injustes ; mais il faut remonter plus haut pour en chercher la cause.

J'ai déjà dit que les Russes avoient fait passer dix mille hommes en Allemagne, pour donner du secours à l'Empereur contre la France. L'Impératrice russienne se trouvoit en guerre avec les Turcs, et n'avoit accordé ses troupes au chef de l'empire qu'à condition, qu'il feroit après la paix une diversion et qu'il romproit la trève conclue avec les Ottomans. Dans l'année 1719 l'Empereur se mit en état de remplir ces engagemens et fit défiler ses troupes du côté de la Hongrie. Les commencemens de la campagne furent heureux. Les Turcs ne s'étant point attendus à être attaqués et n'ayant point d'armée de ce côté, se retirèrent et leur abandonnèrent sans coup férir la ville de Nissa. Mais l'année 1737 fit changer leur fortune de face. Le général Sekendorff reçut le commandement de l'armée impériale. L'avarice et la mauvaise conduite de ce général la ruinèrent totalement. On lui fit son procès à la fin de cette année, et il fut condamné à finir sa vie dans la forteresse de Spielberg, trop heureux encore d'en réchapper pour cela. J'admirai le sort de cet homme qui m'avoit causé tant de chagrin, et qui avoit été, pour ainsi dire, le fléau de toutes les cours où il avoit été. Il me fit compassion, et je puis dire avec vérité, que je ne sentis pas un moment de joie de son malheur. Nous le reverrons encore reparoître sur la scène. Mais j'en reviens à ce qui me regarde.

Nous débutâmes l'année 1737 par recevoir la visite du prince de Bamberg. La cour parut dans tout son lustre en cette occasion. J'avois fait faire beaucoup de changemens au château, aux appartemens du Margrave et aux miens. L'acquisition que nous avions faite de quelques habiles musiciens et de quelques chanteurs excellens d'Italie, rendoit la chapelle très-bonne. Plusieurs étrangers, entrés depuis peu au service, contribuoient à faire les honneurs de la cour et à la rendre moins mélancolique que par le passé. Tous ceux qui y vinrent en furent charmés et l'évêque partit très-satisfait de son séjour.

Ma santé, quoique toujours fort délicate, commençoit cependant à se remettre. Tout le pays souhaitoit passionnément que je pusse lui donner des héritiers. On me proposa pour cet effet de me servir des bains. Comme je connoissois mon tempérament, je prévis bien que leur usage ne conviendroit point à ma santé ; mais le médecin ayant été gagné pour me les conseiller, je fus obligée de me rendre aux désirs du pays. Les bains d'Ems étant les moins forts qu'il y ait en Allemagne, je les choisis préférablement aux autres. Mais ce n'en étoit point encore la saison. Nous nous rendîmes à Erlangue pour l'attendre et pour partir de là.

Nous y passâmes fort agréablement notre temps, et j'y vis pour la première fois une pastorale, où le fameux Sr. Zaghini se fit admirer et enchanta chacun par la beauté et l'agrément de sa voix. Nous ne pensions qu'à nous divertir, lorsqu'un événement imprévu vint troubler nos plaisirs. Ce fut la mort de mon neveu, le prince héréditaire d'Anspac.

J'ai déjà parlé ci-dessus du mauvais ménage du Margrave et de ma sœur. Leur dissension avoit fort augmenté depuis quelque temps ; le Grand-Maréchal de Sekendorff en étoit en partie cause, ne cessant d'animer le Margrave contre son épouse. La mort du prince lui fournit un vaste champ pour exercer sa malice. Il l'attribua entièrement à ma sœur, et sut si bien aigrir l'esprit de ce prince, qu'il jura de ne la plus voir et de se séparer d'elle. Il la traita même d'une façon indigne, et lui fit dire les choses du monde les plus dures par de simples domestiques ; défense fut faite à toute la cour d'aller chez elle, et en un mot, on tâcha de la mortifier par tout ce qu'on en crut capable. Il y avoit déjà trois semaines que cela duroit, sans que j'en eusse été informée. Mais enfin quelques personnes bien-intentionnées de cette cour m'en avertirent sous main, et me firent prier de me rendre à Anspac, pour redresser tous ces désordres. Je ne balançai pas à suivre leur avis.

Le Margrave étoit à la campagne, où il tâchoit de se consoler de la mort de son fils entre les bras de sa maîtresse[1]. Dès qu'il apprit mon arrivée à Anspac, il s'y rendit. J'y trouvai ma sœur baignée dans ses larmes et si changée, qu'elle n'étoit pas reconnoissable. Le Margrave ne la regarda pas ; il ne put se dispenser de manger avec nous, mais on remarquoit bien dans toute sa physionomie la peine que cela lui faisoit. Je ne voulus pas me presser de lui parler, avant que d'être bien informée de toutes les circonstances de ce qui s'étoit passé. Je m'aperçus par tout le détail qu'on me fit, que Mr. de Sekendorff étoit l'auteur de toute cette brouillerie. Je m'adressai donc à lui pour la raccommoder. La douceur, mêlée de fermeté, avec laquelle je lui parlai, lui firent peut-être faire des réflexions. Il me promit d'employer tous ses efforts pour rétablir la paix. Il tint parole. Tout le monde se réunit à lui, pour apaiser le Margrave, mais la principale raison qui le porta à céder à tant d'instances, fut la peur qu'il eut de moi. J'eus donc le plaisir de voir l'union rétablie. N'ayant plus rien à faire à Anspac, je retournai à Erlangue, d'où je partis pour Ems. J'allai droit à Wertheim, où je m'embarquai.

Notre voyage fut des plus agréables. Nous avions bonne compagnie sur notre bateau. Nous y faisions une chère excellente, et nos yeux étoient continuellement occupés à contempler des sites et des paysages charmans.

Nous arrivâmes au bout de six jours à Ems, fort fatigués et harassés de notre dernière journée, et de n'avoir pas dormi la nuit que nous avions passée sur un petit bac, le grand bateau ne pouvant servir sur la Lane, qui coule à l'entour d'Ems. Cet endroit est très-désagréable. C'est un fond tout environné d'une chaîne de rochers ; on n'y voit ni arbres ni verdure. La maison d'Orange, où nous logions, étoit belle et commode.

Nous nous reposâmes le premier jour, mais dès le lendemain je vis du monde. La compagnie étoit très-petite et très-ennuyeuse. Madame de Harenberg, femme d'un chambellan du roi d'Angleterre, étoit l'héroïne du bain. Elle s'étoit rendue à Ems avec son mari et son amant, Mr. le colonel de Diffenbrok. Cette dame étoit petite, laide, désagréable et aussi affectée que coquette. Nous profitâmes de son ridicule pour nous en divertir. Le Margrave fit semblant d'être amoureux d'elle et lui conta fleurette. La folle donna bonnement dans le panneau, et fort charmée d'avoir fait une si belle conquête, elle voulut commencer le roman par où on le finit. Le Margrave ne fut pas de cet avis. La colère de cette créature tomba tout entière sur moi. Elle tâcha de me décrier partout, dans la croyance que j'avois mis obstacle à ses amours. Par bonheur elle étoit si connue, que tout ce qu'elle put dire de moi ne fit aucune impression.

Je commençai ma cure, dont je me trouvai assez bien dans les commencemens. La bonne compagnie qui nous vint, contribua à rendre notre séjour plus agréable. Outre plusieurs dames et messieurs qui s'y rendirent des environs, Pelnitz y arriva aussi. J'ai déjà parlé de lui ci-dessus. Il avoit changé de religion depuis son retour à Berlin, et étoit redevenu protestant. Il me conta beaucoup de particularités de

Berlin. Il étoit très-bien dans l'esprit du roi et quasi informé de toutes les affaires. Il me dit, que tout le monde me plaignoit fort et que le roi disoit pis que pendre du Margrave sur les rapports qu'on lui avoit faits, qu'il avoit des maîtresses et qu'il en agissoit mal avec moi. La calomnie n'avoit assurément jamais inventé rien de si faux. Je priai instamment Pelnitz de détromper le roi, ce qu'il fit à son retour.

Nous allions quelquefois nous promener, ou plutôt trépigner dans la boue. Cette belle promenade consistoit dans une allée de tilleuls, qu'on avoit plantée le long de la rivière. On n'y étoit jamais seul, les cochons, accompagnés des autres animaux domestiques, y tenoient fidèle compagnie à chacun, de façon qu'on étoit obligé de les écarter à coups de canne à chaque tour qu'on faisoit. Je me baignois dans le bain le plus doux, et j'avois grand soin qu'il fût tempéré, tout le monde m'ayant avertie, et même le médecin qui étoit à Ems, de ne m'en pas servir autrement, les bains chauds pouvant me faire beaucoup de mal. Notre médecin Zeitz se mit cependant en tête, que si je ne me servois de ceux qui étoient à la maison de Darmstadt, je ne deviendrois pas enceinte. Il vint me proposer d'en faire l'essai. J'y allai ; mais je ne pus y rester une minute, ces bains étant si chauds, que la chambre où ils étoient en étoit remplie de fumée. J'en sortis sur-le-champ. Mr. le médecin s'adressa à Mr. de Voit, pour me persuader de m'en servir, et quoique l'autre médecin protestât contre et dît hautement, que je crèverois si j'en faisois usage, Zeitz persista néanmoins dans son dessein et dit à plusieurs personnes, de qui je l'ai appris depuis, que pourvu que j'eusse un prince, il s'embarrassoit fort peu du reste, et que si je mourois, il n'y auroit qu'une femme de moins. Mon bon génie m'empêcha de suivre son avis, et malgré toutes les persuasions qu'on me fit, je ne voulus point me rendre à ce qu'on souhaitoit de moi.

Ma cure finie, j'allai à Coblence voir la procession de la fête-Dieu. On me montra le château et la ville, qui ne méritent pas que j'en fasse le détail.

De retour à Ems, j'y trouvai un gentilhomme du Landgrave de Darmstadt, qui vint nous inviter, le Margrave et moi, de la façon du monde la plus obligeante à nous rendre à Munichbrouk, maison de plaisance du Landgrave, qui étoit sur la route de Francfort. Le Margrave charmé de trouver cette occasion de faire connoissance avec un prince renommé pour sa politesse et sa magnificence, résolut d'y aller et m'engagea à l'y suivre.

Nous partîmes donc le lendemain et vîmes en passant Schlangenbad et Schwalbach, où il y avoit un monde infini. Nous couchâmes à Wisbaden. Quoique fort fatiguée, je me levai le lendemain à cinq heures pour aller à Munichbrouk. Je trouvai deux originaux dans mon antichambre. C'étoient deux comtes de Reuss, dont l'un ne faisoit que sautiller d'une jambe sur l'autre, en me disant, qu'il étoit chambellan de l'Empereur et comte régnant de l'empire. J'en suis charmée, Monsieur, lui dis-je, et si l'Empereur a beaucoup de chambellans de votre mérite, sa cour ne peut qu'être bien composée. Oui, assurément, me dit-il. L'autre me conta, qu'il faisoit son séjour dans une de ses terres proche de Francfort, parce que, dit-il, le fourrage y est beaucoup meilleur et que je fais consister tout mon plaisir à avoir de beaux chevaux. En même temps il me fit toute la généalogie des habitans de son écurie et l'énumération de leurs mérites. J'aurois pu lui répondre, que peut-être ils n'étoient pas tant chevaux que lui. Je me mis enfin en carrosse, pour me défaire du comte sauteur et du comte chevaucheur, et arrivai par une chaleur et une poussière insupportables à Munichbrouk.

Le Landgrave me donna la main pour m'aider à sortir du carrosse, et sans me dire mot me planta au milieu de la cour, pour faire son compliment au Margrave. Il me mena ensuite dans la maison. J'y trouvai sa fille, la princesse Maximiliane de Hesse-Cassel, et le prince héréditaire, son fils. Je commençai à lier conversation avec eux. Le Landgrave ne me répondoit pas un mot, sa fille rioit à gorge déployée et son fils faisoit des révérences. Leur père étant sorti, ils commencèrent à entrer en matière, mais sur des sujets tout nouveaux pour moi, car ils étoient des plus obscènes et débités grossièrement. J'ouvrois de grands yeux, fort embarrassée de ma figure, qui n'avoit jamais été à pareille fête ; aussi la compagnie étoit fort peu convenable pour mon génie. La princesse de Hesse étoit une seconde Madame de Bery ; elle avoit été fort jolie, mais le vin et les débauches lui avoient si fort gâté le teint, qu'elle étoit toute couperosée, et que la gorge, qu'elle prenoit soin de découvrir tant qu'elle le pouvoit, étoit remplie de pustules fort dégoûtantes ; ses manières libres et son air effronté ne démentoient point ses sentimens et découvroient assez son caractère.

Nous nous mîmes enfin à table, et malgré toutes les politesses que je faisois au Landgrave, je n'en avois pu tirer un mot. Un cas fortuit me procura enfin le bonheur d'entendre le son de sa voix. Munichbrouk est proprement une maison de chasse, qui consiste en plusieurs petits pavillons détachés ; chacun de ces pavillons contient une petite salle et trois petites chambres de chaque côté ; ces chambres étoient toutes meublées de damas de diverses couleurs avec des galons d'or ou d'argent. Étant donc à table, la princesse Maximiliane fit tout-à-coup de

grandes exclamations, en criant, ah, mon Dieu ! ah,
mon Dieu ! Je m'effrayai, croyant qu'elle prenoit
quelques vapeurs noires, dont, à ce qu'on débitoit,
elle étoit tourmentée plusieurs fois le jour ; mais
elle me cria bientôt, qu'il se faisoit des miracles et
qu'elle n'avoit rien vu de si extraordinaire, que ce
qui s'offroit alors à ses yeux. Je crus pour le coup
qu'elle étoit devenue folle, mais voyant sourire le
Landgrave d'un air mystérieux, je me rassurai enfin.
Ce grand miracle et cette chose si extraordinaire
étoient, qu'on avoit détendu dans un moment les
tapisseries de damas qui étoient dans ces chambres,
ce qui en faisoit paroître d'autres qui étoient dessous et qui étoient peintes à l'huile sur de la toile.
Le Landgrave me dit à cette occasion : votre Altesse
royale voit bien qu'il y a des enchantemens ici.
Voilà la seule parole que je lui ai entendu proférer.
J'applaudis beaucoup à cette platitude, car le proverbe dit, qu'il faut hurler avec les loups.

Notre ennuyant repas fini, on me força bongré
malgré de danser. J'étois fatiguée comme un chien
et comme nous n'étions que trois dames et qu'on
dansoit beaucoup d'allemandes, j'étois sur les dents.
Je priai tant et tant le Margrave, que nous partîmes
enfin le soir à sept heures. Il est juste que je fasse le
portrait du Landgrave et de son fils.

Le Landgrave avoit 80 ans passés lorsque je le vis,
mais à ses cheveux gris près, on l'auroit pris pour
n'en avoir que 50 ; un cancer qu'il avoit à la bouche,
le défiguroit et le rendoit fort dégoûtant ; on dit qu'il
avoit eu beaucoup d'esprit dans sa jeunesse, mais
son grand âge l'avoit fait disparoître ; il avoit été fort
galant, mais ses galanteries s'étoient tournées en
débauches affreuses. La malheureuse recherche,
dans laquelle il s'étoit jeté de la pierre philosophale,
avoit entièrement ruiné son pays, qui étoit dans un

désordre excessif. Il vivoit très-mal avec le prince, son fils, qu'il tenoit dans la sujétion d'un enfant, quoiqu'il eût 49 ans. Celui-ci avoit beaucoup d'esprit et de politesse, même de l'acquis, mais la mauvaise compagnie qu'il hantoit l'avoit abruti et rendu méconnoissable.

J'arrivai fort tard à Francfort où nous fûmes reçus en cérémonie au bruit d'une triple décharge du canon, et complimentés par les magistrats et les bourgmestres de la ville. Comme je ne me portois pas trop bien, je m'y arrêtai un jour, pendant lequel je vis tout ce qui méritoit de l'être. C'est-à-dire le Roemer, qui est la salle où dînent les Empereurs le jour de leur couronnement ; à côté de cette salle il y a quelques chambres, où on garde la bulle d'or, qu'on me montra. De là j'allai à la grande église, où se font ordinairement les couronnemens des Empereurs ; on m'y fit voir l'endroit où se tient le conclave des électeurs le jour de l'élection. Mais comme le détail de tout cela se trouve dans plusieurs livres, je le passe sous silence.

Je partis le lendemain à cinq heures du soir de Francfort, résolue d'aller toute la nuit, pour éviter les grandes chaleurs. Quoique fort incommodée, je voulus voir en passant Philippsrouhe, maison de plaisance, appartenant au prince Guillaume de Hesse. Le château en est grand et spacieux, mais fort simple en dedans et point meublé. La situation en est très-belle, la vue donnant sur un fort beau jardin, bordé par le Mein qui y coule, et sur l'autre bord duquel il y a des paysages charmans.

En continuant ma route, mon mal s'augmenta, et se termina enfin par une espèce de dysenterie. Une terrible pluie, mêlée d'orage, et un froid excessif nous saisirent pendant la nuit. Les chemins étoient affreux, et nous nous trouvions dans les montagnes du Spessart, où il n'y a que du bois, sans qu'on trouve ni maison ni village.

J'arrivai enfin à demi-morte à neuf heures du matin à un petit village, nommé Eselsbach, où on me traîna hors du carrosse et on me mit au lit, sans que j'en susse rien. Le médecin qui étoit arrivé longtemps avant moi, me trouva très-mal ; j'avois une grosse fièvre, et il jugea mon accident fort dangereux. On résolut donc de rester là tout ce jour et le suivant, et de tâcher de me transporter plus loin si mon mal ne diminuoit, l'endroit où nous étions étant si mauvais, qu'il étoit impraticable que je pusse y demeurer plus longtemps. Mais me trouvant un peu mieux, nous partîmes le surlendemain pour nous rendre à Wirzbourg, où nous avions été invités par l'évêque.

Nous y fûmes reçus avec tous les honneurs imaginables. La garnison sous les armes étoit rangée en haie dans les rues ; on fit une triple décharge du canon. Le prince et toute sa cour nous reçurent au bas de l'escalier. Le mouvement du carrosse m'avoit si fort affoiblie, que je fus obligée de me mettre sur le lit. Je me traînois pourtant, toute malade que j'étois, pour voir le dedans du château, qui peut passer pour le plus beau d'Allemagne. L'escalier est superbe et tous les appartemens sont vastes et spacieux, mais je trouvai les décorations des chambres détestables.

Nous repartîmes à huit heures du soir. Mon mal cessa, mais j'en pris un autre plus dangereux, car je fus attaquée de si terribles douleurs à la poitrine, que je ne pouvois parler.

J'arrivai le lendemain à Erlangue, ayant cheminé toute la nuit. Je m'y arrêtai une quinzaine de jours, pendant lesquels on me tira de danger, mais je conservai une grande foiblesse et ma santé resta très-dérangée.

Je trouvai Mlle. de Bodenbrouk, première fille d'honneur de la reine, à mon retour à Bareith. C'étoit la même qui m'avoit causé tant de chagrin pendant mon séjour de Berlin. Elle alloit à Carlsbad pour s'y servir des bains. Je me piquai de générosité à son égard et l'accablai de politesses. Mon procédé la toucha et la fit rentrer en elle-même. Elle me fit un détail de tout ce qui se passoit à Berlin et me conta, que la reine étoit toujours fâchée contre moi, et saisissoit toutes les occasions pour mal parler de moi ; que personne n'en étoit cause que ma sœur de Brunswick, qui l'animoit sans cesse et lui mandoit toutes sortes de nouvelles désavantageuses de Bareith ; comme entr'autres, que je méprisois si fort les pierreries que la reine m'avoit données, que je les avois vendues et repris d'autres en place, pour n'avoir plus rien de Berlin ; qu'elle ne s'étoit contentée de tenir de pareils propos à la reine, mais qu'elle me rendoit aussi de très-mauvais services auprès de mon frère, qui étoit fort changé à mon égard et ne faisoit point de mystère à dire, que ma sœur de Brunswick étoit celle qui lui étoit la plus chère ; que mon frère n'étoit plus ce qu'il avoit été ; que tout le monde commençoit à le haïr, et qu'enfin chacun me plaignoit et ne souhaitoit que de me voir reprendre l'ascendant que j'avois eu sur lui. Je me justifiai des calomnies de ma sœur, en montrant à la Bodenbrouk toutes les pierreries que j'avois reçues de la reine, qu'elle connoissoit très-bien. Elle me promit aussi de prendre fortement mon parti auprès de cette princesse, et de parler en ma faveur à mon frère. Elle partit de Bareith, accablée de politesses et de présens.

L'année 1738 pensa m'être bien fatale. Le Margrave tomba tout d'un coup malade. Son mal ne parut pas dangereux dans les commencemens, ne consistant que dans une grosse fluxion à la tête, mais une espèce d'attaque d'apoplexie fit craindre pour ses jours. Ce fut un relâchement de nerfs dans les parties extérieures ; sa bouche en est restée un peu tirée, et il a conservé une foiblesse à l'œil gauche, qui lui pleure quasi toujours ; cependant cela ne le défigure point. Que ne souffris-je point pendant tout le temps qu'il fut malade ? mes angoisses et mes inquiétudes ne sauroient s'exprimer. Sa convalescence me rendit la vie.

Mais ma santé ne se remit point, elle empiroit de jour en jour. J'avois derechef la fièvre lente, et enfin au bout de trois mois le médecin jugea mon mal incurable. Madame de Sonsfeld et le Margrave firent savoir mon état à la reine et à mon frère. On tint des consultations à Berlin dont le résultat fut, que je ne pouvois en réchapper. Un reste de tendresse se réveilla pour moi dans le cœur de mon frère. Il me manda, qu'il y avoit un très-habile médecin à Stettin, qui avoit beaucoup contribué à rétablir le roi, lorsqu'il avoit eu l'hydropisie ; que je devois prier ce prince de me l'envoyer. La lettre qu'il m'écrivit à ce sujet, étoit des plus tendres. J'avois déjà pris mon parti. Je ne comptois pas en réchapper pour cette fois ; j'envisageois la mort avec fermeté, ses approches ne m'épouvantoient point. La seule chose qui m'inquiétoit étoit la douleur que ma perte alloit causer au Margrave ; mais je tâchois de m'étourdir là-dessus, en me rappelant l'exemple de tant de maris, qui après avoir bien fait les désespérés, s'étoient pourtant consolés à la fin. Les pressantes instances de mon frère, jointes à celles du Margrave, m'engagèrent à suivre le conseil du premier. J'écrivis une lettre fort touchante au roi, où je lui détaillois mon triste état. Je lui mandois, que me voyant sur le bord du tombeau, je lui demandois pardon de tous les chagrins que je lui avois causés involontairement ; je lui demandois sa bénédiction ; je l'assurois de la tendresse la plus vive et je finissois par le supplier de m'envoyer le médecin Supperville[1], plus pour tranquilliser le Margrave et n'avoir rien à me reprocher que dans la croyance qu'il pût me sauver la vie. Le roi me répondit fort obligeamment et le médecin arriva à l'hermitage, où j'étois alors, au bout de quinze jours.

Je m'attendois à voir un de ces pédants, dignes piliers de la faculté, qui vous crachent du latin à chaque mot qu'ils disent, et dont les raisonnemens, diffus et ennuyans contribuent à faire mourir les malades avant le temps ; point du tout. Je vis entrer un homme d'assez bonne mine, qui m'accosta avec un air qui sentoit son monde, et en un mot qui n'avoit pas la moindre encolure de son métier. Il me trouva très-dangereusement malade, mais il tâcha de m'encourager, m'assurant qu'il me tireroit d'affaire. Il est juste que je fasse son portrait.

Supperville est d'origine françoise et prétend être de bonne maison. Je n'entre point dans la discussion de sa généalogie, tout François établi en pays étranger, est noble comme le roi, quoique quelquefois leur grand-père ait été maître d'hôtel ou laquais à Paris. Mais passons là-dessus ; tel n'est pas noble qui mériteroit de l'être, et celui-ci avoit des talens qui auroient pu le mener à une grande fortune, si une ambition démesurée n'y avoit mis obstacle. Supperville avoit fait ses humanités à Leyden et à Utrecht, son père s'étant établi à la Haye. Ayant fini son cours de droit, il fut nommé secrétaire d'ambassade d'un ministre qui devoit aller en France. L'amour le rendit médecin. Il s'amouracha d'une jeune fille fort riche, et ne pouvant se résoudre à s'en séparer, il se vit obligé d'embrasser une profession pour laquelle il se sentoit une répugnance extrême. Il retourna aux universités. Son application à l'étude de la physique et de l'anatomie le rendit bientôt fameux. Le roi l'engagea à entrer à son service comme premier médecin de toute la Poméranie, où il étendit en peu de temps sa renommée. Il a infiniment d'esprit, une lecture prodigieuse, et on peut le regarder comme un grand génie ; sa conversation est aisée et agréable ; il soutient également bien le sérieux et le badinage, mais son esprit impérieux et jaloux offusque ces qualités et ces talens, et lui a donné un ridicule, dont il aura peine à se relever.

On jugera bien d'après le portrait que je viens d'en faire, qu'il eut bientôt notre approbation. La cour étoit changée à son avantage à force de soins et de peines ; on en avoit chassé une certaine grossièreté et barbarie, qui y régnoit au commencement, mais elle n'étoit point encore sur un pied convenable. Tous ceux qui la composoient avoient des génies bornés ; la plupart n'avoient hanté que les rues de Bareith et n'avoient aucune idée du reste du monde ; la lecture et les sciences étoient bannies de chez eux, et toutes leurs conversations se bornoient à parler de chasse, d'économie et à nous faire des contes de la vieille cour. Mr. de Voit qui jusqu'alors avoit encore été de quelque ressource, tomboit dans la bigotterie. Ainsi nous n'avions que celle que nous trouvions en nous-mêmes. Supperville nous fut donc d'un grand secours. Il s'attacha à nous et nous commençâmes à lui vouloir du bien. Il me fit prendre une cure, qui au bout de six semaines me fit passer ma fièvre lente, mais ne me rétablit pas entièrement, et lui fit juger, qu'à moins d'un soin et d'un régime prodigieux, je courois risque d'une rechute.

Cela l'engagea à me dire un jour, que voyant bien que ma santé n'étoit encore rien moins que remise, et que j'avois besoin de sa présence pour la recouvrer tout-à-fait, il m'offroit ses services, et ne demandoit pas mieux que de consacrer sa vie au Margrave et à moi. Sa proposition me fit plaisir. J'y trouvai beaucoup d'obstacles. Il étoit pour ainsi dire favori de mon frère et de toutes ses coteries, et je jugeois bien qu'il ne souffriroit pas que je le privasse d'un homme pour lequel il avoit de l'affection. Je lui fis d'abord cette objection. « Je n'ai osé, me dit-il, Madame, vous parler à cœur ouvert, mais à présent, que j'ai l'honneur de connoître votre Altesse royale, je sens que je puis lui parler sans détour et sans risquer de me rendre malheureux. Mon plan étoit déjà fait, avant de venir ici, de quitter le service du roi ; j'avois dessein d'aller m'établir en Hollande ; mais les agrémens que je trouve à cette cour-ci, et l'attachement que j'ai contracté pour vos Altesses, m'ont fait changer d'avis. Je ne puis nier que je ne sois très-bien dans l'esprit du prince royal, mais, Madame, je n'ai eu que trop le temps de l'étudier. Ce prince a un grand génie, mais un mauvais cœur et un mauvais caractère ; il est dissimulé, soupçonneux, infatué d'amour-propre, ingrat, vicieux, et je me trompe fort ou il deviendra plus avare que le roi, son père, ne l'est à présent ; il n'a aucune religion et se fait une morale à sa guise, toute son étude ne tend qu'à éblouir le public, mais malgré sa dissimulation bien des gens ont démêlé son caractère. Il me distingue à présent pour étendre ses connoissances, une de ses plus grandes passions étant l'étude des sciences. Lorsqu'il aura tiré de moi celles qu'il ignore, il me plantera là, comme il a fait à bien d'autres ; et c'est pour cette raison que j'ai jugé à propos de prendre mes mesures par avance. »

Il y avoit déjà fort long-temps que j'étois mécontente de mon frère, et que je savois que plusieurs personnes qui lui avoient été attachées, l'étoient aussi, mais je ne me serois jamais figuré que son caractère fût si fort changé. Je disputai long-temps là-dessus avec Supperville. Le Margrave qui entra dans ces entrefaites, prit le parti de ce dernier et me dit, qu'il avoit déjà porté le même jugement de mon frère. Il accepta avec joie les propositions de Supperville, et nous écrivîmes tous deux au roi pour le lui demander. Je m'adressai aussi pour cet effet à mon frère, et Supperville partit chargé de toutes ces lettres.

L'on trouvera peut-être étrange que j'aie fait une si longue discussion sur cet article, mais il est nécessaire pour la suite de ces mémoires, où Supperville a beaucoup de part.

Le roi me répondit fort obligeamment, m'assurant que Supperville seroit à mon service aussi souvent que je le voudrois, mais qu'il ne pouvoit me le céder tout-à-fait, ne pouvant se passer de lui. La reine m'écrivit cependant, qu'elle ne désespéroit pas de fléchir le roi, surtout si je pouvois lui faire avoir quelques grands hommes.

La Grumkow se maria à la fin de cette année avec un certain Mr. de Beist, fort honnête homme, de bonne maison, mais très-mal partagé des biens de la fortune, et n'ayant pour toute richesse que quatre enfans, nés d'un premier mariage. Je fus charmée d'en être quitte. Je repris deux dames à sa place, Mlle. Albertine de Marwitz et Mlle. de Kuten, d'une très-grande et illustre maison.

L'année 1739 sera plus intéressante que celle que je viens d'écrire. Supperville revint au printemps.

Une nouvelle cure qu'il me donna, acheva de me remettre, ou du moins de me tirer de danger. Mais il me faut entrer présentement dans une autre discussion.

J'ai déjà dit que le Margrave avoit pris pour secrétaire un certain Ellerot, fort versé dans les affaires du pays et homme de probité et d'esprit. Il avoit trouvé tous les départemens, et surtout les finances, dans un désordre extrême. Mr. de Dobenek eut ce dernier détail ; mais on s'aperçut bientôt, que malgré ses gasconnades il n'y entendoit rien. Ellerot en fut donc chargé à sa place, et le Margrave lui confia outre cela sa caisse particulière. Cet homme ne s'étoit uniquement appliqué qu'à trouver des ressources, sans se mettre en peine de remédier aux désordres et à rétablir le crédit. Plusieurs prétentions considérables qu'il trouva, contribuèrent à subvenir aux dépenses. Il faut lui rendre justice, il rendit d'importans services au Margrave, tant par rapport aux affaires du pays, qu'à celles du dehors. Tout cela lui attira si fort la confiance de ce prince, qu'il le créa référendaire intime.

Le ministère cria fort contre cette innovation, c'étoit leur couper les ailes et leur ôter une partie de leur autorité. Ils envoyèrent un placet sur ce sujet au Margrave, conçu en termes très-durs et peu respectueux. Le Margrave très-choqué de leur procédé, leur fit une réponse assez forte. On soupçonna Ellerot d'en être l'auteur, et cela lui attira une animosité générale. On commença même à murmurer généralement ; on disoit hautement, que les gens n'étoient point payés, qu'il leur étoit dû deux ou trois quartiers.

J'en fus informée la première, et sur les perquisitions que je fis sous main, j'appris que cela étoit vrai. Je le fis venir et lui en parlai ; je lui dis même,

qu'on m'avoit assurée que la chambre des finances
étoit au plus mal, et que la caisse du Margrave étoit
fort endettée. Il soutint le contraire, m'assurant
que ce n'étoit que pure calomnie de ses ennemis,
qui faisoient courir ces bruits-là pour le rendre malheureux. Je ne voulus donc point en faire mention
au Margrave, mais celui-ci en étoit déjà informé.

Supperville qu'il informa du détail de ces affaires, lui recommanda un Berlinois, homme de probité et de mérite, dont j'avois souvent entendu parler,
nommé Hartmann, pour le faire directeur de la
chambre. Mr. de Montmartin, jeune homme que le
Margrave avoit fait étudier et qui étoit conseiller
de régence, lui avoit déjà proposé le même sujet. Le
Margrave ne balança donc point à le faire venir et à
lui donner ce poste. Ellerot n'en parut point fâché,
et il y avoit long-temps qu'il souhaitoit être quitte de
cette charge ; cependant la suite fit voir qu'il étoit
fort mortifié de s'en voir privé.

Dès que Hartmann fut arrivé, on éclata contre
Ellerot ; petits et grands me faisoient des plaintes
contre lui et me prioient d'avertir le Margrave de ses
rapines et de sa mauvaise économie. Je connoissois
trop le cours du monde, pour me mêler de pareille
chose. Cet homme étoit en faveur ; par conséquent
il avoit des jaloux et des envieux, et le croyant innocent, je n'avois garde de jeter des soupçons contre
lui dans l'esprit du Margrave, qui auroient pu lui
faire tort. Mais Hartmann confirma le bruit public,
et assura le Margrave que ses finances étoient dans
une confusion épouvantable, et qu'on devoit à tous
ceux qui étoient en service un demi-an de l'arrérage
de leurs pensions. Un des receveurs de la chambre
donna un mémoire secret au Margrave, dans lequel
il l'avertissoit, qu'il étoit trompé et trahi par Ellerot,

qui vendoit les charges au plus offrant et suçoit le sang du peuple.

Le Margrave m'en parla. Il étoit dans une agitation affreuse, ne sachant ce qu'il devoit penser de tout cela. Après avoir délibéré long-temps là-dessus et rassemblé toutes les circonstances du passé, nous conclûmes qu'il n'étoit pas tout-à-fait innocent. Cependant pour ne rien précipiter, le Margrave fit venir le délateur secrètement chez lui, et lui ordonna de coucher par écrit tous les points de son accusation. Cet homme l'assura qu'il soutiendroit ce qu'il avoit avancé et convaincroit sa partie.

Ellerot avoit beaucoup d'amis. Il apprit la conférence nocturne que le Margrave venoit d'avoir, et ayant ses créatures, il sut en peu de temps le tour qu'on se préparoit à lui jouer. Dès le lendemain il en parla au Margrave, protesta de son innocence, et le supplia de faire examiner sa conduite à la rigueur. Que pouvoit-on prétendre de plus ? Le Margrave lui accorda sa prière, et on nomma quatre commissaires pour approfondir le fait. Ellerot fut absous et sortit blanc comme neige de son inquisition, pendant que son antagoniste fut envoyé à la forteresse. Nous verrons la fin de cette histoire l'année prochaine.

Pendant ce temps ma santé ne se rétablissoit que foiblement. Mon mal se changeoit dans une espèce de consomption. Supperville jugea, qu'il me falloit changer d'air, celui de tout le pays de Bareith étant fort pesant et très-malsain en hiver. Il proposa pour cet effet au Margrave, d'aller passer une année à Montpellier ; il lui démontra que ce voyage auroit deux avantages, celui de me restituer et celui de rétablir ses affaires, les États du pays devant nous fournir les frais du voyage. Le Margrave charmé de cette proposition, vint me la faire aussitôt. On peut bien croire que j'y topai, mais je prévoyois de grandes difficultés du côté de Berlin, sachant bien que le roi et la reine le désapprouveroient fort ; d'ailleurs je ne m'attendois pas à beaucoup d'agrémens à Montpellier. Feu le Margrave, mon beau-père, y avoit passé plusieurs années, et m'en avoit fait un rapport peu avantageux. Je donnai un autre projet au Margrave et à Supperville, qu'ils approuvèrent très-fort, qui fut d'aller passer quelques mois à Montpellier, d'aller nous embarquer à Antibe et de parcourir l'Italie ; mais jugeant bien que ce dernier voyage trouveroit beaucoup plus d'obstacles que le premier, nous résolûmes tous de le tenir secret.

Cependant nous jugeâmes à propos que le Margrave allât faire un tour à Berlin, pour nous aplanir les difficultés que nous avions à craindre de ce côté-là. Le Margrave se rendit avec joie à mes désirs. Il partit donc quinze jours après à l'improviste, accompagné de huit grands hommes qu'il avoit tirés de sa garde, pour les présenter au roi. Son voyage et son arrivée furent tenus si secrets, qu'on l'ignora entièrement.

Le roi étoit occupé à voir passer la parade. Il est incroyable quelle joie il sentit en voyant le Margrave. Il descendit d'abord de cheval et l'embrassa mille fois, en le nommant son cher fils ; il avoit les larmes aux yeux et lui dit à plusieurs reprises : mon Dieu ! que vous me faites plaisir à présent, je vois que vous avez quelque amitié pour moi. Il le mena ensuite chez la reine, qui le reçut aussi très-bien. Mais la faveur du Margrave augmenta bien le lendemain, lorsqu'il présenta ses huit grands hommes au roi. Mon frère lui fit aussi très-bon accueil, mais lui conseilla fort de ne point demander de grâces au roi, parce que ce seroit le moyen de tout gâter. Je suis persuadée que le roi lui auroit tout accordé, et on me l'a dit plusieurs fois depuis, mais le Margrave ne voulut pas se brouiller avec mon frère, ce qui l'empêcha de profiter des bonnes dispositions où il trouvoit le roi. Non seulement il fit approuver à ce prince notre voyage de Montpellier, mais il obtint aussi le congé de Supperville, qu'il nous céda entièrement. Le roi lui fit présent d'une tabatière d'or, enrichie de brillans, avec son portrait, de la valeur de 4,000 écus. Je reçus aussi plusieurs présens de la reine et de lui, et le Margrave fut enfin de retour à Bareith au bout de six semaines, très-satisfait de toutes les amitiés qu'on lui avoit faites à Berlin.

Tout obstacle levé de ce côté-là, nous commençâmes à en trouver du côté du pays. Les murmures étoient généraux, on ne vouloit point nous laisser partir. Ma gouvernante que son grand âge empêchoit de faire le voyage avec nous, faisoit grand bruit. Enfin au bout de quatre semaines nous surmontâmes toutes ces difficultés, et le jour de notre départ fut fixé au 20. d'Août.

Ma pauvre Mermann commençoit déjà à devenir fort malingre. Quelque peine que je ressentisse de me séparer pour si long-temps des deux fidèles compagnes de mes malheurs, j'aimois mieux me priver de leur présence, que d'exposer leur santé et leur vie. Le mari de la Mermann étoit mon homme d'affaires. C'étoit un génie inquiet, violent et emporté, qui vouloit passer pour mon favori et qui étoit outré de ne le pas être. Il tenoit sa pauvre femme si fort sous la férule, qu'elle n'osoit grouiller devant lui et le craignoit comme la mort. Cet homme, piqué au vif de ce que je ne le prenois pas avec moi, résolut de s'en venger. Il me demanda la permission d'aller passer le temps de mon absence à Berlin. Je la lui accordai. Je pris enfin congé, non sans verser bien des larmes de ma gouvernante et de la Mermann, et me mis en

carrosse avec le Margrave, Mlle. de Sonsfeld et la
Marwitz, les deux uniques dames qui fussent du
voyage. Supperville avoit été attaqué deux jours
auparavant de la fièvre et nous attendoit à Erlangue.

À peine eûmes-nous fait un mille, que le Margrave
se trouva mal. Il lui prit un grand mal de tête,
accompagné de vomissemens. Nous comptions que
cela n'auroit aucune suite fâcheuse et que ce n'étoit
qu'une forte migraine, mais nous comptions sans
notre hôte. Il prit beaucoup de chaleur, ce qui nous
obligea de nous arrêter quelques heures à Troubach,
très-mauvais et misérable endroit. Je lui proposai
de retourner à Bareith, mais il ne le voulut jamais et
s'efforça à se remettre en carrosse, pour aller coucher à Streitberg. La fièvre et la chaleur continuèrent
toute la nuit, mais voulant absolument se faire transporter à Erlangue, nous l'y conduisîmes avec beaucoup de peine.

Nous apprîmes à notre arrivée que Supperville
étoit très-mal. Toutes les circonstances de sa maladie
étoient pareilles à celles du Margrave. J'étois dans
des peines et des inquiétudes inexprimables pour ce
dernier. La fièvre étoit toujours la même, et je craignois avec raison qu'elle ne se tournât en fièvre
chaude. Malgré mon état cacochyme je ne le quittois
ni jour ni nuit, et je souffrois mille fois plus que lui.
Son état ne s'amenda point ; il y avoit déjà cinq fois
vingt-quatre heures qu'il étoit dans une chaleur
continuelle, sans que les remèdes lui fissent le moindre effet. Mes agitations me portèrent enfin à aller
voir Supperville, qui logeoit au château. Je lui dis,
que le Margrave étoit dans un état si dangereux, que
je croyois qu'il n'y avoit de point temps à perdre, et
qu'il falloit le faire saigner. Supperville me dit, qu'il
avoit eu la même pensée et qu'il ne tarderoit pas à
la mettre en exécution, dès que la fièvre commence-

roit à diminuer. Je m'en retournai donc chez le Margrave, où je trouvai notre second médecin nommé Wagner. Je lui fis part de la consultation que je venois d'avoir avec Supperville et de sa décision. Il me répondit là-dessus, qu'il ne souscriroit jamais à faire saigner le Margrave dans l'état où il étoit, qu'il n'y avoit rien de plus dangereux, et que c'étoit le dernier remède, dont il falloit se servir si son mal devenoit désespéré. Je lui dis, que je ne pouvois lui rien prescrire là-dessus, et qu'il devoit débattre la chose avec Supperville. Il vint me rendre réponse un moment après et me dit, que Supperville étoit de son avis et qu'il ne falloit rien précipiter.

Je restai jusqu'à trois heures du matin chez le Margrave. Enfin épuisée d'abattement et de lassitude, j'allai me jeter sur mon lit dans un petit cabinet, d'où je pouvois voir et entendre tout ce qui se passoit. L'accablement où j'étois, me donna du sommeil. Il y avoit quatre heures que je dormois, lorsque je me sentis réveiller, et en ouvrant les yeux, je vis Wagner devant mon lit. La tête de Méduse ne m'auroit pas plus effrayée, car je crus que le Margrave se mouroit. Ne vous effrayez point, Madame, me dit-il, le Margrave est toujours de même, mais nous avons enfin résolu de le faire saigner, et j'ai jugé qu'il falloit vous en avertir, afin que vous puissiez y être présente.

Je me levai plus morte que vive ; un pauvre pécheur qu'on mène au supplice, ne sauroit souffrir ce que j'endurois dans ce moment ; un tremblement universel me prit dans tous mes membres, et mes jambes se dérobaient sous moi. Je croyois le Margrave à l'extrémité, puisqu'on se servoit du dernier remède qui pouvoit lui sauver la vie. Je me traînai dans sa chambre. Autre spectacle capable d'épouvanter.

Tout le conseil s'étoit assemblé. Le peuple étoit attroupé dans les rues à faire des imprécations contre Supperville et la saignée, et à vouloir empêcher le chirurgien d'entrer. Supperville étoit aussi mal que le Margrave, il ne perdit pourtant point la tramontane, et pour faire cesser le désordre et les clameurs, il se fit saigner le premier. Cela calma un peu les esprits.

J'étois pendant tout ce temps étendue sur un fauteuil, dans un état que je ne saurois décrire. Je n'avois plus de pensée et mes yeux étoient fixés sur la même place. Enfin on en vint à cette fameuse saignée. Mais quelle fut ma joie, en voyant qu'à mesure que le sang couloit, le Margrave prenoit tout un autre visage. Effectivement le redoublement de la fièvre qu'on attendoit ne revint point et il fut hors de danger dès le soir.

Cependant à mesure que sa santé se remettoit, je remarquois qu'il étoit d'une froideur extrême envers moi. Il me cherchoit noise sur tout ce que je faisois. En revanche il faisoit mille avances à la Marwitz, demandant à tout moment après elle lorsqu'elle n'étoit pas dans sa chambre. Il faisoit aveuglément tout ce qu'elle vouloit, quand il s'agissoit de ménager sa santé, et me brusquoit quand je lui donnois les mêmes conseils. Cela me mit au désespoir. Mon corps pâtit bientôt des chagrins de mon esprit : je pris des accidens que je n'avois point encore eus. C'étoient des espèces de convulsions, accompagnées de violens maux de tête. Ma gouvernante vint me trouver. Elle faisoit ce qu'elle pouvoit pour me soulager, mais personne ne pouvoit deviner la source de mon mal.

J'ai déjà dit que le cabinet où je dormois donnoit dans la chambre du Margrave. Je l'entendois tous les matins dès qu'il se réveilloit demander les dames.

Lorsque j'étois assez bien pour aller chez lui, il ne me parloit quasi point et envoyoit d'abord chercher la Marwitz. Une jalousie affreuse s'empara de mon cœur. Tout le monde pouvoit s'apercevoir de mon chagrin, mais je n'avois garde d'en dire la cause. Je connoissois la Marwitz ; elle m'étoit attachée et elle étoit vertueuse. J'étois persuadée, que si elle s'apercevoit de la cause de ma mélancolie, elle quitteroit la cour. Mais je ne pouvois pardonner au Margrave son changement envers moi. J'avois été aveuglée pendant un an, et je n'avois point remarqué mille petites circonstances qui me sautoient aux yeux alors.

Le Margrave étoit toujours résolu de faire le voyage d'Italie. L'envie m'en étoit totalement passée. Je prévoyois, que les aisances qu'il auroit de voir plus souvent la Marwitz, ne feroient qu'augmenter son amour. D'ailleurs mon cœur étoit trop triste, pour trouver du plaisir à autre chose qu'au changement de ma situation.

Un nouveau chagrin acheva de m'accabler. J'ai déjà parlé du mécontentement de Mermann. Dès qu'il fut arrivé à Berlin, il alla rendre au roi les lettres du Margrave et les miennes. Le roi s'informa beaucoup de ma santé. Mermann prit de là occasion de dire pis que pendre de moi, assurant ce prince que je n'avois jamais été malade. Il s'étendit beaucoup sur les dépenses énormes que je causois au Margrave, par lesquelles je ruinois le pays. Enfin il anima si bien le roi contre moi, que ce prince jeta feu et flammes. Cependant Mermann n'osa avertir sa femme des calomnies qu'il avoit débitées sur mon compte. Il connoissoit trop bien sa droiture, qui ne pouvoit que désapprouver son mauvais procédé.

Celle-ci fut le lendemain chez la reine. Cette princesse la questionna beaucoup sur tous les articles sur lesquels Mermann m'avoit noircie. Sa femme lui donna un démenti dans les formes et s'offrit de faire serment, que ce qu'on disoit de moi étoit faux.

Cependant la reine m'écrivit une lettre très-forte, dans laquelle elle me signifia de la part du roi, qu'il ne me pardonneroit jamais, si je m'obstinois à faire le voyage de Montpellier.

Je reçus en même temps une lettre de mon frère, qui me fit part de toutes les circonstances que je viens d'écrire, et de la colère dans laquelle le roi étoit contre moi. Je vous conseille malgré tout cela, ajouta-t-il, de continuer votre voyage ; quand on a pris une fois une résolution, il faut la tenir. Au bout du compte le roi n'a plus rien à vous ordonner, et ce seroit une foiblesse à vous, que de vous laisser intimider et d'être le jouet des faux rapports d'un homme tel que Mermann. Je vous conseille de vous défaire de ce malheureux, de le chasser et de montrer de la fermeté en cette occasion. Il est vrai que sa femme vous est attachée et qu'elle ne mérite pas d'être traitée si durement, mais il faut vous mettre au-dessus de cela, pour vous défaire d'un mauvais sujet.

Ces deux lettres m'affligèrent sensiblement. J'aimois tendrement la Mermann, et je prévoyais que le Margrave seroit du sentiment de mon frère. La gouvernante qui étoit depuis quelques jours à Erlangue, me tira d'embarras. Elle prit fortement le parti de la pauvre Mermann auprès du Margrave, et obtint la grâce du mari. Tous ces chagrins coup sur coup ruinoient ma santé.

Madame de Sonsfeld me surprit plusieurs fois, que je fondois en larmes. À force de prières je lui avouai, que ma douleur n'étoit causée que par le changement du Margrave envers moi. La Marwitz s'étoit bien aperçue que je n'avois pas l'esprit dans mon assiette ordinaire, mais elle s'étoit imaginée que ma maladie en étoit cause. La gouvernante ne put s'empêcher de lui parler de mon chagrin. La Marwitz devina, à ce que je crois, ce qui y donnoit lieu. L'altération qu'elle en eut lui donna la fièvre. Cependant Madame de Sonsfeld remarqua que mes plaintes n'étoient pas tout-à-fait sans fondement et que le Margrave étoit fort froid envers moi. Elle lui parla très-fortement. Son discours porta coup. Le Margrave me fit des excuses et rejeta son procédé sur la fièvre. Effectivement je le retrouvai aussi tendre que par le passé. D'un autre côté je fis tant de caresses à la Marwitz, que je lui ôtai entièrement les idées véritables qu'elle avoit conçues.

Le Margrave étant entièrement rétabli, nous retournâmes à Bareith, la saison étant trop avancée, pour persister à poursuivre notre voyage d'Italie (nous étions au mois de Novembre). Nous y fûmes reçus avec toutes les démonstrations de joie imaginables.

Mermann et sa femme y arrivèrent peu de temps après de Berlin. Je reçus très-bien ma bonne nourrice, mais très-mal son mari, qui fut bien surpris de me voir si bien informée de sa conduite. Je lui pardonnai en faveur de sa femme, et depuis ce temps-là il m'a été fort attaché et ne m'a donné que des sujets d'être satisfaite de lui.

J'avois agi positivement contre les conseils de mon frère, tant par rapport au voyage d'Italie, que par rapport à Mermann. Il le ressentit vivement et m'écrivit une lettre très-forte sur ce sujet. Je tâchai de l'apaiser par de bonnes raisons. Je lui écrivis que la santé du Margrave encore chancelante, avoit mis obstacle au voyage, et que j'avois le cœur trop bien placé, pour rendre malheureuse une personne que j'aimois, qui m'étoit attachée et à laquelle j'avois des obligations. Cependant mon frère ne s'apaisa pas de ces raisons, et je remarquai beaucoup de froideur dans ses lettres.

Dans ces entrefaites on me manda de Berlin, que le roi étoit fort incommodé[1] et que les médecins craignoient que sa maladie ne fût un commencement d'hydropisie. En effet son mal ne fit qu'augmenter l'année 1740.

Nous la commençâmes par le carnaval[2]. Il y avoit des bals travestis au château, où l'on n'admettoit que la noblesse. Je dis travestis parce qu'on ne mettoit point de masque. Les ecclésiastiques avoient pris beaucoup d'ascendant durant le règne du feu Margrave ; il y avoit même toute une secte, connue sous le nom de Piétistes, dont le chapelain du Margrave étoit le chef. Cet homme qui cachoit sous le masque de la dévotion une ambition démesurée, jointe à un esprit d'intrigue, indisposoit le commun contre nous. Il étoit en grand crédit à la cour de Danemarc, et on avoit sujet de le ménager par des raisons de politique. Il falloit donc accoutumer peu-à-peu les gens aux plaisirs, pour empêcher des criailleries, qui pouvoient nous faire du tort.

Je vivois dans une tranquillité parfaite. Le Margrave en agissoit très-bien avec moi, et je goûtois avec la Marwitz toutes les douceurs de l'amitié.

La maladie du roi alloit en augmentant. La reine me manda, que les médecins ne lui donnoient plus quatre semaines de vie. Ma sœur de Brunswick étoit allée à Berlin, pour s'informer elle-même de sa santé. Je crus qu'il étoit de mon devoir d'en agir de même. J'en parlai au Margrave. Il y parut contraire, mais il me permit cependant d'en consulter avec la gouvernante. Par un excès d'amitié qu'elle eut pour moi, elle me déconseilla ce voyage ; elle craignoit que l'altération que me causeroit la mort du roi, qu'on disoit si prochaine, ne me dérangeât de nouveau la santé. Néanmoins comme je m'obstinai dans mon sentiment, elle me conseilla d'en écrire à mon frère. Je n'étois pas de cet avis ; mais voyant que le Margrave ne me vouloit permettre qu'à ce seul prix d'aller à Berlin, je fus obligée de me rendre au sentiment unanime. J'envoyai donc une estafette à mon frère, pour lui faire part de mes idées. Voici ce que je lui écrivis.

« Je me suis flattée jusqu'à présent que le mal du roi n'étoit pas sans remède, mais la dernière lettre que je viens de recevoir de la reine, me fait assez voir qu'il ne peut vivre. J'ai donc résolu, si vous l'approuvez, d'aller à l'improviste à Berlin, pour rendre encore une fois mes devoirs à un père mourant, et pour achever de me réconcilier avec lui. Je vous avoue, que je serois au désespoir qu'il mourût avant que je pusse le voir, et qu'il pût m'accuser d'avoir manqué à ce que je dois et de l'avoir négligé. Je ne ferai cependant rien sans votre approbation. Ainsi je vous supplie de me donner au plus tôt réponse par une estafette, et de me dire votre avis là-dessus etc. »

Voici sa réponse.

« Votre estafette m'a jeté dans une surprise extrême. Que diantre ! voulez-vous venir faire ici dans cette galère ? Vous serez reçue comme un chien, et on vous saura peu de gré de vos beaux sentimens. Jouissez du repos et des plaisirs que vous goûtez à Bareith, et ne songez point à venir dans un enfer, où on ne fait que soupirer et souffrir et où tout le monde est maltraité. La reine désapprouve comme moi votre beau projet. Au reste il dépend de vous d'en courir les risques. Adieu, ma chère sœur, je vous avertirai toutes les postes de la santé du roi ; il n'en peut revenir, mais les médecins disent qu'il peut encore traîner. Je suis etc. »

Cette lettre rompit tous mes projets, n'osant plus me flatter d'obtenir la permission du Margrave d'aller à Berlin. La maladie du roi continua d'aller de mal en pis. Il finit enfin le cours de son règne et de ses jours le 31. de Mai. Il n'est pas hors de propos que je dise un mot ici de cette fin singulière et héroïque.

Il avoit été très-mal toute la nuit. À sept heures du matin il se fit traîner sur son char roulant dans l'appartement de la reine, qui dormoit encore, ne le croyant pas si mal. Levez-vous, lui dit-il, je n'ai que quelques heures à vivre, j'aurai du moins la satisfaction de mourir entre vos bras. Il se fit mener ensuite chez mes frères, dont il prit tendrement congé, à la réserve du prince royal, auquel il ordonna de le suivre dans son appartement. Dès qu'il y fut, il y fit assembler les deux premiers ministres, le prince d'Anhalt et tous les généraux et colonels qui se trouvoient à Potsdam. Après leur avoir fait un petit discours, pour les remercier de leurs services passés, et les avoir exhortés à conserver pour le prince royal, comme son unique héritier, la fidélité qu'ils avoient eue pour lui, il fit la cérémonie de l'abdication et remit toute son autorité à son fils, auquel il fit une très-belle exhortation sur les devoirs des princes envers leurs sujets, et lui recommanda le soin de l'armée et surtout des généraux et officiers qui étoient présens. Se tournant ensuite du côté du prince d'Anhalt : vous êtes le plus ancien de mes généraux, lui dit-il, il est juste que je vous donne le meilleur de mes chevaux. Il ordonna en même temps qu'on le lui menât ; et voyant le prince attendri : c'est le sort de l'homme, lui dit-il, il faut qu'ils payent tous le tribut à la nature. Mais craignant de voir sa constance ébranlée par les pleurs et les lamentations de tous ceux qui étoient présens, il leur signifia de se retirer, ordonnant à tous ses domestiques de mettre une nouvelle livrée qu'il avoit fait faire, et à son régiment de mettre un nouvel uniforme. La reine entra dans ces entrefaites. À peine fut-elle un quart d'heure dans cette chambre, que le roi tomba en foiblesse. On le mit aussitôt au lit, où à force de soins on le fit revenir. Regardant alors autour de lui et voyant les domestiques en neuf : vanité des vanités, dit-il, tout est vanité. S'adressant à son premier médecin, il lui demanda si sa fin étoit prochaine. Le médecin lui ayant répondu, qu'il avoit encore une demi-heure à vivre, il demanda un miroir, et s'y étant miré, il sourit et dit : je suis bien changé, je ferai une vilaine grimace en mourant. Il réitéra encore la même question aux médecins, et sur la réponse qu'ils lui firent, qu'il s'étoit déjà écoulé un quart d'heure et que son pouls montoit : tant mieux, leur répondit-il, je rentrerai bientôt dans mon néant. On voulut faire entrer deux ecclésiastiques, pour lui faire la prière, mais il leur dit, qu'il savoit tout ce qu'ils avoient à lui dire, qu'ainsi ils pouvoient se retirer. Les foiblesses étant devenues plus fréquentes, il expira enfin à midi. Le nouveau roi conduisit d'abord la reine dans son appartement, où il y eut beaucoup de larmes de versées. Je ne sais si elles étoient fausses ou sincères.

Un courrier que le roi me dépêcha m'apporta cette triste nouvelle. Je devois m'y attendre ; j'en fus frappée et touchée jusqu'au fond du cœur. Je suis incapable de feindre, et quoique j'aie fait des pertes depuis qui m'ont été bien plus sensibles, je puis dire que celle-ci me causa un violent chagrin.

Je continuai d'en agir avec le roi comme de coutume. Je lui écrivois toutes les postes et toujours avec effusion de cœur. Six semaines se passèrent, sans que je reçusse de réponse. La première lettre qui me parvint au bout de ce temps-là, n'étoit que signée du roi et fort froide. Il commença son règne par faire une tournée dans la Poméranie et la Prusse. Son silence continuoit toujours avec moi ; je ne savois qu'en penser, et mon amitié pour lui ne me permettoit pas d'être sans inquiétudes d'une indifférence si marquée.

Enfin au bout de trois mois je fus secrètement avertie de Berlin, que le roi étoit parti incognito, pour venir me surprendre à l'hermitage, où j'étois alors. Peu s'en fallut que je ne mourusse de joie en apprenant cette nouvelle ; elle me causa un si grand bouleversement, que j'en fus deux jours malade.

Il arriva enfin, menant avec lui mon second frère, que je nommerai dorénavant mon frère tout court, pour le distinguer des autres. Mon cœur se déploya tout entier à cette entrevue. J'avois tant de choses à dire au roi, que je ne lui dis rien. Je remarquai d'abord, que les caresses qu'il me faisoit, étoient guindées, ce qui me surprit un peu. Je n'y fis cependant pas beaucoup de réflexion. Je trouvai mon frère si changé et grandi, qu'à peine je le reconnus. Comme j'aurai occasion d'en parler ailleurs, je n'interromprai point le fil de ma narration.

Le roi ne s'entretint tout ce jour avec moi, que de choses indifférentes. Un air embarrassé étoit répandu sur son visage, ce qui me désorientoit. Mr. Algarotti[1], Italien de nation, et un des plus beaux esprits de ce siècle, étoit de sa suite et fournissoit matière à la conversation. Ce qui m'étonna le plus, fut l'extrême empressement du roi de revoir ma sœur d'Anspac. Il ne l'avoit jamais aimée, et en avoit reçu le réciproque. Plus de vingt estafettes furent mises en campagne, chargées de tendres invitations pour se rendre à l'hermitage. Elle y débarqua enfin le lendemain avec le Margrave, son époux. Le roi ne tint pour lors plus de mesures et la distingua publiquement plus que moi. Il me fit présent d'un petit bouquet de brillans de 200 écus, et d'un éventail, où il y avoit une montre. Le Margrave, mon époux, reçut une tabatière d'or avec le portrait du roi, garnie de brillans. Ma sœur eut un présent à peu près du même prix que le mien, et le Margrave d'Anspac une tabatière d'un caillou blanc, cassée par le milieu, qu'il donna aussitôt à un de ses pages.

Mr. de Munichow, dont je crois avoir déjà fait mention, étoit devenu adjudant du roi et le suivoit partout. Ce jeune morveux étoit très-bien en cour et plus distingué que tous ceux qui avoient été attachés ou qui avoient rendu service au roi comme prince royal. Il avoit été amoureux de la Marwitz pendant le séjour qu'il avoit fait à Bareith, se flattant de pouvoir l'obtenir en mariage du roi et du général Marwitz, si je ne lui étois pas contraire.

———

Nous arrivâmes à la fin d'Octobre à Berlin. Mes frères cadets, suivis des princes du sang et de toute la cour, nous reçurent au bas de l'escalier. Je fus conduite à mon appartement, où je trouvai la reine régnante, mes sœurs et les princesses. J'y appris avec beaucoup de chagrin que le roi se trouvoit incommodé de la fièvre tierce. Il me fit dire, qu'étant dans l'accès, il ne pouvoit me voir, mais qu'il comptoit avoir le lendemain cette satisfaction. Après les premières civilités je me rendis chez la reine ma mère. L'air lugubre et mélancolique qui y régnoit, me saisit. Tout y étoit encore dans le profond deuil du roi, mon père. Je sentis renouveler les regrets de sa perte. La nature a ses droits, et je puis dire avec vérité, que je n'ai presque jamais été si émue dans ma vie qu'en cette occasion. Mon entrevue avec la reine fut des plus touchantes. Nous soupâmes le soir en famille, et j'eus le temps de renouer connoissance avec mes frères et sœurs, que je n'avois pas vus depuis huit ans.

Je vis le roi le jour suivant. Il étoit maigre et défait. Son accueil me parut contraint. On est clairvoyant lorsqu'on aime ; l'amitié a cela de commun avec l'amour. Je ne fus point la dupe de ses vaines démonstrations, et je remarquai qu'il ne se soucioit plus de moi. Il me pria de le suivre à une maison de plaisance, nommée Reinsberg, où il comptoit aller pour changer d'air ; la reine régnante devoit s'y rendre en même temps que lui. Mais comme, disoit-il, la maison étoit fort petite il ne pouvoit m'y loger aussitôt ; qu'il me feroit préparer un appartement, et que dès qu'il seroit fini, il me le manderoit. Je ne m'arrêterai pas à faire un journal.

La cour étant en deuil, elle n'étoit pas fort brillante. J'étois tous les jours chez la reine mère, qui ne voyoit que très-peu de monde, et qui étoit plongée dans un profond chagrin. Cette princesse s'étoit toujours flattée d'avoir beaucoup d'ascendant sur l'esprit du roi, mon frère, et d'avoir quelque part au gouvernement dès qu'il seroit monté sur le trône. Le roi jaloux de son autorité, ne lui donnoit aucune part dans les affaires, ce qui lui paroissoit fort extraordinaire.

Je restai quinze jours à Berlin après le départ de ce prince. J'y fus accablée d'honneurs et de distinctions, très-propres à éblouir tout autre que moi ; mais quand on fait consister son bonheur dans un retour de sentimens des personnes qu'on aime, on ne se soucie point du clinquant, et une légère marque d'amitié fait plus d'impression, que toutes ces vaines démonstrations. Je m'aperçus pendant ce petit séjour qu'un mécontentement général régnoit dans le pays, et que le roi avoit beaucoup perdu l'amour de ses sujets. On parloit hautement de lui en termes peu mesurés. Les uns se plaignoient du peu d'égard qu'il avoit, de récompenser ceux qui lui avoient été attachés comme prince royal ; d'autres de son avarice, qui surpassoit, disoit-on, celle du feu roi ; d'autres de ses emportemens ; enfin d'autres encore de ses soupçons, de sa défiance, de ses hauteurs et de sa dissimulation. Plusieurs circonstances, auxquelles j'avois été présente, me firent ajouter foi à ces rapports. Je lui en aurois parlé, si mon frère de Prusse et la reine régnante ne m'en avoient dissuadée. Je donnerai plus bas l'explication de tout ceci. Je prie ceux qui pourront un jour lire ces mémoires, de suspendre leur jugement sur le caractère de ce grand prince jusqu'à ce que je l'aie développé. La nouvelle qui arriva en ce temps-là de la mort de l'Empereur Charles VI.[1], faisoit l'entretien de la cour et la spéculation des politiques.

J'arrivai à Reinsberg deux jours après. Le roi s'étant résolu de se servir du quinquina, étoit quitte de la fièvre. Il gardoit cependant la chambre et ne sortit point pendant que nous fûmes à Reinsberg. Il est surprenant qu'accablé de maux il pût suffire à toutes les affaires ; il ne se faisoit rien qui ne passât par ses mains. Il employoit le peu de temps qui lui restoit en compagnie de quelques personnes d'esprit ou de savans. Tels étoient Voltaire, Maupertuis, Algarotti et Jordan[1]. Le soir il y avoit concert, où malgré sa foiblesse il jouoit deux ou trois concertos sur la traversière, et sans flatterie on peut dire qu'il surpasse les plus grands maîtres sur cet instrument. Les après-soupers étoient destinés à la poésie, science pour laquelle il a un talent et une facilité infinis. Toutes ces choses n'étoient pour lui que des délassemens ; la principale qui lui rouloit dans l'esprit étoit la conquête de la Silésie. Ses arrangemens furent faits si secrètement et avec tant de politique, que l'envoyé de Vienne à Berlin ne fut informé de ses desseins, que lorsqu'ils furent sur le point d'éclore.

Le séjour de Reinsberg ne me parut agréable que par la bonne société qui y étoit. Je ne voyois que rarement le roi. Je n'avois pas lieu d'être contente de nos entrevues. Elles se passoient la plupart du temps ou en politesses embarrassées, ou en sanglantes railleries sur le mauvais état des finances du Margrave ; souvent même il se moquoit de lui et des princes de l'empire, ce qui m'étoit fort sensible. Je me trouvai encore fort innocemment mêlée dans une aventure fort scabreuse, et qui pouvoit tirer à de grandes conséquences. Comme elle est ignorée jusqu'à présent, et que l'honneur de certaines personnes, à qui je dois de la considération, y est compromis, je la passe sous silence. Je passe à un autre sujet, qui paroîtra peut-être peu intéressant, mais qui a une si grande connexion avec la suite de mon histoire, que je ne puis l'omettre.

De toute ma cour il n'y avoit que Madame de Sonsfeld et l'aînée Marwitz[2] qui m'eussent accompagnée à Reinsberg. La Marwitz y s'étoit liée d'une étroite amitié avec Mlles. de Tetow, toutes deux dames d'atour de la reine, et avec Madame de

Morian. Les deux premières étoient l'une et l'autre très-aimables, mais se faisoient haïr de tout le monde par leur impitoyable satire et médisance. Madame de Morian quoique sur le retour, étoit assez bien conservée. Cette femme joignoit aux manières du monde beaucoup d'esprit et de vivacité ; elle s'étoit mise au-dessus de tous les préjugés ; sa conduite étoit scandaleuse, et sans garder la moindre décence, elle tenoit des propos à la table de la reine si peu mesurés, que les hommes en rougissoient. Cette belle compagnie, très-propre à gâter l'esprit d'une jeune personne, réussit à changer presque entièrement celui de la Marwitz. La satire, les façons libres, les mots à double entente, même les sottises de la Moria et des Tetows furent imités et elle se ploya entièrement sur leur modèle. Ses façons firent ajouter foi aux bruits qui couroient sur son compte. Quelques mauvais plaisans la raillèrent sur ses amours avec le Margrave ; d'autres la firent apercevoir du crédit qu'elle avoit sur son esprit ; enfin on ne lui parloit d'autre chose. Cependant on lui faisoit tort. Elle couchoit et logeoit chez sa tante, ne voyant le Margrave qu'en sa présence ou en la mienne. On ne change de caractère que par gradations. Une jeune personne qui se trouve tout d'un coup dans un grand monde, se laisse entraîner à la pente des plaisirs, mais ne s'oublie que peu à peu. Elle fut au désespoir de ces raisonnemens, dont je lui fis part. Les principes de vertu que je lui avois donnés parurent dans tout leur lustre. Elle voulut quitter la cour, pour retourner chez son père. J'employai toute ma rhétorique pour l'en empêcher, et je parvins enfin à la tranquilliser. Je fis même cesser ces bruits par le témoignage que je rendis à sa vertu. Cependant ils lui firent naître des idées, que peut-être elle n'auroit jamais eues, comme on le verra plus bas.

Nous retournâmes à Berlin au commencement de Décembre. Les troubles que la mort de l'Empereur devoit occasionner, obligèrent le Margrave de se rendre en son pays. Je restai à Berlin pour ne pas désobliger le roi. La cour ayant quitté le deuil, les plaisirs commencèrent avec le carnaval, qui se tient toujours à Berlin au mois de Décembre et de Janvier. Le roi donnoit le lundi bal masqué au château, le mardi il y avoit concert public et les mercredi et vendredi bal masqué en ville chez les principaux de la cour. Ces plaisirs ne furent pas de durée. Le grand projet du roi éclata tout d'un coup. Les troupes défilèrent du côté de la Silésie, et le roi partit pour se mettre à la tête de son armée. Je fus véritablement touchée en prenant congé de lui. L'entreprise qu'il faisoit, étoit très-épineuse et pouvoit avoir de très-fâcheuses suites si elle avoit mal réussi. Ces réflexions me rendirent notre séparation plus sensible. J'aurois attendu son retour (puisqu'il comptoit revenir en six semaines, pour quelques jours seulement), si l'aventure que j'ai passée sous silence qui m'inquiétoit toujours, et mon impatience de revoir le Margrave m'avoient permis d'y faire un plus long séjour.

Je retournai donc à Bareith le 12. de Janvier de l'année 1741, et j'y arrivai au bout de onze jours ; les eaux ayant si fort gâté les chemins, que je ne pus faire que quatre milles par jour. La Marwitz et sa sœur ne me rabattirent les oreilles pendant toute la route que de jérémiades sur leur départ de Berlin. Il faut donc, disoit la Marwitz, retourner à ce diable de nid, où on s'ennuie comme un chien, après avoir goûté les plaisirs de Berlin. Je fus plusieurs fois piquée de ces propos, mais la considérant comme une personne entraînée par le feu de la jeunesse et par les plaisirs, je l'excusois ; et en effet il me parut peu après, qu'elle rentra en elle-même et qu'elle avoit renoncé à son étourderie. Je repris à Bareith mon genre de vie ordinaire. Nous eûmes beaucoup d'étrangers, qui rendirent le carnaval brillant.

La prise de Glogow fut un grand sujet de satisfaction pour moi. Le roi, mon frère, après avoir formé le siège de cette place, la prit d'assaut, et s'empara par cette capture de la clef de la Silésie.

Le comte de Cobentzel, envoyé de la reine de Hongrie[1], arriva peu de temps après à notre cour. Il me rendit une lettre de l'Impératrice dernière douairière. Cette princesse me faisoit d'instantes prières, d'employer mon crédit sur l'esprit du roi pour le porter à la paix. La reine, sa fille, se trouvoit sans argent, sans troupes et attaquée à l'improviste. Malgré cette triste situation, elle avoit absolument refusé les propositions du roi, mon frère, et s'étoit résolue d'attendre les dernières extrémités plutôt, que de céder les quatre duchés, sujets de la querelle. Tous les efforts que fit le comte Combentzel et les conditions avantageuses qu'on me proposa, ne purent me porter à me mêler de cette affaire. Je ne jugeai pas même à propos d'en écrire au roi, d'autant plus qu'on ne s'étoit point expliqué sur les conditions de cet accommodement.

Cependant les heureux succès de ce prince continuèrent. La bataille de Molwitz se donna le 10. d'Avril. Elle tourna de toute façon à sa gloire. La victoire qu'il remporta, justifia son génie pour l'art militaire, puisque son coup d'essai fut un coup de maître. Le général Marwitz fut fort blessé à cette action d'un coup de feu à la cuisse. Le siège de Neisse et sa prise furent les suites de cette victoire, qui achemina la paix. La joie que je ressentis de toutes ces bonnes nouvelles, est difficile à exprimer. Je la fis éclater par les fêtes que je donnois.

Toute cette année se passa fort tranquillement
pour moi. Ce fut aussi la dernière dans le cours de
laquelle j'aie joui de quelque repos. Je vais entrer
dans une nouvelle carrière bien plus rude et difficile
à franchir, que toutes celles dont on m'a vue triom-
pher dans le reste de ces mémoires. Je me pique
d'être véridique. Je ne prétends point excuser les fautes que j'ai commises ; j'ai péché peut-être contre
les règles de la politique, mais je n'ai aucun reproche
à faire à ma droiture.

Le général Marwitz ne pouvant se rétablir de sa
blessure, me conjura avec tant d'instance de permettre à sa fille aînée de passer quelque temps avec
lui, que je ne pus le lui refuser. Il étoit devenu gouverneur de Breslau et commandoit toutes les troupes en Silésie. Sa fille m'avoit paru fort contente de
l'aller trouver.

Deux jours avant son départ elle vint auprès de
moi, toute en pleurs et dans un désespoir mortel.
Fort étonnée je lui en demandai la cause. À peine
put-elle me répondre, ses sanglots lui coupoient la
parole. Je vois bien, me dit-elle enfin, qu'il faut vous
quitter, Madame ; les bruits qui ont couru à Berlin,
au préjudice de ma réputation, n'ont eu que trop de
créance. Rien au monde ne m'est plus cher que mon
honneur ; l'atteinte qu'on y a donnée m'est plus sensible que la mort. Je ne puis détromper le monde,
qu'en me retirant de la cour. Je vais être la plus malheureuse personne du monde ; je sens que je ne
pourrai vivre éloignée de vous et pour comble d'infortune mon père a dessein de me marier. Je serai
donc une double victime, par le désespoir de ne plus
vous voir, et celui d'épouser peut-être un homme
qui me sera odieux.

Je fus vivement touchée de ses larmes et de ses
sentimens. Je m'efforcai de les combattre, et au bout

de deux heures je parvins non seulement à la calmer, mais j'obtins sa parole qu'elle resteroit à mon service. Je laisse à juger au lecteur, si après une telle conversation je pouvois me défier de cette fille. Pouvois-je m'imaginer qu'elle me trahissoit cruellement, en m'enlevant ce que j'avois de plus cher et en me dérobant le cœur de mon époux ? Elle étoit presque toujours auprès de moi, et sa conduite étoit si mesurée avec lui, qu'elle auroit détruit tous mes soupçons, quand même j'en aurois eu. Sa sœur s'attacha beaucoup à moi après son départ. Son humeur vive, gaie et spirituelle m'amusoit. Le Margrave badinoit beaucoup avec elle, ce qui ne me donnoit aucun ombrage. Il en agissoit si bien avec moi et me témoignait une si vive tendresse que j'avois une entière confiance dans sa fidélité. J'étois charmée lorsqu'il se divertissoit ; étant ennemie de la gêne, je ne prétendois point lui en donner.

Ce fut environ en ce temps-là que l'électeur de Bavière[1] fut élu roi des Romains. Il passa incognito par Bareith au commencement de l'année 1742. Ce prince alloit se rendre à Manheim, assister aux noces du prince et de la princesse de Sulzbach, pour aller de là se faire couronner Empereur à Francfort. Il passa en si mauvais équipage, que nous l'aurions peut-être ignoré, s'il n'avoit envoyé un de ses cavaliers nous faire des complimens et des excuses de n'avoir pu s'arrêter ici. Le Margrave se mit aussitôt à cheval et le suivit. Il fit tant de diligence, qu'il joignit ce prince à trois milles d'ici. L'Empereur sortit de sa voiture, l'embrassa et lui fit tout l'accueil et les politesses qu'il put désirer. Après une entrevue d'environ une demi-heure ils se séparèrent très-satisfaits l'un de l'autre.

Nous apprîmes peu après que le couronnement étoit fixé au 31. de Janvier. La curiosité nous prit de le voir. Nous résolûmes d'aller dans un parfait incognito à Francfort, d'y arriver la veille de cette cérémonie et d'en repartir le lendemain. Mr. de Berghover, envoyé de notre cour, eut soin de régler notre voyage et de faciliter notre incognito. Nous comptions partir dans huit jours, lorsque la duchesse de Wirtemberg s'avisa de venir à Bareith. Cette princesse, très-fameuse du mauvais côté, alloit à Berlin voir ses fils, dont elle avoit confié l'éducation au roi. Ces jeunes princes avoient passé peu avant elle ici. Le duc s'étoit amouraché de ma fille, qui n'avoit que 9 ans (il en avoit 14), et nous avoit fort diverti par ses petites galanteries. Je trouvai cette princesse assez bien conservée ; ses traits sont beaux, mais son teint est passé et fort jaune ; elle a un reflux de bouche, qui oblige au silence tous ceux auxquels elle parle ; sa voix est si glapissante et si forte, qu'elle écorche les oreilles ; elle a de l'esprit et s'énonce bien ; ses manières sont engageantes pour ceux qu'elle veut gagner, et très-libres avec les hommes. Sa façon de penser et d'agir offre un grand contraste de hauteur et de bassesse. Ses galanteries l'avoient si fort décriée, que sa visite ne me fit aucun plaisir. Cette princesse étoit régente pendant la minorité de son fils. Je ne m'arrêterai pas à faire son caractère ; elle reviendra plus d'une fois sur la scène dans le cours de ces mémoires.

J'en reviens à la Marwitz. Elle m'avoit demandé une prolongation de permission, que je lui avois accordée ; mais lorsqu'elle apprit par mes lettres que nous allions à Francfort, elle partit à la hâte et revint dans le temps que je m'y attendois le moins, le même jour que la duchesse. Son premier abord me déplut. Elle entra chez moi d'un air d'arrogance et ne cessa de parler des grands biens de son père, de l'approbation qu'elle avoit eue à Berlin et des politesses qu'on lui avoit faites, finissant chaque article par des exclamations sur le sacrifice qu'elle me faisoit, d'être revenue auprès de moi. Je suis sensible lorsque j'aime, je l'ai dit plus d'une fois. J'exige peut-être trop de mes amis, mais je prétends d'eux la même délicatesse de sentimens dont je me pique. Il n'y en avoit point dans ce procédé. Cette vaine ostentation me déplut. Il y a façon et façon de dire les choses. On peut faire sentir à ses amis ce que l'on fait pour eux, pour leur prouver par là combien on leur est attaché ; c'est le moyen de s'attirer leur reconnoissance. Reprocher un service ou un bien-fait, c'est en ôter le prix. Pour moi, je suis satisfaite lorsque je puis faire plaisir à mes amis, quand ils ignoreroient toute leur vie qu'ils me sont redeva-bles, j'en serai assez récompensée par la joie que j'aurai d'avoir pu leur être utile. Comme je n'ai jamais eu le don de me contraindre, la Marwitz remarqua quelque froideur dans mes réponses. Elle en fut si piquée, qu'elle s'en plaignit au Margrave. Il me battit froid pendant quelques jours. Inquiète d'en savoir la cause, je le tourmentai tant, qu'il me l'apprit. Vous avez un mauvais cœur, me dit-il, de maltraiter les personnes qui vous aiment ; la Marwitz est au désespoir et croit que vous ne vous souciez plus d'elle ; elle m'en a fait des plaintes amères. Je fus aussi surprise que fâchée de ce que cette fille s'étoit adressée au Margrave, pour le mêler de nos petits différens ; mais voyant qu'il étoit prévenu contre moi, je dissimulai, et lui répondis que j'étois toujours la même. Sur cette assurance elle vint me trouver, me fit beaucoup de protestations, étala force sentimens et me convainquit de nouveau, qu'elle ne péchoit que par étourderie et par une trop grande pente aux plaisirs. La paix fut donc encore conclue.

Nous comptions partir le 27. de Janvier pour aller
à Francfort, lorsque Pelnitz, fameux par ses mémoires et ses incartades, arriva. Il nous apprit, que les
Autrichiens étant entrés en Bavière, le roi, pour
faire une diversion et secourir par là ses alliés, étoit
entré en Bohême. La duchesse qui alloit en partie à
Berlin pour s'aboucher avec le roi, se trouva fort
embarrassée par ce contre-temps, et résolut de rester
avec nous jusqu'au retour de ce prince. Il fallut
employer force intrigues pour nous en défaire. Elle
nous quitta le 28. de Janvier pour aller à Berlin et
nous partîmes le même jour.

Les mauvais chemins et les eaux qui s'étoient
accrues, nous obligèrent d'aller nuit et jour. Nous
atteignîmes enfin le 30. de Janvier les portes de
Francfort. Mr. de Berghover que nous avions fait
avertir, vint au-devant de nous à quelques portées
de fusil de la ville. Il nous apprit, que le couronnement étoit remis au 12. de Février, que tout le
monde savoit notre arrivée et qu'il seroit impossible
de rester incognito, si nous entrions en ville ce soir-
là. J'étois fatiguée à mourir et fort incommodée d'un
gros rhume. Après avoir long-temps consulté, il fut
conclu que nous rebrousserions chemin et que nous
passerions la nuit à un petit village, qui n'étoit qu'à
un mille de Francfort.

Mr. de Berghover nous y rejoignit le jour suivant.
Il avoit tâché de détromper tout le monde, et arrangé
les choses de manière, que nous nous rendîmes le
soir à la sourdine chez lui, pour voir l'entrée de
l'Empereur, qui devoit se faire le lendemain matin.
Je n'avois avec moi que les deux Marwitz ; ma chère
grand'maîtresse étoit restée à Bareith, n'étant plus
en état d'endurer les fatigues. Ma garde-robe étoit
fort mal fournie. Mes dames et moi nous n'avions
chacune pour tout potage qu'une andrienne noire,

que j'avois inventée pour diminuer le bagage. Les
Margraves du Chatelet et Schoenbourg n'avoient pris
que des uniformes, et pour se déguiser, ils s'étoient
noirci les sourcils, ce qui accompagnoit parfaitement
bien de grandes perruques noires, dont ils s'étoient
accoutrés. Je crus étouffer de rire, en les voyant
ainsi adonisés.

Nous débarquâmes dans ce bel équipage chez
Berghover, qui nous reconnut à peine. J'avois fait
rembourrer mon habit, ce qui me donnoit une pres-
tance respectable, et nous avions toutes des coëffes
qui nous couvroient le visage. Il nous trouva si
méconnoissables, qu'il nous proposa d'aller à la
comédie françoise. Nous y topâmes, comme on peut
bien le croire, et allâmes nous percher aux secondes
loges.

L'entrée de l'Empereur que nous vîmes le lendemain, fut des plus superbes. Je ne m'arrêterai pas à
en faire la description. J'eus le même soir le plaisir
d'aller au bal masqué où n'étant connue de personne,
je me divertis beaucoup à tourmenter les masques.

La crainte d'être enfin découverts, nous obligea
d'aller loger le lendemain dans une petite maison
d'été, appartenant à un particulier, et d'y séjourner
quelques jours. Il y faisoit un froid insupportable,
et j'y fis pénitence du peu du plaisir dont j'avois joui
à Francfort, par les chagrins que me causèrent les
Marwitz. Elles devenoient l'une et l'autre d'une hauteur insupportable, voulant être servies et prétendant
des distinctions qui n'appartenoient qu'à moi seule.
L'aînée avoit infecté l'esprit de sa sœur de son
orgueil ; en revanche la cadette fortifioit le goût
de celle-ci pour la satire et la médisance. Elles étu-
dioient les défauts et les ridicules de chacun, et se
plaisoient à déchirer impitoyablement toute la cour,
n'épargnant pas même les gens en leur propre

présence. Comme elles avoient beaucoup d'esprit, leurs commentaires divertissoient le Margrave. Il étoit toute la journée dans leur chambre, et il ne s'apercevoit pas qu'il étoit souvent le sujet de leurs railleries. Lorsque j'y étois, elles ne me disoient mot et même ne répondoient pas à mes questions, se mettant dans un coin de la chambre à rire comme des folles. Je ne pus endurer longtemps cette sotte conduite. J'éclatai enfin, et leur dis fort intelligible-ment qu'elles me déplaisoient, tâchant en même temps de les ramener par de bonnes raisons. La cadette se tut ; mais l'aînée se mit sur ses grands chevaux et me chanta pouille. Plût à Dieu, que je me fusse brouillée tout de bon avec elle, je me serois épargné bien des chagrins. La crainte d'en venir à des éclats en prenant un ton d'autorité et l'espérance de la corriger, me firent dissimuler.

Mon retour à Francfort servit à me dissiper et à bannir les tristes réflexions que cette scène avoit occasionnées. Je n'y manquai ni comédie ni bal. Ma coëffe se dérangea un soir que j'étois au spectacle. Le prince George de Cassel levant par hazard les yeux de mon côté, me reconnut. Il le dit au prince d'Orange, qui était proche de lui. Tout de suite ils enfilèrent ma loge et y entrèrent lorsque je m'y at-tendois le moins. Il n'y eut plus moyen de feindre. Ces deux princes ne voulurent point nous quitter. Ils me menèrent en carrosse et prièrent le Mar-grave de leur permettre de venir souper avec nous, ce qu'il ne put leur refuser. Depuis ce jour ils ne bougèrent de chez nous. Le prince d'Orange est si connu, qu'il me seroit inutile d'en faire le portrait. Je fus charmée de son esprit et de sa conversation. La princesse d'Angleterre, son épouse, étoit à Cassel. Il me promit de la persuader de venir à Francfort, pour y faire connoissance avec moi. Mais il ne put effectuer sa promesse, le peu de séjour qu'il fit encore l'empêchant d'exposer la princesse à la fatigue du voyage.

Nous allâmes le jour suivant au bal. L'électeur de Cologne qui savoit ce qui s'étoit passé la veille à la comédie, nous avoit fait épier. Dès que je parus, il vint me prendre à danser, en disant qu'il me connoissoit. Il s'entretint très-long-temps avec moi et me présenta la princesse Clémence de Bavière, sa nièce, deux princesses de Sulzbach et le prince Théodore, son frère. Ils cherchèrent ensuite le Margrave, auquel ils firent toutes les politesses imaginables. Notre incognito ne pouvoit plus avoir lieu. L'équipage où nous étions nous empêchoit de paroître. Il fallut donc retourner à notre retraite ; et après avoir tenu long-temps conseil, on dépêcha un courrier à Bareith, pour faire venir ce dont nous avions besoin.

Je n'attendois que le Margrave pour me mettre en carrosse, lorsque je le vis entrer avec une dame, qu'il me dit être Madame de Belisle, ambassadrice de France. Je l'avois évitée avec soin, jugeant qu'elle auroit des prétentions, que je ne serois pas d'humeur de lui accorder. Je pris mon parti sur-le-champ et la reçus comme toutes les autres dames qui viennent chez moi. Sa visite ne fut pas longue. La conversation ne roula que sur les louanges du roi. Je trouvai Madame de Belisle fort différente de l'idée qu'on m'en avoit donnée. Elle sentoit son monde, mais son air me parut celui d'une soubrette et ses manières mesquines.

Je passai deux ou trois jours à mon jardin, où le prince d'Orange nous tint fidèle compagnie, et ne retournai en ville que la veille du couronnement. Je ne m'étendrai point à en faire le détail. Le pauvre Empereur ne goûta pas toute la satisfaction que cette cérémonie devoit lui inspirer. Il étoit mourant de la goutte et de la gravelle, et pouvoit à peine se soutenir. Ce prince se trouvoit dans les circonstances les plus fâcheuses. L'affaire de Lintz avoit obligé les François à se retirer, ce qui avoit laissé le champ libre aux Autrichiens de faire une irruption en Bavière, où ils ravageoient impitoyablement le pays. Le roi mon frère, par son entrée en Bohême relevoit un peu ses espérances ; mais se trouvant sans troupes et sans argent, sa politique l'obligeoit de ménager les princes de l'empire, pour en tirer du secours. Cette raison le porta à distinguer les envoyés des princes à l'élection, et surtout Mr. de Berghover et Mr. de Montmartin, ministres du Margrave. Ces deux Messieurs, l'un et l'autre de peu d'origine, se trouvèrent fort flattés des attentions que l'Empereur avoit pour eux. Le Maréchal de Belisle acheva de les gagner entièrement au parti de ce prince, par l'appât de l'or qu'il fit briller à leurs yeux. Ils dressèrent le plan d'un traité, qu'ils présentèrent au Margrave le jour même que nous retournâmes à Francfort. Le Margrave m'en parla, m'assurant que les conditions en étoient si avantageuses pour lui, qu'il n'avoit pas balancé à l'approuver. En effet ce traité fut conclu avant notre départ, ne devant être ratifié qu'après que le Margrave en auroit rempli les premières conditions. Berghover eut soin de le garder si soigneusement que le Margrave ne put me le faire lire. J'en reviens à mon sujet.

L'affaire susmentionnée nous obligea de séjourner encore quelque temps à Francfort. Nos équipages étant arrivés, j'y reçus tout le monde sous le nom de la comtesse de Reuss, et notre maison ne désemplit point. Mr. de Belisle même y vint plusieurs fois.

Je ne sais ce qui porta Mr. de Berghover à représenter au Margrave, qu'il n'étoit pas séant que je partisse sans avoir vu l'Impératrice. Cet homme avoit beaucoup d'esprit et s'étoit acquis un grand crédit sur celui du Margrave par les services qu'il lui avoit rendus, et par les prétendus avantages qu'il lui faisoit obtenir par le traité. Le Margrave lui permit de venir me proposer cette entrevue, me laissant cependant maîtresse de faire ce que je voudrois. Je la refusai nettement ; les étiquettes empêchent les princes de se voir. Comme fille de roi je ne pouvois compromettre l'honneur de ma maison ; et comme il n'y avoit point d'exemple qu'une fille de roi et une Impératrice se fussent trouvées ensemble, je ne savois point les prétentions que je devois faire. Berghover s'emporta contre moi et me manqua même de respect. Il s'écria, que je perdois le Margrave en désobligeant l'Impératrice ; que les femmes n'étoient bonnes qu'à faire des tracasseries, et que j'aurois beaucoup mieux fait de rester à Bareith, que de venir à Francfort troubler les affaires du Margrave, et déranger ses projets par mes hauteurs. Ses crieries ne me firent point changer de résolution : je n'en fis que rire. Pour le tranquilliser, je lui fis mes conditions. Je demandai premièrement, d'être reçue au bas de l'escalier par la cour de l'Impératrice ; secondement, qu'elle vînt au devant de moi jusque hors de la porte de sa chambre de lit, et troisièmement le fauteuil. Il me promit d'en parler à la grand-maîtresse de cette princesse, et de faire tous ses efforts pour me contenter. Je ne risquois rien par les propositions que j'avois faites ; en les obtenant je soutenois mon caractère, et un refus me servoit d'excuse pour éviter cette visite.

J'eus en attendant le temps de consulter Messieurs de Schwerin et de Klingraeve, ministres du roi. Le dernier avoit beaucoup de crédit à la cour impériale. Ils furent d'avis l'un et l'autre, que je ne pouvois prétendre le fauteuil, que cependant ils insisteroient pour me le faire obtenir, ou qu'ils trouveroient quelque expédient pour régler le cérémonial. Ils me représentèrent, que le roi étant uni intimement avec la maison de Bavière, et que le Margrave ayant sujet de la ménager, ces raisons rendroient ma conduite excusable ; que j'aurois chez l'Impératrice le nom de comtesse, qui supposoit un incognito, et que je ne pouvois exiger sous ce titre tous les honneurs qui m'appartenoient comme princesse royale de Prusse et Margrave de Brandebourg.

Si j'avois eu le temps d'écrire au roi, je m'en serois remise à sa décision ; mais quand même j'aurois envoyé un courrier, je n'aurois pu avoir sa réponse. Il fallut donc me rendre. On disputa tout le jour sur les articles que j'avois demandés. Les deux premiers furent accordés. Tout ce qu'on put obtenir pour le troisième, fut que l'Impératrice ne prendroit qu'un très-petit fauteuil et qu'elle me donneroit un grand dossier.

Je vis cette princesse le jour suivant. J'avoue, qu'à sa place j'aurois cherché toutes les étiquettes et les cérémonies du monde, pour m'empêcher de paroître. L'Impératrice est d'une taille au-dessous de la petite, et si puissante, qu'elle semble une boule ; elle est laide au possible, sans air et sans grâce. Son esprit répond à sa figure ; elle est bigote à l'excès, et passe les nuits et les jours dans son oratoire ; les vieilles et les laides font ordinairement le partage du bon Dieu. Elle me reçut en tremblant et d'un air si décontenancé, qu'elle ne put me dire un mot. Nous nous assîmes. Après avoir gardé quelque temps le silence, je commençai la conversation en françois. Elle me répondit dans son jargon autrichien, qu'elle n'entendoit pas bien cette langue et qu'elle me prioit de lui parler en allemand. Cet entretien ne fut pas long. Le dialecte autrichien et le bas-saxon sont si différens, qu'à moins d'y être accoutumé, on ne se comprend point. C'est aussi ce qui nous arriva. Nous aurions préparé à rire à un tiers par les coq-à-l'âne que nous faisions, n'entendant que par-ci par-là un mot, qui nous faisoit deviner le reste. Cette princesse étoit si fort esclave de son étiquette, qu'elle auroit cru faire un crime de lèse-grandeur en m'entretenant dans une langue étrangère, car elle savoit le françois. L'Empereur devoit se trouver à cette visite ; mais il étoit tombé si malade, qu'on craignoit même pour ses jours. Ce prince méritoit un meilleur sort. Il étoit doux, humain, affable et avoit le don de captiver les cœurs. On peut dire de lui : tel brille au second rang, qui s'éclipse au premier. Son ambition étoit plus vaste que son génie. Il avoit de l'esprit ; mais l'esprit seul ne suffit pas pour composer un grand homme. La situation où il se trouvoit, étoit au-dessus de sa sphère, et son malheur vouloit qu'il n'eût personne autour de lui, qui pût suppléer aux talens qui lui manquoient.

Je restai encore quelques jours à Francfort, pendant lesquels je ne passai mon temps qu'en fêtes et en plaisirs.

Je me retrouvai enfin à Bareith à la fin du mois de Février. Mr. de Montaulieu, grand-maître de la duchesse de Wirtemberg et ministre du duc, s'y rendit peu après nous. Il nous remit, au Margrave et à moi, des lettres du roi, de la reine ma mère et de la duchesse, contenant une proposition de mariage pour ma fille avec le jeune duc de Wirtemberg[1]. Cette alliance étant très-avantageuse et autorisée de l'approbation du roi et de la reine, qui en étoient les auteurs, nous y topâmes, remettant d'en conclure les conditions au retour de la duchesse de Berlin.

Notre retour occasionna les sollicitations de la cour impériale, pour accomplir les premières conditions du traité. Mr. de Berghover ayant envoyé ce prodige de politique au Margrave, il me le fit lire. En voici le contenu.

Le Margrave s'engageoit : I) à lever un régiment de 800 hommes d'infanterie pour le service de l'Empereur ; 2) à lui rendre tous les services qu'il dépendroit de lui, dans le cercle ; 3) à tâcher de faire déclarer le dit cercle en sa faveur, lorsque les conjonctures le permettroient. L'Empereur de son côté donnoit le commandement du susdit régiment au Margrave, avec la nomination des officiers jusqu'aux capitaines, 25 florins par homme, y compris les armes et les uniformes, pour la levée du régiment ; 4) il lui remettoit le jus appellandum ; 5) il lui cédoit la petite ville de Retwitz avec son territoire. (Ce dernier article n'auroit lieu qu'en cas que l'Empereur se rendît maître de la Bohême, Retwitz appartenant à ce royaume.) 6) il lui promettoit ses bons offices auprès du cercle de Franconie, pour le faire élire Maréchal et commandant des troupes du cercle.

Le Margrave avoit été fort dissipé à Francfort. Les plaisirs et les veilles, jointes à la grande confiance qu'il avoit en Berghover, l'avoient empêché de réfléchir mûrement aux conséquences de ce traité. Il le considéra d'un autre œil à la seconde lecture. Les conditions lui en parurent aussi chimériques, qu'elles lui avoient paru avantageuses au commencement. Les sommes déterminées pour la levée du régiment étoient si modiques, que la perte étoit évidente. Le jus appellandum est un avantage pour un prince injuste ; un prince équitable le possède toujours ne donnant jamais lieu à ses sujets d'avoir recours au tribunal de l'Empereur. Le généralat du cercle n'est qu'un vain titre, sans autres prérogatives, que de commander les troupes en temps de guerre. La ville de Retwitz est un petit rien ; le don en étoit incertain et l'avantage aussi peu solide, que celui des autres articles susmentionnés. Ces raisons jointes à beaucoup d'autres, engagèrent le Margrave à rompre ce traité.

Je reçus plusieurs lettres très-piquantes du roi, mon frère, sur ce sujet. Il se plaignoit à moi avec beaucoup d'aigreur de ce qu'on avoit entamé cette négociation à son insu. Je supprimai les premières lettres et ne fis aucune réponse sur cet article. Il me manda enfin, que je devois en parler au Margrave de sa part et lui faire sentir, qu'il ne lui convenoit pas de faire des traités sans l'avoir consulté comme le chef de la maison. Le Margrave fut outré. Il me dicta la réponse, qui étoit en termes très-forts. Depuis ce moment la guerre fut déclarée. Je ne reçus que des lettres très-dures du roi, et j'appris même, qu'il parloit de moi d'une manière fort offensante et me tournoit publiquement en ridicule. Ce procédé me toucha vivement. Cependant je dissimulai mon chagrin et continuai d'en agir avec lui comme par le passé.

La duchesse de Wirtemberg arriva dans ce temps. L'accord avoit été réglé à Berlin pour le mariage de nos enfans. On étoit convenu, qu'il n'auroit lieu qu'en cas que les deux parties y consentissent, lorsqu'elles seroient parvenues à l'âge de raison. Cette alliance m'obligea malgré moi de me lier avec cette princesse. Je dis malgré moi, car cette femme étoit si décriée, qu'on n'en parloit que comme d'une Laïs. La duchesse a du jargon et un esprit tourné à la bagatelle, qui amuse quelque temps, mais qui ennuie à la longue ; elle se livre presque toujours à une gaieté immodérée ; sa principale étude étant celle de plaire, tous ses soins ne tendent qu'à ce but ; agaceries, façons enfantines, coups d'œil, enfin tout ce qui s'appelle coquetterie, est mis en usage pour cet effet. Les deux Marwitz se fourrèrent dans l'esprit, que les manières de cette princesse étoient françoises, et que pour être du bel air, il falloit se mouler sur son modèle. L'aînée commençant dès lors à prendre un fort grand ascendant sur l'esprit du Margrave, l'engagea à mettre la cour sur un autre pied. Elle ne quittoit plus la duchesse et entroit aveuglément dans toutes ses vues. Dans quinze jours de temps tout changea de face. On prit à tâche de se battre, de se jeter des serviettes à la tête, de courir comme des chevaux échappés et enfin de s'embrasser au chant de certaines chansons fort équivoques. Bien loin que ces façons fussent celles des dames françoises, je crois, si quelque François fût venu dans ce temps-là, qu'il auroit cru être en compagnie de quelques filles d'opéra ou de comédie. Je fis mon possible pour remédier à ce désordre, mais tous mes efforts furent vains. La gouvernante tonna, pesta, jura avec ses nièces, qui pour toute réponse lui tournèrent le dos. Que j'étois heureuse dans ce temps-là ! J'étois encore la dupe des Marwitz et ne soupçonnois pas même leurs intrigues. Le Margrave ayant toujours les mêmes attentions pour moi, je dormois tranquillement tandis qu'on tramoit ma perte.

Le départ de la duchesse me fit espérer que je remettrois les choses sur l'ancien pied, mais je m'aperçus bientôt que le mal étoit enraciné. La Marwitz, à ce que j'ai jugé depuis, fit dès lors son plan. Cette fille avoit une ambition démesurée. Pour satisfaire cette passion, il falloit de nécessité jeter le Margrave dans la dissipation (défaut auquel il n'inclinoit que trop) pour le détacher de l'application qu'il donnoit à ses affaires. Il falloit encore me tromper, en me faisant part des affaires principales,

et en m'endormant par la confiance que le Margrave
devoit me marquer. Elle se réservoit cependant la
distribution des charges et des faveurs, et surtout les
finances. Les bruits qui avoient couru à Berlin sur
son compte, lui avoient fait faire des réflexions
sérieuses sur son état, et sur l'empire qu'elle avoit
dès lors sur le Margrave. L'avidité de faire briller
son grand génie, l'emporta sur toute autre considération. Elle avoit remarqué qu'il avoit du foible pour
elle. Elle en profita pour pouvoir gouverner à sa fantaisie. Elle jugea, qu'en se conservant ma confiance,
et en évitant toutes les occasions qui pourroient me
donner du soupçon, elle parviendroit à m'aveugler
et à se rendre enfin si formidable, qu'en cas que je
m'aperçusse de ses menées, je ne serois plus en état
de pouvoir y remédier. En effet sa conduite et celle
du Margrave furent si mesurées, que je ne remarquai
pas la moindre chose de leur intelligence secrète.

Nous allâmes à la fin de Juillet à Stoutgard, où la
duchesse de Wirtemberg nous avoit invités. Je ne
ferai point le détail de cette cour. Je la trouvai fort
maussade, remplie de cérémonie et de complimens[1].

NOTES

Page 29

1. Sophie-Dorothée, mère de l'auteur de ces *Mémoires*, était fille de Georges-Louis, électeur de Hanovre, plus tard roi d'Angleterre sous le nom de George Ier, et d'une autre Sophie-Dorothée qui subit toute sa vie la haine de son mari et de sa belle-mère ; accusée d'adultère, elle fut emprisonnée jusqu'à sa mort, en 1726. Ce funeste exemple influença peut-être la conduite conjugale de Sophie-Dorothée. Née en 1687, elle avait épousé en 1706 son cousin Frédéric-Guillaume, prince héritier de Prusse ; elle ne cessa de l'importuner par son esprit d'intrigue ; la tête tournée par l'élévation de son père au trône d'Angleterre, elle s'attacha entièrement à cette alliance, malgré l'opposition de son mari. Cet entêtement provoqua la plupart des persécutions et des ennuis qu'eurent à subir son fils Frédéric et sa fille aînée, Wilhelmine. Veuve en 1740, Sophie-Dorothée acheva ses jours le 27 juin 1757 au château de Mon Bijou, au bord de la Sprée et proche du palais royal de Berlin. Transformé en musée Hohenzollern, Mon Bijou a été détruit au cours de la dernière guerre.

2. La famille princière d'Anhalt s'était divisée en quatre branches par un partage des terres en 1603. Léopold, quatrième prince d'Anhalt-Dessau, naquit en 1676. Il servit l'empereur puis le roi de Prusse et fut nommé en 1712 feld-maréchal et conseiller militaire. Il se distingua lors de plusieurs campagnes. Soldat de carrière, il était très estimé par ses soldats qui l'avaient surnommé « Der alte Dessauer » (le vieux Dessau). Il mourut en 1747.

P. 32

1. Sophie-Charlotte Kielmansegge, l'une des favorites de George Ier, avait suivi son amant en Angleterre. Maigre et

sèche mais intrigante, elle sut si bien se rendre indispensable que le roi lui avait décerné le titre de comtesse Darlington.

P. 33

1. Ce prince mourut en 1713.

P. 34

1. La dernière des Stuart, Anne, fille de Jacques II, née en 1665, avait épousé le prince Georges de Danemark. Héritière de Guillaume III, marié à sa sœur Marie, elle devint reine d'Angleterre en 1702 et de Grande-Bretagne en 1707. Obligée par son Parlement et par l'opinion de repousser les prétentions au trône de son frère Jacques, elle mourut sans postérité en 1714. La couronne passa alors à la maison de Hanovre par le mariage de l'électeur Ernest-Auguste avec Sophie, petite-fille de Jacques Ier Stuart.

P. 37

1. Frédéric-Guillaume, après la défaite de Charles XII en Ukraine, s'associa à la grande curée contre la Suède. Il signa une convention avec la Russie et la Pologne et occupa la Poméranie. Le prince d'Anhalt battit l'armée suédoise et amena Charles XII à signer la paix de Stockholm en 1720

P. 42

1. Mme de Rocoules, Française émigrée en Prusse à la révocation de l'Édit de Nantes, avait déjà veillé sur l'éducation de Frédéric-Guillaume. … Personne sage, discrète, qu'on accusait d'aimer l'intrigue, elle tournait bien les petits vers, aimait le mot gaillard et tenait salon. Installée en Prusse depuis trente ans, elle ne savait pas une bribe d'allemand : les premiers mots tendres que Frédéric entendit, les seuls peut-être, furent des mots français. Jusqu'à sa mort, Mme de Rocoules resta pour lui « la chère bonne maman ».

P. 43

1. Le prince héréditaire de Wurtemberg mourut avant son père, le duc Louis-Eberhard.

2. Le comte Stanislas Poniatowski (1677-1762), castellan de Cracovie, servit successivement Charles XII de Suède, Auguste II, Stanislas Leczinski et Auguste III. Son fils Stanislas-Auguste (1732-1798), fut le dernier roi de Pologne.

P. 50

1. Le roi de Pologne en 1717 était Auguste II, Électeur de Saxe, qui avait succédé à Jean Sobieski.

P. 59

1. Anna Ivanovna était la fille d'Ivan, frère de Pierre le Grand. Née en 1693, elle avait épousé en 1710 Frédéric-Guillaume, duc de Courlande. Veuve l'année suivante, elle passa tristement sa jeunesse à la cour de Mittau. Mais en 1730, la descendance mâle de Pierre le Grand étant éteinte, le Haut-Conseil lui proposa la couronne de Russie. De caractère brutal et grossier, elle imposa les mœurs allemandes à la cour et s'entoura de conseillers courlandais. Elle mourut en 1740, laissant le trône à Ivan VI, qui fut bientôt renversé par Élisabeth Petrovna, fille de Pierre le Grand.

P. 63

1. Le général-comte Albert-Conrad Fink de Finkenstein appartenait à une très ancienne famille prussienne. Vétéran des guerres européennes, il avait servi les Pays-Bas puis la France, avait espéré faire fortune à Versailles puis avait combattu sous les ordres du prince Eugène à Malplaquet. C'était un excellent homme, plus militaire qu'humaniste. Par contre, son fils, Charles-Guillaume, né en 1714, diplomate, homme d'État, fut ministre des Affaires étrangères de Prusse de 1749 jusqu'à sa mort en 1800.

2. Le colonel de Kalkstein, né en 1682. Élevé chez les Jésuites, c'était un homme instruit mais d'un caractère froid et tout militaire.

P. 64

1. Duhan était né à Jandun, en Champagne, l'année de la révocation de l'Édit de Nantes. Son père, ancien secrétaire de Turenne et conseiller d'État, avait émigré et était devenu secrétaire du Grand Électeur. Avant de veiller sur l'éducation de Frédéric II, Duhan avait été un brillant soldat, ce qui lui avait valu d'être remarqué par Frédéric-Guillaume.

2. Sophie-Dorothée-Marie, quatrième fille de Frédéric-Guillaume, naquit le 25 janvier 1719. Elle épousa en 1734 le margrave Frédéric-Guillaume de Brandebourg-Schwedt et mourut le 13 novembre 1765.

P. 79

1. Sophie-Charlotte de Hanovre, sœur de l'électeur Georges-Louis, futur roi d'Angleterre, naquit au château d'Insbruck le 30 octobre 1668. Elle passa une partie de sa jeunesse à la cour de France, auprès de sa tante la princesse Palatine, épouse de Monsieur, frère du roi ; elle y acquit le goût des lettres, des arts et de la philosophie. Mariée en 1684 à l'électeur Frédéric de Brandebourg qui devint roi de Prusse sous le nom de Frédéric Ier, elle donna naissance à Frédéric-Guillaume, père de Wilhelmine. Malgré le mauvais état des finances dans son royaume, elle fit construire le château de Charlottenburg. Elle mourut à trente-six ans. Parlant de l'enfance de Frédéric-Guillaume, Pierre Gaxotte a écrit dans son *Frédéric II* : « Il a connu une cour brillante et fastueuse, française de goûts, de manières et de langage. Il a vu sa mère présider un cercle d'écrivains, de savants, de musiciens et d'artistes. Il l'a entendue parler de Bayle et de Fénelon, philosopher avec Leibnitz et se lasser de ses *pourquoi*. Mais il a mesuré aussi la détresse qui se cachait sous ces dehors éclatants. Les dettes, le délabrement des finances, la ruine de l'agriculture, la misère des campagnes, tel est à ses yeux le prix des fêtes et du bel esprit... »

P. 81

1. George Ier.

2. Mélusine von Schulenbourg était venue en Angleterre dans la suite de George Ier. Elle était aussi lourde et épaisse que l'autre maîtresse du roi, Milady Darlington, était maigre et longue ; on les surnommait « le mât de cocagne et l'éléphant ». Walpole disait d'elle qu'elle eût vendu l'honneur du roi pour un shilling, ce qui ne l'empêcha pas d'être nommée duchesse de Kendall.

P. 82

1. Caroline de Brandebourg-Anspach.

2. Le futur George II.

3. Le baron de Pölnitz, son frère, avait été gentilhomme de Frédéric Ier et fut encore au service de Frédéric II. Il a mené une vie très aventureuse, vagabondant d'une cour à l'autre, changeant de religion plusieurs fois. Il a laissé de précieux *Mémoires* notamment sur la cour de Prusse.

P. 84

1. Née à La Haye en 1630, douzième enfant de Frédéric V, Électeur Palatin, et d'Élisabeth Stuart, fille de Jacques Ier d'Angleterre, Sophie épousa en 1658 le duc Ernest-Auguste de Brunswick-Lunebourg. En 1692, Ernest-Auguste obtint de l'empereur Léopold le titre d'électeur de Hanovre. Mais ce qu'il devait à la naissance de sa femme ne suffit pas pour consolider leur ménage. Blessée par ses froideurs et ses infidélités, Sophie reporta son affection sur son fils Georges-Louis et voua une haine mortelle à sa belle-fille, Sophie-Dorothée de Brunswick. Celle dont la mère, Éléonore Desmier d'Olbreuze, était Française, d'une ancienne famille poitevine (voir note 1 page 29).

P 92

1. Anne-Amélie (1723-1787) cultiva la musique avec passion et composa un oratorio intitulé : *La Mort de Jésus.*

P. 93

1. Dessau, sur la Mulde, affluent de l'Elbe, était la capitale de l'État d'Anhalt et avait donné son nom à une des branches de la famille. Léopold d'Anhalt était surnommé le « vieux Dessau ».

P. 94

1. Le 11 septembre 1709, la bataille de Malplaquet fut remportée par les troupes commandées par le prince Eugène de Savoie et Marlborough sur celles des maréchaux de Villars et de Boufflers. Ce fut une victoire coûteuse, qui marqua le début du redressement français.

P. 99

1. Henri-Frédéric-Louis de Prusse, né en 1726, fut un homme séduisant, lettré, brillant général, admirateur des choses françaises, dont les rapports avec son frère Frédéric II furent toujours empreints d'une certaine réserve, cachée sous une grande affectation de tendresse. Il mourut au château de Rheinsberg en 1802.

P. 104

1. Charles-Frédéric-Guillaume de Brandebourg, margrave d'Anspach, était né le 12 mai 1712 ; il n'avait donc que

quinze ans à cette époque. Son père, Georges-Frédéric, étant mort d'une attaque d'apoplexie en 1723, le jeune prince était alors sous la tutelle du landgrave de Hesse-Darmstadt. Il n'épousa Louise-Frédérique de Prusse qu'en 1729. Anspach et Bayreuth, premières possessions des Hohenzollern, devaient revenir à la branche aînée, celle de Berlin, en cas d'extinction des lignes cadettes.

P. 107

1. Auguste II, Électeur de Saxe.

P. 110

1. Anne, comtesse d'Orzelska, épousa en 1730 Frédéric-Guillaume duc de Holstein-Beck. Le comte Rutowski (ou Radowski), son frère, entra en 1728 au service du roi de Prusse en qualité de major-général.

P. 120

1. Jean-Adolphe de Weissenfeld, duc de Saxe, de Juliers, de Clèves et de Berg, né en 1685, avait longtemps combattu en faveur du roi de Pologne. L'empereur Charles VI lui conféra en 1736 le titre de feld-maréchal.

P. 135

1. Caroline d'Anspach avait épousé en 1705 le futur George II d'Angleterre. C'était une femme « intelligente, cultivée, stoïque, et surtout patiente ».

P. 150

1. Le *Roman comique* de Scarron, publié en 1651, conte les aventures d'une troupe de comédiens ambulants et de provinciaux grotesques.

P. 154

1. Pierre Gaxotte rapporte ainsi la rencontre du Kronprintz et de Katte dans son *Frédéric II* : « Un soir qu'il se rendait (Frédéric) en bateau à Potsdam avec sa mère, il avait entendu s'élever dans la nuit le chant d'une flûte. Il s'était approché doucement du musicien et lui avait parlé. C'était un officier de vingt-cinq ans, le lieutenant Jean-Hermann von Katte. Fils de général, petit-fils de maréchal, voué par tradition au service des Hohenzollern, il semblait né pour être le compagnon du prince héritier. Fritz avait d'abord eu quelques préven-

tions, mais elles étaient tombées après le départ de Keith, et il fit de lui son ami. Katte n'était pas beau : très basané, marqué par la petite vérole, avec de gros sourcils et un regard que Wilhelmine trouvait funeste. Mais il avait beaucoup pour plaire : il était grand liseur, spirituel, élégant, avec de bonnes manières, la repartie facile et brillante ; il jouait de la flûte et du clavecin, savait dessiner et peindre. Il écrivait bien le français, aimait la liberté, parlait, riait de toutes choses sans contrainte et entourait son ami d'une tendresse inquiète et aveugle. Ils étaient ainsi quelques-uns parmi les jeunes officiers à ne jurer que par le prince. Spaen dit un jour qu'il lui portait un tel amour qu'il éprouvait une véritable douleur à être séparé de lui. Katte ajouta qu'il était trop attendri par ses malheurs pour pouvoir rien lui refuser... »

P. 168

1. Probablement Guillaume-Gaspard de Borck (1650-1747), diplomate et ministre des Affaires étrangères de Prusse.

P. 169

1. Georges-Frédéric-Charles, margrave de Brandebourg-Culmbach, avait succédé en 1726 à Georges-Guillaume avec qui s'éteignait la maison de Bayreuth. Son fils était donc prince héréditaire de Brandebourg-Culmbach et de Bayreuth.

P. 181

1. Sir Charles Hotham, ambassadeur extraordinaire de la cour de Saint-James, était un personnage considérable en Angleterre, d'ancienne noblesse, et colonel des grenadiers à cheval de Sa Majesté britannique, ce qui devait impressionner Frédéric-Guillaume.

P. 185

1. Philippine-Charlotte de Prusse épousa en 1733 le duc de Brunswick-Lunebourg-Bevern, qui avait une grande réputation de bravoure militaire. Nommé général en 1734, il mourut en 1780. Son fils est l'homme du fameux « manifeste de Brunswick », en 1792.

P. 187

1. Auguste-Ferdinand de Prusse, né en 1730, servit avec talent sous les ordres de son frère, Frédéric II. Il épousa en 1755 Louise de Brandebourg-Schwedt et mourut en 1813.

2. Le chevalier Jean-Charles de Folard, tacticien et homme de guerre français, naquit à Avignon en 1669 et mourut en 1752. Il s'attacha d'abord au duc de Vendôme, fit les campagnes de Flandres et d'Italie puis passa au service de Charles XII. Il écrivit des ouvrages sur l'art militaire, notamment : *Nouvelles Découvertes sur la guerre* (1724) et *Commentaires sur Polybe* (1727). Frédéric II publia un extrait de ses œuvres sous le titre *Esprit du chevalier de Folard* (1761) dont il a, dit-il, « extrait quelques diamants enfouis dans le fumier ».

P. 246

1. Philippine-Charlotte était née à Berlin le 13 mars 1716. Elle mourut à Brunswick le 16 février 1801.

P. 252

1. Alexandre-Hermann, général prussien né en 1650, gouverneur de Berlin, grand-bailli de Potsdam, avait été fait comte de Wartesleben en 1706.

P. 280

1. Philip Dormer Stanhope, lord Chesterfield, (1694-1773), homme d'État et écrivain anglais.

P. 281

1. Au début du XVIIᵉ siècle, la principauté de Bayreuth fut attribuée à Christian, Électeur de Brandebourg. Ses fils formèrent les lignées de Bayreuth et de Culmbach. La première s'éteignit en 1726 et le margrave de Culmbach hérita la principauté de Bayreuth. Cette dernière lignée s'éteignit également en 1762, la principauté fut alors réunie à celle d'Anspach. Le dernier margrave d'Anspach-Bayreuth vendit ses deux principautés à la Prusse en 1791, pour se retirer en Angleterre.

P. 282

1. Dorothée de Holstein-Sonderbourg, née en 1685, avait épousé en 1709 Georges-Frédéric-Charles de Brandebourg, qui hérita la principauté de Bayreuth en 1726.

P. 287

1. *Alzire*, tragédie de Voltaire, avait été créée en 1736. Cette « tragédie passionnée », dont l'action se passe au Pérou, ne

pouvait donc être connue de la margrave au moment où elle pensait inspirer tant de compassion.

P. 289

1. Guillaume-Ernest, second fils du margrave Georges-Frédéric, né en 1712, avait beaucoup voyagé en France et connu la cour de Versailles avant de devenir colonel de l'empire en 1733.

P. 310

1. « Grande, faite comme Diane, blonde comme Vénus, elle était aussi douce, aussi naïve, aussi tendre que belle. Le prince (Henri de Prusse) voulait absolument l'épouser. Les autorités suprêmes furent obligées d'intervenir et les voies obliques, employées par la politique la plus active et la plus adroite, ne parvinrent à la lui arracher qu'avec peine. Mlle de Pannewitz fut obsédée, subjuguée et entraînée par les exhortations, remontrances, supplications et menaces au point que, par un dévouement que les âmes délicates concevront, elle choisit subitement et à l'improviste pour époux l'homme qu'elle estimait et aimait le moins, le comte de Voss, son parent... » (Thiébault : *Souvenirs de vingt années de séjour à Berlin.*)

P. 314

1. « Le prince a pour demeure à Ruppin une mauvaise maison de charpente mais qui est assez joliment meublée. En revanche, il y a des jardins délicieux, pratiqués dans un vieux et triple rempart qui environne toute la ville. Cela forme des allées, des reposoirs et des échappées de vue admirables ; Au bout de ces avenues est un jardin plus régulier, orné de charmilles, de statues, de vases, d'un temple d'Apollon, d'un pavillon, de quelques cabinets, d'une grotte, d'un bain et de plusieurs autres embellissements. Nous y dînons souvent et y respirons toujours la gaîté. » (Bielfeld : *Lettres familières*, avril 1740.)

P. 332

1. « C'était, dit Pölnitz, un prince de grand air, fort civil, doux et modéré, qui aimait la lecture et les gens de lettres. »

P. 333

1. La princesse Sophie-Charlotte-Albertine de Bayreuth était née en 1713 ; sa sœur Sophie-Wilhelmine en 1714.

P. 338

1. Victor-Amédée II (1666-1732), duc de Savoie, roi de Sicile et de Sardaigne, avait abdiqué en 1731 sous des pressions politiques. Regrettant sa décision, il chercha à reprendre le pouvoir, mais son fils le fit arrêter et interner jusqu'à sa mort.

P. 348

1. La Frise Orientale, capitale Aurich, sur la mer du Nord, faisait partie de la province de Hanovre. Frédéric II reçut plus tard, en 1745, cette province en héritage.

P. 349

1. Carlsbad était déjà célèbre pour ses eaux thermales. « On les dit très salutaires pour toutes sortes de maux, particulièrement pour la gravelle et la stérilité des femmes », écrit Pölnitz en 1729.

P. 350

1. L'Hermitage était une jolie maison que le margrave Georges-Guillaume avait fait bâtir à une lieue de Bayreuth. « Elle est au milieu d'un bois épais, dans lequel il y a beaucoup de pavillons bâtis sans symétrie, mais dont les dedans sont d'une distribution très ingénieuse... » (Pölnitz.)

P. 353

1. « Le château d'Himmelcron est sur une petite colline tout entourée de prés... Du côté du pré où était le camp, il y a un mail planté de quatre rangées d'ormes, les plus beaux que l'on puisse voir. Ce mail qui est un des plus beaux qu'il y ait en Europe, est terminé par une salle de comédie. Il y a une autre salle vers le milieu du mail qui est formée par un gros pavillon : c'est là que le prince et la princesse jouaient avec les seigneurs de leur cour... » (Pölnitz.)

P. 355

1. Frédéric II de Saxe-Cobourg, prince de Gotha, mourut cette même année 1732.

P. 359

1. Georges-Ernest Stahl (1660-1734) fut d'abord médecin de la cour de Weimar. Appelé en Prusse en 1716 par Frédéric-

Guillaume Ier, il reçut les titres de conseiller aulique et de médecin du roi.

P. 362

1. La nièce de Grumbkov avait été placée auprès de la margrave afin de l'espionner. « Je n'entends mot de la jeune margrave, écrivait Grumbkov en février 1732. Je laverai la tête à ma carogne de nièce. » Dans sa correspondance avec Frédéric, Wilhelmine l'avait surnommée « l'infante de Cassubie ».

P. 373

1. La margrave Sophie de Saxe-Weissenfels, qui préférait le séjour d'Erlangen à celui de Neustadt, son douaire. « Elle a été une des plus belles princesses du monde, elle en conserve encore de beaux airs et l'on ne peut avoir plus grand air. » (Pölnitz, 1729.)

P. 383

1. Louise-Ulrique naquit le 24 juillet 1720. Elle épousa en 1744 le prince Adolphe-Frédéric de Holstein, héritier présomptif du trône de Suède, et mourut à Stockholm le 16 juillet 1782. Elle fut la mère du roi Gustave III.

P. 386

1. « Elle parle peu, surtout à table, mais tout ce qu'elle dit est spirituel. Elle paraît avoir un fond de génie qu'elle orne par une lecture continuelle des meilleurs auteurs français... Jamais princesse n'a mieux dansé, à mon gré, qu'elle. Son port, son air est à la fois majestueux, régulier et sans la moindre contrainte. Elle forme ses pas et donne la main selon les règles de l'art mais sans gêne. On voit du premier coup d'œil qu'elle est plus qu'une dame ordinaire. » (Bielfeld : *Lettres familières*, 1739.)

P. 409

1. Le frère cadet du margrave Georges-Frédéric.

P. 429

1. Frédéric-Guillaume de Prusse ne s'éteignit que le 31 mai 1740.

P. 458

1. Frédéric III de Saxe-Cobourg.

P. 473

1. Il s'agit de François-Jacques Fitz-James, duc de Berwick, né en 1670, fils naturel de Jacques II d'Angleterre et d'Arabelle Churchill. Chassé de Grande-Bretagne, il entra au service de la France et devint maréchal. Il fut tué au siège de Philips-bourg en 1734.

2. Eugène de Savoie-Carignan, né à Paris en 1663, mort à Vienne en 1736, fils du comte de Soissons et d'Olympe Man-cini, fut l'un des plus grands hommes de guerre de son siècle. Destiné dès sa jeunesse à l'état ecclésiastique, il dut passer au service de l'Autriche pour démontrer ses talents militai-res. Il fut l'animateur, avec Marlborough et Hansius, de la grande coalition contre Louis XIV, mise en mouvement par Guillaume III. Victorieux à Malplaquet, il fut vaincu à Denain.

P. 476

1. Plus exactement, le comte de Herzberg, père du futur ministre de Frédéric II.

P. 504

1. Frédéric-Charles, comte de Schönborn et évêque de Bamberg de 1729 à 1746, était en outre vice-chancelier de l'empire et résidait ordinairement près de l'empereur, bien qu'il eût, à Pommersfelden, le plus magnifique château d'Alle-magne.

P. 517

1. Christian VI, roi de Danemark de 1730 à 1746, et Sophie-Madeleine de Brandebourg-Culmbach.

P. 529

1. Mme de Rohwedell.

P. 539

1. Daniel de Superville (1696-1776), fils d'un pasteur de Rotterdam. Docteur diplômé de l'université d'Utrecht, méde-cin de la colonie française installée à Stettin, il fut appelé en consultation à Bayreuth en 1738 et s'y installa l'année sui-vante. Bientôt, il cumula les charges de conseiller privé, médecin du margrave, curateur perpétuel et chancelier de l'Université. Il fut envoyé à La Haye en 1748 pour y repré-

senter le Margrave. Il mourut à Brunswick. C'est à lui que la
margrave Wilhelmine confia le manuscrit de ses *Mémoires*.

P. 554

1. Le 26 février 1740, Frédéric écrivait à sa sœur : « Selon
toutes les apparences, vous ne reverrez jamais le roi. Ses
accidents ont empiré avec tant de rapidité que je doute qu'il
passe la semaine qui vient. Il vous a donné sa bénédiction et
a très bien parlé de vous. Pour à présent, la fièvre est si véhé-
mente qu'il ne peut guère parler... Tenez-vous tranquille et
ne vous chagrinez pas trop, car aux choses faites il n'y a point
de remède. »

2. La margrave faisait alors jouer par ses femmes *Le Malade
imaginaire* de Molière, à l'occasion des fêtes du carnaval.
Touchante intention !

P. 558

1. François Algarotti (1692-1764), poète et philosophe né
à Venise. Voltaire l'avait surnommé « le cygne de Padoue » ;
Frédéric II le fit comte, chambellan et chevalier de l'ordre du
Mérite. Il devint le conseiller artistique de Frédéric, lui persuada que Watteau était un petit peintre, indigne d'un grand
prince, lui fit acheter un beau Corrège et quantité de faux,
attribués aux plus célèbres peintres.

P. 561

1. Né en 1685, deuxième fils de Léopold Ier, Charles VI fut
empereur d'Allemagne de 1711 à 1740. Ses efforts constants
pour maintenir une autorité battue en brèche furent encore
compliqués par les difficultés soulevées par sa succession. Il
fut obligé à d'incessantes concessions pour faire accepter la
« Pragmatique sanction » qui garantissait le trône à sa fille
Marie-Thérèse contre les prétentions des filles de son frère
aîné Joseph Ier.

P. 562

1. Moins connu que d'autres hôtes illustres de Rheinsberg,
Charles-Étienne Jordan, fils d'émigrés français, était né à
Berlin en 1700. Après avoir parcouru une grande partie de
l'Europe, beaucoup vu, beaucoup retenu, il avait pris l'état de
pasteur. Frédéric II l'avait remarqué pour son érudition, lui
faisait corriger ses écrits, et le consultait sans cesse en raison
de ses connaissances encyclopédiques ; il le nommait flatteu-

sement : « Ami Jordan, doctissime doctor, dive Jordane. » Jordan a publié *Histoire d'un voyage littéraire fait en 1733 en France, en Angleterre et en Hollande* (La Haye 1735).

2. À Rheinsberg, on avait surnommé Dorothée de Marwitz « Madame Tourbillon ».

P. 565

1. Étrangement, Marie-Thérèse était nommée dans les textes officiels impératrice d'Allemagne, reine de Bohème et « roi » de Hongrie.

P. 567

1. Charles VII, électeur de Bavière, avait épousé la fille cadette de Joseph Ier.

P. 577

1. Élisabeth-Frédérique-Sophie épousa le 26 septembre 1748 Charles-Eugène, duc de Wurtemberg, dont elle se sépara en 1754. Elle mourut à Bayreuth en 1780.

P. 581

1. Les *Mémoires* non poursuivis de la margrave Wilhelmine ne donnent pas le récit complet des avanies qu'elle dut subir de la part de la favorite introduite par elle à la cour. Elle ne s'en débarrassa qu'en la mariant à un hobereau allemand et en multipliant pour eux les sacrifices financiers. Maladive toute sa vie, la margrave mourut le 14 octobre 1758, au jour et à l'heure même où son frère bien-aimé était battu à Hochkirch. Le margrave se remaria en 1760 avec la jeune princesse Sophie-Caroline-Marie de Brunswick-Wolffenbüttel.

Composition Nord Compo.
Impression Société Nouvelle Firmin-Didot
à Mesnil-sur-l'Estrée, le 2 mars 2001.
Dépôt légal : mars 2001.
Numéro d'imprimeur : 54657.

ISBN 2-715-2254-8/Imprimé en France.